독일외교문서
한 국 편

1874~1910

11

이 저서는 2017년 대한민국 교육부와 한국학중앙연구원(한국학진흥사업단)의 한국학 분야 토대연구지원사업의 지원을 받아 수행된 연구임 (AKS-2017-KFR-1230002)

This work was supported by Korean Studies Foundation Research through the Ministry of Education of the Republic of Korea and Korean Studies Promotion Service of the Academy of Korean Studies (AKS-2017-KFR-1230002)

독일학총서 Bibliothek der Germanistik

독일외교문서
한 국 편

1874~1910

고려대학교 독일어권문화연구소 편

보고사
BOGOSA

개항기 한국 관련
독일외교문서 번역총서 발간에 부쳐

1. 본 총서에 대하여

본 총서는 고려대학교 독일어권문화연구소가 한국학중앙연구원에서 시행하는 토대
사업(2017년)의 지원을 받아 3년에 걸쳐 연구한 작업의 결과물이다. 해당 프로젝트 〈개항
기 한국 관련 독일외교문서 탈초·번역·DB 구축〉은 1866년을 전후한 한−독 간 교섭
초기부터 1910년까지의 한국 관련 독일 측 외교문서 9,902면을 탈초, 번역, 한국사 감교
후 출판하고, 동시에 체계적인 목록화, DB 구축을 통해 온라인 서비스 토대를 마련함으
로써 관련 연구자 및 관심 있는 일반인에게 제공하기 위한 것이다. 본 프로젝트의 의의는
개항기 한국에서의 독일의 역할과 객관적인 역사의 복원, 한국사 연구토대의 심화·확대,
그리고 소외분야 연구 접근성 및 개방성 확대라는 측면에서 찾을 수 있다.

이번 우리 독일어권문화연구소의 프로젝트팀이 국역하여 공개하는 독일외교문서 자
료는 한국근대사 연구는 물론이고 외교사, 한독 교섭사를 한 단계 끌어올릴 수 있는
중요한 일차 사료들이다. 그러나 이 시기의 해당 문서는 모두 전문가가 아닌 경우 접근하
기 힘든 옛 독일어 필기체로 작성되어 있어 미발굴 문서는 차치하고 국내에 기 수십된
자료들조차 일반인은 물론이고 국내 전문연구자의 접근성이 극히 제한되어 있는 상황이
다. 이런 상황에서 우리의 프로젝트가 성공적으로 마무리됨으로써 이제 절대적으로 부
족한 독일어권 연구 사료를 구축하여, 균형 잡힌 개항기 연구 토대를 다지고, 연구 접근
성과 개방성, 자료 이용의 효율성을 제고하고, 동시에 한국사, 독일학, 번역학, 언어학
전문가들의 학제 간 협동 연구를 촉진할 수 있는 중요한 계기가 마련되었다.

2. 정치적 상황

오늘날 우리는 전 지구적 세계화가 가속화되고 있는 상황 속에 살고 있다. '물결'만으
로는 세계화의 속도를 따라잡을 수 없게 되었다. 초연결 사회의 출현으로 공간과 시간,
그리고 이념이 지배하던 지역, 국가 간 간극은 점차 줄어들고 있다. 그렇다고 국가의

개념이 사라지는 것은 아니다. 오히려 국가는 국민을 안전하게 보호하고 대외적으로 이익을 대변해야 하는 역할을 이런 혼란스런 상황 속에서 더욱 성실히 이행해야 하는 사명을 갖는다.

한국을 둘러싼 동아시아 국제정세는 빠르게 변화하고 있다. 수년 전 남북한 정상은 두 번의 만남을 가졌고, 영원히 만나지 않을 것 같았던 북한과 미국의 정상 역시 싱가포르에 이어서 하노이에서 역사적 회담을 진행하였다. 한반도를 둘러싼 오랜 적대적 긴장 관계가 완화되고 화해와 평화가 곧 당겨질 듯한 분위기였다.

하지만 한반도에 완전한 평화가 정착되었다고 단언하기란 쉽지 않다. 휴전선을 둘러싼 남북한의 군사적 대치 상황은 여전히 변한 것이 없다. 동아시아에서의 주변 강대국의 패권 경쟁 또한 현재 진행형이다. 즉 한반도 평화 정착을 위해서는 한국, 북한, 미국을 비롯해서 중국, 러시아, 일본 등 동아시아 정세에 관여하는 국가들의 다양하고 때로는 상충하는 이해관계들을 외교적으로 세밀하게 조정할 필요가 있다.

한국은 다양한 국가의 복잡한 이해관계를 어떻게 조정할 것인가? 우리 프로젝트팀은 세계화의 기원이라 할 수 있는 19세기 말에서 20세기 초 한반도의 시공간에 주목하였다. 이 시기는 통상 개항기, 개화기, 구한말, 근대 초기로 불린다. 증기기관과 증기선 도입, 철도 부설, 그 밖의 교통 운송 수단의 발달로 인해서 전 세계가 예전에 상상할 수 없을 정도로 가까워지기 시작하던 때였다. 서구 문물의 도입을 통해서 한국에서는 서구식 근대적 발전이 모색되고 있었다.

또 한편으로는 일본뿐만 아니라 청국, 그리고 서구 열강의 제국주의적 침탈이 진행되었던 시기였다. 한국 문제에 관여한 국가들은 동아시아에서 자국의 이익을 유지, 확대하려는 목적에서 끊임없이 경쟁 혹은 협력하였다. 한국 역시 세계화에 따른 근대적 변화에 공감하면서도 외세의 침략을 막고 독립을 유지하려는 데에 전력을 기울였다. 오늘날 세계화와 한국 관련 국제 정세를 이해하기 위해서는 무엇보다 그 역사적 근원인 19세기 후반에서 20세기 초반의 상황을 알아야 한다. 이에 본 연구소에서는 개항기 독일외교문서에 주목하였다.

3. 한국과 독일의 관계와 그 중요성

오늘날 한국인에게 독일은 친숙한 국가이다. 1960~70년대 약 18,000여 명의 한국인들은 낯선 땅 독일에서 광부와 간호사로 삶을 보냈다. 한국인들이 과거사 반성에 미흡한 일본을 비판할 때마다 내세우는 반면교사의 대상은 독일이다. 한때는 분단의 아픔을 공유하기도 했으며, 통일을 준비하는 한국에게 타산지석의 대상이 되는 국가가 바로 독일이다. 독일은 2017년 기준으로 중국과 미국에 이어 한국의 세 번째로 큰 교역 국가이기도 하다.

한국인에게 독일은 이웃과도 같은 국가이지만, 정작 한국인들은 독일 쪽에서는 한국을 어떻게 인식하고 정책을 추진하는지 잘 알지 못한다. 그 이유는 독일이 한반도 국제정세에 결정적인 역할을 끼쳐온 국가가 아니기 때문이다. 오늘날 한국인에게는 미국, 중국, 일본, 러시아가 현실적으로 중요하기에, 정서상으로는 가까운 독일을 간과하는 것이 아닐까 하는 생각이 든다.

그렇다면 우리는 독일을 몰라도 될까? 그렇지 않다. 독일은 EU를 좌우하는 핵심 국가이자, 세계의 정치, 경제, 사회, 문화를 주도하는 선진국이자 강대국이다. 독일은 유럽뿐만 아니라 동아시아를 비롯한 전 세계의 동향을 종합적으로 고려하는 가운데 한국을 인식하고 정책을 시행한다. 독일의 대한정책(對韓政策)은 전 지구적 세계화 속에서 한국의 위상을 보여주는 시금석과 같다.

세계화의 기원인 근대 초기도 지금과 상황이 유사하였다. 미국, 영국에 이어서 한국과 조약을 체결한 서구 열강은 독일이었다. 청일전쟁 직후에는 삼국간섭을 통해서 동아시아 진출을 본격화하기도 했다. 하지만 당시 동아시아에서는 영국, 러시아, 일본, 청국, 그리고 미국의 존재감이 컸다. 19세기 말에서 20세기 초 한반도를 둘러싼 국제정세에서 독일이 차지하는 위상은 상대적으로 높지 않았던 것이다.

하지만 당시 독일은 동아시아 정세의 주요 당사국인 영국, 러시아, 일본, 청국, 미국 등의 인식과 정책 관련 정보를 집중적으로 수집하고 종합적으로 분석하였다. 세계 각국의 동향을 종합적으로 판단한 과정 속에서 독일은 한국을 평가하고 이를 정책으로 구현하고자 했다.

그렇기 때문에 개항기 한국 관련 독일외교문서는 의미가 남다르다. 독일외교문서에는 독일의 한국 인식 및 정책뿐만 아니라, 한국 문제에 관여한 주요 국가들의 인식과 대응들이 담겨 있는 보고서들로 가득하다. 독일은 자국 내 동향뿐만 아니라 세계 각국의 동향을 고려하는 과정 속에서 한국을 인식, 평가하고 정책화하였던 것이다. 그렇기에 독일외교문서는 유럽 중심에 위치한 독일의 독특한 위상과 전 지구적 세계화 속에서 세계 각국이 한국을 이해한 방식의 역사적 기원을 입체적으로 추적하기에 더할 나위 없이 좋은 자료인 것이다.

4. 금번 번역총서 작업과정에 대해

1973년 4월 4일, 독일과의 본격적인 교류를 위하여 〈독일문화연구소〉라는 이름으로 탄생을 알리며 활동을 시작한 본 연구소는 2003년 5월 15일 자로 〈독일어권 문화연구소〉로 명칭을 바꾸고 보다 폭넓은 학술 및 연구를 지향하여 연구원들의 많은 활동을 통해, 특히 독일어권 번역학 연구와 실제 번역작업에 심혈을 기울여 왔다. 이번에 본 연구소에서 세상에 내놓는 15권의 책은 모두(冒頭)에서 밝힌 대로 2017년 9월부터 시작한, 3년에 걸친 한국학중앙연구원 프로젝트의 연구 결과물이다. 여기까지 오기까지 작업의 역사는 상당히 길고 또한 거기에 참여했던 인원도 적지 않다. 이 작업은 독일어권연구소장을 맡았던 한봉흠 교수로부터 시작된다. 한봉흠 교수는 연구소 소장으로서 개항기 때 독일 외교관이 조선에서 본국으로 보낸 보고 자료들을 직접 독일에서 복사하여 가져옴으로써 자료 축적의 기본을 구축하였다. 그 뒤 김승옥 교수가 연구소 소장으로 재직하면서 그 자료의 일부를 번역하여 소개한 바 있다(고려대 독일문화연구소 편, 『(朝鮮駐在)獨逸外交文書 資料集』, 우삼, 1993). 당시는 여건이 만만치 않아 선별적으로 번역을 했고 한국사 쪽의 감교를 받지도 못하는 상태였다. 그러나 당시로서 옛 독일어 필기체로 작성된 보고문을 정자의 독일어로 탈초하고 이를 우리말로 옮기는 것은 생면부지의 거친 황야를 걷는 것과 같은 것이었다.

우리 연구팀은 저간의 사정을 감안하여 금번 프로젝트를 위해 보다 철저하게 다양한 팀을 구성하고 연구 진행에 차질이 없도록 하였다. 연구팀은 탈초, 번역, 한국사 감교팀으로 나뉘어 먼저 원문의 자료를 시대별로 정리하고 원문 중 옛 독일어 필기체인 쿠렌트체와 쥐털린체로 작성된 문서들을 독일어 정자로 탈초하고 이를 타이핑하여 입력한 뒤 번역팀이 우리말로 옮기고 이후 번역된 원고를 감교팀에서 역사적으로 고증하여 맞는 용어를 선택하고 필요에 따라 각주를 다는 등 다양한 협력을 수행하였다. 이번에 출간된 15권의 책은 데이터베이스화하여 많은 연구자들이 널리 이용할 수 있을 것이다.

2017년 9월부터 3년에 걸쳐 작업한 결과물을 드디어 완간하게 된 것을 연구책임자로서 기쁘게 생각한다. 무엇보다 긴밀하게 조직화된 팀워크를 보여준 팀원들(번역자, 탈초자, 번역탈초 감수 책임자, 한국사 내용 감수 책임자, 데이터베이스팀 책임자)과 연구보조원 한 분 한 분에게 감사드린다. 그리고 프로젝트의 준비단계에서 활발한 역할을 한 김용현 교수와 실무를 맡아 프로젝트가 순항하도록 치밀하게 꾸려온 이정린 박사와 한승훈 박사에게 감사의 뜻을 전한다. 본 연구에 참여한 모든 연구원들의 해당 작업과 명단은 각 책의 말미에 작성하여 실어놓았다.

2021년 봄날에
연구책임자
김재혁

일러두기

1. 『독일외교문서 한국편』은 독일연방 외무부 정치문서보관소(Archives des Auswärtigen Amts)에서 소장하고 있는 근대 시기 한국 관련 독일외교문서를 번역한 것이다. 구체적으로는 독일 외무부에서 생산한 개항기 한국 관련 사료군에 해당하는 I. B. 16 (Korea), I. B. 22 Korea 1, I. B. 22 Korea 2, I. B. 22 Korea 5, I. B. 22 Korea 7, I. B. 22 Korea 8, Peking II 127과 Peking II 128에 포함된 문서철을 대상으로 한다.

2. 당시 독일외무부는 문서의 외무부 도착일, 즉 수신일을 기준으로 문서를 편집하였다. 이에 본 문서집에서는 독일외무부가 문서철 편집과정에서 취했던 수신일 기준 방식을 따랐다.

3. 본 문서집은 한국어 번역본과 독일어 원문 탈초본으로 구성되어 있다.

   1) 한국어 번역본에는 독일어 원문의 쪽수를 기입함으로써, 교차 검토를 용의하게 했다.
   2) 독일어 이외의 언어로 작성된 문서는 한국어로 번역하지 않되, 전문을 탈초해서 문서집에 수록하였다. 해당 문서가 주 보고서인 경우는 한국어 번역본과 독일어 원문 탈초본에 함께 수록하였으며, 첨부문서에 해당할 경우에는 한국어 번역본에 수록하지 않고, 독일어 탈초본에 수록하였다. ※ 주 보고서에 첨부문서로 표기되지 않은 상태에서 추가된 문서(언론보도, 각 국 공문서 등)들은 [첨부문서]로 표기하였다.

4. 당대 독일에서는 쿠렌트체(Kurrentschrift)로 불리는 옛 독일어 필기체와 프로이센의 쥐털린체(Sütterlinschrift)가 부가된 형태의 외교문서를 작성하였다. 이에 본 연구팀은 쿠렌트체와 쥐털린체로 되어 있는 독일외교문서 전문을 현대 독일어로 탈초함으로써 문자 해독 및 번역을 용이하게 했다.

   1) 독일어 탈초본은 작성 당시의 원문을 그대로 현대 독일어로 옮기는 것을 원칙으로 했다. 그 때문에 독일어 탈초본에는 문서 작성 당시의 철자법과 개인의 문서 작성상의 특성이 드러나 있다. 최종적으로 해독하지 못한 단어나 철자는 [*sic.*]로 표기했다.
   2) 문서 본문 내용에 대한 다양한 종류의 제3자의 메모는 각주에 [Randbemerkung]을

설정하여 최대한 수록하고 있다.

3) 원문서 일부에 있는 제3자의 취소 표시(취소선)는 취소선 맨 뒤에 별도의 각주를 만들어 제3자의 취소 영역을 표시했다. 편집자의 추가 각주 부분은 모두 대괄호를 통해 원주와 구분하고 있다.

4) 독일어 탈초본에서는 연구자들의 편의를 돕기 위해서 각 문건 상단에 원문출처, 문서수발신 정보, 문서의 수신 과정에서 추가된 문구 등을 알아볼 수 있도록 표를 작성하였다. ※ Peking II 127, 128이 수록된 15권은 문서 식별의 어려움으로 아래의 표를 별도로 기입하지 않았음을 밝혀 둔다.

예)   Die Rückkehr Li hung chang's nach Tientsin. —❶

PAAA_RZ201-018901_162 —❷			
Empfänger	Bismarck —❸	Absender	Brandt —❹
A. 6624. pr. 30 Oktober 1882. —❺		Peking, den 7. September 1882. —❻	
Memo —❼	Orig. 1. 11. nach Hamburg		

① 문서 제목 : 원문서에 제목(문서 앞 또는 뒤에 Inhalt 또는 제목만 표기됨)이 있는 경우 제목을 따르되, 제목이 없는 경우는 "[   ]"로 표기해 원문서에 제목이 없음을 나타냄.

② 원문출처 : 베를린 문서고에서 부여한 해당 문서 번호에 대한 출처 표기. 문서번호—권수_페이지 수로 구성

③ 문서 수신자

④ 문서 발신자

⑤ 문서 번호, 수신일

⑥ 문서 발신지, 발신일

⑦ 문서 수신·전달 과정에서 추가적으로 작성된 문구

이 같은 표가 작성되지 않은 문서는 베를린 자체 생성 문서이거나 정식 문서 형태를 갖추지 않은 문서들이다.

5. 본 연구팀은 독일외교문서의 독일어 전문을 한국어로 번역·감교하였다. 이를 통해 독일어 본래의 특성과 당대 역사적 맥락을 함께 담고자 했다. 독일외교문서 원문의 번역 과정에서 뜻이 분명하지 않은 경우에는 [번역 주석]을 부기하였으며, [감교 주석]을 통해서 당대사적 맥락을 보완하였다. 아울러 독일외교문서 원문에 수록된 주석의 경우는 [원문 주석]으로 별도로 표기하였다.

6. 한국어 번역본에서는 중국, 일본, 한국의 지명, 인명은 모두 원음으로 표기하되, 관직과 관청명의 경우는 한국 학계에서 일반적으로 통용되는 한문의 한국어 발음을 적용하였다. 각 국가의 군함 이름 등 기타 사항은 외교문서에 수록된 단어를 그대로 병기하였다. 독일외교관이 현지어 발음을 독일어로 변환되는 과정에서 실체가 불분명해진 고유명사의 경우, 독일외교문서 원문에 수록된 단어 그대로 표기하였다.

7. 한국어 번역본에서는 연구자들의 편의를 돕기 위해서 각 문건 상단에 문서제목, 문서 수발신 정보(날짜, 번호), 문서의 수신 과정에서 추가된 문구 등을 알아볼 수 있도록 표를 작성하였다. ※ Peking II 127, 128이 수록된 15권은 문서 식별의 어려움으로 아래의 표를 별도로 기입하지 않았음을 밝혀 둔다.

예)

01
조선의 현황 관련 ─❶

발신(생산)일	1889. 1. 5 ─❷	수신(접수)일	1889. 3. 3 ─❸
발신(생산)자	브란트 ─❹	수신(접수)자	비스마르크 ─❺
발신지 정보	베이징 주재 독일 공사관 ─❻	수신지 정보	베를린 정부 ─❼
	No. 17 ─❽		A. 3294 ─❾
메모 ─❿	3월 7일 런던 221, 페테르부르크 89 전달		

① 문서 제목, 번호 : 독일어로 서술된 제목을 따르되, 별도 제목이 없을 경우는 문서 내용을 확인 후 "[ ]"로 구별하여 문서 제목을 부여하였음. 제목 위의 번호는 본 자료십에서 부여하였음.
② 문서 발신일 : 문서 작성자가 문서를 발송한 날짜
③ 문서 수신일 : 문서 수신자가 문서를 받은 날짜
④ 문서 발신자 : 문서 작성자 이름
⑤ 문서 수신자 : 문서 수신자 이름
⑥ 문서 발신 담당 기관
⑦ 문서 수신 담당 기관
⑧ 문서 발신 번호 : 문서 작성 기관에서 부여한 고유 번호
⑨ 문서 수신 번호 : 독일외무부에서 문서 수신 순서에 따라 부여한 번호
⑩ 메모 : 독일외교문서의 수신·전달 과정에서 추가적으로 작성된 문구

8. 문서의 수발신 관련 정보를 특정하기 어려운 문서(예를 들어 신문 스크랩)의 경우는

독일외무부에서 편집한 날짜, 문서 수신 번호, 그리고 문서 내용을 토대로 문서 제목을 표기하였다.

9. 각 권의 원문 출처는 다음과 같다.

자료집 권 (발간 연도)	독일외무부 정치문서고 문서 분류 방식			
	문서분류 기호	일련번호	자료명	대상시기
1 (2019)	I. B. 16 (Korea)	R18900	Akten betr. die Verhältnisse Koreas (1878년 이전) 조선 상황	1874.1~1878.12
	I. B. 22 Korea 1	R18901	Allgemiene Angelegenheiten 1 일반상황 보고서 1	1879.1~1882.6
	I. B. 22 Korea 1	R18902	Allgemiene Angelegenheiten 2 일반상황 보고서 2	1882.7~1882.11
2 (2019)	I. B. 22 Korea 1	R18903	Allgemiene Angelegenheiten 3 일반상황 보고서 3	1882.11~1885.1.19
	I. B. 22 Korea 1	R18904	Allgemiene Angelegenheiten 4 일반상황 보고서 4	1885.1.20~1885.4.23
	I. B. 22 Korea 1	R18905	Allgemiene Angelegenheiten 5 일반상황 보고서 5	1885.4.24~1885.7.23
3 (2019)	I. B. 22 Korea 1	R18906	Allgemiene Angelegenheiten 6 일반상황 보고서 6	1885.7.24~1885.12.15
	I. B. 22 Korea 1	R18907	Allgemiene Angelegenheiten 7 일반상황 보고서 7	1885.12.16~1886.12.31
	I. B. 22 Korea 1	R18908	Allgemiene Angelegenheiten 8 일반상황 보고서 8	1887.1.1~1887.11.14
4 (2019)	I. B. 22 Korea 1	R18909	Allgemiene Angelegenheiten 9 일반상황 보고서 9	1887.11.15~1888.10.3
	I. B. 22 Korea 1	R18910	Allgemiene Angelegenheiten 10 일반상황 보고서 10	1888.10.4~1889.2.28
	I. B. 22 Korea 1	R18911	Allgemiene Angelegenheiten 11 일반상황 보고서 11	1889.3.1~1890.12.13
	I. B. 22 Korea 1	R18912	Allgemiene Angelegenheiten 12 일반상황 보고서 12	1890.12.14~1893.1.11

			Allgemiene Angelegenheiten 13	1893.1.12~1893.12.31
5 (2020)	I. B. 22 Korea 1	R18913	일반상황 보고서 13	
	I. B. 22 Korea 1	R18914	Allgemiene Angelegenheiten 14	1894.1.1~1894.7.14
			일반상황 보고서 14	
	I. B. 22 Korea 1	R18915	Allgemiene Angelegenheiten 15	1894.7.15~1894.8.12
			일반상황 보고서 15	
	I. B. 22 Korea 1	R18916	Allgemiene Angelegenheiten 16	1894.8.13~1894.8.25
			일반상황 보고서 16	
6 (2020)	I. B. 22 Korea 1	R18917	Allgemiene Angelegenheiten 17	1894.8.26~1894.12.31
			일반상황 보고서 17	
	I. B. 22 Korea 1	R18918	Allgemiene Angelegenheiten 18	1895.1.19~1895.10.18
			일반상황 보고서 18	
	I. B. 22 Korea 1	R18919	Allgemiene Angelegenheiten 19	1895.10.19~1895.12.31
			일반상황 보고서 19	
	I. B. 22 Korea 1	R18920	Allgemiene Angelegenheiten 20	1896.1.1~1896.2.29
			일반상황 보고서 20	
7 (2020)	I. B. 22 Korea 1	R18921	Allgemiene Angelegenheiten 21	1896.3.1~1896.5.6
			일반상황 보고서 21	
	I. B. 22 Korea 1	R18922	Allgemiene Angelegenheiten 22	1896.5.7~1896.8.10
			일반상황 보고서 22	
	I. B. 22 Korea 1	R18923	Allgemiene Angelegenheiten 23	1896.8.11~1896.12.31
			일반상황 보고서 23	
	I. B. 22 Korea 1	R18924	Allgemiene Angelegenheiten 24	1897.1.1~1897.10.31
			일반상황 보고서 24	
8 (2020)	I. B. 22 Korea 1	R18925	Allgemiene Angelegenheiten 25	1897.11.1~1898.3.15
			일반상황 보고서 25	
	I. B. 22 Korea 1	R18926	Allgemiene Angelegenheiten 26	1898.3.16~1898.9.30
			일반상황 보고서 26	
	I. B. 22 Korea 1	R18927	Allgemiene Angelegenheiten 27	1898.10.1~1899.12.31
			일반상황 보고서 27	

9 (2020)	I. B. 22 Korea 1	R18928	Allgemiene Angelegenheiten 28 일반상황 보고서 28	1900.1.1~1900.6.1
	I. B. 22 Korea 1	R18929	Allgemiene Angelegenheiten 29 일반상황 보고서 29	1900.6.2~1900.10.31
	I. B. 22 Korea 1	R18930	Allgemiene Angelegenheiten 30 일반상황 보고서 30	1900.11.1~1901.2.28
10 (2020)	I. B. 22 Korea 1	R18931	Allgemiene Angelegenheiten 31 일반상황 보고서 31	1901.3.1~1901.7.15
	I. B. 22 Korea 1	R18932	Allgemiene Angelegenheiten 32 일반상황 보고서 32	1901.7.16~1902.3.31
	I. B. 22 Korea 1	R18933	Allgemiene Angelegenheiten 33 일반상황 보고서 33	1902.4.1~1902.10.31
11 (2021)	I. B. 22 Korea 1	R18934	Allgemiene Angelegenheiten 34 일반상황 보고서 34	1902.11.1~1904.2.15
		R18935	Allgemiene Angelegenheiten 35 일반상황 보고서 35	1904.2.16~1904.7.15
		R18936	Allgemiene Angelegenheiten 36 일반상황 보고서 36	1904.7.16~1907.7.31
12 (2021)	I. B. 22 Korea 1	R18937	Allgemiene Angelegenheiten 37 일반상황 보고서 37	1907.8.1~1909.8.31
		R18938	Allgemiene Angelegenheiten 38 일반상황 보고서 38	1909.4.1~1910.8
	I. B. 22 Korea 2	R18939	Die Besitznahme Port Hamilton durch die Engländer 1 영국의 거문도 점령 1	1885.4.8~1885.7.31
13 (2021)	I. B. 22 Korea 2	R18940	Die Besitznahme Port Hamilton durch die Engländer 2 영국의 거문도 점령 2	1885.8.1~1886.12.31
		R18941	Die Besitznahme Port Hamilton durch die Engländer 3 영국의 거문도 점령 3	1887.1.1~1901.12

13 (2021)	I. B. 22 Korea 5	R18949	Beziehungen Koreas zu Frankreich	1886.8~1902.10	
			한국-프랑스 관계		
	I. B. 22 Korea 6	R18950	Die Christen in Korea	1886~1910.5	
			조선의 기독교		
	I. B. 22 Korea 7	R18951	Fremde Vertretung in Korea 1	1887.4.19~1894.9.6	
			조선 주재 외국 외교관 1		
14 (2021)	I. B. 22 Korea 7	R18952	Fremde Vertretung in Korea 2	1894.9.7~1903.2	
			한국 주재 외국 외교관 2		
		R18953	Fremde Vertretung in Korea 3	1903.3~1910.5	
			한국 주재 외국 외교관 3		
	I. B. 22 Korea 8	R18954	Entsendung koreanischer Missionen nach Europa und Amerika 1	1887.10.21~1888.12.31	
			조선의 유럽·미국 주재 외교관 파견 1		
		R18955	Entsendung koreanischer Missionen nach Europa und Amerika 2	1889.1.1~1905.12	
			한국의 유럽·미국 주재 외교관 파견 2		
15 (2021)	RAV Peking II 127	R9208	주청 독일공사관의 조선 관련 문서 1	1866.11~1866.12	
	RAV Peking II 128	R9208	주청 독일공사관의 조선 관련 문서 2	1866.10~1887.12	

10. 본 문서집은 조선과 대한제국을 아우르는 국가 명의 경우는 한국으로 통칭하되, 대한제국 이전 시기를 다루는 문서의 경우는 조선, 대한제국 선포 이후를 다루는 문서의 경우는 대한제국으로 표기하였다.

11. 사료군 해제

● I. B. 16 (Korea)

1859년 오일렌부르크의 동아시아 원정 이후 북경과 동경에 주재한 독일 공사들이 한독 수교 이전인 1874~1878년간 한국 관련하여 보고한 문서들이 수록되어 있다. 이 시기는 한국이 최초 외세를 향해서 문호를 개방하고 후속 조치가 모색되었던 시기였다. 특히 쇄국정책을 주도하였던 흥선대원군이 하야하고 고종이 친정을 단행함으로써, 국내외에서는 한국의 대외정책 기조가 변화할 것이라는 전망이 나오던 시절이었다. 이러한 역사적 배경 속에서 I. B. 16 (Korea)에는 1876년 이전 세계문제로 촉발되었던 한국과 일본의 갈등과 강화도조약 체결, 그리고 한국의 대서구 문호개방에 관한 포괄적인 내용들이 수록되어 있다.

● I. B. 22 Korea 1

독일 외무부는 한국과 조약 체결을 본격화하기 시작한 1879년부터 별도로 "Korea"로 분류해서 한국 관련 문서를 보관하기 시작하였다. 그중에서 I. B. 22 Korea 1은 1879년부터 1910년까지 조선에 주재한 독일외교관을 비롯해서 한국 관련 각종 문서들이 연, 원, 일의 순서로 편집되어 있다. 개항기 전시기 독일의 대한정책 및 한국과 독일관계를 조망하는 본 연구의 취지에 부합한 사료군이라 할 수 있다.

본 연구가 타 국가 외교문서 연구와 차별되는 지점은 일본에 의해서 외교권을 박탈당한 1905년 을사늑약 이후의 문서에 대한 분석을 시도하는데 있다. 물론 1905년 이후 한국과 독일의 관계는 거의 없다는 것이 정설이다. 하지만 1907년 독일의 고립을 초래한 소위 '외교혁명'의 시작이 한국과 만주라는 사실, 그리고 일본이 한국을 병합한 이후에도 독일은 영국과 함께 한국으로부터 확보한 이권을 계속 유지시키고자 하였다. 이에 본 연구팀은 1910년까지 사료를 분석함으로써, 1905년 이후 한국사를 글로벌 히스토리 시각에서 조망하는 토대를 구축하고자 한다.

● I. B. 22 Korea 2

I. B. 22 Korea 2는 영국의 거문도 점령 관련 문서들을 수록하고 있다. 독일은 영국의 거문도 점령 당시 당사국이 아니었다. 하지만 독일의 입장에서도 영국의 거문도 점령은 중요한 문제였다. 영국의 거문도 점령 사건 자체가 한국과 영국뿐만 아니라, 청국, 러시아, 일본 등 주변 열강 등의 외교적 이해관계가 복잡하게 얽힌 사안이었기 때문이었다. 그렇기에 영국이 거문도를 점령한 이후, 서울, 런던, 베이징, 도쿄, 페테르부르크 등에서는 이 사건을 어떻게 해결할 것인가를 두고 외교적 교섭이 첨예하게 전개되었다. I. B. 22 Korea 2에는 관찰자 시점에서 영국의 거문도 사건을 조망하되, 향후 독일의 동아시아 정책 및 한국정책을 수립하는 척도로 작용하는 내용의 문서들이 수록되어 있다.

● I. B. 22 Korea 5

I. B. 22 Korea 5는 한국과 프랑스 관계를 다루고 있다. 주로 한국과 프랑스의 현안이었던 천주교 승인 문제와 천주교 선교 과정에서 한국인과 갈등들이 수록되어 있다. 그리고 삼국간섭 한국의 프랑스 차관 도입 시도 관련 문서들도 있을 것으로 보인다. 즉 I. B. 22 Korea 5는 기독교 선교라는 관점, 그리고 유럽에서 조성되었던 프랑스와 독일의 긴장관계가 비유럽 국가인 한국에서 협력으로 변모하는지를 확인할 수 있는 사료군이라 할 수 있다.

● I. B. 22 Korea 6

I. B. 22 Korea 6은 한국 내 기독교가 전래되는 전 과정을 다루고 있다. 지금까지 개항기 기독교 선교와 관련된 연구는 주로 미국 측 선교사에 집중되었다. 학교와 의료를 통한 미국 선교사의 활동과 성장에 주목한 것이다. 그에 비해 독일에서 건너온 선교사 단체에 대한 연구는 미흡하였다. I. B. 22 Korea 6은 한국 내 기독교의 성장과 더불어 독일 선교사들이 초기에 한국에 건너와서 정착한 과정을 확인할 수 있는 사료군이라 할 수 있다.

● I. B. 22 Korea 7

I. B. 22 Korea 7은 한국 외국대표부에 관한 사료군이다. 개항 이후 외국 외교관들은 조약에 근거해서 개항장에 외국대표부를 설치하였다. 개항장과 조계지의 관리 및 통제를 위함이었다. 하지만 외국대표부는 비단 개항장에만 존재하지 않았다. 서울에도 비정기적으로 외국대표부들의 회합이 있었다. 그 회합에서 외국 대표들은 개항장 및 서울에서 외국인 관련 각종 규칙 초안을 정해서 한국 정부에 제출하였다. 그리고 한국 내 정치적 현안에 대해서 의논하기도 하였다. 청일전쟁 직전 서울 주재 외교관 공동으로 일본의 철수를 요구한 일이나, 명성황후 시해사건 직후 외교관들의 공동대응은 모두 외국대표부 회의에서 나온 것이었다. I. B. 22 Korea 7 한국을 둘러싼 외세가 협력한 실제 모습을 확인할 수 있는 사료군이다.

● I. B. 22 Korea 8

I. B. 22 Korea 8은 한국 정부가 독일을 비롯한 유럽, 그리고 미국에 공사를 파견한 내용을 수록하고 있다. 한국 정부는 1887년부터 유럽과 미국에 공사 파견을 끊임없이 시도하였다. 한국 정부가 공사 파견을 지속하였던 이유는 국가의 독립을 대외적으로 확

인받기 위함이었다. 구체적으로는 1894년 이전까지는 청의 속방정책에서 벗어나기 위해서, 그 이후에는 일본의 침략을 막기 위함이었다. I. B. 22 Korea 8은 독일외교문서 중에서 한국의 대외정책을 확인할 수 있는 사료인 것이다.

● Peking II 127

독일의 대한정책을 주도한 베이징 주재 독일공사관에서 생산한 한국 관련 외교문서들이 수록되어 있다. 그중 Peking II 127에는 병인양요의 내용이 기록되어 있다.

● Peking II 128

Peking II 127과 마찬가지로 독일의 대한정책을 주도한 베이징 주재 독일공사관에서 생산한 한국 관련 외교문서들이 수록되어 있다. 독일이 동아시아에 본격적으로 진출을 시도한 시기는 1860년대 이후이다. 독일은 상인을 중심으로 동아시아 진출 초기부터 청국, 일본뿐만 아니라 한국에 대한 관심을 갖고 있었다. 그 대표적 사례가 오페르트 도굴사건(1868)이었다. 오페르트 사건이 일어나자, 독일정부는 영사재판을 실시함으로써 도굴행위를 처벌하고자 했으며, 2년 뒤인 1870년에는 주일 독일대리공사 브란트를 부산으로 파견해서 수교 협상을 추진하였다. 하지만 한국 정부의 거부로 그 뜻을 이루지 못하였다. Peking II 128에는 독일의 대한 수교 협상과정 및 기타 서구 열강들의 대한 접촉 및 조약 체결을 위한 협상 과정을 담은 문서들이 수록되어 있다.

차례

외무부 정치 문서고 한국 관계 문서
1902.11.1~1904.2.15

외무부 정치 문서고 한국 관계 문서
1904.2.16~1904.7.15

외무부 정치 문서고 한국 관계 문서
1904.7.16~1907.7.31

외무부
A편

외무부 정치 문서고
한국 관계 문서

1902년 11월 1일부터
1904년 2월 15일까지

제34권
제35권에서 계속

한국 No. 1

메모
- 1904년 1월 1일 자 한국과 만주로 인한 러시아와 일본의 분쟁에 관한 서류는 일본 편 20을 참조할 것
- 1904/5년(러일전쟁 기간) 일본 편 20 No.3의 문서들(1904년 2월 23일과 8월 22일 자 한국·일본 협정) 참조

1902년	목록	수신정보
10월 3일 자 서울 발 보고서 No. 160 – 미국 전함 "뉴욕"호의 제물포 방문. – 전함 사령관은 로저스 제독. – 도쿄 주재 미국공사 벽 "뉴욕"호에 승선.		17036 11월 23일
9월 19일 자 서울 발 보고서 No. 148 – 순양함 분대장 가이쓸러 해군중장의 제물포 방문. – 가이쓸러의 한국 황제 알현.		16163 11월 5일
10월 29일 자 도쿄 발 군사보고서 No. 13 – 일본 측에서 한국에 총포와 말을 판매. – 한국의 군사개혁안.		17178에 추가 11월 26일
12월 1일 자 서울 발 전보 No. 20 : 서울의 내각위기 12월 17일 자 서울 발 전보 No. 21 : 서울의 내각 위기 – 이용익 대신 러시아공사관으로 피신.		17467 12월 2일 18176 12월 17일
12월 20일 자 서울 발 전보 No. 22 – 한국의 내각위기 종료. – 이용익 다시 탁지부대신으로 임명됨.		18372 12월 21일
1903년 1월 3일 자 서울 발 전보 1 – 일본은 이용익의 재임용에 대한 항의 철회.		1903.149 1월 4일
11월 5일 자 서울 발 보고서 No. 177 – 애첩 엄에게 공주와 동일한 직급의 칭호를 수여함으로써 신분을 승격시킴.		18845 12월 31일
10월 19일 자 서울 발 보고서 No. 166 – 러시아의 기념식 특사 베베르의 서울 체류. – 베베르가 다시 서울 공사 내지 한국의 고문으로 임용될 듯함.		17987 12월 12일
11월 5일 자 서울 발 보고서 No. 178 – 친러파인 조병식이 한국 외부대신으로 임명됨.		18846 12월 31일
메모: – 제물포 소재 마이어상사의 군수품보관 허가를 취득하기 한 로 주식회사의 신청서류는 중국 편 24에 있음.		18211 12월 18일
12월 19일 자 성 페테르부르크 발 보고서 No. 891 – 한국 문제와 관련된 영국과 일본의 입장에 대해 러시아 정부가 "Novoye Vremya"에 발표한 러시아 정부의 입장.		18364 12월 21일

11월 17일 자 서울 발 보고서 No. 185 – 러시아 특사 베베르의 서울 체류. – 한국 황제와 베베르의 관계. – 황제에게 한국의 개혁을 권유한 베베르.	23 1월 1일
4월 8일 자 서울 발 보고서 No. 67 – 한국 궁내부에서 전임 일본 공사 가토를 채용. – 처음에 이를 반대했던 러시아 공사는 반대 입장을 철회함. – 한국 내에서의 러시아 정책에 관한 파블로프의 발언.	8070 5월 25일
4월 5일 자 성 페테르부르크 발 보고서 No. 292 – 일본의 지속적 한국식민화 정책에 대한 러시아 언론의 불만. – 러시아의 마산포 획득 문제.	5441 4월 7일
6월 21일 자 성 페테르부르크 발 보고서 No. 505 – 한국 마산포에서 일본인에게 토지 취득권을 허가한다는 내용을 담고 있는 한국·일본 조약 공개.	9716 6월 23일
5월 10일 자 서울 발 보고서 No. 82 – 최영하 차관이 병중인 유기환 외부대신을 대행함. – 한국이 일본회사에서 무기를 구입함.	10241 7월 3일
1903년 **목록**	**수신정보**
11월 29일 자 서울 발 보고서 No. 189 – 미국회사 Collbran & Bostwick Co.이 한국에 "서울전력회사" 설립을 요구함.	591 1월 13일
12월 13일 자 서울 발 보고서 No. 193 – 독일 선박 "Jaguar"호의 제물포 방문.	1308 1월 28일
12월 25일 자 서울 발 보고서 No. 196 – 내각의 재구성. – 이용익의 Arthur항 시찰.	1708 2월 5일
2월 7일 자 서울 발 전보 No. 3 – 한국 정부가 벨기에인 고문을 채용함.	1885 2월 8일
2월 9일 자 서울 발 전보 No. 4 – 한국이 일본제일은행의 은행권을 금지시키자 일본이 보복조치에 나서겠다 며 위협함.	1960 2월 10일

2월 13일 자 서울 발 전보 No. 5 2월 14일 자 서울 발 전보 No. 6 – 한국의 양보로 일본과 한국 간 의견차이 해소.	2201, 2월 14일 2215, 2월 15일
12월 2일 자 서울 발 보고서 No. 191 – 대신이자 황실사유재산 관리국 국장인 이용익에 대한 고소. – 이용익은 러시아공사관으로의 도피. – 내각의 위기.	778 1월 19일
10월 10일 자 순양함분함대 사령부의 보고서 – 한국 황제가 개최한 정부기념축전에 여러 나라가 참여.	1043 1월 22일
12월 16일 자 서울 발 보고서 No. 194 – 이용익 사건으로 인한 내각위기.	1116 1월 24일
1902년 12월 24일 자 도쿄 발 보고서 A. 157 – 일본과 러시아는 한국으로 인한 소요사태를 우려하지 않음.	1128 2월 24일
1월 22일 자 도쿄 발 보고서 No. A. 14 – 이용익의 성격과 능력에 관해 공사관 참사 에리케르트와 서울 주재 일본 공사 하야시가 나눈 대담.	2482 2월 20일
메모: – 한국 황해도에서 발생한 구교도와 신교도 간의 충돌에 관한 2월 11일 자 서울발 보고서 No. 20은 한국 편 6에 있음.	4692 4월 3일
4월 9일 자 쾰른 신문 – 러시아의 한국 진출.	5057 4월 9일
1월 31일 자 서울 발 보고서 No. 4 – 한국 정부의 이용익 재임용에 대한 일본 공사의 항의, 이용익은 러시아 정부의 비호 아래 러시아의 이해관계를 대변하기 때문이라는 이유. – 이용익이 중국을 다녀온 이후 한국의 재정이 악화됨. – 일본제일은행에서 차관을 들여옴.	2426 2월 19일
1월 22일 자 도쿄 발 보고서 No. A. 13 – 한국 주재 일본 공사가 한국의 재정이 개선되려면 이용익이 매수되지 않고 재정을 아껴서 관리해야 한다고 보고.	2481 2월 20일
1월 22일 자 도쿄 발 보고서 No. A. 16 – 일본 전투함대의 한국 정부 기념식 참석에 대한 신문기사. – 일본과 영국의 대표단.	2484 2월 20일

1월 19일 자 서울 발 보고서 No. 10 - 이용익은 쌀을 구입 후 서울로 되돌아와 황실사유재산관리국 국장으로 재임 용됨. - 베베르를 정부 고문으로 채용하기 위한 이군탁의 노력.	3666 3월 15일
2월 19일 자 도쿄 발 보고서 No. A. 35 - 일본제일은행의 은행권 금지로 인해 촉발된 일본과 한국 간 갈등에 대한 외국 대표들의 입장.	3841 3월 18일
1월 29일 자 서울 발 보고서 No. 12 - 한국이 벨기에서 차관을 도입할 때 러시아와 프랑스가 보증을 설 것이라 는 소문. - 화폐개혁과 금융개혁을 위해 4명의 러시아 고문 파견.	3667 3월 15일
2월 25일 자 서울 발 보고서 No. 32 - 독일의 경원선 건설면허 취득에 대한 일본의 항의와 관련한 일본 공사와의 면담.	5502 4월 15일
3월 10일 자 서울 발 보고서 No. 35 - 한국의 고문 채용에 대한 일본 공사의 항의.	5883 4월 25일
2월 7일 자 서울 발 보고서 No. 17 - 벨기에인 고문 채용이 실제로 성사됨. - 벨기에인 고문의 주 임무는 벨기에 자본의 한국 투자 업무임. - 평양 탄광에도 이제 벨기에 기술자들이 고용된다고 함.	4011 3월 21일
3월 17일 자 서울 발 보고서 No. 40 - 이탈리아도 금광채굴권을 얻기 위해 준비 중임. - 평양탄광은 프랑스 기술자에 의해 개발하기로 결정됨. - 후자는 이용익의 작품임.	6156 4월 30일
2월 20일 자 서울 발 보고서 No. 27 - 제일은행의 은행권 규정에 관해 일본과 한국이 각서를 교환함.	4796 4월 3일
5월 20일 자 함부르기셔 코레스폰덴트 기사 - 제주도에 외국인 정착 금지.	7286 5월 20일
5월 20일 자 페테르부르크 헤롤드 기사 - 제주도 주민에게 제주도에 거주 중인 일본인과의 교류를 금지함.	7288 5월 20일
4월 10일 자 서울 발 보고서 No. 69 - 경원선과 관련된 독일의 노력.	33권 참조

2월 21일 자 서울 발 보고서 No. 28 - 의주선 건설면허를 획득하려는 러시아의 청원.	5202 4월 12일
2월 22일 자 서울 발 보고서 No. 29 - 한국의 러시아 대표부. - 러시아의 새 무관으로 라벤 대령 임명.	5203 4월 12일
2월 9일 자 서울 발 보고서 No. 18 - 한국 외무부의 책임자 교체.	4890 4월 3일
2월 11일 한국 주재 영사 마이어가 함부르크에서 보낸 서신 - 서울 주재 독일 영사를 변리공사로 승격시킨 데 대한 만족감 표시. - 한국의 즉위기념식 때 특사단과 전함 한 척을 파견하는 것에 대한 문의.	2125 2월 23일
4월 5일 자 도쿄 주재 무관의 보고서 No. 32 - 러시아와 일본의 한국 군사개입 성공에 대한 영국 무관 처친 대령의 견해. 원본 문서 한국 편 10	6567 5월 7일
6월 10일 자 해군사령부 대령의 서신 B 2418 I - 한국 황제의 즉위기념식에 순양함분함대가 참가하는 것이 정치적 관점에서 　적절한지에 대한 문의. 6월 24일 자 답장 참조	8778 6월 10일
4월 11일 자 서울 발 보고서 No. 53 - 황제의 궁중에서 천연두 발병. - 즉위기념식 가을까지 연기. - 열강들의 각종 요구로 인한 고충들. 　(Collbram & Bsotwick 회사 건, 제주도 배상 문제, 낙동강 연안의 관세징수 　문제, 광산채굴권 신청 등)	8163 6월 6일
6월 25일 자 포씨셰 차이퉁 기사 - 에밀리 브라운, 한국의 새 황비. - 그녀의 정치적 목표.	9249 6월 25일
2월 18일 자 페테르부르크 발 보고서 No. 94 - 일본제일은행의 은행권 금지로 인한 한국과 일본의 갈등이 해결됨.	2494 2월 20일
2월 9일 자 서울 발 보고서 No. 19 - 앞에서 언급된 갈등 관련 사항 보고. - 외부대신의 사퇴. - 낙동강 연안의 관세인상.	4691 4월 3일

2월 13일 자 서울 발 보고서 No. 22 - 은행권 문제 마무리됨. - 도쿄 주재 공사 새로 임명.	4693 4월 3일
2월 14일 자 서울 발 보고서 No. 23 - 일본 공사 귀환. - 은행권 문제 마무리됨. - 재정분야에서의 한국의 일본 의존.	4694 4월 3일
4월 9일 자 서울 발 보고서 No. 52 - 개방된 송진항 상황.	7700 5월 29일
8월 10일 자 성 페테르부르크 발 보고서 No. 558 - 서울-부산 간 도로에서 발생한 일본인과 한국인의 충돌.	11596 8월 12일
4월 22일 자 서울 발 보고서 - 오스트리아·헝가리 순양함 "Kaiser Karl Ⅵ"호 제물포 도착.	8121 6월 6일
10월 12일 자 베이징 발 암호전보 No. 118 - 일본인이 마산포를 무력으로 점령했다는 소문.	15100 10월 12일
9월 4일 자 서울 발 보고서 No. 105 - 한국 정부가 의주항을 외국인에게 개방하는 대신 평양항을 폐쇄하겠다고 제안. - 독일 변리공사는 그 제안에 대해 아무런 입장도 제시하지 않음. - 러시아는 그 제안에 반대하고 영국, 일본, 미국은 찬성함.	14706 10월 4일
9월 21일 자 도쿄 발 보고서 A. 112 - "Japan Daily Mail"지는 의주 개항 문제에 대한 잘데른의 입장에 동의하지 않음.	15797 10월 26일
8월 14일 자 서울 발 보고서 No. 98 - 포씨셰 차이퉁의 기사 정정: Emily Brown이 한국의 새 황비가 되었다는 기사는 완전히 허위로 밝혀짐.	14899 10월 8일
11월 21일 자 페테르부르크 발 전보 No. 410 - 람스도르프 백작은 이른바 일본의 의주 점령에 관해 전혀 아는 바가 없음.	17350 11월 21일
12월 13일 자 도쿄 발 전보 No. 59 - 로젠 남작은 한국에 대해 새로운 조건 제시.	18550 12월 13일

12월 17일 자 페테르부르크 발 전보 No. 443 - 러시아는 한국에서의 일본의 우위를 인정함. - 대신 러시아의 완전한 무역자유와 한국남부의 항구 하나를 요구함.	18750 12월 17일
12월 19일 자 도쿄 발 전보 - 일본의 전쟁준비와 경부선 철도의 확장. - 일본이 최후통첩기간을 짧게 제시한 것은 즉시 한국을 점령할 의도.	19353 12월 29일
12월 5일 자 페테르부르크 발 보고서 No. 815 - 한국에 관한 러일 양국의 견해차를 조율하기 위한 토대.	18173 12월 7일
8월 20일 자 서울 발 보고서 No. 100 - 한국의 중립화를 호소하기 위해 유럽에 파견되는 현상건 대위가 이끄는 한 국군사사절단의 규모 확대. - 황제의 즉위기념식을 10월에 개최할 계획임.	14228 9월 23일
7월 15일 자 서울 발 보고서 82 - 러시아인의 한국 내 벌목허가권. - 한국에서의 일본인의 우세한 영향력. - 특히 서울 주재 일본 공사가 이 영향력을 이용함. - 한국 정부의 무력함. - 궁중 내 음모. 원본 문서 중국 편 25	11859
11월 28일 자 도쿄 발 보고서 A. 140 - 한국의 정치 망명객 한 명 피살됨.	19180 12월 25일

8월 10일 자 서울 발 보고서 No. 92
- 한국 황제가 잘데른에게 전쟁 발발 시 일본에서 돌아오는 한국인 망명객
  들이 혹여 일으킬지 모르는 잔혹한 행위로부터 중재와 보호를 해달라고
  요청함.
- 미국 공사도 같은 요청을 받았음.
                                      원본 문서 중국 편 25
	13267
	9월 6일

6월 3일 자 오데사 발 보고서 No. 51 - 러시아 순양함 동아시아로 출발. 원본 문서 러시아 편 72 b	8178 6월 6일
제물포에 정박 중인 독일 선박 "Iltis"호가 순양함분함대 사령부에 보낸 보고서 - 한국 황제의 40주년 즉위기념식 준비와 관련된 내용. 첫 번째 사본: 중국 편 1	18067 12월 5일

1904년	목록	수신정보
1월 4일 자 한국의 각서 - 현 황제의 형수인 과부 명현황후의 서거를 알림.	193 1월 4일	
12월 21일 자 서울 발 보고서 KNo. 130 - 한국황제가 독일 국채에 자금을 투자함.	1083 1월 21일	
12월 30일 자 도쿄 발 보고서, No. A. 3 - 경부선철도의 확장 신속히 추진.	1455 1월 28일	
1월 9일 자 서울 발 보고서 KNo. 6 - 과부 명현황후의 서거.	1898 2월 5일	
2월 11일 자 런던 발 보고서 No. 569 - 한국의 새 지도 발행.	2632 2월 15일	
2월 10일 자 런던 발 보고서 No. 106 - "Morning Post"지가 1882년 5월 22일 체결된 조미조약이 여전히 유효하다는 점을 환기시킴. 그 조약에 따르면 미국은 한국이 외부의 침략을 받을 경우 즉각적인 개입을 약속함.	2353 2월 12일	
12월 30일 자 서울 발 보고서 No. 136 - 전쟁 발발에 대한 러시아 공사와 일본 공사의 입장. - 전쟁 발발에 대비하는 일본. - 새로운 러시아 무관에 관한 한국인의 무관심. - 한국 황제와 대신 교체. - 미래의 한국 황후. - 프로이센의 하인리히 왕자에게 훈장을 수여할 가능성?	1129 1월 22일	
1월 2일 자 무관 에첼의 도쿄 발 보고서 No. 1 - 2차에 걸친 경부철도회사의 구성에 대한 일본 정부의 뒤늦은 개입. - 철도건설의 지연.	1449 1월 28일	

01

독일 순양함 함장의 서울 방문

발신(생산)일	1902. 9. 19	수신(접수)일	1902. 11. 5
발신(생산)자	바이페르트	수신(접수)자	뷜로
발신지 정보	서울 주재 독일영사관	수신지 정보	베를린 정부
	No. 148		A. 16163
메모	연도번호 No. 917		

A. 16163 1902년 11월 5일 오후 수신

서울, 1902년 9월 19일

No. 148

연도번호 J. No. 917

독일제국 수상 뷜로 각하 귀하

앞서 보고 드린 바와 같이 이달 7일 독일제국 순양함 함장 가이쓸러[1] 해군중장이 독일선박 "Fürst Bismarck"호와 어뢰정 "S 90"을 이끌고 제물포에 도착했습니다. 그곳에서 해군중장을 만난 이후 본인은 그의 소원에 따라 당일 저녁 외부대신 서리[2]에게 황제의 알현을 신청하였습니다. 하지만 다음날 오전 해군중장한테서 즉시 칭다오로 떠나겠다는 연락이 왔습니다. 지난달 30일 칭다오를 출발한 포함 "Tiger"호가 이달 4일까지도 상하이에 도착하지 않아 태풍에 휘말렸을지 모른다는 불길한 소식이 전해졌기 때문입니다. 이에 본인은 해군중장의 요청에 따라, 불가피한 사정에 의해 계획을 변경하게 된 것에 양해를 구하고 알현신청을 철회하였습니다.

다행스럽게도 이미 이달 10일 순양함 함장이 "Tiger"호에 관한 불길한 소문은 근거 없는 것으로 밝혀졌다는 소식을 전해준 뒤 이달 15일 다시 제물포에 도착하였습니다. 도착 직후 그는 곧바로 서울로 왔습니다. 참모장과 기수장교를 대동하고 영사관에 도착한 해군중장은 당일 오후 두 명의 지휘관과 5명의 장교와 함께 한국 황제를 알현하였습

---

1 [감교 주석] 가이쓸러(Geissler)
2 [감교 주석] 최영하(崔榮夏)

니다. 그 자리에는 한국의 예식원장[3]을 비롯해 군부의 장성급 국장[4] 2명과 영관[5] 2명이 배석하였는데, 이는 금년 6월 말부터 시행된 새로운 알현규정에 따른 것입니다. 그에 따르면, 예전에는 앞에서 언급한 관리들과 함께 모든 알현에 배석했던 궁내부대신과 외부대신은 이제 외국 원수들에게 서한이나 훈장을 수여하는 등의 큰 알현식에만 배석하게 됩니다.

황제 알현에 이어 만찬이 진행되었습니다. 그 자리에는 예식원장과 궁내부대신[6]이 참석하였으며 한국군악대가 음악을 맡았습니다. 지난달 말부터 서울에서 콜레라가 산발적으로 발병하고 있어 기함의 악대를 데려오는 것을 포기하였습니다.

다음날 일정은 방문과 서울 관광이었습니다. 영사관에서 해군중장 일행을 위해 조찬을 베풀었는데, 본인은 그 자리에 다수의 한국 고관들과 서울에 거주 중인 독일인들을 초대하였습니다. 황제와 황태자는 수상 각하와 7명의 장교들에게 많은 선물을 보내왔습니다.

해군중장은 17일에 제물포로 돌아갔습니다. 그는 궁내부대신과 임시 외부대신, 그리고 2명의 장군을 포함해 모두 7명의 한국 고관들에게 기함 선상에서 조찬을 대접했습니다.

순양함 함장은 18일 새벽 제물포를 떠나 다구[7]로 향했습니다.

바이페르트[8]

내용: 독일 순양함 함장의 서울 방문

---

3   [감교 주석] 민영환(閔泳煥)
4   [감교 주석] 원수부 총장
5   [감교 주석] 영관(領官)
6   [감교 주석] 윤정구(尹定求)
7   [감교 주석] 다구(大沽)
8   [감교 주석] 바이페르트(H. Weipert)

베를린, 1902년 11월 13일   A. 16163

본인은 다음 보고서를 삼가 해군본부   순양함 함장 해군중령 가이쓸러의 서울 체
사령관에게 전달하는 바입니다.   류에 관한 금년 9월 19일 자 서울 주재 독일
                                          영사의 보고서를 반환을 전제로 독일제국
                                          해군본부 차관에게 동봉하여 보냅니다.
연도번호 No. 9834

미국 해군소장 로저스의 방문

발신(생산)일	1902. 10. 3	수신(접수)일	1902. 11. 23
발신(생산)자	바이페르트	수신(접수)자	뷜로
발신지 정보	서울 주재 독일영사관	수신지 정보	베를린 정부
	No. 160		A. 17036
메모	연도번호 No. 981		

A. 17036 1902년 11월 23일 오전 수신

서울, 1902년 10월 3일

No. 160

연도번호 No. 981

독일제국 수상 뷜로 각하 귀하

지난달 23일부터 26일까지 미국 해군소장 로저스[1]가 기함 "New York"호와 함께 제물포에 체류하였습니다. 기함에는 도쿄 주재 미국 공사 벅[2]이 함께 승선하고 있었는데, 그는 한국의 바다로 휴양 차 온 것입니다. 두 사람은 서울을 방문하여 알현을 신청했으나 현재 서울에 콜레라가 창궐하고 있어 알현 허가를 받지 못했습니다.

본인은 본 보고서의 사본을 도쿄와 베이징 주재 독일제국 공사관으로 보낼 것입니다.

바이페르트

내용: 미국 해군소장 로저스의 방문

---

1 [감교 주석] 로저스(Rogers)
2 [감교 주석] 벅(A. E. Buck)

03

원문 p.390

한국에 대한 총포와 말 판매. 이른바 한국의 군사개혁안

발신(생산)일	1902. 10. 29	수신(접수)일	1902. 11. 26
발신(생산)자	에첼	수신(접수)자	
발신지 정보	도쿄 주재 독일 무관	수신지 정보	베를린 국방부
	No. 13		A. 17178
메모	연도번호 No. 18 11월 29일, 페테르부르크 931, 워싱턴 A. 345, 베이징 A. 134, 서울 A. 4, 런던 1066, 파리 837에 전달		

사본

A. 17178   1902년 11월 26일 오후 수신

도쿄, 1902년 10월 29일

군사보고 No. 13

내용: 한국에 대한 총포와 말 판매. 이른바 한국의 군사개혁안

한국 정부는 일본에서 6개의 야포(구식)와 106필의 군사용 말을 구입했습니다. 구입 물품은 10월 초 제물포행 선박을 통해 들여왔습니다.

9월 말부터 한국 장교 한 명이 아사히가와[1] 제7사단 본부에 머물며 (내년 봄까지만 유효한) 홋카이도의 민병제도를 연구하고 있습니다. 체류기한은 5개월로 예정돼 있습니다.

최근 일본 언론에서 군대를 재조직하고 군인을 증원하고자 하는 한국의 군사계획안을 자주 다루고 있습니다. 그에 따르면 한국의 계획은 다음과 같습니다.

1. 서울의 황제와 궁중수비대를 500명으로 증원한다.
2. 북쪽의 국경선 수비를 위해 평양 주둔 병사를 1,600명으로 증강한다.
3. 내년 안에 마산포에 수비대를 설치한다.
4. 서울과 평양에 병기창을 세운다.

---

1   [감교 주석] 아사히카와(旭川)

5. 매년 50명의 장교를 외국으로 보낸다. 그중 10명은 독일로, 20명은 일본으로 보낸다.

이러한 보도는 일본의 영향력 증대를 위해 최대한 많은 일본 장교를 한국에 교관으로 파견시키고자 하는 소망에서 비롯된 것으로 보입니다. 재정이 열악한 한국 정부가 비용이 많이 드는 군사계획안을 자발적으로 세운다는 것은 거의 상상하기 어렵습니다.

일본 회사가 21만 엔의 금액으로 서울에 무기 공장과 탄약 공장을 건립하는 일을 맡았습니다.

만약 이 소식이 사실이라면 병기창에서 더 이상 사용할 수 없는 일본 기계들이 선박을 이용해 한국으로 운송될 것입니다.

(서명) 무관 에첼[2] 소령

---

2   [감교 주석] 에첼(Etzel)

베를린, 1902년 11월 29일   A. 17178^{II}

주재 외교관 귀중   귀하에게 한국 군대에 관한 지난달 29일 도쿄
1. 상트페테르부르크 No. 931   주재 독일 공사관 무관의 보고서 사본을 삼가
2. 워싱턴 No. A. 345   정보로 제공합니다.
3. 베이징 No. A. 134
4. 서울 No. A. 4
5. 런던 No. 1066
6. 파리 No. 837

연도번호 No. 19280

04

[순양함 함장의 한국 방문 보고서 전달]

발신(생산)일	1902. 12. 1	수신(접수)일	1902. 11. 26
발신(생산)자	독일제국 해군본부 차관	수신(접수)자	
발신지 정보	독일제국 해군본부	수신지 정보	베를린 외무부
			A. 17452
메모	1902년 11월 13일 자 서신 A. 16163/9834에 대한 답신		

A. 17452 1902년 12월 1일, 첨부문서 1부

베를린, 1902년 11월 29일

발신: 독일제국 해군본부 차관

A. Iᵉ 12704.

1902년 9월 19일 자 서울 주재 독일 영사의 보고서를 검토한 후 삼가 동봉하여 돌려드립니다. 해군본부 사령관도 정보를 전달받았습니다.

람폴드[1]를 대리하여

---

1 [감교 주석] 람폴드(Rampold)

[이용익이 러시아 공사관으로 피신했다는 보고]

발신(생산)일	1902. 12. 1	수신(접수)일	1902. 12. 2
발신(생산)자	바이페르트	수신(접수)자	빌로
발신지 정보	서울 주재 독일영사관	수신지 정보	베를린 정부
	No. 20		A. 17467
메모	A. 18176 참조		

A. 17467   1902년 12월 2일 오전 수신

전보

서울, 1902년 12월 1일   오후 7시 50분
도착   오후 9시 5분

발신: 독일제국 영사
수신: 외무부 귀중

암호해독

No. 20

이용익[1]으로 인해 내각이 위기에 처함.
내각에 의해 고발된 이용익은 황제의 양해하에 어제 러시아 공사관으로 피신함.
시민들은 평온을 유지하고 있음.

바이페르트

---

1   [감교 주석] 이용익(李容翊)

[고종 즉위기념식 연기 및 러시아 특사 베베르에 관한 보고]

발신(생산)일	1902. 10. 19	수신(접수)일	1902. 12. 12
발신(생산)자	바이페르트	수신(접수)자	뷜로
발신지 정보	서울 주재 독일영사관	수신지 정보	베를린 정부
	No. 166		A. 17987
메모	연도번호 No. 1047 1월 1일, 페테르부르크 5, 런던 1에 전달		

A. 17987   1902년 12월 12일 오후 수신, 첨부문서 1부

서울, 1902년 10월 19일

No. 166

독일제국 수상 뷜로 각하 귀하

기념식 연기 사실을 몰랐던 것은 오직 러시아 하나뿐입니다. 특사 베베르[1]는 이달 16일 서울에 도착했습니다. 그는 원래 즉위식 참석을 위해 방문일정을 이 시점으로 잡은 대제후 키릴 블라디미로비치[2]와 함께 러시아 전함 "Admiral Nachimoff"호를 타고 제물포에 도착하였습니다. 그리고 키릴 블라디미로비치의 요청에 따라 ―서울에 주재하고 있는 다른 나라 외교사절단에 앞서― 18일 황제를 특별 알현하였고, 그 자리에서 베베르는 황제에게 러시아 황제의 축하서신을 전달하였습니다. 베베르는 시베리아와 만주를 거쳐서 여행하는 동안 뤼순항[3]에서 더 편히 머무를 수도 있었으나 그러지 않았습니다. 이는 그의 특사 파견이 다른 목적, 즉 러시아와 한국 간 선린관계 재구축에 있음을 암시합니다. 그 목적을 달성하기 위해서는 사절단 파견이 뒤로 미루어질 수 없었던 것입니다.

베베르는 부인과 함께 러시아 공사관에 여장을 풀지 않고 한국 왕실의 손님 자격으로 일종의 황실호텔에 머물고 있습니다. 베베르 부부는 궁중의 경비지원을 받아 황실호텔[4]

---

1 [감교 주석] 베베르(K. I. Weber)
2 [감교 주석] 키릴 블라디미로비치(Kirill Vladimirovich)
3 [감교 주석] 뤼순(旅順; Port Arthur)
4 [감교 주석] 손탁호텔(존타크 호텔, Sontag Hotel)

에서 독일 출신의 접대담당이자 베베르 부인의 친척인 손탁[5]의 접대를 받고 있습니다. 손탁의 전언에 의하면 베베르는 당분간 서울을 떠나지 않을 것이라 합니다. 베베르가 한국에서 러시아 대표부를 다시 맡게 될 거라는 소문과 더불어, 최근 그가 한국 정부의 고문으로 채용될 거라는 새로운 소문이 돌고 있습니다. 베베르는 예전부터 슈타인 대리 공사와 그다지 우호적인 관계가 아니라서 슈타인[6] 및 파블로프[7] 측에서 베베르를 반대하고 있다는 주장이 있습니다. 특히 상트페테르부르크에서 현재 그에게 맡긴 임무에 대해 반대가 강합니다. 러시아 대리공사는 구엔스부르크[8]를 상당히 못마땅해 하고 있습니다. 구엔스부르크는 텐진에 있는 보각[9] 장군의 옛 비서 출신으로 지난여름부터 다시 이곳에 체류하고 있는데 앞으로도 꽤 오래 이곳에 머물 것으로 보이기 때문입니다. 그의 체류에 다른 목적이 있는지는 현재까지 밝혀진 바가 없습니다. 일단은 그의 체류 목적이 비밀 정보수집과 보고사항 수집에 있을 것으로 추정되고 있습니다.

즉위기념식을 열기로 되어 있는 건물과 시설들 가운데 현재까지 완공된 것은 새 알현실을 포함해 일부에 불과합니다. 마지막으로 즉위기념식의 정확한 소요비용은 알려지지 않았으나 현재 백만 엔 이상일 것으로 추정되고 있습니다. 즉위기념식 연기를 신속하게 결정한 배경에는 경비 부족도 영향을 미쳤을 것으로 보입니다.

(서명) 바이페르트

---

5 [감교 주석] 손탁(A. Sontag)
6 [감교 주석] 슈타인(Stein)
7 [감교 주석] 파블로프(A. Pavlow)
8 [감교 주석] 구엔스부르크(Guensburg). 러시아인 긴즈부르크(Ginsburg)로 추정됨.
9 [감교 주석] 보각(Wogack)

[대신 파면과 이용익 유배 결정 보고]

발신(생산)일	1902. 12. 17	수신(접수)일	1902. 12. 17
발신(생산)자	바이페르트	수신(접수)자	뷜로
발신지 정보	서울 주재 독일영사관	수신지 정보	베를린 정부
	No. 21		A. 18176
메모	A. 17467에 첨부 A. 18372 참조할 것 전보 No. 20과 관련됨		

A. 18176 1902년 12월 17일 오전 수신

전보

서울, 1902년 12월 17일 오전 12시 10분
도착 오전 6시 28분

발신: 독일제국 영사
수신: 외무부 귀중

암호해독

No. 21

러시아와 일본의 조언에 따라 대신 몇 명이 파면되고 이용익[1]은 지방으로 유배됨. 아직 러시아 공사관에 머물고 있는 이용익은 다시 영향력을 회복해 독일의 인삼-차관을 관철시키려 애쓰고 있음. 일본은 순비 엄씨[2]를 위해 비밀리에 이용익을 반대하고 있음.

바이페르트

---

1 [감교 주석] 이용익(李容翊)
2 [감교 주석] 순헌황귀비(純獻皇貴妃)

08

원문 p.398

[마이어 회사의 군수품 보관 허가 관련 서류]

발신(생산)일		수신(접수)일	1902. 12. 18
발신(생산)자		수신(접수)자	
발신지 정보		수신지 정보	
			A. 18211

A. 18211   1902년 12월 18일 수신

메모

제물포 소재 마이어 회사[1]의 군수품보관 허가를 취득하기 위한 로 주식회사의 신청서류는 중국편 24에 있음.

---

1   [감교 주석] 마이어 회사(E. Meyer & Co.; 세창양행(世昌洋行))

[러시아 정부의 태도에 대한 톨스토이의 비판 기사와
그에 관한 사실관계 정정 보고]

발신(생산)일	1902. 12. 19	수신(접수)일	1902. 12. 21
발신(생산)자	알벤스레벤	수신(접수)자	뷜로
발신지 정보	상트페테르부르크 주재 독일 대사관	수신지 정보	베를린 정부
	No. 891		A. 18364

사본

A. 18364   1902년 12월 21일 오전 수신

상트페테르부르크, 1902년 12월 19일

No. 891

독일제국 수상 뷜로 각하 귀하

"Novoye Vremya"[1]지에 러시아 외무부에 관해 아래와 같은 뉴스가 실렸습니다.

"Novoye Vremya"지 제9581호에 파울 톨스토이[2] 기자가 쓴 〈러시아와 보어전쟁〉이 라는 제목의 기사가 실렸습니다. 파울 톨스토이 기자는 지난 몇 년 동안의 사건들을 토대로 기사를 작성했지만 왜곡된 방향으로 기사를 전개하고 있습니다.

진실을 위해 톨스토이의 지적을 바로잡을 필요가 있어 보입니다. 기자는 러시아가 중국과 맺은 제1차 만주협정[3]을 파기하라는 영국의 요구에 굴복했다고 했습니다. 하지만 그건 전혀 사실이 아닙니다. 어떤 협정도 파기된 적이 없습니다. 따라서 영국이 러시아에 협정파기를 요구했다는 것 역시 말이 안 됩니다.

러시아는 청국에서 1900년 사태가 벌어졌을 때 이후 공표된 정부 공식성명을 통해 입장을 명확히 밝혔습니다. 당시 러시아는 인접국가의 정상상태 회복 및 유지라는 기본 방침에 입각한 원래의 대응 프로그램을 엄격히 지키면서 만주 철수문제에 대해 청과

---

1   [감교 주석] 노보예 브레먀(Novoye Vremya)
2   [감교 주석] 톨스토이(Paul Tolstoj)
3   [감교 주석] 문맥상 1900년 11월 체결된 제2차 러청밀약으로 보임.

협상을 시작했습니다. 보그디찬[4] 정부는 처음에 실제로 조약 체결을 거부했는데, 이는 전략적 선택으로 보입니다. 하지만 러시아 입장에서는 조약 체결을 고집할 아무런 이유가 없었습니다. 비록 나중에 조약이 체결되기는 했으나 그건 청국이 조약 체결에 적극적으로 나섰기 때문입니다. 당시 러시아는 '러시아 군대의 만주 철수는 국내의 안정화 정도와 다른 열강들의 태도에 달려 있다'는 성명을 발표했습니다. 따라서 톨스토이 기자의 기사는 이 문제에 대한 러시아의 결정과 전혀 일치하지 않습니다.

더 나아가 영국과 일본이 동맹[5]을 체결하자 러시아와 프랑스는 그 상황을 이용해 두 나라는 극동아시아 문제에 있어 상호 밀접하게 협력하고 있다고 공개적으로 선언하였습니다. 하지만 톨스토이가 인정한 러시아와 프랑스의 동맹은, 영국과 일본이 청국 문제에서 확실히 결정적인 우위를 점하고 있다고 한 톨스토이 본인의 말과 완전히 모순됩니다.

한국과 관련해서는 익히 알려진 바와 같이 1896년 러시아와 일본은 양국이 한국에 일정한 규모의 군대를 주둔시킬 수 있는 권한을 상호 인정하는 협정[6]을 체결하였습니다. 따라서 톨스토이의 주장과는 반대로, 소규모의 일본 부대가 한국에 체류하는 것은 조약 위반이 아닙니다. 일본인 가토가 한국에 채용되는 것 역시 마찬가지입니다. 가토[7]는 러시아 정부의 양해하에 농상공부의 하위직책을 맡았을 뿐, 궁중을 관할하는 게 아니기 때문입니다. 해관 총세무사인 영국인 브라운[8]의 경우를 보면 그는 계약에 따라 한국에서 근무하고 있으며, 계약기간 역시 한국이 일본에서 들여온 차관을 완전히 갚으면 만료됩니다.

중앙아시아의 상황에 대한 톨스토이의 기사 내용 역시 완전히 정확하지는 않습니다. 영국인들은 페르시아 동남부를 점령하지 않았습니다. 영국 측에서 페르시아 국경선을 넘으려는 시도를 한 적은 있으나 러시아의 즉각적인 개입으로 적시에 저지되었습니다. 또한 최근에 페르시아왕국의 영토 안에서 국경선이 변경된 적도 없습니다. 러시아와 페르시아의 선린관계는 지속적으로 굳건하게 유지되어 왔으며, 현재로서는 양국의 선린관계가 조금이라도 악화될 이유가 전혀 없습니다.

아프가니스탄과의 국경선 조정은 보어전쟁이 시작되기 전에 이미 이루어졌습니다. 러시아는 1895년 아무르다르야 강의 수원지와 인도 사이의 지역을 아프가니스탄의 영토

---

4   [감교 주석] 보그디찬(Bogdychan). 청국 황제의 칭호를 의미함.
5   [감교 주석] 제1차 영일동맹
6   [감교 주석] 로바노프 야마가타 의정서
7   [감교 주석] 가토 마스오(加藤增雄)
8   [감교 주석] 브라운(J. M. Brown)

로 인정하였으며, 영국에 그 지역을 속령으로 합병하지 말 것을 요구하였습니다.

아프가니스탄과의 관계 설정 문제는, 이 문제와 관련해 우리가 직접 런던 내각에 어떤 요청을 하는 것보다, 국경상황이 바뀐 것을 고려해 향후 우리나라는 아프가니스탄과 직접 관계를 맺기로 했다는 사실만 런던 내각에 알리는 방식이 나을 듯합니다. 이 문제와 관련해 추가적인 설명은 기사에 포함되지 않았습니다.

톨스토이는 기사 말미에서 독일에 준 바그다드 철도 부설권[9] 문제에서 러시아 정부가 수동적인 태도를 보인 것을 지적하고 있습니다. 하지만 그가 인용한 재무부 발표문은 사실상 그의 지적에 대한 직접적 반박으로 해석될 수 있습니다. 그 발표문이야말로 러시아 정부가 그 문제의 향방에 얼마나 큰 관심을 기울이고 있는지를 가장 잘 증명해주기 때문입니다.

(서명) 알벤스레벤[10]
원본 문서 아시아 편 5

---

9 [감교 주석] 1893년 도이체방크가 수주한 바그다드 철도 부설권
10 [감교 주석] 알벤스레벤(Alvensleben)

[러시아의 요구로 이용익이 내장원경에 재임명되었다는 보고]

발신(생산)일	1902. 12. 20	수신(접수)일	1902. 12. 21
발신(생산)자	바이페르트	수신(접수)자	뷜로
발신지 정보	서울 주재 독일영사관	수신지 정보	베를린 정부
	No. 22		A. 18372
메모	A. 18176 / 기밀로 동봉함 / 전보 No. 21과 관련됨		

A. 18372　1902년 12월 21일 오전 수신

전보

서울, 1902년 12월 20일　오후 7시 45분
도착 12월 21일　오전 4시 32분

발신: 독일제국 영사
수신: 외무부 귀중

암호해독

No. 22

내각의 재구성. 러시아의 요구로 이용익[1]이 다시 내장원경으로 임명됨. 이에 일본 정부는 일본 공사가 러시아 대리공사에게 서한을 보내는 방식으로 이의를 제기함. 이용익은 상황이 진정되기를 기대하면서 오늘 러시아 포함을 이용해 뤼순항[2]으로 떠남. 서울에서는 일본의 선동적인 행위들이 인지됨.

상기 내용은 도쿄와 베이징에 전달되었음.

바이페르트

1　[감교 주석] 이용익(李容翊)
2　[감교 주석] 뤼순(旅順; Port Arthur)항

11

순비 엄씨의 추가적인 신분격상

발신(생산)일	1902. 11. 5	수신(접수)일	1902. 12. 21
발신(생산)자	바이페르트	수신(접수)자	뷜로
발신지 정보	서울 주재 독일영사관	수신지 정보	베를린 정부
	No. 177		A. 18845
메모	연도번호 No. 1115		

A. 18845 1902년 12월 31일 오후 수신

서울, 1902년 11월 5일

No. 177

독일제국 수상 뷜로 각하 귀하

이곳 군주가 총애하는 후궁 "엄"[1]은 작년 9월 22일 후궁 가운데 가장 높은 직위로 공주와 동등한 반열의 "비"라는 작위를 하사받았습니다. 그리고 지난달 29일 자 포고령에 의해 다시 황제의 후궁 가운데 가장 높은 품계인 황귀비로 임명되어 직위가 더욱 높아졌습니다. 궁중의 수많은 후궁들이 도달하기 위해 경쟁하는 다음 목표는 완전히 합법적으로 인정받는 황제 부인이 되는 것이며, 황제 부인의 칭호는 황후라고 합니다.

본인은 본 보고서의 사본을 베이징과 도쿄 주재 독일제국 공사관으로 보낼 것입니다.

바이페르트

내용: "엄비"의 추가적인 신분격상

---

1 [감교 주석] 순헌황귀비(純獻皇貴妃)

외부대신으로 조병식 임명. 베베르와의 관계

발신(생산)일	1902. 11. 5	수신(접수)일	1902. 12. 21
발신(생산)자	바이페르트	수신(접수)자	뷜로
발신지 정보	서울 주재 독일영사관	수신지 정보	베를린 정부
	No. 178		A. 18846
메모	1월 4일 페테르부르크 13, 런던 13에 전달 연도번호 No. 1116		

A. 18846 1902년 12월 31일 오후 수신

서울, 1902년 11월 5일

No. 178

독일제국 수상 뷜로 각하 귀하

　금년 1월 28일 박제순[1]이 외부대신 직에서 물러난 이후 이 직책은 임시직으로만 충원되고 있습니다. 처음에는 박제순 본인이 외부대신 서리의 직책을 맡았다가 유기환[2]이 그 뒤를 이었습니다. 하지만 유기환의 병환으로 외부협판 최영하[3]가 수시로 외부대신 직을 대행하였습니다. 그리고 결국 유기환은 금년 8월 26일 사망하였습니다. 그 후 외부협판 최영하기 외부대신 서리직을 맡았으며, 마지막으로 지난달 17일부터 조병식[4]이 그 뒤를 이었습니다. 조병식은 지난달 31일 최종적으로 외부대신으로 임명되었습니다.

　조병식은 이미 두 번이나(1차는 1887년 9월부터 1888년 9월까지, 2차는 1897년 11월부터 1898년 2월까지) 외무대신 직을 수행하였으며, 1900년 일본에 사절로 파견된 적도 있는 유명인사입니다(1900년 8월 18일 보고서 No. 91 참조). 그 후 여러 부처의 대신 직을 맡았으나 마지막에는 단지 궁내부 특진관의 직을 맡았습니다.

　앞에서 언급한 보고서에서 본인이 이미 상세히 보고 드린 바와 같이 조병식은 보수적

1　[감교 주석] 박제순(朴齊純)
2　[감교 주석] 유기환(俞箕煥)
3　[감교 주석] 최영하(崔榮夏)
4　[감교 주석] 조병식(趙秉式)

인 친러시아파 인물이라 할 수 있습니다. 따라서 그의 외부대신 기용이 베베르[5]의 서울 도착과 동시에 이루어진 것은 결코 우연이 아니라고 할 수 있습니다. 그건 특히 베베르를 어떤 식으로든 계속 서울에 머물게 하려는 한국 황제의 소망에서 비롯된 것으로 보입니다. 하지만 베베르의 말을 빌리면 아직까지 그 문제에 대해 결정된 것은 아무 것도 없다고 합니다.

본인은 본 보고서의 사본을 도쿄와 베이징 주재 독일제국 공사관으로 보낼 것입니다.

바이페르트

내용: 외부대신으로 조병식 임명. 베베르와의 관계

---

[5] [감교 주석] 베베르(K. I. Weber)

베를린, 1903년 1월 1일   A. 17987

주재 외교관 귀중   귀하에게 한국 황제의 즉위기념식에 관한 작년
1. 상트페테르부르크 No. 4   10월 19일 자 서울 주재 독일제국 영사의 보고
2. 런던 No. 1   서 발췌본을 삼가 정보로 제공합니다.

연도번호 No. 26

기밀

베베르의 노력

발신(생산)일	1902. 11. 17	수신(접수)일	1903. 1. 1
발신(생산)자	바이페르트	수신(접수)자	뷜로
발신지 정보	서울 주재 독일영사관	수신지 정보	베를린 정부
	No. 185		A. 23
메모	연도번호 No. 1155		

A. 23   1903년 1월 1일 오전 수신

서울, 1902년 11월 17일

No. 185

독일제국 수상 뷜로 각하 귀하

서울 주재 러시아 대리공사가 최근 한국 정부에, 베베르[1]는 특사 자격으로 내년 4월 30일로 예정된 즉위기념식 때까지 머물 것이라고 알렸습니다. 정통한 소식통에 의하면, 페테르부르크에서 이런 지시를 내린 것은 한국 군주가 전보로 그렇게 요청했기 때문이라고 합니다. 하지만 베베르는 그 기간 동안 궁중에서 손님으로 머무는 것을 거절했습니다. 베베르가 본인에게 전해준 바에 따르면, 그는 즉위기념식 행사에서 훈장을 전달할 예정입니다. 베베르와 슈타인[2] 대리공사의 관계는 더욱 악화된 것으로 보입니다. 베베르의 지인이 전해준 바에 의하면 슈타인은 베베르가 공사관 서류를 보여 달라고 요구하자 페테르부르크에 이의를 제기했다고 합니다. 플랑시[3]도 베베르가 서울 공사로 임명될 거라는 소문을 그리 달가워하지 않고 있습니다. 그는 본인에게, 예전의 경험에 비춰보면 파블로프[4]와는 달리 베베르한테서는 거의 어떤 정보도 얻을 수 없을 거라며 하소연했습니다.

러시아인들과 가까운 믿을 만한 소식통에 의하면, 베베르는 람스도르프[5]로부터 은밀

---

1   [감교 주석] 베베르(K. I. Weber)
2   [감교 주석] 슈타인(Stein)
3   [감교 주석] 플랑시(V. C. Plancy)
4   [감교 주석] 파블로프(A. Pavlow)

히 아래와 같은 지령을 받았다고 합니다. 즉 한국에 아무 것도 요구하지 말 것, 그리고 조언을 요청받았을 경우 특히 일본의 영향력 확대를 제어하는 방향으로만 조언할 것, 이 두 가지입니다.

베베르는 본인에게 이달 14일 그의 능력과 선의를 매우 긍정적으로 평가하는 황제를 알현했다고 했습니다. 그 자리에서 베베르는 매관매직을 척결하고 재정개혁과 화폐개혁 같은 일련의 개혁조치를 시행하라고 제안했다고 합니다. 또한 베베르는 자신의 영향력이 통하는 인물들을 황제의 측근에 심기 위해 애쓰고 있는데, 이용익[6]도 염두에 두고 있는 듯합니다. 이용익은 군주의 이익을 위해서라면 여전히 정당한 비용청구에도 돈을 지급하지 않는 막무가내 방식으로 재정을 운영하고 있습니다. 그는 최근까지 주로 러시아의 조언과 연대를 추구하면서 동시에 일본에도 적절한 이권을 넘겨주면서 계속 좋은 관계를 유지하는 정책을 써왔습니다. 하지만 그가 앞으로 그런 정책을 포기할지는 의문입니다. 9월 말경, 비록 대단한 성과를 거둔 것은 아니지만 이미 존재하고 있는 기병대를 위해 일본 말 106필과 예포용 총포 6정을 십만 엔 남짓한 가격으로 구입한 것은 이용익의 주도로 이루어진 일이었습니다. 또한 최근에 다시 군도와 기타 장비를 포함해 모제르 카빈총 1,500정을 부산의 일본 미쓰이 상사[7]를 통해 9만 엔에 주문하였습니다. 부산의 미쓰이 상사는 구매대금을 아직 지급하지 않은 작년 인삼수확 대금으로 상계처리 하였습니다.

향후 5년간의 인삼수확을 담보로 러청은행이 500만 엔의 차관을 제공하는 문제를 놓고 이용익과 구엔스부르크[8] 사이에 협상이 진행 중이라는 소문이 돌고 있으나, 진위여부는 아직 확인할 수 없습니다.

본인은 본 보고서의 사본을 도쿄와 베이징 주재 독일제국 공사관으로 보낼 것입니다.

바이페르트

내용: 베베르의 노력

---

5   [감교 주석] 람스도르프(V. Lamsdorf)
6   [감교 주석] 이용익(李容翊)
7   [감교 주석] 미쓰이(三井) 상사
8   [감교 주석] 구엔스부르크(Guensburg). 러시아인 긴즈부르크(Ginsburg)로 추정됨.

베를린, 1903년 1월 4일   A. 18846

주재 외교관 귀중   귀하에게 새로 임명된 한국 외부대신 조병식
1. 상트페테르부르크 No. 13   에 관한 작년 11월 5일 자 서울 주재 독일제
2. 런던 No. 13   국 영사의 보고서 사본을 삼가 정보로 제공합
                                        니다.

14

[일본이 이용익의 내장원경 재임명에 대한 항의를 철회했다는 보고]

발신(생산)일	1903. 1. 3	수신(접수)일	1903. 1. 7
발신(생산)자	바이페르트	수신(접수)자	뷜로
발신지 정보	서울 주재 독일영사관	수신지 정보	베를린 정부
	No. 1		A. 179
메모	A. 18372 참조		

A. 179 1903년 1월 7일 오전 수신

전보

서울, 1903년 1월 3일   오후 7시 57분
도착   오후 11시 16분

발신: 독일제국 영사
수신: 외무부 귀중

암호해독

No. 1

전보 No. 22[1]와 관련해, 이용익[2]의 재임용에 대한 12월 31일 자 일본의 항의는 이용익의 임명을 러시아에 유리하게 이용하지 않겠다는 러시아와 한국 양측의 약속을 받고 철회되었음.

이 내용은 베이징과 도쿄에 보고되었음.

바이페르트

---

1   [원문 주석] A. 18372 참조
2   [감교 주석] 이용익(李容翊)

미국 Collbran & Bostwick Co.의 요구

발신(생산)일	1902. 11. 29	수신(접수)일	1903. 1. 13
발신(생산)자	바이페르트	수신(접수)자	뷜로
발신지 정보	서울 주재 독일영사관	수신지 정보	베를린 정부
	No. 189		A. 591
메모	연도번호 No. 1178		

A. 591 1903년 1월 13일 오후 수신

서울, 1902년 11월 29일

No. 189

독일제국 수상 뷜로 각하 귀하

금년 8월 11일 자 보고서 No. 133[1]에서 본인은, Collbran & Bostwick Co.[2]의 150만 엔 청구를 둘러싸고 서울 주재 미국 공사와 한국 정부 간에 갈등이 빚어지고 있다고 보고 드린 바 있는데, 양국의 갈등이 갈수록 더 심각해지고 있는 상황입니다. 알렌[3]은 8월 15일 "한성전기회사의 담보가 만기도래했다고 선언했습니다. 하지만 한국 정부는 해관총세무사 맥리비 브라운이 상환액을 계산할 수 있는 시간을 벌어주기 위해 일차로 10월 1일까지, 2차로 10월 15일까지 상환만기일을 연장해 줬습니다. 하지만 마지막 유예기간까지도 그 문제를 검토해보겠다고 했던 약속과 결산이 제대로 이루어지지 않자 알렌은 미국 회사에 담보물건의 소유권을 확보와 그 물건을 처분할 수 있는 권한을 인정하였습니다. 그러자 미국 회사는 전력시설물들의 소유권을 자신들의 회사 앞으로 이전하였습니다. 또한 합리적인 운영을 통한 회사의 흑자 운영을 목표로 내세우고 있습니다. 반면 브라운[4]의 보고에 의하면 "한성전기회사"는 Collbran & Bostwick Co.에서 빌린 시설투자비 60만 엔의 이자도 갚지 못한 채 지난 3년 동안 총 17만 엔의 적자를 기록했습니다.

---

1 [원문 주석] A. 14185 참조
2 [감교 주석] 콜브란&보스트윅(Collbran & Bostwick Co.)
3 [감교 주석] 알렌(H. N. Allen)
4 [감교 주석] 브라운(J. M. Brown)

한국 정부는 시설 매각 건에 대해 미국 공사에게 항의하는 동시에 이달 20일 다른 나라 외교사절들에게도 동일한 각서를 보냈습니다. 그 각서에서 한국 정부는 아직 청구액이 확정되지 않았고 부채 상환을 위해 전철 건설을 예정하고 있으니 자국민들에게 한성전기회사의 시설 매입에 나서지 말라는 공고를 내달라고 요청하였습니다. 이에 대해 일본 공사[5]만 거부의 답변을 보냈고, 본인을 비롯한 대부분의 외교사절들은 아직 답변을 미루고 있습니다. 미국 공사는 이달 26일 외교사절 모임에서 한국 정부의 각서에 대해 기본적으로 위에서 언급한 것과 같은 입장의 해명을 내놓았습니다. 또한 이달 1일에야 비로소 반환금 정산 결과가 그에게 통보되었다고 덧붙였습니다. 그에 따르면 한국 정부는 51만 엔은 즉시 지불해야 한다는 것을 인정했지만, 그 밖의 항목에 대해서는 이의를 제기했다고 합니다. 특히 두 가지 주요항목, 즉 수력발전소 건설을 위한 사전정지 비용 433,000엔과 전철 확장비용 72만 엔의 지급에는 전혀 동의하지 않는다고 합니다. 게다가 갚아야 할 비용으로 인정한 금액조차도 전혀 지불하지 않고 있을 뿐만 아니라 지불 방식에 대해서도 아무런 협의가 이루어지지 않고 있다고 합니다. 자신이 그 문제의 중재자로서 했던 제안에 대해 한국 정부로부터 아무런 답변도 받지 못했다는 것입니다.

하지만 일본 공사가 한국 정부에 알렌의 제안을 받아들이도록 권유했기 때문에 그는 워싱턴에 현재 해결의 가능성이 열려 있다고 보고했습니다.

러시아 측에서는 금년 7월 말 Collbran & Bostwick Co.으로부터 시설매입을 제안 받았으나 거절했습니다. 알렌가 본인에게 전해준 바에 의하면, 현재 서울에 체류 중인 일본의 은행가 야스다[6]가 그 물건에 관심을 갖고 있다고 합니다. 하지만 일본 공사는 한국 정부의 동의 없이는 일본인의 매입에 동의하지 않을 것이라고 한국 정부에 약속한 뒤 오히려 직접 중재에 나서고 있습니다. 한국 정부가 Collbran & Bostwick Co.에 지불해야 할 대금을 일본인이 선 지급한 뒤 시설물을 담보로 삼고 그 회사 대신 직접 운영을 맡는 방식이라고 합니다.

본인은 본 보고서의 사본을 도쿄와 베이징 주재 독일제국 공사관으로 보낼 것입니다.

바이페르트

내용: 미국 Collbran & Bostwick Co.의 요구

---

5 [감교 주석] 하야시 곤스케(林權助)
6 [감교 주석] 야스다 젠지로(安田善次郎)로 추정됨.

이용익에 대한 고소. 이용익은 러시아공사관으로 피신함. 내각의 위기

발신(생산)일	1902. 12. 2	수신(접수)일	1903. 1. 17
발신(생산)자	바이페르트	수신(접수)자	뷜로
발신지 정보	서울 주재 독일영사관	수신지 정보	베를린 정부
	No. 191		A. 778
메모	연도번호 No. 1189		

A. 778　1903년 1월 17일 오전 수신

서울, 1902년 12월 2일

No. 191

독일제국 수상 뷜로 각하 귀하

　이용익[1]은 내장원경이자 전환국장이며 탁지부대신과 평리원 재판장의 직책을 동시에 맡고 있습니다. 따라서 그는 한국의 모든 재정을 통제할 수 있는 권한뿐만 아니라 황실의 금고를 위해 지방 관리들한테서 밀린 세금을 가차 없이 징수할 수 있는 권한도 갖고 있습니다. 이용익의 권한이 이렇게 너무 막강하자 지난달 말 파벌에 관계없이 거의 모든 고위관리들이 합세해 그를 무너뜨리기에 나섰습니다. 우선 그들은 평리원 재판장의 직책을 내려놓도록 하기 위해 이용익을 그의 목숨을 노린 어떤 범죄사건의 증인으로 세우려 했습니다. 일단 그를 법정에 세우기만 하면 이미 그가 군주 모독 혐의로 소송이 제기되어 있기도 하고 쉽게 흥분하는 시민들을 부추겨 그를 제거할 수 있을 것으로 기대한 것입니다. 하지만 한국 황제가 지난달 26일 이용익에 대한 구인장 발부를 거부했기 때문에 그 계획은 실패로 돌아갔습니다. 궁을 떠나지 않았던 이용익은 황실 사유재산 평가기간으로 단지 나흘만 요구함으로써 황제에게 깊은 인상을 남긴데다가 "엄비"[2] 및 엄비 추종세력과 적대적 관계에 있는 황태자의 노력이 더해졌기 때문입니다. 베베르 또한 향

1　[감교 주석] 이용익(李容翊)
2　[감교 주석] 순헌황귀비(純獻皇貴妃)

후 큰 도움을 줄 수도 있는 러시아의 친구 이용익을 그냥 방치하지 않았습니다.

그러자 내각 전체가 나서 황제에게 청원서를 제출했습니다. 청원서에서 그들은 조병식 외부대신이 전해준 말을 토대로, 이용익이 "엄비"에게 한 발언은 황제모독행위라며 그를 고소했습니다. 이용익은 엄비가 벌써 황후의 자리에 올랐다는 듯 자신을 신하로 낮추면서, 단지 칭호가 비슷하다는 이유로 약 1,000년 전 나라를 망친 중국의 어떤 황후와 엄비의 새로운 칭호를 비교했다는 것입니다.

청원서가 거절되자 그들은 다시 황제에게 청원서를 올렸습니다. 그리고 지난달 29일 모든 대신들과 추밀원 의원들이 성문 앞 도로에 몇 시간 동안 무릎을 꿇고 항의했습니다. 이는 극단적인 상황에서 사용하던 한국의 오랜 시위 방식입니다. 이와 동시에 시민들을 자극해 데모를 유발하려던 계획은 정부가 군대를 투입함으로써 수포로 돌아갔습니다. 황제는 일단 이러한 전반적인 공세에 어느 정도는 양보하는 게 좋겠다고 생각하는 듯합니다. 하지만 그 후[3] 이용익은, 본인이 추정하기에는 베베르[4]가 부추긴 것으로 보이는데, 안전한 러시아 공사관의 보호를 받고 있습니다. 러시아 대리공사 슈타인[5]이 30일 오후 황제를 알현했고, 알현 직후 황제는 곧바로 인근 사찰로 행차를 나갔습니다. 그런데 사찰로 가는 길 중간에 러시아 공사관으로 들어가는 입구가 있고, 사찰 입구에 이르렀을 때 이용익은 황제의 수행원들과 헤어진 뒤 카자흐인 서너 명의 보호를 받으며 러시아 공사관으로 들어갔습니다. 그는 그날로[6] 내장원의 지휘권을 박탈당했습니다. 탁지부에서는 이미 그 전날 해임되었습니다.

이용익에 대한 고소 건 및 내각의 향방에 대해서는 아직 최종 결정이 내려지지 않았습니다. 하지만 대부분의 대신들은 이미 해임되거나 정직된 상태입니다. 그런데 특이하게도 대신들 가운데 친러시아파로 분류될 수 있는 외부대신 조병식[7]과 농상공부대신 민종묵[8]은 여전히 직위를 유지하고 있습니다.

미국[9]과 영국[10] 대표는 이용익에 대한 반대 움직임에 일본 대표보다 더 크게 공감하고 있는 듯합니다. 일본 대표는 본인에게, 러시아 공사관이 이용익의 도피를 허용한 것은

---

3 [원문 주석] [수기로 추가된 내용] (원문 그대로) 공사관에서 11월 30일에
4 [감교 주석] 베베르(K. I. Weber)
5 [감교 주석] 슈타인(Stein)
6 [원문 주석] [다음 단어로 대체됨] 동시에
7 [감교 주석] 조병식(趙秉式)
8 [감교 주석] 민종묵(閔種默)
9 [감교 주석] 알렌(H. N. Allen)
10 [감교 주석] 조던(J. N. Jordan)

한국의 내치간섭이라고 언급한 바 있지만 다른 한 편으로는 이용익에게 우호적인 태도를 보이고 있습니다. 이는 이용익이 화폐사업이나 인삼사업 등과 관련해 일본인들과 사업적 관계를 맺고 있다는 점에서 쉽게 이해할 수 있습니다.[11]

본인은 본 보고서의 사본을 베이징과 도쿄 주재 독일제국 공사관으로 보낼 것입니다.

바이페르트

내용: 이용익에 대한 고소. 이용익은 러시아공사관으로 피신함. 내각의 위기

---

11 [원문 주석] [제 3자에 의해 삭제 표시됨]

17

[한국 내 상반된 러시아, 프랑스 이미지 및 연기된 고종즉위기념식에 대한 가이쓸러의 보고]

발신(생산)일	1902. 10. 10	수신(접수)일	1903. 1. 22
발신(생산)자	가이쓸러	수신(접수)자	황제
발신지 정보	칭다오 순양함분함대사령부	수신지 정보	베를린
	G.B. No. 105		A. 1043
메모	기밀 발췌 사본 I: 중국 편 9 No. 1		

발췌

A. 1043 1903년 1월 22일에 첨부

칭다오, 1902년 10월 10일

황제 및 국왕 폐하 귀하

한국에서 정부정책의 근간이라 할 수 있는 궁중의 술책에 따라, 현재 러시아는 유독 좋은 나라로 묘사되는 반면 프랑스는 유독 나쁜 나라로 묘사되고 있습니다. 이는 최근 프랑스가 작년 제주도에서 피살된 프랑스 선교사들에 대한 배상금을 즉시 지급할 것을 강압적으로 요구했기 때문으로 보입니다.[1] 그로 인해 만성적인 재정난에 허덕이는 한국 정부의 입장이 아주 난처해졌습니다. 반면 러시아가 지금처럼 좋은 입지를 갖게 된 것은 수개월 전부터 서울의 모든 관심이 집중된 황제의 즉위 40주년 기념식이 실현될 수 있도록 갖은 방법으로 지원한 것이 적지 않게 영향을 미친 것으로 보입니다. 그중에서도 특히 러청은행이 기념식에 필요한 대규모 경비를 위해 궁중에 50만 루블의 차관을 약속한 것이 주효했습니다. 게다가 러시아 정부가 전 서울 공사였던 베베르를 기념식 대표로 파견하기로 했는데, 이를 계기로 다른 나라 정부들도 축제에 특사를 파견해 달라는 한국 황제의 초대에 응하기로 결정하였습니다. 특히 영국은 도쿄 주재 공사 맥도널드[2]를, 일본

---

1 [감교 주석] 신축민란(辛丑民亂)
2 [감교 주석] 맥도널드(C. M. MacDonald)

과 청국은 각기 왕자 한 명을 기념식 특사로 파견하기로 했습니다. 원래 10월 18일 개최 예정이던 축제는 그사이 서울에서 콜레라가 창궐하는 바람에 내년 봄으로 연기되었습니다. 정통한 소식통에 의하면, 기념식 개최는 주로 그걸 기회로 자신들의 주머니를 채울 속셈인 궁중 관리들이 세운 계획이라고 합니다. 실제로 기념식을 위해 조달되는 엄청난 규모의 물자와 각종 공사는 그 일에 관여하는 관리들에게 익숙한 방식으로 그들의 사익을 채울 수 있는 드물게 좋은 기회를 제공합니다. 서울에서는 현재 기념식을 위해 커다란 새 알현실과 귀빈용 숙소가 건설 중입니다. 커다란 온실은 이미 완공되었습니다. 또한 즉위기념식까지 근위기병들을 훈련시키기 위해 일본에서 말을 구입했으며, 한국 장교들에게 유럽식 복장과 두발을 하라는 명령이 내려졌습니다. 황제는 상투 자르는 것을 거부한 군부대신[3]에게 상투와 머리 중 하나를 자르라는 명령을 내렸고, 이에 군부대신은 유럽식 두발을 하라는 황제에 대한 반대를 포기했습니다.

(서명) 가이쓸러

사본 Ⅰ : 중국편 9 No. 1

---

3   [감교 주석] 신기선(申箕善)

18

이용익 사건으로 인한 내각의 위기

발신(생산)일	1902. 12. 16	수신(접수)일	1903. 1. 24
발신(생산)자	바이페르트	수신(접수)자	뷜로
발신지 정보	서울 주재 독일영사관	수신지 정보	베를린 정부
	No. 194		A. 1116
메모	연도번호 No. 1231		

A. 1116 1903년 1월 24일 오전 수신

서울, 1902년 12월 16일

No. 194

독일제국 수상 뷜로 각하 귀하

한국 군주는 즉위기념식 연기를 축하한다는 명분으로 한국 관리들을 위해 궁중에서 연달아 향연을 베풀었으며, 이를 핑계로 이용익[1] 건에 대한 결정을 이달 중순까지 미루기로 결정했습니다. 그로 인해 정부 업무는 거의 다 중단되다시피 했습니다. 하지만 향연들이 끝나자 윤용선[2] 의정부의정 측에서 이용익을 반대하는 새로운 진정서들을 연달아 올렸습니다. 반면에 이미 대부분 파면되어 몇 안 남은 내각의 일원들은 방관적인 태도를 취했습니다. 황제는 국민들이 이용익의 파면에 만족하지 못한다는 이유를 들어 이달 15일 자 훈령을 통해 그를 고향인 함경도로 유배 보냈습니다. 동시에 의정부의정한테도 일종의 벌로서 해임 처분을 내렸으나 다음날 다시 그 결정을 취소했습니다.

황제의 이런 결정에는 러시아[3]와 일본[4] 대표의 조언이 영향을 미친 것으로 보입니다. 그들이 직접 본인에게 전해준 바에 의하면, 러시아 대표와 일본 대표는 이용익의 유배는 충분한 속죄로 볼 수 있기 때문에 더 이상의 혼란을 피하기 위해 내각을 최대한 보호할 필요가 있다는 데 의견일치를 보았다고 합니다.

---

1 [감교 주석] 이용익(李容翊)
2 [감교 주석] 윤용선(尹容善)
3 [감교 주석] 파블로프(A. Pavlow)
4 [감교 주석] 하야시 곤스케(林權助)

이용익이 지방으로 유배되면 적들의 공격에 노출될 수 있다는 가정은 받아들이기 힘듭니다. 아무튼 그는 현재 러시아 공사관에서 계속 도피 중입니다. 또한 그의 후임으로 임명된 심복을 통해 내장원의 업무를 계속하고 있습니다.

이 난국을 종식시키기 위해 러시아 측에서는 베베르[5]를 중재자로 내세워 이용익과 그의 적들과의 화해를 꾀했습니다. 하지만 이용익이 궁중에 있는 적들을 완전히 제압하려는 욕심을 부리는 바람에 실패로 돌아갔습니다. 자신의 적들을 제거하기 위해 이용익은 황제에게 그의 최대 경쟁자이자 "엄비"[6]의 측근인 경위원 총관 이근택[7]을 고발하였습니다. 짐작컨대, 이 모든 사단의 배후에는 궁중의 주도권을 잡기 위한 엄비의 노력이 있는 듯합니다. 또한 하야시는 비록 이용익에 대해 노골적으로 적대적인 태도를 보이지 않고 있지만 일본은 은밀히 엄비 측을 지원하고 있는 것으로 보입니다. 플랑시[8]가 정통한 소식통으로부터 들었다고 주장하는 정보에 의하면, "엄비" 쪽에서 황제와 황태자를 노리고 벌인 기습작전은 일본의 도움을 기대하고 벌인 일이라고 합니다. 며칠 전 일본 순찰대 3명이 한밤중에 왕궁 근처에서 적발되자 황제가 새벽 2시에 일본 공사에게 해명을 요청하는 이상한 일이 발생했는데, 사람들은 이것이 그 기습작전과 연관이 있을 것으로 추정하고 있습니다. 일본 수비대 대장은 한국의 누군가로부터 궁중을 도와달라는 요청을 받고 무슨 일인지 확인해보기 위해 순찰병을 보냈다고 말했습니다.

황제는 현재 끊임없이 독살될지 모른다는 공포에 휩싸여 살고 있습니다. 하지만 "엄비"를 제거할 수는 없는 상황으로 보입니다. 한편으로는 엄비가 낳은 어린 아들에 대한 애정 때문이고, 다른 한편으로는 황제 본인의 변덕 때문에 어느 누구도 완전히 믿지 못하기 때문입니다.

본인은 본 보고서의 사본을 도쿄와 베이징 주재 독일제국 공사관으로 보낼 것입니다.

바이페르트

내용: 이용익 사건으로 인한 내각의 위기

---

5 [감교 주석] 베베르(K. I. Weber)
6 [감교 주석] 순헌황귀비(純獻皇貴妃)
7 [감교 주석] 이근택(李根澤)
8 [감교 주석] 플랑시(V. C. Plancy)

19
서울의 위기

발신(생산)일	1902. 12. 24	수신(접수)일	1903. 1. 24
발신(생산)자	아르코	수신(접수)자	뷜로
발신지 정보	도쿄 주재 독일 공사관	수신지 정보	베를린 정부
	A. 157		A. 1128

A. 1128 1903년 1월 24일 오후 수신

도쿄, 1902년 12월 24일

A. 157

독일제국 수상 뷜로 각하 귀하

도쿄에서는 일본과 러시아 양측 모두 서울의 위기에 대해 아주 냉정한 반응을 보이고 있습니다. 고무라[1]는 이미 그런 사건들에 익숙해 있기 때문에 아무도 동요하지 않는다고 말했습니다. 이즈볼스키[2]는 그런 음모들이 쉽사리 심각한 분규로 이어질 수 있겠지만 자신은 일본인들이 그러한 충돌을 원한다고 믿지 않기 때문에 모든 게 원상회복 될 것으로 믿는다고 말했습니다.

아르코[3]

내용: 서울의 위기

---

1 [감교 주석] 고무라 주타로(小村壽太郞)
2 [감교 주석] 이즈볼스키(A. P. Izwolskii)
3 [감교 주석] 아르코(E. Arco-Valley)

20

제물포에 입항한 폐하의 선박 "Jaguar"호

발신(생산)일	1902. 12. 13	수신(접수)일	1903. 1. 28
발신(생산)자	바이페르트	수신(접수)자	뷜로
발신지 정보	서울 주재 독일영사관	수신지 정보	베를린 정부
	No. 193		A. 1308
메모	연도번호 No. 1216		

A. 1308 1903년 1월 28일 오후 수신

서울, 1902년 12월 13일

No. 193

독일제국 수상 뷜로 각하 귀하

폐하의 선박 "Jaguar"호가 어제 오후 제물포에 도착했습니다. 사전에 이달 16일까지 제물포에 머물 예정이라고 통고했으나 새로운 명령을 받고 오늘 새벽 이미 목적지인 우쑹[1]에 가기 위해 제물포를 떠났습니다.

바이페르트

내용: 제물포에 입항한 폐하의 선박 "Jaguar"호

---

1 [감교 주석] 우쑹(吳淞)

21

내각의 재구성. 이용익의 뤼순항 여행

발신(생산)일	1902. 12. 20	수신(접수)일	1903. 2. 5
발신(생산)자	바이페르트	수신(접수)자	뷜로
발신지 정보	서울 주재 독일영사관	수신지 정보	베를린 정부
	No. 196		A. 1708
메모	연도번호 No. 1241		

A. 1708 1903년 2월 5일 오전 수신

서울, 1902년 12월 20일

No. 196

독일제국 수상 뷜로 각하 귀하

이달 17일과 18일에 공표된 훈령에 의해 파면됐던 대신들은 원래의 직위로 복권되었고, 이용익[1]은 다시 내장원경으로 임명되었습니다. 이용익의 재임용은 러시아 대리공사[2]의 요청에 따른 것입니다. 그는 이용익의 적들이 복권된다면 이용익도 복권돼야 한다고 주장했습니다. 슈타인이 오늘 본인에게 전해준 바에 의하면, 일본 공사[3]는 서신으로 일본 정부는 이용익의 복직("재임용")에 반대한다는 입장을 밝혔다고 합니다. 비록 외부대신[4]을 포함해 몇몇 대신들이 이용익의 재임용을 양해했다고는 하지만 내각이 복구되었다고 해서 한국 지도층 사이에 존재하던 내부적인 갈등이 아직 완전히 해소된 것은 아닌 듯합니다. 때문에 이용익이 계속 러시아 공사관에 머무는 게 그리 바람직하지 않다고 생각한 러시아 측에서 사태가 진정될 때까지 이용익을 서울에서 멀리 떼어놓기로 결정하였습니다. 그 결과 슈타인은 카자흐인 서너 명을 대동해 이달 17일 이용익을 제물포로 이동시켰습니다. 이용익은 한국 정부를 대표해 청에서 뭔가를 구입해오라는 임무를 받았다는 구실을 내세우면서 러시아 포함 "Koreetz"호를 타고 오늘 뤼순항[5]으로 떠났습니다.

---

1 [감교 주석] 이용익(李容翊)

2 [감교 주석] 슈타인(Stein)

3 [감교 주석] 하야시 곤스케(林權助)

4 [감교 주석] 최영하(崔榮夏)

슈타인은 이용익 문제에 관한 한 베베르보다 꼴랭 드 플랑시와 더 많이 상의하고 협력하고 있습니다. 슈타인이 본인에게 설명해준 바에 의하면, 그는 이용익이 원래 직책을 유지할 수 있도록 뭐든 할 것이라고 했습니다. 또한 한국 황제는 지금까지 곤경에 처할 때마다 주저 없이 러시아에 의존해 왔으므로 이미 러시아가 도덕적으로 승리를 거둔 셈이라고 말했습니다.

짧은 휴가를 얻어 어제 일본으로 떠난 일본 공사가 본인에게, 슈타인이 이용익을 떠나보낸 것은 현명하지 못한 처사였다고 말했습니다. 이용익이 되돌아오면 사람들은 그가 러시아인이 되었다며 비난할 테고. 이는 결국 러시아를 위해 그를 활용하려던 슈타인의 계획에 해를 입힐 거라고 했습니다. 조던[6] 역시 일본 공사의 견해에 공감을 표했습니다. 하지만 러시아 공사관에 이용익을 받아들임으로써 러시아와 이용익의 친밀한 관계가 이미 다 드러났기 때문에 그 점에서 더 이상 상황이 나빠질 것은 없어 보입니다.

이용익 재임용에 관한 러-일 양국의 공식적인 입장 차이는 차치하고라도, 이 상황을 더 위험하게 만들 수 있는 요소는 서울에 살고 있는 일본 하층계급 사람들의 태도입니다. 그들은 한국인들의 선동에 쉽게 흥분하며 동조하는 경향이 두드러집니다. 일본수비대 소속 군인 서너 명이 얼마 전 술에 취한 상태로 사격훈련장에 나왔다가 한국인의 가옥 한 채를 파괴하고 2명의 한국인을 다치게 했습니다. 일본전신국 관리 한 명도 성문을 지키는 수비대를 향해 난동을 부린 적이 있습니다. 한국인들은 일본인들이 거리에서 자주 난동을 부린다며 하소연하고 있는 실정입니다. 또한 일본 낭인들 다수가 서울에 체류하고 있다는 주장이 있는데, 주지하다시피 이는 일본의 야당들이 그들이 원하는 강력한 정책을 실현시키기 위한 수단으로 즐겨 인용하는 내용입니다.

본인은 본 보고서의 사본을 베이징과 도쿄 주재 독일제국 공사관에 보낼 것입니다.

바이페르트

내용: 내각의 재구성. 이용익의 뤼순항 여행

---

5 [감교 주석] 뤼순(旅順; Port Arthur)항
6 [감교 주석] 조던(J. N. Jordan)

22

[벨기에인의 황제 고문 채용 및 차관협상 보고]

발신(생산)일	1903. 2. 7	수신(접수)일	1903. 2. 8
발신(생산)자	바이페르트	수신(접수)자	
발신지 정보	서울 주재 독일영사관	수신지 정보	독일 외무부
	No. 3		A. 1885

A. 1885 1903년 2월 8일 오전 수신

전보

서울, 1903년 2월 7일 오후 11시 20분
도착 2월 8일 오전 8시 37분

발신: 독일제국 영사
수신: 외무부 귀중

암호해독

No. 3

벨기에 사람[1]이 이곳 황제의 개인고문으로 채용되었으며, 그는 현재 벨기에 신디케이트와 차관 협상을 벌이고 있음.

바이페르트

---

1   [감교 주석] 아데마 델크와느(Adhémar Delcoigne)로 추정

A. 1960에 대해

1쪽에 있는 각하의 소견

긴급

비밀목록 Ⅱ

일본 제일은행 은행권을 금지시킨 한국 정부의 관련 자료들이 그곳에 있습니까?

중앙본부, 2월 12일

네.

비밀목록 Ⅱ

2월 12일

23
[한국의 제일은행권 금지에 대한 일본의 보복 위협 보고]

발신(생산)일	1903. 2. 9	수신(접수)일	1903. 2. 10
발신(생산)자	바이페르트	수신(접수)자	
발신지 정보	서울 주재 독일영사관	수신지 정보	독일 외무부
	No. 4		A. 1960
메모	A. 2201 참조		

A. 1960 1903년 2월 10일 오전 수신

전보

서울, 1903년 2월 9일 오후 10시 40분
도착 2월 10일 오전 7시 28분

발신: 독일제국 영사
수신: 외무부 귀중

암호해독

No. 4

A. 2201 참조

한국이 제일은행 은행권을 금지하자 일본이 보복에 나서겠다고 위협함. 일본 기지전함 도착. 그보다 더 큰 순양함은 모레 도착할 예정임.

바이페르트

24

[한국주재 독일외교대표부 승격에 대한 감사 및
고종 즉위기념식 특사로 잘데른 파견 요청]

발신(생산)일	1903. 2. 11	수신(접수)일	1903. 2. 13
발신(생산)자	마이어	수신(접수)자	리히트호펜
발신지 정보	함부르크	수신지 정보	독일 정부
			A. 2125
메모	첨부문서 1부		

A. 2125 1903년 2월 13일 오전 수신, 첨부문서 1부

함부르크, 1903년 2월 11일

리히트호펜 국무장관 귀하
베를린

잘데른[1]이 한국 주재 변리공사로 임명된 이후 한국에 진출한 본인의 마이어 회사[2] 이름으로 한국 주재 독일 대표부의 승격에 몹시 만족하고 있다는 점을 말씀드리게 되어 영광입니다.

지난 수년 동안 독일의 이해관계가 걸린 문제가 생겼을 때 우리 나라 대표의 직급보다 다른 나라 대표들의 직급이 높아 항상 아쉬운 점이 많았습니다. 우리 대표부의 승격으로 그럴 때마다 우리끼리 간절히 바랐던 소망이 드디어 이루어진 것입니다.

러시아가 4월 30일로 예정된 한국 황제의 즉위기념식을 축하하기 위해 파견한 특사 베베르[3]는 이미 한국에 도착했습니다. 이에 본인은 한국 황제의 즉위기념식에 삼가 독일 황제폐하의 축하사절로 잘데른을 파견해 주십사 요청 드립니다.

폐하의 축하사절 파견은 분명 행사를 돋보이게 해줄 것입니다. 특사 파견과 함께 독일 전함이 제물포에 파견되거나, 다른 나라 대표들이 종종 하는 것처럼 잘데른이 그 전함을 타고 한국에 도착한다면 독일의 위상이 올라가는 동시에 한국 황제한테도 커다

---

1 [감교 주석] 잘데른(K. Saldern)
2 [감교 주석] 마이어 회사(E. Meyer & Co.; 세창양행(世昌洋行))
3 [감교 주석] 베베르(K. I. Weber)

란 기쁨을 안겨줄 것입니다.

각하께 러시아 변리공사 베베르의 출국 소식을 다룬 금년 1월 4일 자 "Neue Hamburger Börsenhalle"의 기사 일부를 정보 제공 차 삼가 보고서에 동봉하여 보냅니다.

한국에서의 독일 무역에 관해 여러 방면으로 관심을 보여주신 각하께 심심한 사의를 표하며 이만 줄입니다.

각하의 충실한 신하

마이어[4] 올림

한국 주재 독일제국 영사

---

4   [감교 주석] 마이어(H. S. E. Meyer)

A. 1960의 첨부.

"Neue Hamburger Börsenhalle"의 기사 사본

1903년 1월 4일

들리는 말에 의하면, 즉위기념식을 위해 서울에 파견된 러시아 특사 베베르는 한국 정부로 하여금 왕세자를 고위 관리 수행하에 러시아 황제의 궁으로 파견토록 하라는 임무를 부여받았다고 합니다. 더 나아가 이미 한국에서 근무하고 있는 러시아 관리 알렉세예프[5]를 한국황제의 제일 고문으로 임명하게 만들고, 한국 북부의 전신망을 러시아 전신망에 연결하게 만드는 것이라고 합니다.

---

5 [감교 주석] 알렉세예프(K. Alexeev)

베를린, 1903년 1월 4일   A. 1960

주재 외교관 귀중   귀하에게 이달 9일 자 서울 주재 독일제국 영
상트페테르부르크 No. 108   사의 보고서 "(inser. aus dem Eing.)"을 삼가
                                          정보로 제공합니다.

A. 2429 참조
암호우편으로

기밀

[한국의 제일은행권 금지 철회로 사건이 일단락되었다는 보고]

발신(생산)일	1903. 2. 13	수신(접수)일	1903. 2. 14
발신(생산)자	바이페르트	수신(접수)자	
발신지 정보	서울 주재 독일영사관	수신지 정보	독일 외무부
	No. 5		A. 2201
메모	A. 1960에 첨부		

A. 2201　1903년 2월 14일 오후 수신

전보

서울, 1903년 2월 13일　오후 10시 46분
도착 2월 14일　오후 7시 2분

발신: 독일제국 영사
수신: 외무부 귀중

암호해독

No. 5

전보 No. 4[1]에 이어서.

어제 구두로 은행권 금지가 철회됨으로써 사건은 확실히 일단락 된 것으로 보임.

바이페르트

1　[원문 주석] A. 1960에 삼가 첨부함

[한국의 제일은행권 금지 철회가 일본에 만족스럽게 해결되었다는 보고]

발신(생산)일	1903. 2. 14	수신(접수)일	1903. 2. 15
발신(생산)자	바이페르트	수신(접수)자	
발신지 정보	서울 주재 독일영사관	수신지 정보	독일 외무부
	No. 6		A. 2215
메모	No. 5 관련		

A. 2215 1903년 2월 15일 오전

전보

서울, 1903년 2월 14일 8시 30분

도착 오후 10시 25분

발신: 독일제국 영사

수신: 외무부 귀중

암호해독

No. 6

전보 No. 5에 이어서.

일본에 만족스럽게 해결됨.

바이페르트

이용익으로 인한 러시아와 일본의 의견충돌.
일본 "제일은행"의 차관

발신(생산)일	1903. 1. 3	수신(접수)일	1903. 2. 19
발신(생산)자	바이페르트	수신(접수)자	뷜로
발신지 정보	서울 주재 독일영사관	수신지 정보	베를린 정부
	No. 4		A. 2426
메모	A. 2481 참조 연도번호 No. 4		

A. 2426   1903년 2월 19일 오전 수신

서울, 1903년 1월 3일

No. 4

독일제국 수상 뷜로 각하 귀하

일본 공사[1]는 지난달 19일 휴가를 떠나기 전 외부대신에게 서신을 보내, 한국 정부의 이용익의 재임용에 반대한다는 의사를 밝혔습니다. 일본 정부의 지시에 따라 보낸 서신에서 그는, 일본 정부는 어느 한 국가의 보호를 받는 관리가 한국 정부와 궁중 행정에 지속적으로 영향력을 행사하는 것을 용납할 수 없다고 천명했습니다. 그러자 한국 정부는 이용익[2]은 어느 한 외국의 보호를 받지 않고 있지 않다고 반박했습니다. 더욱이 관리의 임명은 한국 군주의 전권에 속한다고 했습니다. 일본 대리공사 하기와라[3]한테서 본인이 직접 들은 바에 의하면, 그는 이러한 반박에 대해 다음과 같은 우려를 표했습니다. 즉 이용익이 러시아 공사관에서 머문 것, 러시아 대리공사의 안내에 따라 이용익이 러시아 전함에 승선한 것, 그리고 그 배를 타고 뤼순항[4]으로 떠난 것 등을 고려할 때 러시아의 소망에 따라 이용익을 재임용할 경우 어떤 협상이 진행될 때 러시아에 유리한 방향으로

---

1   [감교 주석] 하야시 곤스케(林權助)
2   [감교 주석] 이용익(李容翊)
3   [감교 주석] 하기와라 슈이치(萩原守一)
4   [감교 주석] 뤼순(旅順; Port Arthur)항

이용될 수 있다는 것입니다. 이용익 건을 대하는 일본의 태도는 주로 이러한 우려에서 기인한 것입니다. 일본의 이러한 우려와 관련해 지난달 27일 러시아와 일본 양국 대표 간에 협의가 진행되었습니다. 협의 후 슈타인[5]은 하기와라에게 친히 문서로, 자신은 이 문제에 그 어떤 정치적 의미도 부여할 생각이 없으며 이용익의 지위를 한국의 내부 상황에 대한 러시아의 영향력 확대에 이용할 의도가 전혀 없다고 약속했습니다. 슈타인이 본인에게 전해준 바에 의하면, 하기와라는 이 문서를 근거로 다시 한국 외부대신에게 문의했고 외부대신으로부터 지난달 31일 공식적인 해명을 들었다고 합니다. 그 해명에 의하면 이용익은 단지 쌀을 구입하라는 지시를 받고 청에 갔을 뿐 러시아에 유리한 그 어떤 협정도 체결할 권한이 없으며 그럼에도 불구하고 그가 어떤 협정을 체결할 경우 그 협정은 효력이 없다고 합니다. 하기와라한테 본인이 직접 들은 바에 의하면, 그는 해명을 들은 즉시 이용익 재임용에 대한 항의를 철회했다고 합니다. 하기와라의 발언으로 짐작컨대, 그는 슈타인의 해명으로 이 문제가 해결된 것에 매우 만족한 듯합니다. 하지만 그는 본인에게, 한국 정부의 부름을 받아 조만간 이곳에 돌아올 이용익이 재임용 후에 어떤 태도를 보일지는 두고 봐야 한다고 말했습니다.

일본 대리공사가 전해준 바에 의하면, 그는 이 사건과 연관된 몇 가지 미해결 문제에서도 한국 정부의 승인을 얻어내는 데 성공했다고 합니다. 즉 한국 정부는 일본 "제일은행" 은행권 금지의 철회 및 이미 관세를 낸 수입품에 대한 내국세 징수의 철회를 약속했다고 합니다. 작년 11월 22일 자 본인의 보고서 No. 187에서 이미 보고 드린 바와 같이, 내국세 문제는 외교적으로 이의를 제기했음에도 불구하고 부산 지역에서는 여전히 일본 상인들한테 내국세를 징수해 불이익을 받는 상황입니다. 또한 일본의 소망에 따라 (전직 육군 정령[6]이자 연대장이었던) 궁내부 관리[7] 김승규[8]가 새 공사로 임명돼 머지않아 임지인 도쿄로 부임할 것이라고 합니다. 하지만 도쿄에서는 외교대표부가 공사관서기관이자 대리공사로 승진한 전 내각사무처 직원 정해용에게 넘어간 것에 대해 불쾌해하고 있습니다.

이용익의 부재로 인해 그의 참여 없이는 막기 어려운 국고고갈 사태가 발생했습니다. 하지만 그로 인한 곤경은 지난달 말 일본 "제일은행"이 특별한 담보 없이 한국 정부에 약 10만 엔을 대출해 줌으로써 부분적으로 해소되었습니다. 월 1퍼센트의 이자로 4개월

---

5 [감교 주석] 슈타인(Stein)
6 [감교 주석] 정령(正領)
7 [감교 주석] 궁내부 특진관(宮內府特進官)
8 [감교 주석] 김승규(金昇圭)

내에 대출금을 상환한다는 조건입니다. 마이어 회사[9]도 같은 제안을 받았으나 응하지 않았습니다. 대출은 주로 일본에 도움이 됩니다. 왜냐하면 대출금을 받아 거의 백만 엔에 달하는 전년도 "제일은행" 대출금의 이자 및 일본 대부업자들한테 빌린 (약 만 엔에 달하는) 소소한 자금들을 우선적으로 갚기 때문입니다.

인삼수확을 담보로 한 러청은행의 차관과 관련해 최근에 보고 드린 소문들은 근거가 없는 것으로 보입니다. 적어도 러시아 대리공사는 본인은 물론이고 하기와라한테도 그렇게 했습니다. 하기와라가 그 문제에 대해 그런 식의 차관은 규모로 볼 때 러시아 정부의 허가가 필요하므로 러시아 정부의 차관으로 봐야 한다는 의견을 밝히자 슈타인은 당연히 강경한 어조로 반박했습니다.

본인은 본 보고서의 사본을 베이징과 도쿄 주재 독일제국 공사관에 보낼 것입니다.

바이페르트

내용: 이용익으로 인한 러시아와 일본의 의견충돌. 일본 "제일은행"의 차관

---

9   [감교 주석] 마이어 회사(E. Meyer & Co.; 세창양행(世昌洋行))

이용익에 대한 한국 주재 일본 공사의 발언

발신(생산)일	1903. 1. 22	수신(접수)일	1903. 2. 20
발신(생산)자	아르코	수신(접수)자	뷜로
발신지 정보	도쿄 주재 독일 공사관	수신지 정보	베를린 정부
	A. 13		A. 2481

A. 2481 1903년 2월 20일 오전 수신

도쿄, 1903년 1월 22일

A. 13

독일제국 수상 뷜로 각하 귀하

휴가차 도쿄에 머물고 있는 일본 공사 하야시[1]가 최근 독일제국 공사관의 한 직원에게 다음과 같이 말했습니다.

한국에서 이용익[2]이 영향력과 중요성을 갖는 이유는 그의 청렴결백함 때문이다. 그는 청렴결백하기 때문에 황제의 돈을 정말로 정직함과 절약정신으로 관리했다. 타락한 대다수의 한국 관리들은 이런 이유로 그를 두려워하고 증오한 나머지 그를 제거하기 위해 수많은 음모를 꾸몄다. 하지만 그가 황실의 재산을 관리하는 데 꼭 필요한 사람이라는 사실이 지금까지 그를 살렸다. 일본은 이용익의 청렴결백함에 기대 뤼순항[3]에서도 그가 러시아의 이익을 대변하지는 않을 거라고 기대한다.

그러나 적어도 도쿄 언론에서 서울에서 들어온 전신보고를 인용해 보도하는 내용을 보면 하야시의 이러한 낙관적 견해는 사실로 입증되기 어려울 듯합니다. 보도에 따르면 한국 정부는 이용익이 돌아오자마자 그를 몰아붙여, 일본 "제일은행" 은행권 허가 및 일본 수입품에 대해 계약에 어긋나게 세금을 이중으로 부과하는 문제와 관련해 일본 대리공사에게 했던 확실한 약속들을 철회했다는 것입니다.

아르코

내용: 이용익에 대한 한국 주재 일본 공사의 발언

---

1 [감교 주석] 하야시 곤스케(林權助)
2 [감교 주석] 이용익(李容翊)
3 [감교 주석] 뤼순(旅順; Port Arthur)항

[주한일본 공사 하야시—도쿄주재 독일공사관 참사관 에케르트 간 담화 보고]

발신(생산)일	1903. 1. 22	수신(접수)일	1903. 2. 20
발신(생산)자	아르코	수신(접수)자	뷜로
발신지 정보	도쿄 주재 독일 공사관	수신지 정보	베를린 정부
	A. 14		A. 2482

A. 2482 1903년 2월 20일 오전 수신, 첨부문서 1부

도쿄, 1903년 1월 22일

A. 14

독일제국 수상 뷜로 각하 귀하

공사관 참사관 에케르트[1]가 서울 주재 일본 공사 하야시[2]와 나눈 대담에 대한 보고를 첨부문서로 동봉해 보냅니다.

아르코

내용: 한국 정세에 대한 서울 주재 일본 공사의 발언

---

1 [감교 주석] 에케르트(F. Eckert)
2 [감교 주석] 하야시 곤스케(林權助)

A. 14에 첨부.

　현재 휴가차 도쿄에 머물고 있는 한국 주재 일본 공사 하야시가 이용익에 대해 아래와 같이 말했습니다.: "그는 천한 신분의 노동자 계급 출신으로 출세하기 위해 애썼다. 어쨌든 그가 주목할 만한 인물이다. 그가 군주의 재정을 아주 정직하게 관리하는 것은 주목할 만한 일이다. 세금의 엄격한 집행 및 벼락출세로 인해 현재 널리 미움을 사고 있으나 그는 군주한테는 아주 유용한 인물이다."
　하야시는 미소를 지으면서 이용익이 정치적으로 일본과 러시아 사이에서 매우 요령 있게 줄타기할 줄 아는 인물이라고 말했습니다.

에케르트

30

서울의 즉위기념식

원문 p.439

발신(생산)일	1903. 1. 22	수신(접수)일	1903. 2. 20
발신(생산)자	아르코	수신(접수)자	뷜로
발신지 정보	도쿄 주재 독일 공사관	수신지 정보	베를린 정부
	A. 16		A. 2484

A. 2484 1903년 2월 20일 오전 수신

도쿄, 1903년 1월 22일

A. 16

독일제국 수상 뷜로 각하 귀하

신문들이 다시 서울의 즉위기념식[1]에 아주 지대한 관심을 보이고 있습니다. 몇몇 신문사는 그 시기쯤 기동훈련을 하는 일본 군함대가 한국 군주에게 경의를 표하고 자신들의 위용을 뽐내기 위해 축제 기간에 한국 해안에 모습을 드러낼지 여부에 촉각을 곤두세웠습니다. 하지만 이성적으로 판단할 때 그러한 과시는 거의 가능성이 없습니다. 반면 일본 해군에서 복무하고 있는 일본 왕자 하나가 서울의 기념식에 참가할 가능성은 높아 보입니다. 일본인들은 원래 작년 가을로 예정되었던 기념식 때 그렇게 하려고 준비했었습니다. 영국 공사 클로드 맥도널드[2] 역시 벌써 영국의 군주를 대신한 축하사절로 서울 여행을 준비하고 있습니다.

아르코

내용: 서울의 즉위기념식

---

1 [감교 주석] 고종 황제 즉위 40주년 기념식
2 [감교 주석] 맥도널드(C. M. MacDonald)

31

일본과 한국

발신(생산)일	1903. 2. 18	수신(접수)일	1903. 2. 20
발신(생산)자	알벤스레벤	수신(접수)자	뷜로
발신지 정보	페테르부르크 주재 독일 대사관	수신지 정보	베를린 정부
	No. 94		A. 2494
메모	공사관 참사관인 롬베르크 남작을 통해		

A. 2494 1903년 2월 20일 오전 수신

페테르부르크, 1903년 2월 18일

No. 94

독일제국 수상 뷜로 각하 귀하

이달 14일 자 훈령 No. 108[1]을 통해 본인에게 전달된 서울 발 소식, 즉 한국이 제일은행의 은행권 금지 문제로 일본과 갈등을 빚고 있다는 소식과 관련해 이곳의 일본 공사는 본인에게 그 우발적 사건은 이미 해결됐다고 말했습니다. 그는 약 6일 전 금지령이 철회되고 은행권을 다시 허가하기로 한 의정서가 조인되었다는 전갈을 받았다고 합니다.

알벤스레벤

내용: 일본과 한국

---

1 [원문 주석] A. 1960에 삼가 첨부됨.

32

원문 p.441

[이용익 귀국과 베베르를 고문으로 채용하기 위한
이근택의 노력 보고]

발신(생산)일	1903. 1. 19	수신(접수)일	1903. 3. 15
발신(생산)자	바이페르트	수신(접수)자	뷜로
발신지 정보	서울 주재 독일영사관	수신지 정보	베를린 정부
	No. 10		A. 3666

A. 3666 1903년 3월 15일 오전 수신

서울, 1903년 1월 19일

No. 10

독일제국 수상 뷜로 각하 귀하

본인이 슈타인[1]에게 들은 바에 의하면, 일본 공사가 그에게 이달 6일 당분간 이용익[2]이 뤼순항[3]에 더 머물기 바란다는 의사를 밝혔다고 합니다. 그럼에도 불구하고 이용익은 한국 군주의 명령에 따라 러시아 대리공사와 합의한 후 이달 14일 러시아 전함 "Koreetz" 편으로 뤼순항에서 제물포로 돌아왔습니다.

이용익은 미곡 구입 임무를 뤼순항으로 떠나기 전 이미 서울에서 완수하였습니다. 지난 몇 달 동안 꽤 많은 미곡을 일본에 수출함에 따라 국내 재고가 부족해질 것을 우려해 프랑스의 L.Rondon 회사[4]를 통해 사이공 쌀을 대량으로 주문해 놓은 것입니다. 1차로 선적된 약 15,000피컬[5]의 쌀이 최근 제물포에 도착했습니다. 게다가 정통한 소식통에 따르면 이용익은 러시아 공사관에 머물고 있을 때 서울에 있는 프랑스인들과 2만 정의 무기 공급 계약을 체결했다고 합니다.

이용익은 즉시 서울로 귀환했으며, 서울에 돌아온 이후에는 더 이상 러시아 공사관의

---

1 [감교 주석] 슈타인(Stein)
2 [감교 주석] 이용익(李容翊)
3 [감교 주석] 뤼순(旅順; Port Arthur)항
4 [감교 주석] 용동회사(龍東會社, L. Rondon)
5 [감교 주석] 중국·타이의 중량의 단위, 약 60.48킬로그램-번역자

보호를 요청하지 않고 내장원경의 직책을 다시 맡았습니다. 이달 16일 황제를 알현하는 자리에서 이용익과 그의 최대의 적인 경위원 총관 이근택[6]이 서로 화해했습니다. 물론 그 자리에는 베베르도 함께 있었습니다. 두 사람의 화해는 베베르[7]의 노력 덕분이며, 결과적으로 정부 관리들 사이에 어느 정도 안정을 가져다 줄 것으로 예상됩니다.

소문에 의하면 얼마 전부터 베베르와 가까워진 이근택이 최근 베베르를 이곳 정부의 고문으로 채용하는 일에 아주 적극적으로 나서고 있다고 하는데, 이는 소문을 넘어 실제로 모종의 협상이 진행 중인 것으로 보입니다.

본인은 본 보고서의 사본을 베이징과 도쿄 주재 독일제국 공사관에 보낼 것입니다.

바이페르트

---

6   [감교 주석] 이근택(李根澤)
7   [감교 주석] 베베르(K. I. Weber)

33

원문 p.443

이용익의 귀환

발신(생산)일	1903. 1. 29	수신(접수)일	1903. 3. 15
발신(생산)자	바이페르트	수신(접수)자	뷜로
발신지 정보	서울 주재 독일영사관	수신지 정보	베를린 정부
	No. 12		A. 3667
메모	3월 18일, 런던 191, 파리 166, 페테르부르크 188, 브뤼셀 39에 전달 연도번호 No. 97		

사본

A. 3667 1903년 3월 15일 오전 수신

서울, 1903년 1월 29일

No. 12 J.No. 97

독일제국 수상 뷜로 각하 귀하

이용익이 돌아온 이후, 그가 차관 문제로 벨기에 회사 Internationale d`Orient[1]와 협상을 진행 중이라는 소문이 돌고 있습니다. 차관액은 처음에는 천만 엔이라고 하다가 그 후 사백만 엔이라는 이야기가 돌고 있습니다. 이자는 5퍼센트, 담보는 황실소유 금광들과 토지세가 될 것이고, 차관 상환은 벨기에가 운영하는 은행이 맡을 예정이라고 합니다. 뱅카르[2]가 오래전부터 얻으려 애쓴 광산채굴권 문제도 이 프로젝트와 연계될 것이며, 마지막으로 러시아와 프랑스가 이 차관에 보증설 예정이라고 합니다. 또한 이 프로젝트와 연관해서 베베르[3]가 제안했다는 소문이 도는 화폐개혁과 재정개혁안을 실행에 옮기기 위해 러시아 고문 4명을 채용할 거라는 소문도 있습니다.

미국 공사가 소식통으로부터 들은 바에 의하면, 이러한 소문들이 근거가 아주 없는 것은 아니라고 합니다. 또한 일본 대리공사는 이 사안이 매우 중요하다고 생각해 이달 26일 소문의 진위도 확인하고 경고도 할 겸 한국 외부대신에게 서신을 보낼 것이라고

---

1 [감교 주석] 동양국제회사(Copmagnie International d'Orient)
2 [감교 주석] 뱅카르(Leon Vincart)
3 [감교 주석] 베베르(K. I. Weber)

했습니다.

이러한 조치들과 관련해 영국 변리공사[4]는 본인에게, 일본은 한국에서의 자신들의 이해관계를 내세워 한국이 국외에서 차관을 들여올 경우 무질서한 경제로 돈이 낭비될 수 있기 때문에 일본은 모든 국외 차관에 대해 반대할 수 있는 권리가 있다고 주장했다고 말했습니다. 또한 조던은 어쨌든 자신은 해관세를 담보로 제공하는 것을 막는 데 전력을 다할 생각이라고 덧붙였습니다. 비록 두 열강이 서로 적대적인 관계에 있어 어느 한 쪽의 입장에 정당성을 부여하기 힘들지만 윈난 신디케이트[5] 차관계약 때와 마찬가지로 한국 정부를 압박해 그 프로젝트의 관철을 막는 데 성공할 가능성이 높습니다.

베베르의 말에 의하면, 벨기에 신디케이트와의 협상은 조건들에 대한 양측의 입장이 아직 최종적으로 조율되지 않았기 때문에 실제로 완전히 체결된 것은 아니라고 합니다. 베베르는 본인에게 여러 번, 한국에서는 벨기에처럼 자신들의 정치적인 노력에 의구심을 사지 않는 국가의 차관이 가장 많은 기회를 갖게 된다고 말했습니다. 또한 베베르는 세금을 담보로 설정하려면 내무행정에 외국인 고문을 고용하고 외국인이 운영하는 권한이 대폭 확대된 외국은행을 설립할 필요가 있다고 지적했습니다. 러시아와 프랑스 측에서 차관보증을 설 거라는 주장에 대해서는 베베르도 슈타인과 마찬가지로 하기와라에게 러시아 측은 그런 의도가 전혀 없다고 이야기했습니다. 하지만 만약 제3국이 벨기에를 정치적으로 곤란하게 만들 경우 앞에서 언급된 나라들이 지원해주겠다는 확실한 약속을 했을 가능성은 있다고 말했습니다.

추측컨대 협상은 International d'Orient 소속 도즈[6]라는 벨기에인과 관련이 있는 듯합니다. 그는 향후 한국에서 할 수 있는 사업이 뭐가 있는지 조사하기 위해 지난달 말 잠시 서울에 체류했는데, 그때 특히 광산 문제와 Collbran & Bostwick Co.[7]의 전기시설에 지대한 관심을 보였다고 합니다. 들리는 말에 의하면 그는 상해로 갔다가 조만간 다시 서울로 돌아올 것이라고 합니다.

이곳 조정이 현재 벨기에와의 관계에 커다란 희망을 걸고 있다는 것을 보여주는 다양한 징조들이 있습니다. 예를 들어, 모든 나라의 문학작품들을 소장할 왕실도서관이 만들어지고 최근 조직까지 발표되었는데, 그 계획이 바로 벨기에 측에서 구상하고 후원한 사업이라고 합니다. 또한 정통한 소식통에 의하면 뱅카르는 1주일 전 이곳 궁내부로부터

4　[감교 주석] 조던(J. N. Jordan)
5　[감교 주석] 윈난 신디케이트(雲南 Syndicate)
6　[감교 주석] 도즈(Dauge)
7　[감교 주석] 콜브란·보스트위크사(Collbran & Bostwick Co.)

미국인 고문 샌즈[8]의 계약이 만료되면 벨기에인 고문을 임용하겠다는 서면약속을 받았다고 합니다. 이런 상황 속에서 샌즈가 성급하게 Collbran & Bostwick Co.에 유리한 조치를 취한 것 때문에, 그리고 알렌의 진술에 의하면 3만 엔 정도에 불과한 소소한 부채 때문에 그의 입지가 흔들리는 것은 꽤 주목할 만합니다. 샌즈는 휴가를 핑계로 베이징으로 여행을 떠났으나 사람들은 그것을 일종의 도피로 여기고 있습니다. 물론 두 달쯤 지난 이달 26일 그는 다시 서울로 돌아왔습니다. 하지만 들리는 소문에 의하면 그는 조만간 베이징 주재 한국 공사관의 고문으로 가거나 한국에서의 근무를 완전히 그만두게 될 것이라고 합니다.

(서명) 바이페르트

원본 문서 한국편 4

내용: 이용익의 귀환

---

8 [감교 주석] 샌즈(W. F. Sands)

한국과 관련된 최근의 분규

발신(생산)일	1903. 2. 19	수신(접수)일	1903. 3. 18
발신(생산)자	아르코	수신(접수)자	뷜로
발신지 정보	도쿄 주재 독일 공사관	수신지 정보	베를린 정부
	A. 15		A. 3841
메모	3월 20일, 페테르부르크 193, 런던 199, 베이징 A. 24에 전달		

A. 3841 1903년 3월 18일 오전 수신

도쿄, 1903년 2월 19일

A. 15

독일제국 수상 뷜로 각하 귀하

최근 일본 제일은행의 은행권 금지로 인해 발생한 한국과 일본 간 분규에 대해서는 이미 서울에서 각하께 상세한 보고를 올렸을 것으로 생각합니다. 이곳에서는 분규가 단계별로 어떻게 진행됐는지 자세한 내용을 확인하기는 어렵습니다. 왜냐하면 일본인들은 그런 문제에 대해 말을 많이 하지 않을 뿐만 아니라 그 문제가 아주 신속하게 해결됐기 때문입니다. 분규가 자국의 승리로 끝난 것에 대해 일본 정치인들은 매우 오만하게 흡족함을 드러내고 있습니다. 그런데 흥미로운 것은 양쪽 이해당사자들이 보여주는 태도입니다. 본인의 영국인 동료는 철저하게 일본인 편이었습니다. 그는 본인에게 서울 주재 영국 대표[1]한테서 받은 개인서신을 보여줬는데, 그 서신에서 영국 대표는 그 사건과 관련해 한국인들을 매우 격렬하게 비난하면서 대체 문명국들이 한국의 무엇을 마음에 들어하는지 도무지 이해할 수 없다고 했습니다. 또한 한국인들은 오로지 자신들의 유약함만을 내세우면서 그런 무력한 나라를 아무도 해치지 않을 거라고 생각한다고 했습니다. 한편 러시아 동료는 한국인들의 저항은 아주 당연한 일로서 일본인들의 행위가 잔인하다고 말했습니다. 이즈볼스키[2]는 영국인들이 완벽하게 일본인들의 편에 선 건은 매우

---

1 [감교 주석] 조던(J. N. Jordan)
2 [감교 주석] 이즈볼스키(A. P. Izwolskii)

특이한 경우로서, 장차 여러 사안들에 불안요소로 작용하게 될 거라고 했습니다. 그런 일이 자꾸 반복되면 한국 내치에 간섭하지 않는다는 러시아와 일본의 협정은 조만간 아무런 의미가 없어질 것입니다. 또한 일본인들은 영국의 지지를 믿고 갈수록 더 뻔뻔하게 나올 것입니다.

아르코

내용: 한국과 관련된 최근의 분규

베를린 1903년 3월 20일   A. 3841

주재 외교관 귀중
1. 상트페테르부르크 No. 193
2. 런던 No. 199
3. 베이징 No. A. 24

연도번호 No. 2537

귀하에게 일본 제일은행 은행권 금지와 관련
된 지난달 19일 자 도쿄 주재 독일제국 공사
의 보고서 사본을 삼가 정보로 제공합니다.

[한국 정부의 벨기에인 고문 채용과 차관협상 난항, 광산개발 관련 보고]

발신(생산)일	1903. 2. 7	수신(접수)일	1903. 3. 21
발신(생산)자	바이페르트	수신(접수)자	뷜로
발신지 정보	서울 주재 독일영사관	수신지 정보	베를린 정부
	No. 17		A. 4011
메모	3월 24일, 브뤼셀 46에 전달		

A. 4011 1903년 3월 21일 오전 수신

서울, 1903년 2월 7일

No. 17

독일제국 수상 뷜로 각하 귀하

오늘 본인이 벨기에 총영사로부터 들은 바에 의하면, 이미 작년 3월 약속받았던 벨기에인 고문 채용이 드디어 실행될 거라고 합니다. 물론 이번 채용 건은 미국인 고문 샌즈[1]의 지위와는 무관하다고 합니다. 샌즈는 당분간 이곳에 더 머무르면서 그의 직무를 다시 맡았습니다. 뱅카르[2]가 전해준 바에 의하면, 벨기에 정부가 선발한 벨기에인이 한국 황제의 "개인고문(consieller privé)" 자격으로 근무하게 될 거라고 합니다. 벨기에 고문은 개별 부처의 다른 고문들과는 달리 아주 예외적인 지위를 갖게 되며, 월급은 약 1,000엔(약 2,000마르크)이라고 합니다. 그의 여비는 최근에 뱅카르한테 이미 지급되었습니다.

뱅카르는 한국에서 벨기에 자본이 가장 적절하게 투자되게 하라는 특별 지시를 받았다고 털어놓았습니다. 또한 그는 한국 정부에 광산채굴권 허가에 대한 대가로 채굴할 광산이 정해지는 즉시 30만 엔을 제공하겠다고 제안했으나 아직 허가가 떨어지지 않았다고 덧붙였습니다. 이용익[3]이 작년 말 International d´Orient[4]에서 갈라져 나온 신디케

---

1 [감교 주석] 샌즈(W. F. Sands)
2 [감교 주석] 뱅카르(Leon Vincart)
3 [감교 주석] 이용익(李容翊)
4 [감교 주석] 동양국제회사(Copmagnie International d'Orient)

이트 측에서 제안한 벨기에 차관을 들여올 수 있을 거라는 희망을 아직 놓지 않고 있기 때문이라고 합니다. 하지만 그 신디케이트에 대한 조사가 아무런 성과 없이 끝났다는 보고가 이용익에게 들어갔다고 합니다. 뱅카르의 견해에 의하면, 차관에 제공할 담보문 제가 풀리지 않는 난관이라고 합니다. 일본과 영국이 관세를 담보로 제공하는 것에 끝까 지 반대하기로 결정했기 때문입니다. 또한 세금을 담보로 삼는 것은 광범위한 통제조처 들이 있을 때에만 가능한데, 짐작컨대 일본은 그러한 통제조처에 당연히 반대할 것입니 다. 뱅카르는 러시아와 프랑스가 차관에 보증을 설 거라는 전망에 대해 부인했습니다. 하지만 제3국에 의해 벨기에가 곤란을 겪을 경우 러시아와 프랑스 양국은 벨기에를 엄호 할 가능성은 있다고 인정했습니다.

한국의 궁중에서 나온 정보에 의하면, 뱅카르는 한국 정부가 직접 평양에서의 탄갱작 업 경영을 맡을 경우 벨기에 기술자들을 쓰겠다는 서면 약속을 받아냈다고 합니다.

본인은 본 보고서의 사본을 도쿄와 베이징 주재 독일제국 공사관에 보낼 것입니다.

바이페르트

베를린 1903년 3월 27일   A. 4011

주재 외교관 귀중   귀하에게 한국에서의 벨기에의 노력에 관한
브뤼셀 No. 46   지난달 7일 자 서울 주재 독일제국 공사의 보
                                   고서 사본을 삼가 정보로 제공합니다.

연도번호 No. 2779

한국의 외부대신 교체

발신(생산)일	1903. 2. 9	수신(접수)일	1903. 4. 3
발신(생산)자	바이페르트	수신(접수)자	뷜로
발신지 정보	서울 주재 독일영사관	수신지 정보	베를린 정부
	No. 18		A. 4690
메모	연도번호 No. 127		

A. 4690 1903년 4월 3일 오전 수신

서울, 1903년 2월 9일

No. 18

독일제국 수상 뷜로 각하 귀하

작년 10월 17일부터 외부대신 직을 맡아온 조병식[1]이 지난달 30일 면직되고 서북철도국(경의선) 총재로 임명되었습니다. 조병식을 뒤이어 아직 존재하고 있는 철도원 총재인 이도재[2]가 외부대신으로 임명되었습니다. 그의 임명은 이달 7일 자 각서를 통해 통지되었습니다. 대신 교체사유에 대해서는 오늘 자 다른 보고서에서 삼가 보고 드리도록 하겠습니다.

이도재는 매우 보수적인 인물이지만 동시에 특정 당파에 소속되지 않은 공정한 인물로 알려져 있습니다. 그는 친러시아파도 친일파도 아닙니다. 그는 이미 1898년 8월과 1899년 4월에 잠시 외부대신 직을 맡은 바 있으며, 그 외에도 이미 농상공부대신과 군부대신 직을 맡은 적이 있습니다. 약 1년 전 마지막 직책에 임명될 때까지 그는 평안북도 관찰사를 역임했는데, 당시 그의 행정은 광산 때문에 그곳에 관심이 있던 미국인들을 대단히 만족시켰습니다.

본인은 본 보고서의 사본을 베이징과 도쿄 주재 독일제국 공사관에 보낼 것입니다.

바이페르트

내용: 한국의 외부대신 교체

---

1 [감교 주석] 조병식(趙秉式)
2 [감교 주석] 이도재(李道宰)

"제일은행" 은행권 문제로 인한 일본과 한국의 갈등

발신(생산)일	1903. 2. 9	수신(접수)일	1903. 4. 3
발신(생산)자	바이페르트	수신(접수)자	뷜로
발신지 정보	서울 주재 독일영사관	수신지 정보	베를린 정부
	No. 19		A. 4691
메모	4월 9일 페테르부르크 248, 런던 246에 전달 연도번호 No. 128		

A. 4691   1903년 4월 3일 오전 수신

서울, 1903년 2월 9일

No. 19

독일제국 수상 뷜로 각하 귀하

오늘 다른 보고서에서 삼가 언급한 바 있는 외부대신 교체는 일본 "제일은행"의 은행권 금지 사태가 진행되는 과정에서 일어난 일입니다. 조병식[1]은 작년 말 그가 일본 대리공사에게 했던 약속에 따라 지난달 8일 서신을 통해 개방된 항구들의 무역감독관들에게 금지령을 철회하라는 훈령을 내릴 거라고 약속했습니다. 하기와라[2]가 본인에게 전해준 바에 의하면, 조병식은 훈령의 내용을 하기와라한테 그대로 전했을 뿐만 아니라 13일 자 공문을 통해 이 훈령이 공표되었다고 알렸습니다. 그런데 지난달 중순 귀국한 이용익[3]이 오랫동안 품어온 지폐발행 프로젝트와 연계된 재정계획 때문에 "제일은행"의 은행권 유통을 반대하면서 군주의 마음을 그쪽으로 돌리는 데 성공했습니다. 조병식은 훈령을 취소하라는 지시를 받고 지난달 20일 경 일본 대리공사한테 서신을 보내 13일 자 각서의 반환을 요청했다고 합니다. 하지만 일본 대리공사는 반환 요구를 거절하고 원래의 약속을 지키라고 주장했습니다.

한국 정부는 조병식을 지키기 위해 정책변경의 책임을 일단 일본에 우호적인 외부협

---

1   [감교 주석] 조병식(趙秉式)
2   [감교 주석] 하기와라 슈이치(萩原守一)
3   [감교 주석] 이용익(李容翊)

판 박용화[4]에게 돌렸습니다. 은행권 금지 철회에 관한 황제의 지시를 대신에게 잘못 전달했다는 것입니다. 그로 인해 박용화는 지난달 27일 해임되었습니다. 그는 그 후 평리원 판사로 임명되었습니다. 하지만 그 이후 러시아 측의 소망과는 반대로 조병식까지 해임된 것은 이용익의 술수로 보입니다. 이용익은 베베르[5]한테 했던 약속에도 불구하고 조병식에 대한 예전의 증오심을 끝내 잊지 못한 것으로 보입니다.

하기와라의 정보에 의하면, 지난달 13일 자 각서에도 불구하고 무역감독관들한테는 아무런 훈령도 내려가지 않았다고 합니다. 오히려 한성부 판윤[6]은 지난달 30일 한국인이 "제일은행"의 은행권을 사용할 경우 중벌에 처해질 수 있다고 공표했다는 것입니다. 하기와라가 전해준 바에 의하면, 그로 인해 지금까지 서울과 제물포에서 약 70만 엔쯤 발행된 은행권 가운데 약 30만 엔을 한국인들이 상환했다고 합니다. 또한 상당액의(서울의 경우 약 3만 엔 정도) 한국인 개인예금이 인출됐습니다. 일본 대리공사가 본인에게 전해준 바에 의하면, 이로 인해 은행의 손실이 계속 커지자 그는 이달 4일, 변제를 유보하고 손해를 배상할 것, 은행권에 대한 모든 금지를 철회할 것, 향후 새로운 금지조처를 시행하지 않을 것을 약속해 달라고 요청하는 각서를 보냈습니다. 그리고 만약 이러한 요구가 받아들여지지 않을 경우 국유재산을 점유하거나 새로운 면허를 취득하는 방식으로 보복조치를 취하겠다고 했습니다. 하지만 그의 요청에 대한 답변은 아직 없었다고 합니다. 하기와라가 본인에게 전한 바에 의하면, 그는 이 문제에 관해 아주 강경하고 확고한 태도를 취하라는 지시를 받았다고 합니다. 또한 어제 일본을 떠난 순양함 "Takasago Kan"호가 모레 하야시 공사를 태우고 제물포에 도착할 것이라고 합니다. 뿐만 아니라 어제 일본으로 귀환 중이던, 한국 주둔 소형 순양함 "Tsukushi Kan"호에도 다시 제물포로 돌아오라는 지시를 내려 어제 제물포에 도착했으며 앞으로 몇 적의 배가 더 올 것이라고 합니다. 그는 보복조처의 대상이 될 만한 것들로는 송도의 인삼 압류, 일본인에게 아직 허용되지 않은 3개 도 연안에서의 어업행위, 아무도 살지 않는 오래된 궁궐 하나 점령하기 등을 언급했습니다.

외국인들은 아직 "제일은행"의 신용에 관해 전혀 불안해하지 않고 있습니다. 해관 총세무사[7]는 최근 은행권을 더 이상 받지 말라는 탁지부 대신[8]의 지시를 거부했습니다.

---

4 [감교 주석] 박용화(朴鏞和)
5 [감교 주석] 베베르(K. I. Weber)
6 [감교 주석] 장화식(張華植)
7 [감교 주석] 브라운(J. M. Brown)
8 [감교 주석] 김성근(金聲根)

하기와라에 따르면, 러시아 대리공사는 러시아가 고용한 사람들에게 임금을 지급할 때 은행권 사용을 금지하는 훈령에 대해 러시아 측에서 이의를 제기해 달라는 하기와라의 요구를 거절했다고 합니다. 또한 그는 한국 정부의 금지령이 지나치다는 입장에 동의하지 않는다고 합니다. 본인이 보기에는, 러시아가 이용익과 지나치게 밀접한 관계를 유지하는 것을 후회하기 시작한 것 같습니다. 슈타인[9]과의 관계가 갈수록 더 악화되고 있는 베베르가 특히 이용익이 너무 제멋대로인데다 정직하지 않다고 비난하면서 이곳의 상황에 대해 크게 실망감을 표하고 있습니다.

작년 말 한국 정부가 일본 대리공사에게 했던 다른 두 가지 약속도 아직 지켜지지 않았습니다. 부산 근처 낙동강 어귀에서 이미 관세를 지급한 일본상품들을 유통할 때 일본인들은 세금을 더 이상 내지 않는 반면 한국인들은 여전히 세금을 내고 있습니다. 새 공사의 도쿄 파견과 관련해, 그가 임지에 부임할 때 도쿄 공사관이 "제일은행"에 갚아야 할 빚 3만 엔을 지참하고 가야 하는데 현재 그 돈이 없는 것으로 보입니다.

본인은 본 보고서의 사본을 도쿄와 베이징 주재 독일제국 공사관에 보낼 것입니다.

바이페르트

내용: "제일은행" 은행권 문제로 인한 일본과 한국의 갈등

---

9 [감교 주석] 슈타인(Stein)

38

[해서교안 관련 보고서 출처]

발신(생산)일		수신(접수)일	1903. 4. 3
발신(생산)자		수신(접수)자	
발신지 정보		수신지 정보	A. 4692

A. 4692   1903년 4월 3일

메모

한국 황해도에서 발생한 가톨릭교도와 개신교도 간의 충돌[1]에 관한 2월 11일 자 서울
발 보고서 No. 20은 한국편 6에 있음.

---

1   [감교 주석] 해서교안(海西敎案)

"제일은행" 은행권 사건의 종료

발신(생산)일	1903. 2. 13	수신(접수)일	1903. 4. 3
발신(생산)자	바이페르트	수신(접수)자	뷜로
발신지 정보	서울 주재 독일영사관	수신지 정보	베를린 정부
	No. 22		A. 4693
메모	4월 3일, 페테르부르크 248, 런던 246에 전달 연도번호 No. 139		

A. 4693   1903년 4월 3일 오전 수신, 첨부문서 1부

서울, 1903년 2월 13일

No. 22

독일제국 수상 뷜로 각하 귀하

일본 대리공사[1]가 이달 4일 한국 정부에 보낸 각서와 관련해 본인은 프랑스 변리공사[2]로부터 은밀해 전달받은 각서의 프랑스어 번역본 사본을 이미 각하께 첨부문서로 동봉해 보고 드린 바 있습니다. 그 각서에 노골적으로 표현된 한국 정부에 대한 일본 측의 위협들을 보면 일본이 즉각적으로 만족할 만한 사건처리를 고집할 거라는 데 전혀 의문의 여지가 없습니다. 뿐만 아니라 슈타인 역시 신속히 처리하도록 조언했음에도 불구하고 한국 정부는 이달 11일에야 비로소 일본의 요구에 부응하는 조처를 취하기로 결정했습니다. 그건 아마도 그사이에 순양함 "Takasago Kan"호가 실제로 일본을 떠났다는 소식이 전해졌기 때문인 듯합니다. 그 배는 속도를 늦춰 오늘 오전 제물포에 도착했습니다.

각서에서 병환 중이라고 언급됐던 새 외부대신[3]이 11일 하기와라를 방문했습니다. 그리고 어제 외부에서 일본의 요구를 지원하라는 지시를 받은 영국 변리공사[4]의 참석하

---

1   [감교 주석] 하기와라 슈이치(萩原守一)
2   [감교 주석] 플랑시(V. C. Plancy)
3   [감교 주석] 이도재(李道宰)
4   [감교 주석] 조던(J. N. Jordan)

에 양국 간에 합의가 이루어졌습니다. 본인이 하기와라한테서 들은 바에 의하면, 외부대신은 지방 관청에 내린 은행권 유통금지 훈령 및 한성부 판윤의 금지 지시를 철회하기로 했습니다. 또한 기존의 유통금지 훈령을 은행권의 자유로운 유통허용 선언으로 대체하고, 향후 은행권을 더 이상 문제 삼지 않을 것이며, 금지 철회 훈령을 위반하는 자는 모두 처벌하겠다고 약속했습니다. 한편 하기와라는 지금까지의 은행 피해에 대한 손해배상 청구를 포기했습니다. 일단 비망록 형태로 핵심사항들만 기록한 이 구두합의와 관련해 외부대신은 곧 일본 대리공사한테 공식 각서를 보내겠다고 약속했습니다. 그렇게 되면 이 사건은 공식적으로 종결되고 지난달 4일 자 각서는 취소된다고 합니다. 공식 각서는 오늘 현재 하기와라한테 도착하지 않았습니다. 하지만 금지령을 담고 있는 한성부 판윤[5]의 벽보는 오늘 오전 이미 제거되었고, 은행권의 사용여부는 개인의 선택에 맡긴다는 성명서로 대체되었습니다. 또한 한성부 판윤은 일본의 소망에 따라 해임되었습니다. 그리고 이미 이달 10일 학부협판 고영희[6]가 도쿄 주재 새 공사로 임명되어 수일 내로 일본으로 떠난다고 합니다.

러시아 대리공사는 본인에게, 그는 한국이 약속을 지킴으로써 이 사건이 일단락될 것으로 굳게 믿고 있다고 했습니다. 하지만 그는 한국의 은행권 금지가 계약위반이라는 것은 인정하지만 그럼에도 불구하고 상환이 확실히 보장되지 않는 은행권 발행이 급속히 증가하는 것은 제일은행은 물론이고 이곳 금융시장에도 심각한 위험을 초래할 수 있다고 하기와라한테 분명히 말했다고 했습니다.

본인은 본 보고서의 사본을 베이징과 도쿄 주재 독일제국 공사관에 보낼 것입니다.

바이페르트

내용: "제일은행" 은행권 사건의 종료. 첨부문서 1부

No. 22의 첨부문서
첨부문서의 내용(원문)은 독일어본 458쪽에 수록.

---

5 [감교 주석] 장화식(張華植)
6 [감교 주석] 고영희(高永喜)

[주한일본 공사 하야시 귀임 및
이용익의 주한일본 공사관 방문 보고]

발신(생산)일	1903. 2. 14	수신(접수)일	1903. 4. 3
발신(생산)자	바이페르트	수신(접수)자	뷜로
발신지 정보	서울 주재 독일영사관	수신지 정보	베를린 정부
	No. 23		A. 4694
메모	4월 4일, 페테르부르크 248, 런던 246에 전달 연도번호 No. 144		

A. 4694 1903년 4월 3일 오전 수신

서울, 1903년 2월 14일

No. 23

독일제국 수상 뷜로 각하 귀하

일본 공사[1]가 전함 "Takasago Kan"을 타고 어제 휴가에서 돌아와 오늘부터 다시 업무를 시작했습니다. 그가 오늘 본인에게 전해준 바에 의하면, 어제 저녁 하기와라[2] 대리공사에게 어제 날짜로 작성된 외부대신[3]의 공식 각서가 도착했다고 합니다. 각서에는 이달 12일의 합의에 따라 일본을 만족시키는 내용이 담겨 있다고 합니다. 그에 따라 이달 4일 자 하기와라의 각서를 비롯해 지난 몇 달 동안 이 문제를 두고 양측에서 오간 다른 문서들도 전부 폐기되었습니다. 하기와라가 본인에게 전해준 바에 의하면, 도쿄 정부는 그사이에 진행된 사건 처리 과정 및 이 사안에서 하기와라가 보인 태도에 전적으로 동의했다고 합니다. 한국 외부대신은 12일에 이미 지방관청에 이전에 내렸던 은행권 유통반대 훈령을 철회한다는 지시를 내렸다고 합니다.

영국 대표[4]는 본인에게, 그 문제와 관련해서 그가 일본을 지지한 것은 일본의 요청에

---

1 [감교 주석] 하야시 곤스케(林權助)
2 [감교 주석] 하기와라 슈이치(萩原守一)
3 [감교 주석] 이도재(李道宰)
4 [감교 주석] 조던(J. N. Jordan)

따라 이루어진 게 아니라고 강조했습니다.

이용익[5]은 최근 일본 공사관을 여러 번 방문했습니다. 이는 그가 다시 일본 측에 접근하려는 노력의 일환으로 보이며, 특히 일본 진영에서 크게 우려하고 있는 벨기에 차관 프로젝트의 포기를 의미하는 것으로 해석할 수 있습니다. 이것과 관련해 러시아 대리공사는 어제 본인에게, 현재 상황으로 볼 때 한국이 돈을 조달할 수 있는 곳은 일본뿐이며, 따라서 한국은 갈수록 더 일본에 경제적으로 종속될 것으로 보인다고 했습니다.

본인은 본 보고서의 사본을 도쿄와 베이징 주재 독일제국 공사관에 보낼 것입니다.

바이페르트

---

5 [감교 주석] 이용익(李容翊)

"제일은행" 은행권 사건의 종료

발신(생산)일	1903. 2. 20	수신(접수)일	1903. 4. 3
발신(생산)자	바이페르트	수신(접수)자	뷜로
발신지 정보	서울 주재 독일영사관	수신지 정보	베를린 정부
	No. 27		A. 4696
메모	연도번호 No. 163		

A. 4696 1903년 4월 3일 오전 수신, 첨부문서 1부

서울, 1903년 2월 20일

No. 27

독일제국 수상 뷜로 각하 귀하

이달 14일 자 보고서 No. 23과 관련해, 그사이 일본 공사[1]가 본인에게 은밀히 전해준 이달 12일 자 비망록 원문 및 이달 13일 자 외부대신[2]이 보낸 각서 원문을 독일어 번역본을 첨부해 삼가 보고 드리게 되어 영광입니다. 하야시는 일본의 요구는 일본 화폐의 사용을 허가하는 협정(1876년 8월 26일의 조일 강화조약 부칙 7조)에 근거를 두었을 뿐만 아니라 한국 당국의 개입 없는 자유로운 무역교류에 대한 일반 보증(1876년 2월 16일 강화조약의 9조)에 근거를 두고 있다고 언급했습니다.

하야시는 "Takasago Kan"호 함장 및 장교 15명과 함께 이달 16일 황제를 알현했습니다. 본인이 들은 바에 의하면, 하야시는 그 자리에서 자신이 서울로 돌아오기 전 사건이 종결된 것에 만족감을 표했다고 합니다.

최근 서울에서 발행되는 두 일본어 신문에서는 일영 동맹[3]에 따라 조던[4]이 자국 정부의 지시에 따라 하기와라[5]를 지지한 것에 아주 큰 만족감을 표했습니다.

제일은행 서울지점장의 진술에 의하면, 이달 16일부터 은행권 유통이 다시 정상으로

---

1 [감교 주석] 하야시 곤스케(林權助)
2 [감교 주석] 이도재(李道宰)
3 [감교 주석] 제1차 영일동맹
4 [감교 주석] 조던(J. N. Jordan)
5 [감교 주석] 하기와라 슈이치(萩原守一)

돌아오기 시작했다고 합니다. 지난달 26일까지 서울에서 발행된 은행권 총액이 95,665엔 인데 비해 서울에서 이달 2일부터 9일 사이에는 215,853엔, 10일부터 16일까지는 10,335 엔, 17일부터 19일까지는 4,979엔이 발행되고 교환되었다고 합니다. 제물포 은행장의 진술에 의하면, 제물포에서 수요가 폭발하는 동안 발행된 은행권 27만 엔 가운데 약 13만 엔이 은행으로 되돌아왔다고 합니다. 제물포 은행장의 증언에 의하면 한국에서의 은행권 총 발행액은 지난달 31일 기준으로 담보금 574,166엔을 포함 743,280엔에 달했다 고 합니다. 하야시의 진술에 의하면, 일본 정부는 필요한 담보금을 일단 1백만 엔까지는 2/3로, 그 이상은 1/2로 단일화하기로 결정할 것이라고 합니다.

본인은 본 보고서의 사본을 도쿄와 베이징 주재 독일제국 공사관에 보낼 것입니다.

바이페르트

내용: "제일은행" 은행권 사건의 종료. 첨부문서 1부

보고서 No. 27의 첨부문서
번역

비망록

제일은행권 사건은 1903년 2월 12일 다음과 같이 처리되었다.:

1. 전 외부대신 조병식이 1월 8일 내린 훈령은 여러 개항항구 및 도시들의 무역 감독 관들에게 전달한다.
2. 내부 대신과 탁지부 대신이 내린 지시들은 즉시 전보로 철회한다.
3. 한성판윤 측에서 서울의 성문에 게시한 공고는 오늘 당장 철회하고 지금 입안된 공고로 성문을 비롯해 눈에 띄는 다른 장소들에 게재한다.
4. 지금 입안된 이 공고는 여러 개항항구들 및 도시들의 무역 감독관들한테도 외부의 지령과 함께 전달한다.
5. 지금 입안된 이 공문을 일본 대표에게 보낸다.

상기 항목들이 실행된 이후 일본 대표는 이 문제와 관련해 그가 보낸 서신을 철회하

고 본국 정부에 이 문제와 관련해 정부가 보낸 훈령을 철회해주도록 전보로 요청한다.

외부대신 이도재

일본 대리공사 하기와라

각서 No. 13

외부

1903년 2월 13일

대리공사님 귀하!

제일은행 은행권 금지에 관한 귀하의 서신이 접수되었음을 삼가 확인해 드립니다. 그 문제와 관련해 지금까지 오간 서신들은 단지 사태를 더 꼬이게 만들었을 뿐, 문제를 우호적으로 처리하는 데에는 아무런 도움이 되지 못했습니다. 이에 본인은 양국의 선린 관계에 도움이 되는 방향으로 이 문제를 처리하기 위해 여러 개항 항구들 및 도시들의 무역 감독관들에게 전임 조병식 대신이 내린 훈령들을 취소하고 즉시 새로운 지시에 맞게 처리하라는 명령을 하달하였습니다. 은행권 수령 금지와 관련해 다른 부처에서 내린 지시들은 해당 부처들에 의해 이미 철회되었습니다.

앞에서 언급된 은행권 사용은 주민들 각자의 판단에 맡기는 것이 적절하다 생각합니다. 즉 은행권을 신용하는 사람은 은행권을 수령하고 믿을 수 없다고 판단하는 사람은 수령을 거부하는 것입니다. 이에 본인은 한성판윤과 여러 개항 항구 및 도시들의 무역 감독관들에게 (은행권 유통의) 모든 장애물들을 제거하기 위한 공고문을 발표하라고 지시했습니다.

이로써 은행권 문제는 이제 완전히 처리되었습니다. 앞으로 양국 국민들은 각자의 판단에 따라 무역거래를 할 수 있으며, 누군가의 거래를 방해할 경우 법에 따라 처벌을 받게 될 것입니다.

본 서신은 귀하에게 상황을 설명하기 위해 작성되었습니다.

삼가 귀하에게 글을 올립니다.

한국 외부대신

이도재

일본 대리공사

하기와라 귀하

베를린 1903년 4월 9일   A. 4691, 4693, 4694

주재 외교관 귀중   다음 보고서의 사본
1. 페테르부르크 No. 248   1) A. 4691
2. 런던 No. 246   2) A. 4693, 첨부문서 없이
                                   3) A. 4694

연도번호 No. 3259

귀하에게 일본 제일은행 은행권 문제와 관련
된 금년 2월 9일, 13일, 14일 자 서울 주재 독
일제국 공사의 보고서 3편의 사본을 삼가 정
보로 제공합니다.

[러시아의 대한정책에 대한 쾰른 신문의 보도기사]

발신(생산)일	1903. 4. 9	수신(접수)일	1903. 4. 9
발신(생산)자		수신(접수)자	
발신지 정보		수신지 정보	베를린 외무부 A. 5057

A. 5057 1903년 4월 9일 오후 수신

쾰니셰 차이퉁[1]

1903년 4월 9일

아시아
한국에서의 러시아

한국. 서울. 1월 말.

"천천히 그러나 안전하게"라는 표어는 러시아가 수백 년 전부터 동아시아에서 펼쳐온 확장정책의 기조라 할 수 있다. 러시아의 쌍두독수리가 이미 일본해와 황해 해안까지 날개를 펼쳤다는 점에서 그 정책은 성공한 것으로 보인다. 하지만 뤼순항[2]과 다롄항[3], 그리고 블라디보스토크 항은 앞으로 쭉 뻗은 한국반도가 러시아 수중에 들어가거나 최소한 일본의 점령으로부터 안전하게 지켜질 경우에만 비로소 러시아의 생산적 점유지로 확실하게 인정될 수 있다. 러시아는 수년 전부터 한국에서의 영향력을 확대하기 위해 노력해 왔다. 그 점에서 특히 성공을 거둔 자가 있으니, 바로 1885년부터 1887년까지 서울 주재 러시아대표를 역임한 베베르[4] 공사다. 그는 특히 한국 왕의 신임을 얻는 데

---

1 [감교 주석] 쾰니셰 차이퉁(Kölnische Zeitung)
2 [감교 주석] 뤼순(旅順; Port Arthur)항
3 [감교 주석] 다롄(大連)항
4 [감교 주석] 베베르(K. I. Weber)

성공했다. 1985년 10월 8일 한국 왕비가 궁에서 피살되는 사건[5]이 일어났는데, 익히 알려 졌다시피 그 사건에는 일본의 미우라[6] 공사가 관여되어 있었다. 당시 한국 반란군과 일본 군이 함께 궁을 점령하였을 때 베베르가 왕의 곁을 지키며 조언했다. 또한 1896년 2월 11일 왕과 왕세자가 궁중에서 가마를 타고 몰래 도피[7]했을 때 베베르는 그 두 사람에게 러시아 공사관을 안전한 대피처로 제공하며 후대했다. 한국 왕은 그때로부터 1년 동안 러시아공사관에 체류했으며, 이것이 러시아가 한국에서 거둔 여러 가지 성공의 주된 이 유였다. 이후 러시아 장교들과 하사관들이 한국군의 훈련교관으로 고용되었고, 명망 있 는 재정고문이 한국으로 초빙되었다. 또한 러시아은행이 설립되었을 뿐 아니라 러시아 기술자들이 한국의 병기창을 관리하게 되었다. 1897년 2월 20일 왕실 가족은 러시아 장교들이 지휘하는 궁중수비대의 호위하에 러시아 공사관 인근에 새로 지은 궁으로 거 처를 옮겼는데, 한 마디로 당시 그 모든 일은 러시아의 영향력하에서 진행되었다. 하지만 베베르는 1897년 9월 초에 공사 직에서 해임되었고 이듬해 봄, 러시아 군사위원회는 서울을 떠났다. 그리고 은행이 폐쇄되고 재정고문 알렉세예프[8]는 사직했다. 마치 러시아 는 한국에 대한 모든 관심을 잃어버린 것처럼 보였다. 과연 그 이유는 뭐였을까? 그건 당시 러시아에 더 중요한 문제들이 부각되었기 때문이다. 러시아는 우선 시베리아 철도 를 준공하고, 이어서 만주에서의 러시아의 입지를 확실하게 구축하는 일에 매달렸다. 그러자 서울 주재 프랑스 공사가 눈에 띨 만큼 적극적이고 활발하게 활동을 시작했다. 프랑스의 철도 및 광산 기술자들을 비롯해 우편국장 1인, 법률가 1인, 병기창 기술자인 포병 장교 2인이 채용되었다. 이에 깜짝 놀란 일본인들은 모든 상황이 러시아에 유리하 게 진행된다는 의심을 하게 되었다.

러시아는 청에서 자신들의 입지를 확실하게 구축하자마자 다시 한국에서도 활발하게 활동하기 시작했다. 한국 주재 러시아대표로 이미 베이징에서 탁월한 외교력으로 명성 을 떨친 파블로프[9]가 임명되었다. 이제 사람들은 러시아가 한국 전체를 일본인에게 넘겨 줄 생각이 없다는 사실을 알게 되었다. 파블로프는 러시아의 켄제르링[10] 백작을 위해 한국 연안의 포경 어업권 및 동해안 세 곳의 포경기지 건설권을 얻어냈다. 또한 파블로프 는 압록강 연안의 한국 원시림에서 건축용 목재를 벌목할 수 있는 면허도 따냈다. 이를

---

5 [감교 주석] 명성황후 시해사건
6 [감교 주석] 미우라 고로(三浦梧樓)
7 [감교 주석] 아관파천(俄館播遷)
8 [감교 주석] 알렉세예프(K. Alexeev)
9 [감교 주석] 파블로프(A. Pavlow)
10 [감교 주석] 켄제르링(Kenserling)

통해 러시아는 요동반도에서 벌이는 대규모 토목공사에 필요한 목재를 신속하게 공급할 수 있게 되었다. 그 후 러시아 황제는 한국 황제의 즉위 40주년 기념식을 맞아 베베르를 특사 겸 러시아최고훈장의 전달자 자격으로 서울에 파견했다. 하지만 콜레라의 창궐로 인해 기념행사가 1903년 4월로 연기되자 러시아 정부는 베베르를 한국에 그대로 머물게 했으며, 베베르는 그 기간 동안 조국의 이익을 위해 일할 수 있는 기회를 충분히 갖게 되었다. 그의 친구이자 후원자인 한국 황제가 여전히 그에게 우호적인데다가 그의 조언에 크게 의지했기 때문에 베베르는 기회를 이용하기가 매우 수월했다. 친러시아파에 속한 내장원경 이용익[11]과 한국의 다른 대신들 간에 갈등이 고조되는 상황 속에서 베베르의 활약은 더욱 두드러졌다. 황제의 완벽한 신임을 받고 있는 이용익은 전환국 국장, 탁지부협판, 제국군대 소령 등 영향력이 매우 큰 몇 가지 직책을 동시에 갖고 있었다. 그의 과도한 절약정신과 권력욕, 그리고 가혹한 태도는 모든 국무대신들을 적으로 만들었다. 이용익은 천민 출신으로 제대로 된 교육도 받지 못했으나 야심이 크고 호랑이 대감이라고 불릴 정도로 성정이 잔혹한 사람이다. 하지만 그에게는 두 가지 장점이 있었으니, 바로 청렴결백함과 군주에 대한 깊은 충성심이다. 게다가 그는 황제의 적지 않은 금전적 요구를 충족시켜줄 수 있는 방법을 알고 있다. 몇 달 전 이용익에 대해 소송이 제기된 적이 있다. 모든 국무대신들과 영향력 있는 궁중 여인네들이 속해 있고 일본의 지지를 받는 거대 파벌에서 황제의 애첩 엄비[12]를 심하게 모욕했다는 혐의로 이용익을 황제에게 고발한 것이다. 황제가 단기간에 엄 씨를 두 번에 걸쳐 직위를 높여주었는데, 첫 번째는 (공주와 같은 반열의) 순비이고 두 번째는 (왕후와 같은 반열의) 귀비이다. 그런데 한국인이면 누구나 알고 있는 양귀비에 관한 유명한 일화가 있다. 양귀비는 중국의 어느 왕의 후궁이었는데 낭비벽으로 인해 나라를 몰락으로 이끌고 결국에는 중국의 군인들에 의해 살해되었다. 그런데 엄비가 귀비의 직책을 수여받을 때 이용익이, 이제 엄비도 "양귀비"와 같다고 말했다면서 이용익에 대한 거센 비판이 일었다. 모든 대신들은 이용익의 처형을 요구했다. 하지만 베베르는 황제에게 설사 이용익의 모욕죄가 인정된다 해도 절대 그를 죽여서는 안 된다고 조언했다. 적들은 황제에게 세 번에 걸쳐 상소를 올렸으나 모두 허사였다. 의정부 의정 조병식만 남기고 다른 대신들은 전부 해임되었다. 이용익은 뒷문을 통해 궁에서 빠져나가 러시아 공사관으로 피신했다. 그리고 거기서 미곡을 구매하라는 지시를 받았다는 핑계로 러시아 군함을 타고 뤼순항[13]으로 떠났다.

---

11 [감교 주석] 이용익(李容翊)

12 [감교 주석] 순헌황귀비(純獻皇貴妃)

13 [감교 주석] 뤼순(旅順; Port Arthur)항

그러는 동안 러시아 특사는 가만히 손 놓고 있지 않았다. 해임됐던 대신들은 다시 원래의 직책으로 돌아갔다. 그리고 2주 후 돈이 부족해진 황제의 명령에 따라 이용익이 서울로 돌아왔을 때 -그는 현명하게도 황실금고의 열쇠를 지니고 떠났다.- 베베르는 양쪽 파벌을 화해시키는 데 성공했다. 양측의 화해는 여러 번에 걸친 향연을 통해 입증되었다. 그 일로 인해 한국에서 러시아의 위상은 다시 크게 올라갔다. 들리는 말로는 황제가 의정원 고위직에 러시아 고문을 채용할 예정이며, 황제가 가장 바라는 것은 베베르가 그 자리를 얻는 것이다. 만약 베베르가 이에 응하게 되면 러시아는 적재적소에 인물을 포진시키게 된다. 이미 약 1년 전, 러시아 공사 파블로프의 주선으로 한국 전신국 국장이던 덴마크인 뮐렌슈테트[14]가 외부고문이자 의정원 의원으로 임명되었다. 뮐렌슈테트는 비록 덴마크인이지만 러시아의 비호를 받는 자로서, 러시아는 이런 식으로 한국에서 자신들의 정치적 영향력을 차근차근 키우고 있다. 러시아 증기선 회사는 슈테틴에 있는 불판 사가 건조한 우수한 시설을 갖춘 새 선박들로 한국의 주요 항구들까지 운항하고 있다. 또한 러시아의 상인이 조만간 한국에 상회를 개설할 예정이다. "천천히, 하지만 목적의식을 가지고"가 한국에서의 러시아의 슬로건이다.

---

14 [감교 주석] 뮐렌슈테트(H. J. Muehlensteth)

러시아의 경의철도 부설권 신청

발신(생산)일	1903. 2. 21	수신(접수)일	1903. 4. 12
발신(생산)자	바이페르트	수신(접수)자	뷜로
발신지 정보	서울 주재 독일영사관	수신지 정보	베를린 정부
	No. 28		A. 5202
메모	4월 17일, 페테르부르크 268, 런던 263, 워싱턴 A. 104에 전달 연도번호 No. 167		

A. 5202　1903년 4월 12일 오전 수신

서울, 1903년 2월 21일

No. 28

독일제국 수상 뷜로 각하 귀하

　　러시아 대리공사가 오늘 본인에게 전해준 바에 의하면, 한국 외부대신이 어제 긴즈부르크[1]의 경의철도부설권 허가 신청과 관련해 러시아 대리공사가 보낸 각서에 대해 거절하는 답신을 보냈다고 합니다. 또한 외부대신은 한국 정부에 자본을 제공할 수도 있다는 그의 제안 역시 받아들이지 않았습니다. 오히려 외부대신[2]은 경의철도를 자체적으로 건설할 생각이며 곧 방안을 마련할 예정이라고 하면서 이 문제와 관련된 협의를 진행하기 위해 고문 르페브르를 프랑스로 파견했다고 합니다. 슈타인은 자신의 답변서에서 외부대신이 밝힌 거절사유에만 초점을 맞춰 대응할 생각이지만 적어도 긴즈부르크이 원하는 광산채굴권은 취득하기를 바란다고 했습니다. 또한 그는 일본 공사가 아무런 근거도 없이 공식적으로 이의를 제기함으로써 자신의 패를 공공연하게 노출시킨 것은 매우 기이한 일이라고 말했습니다.

　　최근 들어 일본이 다른 열강들의 노력에 유독 예민한 반응을 보여주고 있는 또 다른 사례로, 벨기에 총영사가 겪은 아래의 경험을 언급할 수 있습니다. 하기와라는 최근 벨기에 총영사에게 벨기에인 고문의 채용을 반대한다고 말했는데, 그 이유로 그자가 가토보

1　[감교 주석] 구엔스부르크(Guensburg). 러시아인 긴즈부르크(Ginsburg)로 추정됨.
2　[감교 주석] 이도재(李道宰)

다 급여로 400엔을 더 받기 때문이라며 비난했습니다. 그러자 뱅카르[3]는 하기와라[4]에게 아주 날카로운 어조로 한국은 독립국가라는 사실을 지적해 주었다고 합니다.

그밖에도 슈타인은 본인에게, 일본과 얽힌 문제들은 전부 철저하게 우호적인 방식으로 해결될 거라고 확신한다고 말했습니다. 하지만 일본은 러시아가 그런 사건으로 어떤 이득을 취하려 들지 않는다는 것을 알아야 한다고 했습니다. 특히 이용익 사건을 러시아가 어떤 식으로 처리했는지를 보면 알 수 있다는 것입니다.

본인은 본 보고서의 사본을 베이징과 도쿄 주재 독일제국 공사관에 보낼 것입니다.

바이페르트

내용: 러시아의 의주선 철도 부설권 신청

---

3 [감교 주석] 뱅카르(Leon Vincart)
4 [감교 주석] 하기와라 슈이치(萩原守一)

[파블로프의 귀임과 베베르 귀국 예정 및
러시아 무관 라벤 도착 보고]

발신(생산)일	1903. 2. 22	수신(접수)일	1903. 4. 12
발신(생산)자	바이페르트	수신(접수)자	뷜로
발신지 정보	서울 주재 독일영사관 No. 29	수신지 정보	베를린 정부 A. 5203
메모	4월 15일, 런던 256, 페테르부르크 258에 전달 / 한국편 7		

A. 5203　1903년 4월 12일 오전 수신

서울, 1903년 2월 22일

No. 29

독일제국 수상 뷜로 각하 귀하

　최근 러시아 대리공사[1]가 파블로프한테서 전보를 한 통 받았는데, 그에 따르면 파블로프[2]는 5월 중순 경에 다시 서울에 도착하는 게 확실하다고 합니다. 한편, 즉위기념식은 아주 대대적인 규모는 아니지만 최근 다시 조금씩 준비가 진행되고 있습니다. 베베르[3]는 4월 30일 시작되는 기념축제가 끝나는 대로 즉시 귀국길에 오를 예정이라고 전보에 간단히 언급되어 있었습니다. 그 말로 미루어볼 때 아무래도 베베르는 더 이상 이곳에서 활동할 생각이 없는 것으로 추정됩니다. 그는 현재 이용익[4]과의 협력을 완전히 포기했으며, 이곳 상황의 개선, 특히 재정 분야의 개선은 오로지 벨기에 고문의 활약에 기대하고 있는 것으로 보입니다.
　스트렐비츠키[5] 대령 대신 이곳으로 발령받은 러시아 무관 라벤 중령이 며칠 전 부인과 함께 이곳에 도착했습니다.

(서명) 바이페르트
원본 문서 한국편 7

1　[감교 주석] 슈타인(Stein)
2　[감교 주석] 파블로프(A. Pavlow)
3　[감교 주석] 베베르(K. I. Weber)
4　[감교 주석] 이용익(李容翊)
5　[감교 주석] 스트렐비츠키(Стрельбицкий)

베를린, 1903년 4월 17일   A. 5202

주재 외교관 귀중   귀하에게 한국에서의 일본의 노력에 관한 금
1. 상트페테르부르크 No. 268   년 2월 21일 자 서울 주재 독일제국 공사의
2. 런던 No. 263   보고서 사본을 삼가 정보로 제공합니다.
3. 워싱턴 No. A. 104

연도번호 No. 3479

벨기에인 고문 문제. 일본의 입장

발신(생산)일	1903. 3. 10	수신(접수)일	1903. 4. 25
발신(생산)자	바이페르트	수신(접수)자	뷜로
발신지 정보	서울 주재 독일영사관	수신지 정보	베를린 정부
	No. 35		A. 5883
메모	4월 29일, 런던 292, 상트페테르부르크 2296, 워싱턴 A. 123에 전달 연도번호 No. 206		

A. 5883　1903년 4월 25일 오후 수신

서울, 1903년 3월 10일

No. 35

독일제국 수상 뷜로 각하 귀하

　　일본 공사[1]가 어제 본인에게 전해준 바에 의하면, 그는 얼마 전 한국 외부대신[2]에게 구두 각서의 형태로 벨기에인 고문[3] 채용에 이의를 제기했다고 합니다. 그가 주로 문제로 지적한 것은 파견할 인물의 선정을 온전히 벨기에 정부에 일임했다는 것과 해관세에서 고문의 월급이 지급된다는 것입니다. 더 나아가 하야시는 벨기에 측 진술에 의하면 작년 2월 10일 체결된 협약은 실제로는 얼마 전에서야 비로소 최종적으로 타결이 되었기 때문에 날짜를 소급해서 적용했다는 의구심을 피할 수 없다고 지적했다고 합니다. 또한 협약서에 직인을 날인했어야 마땅한 궁내부 대신[4]이 하야시에게 자신은 협약에 대해 아무것도 모른다고 말했다고 합니다. 하야시는 본인에게 이렇게 덧붙여 말했습니다. 상황이 그럼에도 불구하고 베베르[5] 쪽에서 의문의 여지가 전혀 없다고 주장하는 그 채용이 그대로 실행된다면 그는 원래 궁내부에 배치하기로 되어 있던 가토[6] 역시 이제 궁내부에서

1　[감교 주석] 하야시 곤스케(林權助)
2　[감교 주석] 이도재(李道宰)
3　[감교 주석] 아데마 델크와느(Adhémar Delcoigne)로 추정
4　[감교 주석] 윤정구(尹定求)
5　[감교 주석] 베베르(K. I. Weber)
6　[감교 주석] 가토 마스오(加藤增雄)

채용하고 월급 역시 벨기에인과 동일하게 책정해야 한다고 주장할 것이라고 말입니다. 이러한 시기심과 벨기에가 러시아와 프랑스의 이익을 대변할지 모른다는 의구심이 합해져 일본이 벨기에인 고문의 채용을 반대하는 데 결정적인 역할을 하는 듯합니다. 과거 일본이 경의철도부설권을 얻기 위한 러시아의 노력에 이의를 제기했던 것과 마찬가지로, 일본이 이 문제에서도 공개적으로 입장을 밝히는 것은 특기할 만합니다. 한국에서 압도적인 이해관계를 갖고 있는 일본은 그것 때문에 다른 나라의 노력으로 인해 자신들이 방해를 받을 경우 그 노력에 반대할 수 있는 권리가 자신들에게 있다고 공공연하게 주장하고 있습니다. 영국 변리공사는 최근 일본의 이런 확고한 입장에 전적으로 찬성한다고 밝혔습니다.

러시아 대리공사[7]의 언행으로 보아 러시아는 현재 일본의 노력에 반대할 생각이 없는 듯합니다. 슈타인은 애당초 경의철도부설권 신청을 그리 진지하게 생각하지 않았기 때문에 일본이 이의를 제기하자 주저 없이 포기했습니다. 뿐만 아니라 심지어 은행권 문제에서도 흔쾌히 일본에 호의를 베풀었습니다. 슈타인에게 전해들은 바에 의하면, 그는 일본 공사의 요청에 따라 작년 가을 러시아가 고용한 사람들의 급여를 "제일은행권"으로 지급하는 것에 반대했던 입장을 바꿨습니다. 그는 이달 초 한국 외부대신에게 서신을 보내 은행권 사용에 대한 반대 입장을 철회하며, 은행권을 받을지 말지는 러시아가 고용한 사람들의 선택에 맡기겠다고 통지했습니다.

그로 인해 이곳 정부 관료들 사이에서는 슈타인이 그 문제와 관련해 일본의 강경한 태도 때문에 한국을 버렸다는 인상이 퍼지고 있습니다.

본인은 본 보고서의 사본을 베이징과 도쿄 주재 독일제국 공사관에 보낼 것입니다.

바이페르트

내용: 벨기에인 고문 문제. 일본의 입장

---

7 [감교 주석] 슈타인(Stein)

베를린, 1903년 4월 29일 A. 5883

주재 외교관 귀중
1. 런던 No. 292
2. 상트페테르부르크 No. 296
3. 워싱턴 No. A. 123

연도번호 No. 3878

귀하에게 벨기에 고문의 채용 및 러시아가 피고용인들한테 급여를 "제일은행" 은행권으로 지급하는 문제에 관한 지난달 10일 자 서울 주재 독일제국 공사의 보고서 사본을 삼가 정보로 제공합니다.

한국의 광산

발신(생산)일	1903. 3. 17	수신(접수)일	1903. 4. 30
발신(생산)자	바이페르트	수신(접수)자	뷜로
발신지 정보	서울 주재 독일영사관	수신지 정보	베를린 정부
	No. 40		A. 6156
메모	연도번호 No. 229		

A. 6156 1903년 4월 30일 오전 수신

서울, 1903년 3월 17일

No. 40

독일제국 수상 뷜로 각하 귀하

얼마 전부터 이곳 이탈리아 대표도 이탈리아 자본가를 위해 금광채굴권을 얻기 위해 애쓰고 있습니다. 하지만 이탈리아나 벨기에의 노력은 이용익으로 인해 난관에 부딪친 것으로 보입니다. 이용익이 특허권을 이용해 더 큰 이익을 얻으려는 의도를 갖고 있기 때문일 수도 있고 한국이 광산을 독자적으로 개발할 계획이기 때문일 수도 있습니다.

꼴랭 드 플랑시[1]한테서 본인이 들은 바에 의하면, 이용익[2]은 평양의 석탄광산과 관련해 현재 후자 쪽으로 진지하게 작업을 시작했다고 합니다. 물론 그는 지난달 7일 자 본인의 보고서 No. 17[3]에서 전망했던 것처럼 벨기에의 도움을 받는 게 아니라 이미 한국에서 일하고 있는 프랑스 광산기술자인 퀴빌리에[4]와 함께 일하고 있습니다. 퀴빌리에는 얼마 전 필요한 기계를 구입하기 위해 프랑스에 파견되었습니다. 기계 구입비용으로 이용익은 약 10만 엔 남짓한 자금을 준비했다고 합니다. 펌프들은 당연히 필요하고, 조개탄 제조용 기계들을 도입하려는 것입니다. 일단 땅속 깊은 곳에 있는 단단한 물질에 도달하기 전에 우선 분탄[5]을 처리해야 하기 때문입니다. 이곳의 프랑스 상인 롱동[6]이 중개업자

---

1 [감교 주석] 플랑시(V. C. Plancy)
2 [감교 주석] 이용익(李容翊)
3 [원문 주석] A. 4011
4 [감교 주석] 퀴빌리에(Cuvillier)

로 나섰으며, 그는 동아시아에 있는 다른 도시들에 지점들을 개설할 예정이라고 합니다.

본인은 본 보고서의 사본을 도쿄와 베이징 주재 독일제국 공사관에 보낼 것입니다.

바이페르트

추신: 1903년 3월 18일

그사이에 본인이 상인 롱동한테서 들은 바에 의하면 그가 이용익과 체결한 계약은 계약기간이 10년이라고 합니다. 또한 운영 역시 그에게 맡겨졌다고 합니다. 하지만 그는 내장원을 위해서 10일 단위로 정산을 해야 한다고 합니다. 기술자 퀴빌리에는 프랑스에서 세 명의 광부를 고용할 것이고, 조개탄 생산을 위해 일본 에치고[7] 지방의 타르를 사용할 것이라고 합니다.

내용: 한국의 광산

---

5 [감교 주석] 분탄(粉炭)
6 [감교 주석] 롱동(L. Rondon)
7 [감교 주석] 에치고(越後)

47

영국 무관 처칠 대령의 교체

발신(생산)일	1903. 4. 5	수신(접수)일	1903. 5. 7
발신(생산)자	에첼(귄터)	수신(접수)자	–
발신지 정보	도쿄	수신지 정보	베를린
	No. 23		A. 6567
메모	무관 5월 9일, 베이징 A. 43, 페테르부르크 331, 런던 331에 전달 연도번호 No. 32/03 한국편 10		

A. 6567   1903년 5월 7일 수신

도쿄, 1903년 4월 5일

군사보고서 No. 23

내용: 영국 무관 처칠[1] 대령의 교체

(생략)

처칠 대령은 서울의 무관도 겸하고 있기 때문에 한국에 대해 잘 알고 있었습니다. 그의 견해에 따르면 일본인이든 러시아인이든 일단 한국에 확고하게 기반을 굳힌 적을 무력으로 몰아내는 것은 어려운 일이라고 했습니다. 한국은 산악지형이 많아 이동하기 힘든데다가 자원도 부족해 전쟁을 치르기가 매우 힘든 나라라는 것입니다. 현재 한국에 주둔하고 있는 일본군의 규모는 4개 중대로 구성된 1개 보병대대로 병사가 약 500명 정도입니다. 그 가운데 2개 중대는 서울에 주둔하고 있고, 부산과 원산에 각 1개 중대가 주둔 중입니다. 그 이외에도 일본은 전신선과 경부선 철도건설을 보호한다는 명분으로 한국에 약 500명의 헌병을 두고 있습니다.

(서명) 에첼 (귄터)

육군 소령이자 무관
원본 문서 한국편 10

---

1   [감교 주석] 처칠(Churchill)

[한국인이 일본인과 거래시 처벌하겠다는 제주당국의 포고령에 대한 함부르크 통신의 보도기사]

발신(생산)일	1903. 5. 20	수신(접수)일	1903. 5. 20
발신(생산)자		수신(접수)자	
발신지 정보		수신지 정보	
			A. 7286

A. 7286 1903년 5월 20일 오후 수신

함부르기셔 코레스폰덴트[1]

1903년 5월 20일

상트페테르부르크, 5월 19일. (원문-전보)

서울에서 들어온 소식에 의하면, 제주도 현감이 일본인에게 가옥이나 대지를 팔거나 일본인한테서 물건을 구매하는 한국인은 모두 징역형에 처할 거라는 포고령을 발표했다. 포고령에 의하면 일본 학교에 다니는 한국인은 사형에 처해진다. 이러한 조처가 나온 배경은 한국과 러시아와 일본이 맺은 협정 때문이다. 그 협정에 의하면 외국인들은 제주도 체류가 금지되어 있다. 하지만 일본인들은 이에 아랑곳하지 않고 제주도에 정착하였다.

---

1 [감교 주석] 함부르기셔 코레스폰덴트(Hamburgischer Korrespondent)

49

[한국인이 일본인과 거래시 처벌하겠다는
제주당국의 포고령에 대한 상트페테르부르크 헤럴드의 보도기사]

발신(생산)일	1903. 5. 20	수신(접수)일	1903. 5. 20
발신(생산)자		수신(접수)자	
발신지 정보		수신지 정보	A. 7288

A. 7288 1903년 5월 20일 오후 수신

St. Petersburger Herold

1903년 5월 20일

우리의 언론

최근 우리는 제주도 현감이 어떤 식으로든 일본인들과 관계를 맺는 한국인은 누구든 가장 엄한 형벌로 다스릴 거라는 포고령을 발표했다는 소식을 들었다. 하지만 일본이 그 포고령에 위축되지 않을 거라는 것은 충분히 예상할 수 있었다. 이 문제와 관련해 서울에서 "Novoye Vremya"[1] 신문사로 다음과 같은 전보가 도착했다.

"일본 외무대신을 역임한 바 있는 하야시[2] 일본 공사가 한국 정부를 방문해 제주도에서 일본인을 내쫓지 말아 달라고 요청했다. 일본에서는 우편선을 이용해 여자 75명과 남성 150명이 한국 이주 목적으로 제주도로 갔다고 한다. 한국 이주자들을 수송하기 위해 10척의 기선이 준비되어 있으며, 매달 네 차례씩 운항한다.

일본이 몇 년 안에 한국 문제를 완전히 "해결"할 것으로 보인다.

---

1 [감교 주석] 노보예 브레먀(Novoye Vremya)
2 [감교 주석] 하야시 곤스케(林權助)

개방된 성진항의 상황

발신(생산)일	1903. 4. 9	수신(접수)일	1903. 5. 29
발신(생산)자	바이페르트	수신(접수)자	뷜로
발신지 정보	서울 주재 독일영사관	수신지 정보	베를린 정부
	No. 52		A. 7700
메모	연도번호 No. 302		

A. 7700 1903년 5월 29일 오후 수신

서울, 1903년 4월 9일

No. 52

독일제국 수상 뷜로 각하 귀하

　본인은 이미 각하께 1900년 8월 22일 자 보고서 No. 96[1]과 8월 30일 자 보고서 No. 98[2]를 통해 개방된 성진항의 상황을 보고 드린 바 있습니다. 그런데 그사이에 성진항의 상황이 다시 여러 모로 사람들이 주목을 받고 있습니다. 한국 정부는 길주 주민들의 소망에 부응해 성진과 길주를 통합하면 안정을 찾을 수 있을 거라고 믿고 작년 2월 18일 성진의 무역감독관(감리)이 근무처는 계속 성진에 있겠지만 앞으로는 길주 감리로 부를 예정이라고 공표했습니다.[3] 하지만 이번에는 성진 주민들이 불만을 터뜨렸습니다. 그렇게 되면 성진 지역에 있는 오래된 유교사원들에서 나오는 수입을 길주 사람들과 나눠야 했기 때문입니다. 그러자 성진 사람들은 정부에 압력을 가하기 위해 특히 작년 가을부터 성진에 있는 관리들 및 외국인들의 주택을 습격하며 괴롭혀 왔습니다. 급기야 일본 대표와 영국 대표까지 성진에서 활동하는 몇몇 캐나다 선교사들을 위해 항의에 나섰습니다. 결국 한국 정부는 최소한 성진 지역에서라도 안정을 되찾기 위해 얼마 전 두 지역을 다시 분리하기로 결정했습니다. 그리고 한국 외부대신이 지난달 28일 자 각서를 통해

1　[원문 주석] A. 1429600에 삼가 첨부함.

2　[원문 주석] A. 1395600

3　[감교 주석] 『고종실록』 고종 39년(1902) 2월 11일, "〈성진 감리서를 길주 감리서로 개정할 일에 관한 안건 [城津監理署吉州監理署改正件]〉"을 의미함.

그곳 감리의 명칭은 다시 성진 감리로 변경되었다고 통지했습니다.[4]

본인은 본 보고서의 사본을 도쿄와 베이징 주재 독일제국 공사관에 보낼 것입니다.

바이페르트

내용: 개방된 성진항의 상황

---

4 [감교 주석] 『고종실록』 고종 40년(1902) 2월 28일.

오스트리아–헝가리 순양함 "Kaiser Karl VI"호의 제물포 도착

발신(생산)일	1903. 4. 22	수신(접수)일	1903. 6. 6
발신(생산)자	바이페르트	수신(접수)자	뷜로
발신지 정보	서울 주재 독일영사관	수신지 정보	베를린 정부
	No. 57		A. 8121
메모	6월 27일, 빈 366에 전달 연도번호 No. 342		

A. 8121   1903년 6월 6일 오전 수신

서울, 1903년 4월 22일

No. 57

독일제국 수상 뷜로 각하 귀하

이달 17일 칭다오에서 출발한 오스트리아–헝가리 순양함 "Kaiser Karl VI"호가 제물포에 도착했습니다. 황실의 막내 왕자[1]가 천연두에 걸리는 바람에 기대했던 황제의 알현은 성사되지 못했습니다. 이에 전함사령관 Dreger 함장은 이달 20일 서울만 방문한 뒤 본인에게 마산포에서 포격연습을 할 예정이라고 말하고 어제 다시 출항했습니다.

본인은 이 보고서의 사본을 독일제국 순양함분함대 사령관에게 보낼 것입니다.

바이페르트

내용: 오스트리아–헝가리 순양함 "Kaiser Karl VI"호의 제물포 도착

---

1   [감교 주석] 영친왕(英親王)

52

[천연두 유행으로 인한 즉위기념식 연기와 알현 중지 보고][1]

발신(생산)일	1903. 4. 11	수신(접수)일	1903. 6. 6
발신(생산)자	바이페르트	수신(접수)자	뷜로
발신지 정보	서울 주재 독일영사관	수신지 정보	베를린 정부
	No. 53		A. 8163
메모	연도번호 No. 313 I. 12799		

A. 8163   1903년 6월 6일 오후 수신

서울, 1903년 4월 11일

독일제국 영사

No. 53

독일제국 수상 뷜로 각하 귀하

어제 날짜로 작성된 각서가 오늘 도착했습니다. 각서에서 한국 외부대신은 궁에 천연두가 발생하여 황제가 세계 각국에서 오는 사절단을 고려해 즉위기념식 축제를 금년 가을로 연기했다고 통지했습니다. 또한 외부대신은 본인에게 독일제국 및 오스트리아-헝가리 정부에 이 사실을 보고해줄 것과 특사 파견을 연기해 달라고 요청했습니다.

이미 어젯저녁에 궁내부대신이, 천연두에 걸린 사람이 엄비가 낳은 황제의 막내 왕자 Yong[2]이며 어제 새벽부터 천연두 증세가 나타났다고 구두로 전해주었습니다. 어의인 독일인 분쉬는 아직 부름을 받지 못 했습니다. 1월 말부터 이곳에서 유행하고 있는 천연두는 세력이 많이 약화되기는 했지만 아직 완전히 사라진 것은 아닙니다. 황실 가족은 모두 예방접종을 받지 않았습니다. 한국의 예법에 왕실가족의 몸에 예리한 도구로 상처를 내는 것은 금지되어 있기 때문입니다. 또한 황실 가족은 절대 천연두에 걸리지 않는다는 전설을 사람들이 아직까지 믿고 있습니다. 누군가 천연두에 걸렸을 경우 발병한 집에

---

1 [감교 주석] 본 문서에는 "일본인과 한국인의 충돌"로 제목을 정했지만, 해당 내용과는 무관하다. 이에 제목을 "천연두 유행으로 인한 즉위기념식 연기와 알현 중지 보고"로 임의로 정하였다.

2 [감교 주석] 영친왕(英親王). 영친왕의 휘인 은(垠)을 잘못 표기한 것으로 보임.

서는 천연두 귀신을 고려해 아무 것도 하지 않는 것이 예로부터 내려온 한국의 전통이라고 합니다. 따라서 어제부로 궁에서의 모든 축제준비도 일체 중단되었습니다. 당분간 황제의 알현을 비롯해 궁중의 다른 기능들 역시 모두 중단되었습니다.

왕자의 발병은 한국 정부를 여러 가지 곤경으로부터 구해주었습니다. 사실 축제용 건물 신축은 물론이고 기타 여러 준비들이 대부분 지연되고 있어 여러 나라로부터 불평불만의 소리가 한국 정부에 쇄도하고 있었습니다. 특히 최근 들어 몇몇 대표들의 발언 수위가 더욱 강경해졌습니다. 그들은 만약 축제 전에 문제가 해결되지 않을 경우 축제 참가가 어려워질 수도 있다며 은근히 위협했습니다. 특히 미국 대표[3]와 프랑스 대표[4]는 이 상황을 자신들에게 유리한 방향으로 이용한 것으로 보입니다. 즉 미국 대표는 Collbran & Bostwick Co.[5]의 전력시설 요구를 관철하기 위해, 프랑스 대표는 제주도에서 입은 프랑스인들의 피해배상을 받아내기 위해 이용한 것입니다. 일본 측 역시 거기에 가세했습니다. 일본의 관심사는 아직 완전히 해결되지 않은 부산 근처 낙동강 어귀에서의 세금징수 문제 및 그다지 수익이 나지 않는 직산광산 대신 다른 광산채굴권을 획득하는 것입니다. 러시아와 벨기에, 이탈리아 역시 광산채굴권 허가를 신청했습니다. 마지막으로 모든 나라들이 전부 관심을 갖고 있는 문제가 바로 서울의 부동산 소유권제도 해결입니다. 한국 정부는 이 모든 문제를 해결할 수 있는 시간을 다시 벌게 된 것입니다.

이곳 궁중에서 흘러나온 말들을 미루어 보건대, 특사파견 문제로 세 번씩이나 열강들에게 폐를 끼치는 것은 바람직하지 않으므로 가을에 열리는 축제에는 이곳에 주재하는 외교사절들만 확실하게 참석시키는 것으로 국한하는 것이 바람직하다는 의견이 있는 듯합니다.

베베르[6]는 곧 이곳을 떠나야 할지, 아니면 한국 군주에게 안드레아스 훈장을 전달해야 할지 여부에 대한 훈령을 기다리고 있습니다.

(서명) 바이페르트

내용: 일본인과 한국인의 충돌

---

3 [감교 주석] 알렌(H. N. Allen)
4 [감교 주석] 플랑시(V. C. Plancy)
5 [감교 주석] 콜브란·보스트위크사(Collbran & Bostwick Co.)
6 [감교 주석] 베베르(K. I. Weber)

53

원문 p.486

[러시아 순양함 두 척이 동아시아로 향한다는 풍설 보고]

발신(생산)일	1903. 6. 3	수신(접수)일	1903. 6. 6
발신(생산)자	셰퍼	수신(접수)자	뷜로
발신지 정보	오데사	수신지 정보	베를린 정부
	No. 51		A. 8178
메모	I. 암호전보, 베이징, 도쿄 II. 6월 16일, 상트페테르부르크에 전달		

A. 8178   1903년 6월 6일 오후 수신

오데사, 1903년 6월 3일

No. 51

독일제국 수상 뷜로 각하 귀하

암호해독

본인이 믿을 만한 소식통으로부터 들은 바에 의하면, 작년 8월부터 자바스토폴[1]에 머물고 있던 모스크바와 스몰렌스크 지원함대 소속 순양함 두 척이 동아시아로 간다고 합니다. 해당 선박들은 해군이 구입하였으며, 동아시아 시시에 비물면시 동아시아에 있는 항구들을 오가며 군인들과 군수물자의 수송을 담당하게 될 것이라고 합니다.

이곳에서는 러시아가 좋은 기회를 포착하면 한국을 점령할 의도를 갖고 있다는 말이 돌고 있습니다. 앞에서 언급한 선박들을 파견한 것이 그것과 연관이 있다는 것입니다. 최근 군수품들이 다량으로 선박을 이용해 동아시아로 보내지는 것이 목격되었습니다.

(서명) 셰퍼[2]

---

1   [감교 주석] 자바스토폴(Sabastopol)
2   [감교 주석] 셰퍼(Schäffer)

54

[순양함분함대 사령관이 개인자격으로
고종즉위기념식에 참석하는 것은 바람직하지 않다는 회답]

발신(생산)일	1903. 6. 10	수신(접수)일	1903. 6. 10
발신(생산)자	뷔히젤	수신(접수)자	–
발신지 정보	베를린 해군참모총장	수신지 정보	외무부장관
	B 2418 I		A. 8378
메모	해군참모총장 답신, 6월 24일		

A. 8378   1903년 6월 10일 오후 수신

베를린, 1903년 6월 10일

B. 2418 I.

외무부 장관 귀하
베를린

순양함분함대 사령관이 금년 가을로 예정된 한국 황제의 즉위기념 축제에 참석하는 것이 정치적으로 옳고 바람직한 일인지 문의했습니다.

각하께 축제에 참석할 순양함분함대의 규모에 대한 여러 제안들을 삼가 보고하기 전에 전함을 파견하려던 기존의 계획 및 서울 주재 변리공사가 폐하의 친서를 전달하려던 작년의 계획이 여전히 유효한지 여쭙고 싶습니다. 만약 후자의 계획이 여전히 유효하다면 본인이 작년 9월에 이미 구두로 보고 드린 바와 같이 순양함분함대 사령관이 서울의 축제에 개인 자격으로 참석하는 것은 바람직하지 않을 것으로 생각합니다.

뷔히젤[1]

---

1   [감교 주석] 뷔히젤(Büchsel)

베를린, 1903년 6월 24일   A. 8378

해군참모총장 귀하   이달 10일 자 귀하의 편지, A. 2418 I에 답변을
                                       보내게 되어 영광입니다. 금년 가을 한국 황제
연도번호 No. 5530   의 즉위기념 축제에 독일제국 해군이 어떤 방식
                                       으로든 참석하는 것은 여전히 정치적으로 바람
                                       직한 것으로 생각됩니다. 축제의 개최시기에 대
                                       해서는 베를린 주재 한국 공사는 아직 본국 정
                                       부에서 아무런 통보를 받지 못했습니다. 서울
                                       주재 독일제국 변리공사는 이미 폐하의 축하서
                                       신을 갖고 있으며, 그것을 축제 때 한국 황제에
                                       게 전달하라는 지시가 내려갔습니다.

[한국의 새 황후 에밀리 브라운에 관한 포씨셰 차이퉁의 보도기사]

발신(생산)일	1903. 6. 25	수신(접수)일	1903. 6. 25
발신(생산)자		수신(접수)자	
발신지 정보		수신지 정보	
			A. 9249
메모	(개인 보고)		

A. 9249 　1903년 6월 25일 오후 수신

포씨셰 차이퉁[1]

1903년 6월 25일

한국의 새 황후 Emily Brown

(개인 보고)

　1월 21일 한국 황제 이형[2]의 즉위 40주년을 맞이하여 한국에 있는 미국인 선교사의 딸 에밀리 브라운[3]이 한국 황후의 자리에 올랐다. 그리고 이흥[4]과 수년에 걸친 관계에서 태어난 그녀의 아들이 황위계승자로 선포되었다. 이는 미국 여성이 높은 직위에 오른 최근의 가장 중요한 사례이다. 미국 여성이 현역 통치자의 배우자(Cola Deusler는 포르투갈 왕의 배우자가 되었다), 공작부인, 제후부인까지는 신분이 상승한 적은 있으나 황후의 칭호를 받은 적은 없었다. 한국의 차기 황제가 영국계 미국인의 피가 절반 섞였다는 것을 한 번 생각해보라!

　새로운 황후는 그 전까지는 단지 "Lady Emily" 내지는 한국어로 "Emsy"라는 칭호로 불렸지만 이제 "황후마마 엄"이라고 불린다. 독일어로 "아침놀"이라는 뜻이다. 이 "은자

1　[감교 주석] 포씨셰 차이퉁(Vossische Zeitung)
2　[감교 주석] 고종의 휘인 희(熙)의 오기로 보임.
3　[감교 주석] 에밀리 브라운(Emily Brown)
4　[감교 주석] 고종의 휘인 희(熙)의 오기로 보임.

의 나라"도 이제 드디어 문명에 눈을 떴다. - 일본의 문화월계수가 이웃나라가 계속 잠에 빠져 있도록 내버려두지 않았기 때문이다. 이 미모의 젊은 미국여성은 첫 번째 황후가 비극적인 죽음을 맞이한 뒤 서울이 궁에 들어왔다. 그때 그녀는 자신의 기독교 이름을 고수하겠다는 조건을 내걸었다. 가난한 미국 선교사의 딸이자 황제의 "첫 번째 애첩"에 불과했음에도 불구하고 베이징과 도쿄의 궁에서는 최고의 예우를 갖추어 그녀를 대했다. 하지만 한국 관보에서는 금년 초에야 비로소 이 애첩이 "공주"와 같은 반열로 승격되었다는 사실을 공포했다. 그리고 드디어 그녀에게 황후라는 완벽한 칭호가 수여되었다. 한국 황제는 부인이 죽은 후 이미 "Lady Emily"과 비밀리에 부부의 연을 맺고 있었는데, 서울 궁에서 드디어 공식적으로 즉위 40주년 기념식을 맞아 황제의 새 부인을 황후로 승격시켰으며 그녀의 어린 아들을 한국의 왕위계승자로 선포한 것이다.

황제는 여러 열강들에게 즉위기념식에 참석해달라고 요청했으나 단지 영국과 미국, 일본만 승낙했다. 일본 정부는 황후 엄의 승격식 때 일본 황족 하나를 대표로 참석시켰고, 영국은 도쿄 공사 클로드 맥도널드를, 미국은 알렌 공사와 패덕 영사, 그리고 무관을 축하사절로 참석시켰다. 또 다른 두 명의 미국인, 즉 해관총세무사 브라운과 한국 정부의 고문 샌즈는 승격 행사 때 황후의 옥좌 바로 옆자리를 차지했다. 서울에 거주하는 미국인 300명이 축제에서 의장병 역할을 맡았다. "관보"는 앞에서 언급된 세 나라의 공식대표단이 즉위식 때 새로운 황후로부터 확실히 우정을 보장받게 될 거라고 밝혔다. 이제 한국에서 이 젊은 미국여성의 공식칭호는 "Tscho-sen-is Dap-nun"이다. 그리고 이제 그녀는 한국 왕권의 상징인 황금용을 수놓은 비단옷을 입고, 가구에도 전부 용 무늬가 새겨졌다. 1월 21일의 대규모 행차를 위해 서울의 모든 도로와 건물들이 화려하게 장식되었다. 서울 주민들은 한성판윤의 명령에 따라 자신들의 집 대문을 잠근 뒤 화려한 복장을 한 수천 명의 행렬이 지나가는 동안 복종의 표시로 손에 새 빗자루를 들고 대문턱에 무릎을 꿇고 앉아 있어야 했다. 황제와 황후는 행차 때 각자 사방이 막힌 금장식의 가마를 타고 이동했다. 각자의 가마 앞에는, 황제가 현명한 부인과 권력과 명예를 나누기로 결정했다는 징표로서 커다란 보라색 부채와 붉은색 차양이 드리워졌다. 대단한 예술작품 같은 안장을 얹은 좋은 품종의 말 다섯 마리가 풍성한 장식을 매단 채 두 대의 가마 사이에서 행진했다. 가운데 말에는 황제를 상징하는 날아가는 용문양이 그려진 14피트 길이의 사각형 깃발이 달려 있었다.

1867[5]년 미국의 제너럴 셔먼[6]호가 최초로 한국 땅을 밟았을 때 얼마나 적대적인 대접

---

5 [감교 주석] 1866년의 오기

을 받았는지를 기억해 보라. 그 이후 미국 전함들이 들어와 성조기를 모욕한 한국인들을 징벌했던 일과 1882년에야 비로소 미국 제독 슈펠트[7]에 의해 한국과 미국이 조약을 체결한 것을 기억해 보라. 그 이후 한국에서 미국의 영향력은 계속 커졌고 미국인들은 대부분 한국 내각에서 높은 자리를 차지했다. 더불어 미국문화가 점차 퍼져나갔고, 미국인들에 의해 건설된 첫 철도가 얼마 전 운행에 들어갔다.

에밀리 브라운의 아버지는 순박한 장로교 선교사로 미국 서부의 위스콘신 아니면 오하이오 출신이다. 그는 한국에 최초로 파견된 개신교 선교사들 가운데 한 사람이다. 목소리가 아름다운 그의 딸은 선교사 예배당에서 찬송가를 불렀다. 그녀는 1년도 안 돼 한국어를 습득하였으며, 교회와 한국 관리들 간에 협상이 오갈 때 종종 통역을 맡았다. 사람들이 당시 왕에게 이제 막 피어나는 처녀의 탁월한 미모에 대해 보고하자 군주는 그녀에게 자신의 궁녀로 들어오라고 명령했으나 그녀는 격분하며 거절했다. 하지만 2년 뒤 그녀는 왕실에 들어가기로 결심했으며 그녀에게 "제일후궁"이라는 칭호가 수여되었다. 왕은 자신이 결혼할 수 있는 상황이 되는 즉시 그녀와 결혼할 것이며 만약 그녀가 아들을 낳아줄 경우 그 아이가 왕위계승자가 될 것이라고 약속했다. 왜냐하면 그의 첫 번째 아내는 단지 딸만 낳았기 때문이다.

레이디 에밀리는 수년 전부터 이교도 자매인 한국 여인들의 운명을 개선하기 위해 노력했다. 그녀는 황후로서 한국 여인들이 노예상태에서 벗어날 수 있도록 애썼고, 황제를 움직여 한국에서 여자를 남편의 소유물로 만드는 법을 폐지하도록 노력했다. 하지만 미국 출신 황후의 야심찬 계획들은 사실 훨씬 더 원대했다. 그녀의 계획은 아시아 국가들 가운데 그녀가 시집 온 나라의 정치적 위상을 높이는 것이었다. 그녀가 펴낸 책 "은자의 나라의 남자들과 여자들의 위대한 업적" 서두에서 그녀는 아래와 같이 썼다. "비록 오늘날 한국이 그리 널리 알려져 있지는 않지만 한국은 한때 위대하고 번성한 나라로 중국과 일본을 호령했다. 16세기에는 사실상 중국과 일본이 서울의 조정에 공물을 바칠 의무가 있었다!" 짐작컨대 한국 제국에는 군주의 새로운 미국인 배우자의 영향으로 조만간 중요한 변화들이 일어날 것으로 보인다. 제일 큰 문제는 이미 이 나라에 오랫동안 눈독을 들이고 있던 열강들, 즉 러시아와 일본과 영국과 미국 가운데 어느 나라가 한국의 조정에서 가장 큰 영향력을 갖게 될 것인가 하는 점이다. 어쨌든 아름다운 백인 황후의 조국이 그럴 가능성이 제일 높다고 할 수 있다.

---

6 [감교 주석] 제너럴 서먼(General Sherman)
7 [감교 주석] 슈펠트(R. W. Shufeldt)

56

[한국의 대내외 정세가 매우 심각하다는 보고]

발신(생산)일	1903. 6. 15	수신(접수)일	1903. 8. 10
발신(생산)자	잘데른	수신(접수)자	뷜로
발신지 정보	서울 주재 독일공사관	수신지 정보	베를린 정부
	No. 82		A. 11859
메모	시베리아를 경유해 모스크바 주재 독일제국 영사를 통해서 연도번호 No. 553		

사본

A. 11859   1903년 8월 10일 오후 수신

서울, 1903년 6월 15일

No. 82

독일제국 수상 뷜로 각하 귀하

이미 각하께 다른 곳에서 보고 드린 바와 같이 한국은 현재 매우 위험한 상황에 놓여 있습니다. 믿을 만한 소식통에 의하면 러시아가 드디어 한국과 만주 문제에 관해 단호한 결정을 내렸다고 합니다. 그 절정이 바로 상트페테르부르크의 지시에 다르지 않고 거의 득지직으로 행동하는 알렉세예프[1] 세폭이 만주와 한국에서의 러시아 정책의 세부석인 내용을 결정하게 되었다는 사실입니다. 그 결과 러시아는 한국의 북쪽 국경선에서 물러나지 않기로 결심했습니다. 더 나아가 러시아는 한국의 항구들에서 외국인들과의 일반적인 교류를 허용하는 것은 물론이고 일본인들에게 벌목 허가권을 내주는 것을 반대한다고 합니다.

실제로 러시아는 약 열흘 전 이곳에서 그런 내용의 성명을 발표했습니다. 그 성명에서 러시아는 만약 한국이 자신들의 뜻을 따르지 않을 경우 러시아 군대를 한국 국경선까지 전진시킬 것이라는 점을 명확히 했습니다. 본인은 그 이야기를 다른 소식통으로부터도 들었을 정도로 그 사실은 이미 서울에서는 더 이상 비밀이 아닙니다.

---

1   [감교 주석] 알렉세예프(K. Alexeev)

따라서 러시아의 결심은 아주 확고해 보입니다. 즉 러시아는 압록강유역에서 러시아가 가진 벌목 허가권을 내세워 그들이 갖고 있는 군사적인 입지를 최대한 고수하고 어떤 상황에서도 절대 그것을 내놓지 않겠다는 것입니다. 반면 일본 공사는 최근 거듭해서 일본인에게 압록강유역의 벌목 허가권을 교부해 달라고 요청했습니다. 또한 압록강 어귀에 있는 의주항을 개방할 것을 촉구했습니다. 며칠 전 이곳에 있는 청국 공사와 영국 변리공사도 같은 제안을 했습니다.

그로 인해 상황이 다시 극단으로 치닫고 있습니다. 아무래도 한국의 정세가 수렁에 빠지거나 파멸에 이르거나, 둘 중 하나가 될 것 같습니다.

한국의 북쪽 국경을 이루고 있는 압록강유역 및 동쪽에 있는 두만강유역의 러시아 벌목 허가권에 관한 사정은 이곳 영사의 보고를 통해 각하께서도 이미 알고 있으리라고 사료됩니다. 러시아는 왕비가 일본인에 의해 살해된 후 군주가 러시아 공사관으로 피신했을 때 그 벌목 허가권을 얻어냈습니다. 더욱이 그 벌목 허가권에는 지리적인 경계가 정확히 어디까지인지 명확히 규정되어 있지 않은 듯합니다. 서류상으로 벌목 허가권 계약이 존재하는 것은 사실인 듯하나 그것이 공개된 적은 없습니다. 한국은 벌목 허가권에 대한 반대급부를 요구하지 않았습니다.

러시아인들은 처음 몇 년 동안 벌목 허가권을 실제로 행사하지 않았습니다. 두만강유역에서는 아직 벌목이 진행되지 않고 있습니다. 압록강유역의 경우에는 작년 하반기에 드디어 벌목이 시작됐습니다. 벌목꾼으로는 군인들을 동원했는데 그들은 작업 때 군복을 입지 않았습니다. 서울에 있는 러시아인들의 말에 의하면, 벌목꾼의 숫자는 현재 약 800명 정도라고 하는데 아마 실제로는 훨씬 더 많을 것입니다. 청국 사람들도 일꾼과 파수꾼으로 상당수 채용되었습니다. 최고의 인력들이 투입되는 것은 아닌 듯합니다. 전체적으로 볼 때 공업적인 측면뿐 아니라 군사적인 요소도 중요하게 고려되는 듯한 인상을 줍니다. 러시아 전함들이 시시때때로 압록강 어귀에 머물렀다 떠나곤 합니다.

하지만 공업의 측면에서도 벌목은 아주 유망한 사업입니다. 끝없이 펼쳐진 최고의 삼림이 벌목을 기다리고 있습니다. 뤼순항[2]과 나무가 없는 만주, 베이징과 양자강 유역 등이 확실한 수요처가 될 것입니다. 한때 근위기병이었던 베조브라조프[3] 장군이 이끄는 러시아 회사가 현재까지 약 백만 루블을 그곳에 투자했으며 금년 내로 백만 루블을 추가로 투입할 거라고 합니다. 한국 측의 항의에도 불구하고 그곳에 상륙장 및 관리자와

---

2   [감교 주석] 뤼순(旅順; Port Arthur)항
3   [감교 주석] 베조브라조프(A. M. Bezobrazov)

노동자 숙소가 건설되고 있습니다. 러시아인들은 마치 그 땅의 주인인 양 행동하고 있습니다. 러시아 회사의 주요 주주 가운데 하나가 알렉산더 미하일로비치[4] 대공인데, 그는 러시아 황제의 처남입니다.

아주 외진 곳에 있어 거의 원시림 상태인 압록강유역의 삼림은 예전부터 중국 사업가들에 의해 마구잡이로 개발되었다는 이야기들이 돕니다. 어떤 일본인들은 원래 일본인들에 의해 개발되었다는 주장을 펼치기도 합니다. 하지만 명시적으로 그들한테는 그 어떤 개발 허가권도 주어진 적이 없습니다. 이런 상황에서 러시아인들은 이 사안을 깨끗이 마무리 짓기 위해 청국 사람들을 무작정 몰아내거나 그냥 죽여 버리고 있습니다. 아직 러시아인들이 일본인들과 충돌했다는 이야기는 듣지 못했습니다. 일본 공사 하야시가 최근 현지 사정을 조사하기 위해 비서를 평양에 보냈습니다. 그가 얼마 전 본인에게, 벌써 오래전부터 그곳에서 일본인들이 사업을 하고 있으며 충돌의 위험이 높다고 말했습니다. 또한 정말로 충돌이 일어날 경우 심각한 분쟁으로 이어질 위험이 크다고 했습니다. 사실 본인은 그곳에 일본인의 사업체가 있다는 하야시의 말을 믿지 않습니다. 그건 단지 일본 대표부가 압록강유역에 있는 러시아인들을 방해하기 위해, 또 벌목 허가권 요구를 강하게 밀어붙이기 위해 내세우는 구실이라고 생각합니다. 이곳에서는 압록강유역의 상황을 정확하게 조사할 수 없습니다. 따라서 단지 러시아인들의 말과 일본인들의 말을 비교하고 한국인의 입에서 나온 말을 종합하여 결론을 내릴 수밖에 없습니다. 본인은 일본인들이 이 문제를 너무 세게 몰아붙이는 것은 불장난처럼 위험한 짓이라고 생각합니다. 전쟁을 벌일 각오가 단단히 되어 있는 경우에만 일본인들이 압록강유역에서 러시아인들이 벌이는 사업에 맞설 수 있기 때문입니다. 물론 러시아가 벌이는 사업은 독점적 지위와 영역확대 문제로 논란의 여지가 있는 것은 분명합니다. 하지만 하야시의 행동은 때로 지나치게 호전적입니다. 그리고 현재 일본의 여론이 매우 들끓고 있다는 사실을 각하께서는 이미 다른 보고들을 통해 알고 계실 것입니다.

한국 사람들 역시 이미 몇 달 전부터 매우 비관적인 입장을 보이고 있습니다. 특히 북부지방의 주민들은 전쟁이나 전쟁으로 인한 궁핍함에 대해 자주 거론하고 있습니다. 최근 한국의 언론에 압록강유역의 어느 작은 강줄기에서 온종일 새빨간 물이 흘렀다는 기사가 실렸습니다. 그건 전쟁과 심각한 궁핍을 의미합니다. 사람들의 생각은 갈수록 그쪽으로 모아지고 있습니다. 올해 안에 포화가 터진다 해도 아마 이곳에서는 아무도 놀라지 않을 것입니다.

---

4 [감교 주석] 미하일로비치(A. Mikhailovich)

만약 한국 하나만 문제라면 일본인들은 전쟁을 할 필요가 없다고 말할 수 있습니다. 이미 그들은 거의 아무런 제약 없이 한국을 지배하고 있고, 거의 모든 것을 통제하고 있습니다. 한국에 들어온 외국인이라면 누구라도 금세 한국에서의 일본의 압도적인 영향력을 알아차릴 수 있습니다. 일본식 철도가 운행되고, 일본인거류지는 숫자와 규모가 압도적입니다. 특히 해안 도시들에서 그렇지만 내륙에서도 사업이 될 만한 곳은 대부분 일본인이 차지하고 있습니다. 일본인거류지는 깨끗하고 질서가 잘 유지되고 있습니다. 반면 천성이 게으르고 깨끗하지 못한 한국인들은 선량함과 복종심이 아주 없지는 않으나 자신들이 지배당하고 있다는 것을 확실히 인지하고 있을 때에만 복종할 뿐 제멋대로 행동해도 처벌받지 않는다고 생각하면 즉시 탐욕적이고 비도덕적인 성향을 드러냅니다. 일본 당국은 의도적으로 아주 강력하게 일본인들의 한국 진출을 뒷받침해주고 있습니다. 뿐만 아니라 궁중과 한국 내각에서도 일본의 영향력은 타의 추종을 불허합니다. 일본 공사는 계략과 매수, 무례하고 위협적인 각서, 기타 온갖 종류의 음모를 동원해 이곳에서 군림하고 있습니다. 또한 가난한 한국 정부는 재정 문제에서 완전히 일본의 속임수에 속아 넘어가고 있어 간혹 동정심이 우러나올 정도입니다. 그중 몇 가지 사례를 들어보도록 하겠습니다.

한국은 그사이에 운 좋게도 죽은, 뇌물에 매수된 군부대신을 통해 몇 달 전 낡은 기선 한 척을 일본 회사로부터 구입했습니다. 일본인들이 기선에 포 몇 개를 장착해 전함인 척 위장해 팔아먹은 것입니다. 그 배는 원래 현재 연기된 즉위기념식 축제 때 예포를 쏘는 데 사용할 목적이었습니다. 그런데 현재 이곳에서는 그 값을 치를 수 없는 상황입니다. 일본 공사는 날마다 돈을 지불해줄 것을 요구하지만 가난한 한국인들은 그럴 수가 없습니다. 한국인들은 해약금으로 20만 엔을 줄 테니 낡은 고물 배를 다시 가져가라고 말하고 있습니다. 일본 공사는 한국이 언젠가 다시 전함이 필요할 경우 일본에서 구매하겠다고 약속하면 한국 측 제안에 동의하겠다고 말했습니다. 물론 한국은 그런 약속을 하지 않으려 합니다. 하지만 아주 착한 일본 대부업자도 월 20퍼센트 이하의 이자로는 돈을 빌려주지 않기 때문에 빚이 산더미처럼 불어나고 있습니다. 한국 황제에게 돈을 빌려줬다가 받지 못한 일본인의 이야기도 흥미롭습니다. 그자는 일본 당국의 중재를 통해서 한국 황제로부터 일본식 새 도량형을 한국에 들여와 공급하는 권리를 얻었습니다. 물론 그것은 최고의 돈벌이가 되는 사업입니다. 한국 측이 경비를 대서 사업소를 하나 연 다음 그자를 사무소 소장이자 수익자로 앉힌 것입니다. 이로써 일본은 일거양득의 효과를 거두었습니다. 채권자는 빌려준 돈을 받게 되고, 일본은 일본식 도량형이 한국에 수입됨으로써 영향력이 크게 확대된 것입니다. 도량형 도입은 이달 1일 시행되었습니다. 하지만 아직 공식적으로 공표되지는 않았습니다.

또 다른 사례를 말씀드리겠습니다. 이곳의 화폐를 관리하는 일본인 몇 명이 지금까지 유럽에서 인쇄했던 한국의 우표 인쇄도 맡았다고 합니다. 최근 한국우체국의 프랑스인 관리자가 이들한테서 새 우표의 발주주문을 받으려 하자 그들은 프랑스 관리자한테 우표 제작비뿐만 아니라 우표의 전체 액면가액을 요구했습니다. 게다가 그 프랑스인은 다량의 새 우표가 이미 파리에서 판매되었다는 사실을 알게 됐습니다.

이 모든 일은 일본 공사의 후원과 장려하에 진행되고 있습니다. 만약 외교적으로 무례하거나 불가능한 사례들을 모아 책자를 출간하고 싶다면 이곳에서 보여주는 일본인들의 행태만 모아도 책 몇 권을 가득 채울 수 있을 것입니다. 왕비의 살해가 아마 그 시작이될 것입니다. 하지만 일본인들의 목적의식과 성공은 경탄할 만한 일임에 틀림없습니다.

러시아인들은 몇 년 전부터 한국의 내정에서 완전히 손을 뗐습니다. 한국에 거주하거나 한국에서 사업을 하는 러시아인은 거의 없다시피 합니다. 러시아 동료 파블로프는 현재 쿠로파트킨 장군과 알렉세예프 제독과 면담하기 위해 무관을 대동하고 일주일 전부터 뤼순항에 머물고 있습니다. 경의철도 건설을 지지하는 게 러시아의 이해관계에 부합하지 않겠느냐는 본인의 질문에 파블로프[5]는 "Pas du tout nous avons intérêt que rien ne se fasse en Corée."라고 했습니다. 즉, 러시아는 한국에서 일어나는 일에 전혀 관심이 없다는 것입니다. 물론 이 말을 액면 그대로 받아들일 수는 없으나 대체로 러시아의 입장을 잘 대변하는 말이라고 생각합니다. 그 말은 이곳에서 보여주는 러시아의 정책에 완전히 부합됩니다. 파블로프는 본인과 대화를 나누던 중에 일본이 이곳에서 보여주는 정책들의 세부적인 내용과 방식에 대해, 자신은 일본인과 일본인들이 이곳에서 보여주는 행동방식을 완전히 이해하고 있다고 말했습니다. 또한 그들의 방식은 사안의 성격 때문에 대체로 영국 대표의 지지를 받고 있다고 했는데, 그는 유럽인으로서 영국 동료[6]가 일본의 이 모든 사소하고 비열한 행위들에 동참하는 것이 몹시 기이하게 생각된다고 했습니다. 파블로프의 날카로운 비판이 정당한지 아닌지 본인은 아직 판단하기 어렵습니다. 영국 변리공사 조던은 조용한데다가 겉으로 보기에는 전혀 악의가 없어 보이는 사람입니다. 프랑스인을 포함해 우리 다른 나라 외교관들은 매우 신중하게 행동하고 있습니다. 본인보다 늦게 도착한 이탈리아의 첫 외교대표인 변리공사[7] 역시 마찬가지입니다.

영향력이 크고 매우 현명한 한국의 해관총세무사인 맥리비 브라운[8]은 영국과 일본의

---

5 [감교 주석] 파블로프(A. Pavlow)
6 [감교 주석] 조던(J. N. Jordan)
7 [감교 주석] 모나코(Attilio Monaco)

영향력 확대를 위해 열심히 애쓰고 있습니다.

한국 정부에 대해서는 빵점이라는 말 이외에는 할 말이 없습니다. 다시 한 번 말하지만 정말 빵점입니다. 하지만 이 나라는 부유하게 발전할 여지가 있습니다. 또한 선의의 독재정치를 강력하게 실시할 경우 국민들은 안락하고 행복하게 살 수도 있습니다. 하지만 일본인들을 비롯해 거의 모든 유럽인들과 미국인들까지 하이에나처럼 한국이라는 죽은 시체에 덤벼들어 마지막 한 방울의 즙까지 빨아먹고 있습니다. 이곳에서 운영 중인 미국 전력회사는 현재 미국 대표가 강력하게 그 회사의 입장을 대변하고 있는데, 그들이 보여주는 방식이 마치 서양에서 증권거래소가 처음 설립 될 때처럼 뻔뻔하고 무례하기 짝이 없습니다.

다들 내가 먼저 뜯어먹겠다고 이전투구를 벌이는지라 싸움에 끼어들지 않고 옆에서 구경만 하는 사람들의 얼굴이 벌겋게 달아오를 지경입니다.

앞에서도 언급했다시피 이곳에는 제대로 된 정부가 없습니다. 군주는 아주 무의미한 존재입니다. 하지만 궁에서는 정부라는 이름으로 불릴 만한 여러 가지 활동이 이루어지고 있습니다. 궁의 관리들, 관직에 고용된 무녀와 무당들, 그리고 환관들은 돈으로 매수해야 합니다. 이때 일본의 자금이 압도적인 힘을 발휘하고 있습니다. 파블로프는 최근 본인에게 자신은 비자금이 전혀 없다고 하소연했습니다. 하지만 그의 말을 완전히 믿을 수는 없습니다. 황제나 이 나라에 뭔가를 팔려는 상인들까지도 이곳 궁에 뇌물을 바쳐야 합니다. 앞에서 언급한 총세무사[8]한테 얼마 전 본인이 황제는 대체 어떤 인물이냐고 물었더니, "그는 매우 교활한 인물"이라고 했습니다. 또한 "그는 세상에서 제일 슬픈 사람이며 돈을 위해서라면 뭐든 하는 사람으로서, 그에게 직접 돈을 건네면 아마 받을 것"이라고 했습니다.

몇몇 존경할 만한 인물을 빼면 이곳에는 교양 있고 점잖은 관리가 전무하다시피 합니다. 관리들은 한국이 황금시절을 구가하던 수백 년 전에는 중요하고 유복한 신분이었으나 현재는 오래전 철저하게 몰락해버린 가문들 출신의 상스러운 무리들입니다. 그들은 대부분 관직을 돈으로 샀으며, 일단 자리에 오르게 되면 제 주머니를 채우는 일 말고는 아무 것도 할 수 없습니다. 대신들은 명목상의 직책에 불과합니다. 우리를 상대하고 우리가 보낸 각서에 답변을 해야 하는 외부대신 말고는 어느 대신도 일을 하지 않습니다. 대신들의 집무실은 완전히 비어 있으며, 직접 찾아가도 아무도 만날 수 없습니다. 아주 오래 기다리면 문지기 정도는 만날 수도 있습니다. 소위 대신이라고 하는 자들은 급여도

---

8   [감교 주석] 브라운(J. M. Brown)

매우 적습니다. 심지어 그들은 지방 관리들처럼 납세의 의무가 있는 가난한 민중들을 뜯어 자신의 피해를 보전할 수 있는 기회조차 없습니다.

한편 정부는 이른바 조언자(어드바이저)라고 불리는 외국인 고문들한테는 급여를 지급합니다. 빈둥거리면서 말 그대로 아무 일도 하지 않는데도 말입니다. 델코안뉴[9] (Delcoigne)라는 이름을 가진 외교관 출신의 또 다른 벨기에인이 이곳에 도착했습니다. 그는 당분간 이곳에서 당분간 일자리를 얻을 수 있을 것으로 믿고 있습니다. 하지만 그가 갈 만한 자리에는 이미 일본인, 미국인, 프랑스인, 러시아인, 심지어 덴마크인까지 있습니다. 이곳에서는 한국이 벨기에인을 이곳에 오게 한 것은 단지 부담스러운 어느 일본인 조언자의 일자리를 뺏을 구실이 필요하기 때문이라는 말이 돌고 있습니다. 전직 서울 주재 공사 가토[10]가 바로 그 사람입니다. 사이공 출신의 전직 늙은 항소법원장인 프랑스인[11]은 아주 우스꽝스러운 인물인데, 이른바 한국의 형법을 만드는 작업을 하고 있습니다. 그 프랑스인이 본인에게 말하기를, 자신은 궁내부에서 왕실 방앗간을 운영하는 책임을 맡았는데 사실 왕실에는 단 한 개의 방앗간도 없다고 말했습니다.

앞에서 언급한 내용들을 보시면 이 나라의 내부사정이 어떤지 충분히 짐작하실 수 있을 것입니다. 이 나라는 사실 군사적인 방법이 아니면 거의 통치가 불가능한 상황입니다. 단지 상거래가 활발한 해안가 인근 주민들만 경제형편이 유복한 편입니다.

영사 바이페르트 박사가 이미 보고 드렸다시피, 서울 북쪽의 송도 근처에서 천주교도와 개신교도 간에 소요사태에 벌어졌습니다.[12] 프랑스인과 미국인이 그 사건에 개입하려 했으나 그리 큰 의미를 지닌 사건은 아닙니다. 천주교도들은 단 한 사람도 진정한 기독교인이 아닙니다. 그들은 기회만 있으면 다른 신앙을 가진 한국인들을 압박하려 듭니다. 그러면 관청이 조사를 빌미로 혐의자와 증인, 그리고 모든 관계자들을 감방에 가두고 적당히 압박을 가하는 것입니다. 그곳의 천주교도와 개신교도의 비율은 약 9대 1인데, 사건 가담자의 비율 역시 대략 비슷합니다. 그래서 이런 사건이 일어나면 서울에 있는 미국의 감리교 선교사들은 이곳의 천주교 성직자들과 격렬한 싸움을 벌입니다. 급기야 비열한 사건의 결정판이라 할 수 있는 그 사건들에 관한 기사가 고베 크로니클 지에 실렸습니다. 천주교 주교는 그 기사가 자신의 작품이라고 자랑했습니다.

제주도에서 불만을 품은 마을사람들이 천주교 사제 몇 명을 죽이는 일이 있었는데,[13]

---

9   [감교 주석] 델코안뉴(M. Delcoigne)
10 [감교 주석] 가토 마스오(加藤增雄)
11 [감교 주석] 크레마지(L. Crémazy)
12 [감교 주석] 해서교안(海西教案)

이곳의 프랑스 공사는 이미 몇 달 전부터 한국 정부가 손해를 배상해주기를 기다리고 있습니다. 그는 손해배상을 받을 경우에만 즉위기념식 때 황제에게 그랑 코르동 명예훈장을 전달하라는 지시를 받았다고 했습니다. 하지만 그는 당분간 그 문제에 대해 걱정할 필요가 없습니다. 기념식 때 전달하기로 되어 있는 러시아의 안드레아스훈장 역시 프랑스 동료의 훈장처럼 아직 전달되지 않고 책상 서랍 속에 들어 있습니다. 기념식 때 그 훈장을 전달하기 위해 특사로 파견된 베베르[14]는 이곳에 약 6개월 체류했는데, 서울의 러시아 대표부와 관계가 완전히 틀어지는 바람에 불만을 품은 채 이곳을 떠났습니다. 러시아 대표부가 베베르가 정치적인 사안에 개입하는 것을 막았기 때문에 전체적으로 베베르는 이룩한 일이 별로 없습니다. 그가 가장 열심히 시도했던 것은 서로 반목하는 한국의 파벌들을 화해시키는 것이었으나 이 역시 무위로 돌아갔습니다. 그는 한국 고위 관리들에게 외부로부터 아주 많은 위험이 있으니 서로 단합해야 한다고 역설했으며 심지어 화해를 위한 만찬 자리까지 마련했습니다. 궁에서는 군주를 위해 복종과 충성을 다 바친다는 평을 듣고 있는 내장원경 이용익[15]과 궁중을 수비하는 경위원 총관 이근택[16] 장군을 중심으로 한 반대파가 서로 다투고 있습니다. 베베르가 떠난 이후 분쟁이 더 격렬해졌습니다. 본인이 약 2개월 전 이곳에 도착했을 때 거리에는 군인과 유사한 조직을 가진 보부상단 사람들이 많이 보였습니다. 그들은 특이한 옷을 입고 똑같은 형태의 커다란 곤봉을 들고 다니면서 순찰을 돌고 보초를 섰습니다. 보부상단 사람들은 황실사유재산 국장 이용익이 위험에 처했다고 생각해 적들에게 압박을 가하고 싶을 때면 언제든지 출동했습니다. 그런데 언젠가부터 이 사람들이 거리에서 싹 사라졌습니다. 현재 일본인들과 우호적인 관계를 유지하고 있는 이용익은 심각한 단독(丹毒)에 걸려 일본 병원에 입원했는데, 약 2주일 전 그의 병실이 다이너마이트로 폭파되었습니다. 하지만 그는 다행스럽게도 옆방에 있어 무사했습니다. 하지만 아직 중환자인 그는 사건 직후 곧바로 자택으로 돌아가 호위병인 보부상단의 경호를 받고 있습니다. 독일인인 황제의 어의 분쉬 박사가 일본 의사와 공동으로 이용익의 집에서 그를 치료하고 있습니다. 하지만 이용익이 집에서 치료받는 동안 적인 이근택이 그 기회를 이용해 궁중의 인물들을 대폭 교체했습니다. 내장원경 이용익이 다시 궁에 출근하면 그에게 뭔가 위험한 일이 생길 가능성이 있지만 이용익은 현명한 사람이니 제 몸을 지킬 수 있을 것입니다. 하지만

---

13 [감교 주석] 신축민란(辛丑民亂); 신축교난(辛丑敎難)
14 [감교 주석] 베베르(K. I. Weber)
15 [감교 주석] 이용익(李容翊)
16 [감교 주석] 이근택(李根澤)

그의 운명은 기본적으로 황제의 총애에 달려 있습니다. 황제의 총애는 그의 성격처럼 변덕이 심한데다가 기본적으로 바탕에 두려움이 깔려 있습니다. 8,000명의 서울 수비대는 궁궐 담장 안에 꼭꼭 숨어 있는 군주를 지키는 일만 하고 있습니다. 도시 전체에 밤낮을 가리지 않고 보초와 순찰을 도는 군인들이 득실거리고 있습니다.

공포와 불안이 지배하고 있음에도 불구하고 본인이 보기에는 한국 내부의 파벌 간 대립은 아주 사소할 뿐 아니라 사적인 성격을 갖고 있습니다. 또한 한국 국민은 너무 무기력하고 심약해 이곳에서는 절대 심각한 소요사태가 오래 진행될 수 없습니다. 또한 한국을 주도적으로 이끌 수 있는 열정적인 인물도 없습니다. 한국의 운명은 러시아와 일본 양국의 커다란 대립이라는 외부요인에 의해 결정될 것입니다.

이 글이 규정보다 더 길어진 것에 대해 각하께 사죄의 말씀을 드립니다. 사태가 돌아가는 전반적인 모습을 다 전하려다 보니 더 이상 짧게 줄일 수가 없었습니다.

본인은 이 보고서의 사본을 도쿄와 베이징에 보낼 것입니다.

추가로, 제대로 정리되지 못한 채 보관되고 있던 예전 서류더미 속에서 러시아 벌목 허가권 서류의 사본이 1896년 9월 21일 자 크리엔 영사의 보고서 검열번호 No. 53과 함께 베를린으로 발송된 것을 발견했습니다. 현재 러시아인들이 하고 있는 벌목은 당시 그들이 허가받은 내용과는 완전히 다릅니다.

(서명) 잘데른[17]
원본 문서 중국편 25

---

17 [감교 주석] 잘데른(K. Saldern)

57

[서울-부산 간 도로에서 한국인과 일본인 사이에 충돌사고가 발생했다는 노보예 브례먀의 보도]

발신(생산)일	1903. 8. 10	수신(접수)일	1903. 8. 12
발신(생산)자	알벤스레벤	수신(접수)자	뷜로
발신지 정보	상트페테르부르크 주재 독일 대사관	수신지 정보	베를린 정부
	No. 558		A. 11956

A. 11956 1903년 8월 12일 오전 수신

상트페테르부르크, 1903년 8월 10일

No. 558

독일제국 수상 뷜로 각하 귀하

블라디보스토크에서 들어온 "Novoye Vremya"[1]의 전신 보고에 의하면, 한국 신문에 서울-부산 간 도로에서 일본인들과 한국인들 사이에 충돌사고가 발생했다는 기사가 실렸다고 합니다. 그로 인해 한국인 한 명이 죽고 다수의 부상자가 발생했다고 합니다.

알벤스레벤

---

1 [감교 주석] 노보예 브례먀(Novoye Vremya)

58

[고종이 전쟁 발발시 독일공사의 영향력 발휘를 요청했다는 보고]

발신(생산)일	1903. 8. 10	수신(접수)일	1903. 9. 6
발신(생산)자	잘데른	수신(접수)자	뷜로
발신지 정보	서울 주재 독일공사관	수신지 정보	베를린 정부
	K. No. 92		A. 13267
메모	연도번호 No. 633 중국편 25		

사본

A. 13267 1903년 9월 6일 오전 수신

서울, 1903년 8월 10일

K. No. 92

독일제국 수상 뷜로 각하 귀하

암호해독

황제가 며칠 전 본인에게 심복을 보내 아래와 같은 말을 전했습니다.:

지금 전쟁이 발발하면 일본인들은 분명 단시일 내에 이 나라를 점령할 것이다. 또한 일본인들과 함께 현재 일본에 거주 중인 한국인 망명객들이 귀국할 것이다. 그럴 경우 그들은 적에게 끔찍한 복수를 가하려 들 것이고, 생각할 수 있는 온갖 잔혹한 일들이 벌어질 것이다. 망명객들이 노리는 자는 대부분 일본의 적이기 때문에 일본은 그 같은 행위를 허용할 것이다. 황제는 현재 완전히 일본인들의 수중에 있는 상태라 그것을 전혀 막을 수 없다.

위와 같은 말을 전하면서 황제는 본인에게, 커다란 불행이 일어나지 않도록 본인의 영향력을 발휘해 줄 것을 요청하였습니다. 황제는 우리가 정치적으로 어느 편에도 관여하지 않고 있다는 사실을 알고 있으며, 따라서 이 문제와 관련해 그가 의지할 수 있는 사람은 본인과 같은 입장에 있는 미국 대표뿐이라고 했습니다.

본인은 황제의 심복에게, 금년 중으로 전쟁이 일어날 것으로는 믿지 않으나 만약 그런 일이 일어날 경우 본인은 최선을 다하겠다는 것을 믿어도 좋다고 말했습니다. 또한 본인은 정치적으로 완전히 중립을 지키라는 강력한 훈령을 받았으나 순수하게 인도적인 문제일 경우 나라를 대표해 나서는 것이 허용되어 있다고 말했습니다.

(서명) 잘데른
원본 문서 중국편 25

59

[한국의 군비증강 계획과 현상건 유럽 파견에 관한 보고]

발신(생산)일	1903. 8. 20	수신(접수)일	1903. 9. 25
발신(생산)자	잘데른	수신(접수)자	뷜로
발신지 정보	서울 주재 독일공사관	수신지 정보	베를린 정부
	K. No. 100		A. 14228
메모	9월 30일, 런던 845, 페테르부르크 855, 워싱턴 A. 254에 전달 연도번호 No. 662 한국편 10		

A. 14228 1903년 9월 25일 오후 수신

서울, 1903년 8월 20일

K. No. 100

독일제국 수상 뷜로 각하 귀하

한국황제는 현재 전쟁에 대한 엄청난 공포 속에 살고 있습니다. 그는 추가로 군인 8천 명을 더 선발하자는 제안을 수락했습니다. 그럴 경우 군인이 모두 5만 명에 육박하게 됩니다. 국민징병제라는 말이 나올 지경입니다. 이 새로운 징병계획을 수립한 사람은 영어로 "Pedlar Gilde"라고 부르는 보부상단의 회원입니다. 하지만 그들은 원래 행상인들이 아닙니다. 그들은 한국의 떠돌이 노동자들입니다. 그들은 오래전부터 꽤 많은 회원이 가입된 엄격한 단체를 조직해 운영하고 있었으며 어떤 종류의 일이라도 맡을 준비가 되어 있었습니다.

재정부족으로 인해 실현가능성은 낮지만 정말로 군인들을 8천 명이나 뽑게 되면 한국은 상당히 힘든 시기를 맞게 될 것입니다. 기본적으로 서울 경비를 맡게 될 이 새로운 군대는 군복과 무기, 식사만 제공받을 뿐 보수는 받지 못한다고 합니다. 그럴 경우 현재 이곳에 있는 기존의 군인들 9천 명보다 처우가 더 나쁘기 때문입니다. 보부상단이 이러한 차별대우를 장기간 감수할 리 만무하며, 그럴 경우 서울의 거리는 상당히 불안해질 것입니다.

황제는 최근 심복 중 하나인 현상건[1]을 비밀리에 상트페테르부르크와 베를린, 그리고 런던으로 파견했습니다. 군주가 종종 본인에게 은밀한 요청을 할 때 보냈던 자입니다. 각하께서도 아시다시피 본인은 그때마다 우리나라의 중립적 입장을 고려해 책임 있는 답변을 피했었습니다. 현상건은 아직 나이가 젊고 프랑스어를 유창하게 하는 유능한 인물입니다. 만약 외무부장관께서 베를린에서 그자를 만나게 될 경우 매우 신중하게 그를 대해줄 것을 요청 드립니다. 그는 황제의 신임을 받고 있어 상업적인 분야에서 진행되는 우리의 비정치적 노력들에 도움을 줄 수 있기 때문입니다.

현상건의 임무가 정확히 무엇인지는 말씀 드릴 수 없습니다. 하지만 한국인들이 공포에 사로잡힌 나머지 현재 중립화를 고려하고 있다는 점으로 미루어 볼 때, 그의 임무역시 비슷할 것으로 추정됩니다. 현재 전권을 쥐고 있는 고급부관 이근택이 최근 황제의 지시에 따라 본인을 방문했습니다. 그는 오랫동안 머무르면서 벨기에와 스위스의 예를 거론하며 중립화에 대해 이야기를 꺼냈습니다. 본인은 그에게 러시아와 일본 사이에 끼어 있는 한국은 사정이 완전히 다르다는 점을 이해시키기 위해 노력했습니다. 앞에서 언급한 두 나라의 중립화는 긴 역사 속에서 이루어졌을 뿐만 아니라 그들은 자력으로 나라를 지킬 능력이 있다는 점을 지적했습니다. 하지만 본인과 대화를 나누는 동안 이근택은 계속 일본과 러시아는 모든 조약에서 항상 한국의 "불가침성"을 언급하고 있다고 주장하면서, 만약 두 나라에 의해 한국의 "불가침성"이 인정된다면 중립화도 가능하지 않겠느냐는 식으로 이야기를 몰고 갔습니다.

이근택과의 대화 내용으로 짐작컨대, 현상건 대위의 임무 역시 그 문제와 관련이 있을 것 같습니다. 현상건은 수일 내로 이곳을 떠나 뤼순항[2]을 거쳐서 유럽에 도착할 것입니다. 아마 시베리아를 거쳐서 보내는 이 보고서와 거의 동시에 도착할 것 같습니다. 유럽에서의 그의 체류 기간은 겨우 두 달이라고 합니다.

이곳 일본 공사[3]와 영국 공사[4]는 여전히 의주항 개항을 추진 중입니다. 똑같은 제안을 했던 청국 공사[5]는 다시 조용해졌습니다. 하지만 일본 공사와 영국 공사는 거의 매주 각서를 보내고 있습니다. 매번 "만약 한국이 양보하지 않으면 우리는 심각한 결심을 하게 될 것입니다." 내지는 "그 제안을 받아들이지 않으면 한국은 후회하게 될 것입니다." 같은 위협적인 문장으로 각서를 끝맺고 있습니다. 사람들은 두 나라가 말로만 위협하는

---

1 [감교 주석] 현상건(玄尚健)
2 [감교 주석] 뤼순(旅順; Port Arthur)항
3 [감교 주석] 하야시 곤스케(林權助)
4 [감교 주석] 조던(J. N. Jordan)
5 [감교 주석] 쉬타이션(許台身)

것이 아니라 함대 시위 같은 행동에 나설 것인지 궁금해 하고 있습니다. 한국의 궁중에서 영국인들이 의주를 군사적으로 점령하려 한다는 이야기가 나오는 것도 당연합니다.

이곳에서는 여러 번 연기된 황제의 즉위기념식을 개최하려는 것 같습니다. 개최시기는 10월인 듯합니다. 하지만 행사의 규모는 축소될 것입니다. 하지만 개최여부와 정확한 개최시점은 아직 확실히 정해지지 않았습니다.

(서명) 잘데른
원본 문서 한국편 10

60

외국 무역을 위해 의주항 개방

발신(생산)일	1903. 9. 4	수신(접수)일	1903. 10. 4
발신(생산)자	잘데른	수신(접수)자	뷜로
발신지 정보	서울 주재 독일공사관	수신지 정보	베를린 정부
	K. No. 105		A. 14706
메모	서울의 독일 사절단 1. 10월 20일, 빈 720에 발췌문 전달 II. 10월 20일, 페테르부르크 902, 런던 310, 워싱턴 A. 276, 파리 754에 전달 연도번호 No. 706		

A. 14706 1903년 10월 4일 오전 수신, 첨부문서 2

서울, 1903년 9월 4일

K. No. 105

독일제국 수상 뷜로 각하 귀하

얼마 전 각하께 이곳의 일본 대표[1]와 영국 대표[2]는 매우 집요하게, 하지만 청국 대표[3]는 그다지 강경하지 않게 외국무역을 위해 의주항 개방을 요청했다는 사실을 삼가 보고 드린[4] 바 있습니다. 한국 정부는 현재 그들의 요구에 양보하려는 것처럼 보입니다. 이달 2일 본인은 한국 외부대신으로부터 각서를 받고(각서를 번역해 첨부하였습니다), 그 각서에 대해 오늘 답장을 보냈습니다. 답장의 사본 역시 본 보고서에 첨부하였습니다.

각하께서 직접 외부대신이 보낸 각서를 보시면 아시겠지만, 한국은 평양을 닫고 대신 의주를 개방할 의도를 갖고 있습니다. 두 곳 모두 항구라고 말할 수는 없습니다. 평양은 내륙에 있고 의주 역시 압록강 어귀에 있는 게 아니기 때문입니다. 지금까지는 평양 대신 진남포 항이 열려 있었습니다. 본인은 외부대신[5]한테 보낸 답장에서 어느 한쪽의

---

1 [감교 주석] 하야시 곤스케(林權助)
2 [감교 주석] 조던(J. N. Jordan)
3 [감교 주석] 쉬타이션(許台身)
4 [원문 주석] A. 14228에 삼가 첨부함.
5 [감교 주석] 이중하(李重夏)

정치적인 입장을 따르지 않도록 매우 신중한 태도를 견지했습니다. 구두로 나누는 대화에서조차 본인은 항상 그러려고 노력하고 있습니다.

원래 의주 개방을 강경하게 반대했던 러시아가 자신들의 입장을 철회했기 때문에 한국의 조처가 직접적인 위험을 초래하지는 않을 것입니다. 하지만 일본인 다수가 그곳에 들어가게 되면 우발적으로 불미스러운 사건들이 일어날 가능성은 남아 있습니다. 왜냐하면 러시아인들이 의주 근처 압록강유역에 커다란 목재소를 설치했는데, 한국에서 몹시 오만불손한 태도를 보이는 일본인들의 눈에 러시아인들이 곱게 보일 리 없기 때문입니다.

러시아 공사[6]도 한국 정부에 이런 입장을 전하면서 의주 개방의 위험성을 경고했습니다. 하지만 현재 이건 이미 결정된 사안으로 보입니다. 한국인들은 중국 이외에 미국까지 가세한 터라 일본과 영국의 독촉에 더 오래 버틸 수가 없었던 것입니다. 하지만 무역의 측면에서 볼 때 의주항 개방은 당분간 아무런 의미가 없습니다.

파블로프가 어젯저녁 본인을 찾아왔습니다. 그는 한국 정부로부터 모든 외국 대표들을 대상으로 몇 가지 변경사항이 있다는 내용을 통지 받았는지 물었습니다. 파블로프에게 한국의 각서를 보여주면서 본인은 답변을 하지 않거나 예전처럼 책임을 피하는 답변을 할 예정이라고 말했습니다.

한국 정부가 각서에서 본인에게 그 내용을 오스트리아–헝가리 정부에도 전해달라고 요청했습니다. 전달 여부는 베를린의 지시에 따르겠습니다.

본인은 이 보고서의 사본을 베이징과 도쿄에 보낼 것입니다.

길데믄

내용: 외국 무역을 위해 의주항 개방

---

6 [감교 주석] 파블로프(A. Pavlow)

보고서 No. 105의 첨부문서 1부

　　　한국 외부대신이 변리공사 잘데른한테 보낸 각서의 번역본

　　　　　　　　　　　　　　　　　　　　서울, 1903년 9월 2일

변리공사 귀하!

　　평양은 이미 몇 년 전부터 개방되어 있음에도 불구하고 무역거래가 거의 없을 뿐만 아니라 앞으로도 그럴 가능성이 거의 없습니다. 이는 평양이 개항인 진남포와 너무 가깝기 때문입니다. 이에 본인은 평양을 다시 닫을 계획입니다. 평양 개방이 아무런 이점이 없기 때문입니다. 반대로 의주는 예전에 이미 중국과의 무역을 위해 개방된 적이 있어 외국 무역을 위해 문호를 개방하기에 유리한 곳입니다. 본인은 의주에서 무역이 활발히 이루어질 것이라고 확신합니다. 또한 이 조처가 한국인은 물론이고 외국인들한테도 유익할 것이라고 믿습니다.

　　이에 의주를 개방하는 대신 평양을 닫는다는 것을 귀하에게 전하게 되어 영광입니다. 본인은 귀하가 이 제안에 반대하지 않을 것으로 확신합니다. 평양은 의주가 개방된 이후에 닫힐 것입니다.

　　귀하에게 오스트리아–헝가리 정부에도 이 사실을 전해줄 것을 삼가 요청 드리며 빠른 회신 부탁드립니다.

　　　　　　　　　　　　　　　　　　　　　　　　(서명) 이중하[7]

7　[감교 주석] 이중하(李重夏)

보고서 No. 105의 첨부문서 2
사본

서울, 1903년 9월 4일

한국 외부협판 이중하 귀하!

평양 시장을 닫고 의주를 개방하겠다는 이달 2일 자 각하의 각서를 잘 받았습니다. 독일은 현재 그 지역들에 아무런 상업적 관심도 갖고 있지 않습니다. 따라서 그 문제는 전적으로 각하의 뜻에 맡기도록 하겠습니다.

(서명) 잘데른

61

원문 p.507

[한국의 새 황후 에밀리 브라운에 관한 포씨셰 차이퉁의 보도기사는 황당무계한 거짓이라는 보고]

발신(생산)일	1903. 8. 14	수신(접수)일	1903. 10. 8
발신(생산)자	잘데른	수신(접수)자	뷜로
발신지 정보	서울 주재 독일공사관	수신지 정보	베를린 정부
	K. No. 98		A. 14899
메모	연도번호 No. 651		

A. 14899 1903년 10월 8일 오후 수신, 첨부문서 1부

서울, 1903년 8월 14일

K. No. 98

독일제국 수상 뷜로 각하 귀하

금년 6월 25일 자 포씨셰 차이퉁[1] 신문 기사가 외무부에서 보낸 서류봉투에 담겨 본인에게 도착했기에 삼가 동봉해 보냅니다.

기사 내용은 머리카락이 곤두설 정도로 황당무계한 헛소리입니다. 그 기사의 내용은 누군가 4월 1일 만우절에 장난을 쳤다고 믿을 만큼 전부 새빨간 거짓말입니다.

세상모르는 아주머니조차도 점잖은 베를린 사람들한테 그런 헛소리를 늘어놓기보다는 한국의 상황에 대해 보다 올바른 견해를 제시하는 것이 자신에게 훨씬 유익하다는 것을 알 것입니다. 청국에서 그렇겠지만 한국에서도 미국이나 유럽의 여자를 황제의 부인으로 삼는 일은 절대 불가능합니다. 하지만 황제의 후궁은 '엄'[2]이며, 그녀는 하층계급 출신의 한국인입니다. 나이는 마흔이 넘었지만 황제의 총애를 받고 있습니다. 그녀는 공개적으로 황후의 칭호를 얻으려 애쓰고 있습니다.

아무래도 그 기사의 출처는 미국신문인 듯합니다.

잘데른

---

1 [감교 주석] 포씨셰 차이퉁(Vossische Zeitung
2 [감교 주석] 순헌황귀비(純獻皇貴妃)

No. 98의 첨부문서[3]

포씨셰 차이퉁

1903년 6월 25일

한국의 새 황후 Emily Brown

(개인 보고)

1월 21일 한국 황제 이형[4]의 즉위 40주년을 맞이하여 한국에 있는 미국인 선교사의 딸 에밀리 브라운[5]이 한국 황후의 자리에 올랐다. 그리고 이흥[6]과 수년에 걸친 관계에서 태어난 그녀의 아들이 황위계승자로 선포되었다. 이는 미국 여성이 높은 직위에 오른 최근의 가장 중요한 사례이다. 미국 여성이 현역 통치자의 배우자(Cola Deusler는 포르투갈 왕의 배우자가 되었다), 공작부인, 제후부인까지는 신분이 상승한 적은 있으나 황후의 칭호를 받은 적은 없었다. 한국의 차기 황제가 영국계 미국인의 피가 절반 섞였다는 것을 한 번 생각해보라!

새로운 황후는 그 전까지는 단지 "Lady Emily" 내지는 한국어로 "Emsy"라는 칭호로 불렸지만 이제 "황후마마 엄"이라고 불린다. 독일어로 "아침놀"이라는 뜻이다. 이 "은자의 나라"도 이제 드디어 문명에 눈을 떴다. - 일본의 문화월계수가 이웃나라가 계속 잠에 빠져 있도록 내버려두지 않았기 때문이다. 이 미모의 젊은 미국여성은 첫 번째 황후가 비극적인 죽음을 맞이한 뒤 서울이 궁에 들어왔다. 그때 그녀는 자신의 기독교 이름을 고수하겠다는 조건을 내걸었다. 가난한 미국 선교사의 딸이자 황제의 "첫 번째 애첩"에 불과했음에도 불구하고 베이징과 도쿄의 궁에서는 최고의 예우를 갖추어 그녀를 대했다. 하지만 한국 관보에서는 금년 초에야 비로소 이 애첩이 "공주"와 같은 반열로 승격되었다는 사실을 공포했다. 그리고 드디어 그녀에게 황후라는 완벽한 칭호가 수여되었다. 한국 황제는 부인이 죽은 후 이미 "Lady Emily"과 비밀리에 부부의 연을 맺고

---

3   [감교 주석] A.9249와 중복되는 내용임.
4   [감교 주석] 고종의 휘인 희(㷩)의 오기로 보임.
5   [감교 주석] 에밀리 브라운(Emily Brown)
6   [감교 주석] 고종의 휘인 희(㷩)의 오기로 보임.

있었는데, 서울 궁에서 드디어 공식적으로 즉위 40주년 기념식을 맞아 황제의 새 부인을 황후로 승격시켰으며 그녀의 어린 아들을 한국의 왕위계승자로 선포한 것이다.

황제는 여러 열강들에게 즉위기념식에 참석해달라고 요청했으나 단지 영국과 미국, 일본만 승낙했다. 일본 정부는 황후 엄의 승격식 때 일본 황족 하나를 대표로 참석시켰고, 영국은 도쿄 공사 클로드 맥도널드를, 미국은 알렌 공사와 패덕 영사, 그리고 무관을 축하사절로 참석시켰다. 또 다른 두 명의 미국인, 즉 해관총세무사 브라운과 한국 정부의 고문 샌즈는 승격 행사 때 황후의 옥좌 바로 옆자리를 차지했다. 서울에 거주하는 미국인 300명이 축제에서 의장병 역할을 맡았다. "관보"는 앞에서 언급된 세 나라의 공식대표단이 즉위식 때 새로운 황후로부터 확실히 우정을 보장받게 될 거라고 밝혔다. 이제 한국에서 이 젊은 미국여성의 공식칭호는 "Tscho-sen-is Dap-nun"이다. 그리고 이제 그녀는 한국 왕권의 상징인 황금용을 수놓은 비단옷을 입고, 가구에도 전부 용 무늬가 새겨졌다. 1월 21일의 대규모 행차를 위해 서울의 모든 도로와 건물들이 화려하게 장식되었다. 서울 주민들은 한성판윤의 명령에 따라 자신들의 집 대문을 잠근 뒤 화려한 복장을 한 수천 명의 행렬이 지나가는 동안 복종의 표시로 손에 새 빗자루를 들고 대문턱에 무릎을 꿇고 앉아 있어야 했다. 황제와 황후는 행차 때 각자 사방이 막힌 금장식의 가마를 타고 이동했다. 각자의 가마 앞에는, 황제가 현명한 부인과 권력과 명예를 나누기로 결정했다는 징표로서 커다란 보라색 부채와 붉은색 차양이 드리워졌다. 대단한 예술작품 같은 안장을 얹은 좋은 품종의 말 다섯 마리가 풍성한 장식을 매단 채 두 대의 가마 사이에서 행진했다. 가운데 말에는 황제를 상징하는 날아가는 용문양이 그려진 14피트 길이의 사각형 깃발이 달려 있었다.

1867[7]년 미국의 제너럴 셔먼[8]호가 최초로 한국 땅을 밟았을 때 얼마나 적대적인 대접을 받았는지를 기억해 보라. 그 이후 미국 전함들이 들어와 성조기를 모욕한 한국인들을 징벌했던 일과 1882년에야 비로소 미국 제독 슈펠트[9]에 의해 한국과 미국이 조약을 체결한 것을 기억해 보라. 그 이후 한국에서 미국의 영향력은 계속 커졌고 미국인들은 대부분 한국 내각에서 높은 자리를 차지했다. 더불어 미국문화가 점차 퍼져나갔고, 미국인들에 의해 건설된 첫 철도가 얼마 전 운행에 들어갔다.

에밀리 브라운의 아버지는 순박한 장로교 선교사로 미국 서부의 위스콘신 아니면 오하이오 출신이다. 그는 한국에 최초로 파견된 개신교 선교사들 가운데 한 사람이다.

---

7 [감교 주석] 1866년의 오기
8 [감교 주석] 제너럴 셔먼(General Sherman)
9 [감교 주석] 슈펠트(R. W. Shufeldt)

목소리가 아름다운 그의 딸은 선교사 예배당에서 찬송가를 불렀다. 그녀는 1년도 안 돼 한국어를 습득하였으며, 교회와 한국 관리들 간에 협상이 오갈 때 종종 통역을 맡았다. 사람들이 당시 왕에게 이제 막 피어나는 처녀의 탁월한 미모에 대해 보고하자 군주는 그녀에게 자신의 궁녀로 들어오라고 명령했으나 그녀는 격분하며 거절했다. 하지만 2년 뒤 그녀는 왕실에 들어가기로 결심했으며 그녀에게 "제일후궁"이라는 칭호가 수여되었다. 왕은 자신이 결혼할 수 있는 상황이 되는 즉시 그녀와 결혼할 것이며 만약 그녀가 아들을 낳아줄 경우 그 아이가 왕위계승자가 될 것이라고 약속했다. 왜냐하면 그의 첫 번째 아내는 단지 딸만 낳았기 때문이다.

레이디 에밀리는 수년 전부터 이교도 자매인 한국 여인들의 운명을 개선하기 위해 노력했다. 그녀는 황후로서 한국 여인들이 노예상태에서 벗어날 수 있도록 애썼고, 황제를 움직여 한국에서 여자를 남편의 소유물로 만드는 법을 폐지하도록 노력했다. 하지만 미국 출신 황후의 야심찬 계획들은 사실 훨씬 더 원대했다. 그녀의 계획은 아시아 국가들 가운데 그녀가 시집 온 나라의 정치적 위상을 높이는 것이었다. 그녀가 펴낸 책 "은자의 나라의 남자들과 여자들의 위대한 업적" 서두에서 그녀는 아래와 같이 썼다. "비록 오늘날 한국이 그리 널리 알려져 있지는 않지만 한국은 한때 위대하고 번성한 나라로 중국과 일본을 호령했다. 16세기에는 사실상 중국과 일본이 서울의 조정에 공물을 바칠 의무가 있었다!" 짐작컨대 한국 제국에는 군주의 새로운 미국인 배우자의 영향으로 조만간 중요한 변화들이 일어날 것으로 보인다. 제일 큰 문제는 이미 이 나라에 오랫동안 눈독을 들이고 있던 열강들, 즉 러시아와 일본과 영국과 미국 가운데 어느 나라가 한국의 조정에서 가장 큰 영향력을 갖게 될 것인가 하는 점이다. 어쨌든 아름다운 백인 황후의 조국이 그럴 가능성이 제일 높다고 할 수 있다.

62

[일본이 마산포를 무력 점령했다는 풍설 보고]

발신(생산)일	1903. 10. 12	수신(접수)일	1903. 10. 12
발신(생산)자	뭄	수신(접수)자	뷜로
발신지 정보	베이징 주재 독일공사관	수신지 정보	베를린 정부
	No. 118		A. 15100
메모	암호전보 한국편 10		

A. 15100 1903년 10월 12일 오후 수신

전보

베이징, 1903년 10월 12일 오후 7시 3분
도착   오후 6시 6분

발신: 독일제국 공사
수신: 외무부 귀중

암호해독

No. 118

이곳에 일본인들이 마산포를 무력으로 점령했다는 소문이 떠돌고 있으나 아직 사실 여부를 확인할 수 없음. 일본 공사와 러시아 공사는 공식적으로 통지하지 않음. 러시아 공사는 그럴 가능성이 낮다고 이야기함.

뭄[1]
원본 문서 한국편 10

---

1 [감교 주석] 뭄(Mumm)

166 독일외교문서 한국편(1874~1910) 제11권

베를린 1903년 10월 20일   A. 14706[1]

빈 주재 대사 No. 520

A. 15797 참조
연도번호 No. 9451

한국 정부는 서울 주재 독일 변리공사에게 독일어 번역을 첨부해 지난달 2일 자 각서를 오스트리아-헝가리 정부에도 전해달라고 요청했습니다.

각서의 내용은 외국 무역을 위해 의주항을 개방하는 대신 지금까지 열어 놓았던 평양을 다시 닫겠다는 것입니다. 보다 상세한 내용은 잘데른이 사본으로 첨부한 보고서에서 귀하가 직접 확인하시기 바랍니다.

본인이 귀하에게 요청하는 것은 한국의 제안에 따라 각서의 내용을 그곳 정부에 전해달라는 것입니다. 잘데른은 그 각서에 대해 독일 제국의 이름으로 '독일은 현재 그 지역들에 아무런 상업적 관심도 갖고 있지 않습니다. 따라서 그 문제는 전적으로 각하의 뜻에 맡기도록 하겠습니다.'라고 답변했습니다.

베를린, 1903년 10월 20일   A. 14706[II]

주재 외교관 귀중   귀하에게 외국 무역을 위해 개방을 앞두고 있
1) 상트 페테르부르크 No. 902   는 의주에 관한 지난달 4일 자 서울 주재 독
2) 런던 No. 910   일제국 변리공사의 보고서 사본을 삼가 기밀
3) 워싱턴 No. A. 276   정보로 제공합니다.
4) 파리 No. 754

연도번호 No. 9452

한국 주재 독일 대표에 대한 공격

발신(생산)일	1903. 9. 21	수신(접수)일	1903. 10. 26
발신(생산)자	아르코	수신(접수)자	뷜로
발신지 정보	도쿄 주재 독일 공사관	수신지 정보	베를린 정부
	A. 112		A. 15797

A. 15797 1903년 10월 26일 오전 수신, 첨부문서 1부

도쿄, 1903년 9월 21일

A. 112

독일제국 수상 뷜로 각하 귀하

잘데른이 친절하게도 의주 개방과 평양 폐쇄에 관한 이달 4일 자 그의 각서[1] 사본을 본인에게 보내 주었습니다.

독일인을 즐겨 비난하는 이곳의 영국 신문 "Daily Mail"[2] 지는 한국 측 제안에 대한 우리 대표의 즉각적인 답변이 일본인들이 원하는 내용이 아니었다고 보도했습니다.

하지만 다른 쪽에서는 대화를 통해서든 신문을 통해서든 본인에게 이러한 생각이 전달된 적이 없습니다.

본인은 이 영어신문의 기사를 이미 잘데른에게 보냈으며, 그것을 각하께도 삼가 보고 드립니다.

아르코

내용: 한국 주재 독일 대표에 대한 공격

A. 112의 첨부문서
첨부문서의 내용(원문)은 독일어본 515쪽에 수록.

---

1 [원문 주석] A. 14706에 삼가 첨부함.
2 [감교 주석] The Japan Daily Mail

[일본의 의주점령 및 러시아의 만리장성 점령에 관한 신문보도에 대한 람스도르프와의 담화 보고]

발신(생산)일	1903. 11. 21	수신(접수)일	1903. 11. 21
발신(생산)자	롬베르크	수신(접수)자	빌로
발신지 정보	상트페테르부르크 주재 독일 대사관	수신지 정보	베를린 정부
	No. 410		A. 17350
메모	11월 21일, 런던 1094, 베이징 A. 150, 도쿄 A. 86에 전달 중국편 25		

A. 17350 1903년 11월 21일 오후 수신

전보

페테르부르크, 1903년 11월 21일   오후 5시 29분
도착   오후 6시 18분

발신: 독일제국 대리공사
수신: 외무부 귀중

암호해독

No. 410

본인이 람스도르프[1] 백작에게 동아시아에서 들어온 최근의 신문기사들에 대해, 즉 이른바 일본인들의 의주 점령 및 러시아의 만리장성 점령에 대해 물었을 때 그는 며칠 전부터 동아시아로부터 아무런 공식적인 소식을 듣지 못했다고 말했습니다. 또한 그는 본인에게 그곳에서 벌어지는 여러 사건들의 진상을 정확히 알지 못한다고 고백했습니다. 따라서 그는 왜 선양[2]을 재점령할 필요가 있었는지 모르며, 황제의 승인을 얻어 알렉세예

---

1   [감교 주석] 람스도르프(V. Lamsdorf)

프[3] 제독에게 자세한 정보를 요청했다고 말했습니다. 람스도로프 백작은 동아시아 문제에 있어서 그의 부처가 담당하는 역할에 대한 불만을 노골적으로 드러내면서 자신은 통치자의 정책에 늘 동의하는 것은 아니라고 암시했습니다.

롬베르크[4]
(원문: 중국편 25)

---

2 [감교 주석] 선양(瀋陽)
3 [감교 주석] 알렉세예프(K. Alexeev)
4 [감교 주석] 롬베르크(Romberg)

[일티스호의 제물포 체류에 관한 보고]

발신(생산)일		수신(접수)일	1903. 12. 5
발신(생산)자	플라텐	수신(접수)자	칭다오 독일제국 순양함분함대 사령부
발신지 정보		수신지 정보	칭다오
	B. No. 759		A. 18067
메모	폐하의 배 "Iltis"호 사령부에 보내는 1월 7일 자 회신 중국편 1		

사본

A. 18067　1903년 12월 5일 수신

　　　　　　원문: 폐하의 배 "일티스"[1]호 사령부에 보내는 1월 7일 자 회신

B. No. 759

폐하의 배 "일티스"호의 제물포 체류

수신: 칭다오 독일제국 순양함분함대 사령부

황제의 즉위기념식

1902년 가을에 열기로 했던 황제의 즉위 40주년 기념식은 당시 서울에 콜레라가 만연하는 바람에 1903년 4월로 연기되었으나 1903년 가을로 재차 미뤄졌습니다.

연기 이유는 황제의 막내아들[2]이 천연두에 걸렸기 때문입니다. 하지만 사람들은 그 사실을 믿지 않습니다. 왕실에 심각한 질환이 발병했을 때면 꼭 불려갔던 유럽인 어의 분쉬 박사가 불려가지 않았기 때문입니다.

나이가 여섯 살인 황제의 막내아들은 예전에 황제가 궁에서 러시아 공사관으로 도피하는 것을 가능하게 해준 후궁 "엄비"[3]의 소생입니다. 사람들은 대부분 그녀가 조만간 황후로 승격되리라고 믿고 있습니다.

즉위기념식이 다시 연기된 진짜 이유는 아직 알아내지 못했습니다. 사람들 말로는 일본인들이 축제 연기에 관심을 가졌다고 합니다. 또 그때 축제를 개최할 수 있는 돈이

1　[감교 주석] 일티스(Iltis)
2　[감교 주석] 영친왕(英親王)
3　[감교 주석] 순헌황귀비(純獻皇貴妃)

없기 때문이라는 사람들도 있습니다.

축제에 참석하는 외국사절

러시아와 일본은 기념식에 특사를 파견할 예정입니다. 러시아에서는 예전 서울 주재 변리공사였던 베베르[4]가 참석할 예정입니다. 그는 이미 1902년 가을부터 서울에 머물면서 황제에게 안드레아스 훈장을 수여할 날을 기다리고 있습니다. 일본은 황실의 왕자 한 명을 파견할 예정입니다. 한국은 중국에서도 왕자를 한 명 파견해주도록 엄청난 노력을 기울였으나 단호하게 거절당했습니다. 생략

(서명) 플라텐
중국편 1의 사본

---

4 [감교 주석] 베베르(K. I. Weber)

[러일 간 한국 문제에 관한 협상 보고]

발신(생산)일	1903. 12. 5	수신(접수)일	1903. 12. 7
발신(생산)자	알벤스레벤	수신(접수)자	뷜로
발신지 정보	상트페테르부르크 주재 독일 대사관	수신지 정보	베를린 정부
	No. 815		A. 18173
메모	바이페르트 영사를 통해서 12월 17일, 베이징 A. 166, 도쿄 A. 95에 전달		

사본

A. 18173 1903년 12월 7일 오전 수신

상트페테르부르크, 1903년 12월 5일

No. 815

독일제국 수상 뷜로 각하 귀하

러시아와 일본 양측에서 들어온 이야기를 종합해 추론하건대, 양국이 한국 문제를 조율하는 데에는 아무런 난관이 없을 것 같습니다. 그 문제는 다음과 같은 바탕 위에서 진행될 것으로 보입니다. 러시아는 다시 한국에서의 일본의 경제적인 우위를 인정합니다. 또한 한국에서 정부가 통제할 수 없는 소요사태가 발생할 경우 일본은 질서를 유지하기 위해 군대를 파견할 권리가 있다는 것을 인정합니다. 물론 질서가 회복되는 즉시 군대를 철수해야 한다는 조건입니다. 또한 그럴 경우 일본군은 만주 국경선에 너무 근접하지 말아야 하며 러시아군은 한국 국경선에 너무 근접하지 말아야 한다는 데 양국이 서로 합의했습니다.

한국과 일본 간 중립지대 설정은 일본 측이 요구하는 것으로 보이는데, 단지 그런 식으로만 가능합니다. 이곳 일본 공사의 진술에 의하면 한국 정부는 이곳으로 파견한 궁중 관리 현상건[1]과 도쿄로 파견한 관리를 통해서 완전한 중립화를 노리는 것으로 보입니다. 하지만 쿠리노는 그건 러시아와 일본 어느 쪽에서도 바라는 바가 아니라고 합니다.

---

1 [감교 주석] 현상건(玄尙健)

그건 오히려 한국의 분할이나 마찬가지라고 합니다. 왜냐하면 비록 러시아가 한국을 무력으로 점령하지 않을 거라는 일본의 약속에 만족한다 해도 러시아 입장에서는 한국 남단에 거점을 하나 마련하는 것이 중요하기 때문입니다.

일본 공사는 본인에게 만주 문제에 관해 다음과 같이 말했습니다. 즉 일본은 러시아에 조약에 따라 만주지역에서 일본의 권리와 이해관계를 인정해 달라고 계속 요구하는 반면 러시아는 조약에 따라 만주 문제는 단지 청국하고만 협상할 수 있다면서 일본의 요구를 거부할 거라고 합니다. 하지만 러시아가 만주에서 철수하지 않는 한 청은 그 어떤 것도 인정할 수 없다고 선언한 이후 알렉세예프[2] 제독은 협상을 중단했으며 그 이후 청과 러시아 사이에는 현재 그 어떤 협상도 진행되지 않습니다. 하지만 쿠리노는 러시아 측이 입장을 바꿀 가능성이 있다고 생각합니다. 람스도르프 백작이 쿠리노에게 화해정신에 입각해 일본 측의 제안을 검토해 보겠다고 이미 서면으로 약속한 바 있으며, 구두로도 재차 그 약속을 확인해 주었다고 합니다. 다만 그는 아직 최종 답변을 망설이고 있는데, 그것은 궁극적인 해결책을 찾아보라는 황제의 요청이 있었기 때문입니다. 아마 늦어도 다음 주 수요일이나 목요일쯤이면 답변이 올 거라고 합니다. 이곳 영국 대리공사도 요 며칠 사이에 러시아의 입장이 상당히 누그러진 것 같다고 주장했습니다. 현재 이곳에서는 러시아가 동아시아에서 너무 성급하게 행동했다는 말이 돌고 있습니다. 특히 지금은 재정적인 어려움으로 인해 무력충돌의 위험을 감수할 만한 상황이 아니라는 인식이 퍼져나가고 있습니다. 이것은 (본인이 오늘 다른 곳에서 보고한) 떠도는 소문들이 옳다는 것을 입증하는 조짐이라고 봐야 될까요?

(서명) 알벤스레벤
원본 문서 중국편 25

---

2 [감교 주석] 알렉세예프(K. Alexeev)

[주일러시아공사 로젠이 한국 문제에 대해
새 조건을 제시했다는 보고]

발신(생산)일	1903. 12. 13	수신(접수)일	1903. 12. 13
발신(생산)자	아르코	수신(접수)자	뷜로
발신지 정보	도쿄 주재 독일 공사관	수신지 정보	베를린 정부
	No. 59		A. 18550
메모	전보 No. 57에 대한 답신 중국편 10		

A. 18550 1903년 12월 13일 오후 수신

전보

도쿄, 1903년 12월 13일   오후 3시 20분
도착   오후 11시 13분

발신: 독일제국 공사
수신: 외무부 귀중

암호해독

No. 59

전보 No. 57에 대한 답신

로젠[1]이 11일 이곳에서 한국에 관해 새로운 조건을 제시했습니다. 아오키[2] 자작은 본인이 전해준 소식들이 아주 중요한 내용이라며 감사히 받아들였습니다.

현재 일본 정부는 전보다 더 양보할 의향이 없습니다.

아르코
원본 문서 중국편 10

---

1 [감교 주석] 로젠(R. R. Rosen)
2 [감교 주석] 아오키 슈조(靑木周藏)

[전 주한러시아공사 베베르의 한국 관련 러일협상에 대한 견해 보고]

발신(생산)일	1903. 12. 17	수신(접수)일	1903. 12. 17
발신(생산)자	알벤스레벤	수신(접수)자	뷜로
발신지 정보	상트페테르부르크 주재 독일 대사관	수신지 정보	베를린 정부
	No. 443		A. 18750
메모	기밀 I. 암호전보, 12월 18일 베이징 93, 도쿄 58, 서울 10에 전달 II. 암호전보, 12월 20일 도쿄 59에 전달 III. 암호전보, 12월 20일 페테르부르크 317에 전달 중국편 25		

A. 18750   1903년 12월 17일 오후 수신

전보

페테르부르크, 1903년 12월 17일   오후 5시 35분

도착   오후 5시 47분

발신: 독일제국 대사

수신: 외무부 귀중

암호해독

No. 443

기밀

예전 한국 주재 러시아 공사였던 베베르[1]가 한국에 관한 러시아-일본 간 협상에 대해 개인적인 의견을 피력했습니다. 파블로프[2]에 따르면, 러시아 정부는 이미 한국에서의

---

1   [감교 주석] 베베르(K. I. Weber)

일본의 경제적이고 정치적인 우위를 인정할 각오가 되어 있다고 합니다. 하지만 러시아는 한국에서의 무역의 자유를 요구하는 반면 일본은 러시아에 다른 나라들과 동등한 권리만 인정하려고 합니다. 최종적으로 러시아는 한국 남부지방에 뤼순항[3]과 블라디보스토크의 왕래를 보장하기 위한 군사기지 하나를 요구하고 있습니다.

하지만 그사이에 들어온 다른 소문에 의하면 알렉세예프[4] 제독이 일본이 한국에 대해 보호정치에 맞먹는 우월한 지위가 있다는 점을 인정하는 것에 대해 이의를 제기했으며 자국 정부에 의해 받아들여졌다고 합니다.

알벤스레벤

원본 문서 중국편 25

---

2 [감교 주석] 파블로프(A. Pavlow)

3 [감교 주석] 뤼순(旅順; Port Arthur)항

4 [감교 주석] 알렉세예프(K. Alexeev)

69

한국의 정치망명객 피살

발신(생산)일	1903. 11. 28	수신(접수)일	1903. 12. 25
발신(생산)자	아르코	수신(접수)자	뷜로
발신지 정보	도쿄 주재 독일 공사관	수신지 정보	베를린 정부
	A. 140		A. 19180
메모	12월 26일 전달		

A. 19180   1903년 12월 25일 오후 수신   도쿄, 1903년 11월 28일

A. 140

독일제국 수상 뷜로 각하 귀하

이달 24일 쿠레 시에서 한국의 정치망명객 우범선[1]이 고영근[2]과 노원명[3]이라는 이름의 자국 동포들에 의해 살해됐습니다. 범행은 수년 전부터 우범선과 교류하던 고명근의 집에서 술을 마시던 중에 일어났습니다. 고는 단도로 우의 목을 찔렀고 노는 망치로 피살자의 머리를 내리쳤습니다. 살인자들은 범행 즉시 일본 경찰에 자수했습니다. 한국의 전직 외부협판이었던 우는 한국 왕비 살해 시 행동대에 가담했다는 이야기가 돕니다. 이곳에서는 고의 범행 동기가 왕비 살해에 대한 복수라고 보고 있습니다. 그는 아주 오랫동안 범행을 계획한 것 같습니다. 4년 전 그가 폭탄암살 사건에 가담했기 때문에 한국에서 이곳으로 망명했다고 한 것은 한국 망명객들의 신임을 얻기 위해 내세운 구실이었다고 합니다.

이곳 신문에서는 우범선 살해가 한국 황제에 의해 계획되었을 가능성이 높다고 추정하고 있습니다. 왕비 살해에 가담한 모든 혐의자들에 대한 황제의 분노는 널리 알려져 있습니다. 본인은 이 보고서의 사본을 서울 주재 독일제국 변리공사한테 보낼 것입니다.

아르코

내용: 한국의 정치망명객 피살

---

1   [감교 주석] 우범선(禹範善)
2   [감교 주석] 고영근(高永根)
3   [감교 주석] 노원명(盧遠明)

[군비증강 및 경부선 확장에 관한 일본의 칙령 공포 보고]

발신(생산)일	1903. 12. 29	수신(접수)일	1903. 12. 29
발신(생산)자	아르코	수신(접수)자	리히트호펜
발신지 정보	도쿄 주재 독일 공사관	수신지 정보	베를린 외무부
			A. 19353
메모	I. 암호전보, 12월 30일 페테르부르크 327에 전달 II. 암호전보, 1월 3일 육군참모총장 및 해군참모총장에게 전달		

사본

A. 19353   1903년 12월 29일 오후 수신

도쿄, 1903년 12월 29일

암호해독

어제 내각과 의정원의 공동회의에서 군비충원 및 경부철도확장을 위한 대책이 마련되었고, 오늘 그에 대한 칙령이 공표되었습니다. 은밀하게 전해들은 믿을 만한 소식에 의하면, 기존의 기금에서 6천만 엔을 조달하고, 내국채와 외자 도입으로 1억 엔을 추가로 조달할 수 있기를 희망하고 있습니다. 그밖에 오늘 제국사령부의 조직개편 및 군사회의, 경부선 철도 등에 관한 칙령이 공포되었습니다. 군인들의 보직임명은 아직까지 미정입니다.

오늘 강구된 조처들은 동원을 위한 1단계 조처들로 보입니다. 일본 정부는 이러한 결정들이 적에게 어떤 영향을 미칠지 계산하고 있습니다. 더 나아가 일본은 이어서 한국을 점령한 뒤 최후통첩 시한을 아주 짧게 제시할 계획이라고 합니다.

러시아 해군무관의 말에서 드러난 바와 같이 러시아는 여전히 일본의 양보를 기대하고 있습니다. 중립적인 입장에 서 있는 사람들은 일본 측의 이러한 계산이 대체로 잘못되었다는 인상을 갖고 있습니다.

(서명) 아르코

원본 문서 중국편 25

[독일 황제에 한국 명헌태후의 서거 사실 통지 요청]

발신(생산)일	1904. 1. 4	수신(접수)일	1904. 1. 4
발신(생산)자	민철훈	수신(접수)자	리히트호펜
발신지 정보	독일 주재 한국 공사관	수신지 정보	베를린 외무부
			A. 193
메모	1월 5일 자 답신		

A. 193 1904년 1월 4일 오후 수신

베를린, 1904년 1월 4일

1월 5일 자 답신

독일 외무부장관 폰 리히트호펜[1] 각하 귀하

베를린

독일 외무부장관 폰 리히트호펜 남작 각하께 삼가 아래와 같이 전하는 바입니다. 방금 들어온 전보에 의하면 한국 황제의 형수 명헌태후[2]가 금년 1월 2일 오전 8시 서울의 새 궁전에서 서거하셨다고 합니다. 이에 본인은 폰 리히트호펜 남작 각하께 본 서한의 내용을 독일 황제폐하께 전해주실 것을 삼가 요청합니다.

동시에 본인은 이번 기회에 폰 리히트호펜 장관 각하께 다시 한 번 존경의 마음을 전하는 바입니다.

민철훈[3]

---

1 [감교 주석] 리히트호펜(Lichthofen)
2 [감교 주석] 헌종(憲宗)의 계비
3 [감교 주석] 민철훈(閔哲勳)

베를린, 1904년 1월 15일   A. 193

민철훈 귀하   본인은 (칭호와 이름)께 이달 4일 자 친서의
                                     내용을 듣고 심심한 애도의 뜻을 표합니다.
연도번호 No. 550   또한 요청하신 대로 이 불행한 소식을 황제
                                     와 왕 폐하께 전달하였음을 알려드립니다.

메모: 한국의 각서에는 "존경의 마
     음"이라는 표현이 포함됨.   본인은 이번 기회에 (칭호와 이름)께 최고의
     ("최고의"이라는 표현은 없음)   존경의 마음을 전하는 바입니다.

72

[사유재산 일부를 독일에 투자하기 위해 협조해 달라는 고종의 요청 보고]

발신(생산)일	1903. 12. 21	수신(접수)일	1904. 1. 21
발신(생산)자	잘데른	수신(접수)자	뷜로
발신지 정보	서울 주재 독일공사관	수신지 정보	베를린 정부
	K. No. 130		A. 1083
메모	연도번호 No. 952		

A. 1083　1904년 1월 21일 오후 수신

서울, 1903년 12월 21일

K. No. 130

독일제국 수상 뷜로 각하 귀하

암호해독

몇 달 전 황제가 본인에게 사람을 보내서 그의 사유재산 일부를 독일에 투자할 의향이 있는데 본인이 그 일을 도와주었으면 좋겠다는 뜻을 전해 왔습니다. 물론 그 일은 비밀에 부쳐달라고 했습니다. 그건 비정치적인 사안이라서 본인은 상하이에 있는 독일 아시아은행의 은행장과 연락을 취했습니다. 그 은행장이 얼마 전 이곳에 와서 베를린에서 독일 국채 및 그와 유사한 안전자산에 투자하기로 결정하고 18만 엔(약 37만 마르크)의 일본 은행권과 금괴를 가져갔습니다. 더 많은 돈이 비슷한 경로를 거칠 것으로 보입니다.

잘데른

한국의 사건들

발신(생산)일	1903. 12. 30	수신(접수)일	1904. 1. 22
발신(생산)자	잘데른	수신(접수)자	뷜로
발신지 정보	서울 주재 독일공사관	수신지 정보	베를린 정부
	K. No. 136		A. 1129
메모	서울 주재 독일제국 사절단 2월 2일, 런던 154, 페테르부르크 158에 전달 2월 2일, 원본을 2부 인쇄해 육군참모총장과 해군참모총장에게 전달, 2월 20일 반환 연도번호 No. 985		

A. 1129 1904년 1월 22일 오전 수신

서울, 1903년 12월 30일

K. No. 136

독일제국 수상 뷜로 각하 귀하

러시아 동료[1]와 일본 동료[2]는 물어보는 사람 누구한테나 상황이 평화적이라고 말합니다. 또한 두 나라는 여전히 협정체결을 희망하고 있다고 단언합니다. 그럼에도 불구하고 이곳 사람들은 현 상황을 상당히 우려의 시각으로 지켜보고 있으며, 두 사람이 속으로는 다른 생각을 하고 있다는 것을 눈치 채고 있습니다. 파블로프는 본인에게 러시아 정부는 완전히 평화적이라고 말했습니다. 그렇지만 동시에 러시아는 만주와 이곳 한국에서의 입장을 조금도 굽힐 생각이 없다고 했습니다. 두 사람은 다른 나라들의 조약상 권리에 대해서는 일체 언급하지 않습니다. 본인 또한 설령 러시아가 한국에서 일본에 양보한다 해도 그것은 아주 사소하고 일시적일 것이라는 인상을 받았습니다. 하야시 역시 내심 전쟁에 아주 몰두하고 있다는 것을 그의 다양한 발언에서 감지할 수 있습니다. 며칠 전 양국 함대의 장점들에 대해 그와 이야기를 나눈 적이 있는데, 그때 그는 러시아 선박들은 장교의 숫자가 너무 적다는 예를 들면서 그런 점에서 일본 해군이 러시아 해군을 능가한다고 했습니다.

일본이 이곳에서 모든 경우의 수에 대비하고 있다는 것은 여러 모로 확인할 수 있습

---

1 [감교 주석] 파블로프(A. Pavlow)
2 [감교 주석] 하야시 곤스케(林權助)

니다. 일단 이곳에서 꽤 많은 낯선 일본인들의 모습을 볼 수 있습니다. 비록 사복을 입고 있지만 그들은 이곳에 거주하는 수많은 일본인 예비군들을 소집할 경우 그들을 지휘할 장교들이 틀림없습니다. 며칠 전 제물포에 일본의 한 무역회사에서 수입한 보리 15,000 포대가 도착했습니다. 그 회사는 식량이 전부 일본 군수용품이라면서 관세 면제를 요청 했습니다.

러시아인들도 가만히 손 놓고 있지만은 않습니다. 최근 슈타르크 해군중장이 몇 척의 대형선박을 이끌고 제물포에 도착했습니다. 제물포는 러시아인들이 일본인들보다 더 자주 방문하는 곳으로 러시아인 한 사람이 항상 상주하고 있습니다.

새 러시아 무관 포타포프[3] 육군중령이 바로 그 사람입니다. 그는 남아프리카 전쟁에 참전한 경력이 있는 자로 아주 지적인 인물로 보입니다. 그는 최근 이곳에서 몇 번 짧고 비밀스러운 여행을 했습니다.

한국인들은 불안에 휩싸인 채 다가오는 사건들을 기다리고 있을 뿐 무기력한 상태에 서 깨어나지 못하고 있습니다. 이곳 정부와 황제가 어떤 사람인지는 제대로 평가하기가 어렵습니다. 황제의 외국 사정에 대한 무지와 어린아이 같은 순진무구함은 어처구니가 없을 정도입니다.

각하께서 아르코[4]의 보고를 통해 이미 알고 계신 바와 같이 11월 말 일본에서 한국 망명객 우범선이 고국 동포 고와 노에 의해 살해되었습니다. 우범선[5]은 한국에서 왕비 살해사건이 일어났을 때 행동대에 가담했던 인물입니다. 왕비의 심복인 고[6]는 왕비의 죽음에 대한 복수를 결심하고 수년 간 범행을 준비했습니다. 그는 망명객으로 신분을 위장하기 위해 부하 노와 함께 서울에서 추방되었습니다. 현재 한국 정부는 두 살인범을 사면한 뒤 일본 정부에 감방에 수감돼 있는 살인범들을 넘겨달라고 요청했습니다. 피살 자는 이곳의 풍습에 따라 뒤늦게 사형 판결을 받았습니다. 한국의 외부대신대행은 살인 범의 인도요청이 터무니없다는 것을 간파하고 사직했습니다. 그가 사직할 수밖에 없었 던 한 가지 이유가 더 있습니다. 그는 일본과 영국[7]과 미국 대표[8]에게 황제의 지시를 받았다며 압록강유역에 있는 항구들 가운데 하나를, 즉 의주 항이나 용암포 항 가운데 하나를 개방하겠다고 약속했는데 지키지 못한 것입니다. 황제가 마지막 순간 그것을 거

---

3 [감교 주석] 포타포프(Potapov)
4 [감교 주석] 아르코(E. Arco-Valley)
5 [감교 주석] 우범선(禹範善)
6 [감교 주석] 고영근(高永根)
7 [감교 주석] 조던(J. N. Jordan)
8 [감교 주석] 알렌(H. N. Allen)

부했고, 그는 군주에게 가까이 다가갈 수 없었기 때문입니다. 현재 이지용[9]이 외부대신 대리로 임명되었습니다. 그는 황제의 가까운 친척이기 때문에 황제와 직접 소통할 수 있을 것입니다. 하지만 그는 어떤 특정한 정치적 입장을 대변하지는 않을 것으로 보입니다. 병환이 깊어 이미 6개월 전부터 직무를 수행하지 못한 정식 외부대신 이도재[10]는 이제야 비로소 오랜 숙원이던 사직이 허락되었습니다. 한국에서 대신이 되는 것은 그리 즐거운 일이 아닙니다. 황제는 모든 것을 직접 결정하는데, 그의 결정에는 공정성과 일관성이 전혀 없습니다.

예식원장 민영환[11]이 본인에게, 황제가 조만간 프로이센의 하인리히 왕자 각하께 금척대훈장을 수여할 예정이라고 말했습니다. 우리의 최고 군주이신 폐하께서 이미 소유하고 있는 바로 그 훈장입니다. 본인은 아주 조심스럽게 지금은 훈장을 수여하기에 썩 좋은 타이밍은 아닌 듯하다고 넌지시 말했으나 황제는 자신의 뜻을 그대로 관철시킬 것으로 보입니다.

궁에서 중요한 역할을 하는 여자 점쟁이가 하나 있습니다. 그 여자는 예전에 황제의 후궁 엄 부인이 왕자를 출산할 것이라는 예언을 한 적이 있는데, 그게 들어맞는 바람에 커다란 신임을 누리고 있습니다. 사람들 말로는 그 점쟁이의 두 아들이 한국 장교임에도 불구하고 러시아의 신하라고 합니다. 엄비[12]는 얼마 전 황제의 딸과 같은 반열의 칭호를 수여받았고, 조만간 황후로 승격될 것입니다.

한국 남부에 있는 조약항인 목포에서 소요사태가 발생했습니다. 일본과 한국의 사업가들이 한국 노동자들이 받아야 할 정당한 임금을 깎아버리는 바람에 폭동이 일어난 것입니다. 폭동 과정에서 한국과 일본의 평민들이 서로 싸움을 벌였고 일본 영사관과 한국의 관청을 습격했습니다. 일본은 질서를 유지하기 위해 전함을 그곳으로 파견했습니다. 하지만 그때 곧바로 유혈사태가 일어났습니다. 현재 목포는 다시 모든 것이 평온해졌습니다.

본인은 이 보고서의 사본을 베이징과 도쿄 주재 독일제국 영사와 순양함분함대 사령관에서 보낼 것입니다.

잘데른

내용: 한국의 사건들

---

9 [감교 주석] 이지용(李址鎔)
10 [감교 주석] 이도재(李道宰)
11 [감교 주석] 민영환(閔泳煥)
12 [감교 주석] 순헌황귀비(純獻皇貴妃)

A. 1129

G. A. (IB 16906/04 참조)

A. 1129는 폐하께 제출하지 않았습니다. 보고서에 담긴 그 밖의 내용들이 폐하께 중요하지 않을 뿐만 아니라 이미 시효가 지난 사안들이기 때문입니다. 따라서 하인리히 왕자 전하의 훈장 수여에 관한 부분만 직접 보고하는 것이 더 적절할 것으로 생각됩니다.

IB 16906/04 참조   A. 1129

> 메모: 한국의 훈장 수여는 중요하지 않은 일이다. 훈장이 수여될 경우 왕자께서는 고민하지 말고 그대로 받으시면 된다. 본인이 보기에 이 사안은 그냥 진행되는 대로 내버려두면 될 듯하다.
>
>   리히트호펜, 1월 26일

동봉한 서울 발 보고서 5쪽에 따르면 한국 황제가 하인리히 왕자께 금척대훈장을 수여할 예정이라고 합니다. 훈장수여 문제가 그대로 진행되도록 내버려둬야 할까요, 아니면 서울에 연락해 훈장수여를 거절하게 해야 할까요?

(후자의 경우라면 황제 폐하의 명령을 받아야 가능합니다. 아니면 최소한 왕자의 의견이라도 받아야 합니다.)

경부철도 연장공사의 촉진

발신(생산)일	1903. 12. 30	수신(접수)일	1904. 1. 25
발신(생산)자	아르코	수신(접수)자	뷜로
발신지 정보	도쿄 주재 독일 공사관 No. 3/04	수신지 정보	베를린 정부 A. 1445
메모	2월 1일, 런던 149, 페테르부르크 156, 워싱턴 69에 전달		

A. 1445　1904년 1월 25일 오후 수신, 첨부문서 1부

도쿄, 1903년 12월 30일

No. 3/04

독일제국 수상 뷜로 각하 귀하

이미 오래전부터 언론에서는 경부철도 부설이 사람들의 기대만큼 신속하게 진행되지 않는다면서 재정전문가들과 정부를 비난했습니다. 경부선 철도관리국 제보에 의하면, 총연장 269마일 가운데 금년 말 현재 겨우 25마일 남짓한 서울-수원 구간과 10마일 정도 되는 부산-구포 구간만 운영이 가능합니다. 여론의 압박이 심해지자 정부는 몇 달 전 철도건설 현장을 직접 조사하기 위해 고위직 철도관리 몇 명을 한국으로 파견했습니다. 특히 그들은 경부선 철도주식회사의 조직을 바꿀 필요가 있는지에 대해 집중적으로 조사했습니다. 그리고 위원회에서 올린 보고서를 토대로 정부는 나머지 철도건설을 직접 인수하기로 결정했습니다. 본인이 다른 보고서에서 이미 보고 드린 바와 같이, 이달 28일 자 황제의 칙령 No. 291을 통해 일본 정부는 경부선 철도주식회사가 받게 될 최고 6퍼센트 이자의 차관 가운데 천만 엔까지는 이자와 원금을 보장할 수 있는 권한을 부여받았습니다. 또한 정부는 철도주식회사에 궤도의 신속한 연장을 목적으로 일회에 한해 175백만 엔의 보조금을 허용할 수 있는 권한도 부여받았습니다. 특별한 사정이 있을 경우 추가로 보조금을 45만 엔 더 지원할 수 있습니다. 한편 정부는 금년 12월 28일 자로 황제의 칙령 No. 292를 공포했습니다. 그 내용은 영어로 번역해 첨부했습니다. 칙령의 규정에 따라 정부는 철도선의 실제 운영권을 획득했습니다. 즉 정부가 철도회사의 대표 및 최고 7명에 이르는 국장들을 전부 임명하는 것입니다. 국장 가운데 4명은 실제로

업무를 관장하는 사람들이고 나머지 3명은 교통부 대신이 임명합니다. 또한 정부는 감독관들을 통해 회사의 작업내용과 업무를 광범위하게 감시할 권리를 갖고 있습니다.

철도회사 대표로는 지금까지 국립철도건설운영국 국장으로 있던 후루이치[1] 박사가 임명되었으며, 수석기술자로는 철도건설운영국 과장 오야[2]가 선발되었습니다.

이번 조치는 정치적인 성격이 강합니다. 러시아와 일본이 충돌할 경우 철도가 갖는 전략적인 중요성은 차치하더라도, 이번 사태로 인해 새로운 질서가 확립됨으로써 정부는 철도선 연장공사에 철도부대를 활용할 수 있는 기회를 갖게 된 것입니다. 또한 노동자들을 보호한다는 구실을 내세워 군대를 한국 남부로 파견할 수 있는 명분까지 갖게 되었습니다.

이 문제가 외교적인 사안이라는 것은 필요한 자금을 긴급훈령의 방식으로 조달했다는 사실에서도 확인할 수 있습니다.

아르코

내용: 경부철도 연장공사의 촉진

A. 3/04의 첨부문서
첨부문서의 내용(원문)은 독일어본 533~534쪽에 수록.

---

1 [감교 주석] 후루이치 고이(古市公威)
2 [감교 주석] 오야 곤페이(大屋權平)

긴급명령 – 전쟁준비

발신(생산)일	1904. 1. 2	수신(접수)일	1904. 1. 28
발신(생산)자	에첼	수신(접수)자	프로이센 국방부
발신지 정보	도쿄 주재 독일 공사관	수신지 정보	베를린
	No. 1/04		A. 1449
메모	원본: 1월 29일 폐하께 전달 연도번호 No. 1/04 일본편 20		

사본

A. 1449   1904년 1월 28일 오후 수신

도쿄, 1904년 1월 2일

군사보고서 No. 1/04

프로이센 국방부

베를린

전투장비를 충원하고 정비할 수 있는 자금이 확보되면 정부는 육군과 해군으로 하여금 신속하게 전쟁준비를 하도록 만들 수 있습니다. 경부철도주식회사의 조직개편 및 국가가 보장한 재정지원은 전쟁이 발발할 경우 물자보급선으로 중요한 역할을 수행하게 될 이 철도선의 연장 건설을 촉진하게 될 것입니다. 국가의 개입은 상당히 늦게 이루어진 편입니다. 책임 있는 자리에 있는 일본정치인들의 선견지명 부족을 탓하지 않을 수 없습니다. 그들은 철도회사의 다양한 업무진행에 보다 일찍 더 큰 관심을 기울였어야 합니다. 1901년 봄 철도부설 공사가 시작된 이후 총 269마일의 선로 가운데 서울 기점으로는 겨우 20마일이, 부산 기점으로는 약 10마일이 건설되었습니다. 러시아가 시베리아 철도를 건설할 때 보여주었던 열정과는 반대로 일본의 기업가정신이 얼마나 부족한지 여실히 알 수 있게 해준 사례라 할 수 있습니다. 얼마 전 한국에 주둔하고 있는 일본 수비대 병력 가운데 약 70명의 공병대원을 철도건설에 활용하라는 지시가 떨어졌습니다. 상황이 더 긴박해지면 철도대대와 추가 공병부대가 같은 목적으로 한국에 파견되는 것도 배제할 수 없습니다. 아마 선로가 깔리지 않은 구간은 일단 협궤선로를 깔게 될 것입니다.

(서명) 에첼
무관이자 육군소령
원본 문서 일본편 20

내용: 긴급명령 - 전쟁준비

베를린, 1904년 2월 1일   A. 1445

주재 외교관 귀중   귀하에게 경부선 철도의 신속한 연장과 관련
1. 런던 No. 149   한 작년 12월 30일 자 도쿄 주재 독일제국 공
2. 상트페테르부르크 No. 156   사의 보고서 사본을 삼가 정보로 제공합니다.
3. 워싱턴 A. No. 69

연도번호 No. 1339

베를린, 1904년 2월 2일   A. 1129

주재 외교관 귀중   한국의 정세에 관한 작년 12월 30일 자
1. 런던 No. 154   서울 주재 독일제국 변리공사의 보고서
2. 상트페테르부르크 No. 158   사본을 1-2에게 삼가 반환 요청과 함께
                                          개인적인 정보로 제공합니다.
3. 육군참모총장 및 해군참모총장 귀하
   해군참모본부에서 접수   #   #   #

연도번호 No. 1372   또한 본인은 상기 보고서를 육군참모총
                                          장 및 해군참모총장에게 정보제공 차 전
                                          달하게 되어 영광입니다.

베를린, 1904년 2월 2일   A. 1129

육군참모총장 및 해군참모총장 귀하   한국의 정세에 관한 작년 12월 30일 자
                                          서울 주재 독일제국 변리공사의 보고서
A. 1129 원문   사본을 반환요청과 함께 정보로 제공합
                                          니다.
연도번호 No. 1372   리히트호펜

한국 황제 형수의 서거

발신(생산)일	1904. 1. 9	수신(접수)일	1904. 2. 5
발신(생산)자	잘데른	수신(접수)자	뷜로
발신지 정보	서울 주재 독일공사관	수신지 정보	베를린 정부
	K. No. 6		A. 1898
메모	서울 주재 독일제국 사절단 연도번호 No. 32		

A. 1898 1904년 2월 5일 오후 수신

서울, 1904년 1월 9일

K. No. 6

독일제국 수상 뷜로 각하 귀하

1월 2일 아침 이곳에서 황제의 형수인 명헌태후[1]가 서거했습니다. 외부대신[2]은 본인에게 공식적으로 이 사실을 통지하면서, 베를린 및 이곳에서 우리가 대표하고 있는 오스트리아-헝가리 정부에 전해달라고 요청했습니다.

폐하의 조의를 이곳 군주에게 전하라는 지령이 떨어진다면 본인이 알아서 처리하도록 하겠습니다. 그 정도로 조의를 표하면 충분할 것으로 생각됩니다.

또한 오스트리아-헝가리 제국 정부에 이 사실을 전달하는 것은 그곳에서 처리해 주시기를 요청 드립니다. 이곳에서 본인이 오스트리아-헝가리 대표부를 겸임함으로써 발생하는 모든 사안에 본인이 직접 빈에 있는 외무부와 연락을 취해야 하는지, 아니면 우리 외무부의 중재를 거쳐 연락을 취해야 하는지에 대한 일반적인 지침을 내려주시기를 부탁드립니다.

잘데른

내용: 한국 황제 형수의 서거

---

1 [감교 주석] 헌종(憲宗)의 계비
2 [감교 주석] 이지용(李址鎔)

[조미조약의 거중조정 조항에 관한 모닝 포스트지 통신원의 지적 보고]

발신(생산)일	1904. 2. 10	수신(접수)일	1904. 2. 12
발신(생산)자	잘데른	수신(접수)자	뷜로
발신지 정보	런던 주재 독일 대사관	수신지 정보	베를린 정부
	No. 106		A. 2353

사본

A. 2353 1904년 2월 12일 오전 수신

런던, 1904년 2월 10일

No. 106

독일제국 수상 뷜로 각하 귀하

"Morning Post" 신문의 워싱턴 통신원이 1882년 5월 22일 조미조약이 여전히 존속되고 있음을 상기시켰습니다. 그 조약에 따르면 한국이 다른 국가에 의해 부당한 대접을 받거나 압박을 받을 경우 미국은 양국의 친선관계를 유지하기 위해 한국을 돕겠다고 약속했습니다.

통신원이 전한 바와 같이 미국에서도 거의 잊고 있던 그 문서는 후에 한국 문제를 정리할 때 워싱턴 내각의 외교적 입장을 강화하는 데 적합한 자료입니다. 이는 미국의 만주에서의 노력과 더불어 일본과의 의견 차이에 기점이 될 수 있습니다.

(서명) 메테르니히

앵거스 해밀턴이 제작한 한국의 새 지도

발신(생산)일	1904. 2. 11	수신(접수)일	1904. 2. 15
발신(생산)자	잘데른	수신(접수)자	뷜로
발신지 정보	런던 주재 독일 대사관	수신지 정보	베를린 정부
			A. 2632
메모	연도번호 No. 569		

A. 2632 1904년 2월 15일 오후 수신, 첨부문서 2부

런던, 1904년 2월 11일

연도번호 No. 569

독일제국 수상 뷜로 각하 귀하

지리 관련 자료를 펴내는 런던의 "Edward Stanford" 출판사에서 최근 앵거스 해밀턴[1]
이 제작한 새로운 한국 지도가 나왔습니다. 해밀턴은 런던의 "Heinemann" 출판사에서
펴낸 "한국"이라는 책자의 저자입니다. (가격 5달러)

각하께 새 지도 2매를 동봉하여 발송하게 되어 매우 영광입니다. 본인은 독일제국
대사관에서 업무용으로 쓰기 위해 추가로 지도 2매를 구입하였습니다.

메테르니히

내용: 앵거스 해밀턴이 제작한 한국의 새 지도

---

1 [감교 주석] 앵거스 해밀턴(Angus Hamilton)

외무부
A편

외무부 정치 문서고
한국 관계 문서

1904년 2월 16일부터
1904년 7월 15일까지

제35권
참조: 제36권

R 18935
한국 No. 1

1904년	목록	수신정보
일본 2월 26일의 소식(인쇄물) 1904년 2월 23일 체결된 일본과 한국의 조약.		3339 2월 26일 수신
도쿄 3월 9일의 전보문 No. 78 (사본) 이토 후작을 특사로 서울에 파견. 이토는 장차 한국 조정에서 전문적인 고문으로 근무할 것이라고 한다.		4083 3월 9일 수신
도쿄 2월 6일의 보고서 A. 24 한국 망명객 우범선의 살해범들에 대한 유죄판결.		4220 3월 12일 수신
서울 4월 15일의 전보문 24 한국 황제의 궁성이 불에 타다. 서울시는 조용하다.		6413 4월 15일 수신
서울 4월 20일의 전보문 27 일본 공사는 한국 황제가 외국 공사관들에서 멀리 떨어진 궁궐로 거처를 옮길 것이라고 말한다.		6685 4월 20일 수신
베이징 5월 1일의 전보문 173 한국 황제가 황제궁의 화재를 일으켰는가?		7398 5월 1일 수신
베이징 5월 2일의 전문해독 A. 134 서울 주재 미국 공사는 전쟁이 일어나기 전에 한국 황제의 피신 요청을 거절했다고 한다.		9141 5월 31일 수신
서울에 발송한 2월 22일의 훈령 A. 3 잘데른 변리공사가 오스트리아·헝가리제국의 대표를 맡음으로써 야기된 오스트리아·헝가리제국 외무부와의 업무교류를 어떤 방식으로 실행할 것인지에 대한 논의.		1898 2월 22일 수신
서울 2월 1일의 보고서 11 (사본) 한국의 내장원경 이용익의 성격. 대신들의 교체. 한국 국내의 소요사태(종파들). 일본의 전쟁 준비. 한국 군대. 한국 황제의 무력함. <div align="right">원본 문서 일본 20</div>		4934 3월 23일 수신
베이징 2월 12일의 보고서 A. 42 베이징 주재 한국 공사가 소환되어 서울의 외부대신에 임명되었음.		5473 4월 1일 수신
서울 3월 22일의군사보고서 3a 서울–제물포선. 서울–부산선. 서울–평양(의주)선.<div align="right">원본 문서 일본 20</div>		7872 5월 8일 수신

서울 3월 23일의군사보고서 4 일본의 한국 철도계획의 의미. 한국 남쪽지방에서 방어시설의 구축. 원본 문서 일본 20	7872 5월 8일 수신
Tsingtau 3월 16일의 보고서 52 (사본) 1904년 3월 9일부터 15일까지 제물포 앞바다에 주둔했던 자의 군사정치 보고서. 원본 문서 일본 20	8210 5월 14일 수신
워싱턴 3월 3일의 보고서 54 1882년 5월 22일의 조미수호통상조약(조항).	4867 3월 22일 수신
베이징 5월 3일의 암호보고서 한국 황제가 일본의 세력을 피해서 미국 공사관을 찾아가기 위해 스스로 황제궁의 화재를 야기했다고 한다. 프랑스 측에서 유래하는 이 소식은 사실일 가능성이 별로 없다. 한국 황제가 외국 공사관을 찾아갈 만일의 경우를 대비한 일본의 경계. 미국 공사관 수비대의 축소.	11639 7월 15일 수신
6월 13일 자 독일제국 해군성과 4월 28일 자 해군사령부 서한의 첨부문서. 1월 26일 자 (황해) 순양함 함대 부사령관의 보고서. 일본이 경부철도 부설의 박차를 가하고 있다.	10257 6월 20일 수신
클레어 무관의 5월 15일 자 보고서 No. 16 러일전쟁의 결과에 대한 고찰 a) 일본이 승리할 경우 b) 러시아가 승리할 경우	10748 6월 30일 수신 일본 문서 20
도쿄 5월 7일의 보고서 B 146 고토 박사의 "General Map of Korea"와 "Catalogue of the Romanized Geographical Names of Korea"	9583 6월 8일 수신
도쿄 3월 1일의 보고서 A. 58 한국과 일본의 조약의정서.	5687 4월 4일 수신
서울 3월 13일의 보고서 28 한국 국민의 성격. 의주의 개항 선언. 전차회사와 전력회사에 대한 미국의 손해배상 청구. 일본인이 경의선 건설.	6852 4월 23일 수신
서울 3월 30일의 보고서 35 서울에서의 이토 후작. 한국 군부의 일본인 고문. 일본 군대의 한국인 병사들.	7811 5월 8일 수신
베이징 4월 9일의 보고서 A. 115 일본이 부산-의주 철로 건설. 부산-서울 표준궤도, 서울-평양과 평양-의주의 경편철도. 부산과 마산포, 거제도에 방어시설 구축.	7914 5월 9일 수신

서울 5월 18일의 보고서 55 한국 황제의 궁전. 한국에서 일본의 영향력.	10749 6월 30일 수신
서울 5월 30일의 보고서 63 러시아 주재 한국 공사의 소환. 비밀리에 Hyun sangkiun 함장을 상트페테르부르크에 파견.	11635 7월 15일 수신
도쿄 2월 18일의 보고서 A. 41 부산에서 독일제국 국민 헨셀 부부가 일본 인부들에게 폭행당함.	4606 3월 18일 수신
서울 2월 11일의 보고서 16 위와 같음.	4936 3월 23일 수신
서울 3월 1일의 보고서 23 2월 23일에 일본과 한국의 의정서 체결.	5956 4월 9일 수신 (사본)
도쿄 4월 28일의 보고서 A. 118 이토의 서울 방문에 대한 답례로 이지용을 한국의 특명전권대사로서 도쿄에 파견.	8795 5월 25일 수신 (사본)
서울 4월 18일의 보고서 No. 45 한국 주재 "베를린 지역신문" 통신원 H. v. 고트베르크. 한국 황궁의 화재와 황실 가족. 한국 국민의 민족성.	8818 5월 25일 수신

베를린, 1904년 2월 22일   A. 1898

지난달 9일의 보고서 연도번호 No. 32/K. No. 6에 대하여

서울 No. A. 3
주재 공사 귀하

본인은 이곳의 한국 공사가 이미 한국 대비의 서거 소식을 독일제국 황제 폐하께 전해 달라는 부탁과 함께 이쪽으로 알려왔음을 삼가 귀하께 알리는 바입니다. 그에 이어 독일제국 정부는 한국 대표에게 조의를 표했으며, 그러니 우리 측에서는 더 이상 의견을 표명할 이유가 없을 것입니다. 본인은 한국 대비의 서거 소식을 오스트리아·헝가리제국 정부에게 알리는 일은 빈 주재 독일제국 대사에게 일임했습니다.

(I 29207/76 1874년
10월의 업무진행절차
문서 IV No. 28 참조)

귀하는 오스트리아·헝가리제국을 대표하는 일을 위임받았으며, 이로 인해 오스트리아·헝가리제국 외무부와 어떤 방식으로 업무 교류를 진행해야 할지 문의했습니다. 이와 관련해 본인은 이런 유사한 경우들에서 집행된 방식에 따라 그때그때마다 귀하께서 이곳 상급관청의 중재를 요청하시길 당부합니다. 특히 귀하께서 오스트리아·헝가리제국 국민과 관련된 사안에 대해 빈으로 보고할 일이 발생하는 경우, 보고서를 봉인하지 않은 채 이곳으로 보내 주시기 바랍니다. 그리고 이 훈령을 수령했음을 본인에게 알려주시길 부탁드립니다.

#   #   #

2. 빈 No. 163
주재 대사 귀하

한국의 외부대신이 오스트리아·헝가리제국의 이해관계를 한국에서 대표하는 임무를 위임받은 서울 주재 독일제국 공사에게 한국 대비의 서거 소식을 오스트리아·헝가리제국 정부에 전해 달라고 요청했습니다. 서거한 한국 대비 명현왕후는 현 한국 황제의 양모입니다. 본인은 위의 사실을 오스트리아·헝가리제국 외무장관에게 알려주시길 귀하께 부탁드립니다.

01

[1904년 2월 23일 한일의정서 체결]

발신(생산)일		수신(접수)일	1904. 2. 26
발신(생산)자		수신(접수)자	
발신지 정보	도쿄 주재 독일공사관	수신지 정보	
			A. 3339
메모	3월 2일 런던 307, 파리 235, 페테르부르크 314, 로마 218, 빈 211, 워싱턴 A. 155, 참모본부, 해군 참모부에 전달.		

사본

A. 3339   1904년 2월 26일 오후 수신

독일제국 일본 공사관

Copy of Protocol concluded between Japan and Corea in the 23. February 1904.[1]

"Mr. Hayash[2]i, Envoy Extraordinary and Minister plenipotentiary of His Majesty the Emperor of Japan, and Major-General Ye-tschi-yong[3], Minister of State for Foreign Affairs ad interim of His Majesty the Emperor of Corea, being respectively duly empowered for the purpose, have agreed upon the following articles.

Article I. For the purpose of maintaining a permanent and solid friendship between Japan and Corea and firmly establishing peace in the Far East, the Imperial Government of Corea shall place full confidence in the Imperial Government of Japan and adopt the advice of the latter in regard to improvements in administration.

Article II. The Imperial Government of Japan shall in a spirit of firm friendship ensure the safety and repose of the Imperial House of Corea.

Article III. The Imperial Government of Japan definitively guarantee independence and territorial integrity of the Corean Empire.

Article IV. In case the welfare of the Imperial House of Corea or the territorial

---

1   [감교 주석] 한일의정서
2   [감교 주석] 하야시 곤스케(林權助)
3   [감교 주석] 이지용(李址鎔)

integrity of Corea is endangered by aggression of a third Power or internal disturbances, Imperial Government of Japan shall immediately take such necessary measures as circumstances require and in such case Imperial Government of Corea shall give full facilities to promote action of Imperial Japanese Government.

Imperial Government of Japan may, for the attainment of the above mentioned object, occupy when the circumstances require it such places as may be necessary from strategical points of view.

Article V. The Government of two countries shall not, in future without mutual consent, conclude with a third Power such an arrangement as may be contrary to principles of present protocol.

Article VI. Details in connection with present protocol shall arranged as the circumstances may require between the Representative of Japan and Minister of State for Foreign Affairs of Corea."

원본 문서 일본 20 No. 3

[이토가 일본 천황 친서 전달차 방한하리라는 보고]

발신(생산)일	1904. 3. ?	수신(접수)일	1904. 3. 9
발신(생산)자	아르코	수신(접수)자	
발신지 정보	도쿄 주재 독일 공사관	수신지 정보	베를린 외무부
	No. 78		A. 4083

A. 4083 1904년 3월 9일 오후 수신

전보문

도쿄, 1904년 3월 ...일   ... 시 ...분
3월 9일 오후 1시 "13분" 도착

독일제국 공사가 외무부에 발송

No. 78

전문 해독

이토[1]가 일본 천황의 친서를 한국 군주에게 전달하기 위해 특명전권대사로서 외교 참모진과 군사 참모진을 거느리고 서울에 갈 것입니다. 서울 조정의 차기 상임고문으로서 아오키[2]가 거론되고 있습니다. 그러나 아오키는 지금까지 그 소식을 부인합니다.

서울에 전달함
아르코[3]
원본 문서 일본 20 No. 3

---

1 [감교 주석] 이토 히로부미(伊藤博文)
2 [감교 주석] 아오키 슈조(青木周蔵)
3 [감교 주석] 아르코(E. Arco-Valley)

[우범선을 살해한 고영근, 노원명에 대한 판결 보고]

발신(생산)일	1904. 2. 6	수신(접수)일	1904. 3. 12
발신(생산)자	아르코	수신(접수)자	뷜로
발신지 정보	도쿄 주재 독일 공사관	수신지 정보	베를린 정부
	A. 24		A. 4220

A. 4220 1904년 3월 12일 오전 수신

도쿄, 1904년 2월 6일

A. 24

독일제국 수상 뷜로 백작 각하 귀하

한국인 망명객 우범선[1]의 살인범 고영근[2]이 작년 12월 26일의 제1심에서 사형을 선고받았으며, 공범 노원명[3]은 종신형으로 사형을 모면했습니다. 두 피고인은 이 판결에 항소했고, 제1심의 결심공판에서처럼 서울 조정의 지시를 받아 행동했다는 이유를 들어 감형을 신청했습니다. 제2심에서 검사는 이러한 이의제기의 타당성을 인정하여 두 피고인의 감형을 제의했습니다. 히로시마 항소법원은 이 제안을 수락했으며, 어제 결심공판에서 정상을 참작해 고영근에게는 살인죄로 종신형을, 노원명에게는 살인 공범죄로 12년 징역형을 선고했습니다.

본인은 서울 주재 독일제국 변리공사에게 이 보고서의 사본을 보낼 것입니다.

아르코

---

1 [원문 주석] A. 1918 삼가 동봉.
2 [감교 주석] 고영근(高永根)
3 [감교 주석] 노원명(盧遠明)

[일본 인부가 부산에서 독일인 헨쉘 부부를 폭행한 사건에 대한 일본 외무성의 조처 보고]

발신(생산)일	1904. 2. 18	수신(접수)일	1904. 3. 18
발신(생산)자	아르코	수신(접수)자	뷜로
발신지 정보	도쿄 주재 독일 공사관	수신지 정보	베를린 정부
	A. 41		A. 4606

A. 4606 1904년 3월 18일 오전 수신

도쿄. 1904년 2월 18일

A. 41

독일제국 수상 뷜로 백작 각하 귀하

이달 12일 본인은 부산에서 온 미국 신문기자의 방문을 받았습니다. 그 신문기자는 부산 세관장으로 일하는 이탈리아인 페고리니[1]의 서신 및 마찬가지로 한국 세관에 근무하는 독일제국 국민 볼얀[2]의 이달 8일 자 서신을 본인에게 전해주었습니다. 이 서신들에 의하면, 이달 7일 독일제국 국민 헨쉘[3]과 그의 일본인 부인이 일본 인부들에게 심하게 폭행당하는 일이 발생했습니다. 페고리니와 볼얀은 보호를 요청했습니다.

본인은 즉각 본인의 이탈리아 동료에게 기별을 보냈습니다. 이탈리아 동료도 이미 페고리니를 통해 소식을 알고 있었습니다. 우리 두 사람은 즉각 외무성을 찾아갔으며, 곧바로 진상을 조사하고 사태를 해명하라는 전신 명령을 보내겠다는 확약을 받았습니다. 또한 외국인을 보호하고 부상자들을 돌보라는 강력한 지시를 내리겠다는 보장도 받았습니다. 나중에 영국 동료와 미국 동료도 본인의 외교조치에 합류했습니다. 영국과 미국의 국민들도 부산에 거주하고 있기 때문입니다. 본인은 서울 주재 독일제국 공사관과 볼얀에게 본인의 조처에 대해 전신으로 알렸습니다.

---

1 [감교 주석] 페고리니(D. Pegorini)
2 [감교 주석] 요하네스 볼얀(J. Bolljahn)
3 [감교 주석] 헨쉘(Henschel)

이달 13일 외무차관이 본인을 찾아와, 백방으로 탐문했는데도 범행을 저지른 인부들을 아직까지 밝혀내지 못했다고 알렸습니다. 그 난동 사건이 일본 거류지 밖의 어둠 속에서 일어난 터라서 진상을 규명하기 어렵다는 것이었습니다. 그러나 경찰력을 증강했으며, 부산 주재 일본 영사에게도 외국인 보호를 위해 페고리니와 연락을 취하라고 지시했다고 합니다. 또한 외무차관은 난동꾼들을 찾아내기 위한 조사가 계속될 것이라고 덧붙였습니다. 그리고 그런 불의의 사고가 일어난 것에 대해 유감을 표명했습니다.

페고리니에게서도 상황이 다시 좋아졌다는 소식이 도착했습니다. 본인은 이런 소식들도 잘데른[4]에게 전했습니다.

헨쉘의 부상에 대해서는 아직까지 정확한 소식을 받지 못했습니다. 그러나 이달 12일 페고리니는 헨쉘이 앞으로 6주일은 더 안정을 취해야 할 것으로 추정했습니다.

일본 정부는 그 폭행사건으로 인해 솔직히 곤혹스러워하고 있으며, 안정과 질서를 유지하기 위해 노력하는 것이 분명합니다.

아르코

---

4 [감교 주석] 잘데른(K. Saldern)

05

[조미수호통상조약 1조 내용 보고]

발신(생산)일	1904. 3. 3	수신(접수)일	1904. 3. 22
발신(생산)자	슈테른부르크	수신(접수)자	뷜로
발신지 정보	워싱턴 주재 독일 대사관	수신지 정보	베를린 정부
	A. 154		A. 4867
메모	3월 4일 급보로 지난달 18일의 훈령 No. A. 110에 대해		

사본

A. 4867 1904년 3월 22일 오후 수신

워싱턴, 1904년 3월 3일

A. 54

독일제국 수상 뷜로 백작 각하 귀하

지난달 10일 런던 주재 독일제국 대사가 보낸 보고서 No. 106은 1882년 5월 22일에 체결된 조미수호통상조약에 대한 것입니다. 그 조약은 "미합중국과 다른 국가들 사이에 체결된 조약과 규약"이라는 공식 문서집에 인쇄되어 있습니다. 여기에서 문제되는 제1조는 다음과 같습니다.

There shall be perpetual peace and friendship between the president of the United States and the King of Chosen and the citizens and subjects of their respective Governments.

If other Powers deal unjustly or oppressively with either Government, the other will exert their good offices, on being informed of the case, to bring about an amicable arrangement, thus showing their friendly feelings.

(서명) 슈테른부르크[1]

원본 문서 한국 10

---

1 [감교 주석] 슈테른부르크(Sternburg)

06

[한국 상황 보고]

발신(생산)일	1904. 2. 1	수신(접수)일	1904. 3. 23
발신(생산)자	잘데른	수신(접수)자	뷜로
발신지 정보	서울 주재 독일 공사관	수신지 정보	베를린 정부
	K. No. 11		A. 4934
메모	연도번호 No. 89		

사본

A. 4934　1904년 3월 23일 오후 수신

서울, 1904년 2월 1일

연도번호 No. 89

K. No. 11

독일제국 수상 뷜로 백작 각하 귀하

　본인이 금년 1월 13일 마지막으로 보고서를 보낸 이후, 이곳에서는 크게 달라진 것이 없습니다. 다만 정부 기관만이 점점 더 삐걱거리고 있을 뿐입니다. 대신들이 매일 교체되고 있고, 이제는 누가 무슨 직책을 맡고 있는지 실제로 아는 사람이 아무도 없습니다. 특히 이 하루살이 관직을 맡은 사람들이 아무런 정치 노선도 없는 무명 인사들인 탓에 더욱 그렇습니다. 그중 유일하게 거론할 가치가 있는 사람은 이용익[1]이라는 이름의 유명한 내장원경입니다. 이용익은 날품팔이꾼에서 출세한 사람으로 글을 읽을 줄도 쓸 줄도 모릅니다. 그러나 수완이 좋고 술수에 능하며 수단 방법을 가리지 않는 탓에 모든 사람들이 두려워합니다. 이용익은 최근 이틀 동안 탁지부대신이었다가 하루 반 동안 군부대신이었고 지난주 초에 다시 탁지부대신이 되었습니다.

　이처럼 정부 행정이 부실하다보니 나라가 실제로 갈수록 불안해지고 있습니다. 악명 높은 동학당이 한국 중부의 동쪽지방에서 들고 일어나 그렇지 않아도 세금 압박으로 인해 흥분한 주민과 관청을 약탈합니다. 가난한 한국 국민들은 참으로 가엾습니다. 그들

1　[감교 주석] 이용익(李容翊)

은 간신히 세리에게서 구한 것을 강도에게 **빼앗깁니다.** 며칠 전 가톨릭 주교가 동학당이 일본인들로부터 돈을 지원받는다는 보고를 받았다고 본인에게 말했습니다. 하지만 이미 반란을 일으킬 이유가 충분하기 때문에 그 말을 믿지 않는다는 것이었습니다. 그리고 일본인들에게서 받았다고 하는 돈의 액수도 너무 많아서 그 이야기가 거짓이라는 것을 즉시 알아차릴 수 있었다고 합니다. 그러나 지금 동학당 우두머리의 이름이 알려진 사실은 주목할 만하다고 가톨릭 주교는 말했습니다. 약 10년 전 동학당 지도자가 처형된 이후로 그런 일은 없었기 때문이라고 합니다.

일본인들은 전쟁 준비에 매진하고 있습니다. 한국의 모든 항구에 군사용 곡물이 엄청나게 많이 쌓이고 있습니다. 예를 들어 본인은 약 2만 톤의 미곡을 단기간 내로 부산에 들여오기로 한 계약에 대한 이야기를 들었습니다. 제물포에는 대량의 보리가 저장되고 있습니다. 그곳에서 보리를 말에 싣기 좋게 커다란 가마니에서 작은 포대에 옮겨 담습니다. 이런 일들은 놀라우리만큼 체계적으로 질서정연하게 진행되고 있습니다. 본인은 일본인들이 한국의 북서쪽 해안 여기 제물포에, 말하자면 러시아의 뤼순[2] 함대의 활동영역 안에 그처럼 군량을 비축하는 것은 주목할 만하다고 생각합니다. 아마 군대를 집결하는 것을 그런 식으로 속이려는 속셈일 수도 있습니다. 물론 일본인이 제물포에서 남쪽으로 약 50km 떨어진 아산만에서 상륙 준비를 하고 있다는 소문이 있습니다. 일본인은 청국과 전쟁을 벌일 때에도 맨 먼저 아산만에 부대를 상륙시켰습니다. 경부철도는 겨우 양쪽 끝의 짧은 구간만 이용 가능하기 때문에, 동해안과 남해안에 상륙한 일본군은 도보로 한반도 전체를 횡단해야 할 것입니다. 한국의 혹독한 겨울 날씨에는 행군하기 어려운 탓에, 일본인이 아산에 상륙하기 위란 진지한 계획을 세우고 있을 가능성이 많아 보입니다. 각하께서도 이미 아시는 바와 같이, 일본 정부는 경부철도 건설을 신속하게 속행하기 위한 거액의 국고 보조금을 책정했습니다. 그러나 현재로서는 매서운 추위 때문에 선로 작업을 진행할 수 없습니다. 약 2주 전부터 이곳의 일본 공사관에 이지치 고스케[3]가 배속되었습니다. 약 20년 전에 이지치 육군소장은 수년간 베를린에도 거주한 적이 있어서 독일어를 능숙하게 구사합니다.

그런데도 한국 군대는 가능한 한 무관심한 태도를 보이고 있습니다. 물론 장교들은 얼마 전 맥심기관총으로 사격훈련을 시도했습니다. 그러나 이 총기를 보관하는 임무를 맡은 총세무사 맥리비 브라운[4]은 한국인들이 사고를 일으킬 수 있다며 총기의 잠금장치

---

2   [감교 주석] 뤼순(旅順; Port Arthur)
3   [감교 주석] 이지치 고스케(伊地知幸介)
4   [감교 주석] 브라운(J. M. Brown)

를 빼내 감춰버렸습니다. 그 기관총은 몇 년 전 맥리비 브라운의 주선으로 영국에서 공급받은 것입니다. 영국의 제작자가 총기 대금을 받은 후, 브라운에게는 이 총기의 존재 목적이 달성되었습니다.

이곳에서 정부와 관련 있는 모든 것은 참으로 우스꽝스럽고 경멸스러워서 몰락하는 것이 당연하게 생각됩니다.

한국 황제는 후궁들과 환관들, 무당들과 함께 있으며 결코 밖으로 나오는 법이 없습니다. 그러면서도 자신이 아직 중요한 존재라고 여기는 모양입니다. 그래서 최근에 새 파나마 공화국을 승인하라고 명령했습니다. 물론 한국 황제는 파나마가 어디에 위치해 있는지도 전혀 모릅니다. 누군가로부터 이 새로운 국가가 탄생했다는 말을 들었고, 그런 식의 조처를 취하는 것이 자신의 위엄에 맞는다고 생각합니다. 얼마 전 한국 황제는 세계에서 벌어지는 사건들에 대해 보다 더 많이 알고 싶다는 소망을 표명했습니다. 그러자 황제의 측근들이 프랑스인 2명, 영국인 2명, 독일인 2명, 벨기에인 1명과 그 밖의 외국인들로 이루어진 위원회를 구성했습니다. 이 무리들은 즉각 영국인과 프랑스인의 주도하에 매달 2천 엔 상당의 신문을 정기구독하기로 결정했습니다. 그러나 그 비용을 대줄 사람을 찾지 못했습니다. 그밖에도 이 일은 여러 난관에 부딪칠 것입니다. 먼저 이 소식들을 한국 황제에게 알릴 수 있는 확실한 방법을 강구해야 하기 때문입니다. 또한 한국 군주의 환관들과 다른 심복들은 유럽인이 정기적으로 한국인 통역관을 대동하고 황제에게 보고하는 것을 용인하지 않을 것입니다. 그렇게 되면 자칫 유럽인이 군주에게 지나치게 많은 영향력을 발휘할 수 있습니다. 그래서 그 좋은 계획은 무산되었고, 한국 황제는 여전히 세계정세에 무지한 상태에 있습니다. 그래도 특별히 해될 일은 없습니다. 게다가 한국 군주에게는 가능한 한 조용히 지내고 싶다는 매우 당연한 한 가지 소망밖에는 없습니다. 그런데 지척의 측근들조차 그런 소망을 전혀 알아채지 못하고 있습니다. 각하께서도 알고 계시는 바와 같이 한국은 중립을 보장받고자 노력하고 있는데, 이것은 한국 군주의 그런 소망에 일치하는 것입니다. 최근 한국 정부는 이러한 면에서 유럽 조정들에게 자세히 설명한 듯 보입니다. 약 1주일 전에 베를린 주재 한국 공사[5]가 독일은 한국의 중립을 인정했다는 내용의 전보문을 보내왔습니다. 영국은 한국의 중립 선언을 관심 있게 인지했다는 소식을 보냈습니다. 제가 듣기로, 러시아와 일본은 그에 대해 아직까지 아무런 의사 표명을 하지 않았습니다. 한국 주재 프랑스 임시 대표 퐁트네[6]는 한국의 중립화가 러시아와 일본에 미치는 영향에 대해 열광적으로 말했습니다.

---

5 [감교 주석] 민철훈(閔哲勳)

퐁트네는 원하는 측과 존중하는 측, 양측이 한국의 중립화에 필요하다는 사실을 이해하지 못했습니다. 며칠 전 본인의 미국 동료[7]는 이 문제에 대해 미국 정부로부터 아직 아무런 기별을 받지 못했다고 본인에게 말했습니다.

현재 본인과 청국인을 제외한 모든 공사들은 수비병을 두고 있고, 그중 미국의 수비병이 제일 많습니다. 본인의 몇몇 동료는 이처럼 외국 수비병이 주둔하고 있으면 서울을 노리는 일본인들의 조처를 저지할 수 있을 것이라고 말합니다. 그러나 본인은 터무니없는 생각이라고 여깁니다. 러시아인들은 약 50명의 수비병으로 만족하고 있으며, 원래 보호 병력을 130명으로 증원하려는 계획을 포기했습니다. 한국 정부는 많은 외국 군대에 상당히 당황하고 있으며, 국민들은 몹시 흥분한 상태입니다. 많은 주민이 서울을 떠나 인근의 시골로 거처를 옮겼습니다. 일반 생필품 값이 오르고 있습니다.

(서명) 잘데른[8]
원본 문서 일본 20

내용: 한국인 망명객 우범선의 살해범들에 대한 유죄판결[9]

---

6 [감교 주석] 퐁트네(V. Fontenay)
7 [감교 주석] 알렌(H. N. Allen)
8 [감교 주석] 잘데른(K. Saldern)
9 [감교 주석] 독일어 원문에는 "한국인 망명객 우범선의 살해범들에 대한 유죄판결(Verurteilung der Mörder des koreanischen Flüchtlings U phöm syon.)"라고 기술되어 있으나 본문의 내용과는 맞지 않음. 독일외무부의 한국 관련 문서의 편집 과정에서 나온 오기로 보임.

07

[일본 인부가 부산에서 독일인을 폭행한 사건 보고]

발신(생산)일	1904. 2. 11	수신(접수)일	1904. 3. 23
발신(생산)자	잘데른	수신(접수)자	뷜로
발신지 정보	서울 주재 독일 공사관	수신지 정보	베를린 정부
	K. No. 16		A. 4936
메모	연도번호 No. 117		

사본

A. 4936   1904년 3월 23일 오후 수신

서울, 1904년 2월 11일

K. No. 16

독일제국 수상 뷜로 백작 각하 귀하

　며칠 전 부산에서 유감스럽게도 독일제국 국민 한 명이 일본 인부들에게 폭행당하고 부상을 입었습니다. 본인은 그 사건의 자세한 내막에 대해 아직까지 전혀 알지 못합니다. 일본 동료[1]가 그 돌발사건에 대해 본인에게 사과했을 뿐입니다. 우리는 부산과 전혀 연락이 되지 않고 있으며, 일본 공사관도 그 사건의 자세한 상황은 아직 알지 못하는 것 같습니다. 8일 저녁에 하야시가 본인 집에서 식사를 했고(일본인을 제외하고는 당시 제물포에 함대가 도착한 사실을 아무도 알지 못했습니다.), 그때 이미 그 사건에 관해 본인에게 말했습니다. 그리고 어제 다시 하기와라[2] 비서를 본인에게 보내 특별히 사과의 말을 전했습니다. 하기와라는 독일인의 부상이 심하지 않다는 사실만을 알뿐이라고 말했습니다. 범인들은 즉시 체포되었으며 영사가 범인들에 대한 법적 절차를 개시했다고 합니다. 그리고 모든 보상을 해줄 것이니 본인은 믿고 기다리는 것이었습니다. 본인은 금전적인 손해배상도 이루어질 것을 은근히 암시했습니다. 부산에 지속적으로 거주하는 독일인은 한국 세관 직원 두 명밖에 없습니다. 각하께서 이 보고서를 받으시면, 이런 경우에 원칙

1　[감교 주석] 하야시 곤스케(林權助)
2　[감교 주석] 하기와라 슈이치(萩原守一)

적으로 일본에게 피해보상금을 요구할 수 있는지 전보로 지시해 주실 것을 삼가 부탁드립니다. 그리고 경우에 따라서는 치료비 이외에 일본 정부로부터 피해보상금도 받길 원한다는 것을 일본 공사에게 정중하게 암시할 수 있는지도 알려주시길 삼가 요청 드립니다. 본인은 수일 내로 총세무사를 통해 이 유감스러운 사건에 대한 자세한 내용을 들을 수 있을 것으로 생각합니다. 일본인들이 설명하는 대로, 이 사건은 현재의 정치적 흥분과는 아무 관련이 없는 듯싶습니다.

본인은 베이징과 도쿄에 이 보고서의 사본을 보낼 것입니다.

(서명) 잘데른
원본 문서 일본 20

[청국 주재 한국 공사 박제순의 귀국 및 박태영의 업무인계 보고]

발신(생산)일	1904. 2. 12	수신(접수)일	1904. 4. 1
발신(생산)자	뭄	수신(접수)자	뷜로
발신지 정보	베이징 주재 독일공사관	수신지 정보	베를린 정부
	A. 42		A. 5473

A. 5473 1904년 4월 1일 오전 수신

베이징, 1904년 2월 12일

A. 42

독일제국 수상 뷜로 백작 각하 귀하

  본인은 베이징 주재 한국 공사 박제순[1]이 소환되어 서울의 외부대신에 임명되었음을 삼가 각하께 보고 드리게 되어 영광입니다. 공사관 2등참서관 박태영[2]이 공사관 지휘 업무를 맡았습니다.

뭄[3]

---

1 [감교 주석] 박제순(朴齊純)
2 [감교 주석] 박태영(朴台榮)
3 [감교 주석] 뭄(Mumm)

09

[한일의정서 독일어 번역문 사본 송부]

발신(생산)일	1904. 3. 1	수신(접수)일	1904. 4. 4
발신(생산)자	아르코	수신(접수)자	
발신지 정보	도쿄 주재 독일 공사관	수신지 정보	베를린 외무부
	A. 58		A. 5687
메모	4월 9일 런던, 상트페테르부르크, 베이징, 워싱턴, 서울, 파리에 전달		

사본

A. 5687   1904년 4월 4일 오전 수신

도쿄, 1904년 3월 1일

A. 58

독일제국 수상 뷜로 백작 각하 귀하

지난달 23일 서울에서 일본 공사[1]와 한국 외부대신 서리[2] 사이에 한일의정서가 체결되었습니다. 본인은 이것을 독일어 번역문으로 동봉하는 바입니다.

이 의정서에서 한국 정부는 국가행정에 대한 일본의 조언을 받아들이고 한국을 위한 일본의 조처를 지원하고 특히 병력 배치를 승인하고 끝으로 2월 23일의 한일의정서에 어긋나는 어떤 국가 조약도 맺지 않을 것을 약속하고 있습니다.

일본도 마찬가지로 마지막 항목을 수용하고 한국의 독립과 불가침성을 보장하며 한국 황실 및 한국제국의 안정과 안보를 위한 모든 필요한 조처를 약속합니다.

(서명) 아르코

원본 문서 일본 20 No. 3

---

1   [감교 주석] 하야시 곤스케(林權助)
2   [감교 주석] 이지용(李址鎔)

A. 5687/04

A. 58의 I

한일의정서 원문의 번역문

(1904년 2월 23일 서울에서 조인)

일본 천황폐하의 특명전권대사이며 특별전권공사인 하야시 곤스케와 한국 황제폐하의 외부대신 서리 이지용 육군소장은 다음의 조항들에 합의한다. 두 사람은 본 목적에 필요한 전권을 위임받았다.

제1조 대한제국과 일본제국 사이의 항구적이고 확고한 우호관계를 유지하고 극동지방의 평화를 지속적으로 공고히 하기 위하여, 대한제국 정부는 일본제국 정부를 전적으로 신뢰하며 행정의 개선과 관련한 일본제국 정부의 충고를 받아들인다.

제2조 일본제국 정부는 굳건한 우의의 정신으로 대한제국 황실의 안전과 안녕을 보장한다.

제3조 일본제국 정부는 대한제국의 독립과 영토 종주권을 명시적으로 보증한다.

제4조 대한제국 황실의 안녕과 영토 종주권이 제3국의 공격이나 내란으로 인해 위험에 처할 시에, 일본제국 정부는 위험 상황에 대처하는 데 필요한 조치를 즉각 취한다. 그런 경우 대한제국 정부는 일본제국 정부의 방책을 지원하기 위해 모든 편의를 제공한다.

일본제국 정부는 상술한 목적을 달성하기 위하여, 전략상 불가피하다고 판단되는 지역을 필요한 경우 점령할 수 있다.

제5조 대한제국 정부와 일본제국 정부는 상호 동의하지 않고서는 앞으로 본 의정서의 원칙에 위배되는 그 어떤 협정도 제3국과 체결하지 못한다.

제6조 본 의정서와 관련한 세부 사항은 필요한 경우 일본제국 대표와 대한제국 외부대신이 합의하기로 한다.

10

[1904년 2월 23일 체결된 한일의정서 영어 번역본 송부]

발신(생산)일	1904. 3. 1	수신(접수)일	1904. 4. 9
발신(생산)자	잘데른	수신(접수)자	뷜로
발신지 정보	서울 주재 독일 공사관	수신지 정보	베를린 정부
	K. No. 23		A. 5956
메모	연도번호 No. 186 4월 28일 참모본부에 전달		

사본

A. 5956 1904년 4월 9일 오전 수신

서울, 1904년 3월 1일

연도번호 No. 186

K. No. 23

독일제국 수상 뷜로 백작 각하 귀하

본인은 지난달 23일 이곳 일본 공사[1]와 한국 정부 사이에서 합의된 의정서의 영어 번역문을 삼가 각하께 전달하게 되어 영광입니다. 일본 동료가 이 영어 번역문을 본인에게 넘겨주있습니다. 이 협정에서 한국은 주권을 서의 포기한 것이나 다름없습니다. 내한 제국 황실의 "안정과 안녕"에 대해 말하는 제2조가 특히 주목을 끕니다. 이로서 일본인들은 한국 황제가 유일하게 중요하게 여기는 점을 적중했습니다. 한국 황제는 오로지 자신의 안위만 확보할 수 있으면, 즉 살해와 그 밖의 공격에 대한 두려움에서 벗어날 수만 있으면, 순전한 이기심에서 만족할 것입니다. 한국 황제에게는 영예나 민족감정은 전혀 문제되지 않습니다. 게다가 평상시 선령하고 호감이 가는 한국 국민도 별반 나을 것이 없습니다. 자신들의 나라가 얼마나 치욕스런 상태에 처했는지 아무도 느끼지 못합니다. 지금 한국 황제는 얼마 전 서거한 양모[2]의 장례식을 성대하게 치를 준비를 하라는 공식 명령을 내렸습니다. 장례의식은 서울의 거리에서 성대한 민속축제처럼 거행되고 있으며

---

1 [감교 주석] 하야시 곤스케(林權助)
2 [감교 주석] 명헌태후(明憲太后)

곳곳에서 만족한 얼굴들을 볼 수 있습니다. 수많은 사람들이 깃발을 든 이들을 따라 여기저기 몰려다니고 있습니다. 인근 마을의 주민들도 깃발을 든 사람들과 함께 환호하며 성대한 국민축제에 참여합니다.

이 모든 것은 일본 군대 한가운데서 진행되고 있으며, 한국 국민들은 일본군의 뛰어난 규율 덕분에 자유롭게 기쁨을 누릴 수 있습니다. 이따금 일본 중대가 밀집한 군중 사이를 행군하고 일본 병사들이 무뚝뚝하게 길을 비키라고 요구하면, 우직한 한국인들은 그것을 대수롭지 않게 여기며 다시 한데 모여 흥겹게 즐깁니다.

(서명) 잘데른
원본 문서 일본 20 No. 3

내용: 한국 공사의 소환[3]

---

3 [감교 주석] 독일어 원문에는 "한국 공사의 소환(Abberufung des Koreanischen Gesandten.)"이라고 기술되어 있으나 본문의 내용과는 맞지 않음. 독일외무부의 한국 관련 문서의 편집 과정에서 나온 오기로 보임.

11

[경운궁 대화재 보고]

발신(생산)일	1904. 4. 15	수신(접수)일	1904. 4. 15
발신(생산)자	잘데른	수신(접수)자	
발신지 정보	서울 주재 독일 공사관	수신지 정보	베를린 외무부
	No. 24		A. 6413

A. 6413 1904년 4월 15일 오후 수신

전보문

서울, 1904년 4월 15일 ...시 ...분

4월 15일 ...시 ...분 도착

독일제국 변리공사가 외무부에 발송

No. 24

지난밤에 한국 황제의 궁성[1]이 또 다시 전소되고 모든 재물과 보물이 소실되었습니다. 황제의 말에 의하면, 화재는 건축 인부들의 실수로 난로를 과열한 것에서 비롯되었다고 합니다. 건축 인부들은 위험이 발생하자 도주했다고 합니다. 황제는 궁성 밖의 석조 건물[2]로 피신했으며, 오늘 오후 그곳에서 외교단을 접견했습니다. 서울은 전반적으로 조용합니다.

(서명) 잘데른

---

1   [감교 주석] 경운궁(慶運宮)
2   [감교 주석] 수옥헌(漱玉軒)

12

[경운궁 대화재 후 고종이 미국 공사관 바로 옆에서 거처한다는 보고]

발신(생산)일	1904. 4. 20	수신(접수)일	1904. 4. 20
발신(생산)자	잘데른	수신(접수)자	
발신지 정보	서울 주재 독일 공사관	수신지 정보	베를린 외무부
	No. 27		A. 6685

A. 6685 1904년 4월 20일 오후 수신

전보문

서울, 1904년 4월 20일 오후 6시 25분

오후 6시 43분 도착

독일제국 변리공사가 외무부에 발송

전문 해독

No. 27

A. 10749 참조

극비!

몇 주 전부터 일본 공사는 한국 황제가 외국 공사관들에서 멀리 떨어진 궁궐로 거처를 옮긴다고 말하고 있습니다. 화재가 발생한 후로, 한국 군주는 미국 공사관 바로 옆에서 지내며 미국 소유지와 병사들에 둘러싸여 있습니다. 본인의 미국 동료[1]는 우연히 발생한 이러한 상황이 매우 곤혹스럽다고 본인에게 말했습니다. 지금 일본인들은 무력을 사용해서라도 황제를 동쪽 궁궐로 옮기겠다고 위협하고 있습니다. 그러나 한국 황제는 양보하지 않고 않습니다.

---

1 [감교 주석] 알렌(H. N. Allen)

한국 군주가 러시아인들에게 보내는 임무를 구두로 맡긴 공사가 일본인들에게 붙잡혀 자백했습니다.

이 전보문을 도쿄와 베이징에도 보냅니다.

잘데른

베를린, 1904년 4월 23일   A. 6685

상트페테르부르크   우편암호로
No. 552   기밀
주재 사절단 귀중

귀하께 삼가 정보를 알려드립니다.
서울 주재 독일제국 변리공사가 이달 20일
보고한 것입니다.

13

한국의 상황

발신(생산)일	1904. 3. 13	수신(접수)일	1904. 4. 23
발신(생산)자	잘데른	수신(접수)자	뷜로
발신지 정보	서울 주재 독일 공사관	수신지 정보	베를린 정부
	K. No. 28		A. 6852
메모	연도번호 No. 224		

A. 6852 1904년 4월 23일 오전 수신

서울, 1904년 3월 13일

연도번호 No. 224

K. No. 28

독일제국 수상 뷜로 백작 각하 귀하

이곳 한국의 상황은 계속 침체 상태에 있습니다. 몇 번의 사소한 돌발사건을 제외하면 완전히 평온하다는 인상을 일깨웁니다. 전쟁터가 우리에게서 너무 멀리 떨어져 있어서 이곳의 일상사에는 별다른 영향을 미치지 않습니다. 전투를 벌이는 무리들에게서 서울까지의 실제 거리는 그리 멀지 않지만, 모든 연락 수단과 도로가 끊기는 바람에 우리는 일본인들이 말하는 것만을 듣고 있습니다.

지난번 보고서에서 본인은 한국인들에게 수치심과 애국심이 결여된 듯하다고 말씀드린 바 있습니다. 그런데 아주 그렇지만은 않은 것 같습니다. 2월 23일의 조약 조인 과정에 참여한 관리 3명을 겨냥한 암살시도들이 있었기 때문입니다. 그러나 그런 시도들은 수단이 미비했던 탓에 모두 실패했습니다. 범인들은 용기도 통찰력도 보여주지 못했습니다. 자신들이 적시에 몸을 피하기 위해 뜰과 복도에서 너무 서둘러 폭탄을 터트렸습니다. 붙잡힌 사람들이 실제 범인들인지는 의심스럽습니다. 일본인들은 엄중한 수사와 처벌을 촉구하지만, 한국인들은 그다지 강력하게 법적 절차를 추진하지 않고 있습니다.

내일은 황실 장례식이 있을 예정이어서 서울 전체가 마치 사격대회 같은 분위기에 휩싸여 있습니다. 한국 황제는 오늘 밤새도록 절에서 제사를 올리고, 내일 새벽 5시 반에 그 절에서 우리를 접견할 예정입니다. 그런 다음 그 절의 넓은 뜰에서 성대한 장례식이 시작됩니다.

각하께서도 이미 아시는 바와 같이, 18일에 이토[1]가 일본의 특명전권대사로서 이곳에 올 예정입니다. 그것은 일본이 한국 군주에게 통치권을 행사하고 있다는 환상을 당분간 유지하게 하려는 또 하나의 표시입니다.

며칠 전 본인은 한국 황제를 알현했습니다. 황제가 매우 처량하고 당혹스런 미소를 짓는 것 같은 인상이 들었습니다. 황제의 조정은 매우 축소되었습니다. 일본인들이 한국 조정을 정리한 듯 보입니다. 단지 몇 명의 심복만이 황제를 옹위하고 있습니다. 그러나 내일 의식에는 유배된 몇 명의 환관들을 제외하고 모두 다시 나타날 것입니다. 한국인이라면 그런 기회를 쉽게 놓치지 않기 때문입니다.

한국 정부는 곧 의주를 개항으로 선언할 것이라고 본인에게 알려주었으며, 이 소식을 베를린과 오스트리아·헝가리제국 정부에게도 전해줄 것을 부탁했습니다. 본인의 미국 동료[2]가 그렇게 할 것을 강력하게 촉구했습니다. 하지만 일본 공사[3]는 카자흐 기병과 일본인이 의주에서 사격전을 벌이고 있는 현 시점에서 그러한 정치적 행위는 매우 적절하지 못하다는 의견을 표명했습니다.

나아가 이곳의 미국 대표는 한국 황제로부터 한국 소재 Collbran & Bostwick Co.[4]와 전력회사를 위한 보상금 40만 엔을 전액 받아내는 데도 성공했습니다. 이것은 당시 한국 황제를 주주로서 끌어들인 가장 잔혹한 회사 설립들 중의 하나입니다. 그리고 지금 아주 하찮은 이유를 들어 황제를 몰아세우고 있습니다. 어제 미국 동료가 이 비용 지급에 대해 이야기했을 때, 본인은 그럼 이제 한국 황제가 자유로워졌느냐고 물었습니다. 그러자 미국 동료는 유감스럽게도 그렇지 않을 가능성이 많다고 답변했습니다. 계산이 매우 복잡하다는 것이었습니다. 하지만 미국 동료 스스로도 조금은 수치심을 느끼는 듯 보입니다. 이것은 한 나라의 대표가 사적인 이익을 위해 과도하게 공적인 얼굴을 내미는 것이 얼마나 위험한지 보여주는 뜻 깊은 본보기입니다. 우리 같은 사람들도 이따금 그런 사적인 소망이 고개를 들 때가 있습니다. 이런 말씀을 드리면 각하께서는 본인이 독일의 이해관계를 그다지 열정적으로 대표하지 않는다고 생각하실지 모르겠지만, 본인은 그 소망이 부당하게 생각되면 가능한 한 그런 종류의 일을 멀리 하려고 노력합니다. 유감스럽게도 이곳에서는 정부의 일들이 스스로 완결되는 것이 아니라 그 일을 대표하는 사람

---

1 [감교 주석] 이토 히로부미(伊藤博文)
2 [감교 주석] 알렌(H. N. Allen)
3 [감교 주석] 하야시 곤스케(林權助)
4 [감교 주석] 콜브란·보스트위크사(Collbran & Bostwick Co.)

들의 압력이 필요합니다. 그러다 보면 지금 본인의 예절바른 미국 동료가 처한 것과 같은 상황에 이르게 됩니다.

[현재 일본인들은 경의철도를 건설 중입니다. 이 철도는 사실 미미한 배수로 몇 개 말고는 아무것도 없었습니다. 프랑스 회사가 원래 철도부설권을 승인받았는데 유효기간 을 넘겼습니다. 그러자 프랑스인들은 한국 정부가 독자적으로 철도를 건설하는 방법 대 신 프랑스 기술자와 물자를 이용하는 안을 관철시켰습니다. 이런 방식으로 지지부진하 게 철도부설이 얼마 동안 진행되었습니다. 이제 일본인들이 누구에게도 물어보지 않고 서 그 사업을 인수했습니다. 본인의 프랑스 동료는 그에 대해 전혀 항의하지 않았다고 본인에게 말했습니다. 그런 것은 파리에서 해결해야 한다는 것이었습니다.]

본인은 군사적인 것에 대해서는 보고 드리지 않겠습니다. 3월 8일 이곳에 도착한 클레어 육군소령이 그에 대해 보고할 것이기 때문입니다. 그밖에 필요한 경우 계속 전신 으로 보고 드리겠습니다.

본인은 이 보고서의 사본을 베이징과 도쿄에 보낼 것입니다.

잘데른

내용: 한국의 상황

14

[경운궁 대화재는 고종 스스로 일으킨 것이라는 설 보고]

발신(생산)일		수신(접수)일	1904. 5. 1
발신(생산)자	뭄	수신(접수)자	
발신지 정보	베이징 주재 독일공사관	수신지 정보	베를린 외무부
	No. 173		A. 7398

사본

A. 7398   1904년 5월 1일 오후 수신

베이징

No. 173

외무부 귀중

　러시아 공사가 입수한 정보에 의하면, 한국 황제 스스로 서울 황제궁[1]의 화재를 일으켰다고 합니다. 황제가 일본을 두려워한 나머지 이런 방식으로 미국 공사관의 보호하에 있는 건물로 피신할 구실을 만들었다는 것입니다.

(서명) 뭄

1　[감교 주석] 경운궁(慶運宮)

15

[경운궁 대화재는 고종 스스로 일으킨 것이라는 설 보고]

발신(생산)일	1904. 5. 1	수신(접수)일	1904. 5. 1
발신(생산)자	뭄	수신(접수)자	
발신지 정보	베이징 주재 독일공사관	수신지 정보	베를린 외무부
	No. 173		A. 7398

A. 7398   1904년 5월 1일 오후 수신

전보문

베이징, 1904년 5월 1일 오후 3시 37분
오전 11시 12분 도착

독일제국 공사가 외무부에 발송

전문 해독

No. 173

러시아 공사의 전언에 의하면, 한국 황제 스스로 서울 황제궁[1]의 화재를 일으켰다고 합니다. 황제가 일본을 두려워한 나머지 미국 공사관의 보호하에 있는 건물로 피신할 구실을 만들었다는 것입니다.

서울에서 보고 드립니다.

뭄

---

1   [감교 주석] 경운궁(慶運宮)

원문 p.576

[이토 히로부미가 한국에 도착했다는 보고]

발신(생산)일	1904. 3. 30	수신(접수)일	1904. 5. 8
발신(생산)자	잘데른	수신(접수)자	뷜로
발신지 정보	서울 주재 독일 공사관	수신지 정보	베를린 정부
	K. No. 35		A. 7811
메모	연도번호 No. 267 5월 16일 런던 618, 파리 485, 페테르부르크 652, 워싱턴 A. 259에 전달		

외무부 사본

A. 7811   1904년 5월 8일 오전 수신

서울, 1904년 3월 30일

연도번호 No. 267

K. No. 35

독일제국 수상 뷜로 백작 각하 귀하

이토[1]가 많은 수행원을 거느리고 이곳에 도착했으며 서울을 며칠 동안 분주하게 만들었습니다. 그는 우리에게 친절하면서도 정치적으로 신중한 태도를 보였고 사교적인 모임에서는 쾌활한 성격을 드러냈습니다. 우리는 특히 처음으로 한국을 방문한 특명전권대사에게 걸맞은 경의를 이토에게 표했습니다. 한국 황제는 이토에게 금척대훈장을 비롯한 훈장들을 수여했습니다.

이토가 한국 궁중을 의례적으로 방문하는 이상의 사명을 띠고 있었는지는 알아내기 어렵습니다. 그에 대해 틀림없이 알고 있을 한국인들과 일본인들은 사업에 대한 이야기는 없었다고 이구동성으로 말합니다. 그런데 이토의 임무가 다만 한국의 황제와 권력가들에게 신뢰를 심어주는 데 있었다면, 그것도 충분히 신빙성 있는 일이며 아주 노련한 처사일 것입니다. 또 다른 일, 즉 부패한 한국 행정에 대한 개입은 아마 추후에 따라올 것입니다. 일본인들이 한국 국내의 질서를 어느 정도 회복한다면, 그것은 분명 매우 다행

---

1   [감교 주석] 이토 히로부미(伊藤博文)

일 것입니다. 전국 도처에서 횡행하는 무질서와 노략질이 서울의 문턱까지 이르고 있습니다.

더욱이 이토가 이곳에 도착하기 전에 이미 일본인들은 일본 장교 한 명을 한국 군부의 고문으로 임명하는 데 성공했습니다. 작년에 이곳 일본 공사관에 배속된 노즈[2] 육군중령이 이 직책을 맡았습니다. 노즈 육군중령은 이곳의 유일한 외국인 고문이며 실제로 자신의 의견을 말할 것입니다.

일본인들이 러시아와의 전쟁에 이른바 한국 병사들을 동원할 것인지는 중대한 문제입니다. 이 문제는 적과 직접 대치하는 전선에 한국 병사들을 투입하지 않는 쪽으로 해결된 듯 보입니다. 대신 병참부대나 그 비슷한 일에 투입할 생각인 것 같습니다. 그러나 본인은 일본인들이 이것마저 기피할 가능성이 많다고 생각합니다. 한국인에 대한 불신감이 너무 크기 때문입니다. 한국인들은 모두 오늘 필 담배와 약간의 햇빛만 있으면 맡은 일을 내팽개칠 것입니다.

이곳에서는 군대에 대한 소식을 거의 듣지 못합니다. 일본인들이 전투 현장에 근접하지 못하도록 무관과 신문기자들을 가로막고 있습니다. 일본인들은 독자적으로 평양에 간 기자들을 돌려보냈으며, 무관들 중에서는 오로지 미국의 알렌[3] 장군과 영국의 페레이라[4] 소령에게만 평양에 가는 것을 허락했습니다. 그러나 일본인들은 이 두 사람에게 평양에 가도록 허용한 것을 몹시 후회하는 눈치입니다. 비밀군사작전 계획이 지리적으로 확정되어서 더 이상 비밀을 유지할 수 없게 되면, 그때 비로소 아마 기자들과 무관들의 통행을 승인할 것입니다. 혹시 일본인들은 해상을 제압하고 육상을 방어함으로써 러시아인들을 재정적으로 지치게 할 계획이 아닐까요? 그러면 본인은 무관에게 허용되는 지역으로 가겠습니다.

(서명) 잘데른

원본 문서 일본 20 No. 3

---

2 [감교 주석] 노즈 쓰네다케(野津鎭武)

3 [감교 주석] 알렌(Allen)

4 [감교 주석] 페레이라(Pereira)

[일본의 한국 내 철도건설에 관한 보고]

발신(생산)일	1904. 3. 22	수신(접수)일	1904. 5. 8
발신(생산)자	클레어	수신(접수)자	
발신지 정보	서울	수신지 정보	베를린 국방부
	군사보고서 No. 3		A. 7872/04

사본

A. 7872/04   1904년 5월 8일 수신

서울, 1904년 3월 22일

군사보고서 No. 3

베를린의 프로이센 왕국 국방성 귀중

– 일본의 한국 철도건설 –

1. 서울–제물포선[1]

서울–제물포선은 1897년 미국인이 시작했지만 1898년 일본 회사에 인계되어 1900년 완공되었습니다. 전쟁이 발발한 후, 이 노선은 일본인들에게 큰 기여를 했습니다. 제물포에 상륙한 12사단 대부분이 이 철도를 이용해 서울에 왔고, 서울에서 평양을 향해 진군했습니다. 이 철도의 길이는 42km에 불과하지만, 이곳의 도로 사정이 열악하기 때문에 짧은 철도 노선들이 그 만큼 더 중요합니다.

서울–제물포선은 구릉지에서 대개 지면을 따라 건설되었습니다. 그러므로 다리나 터널 같은 인위적인 부대시설 건설은 피했지만 운행속도를 저하시키는 수많은 커브가 불가피했습니다. 이 철도의 유일하게 큰 부대시설은 서울 근교에 위치한 600m 길이의 한강다리입니다.

목격자들의 진술에 의하면, 군대는 질서정연하게 수송되었습니다. 그렇다고 일본인들이 군대 수송을 능률적으로 완수했다는 뜻은 아닙니다. 그러기에는 철도 노선이 너무

1　[감교 주석] 경인선(京仁線)

짧습니다. 또한 영등포-수원 구간(작년 10월에 개통된 경부선의 일부구간)의 열차들을 동원해 보충했는데도 차량이 충분하지 않습니다. 게다가 기관차가 너무 부실합니다. 또한 군대를 수송하는 선박들이 불규칙적으로 도착했기 때문에라도 서울-제물포 노선에 많은 요구를 할 수 없었습니다.

2. 서울-부산선[2]

1901년 5월 일본 회사가 (약 450km 길이의) 서울-부산선을 부설하기 시작했습니다. 출발 구간과 종착 구간은 대략 엇비슷하게 60~70km 정도 완성되었습니다. 그러므로 대부분의 구간을 앞으로 건설해야 합니다. 게다가 전라도와 경상도의 경계를 이루는 산맥을 통과해야 하는 난관도 있습니다. 그런데도 분쟁이 시작된 직후, 일본 정부는 민간 근로자들로 하여금 이 노선을 표준궤간 철도로 신속하게 확장하게 했습니다.

서울-부산선은 서울로부터 세 번째 역인 영등포에서 서울-제물포 노선과 합류합니다. 그러므로 서울-부산선과 서울-제물포선은 한강철교를 공동으로 이용합니다. 일본인들은 올해 안으로 서울-부산선이 완공되기 바라고 있지만 그럴 가능성은 희박해 보입니다.

3. 서울-평양(의주)선

1896년 프랑스의 피브릴[3](Fives-Lille) 회사가 서울-평양-의주선의 건설 허가를 받았습니다. 당시 이 회사는 Tonkin Park의 철도를 건설하는 중이어서, 서울-평양 노선 작업이 시작되어야 하는 시한(1899년)을 넘겼습니다. 그러나 프랑스인들은 철도부설권을 반납하면서, 프랑스 기술자들이 이 철도노선을 건설하고 프랑스의 철도 자재를 사용하는 권리를 보장받았습니다.

1900년 이 노선의 첫 구간 서울-송도의 예비공사가 시작되었습니다. 그러나 분쟁이 발발했을 때까지도 이 예비공사는 끝나지 않았습니다.

3월 6일 일본인들이 야마네 다케스케[4] 장군의 지휘하에 서울-송도-평양의 경편철도 건설을 시작했습니다. 그들은 가능하면 이 철도를 안주와 의주로 연장하려는 계획을 세우고 있습니다. 이 노선의 기점은 용산역(서울-제물포 노선의 첫 번째 역) 가까이에 있습니다.

---

2 [감교 주석] 경부선(京釜線)
3 [감교 주석] 피브릴(Fives-Lille)
4 [감교 주석] 야마네 다케스케(山根武亮)

일본인들은 프랑스인들이 닦아놓은 예비공사에 대해 경멸하는 어조로 말했으면서도 그 예비공사의 일부를 이용하고 있습니다. 프랑스 대리공사[5] 측에서는 지금까지 아무런 이의도 제기하지 않았습니다. 그러나 자재 이용과 관련한 논의가 있을 것으로 추측됩니다.

(서명) 클레어[6]

무관 소령

원본 문서 일본 20

내용: 1904년 2월 22일의 훈령 A. 3의 수령 확인[7]

---

5 [감교 주석] 퐁트네(V. Fontenay)

6 [감교 주석] 클레어(Claer)

7 [감교 주석] 독일어 원문에는 "1904년 2월 22일의 훈령 A3의 수령 확인(Empfangsbestätigung des Erlasses A. 3 vom 22. Februar 1904,)"이라고 기술되어 있으나 본문의 내용과는 맞지 않음. 독일외무부의 한국 관련 문서의 편집 과정에서 나온 오기로 보임.

[일본 한국 철도계획의 의미와 한국 남부 방어시설에 관한 보고]

발신(생산)일	1904. 3. 23	수신(접수)일	1904. 5. 8
발신(생산)자	클레어	수신(접수)자	
발신지 정보	서울	수신지 정보	베를린 국방부
	군사보고서 No. 4		A. 7872

사본

A. 7872 1904년 5월 8일 수신

서울, 1904년 3월 23일

군사보고서 No. 4

베를린의 프로이센 왕국 국방성 귀중

일본의 한국 철도계획의 의미, 한국 남부지방의 방어시설

군사보고서 No. 3에서 상세히 설명 드린 바와 같이, 일본은 전쟁 목적을 위해 부산에서 압록강까지 한국을 관통하는 철로를 부설하려 하고 있습니다. 철로 부설이 본국과의 연결 및 순조로운 작전 수행을 위해 중요한 것은 명백합니다. 120해리에 달하는 시모노세키[1]-부산 구간은 수송선으로 10~12시간 소요됩니다. 시모노세키와 그 맞은편의 모지[2]가 일본 국내 철도의 종점입니다.

위에서 언급한 한국 철도 노선이 능률적인 표준궤도로 건설되면 전망이 매우 밝습니다. 이 노선은 Fön huang tshönn-Ljaujau나 하이청[3]을 경유하는 철도와 연결되어 유럽 내지는 청국의 육로교통을 일본과 이어줄 것입니다.

일본의 현재 한국 철도건설계획은 덜 안전한 해상 교통에 의존하지 않고 군대 보급품을 수송하려는 필요에서 비롯되었습니다.

이미 전신으로 보고 드린 바와 같이, 믿을 만한 소식통에 따르면 경부선의 기점인

---

1 [감교 주석] 시모노세키(下關)
2 [감교 주석] 모지(門司)
3 [감교 주석] 하이청(海城)

부산과 한국 남해안의 최고 항구인 마산포에서 육지 쪽과 해상 쪽으로 방어시설이 강화되고 있습니다. 일본인들은 이 계획을 한국 외부에 제출했습니다.

그 방어시설의 세부사항에 대해서는 확실히 알 수 없습니다. 또한 지도들이 미비한 탓에 그 위치를 정확히 규정하기도 어렵습니다. 방어시설이 구축될 장소로 특히 영도(부산 앞바다의 섬), 마산포 인근의 웅천과 칠원, 마산포 남쪽의 큰 섬 거제도가 거론되고 있습니다. 8개 장소에서 공사가 계획되어 있다고 전해지는데, 아직까지 자세한 내용은 알아낼 수 없었습니다. 믿을 만한 소식에 의하면 이미 공사가 시작되었다고 합니다.

거제도의 방어시설 구축은 일본인들이 쓰시마 섬의 기존 방어시설을 이용해 한국해협에서 주도권을 잡으려는 의도로 해석 할 수 있을 것 같습니다. 거제도의 방어시설은 남서쪽의 장애물에 대해 시모노세키-부산의 중요한 해상통로를 확보하는 실용적인 이점이 있을 것입니다.

(서명) 클레어
무관 소령
원본 문서 일본 20

19

[독일제국 무관 클레어의 서울발 보고서 발췌 송부]

발신(생산)일	1904. 4. 9	수신(접수)일	1904. 5. 9
발신(생산)자	뭄	수신(접수)자	뷜로
발신지 정보	베이징 주재 독일공사관	수신지 정보	베를린 정부
	A. 115		A. 7914
메모	시베리아를 경유해 5월 13일 참모본부, 국방성, 해군참모부에 전달		

A. 7914 1904년 5월 9일 오후 수신

베이징, 1904년 4월 9일

A. 115

독일제국 수상 뷜로 백작 각하 귀하

해독

독일제국 무관 클레어가 서울에서 보낸 보고서의 발췌문

일본이 부산 의주 철도를 부설하려 합니다.

부산-서울[1] 표준궤도는 올해 안에 완공될 것이라고 합니다. 프랑스의 예비공사를 활용하는 서울-평양 경편철도가 건설 중입니다. 평양-의주 노선은 아직 유보상태입니다.

부산과 마산포에서 육지 쪽과 해상 쪽으로 방어시설이 구축되고 있습니다. 거제도도 마찬가지입니다. 8개 장소에서 공사가 기획되어 있으며 이미 작업이 시작되었다고 합니다.

뭄

원본 문서 일본 20

---

1 [감교 주석] 경부선(京釜線)

[일본의 한국 내 철도 건설과 특명전권대사 파견에 관한 보고]

발신(생산)일	1904. 3. 16	수신(접수)일	1904. 5. 14
발신(생산)자	후스	수신(접수)자	
발신지 정보	칭다오	수신지 정보	독일제국 순양함 함대 사령부
	No. 314		A. 8210
메모	연도번호 No. 52 독일제국 군함 "Bussard"호의 사령부 비밀!		

사본

A. 8210   1904년 5월 14일 수신

칭다오, 1904년 3월 16일

연도번호 No. 52

1904년 3월 9일에서 15일까지 제물포 앞바다에 주둔했던 자의 군사정치 보고서

독일제국 순양함 함대 사령부 귀중

V. 철도 건설

일본인들이 당분간 경부철도 건설을 중단하고 서울-의주[1] 노선을 완공하는 데 전력을 다하는 것으로 보아 스스로 이 나라의 주인이라고 여기는 사실을 알 수 있습니다. 더욱이 프랑스 회사가 한국 정부로부터 서울-의주 철도부설 허가를 받아 지금까지 약 20km 정도 공사를 진행했습니다. 그러므로 프랑스 회사가 일본의 처사에 항의했지만, 일본인들은 전혀 개의치 않고 계속 철도 건설의 주도권을 쥐고 있습니다.

철도 공사 책임자는 이달 5일 도착한 수송부대 감독관 야마네[2] 장군입니다. 며칠 전 일본 기선이 철도침목을 가져왔고, 영국 회사가 계약에 의거해 매달 대형 기선 편에 철도레일을 보냅니다. 지금 영국 기선 "Idomeneus"호가 레일을 하역했습니다. 금년 11

---

1 [감교 주석] 경의선(京義線)
2 [감교 주석] 야마네 다케스케(山根武亮)

월 말까지 약 200km 길이의 구간이 완공될 것으로 예상되고 있습니다.

VI. 일본 특명전권대사의 파견

"Oshima"호의 일등장교가 함장의 위임을 받아 본인에게 전한 바에 따르면, 이토[3]가 일본 천황의 특별사절로 한국 황제에게 파견된다고 합니다. 이토는 18일이나 19일 제물포에 도착할 예정입니다.

신문보도에 따르면 이토는 한국 황제의 상임 고문으로서 서울에 머무를 것이라고 합니다. "Oshima"호의 일등장교는 이 신문보도를 터무니없는 이야기라고 선언했습니다. 이토는 임무를 완수하면 일본으로 돌아갈 것이라고 합니다. 그러나 다른 일본인이 고문으로서(실제로는 아마 섭정으로서) 한국 황제를 보좌하는 편이 적절하다는 것이었습니다. 제물포에 있는 독일 회사가 하인리히 왕자 전하께서 예전에 거처하셨던 집을 이달 17일까지 고위 인물을 영접할 수 있도록 준비하라는 지시를 받았습니다.

(서명) 후스[4]

원본 문서 일본 20

---

3 [감교 주석] 이토 히로부미(伊藤博文)
4 [감교 주석] 후스(Huss)

21

[보빙대사 이지용의 일본 방문에 관한 보고]

발신(생산)일	1904. 4. 28	수신(접수)일	1904. 5. 25
발신(생산)자	아르코	수신(접수)자	뷜로
발신지 정보	도쿄 주재 독일 공사관	수신지 정보	베를린 정부
	A. 118		A. 8795

사본

A. 8795 1904년 5월 25일 오전 수신

도쿄, 1904년 4월 28일

공사관

A. 118

독일제국 수상 뷜로 백작 각하 귀하

한국 조정은 이토의 서울 방문에 대한 답례로 황족인 이지용[1] "왕자"를 특명전권대사로 도쿄에 파견했습니다. 이지용은 이달 22일 도쿄에 도착했으며, 일본 조정이 특별히 빌린 작은 호텔 사이요켄에 여장을 풀었습니다. 사이요켄은 유럽식 호텔로 우에노 공원에 자리 잡고 있습니다. 이지용이 이곳에 머무른 9일 동안의 일정표에는 분명히 가르치려는 의도가 담겨 있습니다. 한국 특사에게 모든 종류의 교육시설과 교통시설을 보여줄 예정이며, 심지어는 보잘 것 없는 동물원 관람도 몇 시간 할당되었습니다. 그에 비해 공식적인 궁중 행사는 의도적으로 꼭 필요한 것에만 국한한 것 같습니다. 특명전권대사 임명을 계기로, 일본 신문들은 보호통치조약 체결 과정에서 한국이 보여준 호의적인 태도에 대한 보답으로서 이지용이 일본으로 피신한 한국 망명객들을 인계받으려 할 것이라는 서울 발 기사를 보도했습니다. 그러나 우선은 한국의 특명전권대사와 정치적인 문제에 대한 회담을 시작하려는 징후는 보이지 않습니다.

본인은 서울 주재 독일제국 변리공사에게 이 보고서의 사본을 보낼 것입니다.

(서명) 아르코

원본 문서 일본 20 No. 3

---

1 [감교 주석] 이지용(李址鎔)

22

한국의 상황

발신(생산)일	1904. 4. 18	수신(접수)일	1904. 5. 25
발신(생산)자	잘데른	수신(접수)자	뷜로
발신지 정보	서울 주재 독일 공사관	수신지 정보	베를린 정부
	K. No. 35		A. 8818
메모	연도번호 No. 343		

A. 8818 1904년 5월 25일 오후 수신

서울, 1904년 4월 18일

K. No. 45

독일제국 수상 뷜로 백작 각하 귀하

이곳에서 우리는 지극히 평온한 삶을 살고 있습니다. 정치적인 면에서는 보고할 사항이 전혀 없고, 군사적인 면에 대해서는 클레어[1] 소령이 설명합니다. 그러나 이곳의 모든 통신원들이 그렇듯이 클레어 소령도 소식을 입수하기가 매우 어렵습니다. 통행이 불편한 이 나라에서 얼마 안 되는 전신선을 일본인들이 완전히 장악하고 있습니다. 그래서 믿을 만한 소식이 좀처럼 새어 나오지 않습니다. 그런데 일본인들은 자신들의 동태에 대한 거짓 진술을 최대한 널리 퍼트리는 데 지대한 관심을 기울이고 있습니다. 북쪽의 군대에 있었던 미국 장교들과 영국 장교들이 돌아왔습니다. 그들은 전선에서 가능한 한 멀리 떨어진 후방에 배치되어 있었고, 그래서 자신들이 그곳에 체류하는 것이 무익하다는 사실을 인지했습니다. 그 대신 지금 일본군 사령부는 많은 통신원들의 접근을 허가했습니다. 물론 이 통신원들도 전선의 후방 멀리 머물러야 합니다. 본인은 외무부에도 잘 알려진 베를린 지역신문의 기자 고트베르크의 보고에 특히 주목하고 있습니다. 다른 독일 신문기자들은 아직 이곳에 도착하지 못했습니다. 과거 프로이센의 장교였던 고트베르크[2]는 지난 몇 년 동안 베를린 지역신문의 미국 특파원으로 활동했습니다. 그는 1주일

---

1 [감교 주석] 클레어(Claer)
2 [감교 주석] 고트베르크(Gottberg)

전쯤 서울을 떠났으며 지금 평양 근교에 있습니다.

이달 14일에서 15일 사이 밤에 일어난 한국 황제궁[3]의 화재는 끔찍하게 아름다운 광경이었습니다. 대략 저녁 10시경에 최초로 일어난 불길은 삽시간에 거의 4헥타르에 이르는 궁궐 전역으로 옮겨 붙었습니다. 12시가 되기도 전에 이미 넓은 알현실들이 무너져 내렸습니다. 그러고도 불길이 밤새도록 타올라서 동이 틀 무렵에는 오로지 잿더미만 남았습니다. 본인이 이미 전신으로 보고 드린 바와 같이, 화재는 건축 인부들의 부주의로 발생했습니다. 불길이 인근 시가지를 덮치지 않은 것은 오로지 궁궐 뜰을 에워싼 높고 튼튼한 성벽 덕분이었습니다. 하지만 궁궐에 인접한 미국 공사관과 영국 공사관도 한동안 위태로워 보였습니다. 화재가 발생한 밤에 한국 황제는 커다란 옥쇄와 살해당한 왕비의 초상화 말고는 아무 것도 구하지 못했다고 본인의 미국 동료에게 말했습니다. 지금 황제는 미국 공사관에 바싹 붙어있는 유럽식 건물[4]에 거주하고 있습니다. 그 건물의 명칭은 도서관이고 사서도 몇 명 근무하지만 책은 단 한 권도 없습니다. 그곳에서 한국 군주는 15일 오후에 외교단을 접견했습니다. 그는 쾌활하고 침착했으며, 우리 외교단 대표직을 맡고 있는 일본 공사[5]의 매우 서투른 담화에 능숙하고 요령 있게 답변했습니다. 평소 신중하고 이성적인 하야시는 정치 각서를 어설프게 내밀었으며, 그렇지 않아도 곤경에 처한 한국 군주에게 설상가상으로 이런 재난까지 닥쳤다는 당연한 생각을 표현하지 않으려 애쓰는 기색이 역력했습니다. 하야시는 한국 황제가 매우 많은 귀중품을 상실했다는 말만을 되풀이했는데, 이 말은 물론 진부하고 부적절하게 들렸습니다. 한국 황제는 외국 군대와 공사관 수비대가 불을 진화하도록 도와준 것에 감사를 표했으며, 곧 임시로 궁중을 재건하기를 바라마지 않는다고 말했습니다. 본인은 한국 황제를 알게 된 후로 그 자리에서 처음 그가 의젓하고 남자답다는 인상을 받았습니다. 황제 옆에 서 있는 황태자는 여느 때와 마찬가지로 우둔하게 보였습니다. 황태자는 입을 벌린 채 서 있었으며 몸도 제대로 가누지 못했습니다. 시종이 달려와 황태자를 붙잡아서 상당히 거칠게 원래 자리로 밀치지 않았더라면 쓰러졌을 것입니다. 황제와 황태자 사이에는 엄귀비의 어린 아들[6]이 서 있었는데 우리에게는 처음 소개되었습니다. 8세가량의 민첩해 보이는 소년이었습니다.

일본군은 불에 타는 궁궐 주변의 질서를 일사분란하게 유지했습니다. 그 반면에 무지

---

3 [감교 주석] 경운궁(慶運宮)
4 [감교 주석] 수옥헌(漱玉軒)
5 [감교 주석] 하야시 곤스케(林權助)
6 [감교 주석] 영친왕(英親王)

한 한국 병사들은 오히려 대부분 방해만 되었을 뿐입니다. 한국 주민들은 궁궐이 불에 타는데도 무관심한 태도를 보였습니다. 몇몇 무리들만이 길거리에 둘러서 있었을 뿐입니다. 예로부터 한국 민족은 위험이 닥치면 몸을 숨기는 데 익숙해 있기 때문입니다. 그날 밤 화재의 원인이 정치적 음모인지의 여부는 아무도 알지 못합니다. 그 위태로운 순간에 화재의 사소한 진짜 원인을 불과 몇 사람이 알고 있었기 때문입니다. 본인이 여기에서 한국 국민의 무관심에 대해 말한다면, 이 민족이 진지하고 심오한 감정을 느낄 수 없다는 뜻은 아닙니다. 외국인은 이 민족의 정신 깊이 숨어 있는 것을 맨 나중에야 알게 됩니다. 어쨌든 한국 국민은 일본인에 대한 깊은 혐오감에 사로잡혀 있고, 러시아인을 잘 아는 북쪽지방에서는 러시아인을 두려워합니다. 극심한 무질서가 전국 각지에 만연한 상황을 보면, 한국인이 항상 소박한 것만은 아니라는 사실을 알 수 있습니다. 비밀단체 동학이 이러한 무질서를 만들어내는데 적지 않은 역할을 하고 있습니다.

본인은 이 보고서의 사본을 베이징과 도쿄에 보낼 것입니다.

잘데른

내용: 한국의 상황

23

[1904년 2월 22일 자 훈령 접수 보고]

발신(생산)일	1904. 4. 16	수신(접수)일	1904. 5. 26
발신(생산)자	잘데른	수신(접수)자	뷜로
발신지 정보	서울 주재 독일 공사관	수신지 정보	베를린 정부
	No. 44		A. 8886
메모	연도번호 No. 341		

A. 8886 1904년 5월 26일 오후 수신

서울, 1904년 4월 16일

No. 44

독일제국 수상 뷜로 백작 각하 귀하

본인은 금년 2월 22일 자 훈령 No. A. 3을 수령했음을 삼가 각하께 알리게 되어 영광입니다.

잘데른

24

[주한미국공사가 전쟁 발발 전 고종의 피신 요청을 거부했다는 보고]

발신(생산)일	1904. 5. 2	수신(접수)일	1904. 5. 31
발신(생산)자	뭄	수신(접수)자	
발신지 정보	베이징 주재 독일공사관	수신지 정보	베를린 외무부
	A. 134		A. 9141

사본

A. 9141 1904년 5월 31일 오후 수신

베이징, 1904년 5월 2일

A. 134

외무부 귀중

어제 전보문 No. 173과 관련해.

본인이 러시아 동료에게 알아낸 바에 의하면, 서울 주재 미국 공사[1]는 전쟁이 일어나기 전에 한국 황제의 피신 요청을 거절했다고 합니다. 파블로프[2]도 이와 유사한 피신 요청을 받고서, 러시아 공사관에 피신하는 경우 일본인이 한국에 상륙하게 되면 곤란할 수 있음을 주지시켰다고 합니다.

뭄

7017 (7016과 7017 동일)

---

1 [감교 주석] 알렌(H. N. Allen)
2 [감교 주석] 파블로프(A. Pavlow)

베를린, 1904년 6월 3일 A. 9141 / A. 7398

1. 런던 No. 696
2. 상트페테르부르크 No. 720
3. 워싱턴 No. A. 273
주재 사절단 귀중

기밀

본인은 한국 황제와 관련한 기밀 정보를 삼가 귀하께 알려드리고자, 베이징 주재 독일제국 공사의 지난달 1일과 2일 자 보고서 사본을 전해드리는 바입니다.

25

[고토 발간 한국 지도 송부]

발신(생산)일	1904. 5. 7	수신(접수)일	1904. 6. 8
발신(생산)자	아르코	수신(접수)자	뷜로
발신지 정보	도쿄 주재 독일 공사관	수신지 정보	베를린 정부
	B. 146		A. 9583
메모	금년 4월 25일 자 서울 주재 독일제국 변리공사의 보고서 No. 48과 관련하여		

A. 9583 1904년 6월 8일 오전 수신 첨부문서 4부

도쿄, 1904년 5월 7일

B. 146

독일제국 수상 뷜로 백작 각하 귀하

본인은 고토 박사의 "General Map of Korea" 2부와 여기에 딸린 "Catalogue of the Romanized Geographical Names of Korea"를 보내드립니다. 구입비용은 이곳의 공금으로 계산할 것입니다.

아르코

B. 146의 첨부문서
첨부문서의 내용(원문)은 독일어본 593~595쪽에 수록.

26

[일본의 경부선 연내 완공에 관한 볼터의 견해 보고]

발신(생산)일	1904. 1. 26	수신(접수)일	1904. 6. 20
발신(생산)자	홀첸도르프	수신(접수)자	뷜로
발신지 정보	황해	수신지 정보	베를린 해군성
	G. B. No. 23		A. 10257
메모	(6월 13일 자 독일제국 해군성과 4월 28일 자 해군사령부의 서신에 대한 첨부문서. 1904년 6월 20일 수신) 순양함 함대 부사령관		

문서 사본

A. 10257

첨부문서 1부

황해, 1904년 1월 26일

G. B. No. 23

일본이 최근 정부 측으로부터 인수한 경부철도 건설을 강력하고 추진하고 있다고 전해집니다. 올해 안으로 철도를 운행하는 것이 목표라고 합니다. 잘데른[1]은 그렇게 빠른 시일 내로 철도를 부설하기는 불가능하다고 여깁니다. 마이어 회사[2] 대표 볼터[3]는 잘데른과 생각이 다릅니다. 볼터는 지리적으로 극복해야 할 난관이 별로 없기 때문에 (교각 1개와 작은 터널시설 2개) 일본인들이 금년 말까지 공사를 끝낼 것이라고 믿습니다.

(서명) 홀첸도르프[4]

A. 청국 1 참조

---

1 [감교 주석] 잘데른(K. Saldern)
2 [감교 주석] 마이어 회사(E. Meyer & Co.; 세창양행(世昌洋行))
3 [감교 주석] 볼터(C. Wolter)
4 [감교 주석] 홀첸도르프(Holtzendorff)

[주한일본공사가 고종의 이어를 촉구한다는 보고]

발신(생산)일	1904. 5. 18	수신(접수)일	1904. 6. 30
발신(생산)자	잘데른	수신(접수)자	뷜로
발신지 정보	서울 주재 독일 공사관	수신지 정보	베를린 정부
	K. No. 55		A. 10749
메모	연도번호 No. 453 7월 8일 런던 822, 파리 677, 페테르부르크 811에 전달		

A. 10749 1904년 6월 30일 오전 수신

서울, 1904년 5월 18일

연도번호 No. 453

K. No. 55

독일제국 수상 뷜로 백작 각하 귀하

본인이 며칠 전 각하께 보고 드린 바와 같이, 궁궐이 불탄 후 한국 황제가 피신하여 현재 머물고 있는 거처를 떠날 것을 일본 동료가 격렬하게 촉구하고 있습니다. 도서관이라고 불리는 그 건물이 외국 공사관들에 너무 가까이 위치해 있다고 일본인들은 보고 있습니다. 그래서 외국 공사관들의 영향에서 한국 군주를 밀리 하려는 깃입니다. 일본인들은 한국 황제가 현재의 궁궐 재건을 포기하길 바라고 있으며, 한국 궁중이 멀리 떨어진 동쪽 궁궐로 옮아갈 것을 제안했습니다. 그리고 불에 탄 건물을 복구하려면 비록 임시방편이더라도 막대한 경비가 소요된다는 점을 그 논거로 제시했습니다. 그러나 한국 황제는 요지부동이며, 본인의 영국 동료[1]와 미국 동료[2]가 일본인들의 충고를 지지하는데도 응하지 않았습니다. 한국 황제에게는 동쪽 궁전[3]에 대한 끔찍한 기억이 남아 있습니다. 20여 년 전 궁중혁명[4]이 발생해 청국 세력과 일본 세력 사이에 싸움이 벌어졌을 때, 그곳

---

1 [감교 주석] 조던(J. N. Jordan)
2 [감교 주석] 알렌(H. N. Allen)
3 [감교 주석] 창덕궁(昌德宮)
4 [감교 주석] 갑신정변(甲申政變)

에서 황제가 지켜보는 가운데 많은 고위관리들과 지지자들이 학살되었기 때문입니다. 또한 한국 황제는 9년 전 왕비가 살해된 북쪽 궁궐[5]로도 거처를 옮기고 싶지 않을 것입니다. 그러니 가엾은 한국 군주로서는 거처를 옮기라는 일본인들의 제안에 맹렬하게 반대하는 수밖에 다른 도리가 없습니다. 또한 일본인들에게는 황제가 현재 거처하는 곳에 얼마간 더 그대로 살게 할 수 있는 시간적 여유가 있는 듯 보입니다. 본인의 일본 동료[6]조차도 더 이상은 이사를 강요하지 않겠다고 본인에게 말했습니다. 그러나 공공연하게 이루지 못한 뜻을 배후에서 은근히 이뤄야한다는 말이 들리고 있습니다. 일본 측이 매수한 여인들과 환관들이 주도하는 궁중음모가 진행 중입니다. 일단 모든 강요에 대해, 한국 황제는 옛 궁궐들을 다시 거주할 수 있도록 수리하는 비용이 마지막으로 살았던 궁궐의 복구비용보다 더 많이 들 것이라는 논거를 내세우고 있습니다. 그러나 그 가엾은 군주는 결국 굴복해서 완전히 일본인들의 수중에 들어갈 것입니다.

만일 한국의 통치자가 자신을 괴롭히는 압제자들 중에서 하나를 선택할 수 있다면, 아마 마음속 깊은 곳에서는 러시아의 품에 안기고 싶을 것입니다. 한국의 통치자가 여전히 러시아와 비밀 연락을 취하고 있다는 것을 일본인들도 아주 잘 알고 있습니다. 이따금 러시아인들에게 보내는 전령이 붙잡히지만, 일본인들은 그로 인한 약점을 강력하게 이용하는 것 같지는 않습니다. 일본인들은 이토의 사절단이 도입한 정중함의 원칙을 여전히 고수하고 있으며 매우 확실하게 일을 진행하는 듯 보입니다. 러시아 측에서 지금까지 군사적인 성공을 전혀 거두지 못한 점이 일본인들에게 매우 많은 도움이 되고 있습니다. 그리고 바로 이 점이 물론 한국 군주에게 지대한 영향을 미치고 있습니다. 언젠가 쿠로파트킨[7]이 적극적으로 나서서 승리를 확신하는 일본인들에게 본때를 보여준다면, 한국 황제의 생각과 소망에도 변화가 있을 것입니다. 일본인들의 경탄할 만한 조직, 용의주도한 성과와 용맹은 이미 매우 강한 인상을 남겼습니다. 그래서 이곳에서는 일본이 앞으로도 계속 성공을 거두리라고 거의 절대적으로 믿고 있습니다. 일본인들이 단계적으로 눈부신 성공을 거둘 것이라고 얼마나 큰 자부심을 가지고 얼마나 자신만만하게 이야기하는지 그야말로 당혹스러울 정도입니다. 위로 올라갈수록 겸손한 것은 사실입니다. 하지만 자신들의 위장과 자루가 얼마나 작은지 생각하지 못하고 식사 때마다 러시아인 한 명을 박차와 장화까지 통째로 삼켜버릴 생각을 하는 교양 있는 중산층은 정말 참기 어렵습니다. 경제적인 면에서 그런 일본인들은 러시아인들이 바이칼 호수까지 철도를 양도할 것

---

5 [감교 주석] 경복궁(景福宮)
6 [감교 주석] 하야시 곤스케(林權助)
7 [감교 주석] 쿠로파트킨(A. Kuropatkin)

이고 그러면 그 노획물을 새로 설립되는 회사에 매각할 것이라고 말합니다. 그리고 그 매각 대금으로 전쟁 비용을 충당할 수 있다는 것입니다. 일본인들은 자신들의 전쟁행위가 이기적인 이익을 추구하는 데 있지 않다고 말합니다. 자신들은 다만 야만에 대한 문명의 집행자일 뿐이며 모든 나라에 문호를 개방하려 할 뿐이라고 자랑합니다. 일본인들은 다만 이따금 마각을 드러내어, 우리처럼 여기 극동지방에서 아직 관심을 가지고 있는 이들에게 은밀히 위협을 가합니다. 일본인들은 오로지 영국에 대해서만은 일시적으로 비난의 말을 삼가고 있습니다. 러시아가 언젠가 승리를 보여주지 않으면 나머지 모든 나라에게는 무척 불편한 상황이 될 것입니다.

　본인은 이 보고서의 사본을 베이징과 도쿄에 보낼 것입니다.

잘데른

베를린, 1904년 7월 8일   A. 10749

1. 런던 No. 822
2. 파리 No. 677
3. 상트페테르부르크 No. 84
주재 사절단 귀중

기밀

본인은 한국 상황에 대한 기밀 정보를 삼가 귀하께 알려드리고자, 지난달 5월 18일 자 서울 주재 독일제국 변리공사의 보고서 사본을 전해드리는 바입니다.

28

[러시아 주재 한국 공사가 소환되었다는 보고]

발신(생산)일	1904. 5. 30	수신(접수)일	1904. 7. 15
발신(생산)자	잘데른	수신(접수)자	뷜로
발신지 정보	서울 주재 독일 공사관	수신지 정보	베를린 정부
	K. No. 63		A. 11635
메모	연도번호 No. 501 7월 17일 상트페테르부르크 829에 암호전보문 전달		

A. 11635 1904년 7월 15일 오후 수신

서울, 1904년 5월 30일

연도번호 No. 501

K. No. 63

독일제국 수상 뷜로 백작 각하 귀하

전문 해독

이곳에서 들리는 말에 의하면, 러시아 주재 한국 공사가 실제로 지금 페테르부르크로부터 소환되었습니다. 이 말의 진위여부를 각하께서 본인보다 더 잘 점검하실 수 있을 것입니다.

본인은 현상건[1]이 작년에 유럽의 여러 수도를 극비리에 여행했다고 이미 보고 드린 바 있습니다. 현상건은 몇 개월 전 일본인들을 피해 이곳을 떠나 상하이에 머물고 있으며, 현재 비밀사절로 페테르부르크에 파견되었다는 소식을 극비사항으로 알려드립니다. 현상건은 우선 700 파운드 어음을 받았습니다. 이 젊은 사람은 한국 황제의 각별한 신임을 받고 있습니다.

잘데른

원본 문서 한국 10

---

1 [감교 주석] 현상건(玄尙健)

[경운궁 대화재 원인에 관한 뭄과 잘데른의 왕복 서한 송부]

발신(생산)일		수신(접수)일	1904. 7. 15
발신(생산)자	잘데른	수신(접수)자	뷜로
발신지 정보	서울 주재 독일공사관	수신지 정보	베를린 정부
	K. No. 66		A. 11639
메모	연도번호 No. 492		

A. 11639 1904년 7월 15일 오후 수신

베이징, 1904년 5월 3일

해독

4월 15일과 20일의 전보문과 관련하여

이곳 러시아 공사가 비밀리에 전해준 소식에 의하면, 한국 황궁[1]의 화재는 황제가 일본을 두려워한 나머지 미국 공사관의 보호하에 있는 건물로 피신할 구실을 마련하기 위해 스스로 야기했다고 합니다.

전쟁이 발발하기 전, 미국 공사[2]는 한국 황제의 피신 요청을 거절했다고 합니다. 그 반면에 파블로프[3]는 그와 유사한 요청을 받고 러시아 공사관에 피신하는 경우 일본인이 상륙하게 되면 곤란할 수 있음을 암시했다는 것입니다.

(서명) 뭄
서울 주재 독일제국 변리공사 잘데른 귀하

---

1 [감교 주석] 경운궁(慶運宮) 화재
2 [감교 주석] 알렌(H. N. Allen)
3 [감교 주석] 파블로프(A. Pavlow)

한국 주재 독일제국 변리공사

서울, 1904년 5월 28일

한국 황제궁의 화재 원인에 대한 이달 3일의 암호문과 관련해, 본인은 그곳 러시아 공사의 비밀 정보가 베이징에 보낸 이곳 프랑스 대리공사[4]의 전언에 기인하는 것이 분명하다고 말씀드립니다. 프랑스 대리공사의 견해는 본인도 잘 알고 있습니다. 그러나 그 견해는 순전한 사실을 프랑스식으로 실감나게 과장하는 추론에 기인하고 있습니다.

화재로 인해 중요한 귀중품들이 실제로 파괴된 사실은 프랑스의 이러한 견해를 반박합니다. 물론 원래 추정했던 것만큼 많은 귀중품이 파괴되지는 않았습니다. 그러나 본인은 황제의 부인인 엄귀비[5] 소유의 50만 엔이 불에 탄 것을 확실히 알고 있습니다. 또한 그날 밤에는 황제가 지금 피신해 있는 건물과 미국 공사관 쪽으로 바람이 불었으며, 그래서 이 건물들도 하마터면 화마의 희생이 될 뻔했습니다. 황제가 자신이 피난하려 했던 곳을 위태롭게 할 가능성은 별로 없습니다.

몇 개월 전 1월과 2월에 미국인들이 그런 식의 야심찬 계획을 세웠을 가능성이 있습니다. 아냐, 그럴 가능성이 아주 많습니다. 무엇 때문에 미국 공사가 200명의 수비대를 지극히 평온한 서울로 불러들였는지 그 누구도 이해할 수 없었기 때문입니다. 나중에 미국인들은 일본인들이 그런 처사를 매우 단호하게 거부하리라는 것을 알고 태도를 부드럽게 바꿨습니다. 미국의 권위 있는 인물은 미국 공사가 한국 정치의 특히 중요한 문제에서 루즈벨트[6] 대통령과 의견이 달랐고 루즈벨트 대통령이 양보했다고 암시했습니다. 본인은 그러한 암시를 토대로 사태의 추이를 추측합니다. 게다가 지금은 미국의 수비대도 20명으로 축소되었습니다.

본인은 한국 황제를 외국 공사관들로부터 멀리 떼어놓으려 했던 일본인들 스스로 불을 지른 것이 아니라면, 화재의 원인이 실화라는 공식 발표를 믿습니다. 화재 발생 직후, 여기서 문제되는 공사관들, 즉 미국 공사관과 프랑스 공사관 앞에 막강한 일본 초병들이 서 있었습니다. 이것은 만일의 경우 외국이 한국 황제를 맞아들이는 것을 방지하려는 방편으로 보였습니다.

(서명) 잘데른
베이징 주재 독일제국 공사 뭄 남작 귀하

---

4 [감교 주석] 퐁트네(V. Fontenay)
5 [감교 주석] 순헌황귀비(純獻皇貴妃)
6 [감교 주석] 루즈벨트(T. Roosevelt)

공문

연도번호 No. 492

K. No. 66

앞의 두 사본을 독일제국 수상 뷜로 백작 각하께서 친히 살펴보시도록 삼가 보내 드립니다.

서울, 1904년 6월 1일

잘데른

외무부
A편

외무부 정치 문서고
한국 관계 문서

1904년 7월 16일부터
1907년 7월 31일까지

제36권
참조: 제37권

R 18936[*]
한국 No. 1

※ [원문 주석] 1904년 5월(러일전쟁 동안)의 기록 참조-일본 문서 20 No.
3. (1904년 2월 23일과 8월 22일의 한일의정서)

1904년	목록	수신정보
상트페테르부르크 7월 26일의 보고서 – 613 – 일본은 한국에서 경작되지 않는 땅의 양도 요구를 철회했다. 일본은 전쟁 작전기지를 한국으로 옮길 의도이다.		12259 7월 28일 수신 사본 아님
서울 7월 15일의 보고서 – 78 – 일본으로 인한 한국 정부의 세력 약화. 한국의 모든 미개간지를 양도하라는 일본의 요구. 한국에서 일본의 어업권. 일본은 한국을 곡창으로 삼아야 한다. 한국의 철도를 담보로 미국 돈을 빌리려 한다.		13801 8월 25일 수신 사본
9월 1일 자 Morning Post 한국에서 스티븐슨을 미국인 고문에 임명.		14248 9월 2일 수신
일본 8월 31일의 통지 한국과 일본은 재정가 겸 외교관 일본인을 한국 정부의 고문으로 초빙하는 것에 합의하다. 한국 측은 조약을 체결하거나 중요한 외교적 조치를 취할 경우 일본에게 조언을 구해야 한다. 원본 문서 일본 20 No. 3		14113 8월 31일 수신
워싱턴 9월 6일의 보고서 A. 178 한국과 일본의 조약 제2조[1]에 의하면, 한국 정부는 탁지부와 외부를 위해 외국인 고문 한 명을 채용할 의무가 있다. 미국인 화이트 스티븐스. 원본 문서 일본 20 No. 3		15182 9월 21일 수신
서울 8월 13일의 보고서 No. 691 한국에서 영향력을 증강하려는 미국인들의 노력. 탁지부와 외부에 각기 외국인 고문 한 명을 임명하는 문제. 나머지 모든 외국인 고문의 해고. 한국의 재정. 원본 문서 일본 20 No. 3		15419 9월 26일 수신
베이징 10월 19일의 전보문 No. 286 서울-원산의 철도 계획. 서울-의주선의 건설 공사. 원본 문서 일본 20		16574 10월 20일 수신
서울 6월 1일의 보고서 No. 70 (사본) 아달베르트 왕자의 제물포와 서울 방문. 그러나 한국 황제를 알현하지는 않았음.		12506 8월 2일 수신
워싱턴 7월 30일의 보고서에 대한 메모, 모건의 한국 여행 및 한국에서 일본인들의 활동에 관한 내용.		13033에 첨부 8월 12일 수신

서울 8월 26일의 보고서 No. 95 (발췌문) 미국인 스티븐스가 한국 외부의 고문에 임명된다고 한다. 일본인들의 한국 개입. 일본인들은 사실상 이미 한국을 보호통치하고 있다. 한국에서 미국인들의 노력.	16037 10월 8일 수신
서울 11월 18일의 보고서 No. 45 한국 황태자비의 서거. 우리 황제폐하의 조의에 대한 문의.	18203 11월 19일 수신
서울 8월 10일의 보고서 No. 8 – 사본 – 미개간지를 점유하려는 일본인들의 요구에 대해 한국인들이 반발하다. 일본 인들의 가혹한 태도. 이토는 자신을 찾는 한국 황제의 부름에 불응하다. 한국 조정의 수동적인 저항. 상트페테르부르크 주재 한국 공사의 유임. 제물포에 기상관측소(무선전신기지?) 설치. 공공건물들. 우리의 변리공사와 일본군 사령관 하라구치의 우호관계. 일본과 한국의 군대.	15228 9월 22일 수신
서울 9월 24일의 보고서 No. 105 한국 황제의 병환. 순양함대("퓌르스트 비스마르크"호)의 사령관을 접견하지 못함. 러시아에 대한 한국 황제의 기대. 한국 황제가 러시아 황제에게 보내는 친서를 비밀리에 궁중에서 빼돌렸다. 일본인들이 자신들에 대한 우호적인 성명을 발표하라고 한국 황제를 강요한다. 일본 군대에게 한국 황제의 인사 말을 전하기 위해 한국 장군 한 명을 만주에 파견하다. 일본과 한국의 사교클럽에 선물.	17341 11월 3일 수신
Hamburgischer Korrespondent. "한국의 혼란"이란 표제의 12월 24일 자 기사에 대한 함부르크 주재 한국 영사의 견해 표명. 한국의 비약적인 발전.	20378 12월 29일 수신
서울 9월 5일의 보고서 No. 100 (사본). 1903년도와 1904년도의 한국 예산. 한국 군대를 2만명에서 1500명으로 축소 하라는 일본 측의 제안을 검토하기 위한 군부 조사위원회. 한국군함을 일본 에 용선.	16582 10월 20일 수신
도쿄 11월 8일의 보고서 No. 316 한국 정부의 친일파 고문 D. W. 스티븐스를 위한 일본에서의 연회.	19394 12월 11일 수신
10월 13일 자 독일은행 은행장 게빈너의 청원서. (Pechien 1 참조)	16329 10월 19일 수신
서울 12월 12일의 전보문 No. 47 Hamilton 항과 Quelpart를 획득하기 위한 영국의 협상.	19518 12월 13일 수신

---

1 [감교 주석] 제1차 한일협약 1조에서는 재정고문으로 일본인 1명을 둘 것을 규정. 2조에서는 외교고문으로

서울 11월 8일의 보고서 No. 882 한국 황태자비의 서거.	20488 12월 31일 수신
베이징 12월 11일의 보고서 No. 219 군사보고서 41. 경부선, 경의선 개통과 관련해 아오키 대좌. 다롄와 옌타이 사이 궤도를 러시아식에서 일본식으로 변경. 나중에 미국 궤간의 도입.	20482 12월 31일 수신
1905년 목록	**수신정보**
서울 1월 5일의 전보문 No. 1 한국 황제의 명령으로 진보단체 "일진회"의 회원들에게 조치를 취한 한국 병사들을 일본군이 공격하다. 혁명 가능성. 일본인들이 한국 왕조의 전복을 획책한다.	225 1월 5일 수신
서울 2월 14일의 전보문 No. 4 일본인들이 한국 황제를 일본으로 유인하려 한다.	2562 2월 14일 수신
서울 12월 17일의 보고서 No. 122 한국 내각에 일본인들이 임명되다.	926 1월 16일 수신
서울 1월 10일의 보고서 No. 5. 점점 첨예해지는 한국 국내 상황. 특히 일본 자금의 후원을 받는 가장 큰 정치 단체 일진회의 선동이 그 주요 원인이다. 한국 정부의 공식적인 일본인 고문들이 직면한 난관들. 뤼순항 사건 소식이 한국 황제에게 또 다시 큰 타격 을 준 듯 보인다. 미국 공사관으로 한국 황제 피신.	3005 2월 21일 수신
한국 3월 26일의 전보문 No. 76 일본의 제일은행에 광범위한 권한을 부여하는 일본의 명령. 은행권 발행 권 리에 대한 한국의 요구.	5092 3월 26일 수신
베이징 12월 23일의 군사보고서 No. 52 경부철도 완공.	2438 2월 12일 수신
1904년 목록	**수신정보**
서울 1904년 11월 4일의 보고서 K. No. 113 한국에서 러시아의 특허권. 일본과의 평화조약 체결 후 러시아 특허권의 존 속 문제. 한국의 경제 분야에서 러시아와 프랑스의 기업들.	19741 12월 17일 수신
1905년 목록	**수신정보**
서울 1월 23일의 보고서 K. No. 6 한국 황제의 유배당한 아들 의화군이 소환된다는 소문.	4115 3월 11일 수신

서울 1905년 3월 15일의 보고서 일본 증원군의 한국 상륙. 일본의 영향력 확대. 한국의 모든 행정을 장악하려는 일본의 노력. 이주. 한국 군주의 고립. 한국 군주의 심복이 독일 공사관 내방. 서울 주재 외국 대표들이 일본인에게 눈엣가시다. 일본의 재정. 한국에 근무하는 유럽 관리들의 축출. (악단지휘자 에케르트 등) 독일 관리들은 안전하다. 세관을 통제하려는 노력.	7086 4월27일 수신
한국에서 일본인들의 활동에 대한 메모. 철도건설.	10313 6월 15일 수신
서울 5월 7일의 보고서 No. 31 1905년도 한국의 예산.　　　　　　　　　　원본 문서 한국 4.	10314 6월 15일 수신
도쿄 11월 21일의 전보문 No. 218 일본과 한국은 일본이 한국의 국정을 떠맡는다는 조약을 체결했다. 간략한 내용.	20806 11월 22일 수신
1906년　　　　　　　　　　　　　　　**목록**	**수신정보**
메모! 서울 1906년 3월 7일의 보고서 한국의 예산안 및 일본의 한국 개혁에 대한 보고서가 원본 문서 한국 4에 있음.	7000 4월 13일 수신
메모! 도쿄 12월 20일의 보고서 A. 372 내용: 도쿄의 청국 학생운동과 그들에 대한 통제 조처는 일본 문서 9에 있음.	일본 문서 9
서울 6월 14일의 보고서 No. 41 한국에서 일본의 행정 진행. 일본 군부의 선동. 일본의 군사목적을 위한 영토 점령. 러시아 총영사와 한국 의정대신의 임명. 의화군의 소환.	113501 8월 4일 수신
서울 6월 4일의 보고서 No. 42 한국 주재 러시아 총영사가 일본에게 승인을 받다. 일본인이 군사 목적으로 토지를 점유하는 문제 해결.	13802 8월 11일 수신
서울 7월 10일의 보고서 No. 49 / 사본. 이토의 서울 귀환. 의병 폭동을 후원했다는 이유로 한국 황제 질책. 일본 경찰이 한국 황제와 외부세계 차단. 외교사무실 해체.	14088 8월 15일 수신
도쿄 7월 19일의 보고서 No. 156/ 사본 한국 황제와 그 아들의 음모에 대한 일본의 개입.	14095 8월 15일 수신

　외국인 1명을 둘 것을 규정.

도쿄 8월 7일의 보고서 No. A. 267에 대한 메모 일본이 한국에서 불교를 전파해야 하는 필요성에 대한 도쿄 "경제신문" 사설이 일본 문서 1에 있음.	15189 9월 7일 수신	
7월 10일의 보고서 No. 49에 대한 추신 . 한국 황제가 폭동에 가담했다는 자백을 얻어내기 위해 일본인들이 체포된 한국 협판 두 명을 고문했다는 소문.	14089 8월 15일 수신	
8월 21일 차관의 기록 러시아가 한국 주재 러시아 총영사의 승인을 일본에게 요청하는 것 및 조러 조약이 폐지되는 것에 대한 일본 대사의 전달.	14527 8월 24일 수신	
서울 9월 18일의 보고서 No. 70 한국 조정과 일본 통감부의 관계. 한국 황제 탄신일에 궁중에서의 알현.	18449 11월 3일 수신	
도쿄 9월 6일의 보고서 A. 212 한국의 일본 군항들.	16766 10월 5일 수신	
서울 10월 15일의 보고서 No. 77 무관 에첼 소령의 서울 체류.	19595 11월 24일 수신	
일본의 한국 군항 설치에 대한 9월 20일 자 서울발 보고서에 대한 메모.	18450 11월 3일 수신	

1907년	목록	수신정보
도쿄 12월 10일의 보고서 A. 335 이토가 서울에 돌아옴. 한국 황제의 도쿄 방문 문제. 이토의 후임으로 가쓰라 거론.		493 1월 11일 수신
퇴임한 변리공사 잘데른의 2월 5일 자 서신 한국 황제의 자금을 독일로 운송해서 독일 유가증권으로 기탁. 부영사 나이 박사가 이 사안 처리.		2089 2월 6일 수신
도쿄 1월 30일의 보고서 A. 47 일본 중의원에서 해군성 부대신이 한국 해안에 요새를 구축할 계획이 없다고 선언.		3742 3월 6일 수신
서울 7월 28일의 보고서 No. 16 한국 황태자의 혼인.		4203 3월 14일 수신
해군 참모본부의 2월 6일 자 서한 – A. 484 Ⅲ 순양함 함대 사령관의 보고서. 브로이징 해군 소장의 한국 황제 알현.		2151 2월 7일 수신 사본

도쿄 6월 5일의 보고서 A. 225 한국에 있는 미국 선교사들.	10603 7월 5일 수신
도쿄 6월 5일의 보고서 A. 226 서울의 개각.	10604 7월 5일 수신
도쿄 6월 5일의 보고서 No. A. 227 한국 의정원의 개편.	10605 7월 5일 수신
7월 9일 자 프랑크푸르트 신문 헤이그에서 한국 위종 Yi의 강연. 원본 문서 Aa 37 No. 5	10725 7월 9일 수신
도쿄 7월 11일의 암호전보문 No. 66 한국 황제가 양위하려는 생각이라고 함. 원본 문서 한국 10	11317 사본 7월 20일 수신
서울 7월 20일의 암호전보문 No. 4 한국 황제가 황태자에게 통치권을 이양했다. 서울의 소요. 원본 문서 한국 10	11376 사본 7월 20일 수신
서울 7월 22일의 암호전보문 No. 6 독일 영사관 서기관 브링크마이어의 아들이 한국인에게 총격 받음. 범인은 잡히지 않았음.	11504 7월 23일 수신
서울 7월 21일의 암호전보문 No. 5 한국의 황태자가 정권을 이양 받음. 아직 평온이 회복되지 않았음. 새 황제의 영사단 접견. 전임 황제에게 고별 알현. 원본 문서 한국 10	11422 사본 7월 21일 수신
도쿄 7월 22일의 암호전보문 No. 68 한국의 새 군주가 "황제" 칭호 사용. 언론은 비슷한 사건의 재발 방지 요구. 헤이그 특사 파견. 원본 문서 한국 10	11475 사본 7월 22일 수신
7월 22일 자 쾰른 신문 한국의 일본 이주민원. 원본 문서 일본 1	11723 7월 22일 수신

01

[일본의 황무지 요구에 관한 노보예 브레먀의 비판 보고]

발신(생산)일	1904. 7. 26	수신(접수)일	1904. 7. 28
발신(생산)자	알벤스레벤	수신(접수)자	뷜로
발신지 정보	상트페테르부르크 주재 독일 대사관	수신지 정보	베를린 정부
	No. 613		A. 12259
메모	일본 20		

사본

A. 12259 1904년 7월 28일 오전 수신

상트페테르부르크, 1904년 7월 26일

No. 613

독일제국 수상 뷜로 각하 귀하

오늘 러시아 무역전신국의 베이징 전보문이 이곳에서 공개되었습니다. 그 전보문에 의하면, 일본은 한국에서 황무지의 양도 요구를 철회했습니다. 그 요구가 한국인들에게서 불만을 야기해 소요사태의 계기를 제공했기 때문입니다.

위의 소식을 토대로, 최근 "Novoye Vremya"[1]는 일본인들이 한국에서 "국제법에 어긋나는" 처사를 취했다는 의견을 표명했습니다. 그리고 일본인들의 그러한 실패는 전쟁 작전기지를 한국으로 옮길 의도임을 지적했습니다. 이 신문 기사는 다음과 같이 계속됩니다. "이러한 경우에 물론 분노와 적개심에 불타는 주민들 사이에 있는 것은 편안하지 않다. 그런데 이 모든 것은 무엇을 의미하는가. 머지않은 장래에 이 수수께끼가 풀릴 것이다."

(서명) 알벤스레벤[2]

---

1 [감교 주석] 노보예 브레먀(Novoye Vremya)
2 [감교 주석] 알벤스레벤(Alvensleben)

[아달베르트 폰 프로이센 왕자의 서울 방문 보고]

발신(생산)일	1904. 7. 1	수신(접수)일	1904. 8. 2
발신(생산)자	잘데른	수신(접수)자	뷜로
발신지 정보	서울 주재 독일 공사관	수신지 정보	베를린 정부
	K. No. 70		A. 12506
메모	연도번호 No. 542 8월 28일 서울 A. 24 훈령		

사본

A. 12506   1904년 8월 2일 오전 수신

서울, 1904년 7월 1일

K. No. 70

독일제국 수상 뷜로 각하 귀하

금년 5월 5일에 "헤르타"[1]호가 아달베르트 폰 프로이센[2] 왕자 전하를 모시고 제물포에 도착했습니다. 본인은 서울에 오셔서 본인의 집에 묵으시라고 왕자 전하께 권유했습니다. 왕자께서는 자비롭게도 본인의 초대에 응하셨습니다.

쉼멜만[3] 함장을 비롯한 장교 여러 명이 왕자 전하를 수행했습니다. 왕자께서는 극비리에 신분을 숨기고 이곳에 체류하셨으며 24시간도 채 머물지 않으셨습니다. 본인은 본인의 집에서 왕자 전하께 아침 식사를 대접하며 서울과 제물포의 독일 거류민들을 소개하는 영예를 누렸습니다. 말을 타고 경치가 매우 아름다운 서울 근교를 전하께 구경시켜드릴 계획이었지만, 유감스럽게도 시간이 부족한 탓에 실행에 옮기지 못했습니다. 그래서 왕자께서는 한국 수도의 상당히 암울한 광경만을 보시고 한국에 대해 그다지 유쾌한 인상을 받지 못하셨을 것입니다. 왕자께서 이곳에 잠시 머무시는 동안, 본인은 독일인이 운영하는 황궁 악단과 한국 제국의 독일학교[4]만을 유일하게 보여드릴 수 있었습니다.

---

1   [감교 주석] 헤르타(Hertha)
2   [감교 주석] 프로이센(Adalbert von Preußen)
3   [감교 주석] 쉼멜만(Schimmelmann)

우리 황제 폐하의 아드님이 한국에 머무는 것을 한국 군주에게 비밀로 할 수는 없었습니다. 그래서 그 며칠 전 본인은 아달베르트 왕자께서 극비리에 신분을 감추고 오실 예정이라서 알현할 수 없음을 한국 군주에게 말씀드리게 했습니다. 그리고 왕자 전하에게 대해 신경 쓰시지 말 것을 한국 황제에게 부탁드렸습니다. 어떤 식으로든 왕자 전하께 예우를 표하려 하는 한국 군주를 만류하기는 몹시 어려웠습니다. 한국 군주는 본인에게 네 차례나 사람을 보내 여러 가지 제안을 했습니다. 그러나 본인으로서는 그 모든 제안을 거절하지 않을 수 없었습니다. 한국 황제는 특히 자신의 위엄에 대해 민감하며 자신에게 필요한 경의를 표하는 것을 매우 중요하게 여깁니다. 그래서 본인은 한국 황제의 제안들을 거절함으로써 그의 기분을 상하게 하지 않았을까 우려하고 있습니다. 그로 인해 한국 황제가 우리에게 원한을 품지 않을까 걱정입니다. 어쨌든 한국 황제는 여전히 국내에서 결정권을 행사하고 있으며, 산업이나 상업 분야에서 문제가 발생하면 최종 결정을 내립니다. 그런 문제들을 해결하는 과정에서 한국 황제가 독일의 이해관계에 부정적인 태도를 취할 수 있습니다. 그러므로 본인은 프로이센 왕자 전하께서 또 다시 서울에 오시는 경우에는 신분을 감추시지 않는 편이 좋을 것이라고 말씀드릴 생각입니다. 유럽의 대도시에서는 높으신 분들이 그 지역 군주에게 알리지 않고 여행을 해도 아무도 의아하게 여기지 않을 것입니다. 그러나 아시아와 서울 같은 작은 도시에서 그런 일은 가당치 않습니다. 이곳에서 우리의 이익은 아직 미미합니다. 하지만 아무리 소박하고 정치와는 무관할지라도 이익은 이익입니다. 그러므로 한국의 통치자는 우리에게 무시할 수 없는 존재일 것입니다. 왕자 전하께서 다녀가시고 일주일쯤 후, 본인은 "가이어"[5]호의 함장 및 장교들과 함께 한국 황제를 알현했습니다. 그 자리에서 한국 황제는 직접 본인에게 왕자 전하의 방문에 대해 언급했으며, 왕자 전하를 만나지 못한 것에 대한 유감의 뜻을 한 번 더 표명했습니다. 본인은 우리로서는 달리 어쩔 수 없었다고 한국 군주를 설득하려 애썼습니다. 먼저 한국이 전시 상황에 있기 때문에 자칫 어느 한 쪽의 편을 드는 것으로 보일 수 있는 조치를 정치적인 이유에서 취할 수 없었다고 말했습니다. 그런 다음 왕자 전하께서는 아직 어린 나이라서 세상물정을 잘 모르며 선상에서도 다른 젊은 장교들과 같은 대우를 받고 있다고 부연했습니다.

(서명) 잘데른[6]

원본 문서 프로이센 3

---

4 [감교 주석] 한성덕어학교(漢城德語學校)

5 [감교 주석] 가이어(Geier)

6 [감교 주석] 잘데른(K. Saldern)

[모건의 한국 여행 및 한국 거류 일본인의 활동 관련 서신]

발신(생산)일		수신(접수)일	1904. 8. 12
발신(생산)자		수신(접수)자	
발신지 정보		수신지 정보	베를린 외무부
			A. 13033
메모	워싱턴 7월 30일의 보고서 No. A. 157		

A. 13033 1904년 8월 12일

메모

청국 안둥에 미국 영사로 파견될 예정이었지만 러시아인에게 거부당한 모건[1]이 한국 여행 및 한국에서 일본인들의 활동에 대해 쓴 서신이 원본 문서 일본 20 No. 3에 있음.

1　[감교 주석] 모건(E. V. Morgan)

[서울의 국내외 정세에 관한 보고]

발신(생산)일	1904. 7. 14	수신(접수)일	1904. 8. 25
발신(생산)자	잘데른	수신(접수)자	뷜로
발신지 정보	서울 주재 독일 공사관	수신지 정보	베를린 정부
	K. No. 78		A. 13801
메모	연도번호 No. 611 8월 27일 런던, 파리, 상트페테르부르크, 워싱턴에 전달.		

A. 13801 1904년 8월 25일 오전 수신

서울, 1904년 7월 14일

연도번호 No. 611

K. No. 78

독일제국 수상 뷜로 각하 귀하

이곳 서울은 모든 면에서 비교적 조용합니다. 그러나 정치적 상황은 날이 갈수록 부패해지고 한국 정부의 세력은 점점 약화되고 있습니다. 외면적으로는 물론 한국 황제가 모든 것을 결정하지만, 전체 행정이 원활하게 진행되지 않습니다. 아예 단호한 결정을 내리지 않거나 설령 결정을 내리더라도 실행되지 않습니다.

현재 일본 공사 하야시[1]는 짧은 휴가를 얻어 일본에 머물고 있습니다. 몇 주 전 하야시는 로이터 통신원을 겸한 미국 AP 통신사의 이곳 대표와 대담하는 자리에서 이렇게 말했습니다. "일본이 추구하는 바는, 한국에서 주도적인, 거의 독점적인 영향력을 행사하면서 정치적인 책임은 떠맡지 않는 데 있습니다." 어쨌든 이것은 기괴한 발상이며 원의 구적법[2]만큼이나 불가능한 일입니다. 게다가 일본인들은 한국을 호두처럼 파먹고 있습니다. 알맹이는 일본의 몫이고, 한국인들에게는 껍질만 남아 있습니다. 일본인들은 장기적으로 계산한 듯 서두르지 않습니다. 활발하고 자부심이 강하고 활동적인 일본인의 기질이 온유하고 깊이 생각할 줄 모르는 한국인에게 승리를 거둘 것은 의심의 여지가 없습

---

1 [감교 주석] 하야시 곤스케(林權助)
2 [감교 주석] 구적법(求積法)

니다. 즉, 일본이 누군가에게 방해받지 않는다면 그럴 것입니다. 이런 점에서 일본 대리공사의 각서는 중대한 사건입니다. 하야시가 자리를 비운 사이, 대리공사가 각서를 통해 개인이나 국가의 소유가 아닌 한국의 모든 황무지를 일본 이주민들에게 내줄 것을 요구했습니다. 전문가들의 견해에 의하면, 그 땅은 한국의 약 3분의 1에 해당한다고 합니다. 이 문제는 이미 3월부터 착수되었는데, 당시에는 은밀히 추진되었습니다. 일본 측에서는 나가모리[3]라는 이름의 부유한 일본인을 표면에 내세웠습니다. 이와 관련해 이 인물이 한국의 광대한 땅에 대한 경작권을 획득한 후 일을 주도적으로 시행한다는 것입니다. 초기 5년 동안은 이 사업에 대한 조세를 전혀 납부하지 않고, 그 후에는 매년 40만 엔을 한국 정부에 지불할 것이라고 합니다. 50년이 지나면 한국은 일본이 투자한 모든 자본을 5%의 이자와 함께 상환하고 새로 개간된 땅을 되찾을 권리를 갖는다는 것입니다. 이것은 물론 실현 불가능한 조건입니다. 강 상류의 물줄기가 대부분 이 경작 허가권에 귀속될 것이기 때문에, 일본인들이 무엇보다도 급수 통제권을 갖게 될 것입니다. 한국처럼 근본적으로 벼농사를 짓는 나라에서 이것은 일본이 강 하류에 사는 주민들의 목줄을 거머쥘 수 있음을 의미합니다.

이미 일본인들이 한국 해안의 어업권을 가장 많이 소유하고 있습니다. 그런데다 최근 몇 개월 동안 일본인들은 한국 해안에서 한국 어민들을 거의 축출할 정도로 증가했습니다. 이런 이유에서 나가모리 사건은 한국의 국민과 지도층에서 엄청난 분노를 야기했습니다. 한국 황제는 일본의 각서를 반환할 것을 의정부에 거듭 지시했고, 각서는 양측을 몇 차례 오간 후 일본 공사관에 머물고 있습니다. 평소 일본에 그다지 적대적이지 않은 외부대신이 여론에 합류해 한국 군주에게 거듭 사임의 뜻을 표명했습니다. 그래서 일단은 일본의 요청이 거부되었습니다. 그러나 일본인들은 권력을 갖게 되면 자신들의 의사를 관철시킬 것입니다. 그러면 한국인들은 한국 국민의 두 가지 중요한 식량 공급원, 즉 벼농사와 어업을 빼앗기게 됩니다.

최근 일본 대리공사는 영국 대표와 대화를 나누던 중, 일본이 한국을 곡창으로 삼아야 한다는 의견을 피력했다고 합니다. 전쟁은 의심의 여지없이 일본의 승리로 끝날 것이며, 그러면 일본의 상공업은 예상을 뛰어넘는 부흥을 이룰 것이고 그 결과 농업이 감소할 것이기 때문이라고 합니다.

본인이 들은 바에 의하면, 본인의 영국 동료와 미국 동료가 도에 지나치면 안 된다고 일본 공사관에 경고했다고 합니다.

---

3 [감교 주석] 나가모리 도키치로(長森藤吉郎)

미국인들은 한국에서 매우 왕성하게 활동하며 곳곳에서 기반을 굳히려 노력하고 있습니다. 자신의 의사와는 상관없이 청국 다롄 주재 미국 영사에 임명된 모건[4]은 약 2개월 전 이곳에 도착했을 때 경부철도를 이용했습니다. 그것은 경부철도를 담보로 미국의 돈을 빌리려는 일본 정부의 요청에 따른 것이라는 추측이 무성합니다. 또한 경의선도 담보로 제공할 가능성이 다분하다고 합니다. 경부선과 경의선을 위한 거의 모든 철도물자를 미국에서 들여오고 일부는 영국에서도 들여옵니다. 본인은 독일 회사를 위해서 독일 물자의 공급을 시도했지만 뜻을 이루지 못했습니다. 그러나 최근 이곳에서는 경의선의 선로 일부에 "크룹-에센"[5]을 표기하는 방안이 확정되었습니다.

각하께서도 알고 계시는 바와 같이 사모아 회담[6]의 일원이었던 모건이 며칠 전 베이징으로 떠났습니다. 모건은 이곳으로 돌아오는 길에 칭다오에 들릴 예정입니다.

(서명) 잘데른
원본 문서 일본 20 No. 3

---

4 [감교 주석] 모건(E. V. Morgan)
5 [감교 주석] 크룹-에센(Krupp-Esse). 독일의 유명한 중공업 기업.
6 [감교 주석] 사모아의 지배권을 둘러싼 미국, 영국, 독일의 대립. 1899년 12월 미국, 영국, 독일은 워싱턴 회담을 통해서 웨스트 사모아는 독일, 이스트 사오마는 미국이 관할하는 대신에 영국은 솔로몬 제도에 대한 관할권을 갖기로 합의함.

05

[한일 외국인고문용빙에 관한 협정서(영문)]

발신(생산)일		수신(접수)일	1904. 8. 31
발신(생산)자		수신(접수)자	
발신지 정보		수신지 정보	A. 14113
메모	9월 5일 런던, 파리, 상트페테르부르크, 로마, 빈, 워싱턴에 전달		

A. 14113 1904년 8월 31일 오후 수신

Agreement

signed at Seoul, August 22nd. 1904 by the Japanese and Korean Representatives.

1. Korean government shall engage a Japanese subject recommended by Japanese Government as financial adviser to the Korean government and all matters concerning finance shall be dealt with after his counsel being taken.

2. Korean government shall engage a foreigner recommended by Japanese Government as diplomatic adviser to Foreign Office, and all important matters concerning foreign relations shall be dealt with after his counsel being taken.

3. Korean Government shall previously consult Japanese Government in concluding treaties and convention with foreign Powers and in dealing with other important diplomatic affairs, such as the grant of concessions to or contract with foreigners.

원본 문서 일본 20 No. 3

[외교고문 스티븐스 임명에 관한 모닝 북의 1904년 9월 1일 보도]

발신(생산)일		수신(접수)일	1904. 9. 2
발신(생산)자		수신(접수)자	
발신지 정보		수신지 정보	A. 14248

A. 14248 1904년 9월 2일 오후 수신

Morning Book.

1. 9. 4.

AMERICAN ADVISER IN KOREA.

FROM OUR OWN CORRESPONDENT

Washington, August 31

The Japanese Government has notified the United States, as well as the other Powers, of the appointment of Mr. Durham White Stevens, Chancellor of the Washington Legation, as adviser of the Japanese Foreign Office at Seoul.

Mr. Stevens is an American, who has been for many years in the Japanese service. He is now in Washington, but he will shortly leave to take up his new duties.

In its communication to the Powers, the Japanese Government is careful to state that the appointment of Mr. Stevens will not interfere with the independent status of Korea, and that Korea will still maintain her diplomatic intercourse with the rest of the world, but virtually the position of the Emperor of Korea will be reduced to that of the Khedive of Egypt since the British occupation.

Mr. Stevens will exercise a real authority. His appointment does not nullify that of Mr. J. McLeavy Brown, who continues to be the financial adviser of Korea, and in control of the Customs.

[스티븐스가 한국 외교고문 물망에 올랐다는 보고]

발신(생산)일	1904. 9. 6	수신(접수)일	1904. 9. 21
발신(생산)자	슈테른부르크	수신(접수)자	뷜로
발신지 정보	워싱턴 주재 독일 대사관	수신지 정보	베를린 정부
	A. 178		A. 15182
메모	9월 24일 런던, 페테르부르크, 베이징, 도쿄에 전달		

사본

A. 15182 1904년 9월 21일 오전 수신

워싱턴, 1904년 9월 6일

A. 178

독일제국 수상 뷜로 각하 귀하

도쿄에서 보낸 전보에 따르면, 지난달 22일 일본과 한국이 조약을 체결했습니다. 이 조약에 의거해 한국은 일본 정부가 추천하는 고문을 한국 외부에 채용해야 합니다(제2조). 워싱턴 출신의 미국인 스티븐스[1]가 이 직책을 맡을 인물로 물망에 올랐다고 합니다. 스티븐스는 약 20년 전부터 미국 주재 일본 공사관에 소속되어 있었으며 마지막에는 공사관 참사관의 지위에 올랐습니다. 그는 직접 경험을 통해 동아시아를 체득했으며 현재 나이 50세가량 됩니다. 스티븐스는 매우 노련한 외교관이며 워싱턴 주재 일본공사관을 위해 많은 기여를 했습니다. 본인은 서울의 요직에 미국인을 임명하는 것은 친밀한 미일관계의 새로운 표시라고 판단합니다.

(서명) 슈테른부르크
원본 문서 일본 20 No. 3

---

1 [감교 주석] 스티븐스(D. W. Stevens)

08

원문 p.623

[일본의 황무지 개척권 요구는 대한정책을 강경책으로 선회하기 위한 고의적 선동이라는 보고]

발신(생산)일	1904. 8. 10	수신(접수)일	1904. 9. 22
발신(생산)자	잘데른	수신(접수)자	뷜로
발신지 정보	서울 주재 독일 공사관	수신지 정보	베를린 정부
	K. No. 87		A. 15228
메모	연도번호 No. 679 10월 1일 런던, 다름슈타트, 상트페테르부르크, 바이마르, 워싱턴, 올덴부르크, 로마 B, 함부르크에 전달.		

사본

A. 15228 1904년 9월 22일 오전 수신

서울, 1904년 8월 10일

K. No. 87

독일제국 수상 뷜로 각하 귀하

지난번 이곳의 상황에 대해 보고 드리면서, 본인은 한국의 모든 황무지를 개간하겠다며 자신들에게 넘겨달라는 일본인들의 요구에 대해 한국 국민들 사이에서 불만이 팽배했다고 말씀드렸습니다. 온순한 한국인을 자극할 수 있는 뭔가를 찾아내려 한다면, 농민으로서의 생명줄을 서서히 확실하게 잘라낼 수 있는 그러한 계획보다 더 효과적인 것은 없을 것입니다. 제아무리 빈한하고 아둔한 사람이라 할지라도 그런 계획의 살인적인 결과를 간파할 수 있기 때문입니다. 일본인들은 자신들이 한국의 주인이 되면 그 모든 것이 세월과 함께 분명 저절로 자신들의 차지가 된다는 것을 잘 알고 있습니다. 그러나 자신들이 그러한 사업을 벌이게 되면 벌집을 쑤신다는 것도 마찬가지로 잘 알고 있습니다. 그런 일본인들이 왜 그처럼 무모하게 한국인을 자극하는 일을 기획하는지 이해하기 어렵습니다. 일본 정치가 지금까지의 온유한 방식에서 단호한 조처로 옮아가기 위한 구실을 만들어내기 위해 고의적으로 한국 국민의 동요와 소란을 유발할 속셈이 아닌지 추정할 수 있을 것입니다. 본인의 프랑스 동료는 이런 의견이며 본인의 생각도 같습니다.

일본인들의 계획은 적중했습니다. 한국인들은 고집스러워졌고 일본인들은 난폭해졌습니다. 격분한 한국 군중이 집회를 열었고 험악한 말들이 등장했습니다. 일본인들은 한국인들을 체포하기 시작했으며 군중을 향해 총알도 몇 발 발사했습니다. 일본 수비대도 증강되었고 성문 경비병도 일본인으로 대체되었습니다. 야전포병대가 세를 과시하며 시내를 행군하고, 서울 위쪽 일본 병영 뒤편에 2개 포병 중대가 포진하고 있습니다.

이 모든 것은 매우 악의적으로 보입니다. 그러나 적어도 여기 서울에서는 심각한 소요사태가 발생하지 않을 것을 확신할 수 있습니다.

얼마 전 어느 프랑스인[1]이 "가련하고 정다운 나라 한국(Pauvre et douce Coree)"[2]이라는 표제의 매우 멋지고 시적 정취 가득한 작은 책을 집필했습니다. 물론 이 작은 책자는 실용적인 가치는 없고 문학적인 가치만이 있을 뿐입니다. 이 책을 통해 한국에 대한 지식을 넓힐 수는 없고, 다만 이 책의 아름다운 언어와 시적인 견해는 권장할 만합니다. 그러나 책 제목은 한국 전체에 대한 표제로서 매우 유용합니다. 이 가련하고 정다운 나라가 앞으로 강력한 업적을 이룰 가능성은 없을 것입니다. 기껏해야 강력한 업적을 이룰 것처럼 포즈를 취하는 데 그칠 것입니다. 하지만 한국인은 그런 포즈를 취하기에도 너무 게으릅니다.

일본인들이 어떤 식으로든 저항을 두려워해서 칼을 휘두르는 것이 아닙니다. 이미 말씀드린 바와 같이, 강경 정책을 펼치는 경우에 대외적으로 정당성을 인정받기 위한 속셈입니다. 일본인들이 여기 한국에서 결코 정식으로 비상사태를 선포한 적은 없지만 실제로는 비상상태입니다.

최근에야 비로소 일본인들은 갑자기 생각을 바꿔 유화정책에서 강경정책으로 선회하기로 결정한 듯 보입니다. 3주 전쯤 일본 공사[3]가 일본에서 휴가를 마치고 돌아왔을 때만 해도, 한국이 토지 문제에서 양보의 뜻을 보이면 좀 더 유화적인 정책을 펼칠 의도인 것 같았습니다. 하야시는 한국 군주를 처음 알현한 자리에서 이토[4]에게 이곳 한국을 감독해줄 것을 부탁하라고 암시했습니다. 물론 그것은 이토가 한국 황제를 통해 통치한다는 뜻이었습니다. 한국 황제는 실제로 그 제안에 속아서 일본의 이토에게 전보를 보냈습니다. 그러나 일본에서는 그 사이 다른 결정을 내렸고, 그래서 이토가 오지 않을 것이라는 답신이 도착했습니다.

---

1 [감교 주석] 조르주 뒤크로Georges Ducrocq)
2 [감교 주석] 프랑스인 조르주 뒤크로가 1904년 한국을 여행하고 발표한 책.
3 [감교 주석] 하야시 곤스케(林權助)
4 [감교 주석] 이토 히로부미(伊藤博文)

본인이 이미 말씀드린 바와 같이, 서울에서 심각한 사태는 발생하지 않을 것입니다. 그러나 지방에서는 산발적인 공격이나 기물 훼손, 살인 행위 등으로 인해 일본인들이 불안해할 것입니다. 그러면 일본인들은 한국을 완전히 복종시키기 위해 무력을 동원할 것입니다. 그들은 한국 조정에게 우롱 당하는데 지쳤습니다. 한국 조정은 순진하고 겁이 많은데도 수동적인 저항의 슬로건을 내걸었습니다. 상트페테르부르크 주재 한국 공사[5]의 유임과 그 한국 공사의 태도가 이 슬로건의 성격을 전형적으로 보여줍니다. 한국 황제는 여전히 러시아를 염두에 두고 있습니다. 이런 방향에서 전쟁이 지금까지 그야말로 우울하게 진행되었지만, 어쩌면 한국 황제의 생각이 완전히 틀린 것만은 아닐 수도 있습니다. 이곳 신문보도를 보면, 일본인들이 지금 한국을 얼마나 냉혹하게 다루는지 극명하게 알 수 있습니다. 일본인들이 제물포에 기상관측소를 설치하려 한다고 하는데, 이것은 말할 것도 없이 무선전신기지입니다. 최근 일본 신문들은 한국의 군중집회 해산과 지도부 체포에 대해 보도했습니다. 일본인에게 체포된 이 반일단체의 지도자가 한국 황제의 시종장이라는 사실에 주목해야 합니다. 한국 군주는 반일운동을 공식적으로 금지하고 있지만 암암리에 후원합니다.

일본인들은 많은 노동력을 동원해 철도공사를 서두르려고 하고 있습니다. 또한 압록강 하류에서도 상당히 큰 요새나 교량을 건설하는 것 같습니다. 한국 주둔 일본군 사령관 하라구치[6] 장군은 약 14년 전에 마인츠의 제87연대에서 일 년 동안 근무했으며, 그 후 프랑스 군대에서 여러 해 복무했습니다. 하라구치 장군은 연로하고 친절한 신사입니다. 본인이 알기로는, 전쟁이 발발했을 당시 이미 퇴역한 뒤였습니다. 우리는 이따금 서로 식사에 초대합니다. 이처럼 본인은 점잖은 일본인들과 좋은 관계를 맺고 있습니다.

일본의 거친 무사들도 조신하게 행동하고 있습니다. 이곳에는 힘이 세고 나이 많은 무사들만 있는데, 옷차림이 단정하고 훈련이 잘 되어 있습니다. 모두 흠 잡을 데 없이 청결하고 건장한 무사라는 인상을 줍니다. 약 일주일 전부터 일본인들이 서울의 성문 경비를 맡고 있습니다. 그들이 한국 수비대를 무작정 옆으로 밀어내는 바람에, 한국 수비대는 일본 동료들 옆에 서 있었을 수밖에 없습니다. 그 군사적으로 정확하고 엄격한 일본인들은 우리 프로이센을 본받아 일반병역의무를 수행하는 자들입니다. 그에 비해 대부분 아직 소년티를 벗어나지 못한 한국 용병들은 남루하고 지저분한 옷차림을 하고 있습니다. 한국 용병들은 사태의 심각성은 물론이고 병사가 무엇 때문에 그곳에 있는지

---

5   [감교 주석] 이범진(李範晉)
6   [감교 주석] 하라구치 켄사이(原口兼濟)

조차 알지 못합니다. 한국 용병들은 총기를 앞에 두고 보초를 서며 농담을 주고받거나 총검으로 서로를 간질이는 것에 만족합니다. 일본 병사 옆에서 이런 한국 병사를 보고 있노라면, 가련하고 정다운 나라 한국의 군대에 대해 처량한 웃음을 금할 수 없습니다.

(서명) 잘데른
원본 문서 일본 20 No. 3

09

[주한일본공사가 일본인 재정고문과 미국인 외교고문의 임명을 제안했다는 보고]

발신(생산)일	1904. 8. 13	수신(접수)일	1904. 9. 26
발신(생산)자	잘데른	수신(접수)자	뷜로
발신지 정보	서울 주재 독일 공사관	수신지 정보	베를린 정부
			A. 15419
메모	연도번호 No. 691 9월 28일 런던, 워싱턴, 상트페테르부르크에 전달		

사본

A. 15419 1904년 9월 26일 오전 수신

서울, 1904년 8월 13일

독일제국 수상 뷜로 각하 귀하

얼마 전 본인은 미국인들이 한국에서 얼마나 왕성하게 활동하는지 보고 드렸습니다. 또한 미국인들이 곳곳에서 영향력을 확보하려 하고 또 확보했다는 말씀도 드렸습니다.

어제 일본 공사[1]가 두 시간 반 동안 한국 황제를 알현했습니다. 본인이 은밀히 알아낸 바에 의하면, 그 자리에서 일본 공사는 무엇보다도 현재 한국 정부의 고위직에 있는 모든 외국인 고문들을 내보낼 것을 제안했습니다. 그 대신 일본인 한 명과 미국인 한 명을 각각 탁지부와 외부의 요직에 임명하라는 것이었습니다.

이 제안으로 미루어, 미국이 한국에서 일본과 손을 맞잡았다고 추론할 수 있습니다. 본인은 한국 황제가 이 제안을 수용하면 국가적으로 다행이라고 생각합니다. 그러면 적어도 어느 정도는 질서가 잡힐 것입니다. 그리고 우리 독일은 이곳에서 별다른 이해관계도 없고 독일인 고문도 없으니, 조용히 사태를 관망하며 새로운 질서에서 이익을 끌어낼 수 있을 것입니다. 물론 그러한 제안이 관철되기까지는 먼 길을 가야 할 것입니다. 본인에게 정보를 제공한 자의 말에 따르면, 한국 군주는 이런 문제를 단독으로 결정할 수

---

1 [감교 주석] 하야시 곤스케(林權助)

없으며 의정부의 의견을 들어야 하야시에게 답변했다 합니다.

일본인들은 한국의 재정을 장악하게 되면 곧바로 질서를 바로잡고 한국을 통치하는 데 필요한 권력을 확보할 것입니다. 돈을 가진 자는 권력을 갖기 때문입니다. 현재 한국 외부는 믿어지지 않을 정도로 소박하고 무지하게 운영되는데, 강력한 발언권을 가진 미국인 고문은 이러한 무지함을 소탕할 것입니다. 미국인 고문이 설사 미국을 위해 조금 편파적으로 행동하더라도, 그의 활약은 이 나라에도 유익할 것입니다.

일전에 본인은 일본의 노즈[2] 중좌가 한국 군부의 고문으로 임명되었다고 보고 드렸습니다. 현재 노즈 중좌가 어떤 활동을 하는지 전혀 들리는 소문도 없고 보이는 바도 없습니다. 한국 군대를 대폭 감축해야 한다는 주장이 대두되고 있습니다. 일본인들이 한국 군대를 위한 노력이 무익함을 통찰한 듯 보입니다. 그러나 다른 한편으로는 육신이 새로운 생명을 얻으면 자신들에게 적대적으로 나올 가능성이 있기 때문에, 육신에 다시 생명을 불어넣는 것을 꺼리는 것 같습니다.

(서명) 잘데른
원본 문서 일본 20 No. 3

---

2 [감교 주석] 노즈 쓰네다케(野津鎮武)

[스티븐스가 미국인 외교고문으로 임명될 것이며
사실상 일본이 한국을 보호통치하고 있다는 보고]

발신(생산)일	1904. 8. 26	수신(접수)일	1904. 10. 8
발신(생산)자	잘데른	수신(접수)자	뷜로
발신지 정보	서울 주재 독일 공사관	수신지 정보	베를린 정부
	K. No. 95		A. 16037
메모	연도번호 No. 731		

사본

A. 16037   1904년 10월 8일 오전 수신

서울, 1904년 8월 26일

K. No. 95

독일제국 수상 뷜로 각하 귀하

스티븐스[1]라는 인물이 한국 외부의 미국인 고문으로 임명될 가능성이 많습니다. 스티븐스는 상당히 나이가 많으며, 도쿄 주재 미국 공사관에서 여러 해 근무한 뒤를 이어 일본이나 한국의 워싱턴 주재 공사관에서 고문으로 활동했습니다. 본인이 미국인들에게 들은 바에 의하면, 객관적이고 공평하며 무엇보다도 자신의 의무를 우선시하는 사람이라고 합니다.

그래서 이곳에서 미국인들이 일본인들과 손을 맞잡긴 했지만 모든 면에서 합의가 이루어지기는 어려울 것 같은 징후가 보입니다. 미국인들은 그 어느 민족보다도 일본의 개입을 호락호락하게 인정할 민족이 아닙니다. 예를 들어 미국인들은 서울에 양질의 식수를 공급하는 수도관 공사 허가서를 한국인들로부터 발급받았습니다. 일본인들도 같은 생각을 품고서 지금 이를 위한 예비공사에 착수하고 있습니다. 미국 공사[2]는 미국의 우선권을 강조하지 않을 수 없었습니다. 그러나 일본인들은 당장 이러한 이의에 크게 개의하

---

1   [감교 주석] 스티븐스(D. W. Stevens)
2   [감교 주석] 알렌(H. N. Allen)

지 않았습니다. 그러다 얼마 전 일본 사령관[3]은 일본이 군사적 목적을 위해 서울의 남대문과 한강 사이의 모든 땅을 필요로 한다고 한국 정부에 선언했습니다. 이것은 약 4Km에 달하며 너비는 결정되지 않았습니다. 일본 장군은 이 토지의 소유자들에게 매각금지령을 내려 토지를 동결시킬 것을 한국 정부에 요구했습니다. 그런데 그 지역에는 미국 선교사들의 소중한 소유지가 있습니다. 본인이 들은 바에 의하면, 미국 공사는 그곳에서도 미국 국민들의 모든 권리를 보호하기 위해 이의를 제기해야 한다고 믿고 있습니다. 본인은 이러한 사소한 문제에서 곧바로 심각한 정치적 갈등이 발생한다고 말할 생각은 없습니다. 그러나 일본인이 고압적으로 등장하면 일본인들의 이해관계가 곳곳에서 다른 사람들의 이해관계와 부딪치곤 합니다. 어쨌든 이러한 사소한 대립들을 평화적으로 해결하기는 어려운 일이고 많은 방안을 강구해야 합니다.

일본인들은 이곳 서울과 인근 지역의 공공사업 분야에서 매우 왕성하게 활동하고 있습니다. 그들은 주로 철도공사를 비롯해 역시설의 개조와 확장에 몰두하고 있으며, 그 외에 병영건물과 창고시설도 건축하는 중입니다. 일본인들은 제물포 항구에서 대규모 공사를 계획하고 있습니다. 내항 북쪽에 위치한 상당히 큰 섬을 제방으로 육지와 연결하고, 이 제방을 따라 섬까지 철도를 건설한다는 것입니다. 그런 다음 섬의 서쪽 끝에 부두를 설치해서 현재 상당히 큰 군함이 정박하는 곳까지 연결 지으려 합니다. 그리고 이 부두에서 열차가 짐을 싣고 하역한다는 것입니다. 내항의 남쪽에 작은 섬이 두 개 있는데, 일본인들은 바다를 흙으로 메워 이 두 섬을 서로 연결하고 또한 육지와도 연결하려 합니다. 일본인들이 이 나라를 지배하게 하면 어쨌든 제물포는 앞날이 유망합니다. 그러니 제물포에 독일 영사관을 설치할 필요가 있을 것입니다. 지금 벌써 그러한 관청에 대한 요구가 강력하게 대두하고 있습니다. 제물포를 위한 영사업무를 혹시 서울에서 해결할 수 있을 것이라고 베를린에서 믿고 있다면 착각입니다.

지금까지는 일본 공사[4]가 한국 황제를 알현하려는 경우 미리 서면으로 알현 신청을 했습니다. 그런데 얼마 전 일본 사령관이 앞으로는 [sic] 일본 공사가 서면 신청 없이 직접 한국 황제와 대화를 나누러 궁궐로 갈 것이라고 한국 외부에 예고했습니다. 일본이 한국과 결합되어 있기 때문이라는 것입니다. 하야시는 과거에 알현을 신청했을 때도 이미 여러 시간에 걸친 면담으로 한국 황제를 괴롭힌 바 있습니다. 며칠 전 하야시는 오후 3시에 궁궐에 들어가서는 뜻을 이루지 못한 채 저녁 9시에야 궁궐을 나왔습니다. 한국

---

3   [감교 주석] 하세가와 요시미치(長谷川好道)로 추정됨.
4   [감교 주석] 하야시 곤스케(林權助)

황제가 그런 무례함을 용납하지 않는다 해도 황제를 나쁘게 생각할 수 없습니다. 이곳에서 일본인들은 모든 것을 자신들이 원하는 대로 할 수 있습니다. 그러나 한국 국민과 외국에 대해 형식적으로 책임을 회피하려고 자신들의 조치와 명령을 한국 황제의 이름으로 내리기를 바랍니다.

그래서 우리는 이미 보호통치 한가운데 있습니다. 일본인들이 한국의 악기로 내는 날카로운 음은 귀에 거슬립니다. 악사는 머지않아 아마 악기를 산산이 부수어 조각들을 가방 속에 집어넣을 것입니다.

한국 국민은 이미 맥없이 늘어져 있으며, 이제 일본인들은 심각한 반항이 없을 것이라고 예상합니다. 그러나 한국 국내의 분위기는 점점 악화되고 있습니다. 결국 철도와 군사시설에 필요한 노동력을 한국 정부 측에서 제공하라는 일본 당국의 요구는 지나치게 도를 넘어선 것이었습니다. 한국인들은 원래 일하는 것을 좋아하지 않습니다. 그런데다 지금은 추수철이어서 모든 노동력이 곡물 수확에 투입되고 있습니다. 그래서 일꾼들을 모아야 하는 당국은 텅 빈 마을과 수동적인 저항에 직면해 있습니다. 마을 주민들이 산속으로 피신해 숨어버렸습니다.

(서명) 잘데른
원본 문서 일본 20 No. 3

11

[일본이 한국 서울, 평양, 원산에 사단을 편성할 것이며 경의선은 송도까지 완공되었다는 보고]

발신(생산)일	1904. 10. 19	수신(접수)일	1904. 10. 20
발신(생산)자	뭄	수신(접수)자	뷜로
발신지 정보	베이징 주재 독일공사관	수신지 정보	베를린 정부
	No. 286		A. 16574
메모	암호전보		

A. 16574 1904년 10월 20일 오전 수신

전보문

베이징, 1904년 10월 19일 오후 12시 50분
오후 9시 40분 도착

독일제국 공사가 외무부에 발송

해독

No. 286
전보문 No. 286의 수정본

무관의 보고

한국에서 들리는 소식에 의하면, 일본의 제4군단이 3개 사단을 한국의 서울, 평양, 원산에 편성할 계획이라고 함. 지휘관 하세가와[1] 장군. 참모본부장 오치아이[2] 소장. 10월 초에 가장 오래된 예비군 4,000명 서울 도착. 제28, 38, 47, 48 보병대. 제8 야전포병대의

---

1 [감교 주석] 하세가와 요시미치(長谷川好道)
2 [감교 주석] 오치아이 도요사부로(落合豊三郎)

1개 중대. 매일 증원군 도착. 제52 보병대. 벌써 명령을 하달 받았지만 수송선이 부족해서 이 군대의 형성이 지연됨. 경원선 계획. 경의선 철도 송도까지 완성. 송도-평양과 의주-평양 구간은 기초공사 중.

뭄
원본 문서 일본 20

[한국 정부의 1904년 예산안 중 군부지출이 증가되었다는 보고]

발신(생산)일	1904. 9. 5.	수신(접수)일	1904. 10. 20
발신(생산)자	잘데른	수신(접수)자	뷜로
발신지 정보	서울 주재 독일 공사관	수신지 정보	베를린 정부
	K. No. 100		A. 16582
메모	연도번호 No. 764		

사본

A. 16582 1904년 10월 20일 오전 수신

서울, 1904년 9월 5일

K. No. 100

독일제국 수상 뷜로 각하 귀하

본인은 한국 정부가 얼마 전 책정한 금년도 예산안을 1903년도 예산과 비교 발췌하여 삼가 각하께 동봉합니다. 1903년도 예산안은 독일 제국 영사 비세르트[1]가 작년 3월 14일자 연도번호 No. 228 보고서에서 보고 드린 바 있습니다.

이곳 상황이 무질서한 탓에 숫자 자체는 별다른 의미가 없습니다. 현재의 군사적인 사건들과 정치적인 사건들이 예산 책정을 더욱 무의미한 것으로 만듭니다.

군부를 위해 책정된 지출비용 $5,180,614는 전년도의 $4,123,582에 비해 현저히 증가했습니다. 이와 관련해 일본 정부가 최근 한국 정부에게 황궁 수비 임무를 맡을 1500명만 남겨두고 20,000명으로 제시된 한국 군대를 해체하라고 종용했음을 언급해야 합니다. 그러자 한국 황제는 한국 장교 12명으로 구성된 위원회를 소집해서 이 문제에 대해 토의하도록 했습니다. 며칠 전 이 위원회는 25세 이상의 모든 병사와 45세 이상의 모든 장교를 해고하는 방안을 한국 군주에게 제출했습니다. 한국 군대에 많은 중년층이 복무하는 사실을 고려하면, 이런 '세대교체'는 한국 군대의 현저한 감소를 초래할 것입니다. 그러나 아직 결정이 나지는 않았습니다.

---

1 [감교 주석] 비세르트(Wießert)

한국 군부를 위해 책정된 금액에는 일본에서 작년 구입한 군함의 지출 비용 $450,604
도 포함되어 있습니다. 그러나 전쟁의 발발과 동시에 일본 정부는 한국 정부로부터 그
배를 용선했으며 그 후로 석탄 수송에 이용했습니다. 한국은 일본으로부터 그 배에 대한
대가로 매달 5천 엔을 받는다고 합니다.

(서명) 잘데른
원본 문서 한국 4

13

[고종이 일본을 피해 러시아 황제에 친서를 보내려 한다는 보고]

발신(생산)일	1904. 9. 24	수신(접수)일	1904. 11. 3
발신(생산)자	나이	수신(접수)자	뷜로
발신지 정보	서울 주재 독일 공사관	수신지 정보	베를린 정부
	K. No. 105		A. 17341
메모	연도번호 No. 803		

A. 17341 1904년 11월 3일 오전 수신

서울, 1904년 9월 24일

(발췌문) 11월 7일

K. No. 105

독일제국 수상 뷜로 각하 귀하

한국의 군주가 이달 초부터 감기로 앓아누웠습니다. 그래서 기함 "퓌르스트 비스마르크"[1]호를 이끌고 이달 7일부터 12일까지 제물포에 기항한 순양함대 사령관의 알현 요청을 허락할 수 없었습니다. 그러나 한국 황제는 함대 사령관과 장교들을 만나볼 수 없어서 유감이라고 거듭 잘데른[2]에게 전하게 했습니다. 그리고 선물을 보내고 황실 전례관 손탁[3]의 집에서 만찬을 베풀게 하는 성의를 표했습니다. 한국 군주는 곧 다시 건강을 회복하려는 뜻이 별로 없습니다. 앓아누워 있는 동안만큼은 일본 공사와의 대담을 피할 수 있습니다. 한국 군주에게 일본 공사와의 대담은 매우 견디기 힘든 시련의 시간인 듯 보입니다. 한국 황제는 아직까지 러시아에 대한 믿음을 저버리지 않았습니다. 일본인들이 거둔 전쟁의 성과가 이러한 믿음을 흔들려고 하면, 일본인들이 궁중에서 제거하려 했던 무당, 마술사, 예언가, 점쟁이들이 등장합니다. 이들은 러시아인들이 한국의 수도에 곧 입성할 것이라 예언하고 러시아 무기에 대한 최대의 신뢰를 되살려냅니다. 한국 군주는 상트페테르부르크와의 연락이 완전히 끊어지지 않도록 노력하고 있습니다. 본인이 매우 믿을

---

1 [감교 주석] 퓌르스트 비스마르크(Fürst Bismarck)
2 [감교 주석] 잘데른(K. Saldern)
3 [감교 주석] 손탁(A. Sontag)

만한 소식통으로부터 알아낸 바에 의하면, 일본인들은 한국 군주 주위에 물샐 틈 없는 첩보망을 펼쳐놓았습니다. 그런데도 최근 한국 황제는 또 다시 러시아 황제에게 보내는 편지를 궁궐에서 몰래 **빼돌리는**데 성공했다고 합니다. 한국 황제의 서한은 프랑스 군함 "Kersaint"호 편으로 상하이의 한 상인에게 전달되었습니다. 그 상인은 전쟁이 발발하자 한국으로부터 피신한 궁중관리 현상건[4]에게 황제의 서한을 전해주는 임무를 맡았습니다. 현재 현상건은 Mr. Henry라는 이름으로 상하이에 머물고 있습니다. 이 한국인이 황제의 서한을 직접 상트페테르부르크로 가져가는 사명을 부여받았습니다.

그밖에 일본인들은 한국 군주가 일본과의 "동맹관계"를 이따금 표명하도록 상기시키고 있습니다. 얼마 전 한국 황제는 휘하의 일등 장군 한 명에게 만주에 가서 일본 군대에게 황제의 인사말을 전하고 군대의 상태를 알아보라는 임무를 맡겼습니다. 한국인들과 일본인들의 사교클럽[5]이 새로 문을 열었고, 일본 관리 100명과 한국 관리 300명이 이미 이 클럽에 가입했습니다. 궁내부의 이재완[6]이 사교클럽의 회장직을 맡고 있으며, 한국 군주는 축하금으로 3만 엔을 보냈습니다.

(서명) 나이[7]
원본 문서 일본 20 No. 3

---

4 [감교 주석] 현상건(玄尙健)
5 [감교 주석] 대동구락부(大東俱樂部)
6 [감교 주석] 이재완(李載完)
7 [감교 주석] 나이(Ney)

14

[황태자비 민씨가 서거했다는 보고]

발신(생산)일	1904. 11. 19	수신(접수)일	1904. 11. 19
발신(생산)자	잘데른	수신(접수)자	–
발신지 정보	서울 주재 독일 공사관	수신지 정보	베를린 외무부
	No. 45		A. 18203

A. 18203 1904년 11월 19일 오후 수신

전보문

서울, 1904년 11월 19일 오후 12시 15분

오후 3시 31분 도착

독일제국 변리공사가 외무부에 발송

해독

No. 45

이달 5일 한국의 황태자비[1]가 서거했습니다. 영국과 이탈리아, 벨기에의 군주들이 한국 황제에게 전신으로 조의를 표했습니다. 그 때문에 본인은 이미 독일에 발송한 보고서에서 표명한 견해와는 달리 우리의 황제폐하께서도 조의를 표하실 것인지 처분을 기다립니다. 본인이 황제폐하의 공식적인 전보문을 한국 황제에게 전달하면 충분할 것입니다.

잘데른

---

1 [감교 주석] 순명효황후 민씨(純明孝皇后 閔氏)

15

[한국 외교고문으로 임명된 스티븐스를 위해
일본에서 열린 연회 보고]

발신(생산)일	1904. 11. 8	수신(접수)일	1904. 12. 11
발신(생산)자	아르코	수신(접수)자	뷜로
발신지 정보	도쿄 주재 독일 공사관	수신지 정보	베를린 정부
	A. 361		A. 19394
메모	12월 16일 상트페테르부르크, 런던, 워싱턴, 베이징에 급보로 전달		

A. 19394 1904년 12월 11일 오전 수신

도쿄, 1904년 11월 8일

A. 361

독일제국 수상 뷜로 각하 귀하

일본의 제안으로 한국 정부의 고문에 임명된 스티븐스[1]가 새 임지로 가는 도중 잠시 이곳 도쿄에 머물며 미국인들과 일본인들에게 융숭한 대접을 받고 있습니다. 미일협회 가 스티븐스를 위해 베푼 연회에서 베를린에도 잘 알려진 추밀원 사무총장 스즈키 케이 로쿠[2]가 환영사를 했습니다. 케이로쿠는 스티븐스가 오래전부터 일본 정부의 무한한 신 임을 받고 있다고 강조했습니다. 그리고 스티븐스가 한국 정부의 고문에 임명된 것은 한국과 일본의 이해관계가 앞으로 일치하게 될 것이라는 증거라고 역설했습니다.

그 누구보다도 열성적인 친일파 스티븐스는 지금까지 일본 정부를 위해 일했으며, 이제 공식적으로 한국 정부에서 근무하게 되었습니다. 하지만 물론 스티븐스는 실제로 일본 정부에 좌지우지되고 있습니다.

(서명) 아르코

원본 문서 일본 20 No. 3

---

1 [감교 주석] 스티븐스(D. W. Stevens)
2 [감교 주석] 스즈키 케이로쿠(都筑馨六)

[영국이 거문도, 제주도 획득을 위해 협상을 벌인다는 풍문 보고]

발신(생산)일	1904. 12. 12	수신(접수)일	1904. 12. 13
발신(생산)자	잘데른	수신(접수)자	–
발신지 정보	서울 주재 독일 공사관	수신지 정보	베를린 외무부
	No. 47		A. 19518
메모	I. 12월 16일 도쿄 177, 베이징 156, 상트페테르부르크 332 II. 전보문 3월 1일, 12월 19일 런던 274		

A. 19518   1904년 12월 13일 오후 수신

전보문

서울, 1904년 12월 12일 오후 1시 20분
12월 13일 오후 12시 20분 도착

독일제국 변리공사가 외무부에 발송

해독

No. 47

본인이 비밀리에 입수한 소식에 의하면, 영국이 Hamilton항[1]과 Quelpart[2]를 획득하고자 협상을 벌인다고 합니다.

잘데른

---

1   [감교 주석] 거문도(Port Hamilton)
2   [감교 주석] 제주도(Quelpark)

베를린, 1904년 12월 16일   A. 19518

1. 도쿄 No. 177 주재 공사   (암호전보)
2. 베이징 No. 156 주재 공사   기밀정보를 알려드립니다.
3. 상트페테르부르크 No. 332
   주재 대사   서울 주재 독일제국 변리공사가 비밀리에 입
                                 수한 소식에 의하면, 영국이 지금 Hamilton항
                                 과 Quelpart를 획득하고자 협상을 벌인다고
                                 합니다.

[러시아가 한국 내에 소유한 상업적 이권이 별로 없다는 보고]

발신(생산)일	1904. 11. 4	수신(접수)일	1904. 12. 17
발신(생산)자	잘데른	수신(접수)자	뷜로
발신지 정보	서울 주재 독일 공사관	수신지 정보	베를린 정부
	K. No. 113		A. 19741
메모	연도번호 No. 875		

사본

A. 19741 1904년 12월 17일 오전 수신

서울, 1904년 11월 4일

K. No. 113

독일제국 수상 뷜로 각하 귀하

예상되는 내정간섭과 훗날의 가능한 평화조건에 대해 논하는 유럽의 신문들에서, 본인은 러시아가 어쨌든 한국에서 따낸 특허권의 존속을 요구할 것이라는 글을 자주 읽습니다. 이와 관련해, 러시아가 압록강과 두만강 유역의 논란 많은 벌목권 및 동해안의 고래잡이 기지 이외에는 한국에서 그 어떤 특허권도 소유하고 있지 않음을 언급하고 싶습니다. 러시아인은 제조업이나 상업 분야에 별로 소질이 없습니다. 그리고 전쟁이 발발하기 전 한국에 약 2만5천 명의 일본인이 있었던 것에 비해 러시아인은 손가락으로 헤아릴 정도에 지나지 않았습니다.

본인은 한국 황제의 유명한 내장원경 이용익[1]이 러시아의 주도하에 양모방직공장과 유리공장을 서울 근교에 세우려 했던 사실을 언급하고 싶습니다. 러시아 기술자들이 그 두 공장을 주도하도록 러시아 대표가 한국 황제를 압박했습니다. 그러나 그 공장들은 결코 완성되지 못했고, 현재 공장 벽만 덩그러니 허공에 솟아 있습니다. 게다가 양모방직공장의 경우, 한국에서는 양을 사육하지 않는 탓에 전제조건조차 성립되지 않습니다. 대규모 목양사업을 한국에 도입 하겠다고 한국 황제를 속인 것입니다. 그러나 목양사업

---

1 [감교 주석] 이용익(李容翊)

자체가 한국에서는 매우 어려운 문제입니다. 양심 없는 러시아인들은 이 어려운 문제를 수행하기 위한 그 어떤 조처도 취하지 않았습니다. 그래서 설사 방직공장이 운영되었다 하더라도 비싼 양모를 외국에서 들여와야 했을 것입니다. 유리공장을 위한 자재도 멀리에서 공급받아야 했을 것입니다. 황제의 금고에서 매달 급료를 받았던 러시아 기술자들은 전쟁이 발발하기도 전에 이미 한국을 떠났습니다. 프랑스인들도 황제의 자금으로 유지되는 기업 몇 개를 한국에 소유하고 있습니다. 그 기업들도 애초에 가망성이 없는 것들이었습니다. 기초공사도 마무리하지 못한 도자기 공장이 그런 본보기입니다. 간신히 그림만 그릴 수 있을 뿐이지 도자기 제작에 대해서는 전혀 아는 바 없는 세브르[2] 출신의 도자기 화가가 겨우 한 명 있을 뿐입니다. 그 도자기 화가는 2년 전부터 산책이나 다니고 있습니다. 순전히 황제 소유의 공장을 한국에 선물한다는 것은 최고의 허튼 짓입니다. 오로지 개인적인 활동력과 사유 자본만이 이 나라에서 그런 기업을 창설하도록 도울 수 있습니다. 이곳의 독일 회사가 압착모래 벽돌 제조공장과 성냥공장을 설립하려 한 적이 있습니다. 그 독일 회사는 한국 황제와 계약을 체결하고 자금을 확보할 수 있도록 본인에게 중재를 요청했습니다. 본인은 넌지시 정중하게 그 독일회사의 노력에 반대했는데 잘한 일이라고 생각됩니다.

(서명) 잘데른
원본 문서 일본 20 No. 3

---

2 [감교 주석] 세브르(Sevres)

베를린, 1904년 12월 19일   A. 19518 II

런던 No. 274   귀하께 기밀정보를 알려드립니다.
주재 대리공사
                                     서울 주재 독일제국 변리공사가 비밀리에 입수
                                     한 소식에 의하면, 지금 영국이 Port Hamilton
                                     과 Quelpart를 획득하기 위해 협상을 벌인다고
                                     합니다.

18

["한국의 혼란"이라는 기사에 대하여 함부르크 주재 한국 영사의 정정보도 요청을 소개한 함부르크 통신의 보도기사]

발신(생산)일	1904. 12. 29	수신(접수)일	1904. 12. 29
발신(생산)자		수신(접수)자	
발신지 정보		수신지 정보	A. 20378

A. 20378   1904년 12월 29일 오후 수신

함부르기셔 코레스폰덴트[1]

1904년 12월 29일

한국의 상황

이곳 주재 한국 영사가 우리에게 다음 글을 보도해줄 것을 요청했다.

"귀 신문사의 12월 24일 자 석간에 '한국의 혼란'이라는 표제의 기사가 보도되었습니다. 그러나 이 표제는 한국과 무관한 사람들에게서 실제로 한국의 상황에 대한 아주 그릇되고 불리한 판단을 일깨울 수 있습니다. 이런 연유에서 본인은 한국이 결코 혼란 상태에 있지 않음을 감히 알리고자 합니다. 한국은 해를 거듭할수록 나날이 발전하는 기쁨을 누리고 있습니다. 이러한 사실은 청국의 해관과 동일한 방법 및 원칙으로 유럽 관리들에 의해 운영되는 해관의 통계자료를 통해서도 알 수 있습니다.

러일전쟁 발생 초기에는 한국의 상업이 위축되지 않을까 하는 우려가 있었습니다. 그러나 일본군이 한국을 통과하면서 많은 돈이 한국 국민들에게 흘러들었고, 러일전쟁은 오히려 한국에 순전히 이익만을 가져왔습니다.

---

1   [감교 주석] 함부르기셔 코레스폰덴트(Hamburgischer Korrespondent). 독일 함부르크에서 1712년 최초로 발행된 정규 일간신문.

이미 완공된 제물포-서울 철도와 서울-부산 철도 및 일본인이 이미 착공한 서울-부산과 서울 의주 노선이 나중에 시베리아철도와 연결될 예정입니다. 이 철도들은 머지않아 한국의 무역 발전에 일익을 담당할 것입니다.

Hamburg-America Line[2]이 한국과의 무역이 증대되는 것을 인지하고서 제물포와 청국 해안을 오가는 선박운항을 운영합니다. 이 선박운행은 만족스러운 성과를 거두고 있습니다.

일본과 러시아의 전쟁이 어떤 결과로 끝나든지 간에, 한국은 많은 상품을 위한 유망한 판로일 것입니다. 그리고 이미 알려진 바와 같이, 일본인들은 일본 자본으로 지원한 기업들을 발판으로 삼아 자신들의 산업을 위한 판로를 확보하려고 전력을 다할 것입니다.

귀 신문사의 기사에서 중요한 의미를 부여하는 듯 보이는 비밀단체들에는 아무런 의미가 없습니다. 일본인들은 한국에서 주도권을 잡은 이래 어쨌든 한국의 질서를 유지하는데 모범을 보이고 있습니다. 신문기사의 집필자가 일본 측에서 취한 조처들을 '일관성 있고' '합당하다'고 일컫는다면, 바로 이런 사실을 인정하는 것입니다. 심지어 집필자는 이러한 일부 규정들을 '무조건' 인정한다고 말합니다."

****

동아시아의 전쟁이 한국의 경제계에 유리한 영향을 미칠 것이라는 전망은 본 신문에 첨부된 우리 상업회의소의 보고서도 명백히 인정하는 바이다. 서울에 있는 우리의 동료는 친러파와 일본 정치가들 사이에서 오락가락하는 한국 황제 및 비밀 단체들의 반대가 한국의 장래에 악영향을 미칠 것을 우려한다. 우리는 서울의 동료가 사태를 너무 비관적으로 보지 않기를 바란다.

---

2 [감교 주석] 독일 함부르크에서 1847년 창설된 선박회사.

19

[중국과 한국에서의 철도부설현황 보고]

발신(생산)일	1904. 12. 11	수신(접수)일	1904. 12. 31
발신(생산)자	클레어	수신(접수)자	
발신지 정보	베이징 주재 독일공사관	수신지 정보	베를린 국방부
	No. 41		A. 20482/04
메모	공사관 무관, 군사보고서 No. 41 연도번호 No. 219		

사본

A. 20482/04　1904년 12월 31일 수신에 첨부

베이징, 1904년 12월 11일

베를린 프로이센 왕국 국방부 귀중

군사보고서 No. 41

아오키[1] 대좌 – 일본인들의 철도 건설

아오키 대좌는 지인들을 만나 대화를 나누는 것을 별로 달가워하지 않았습니다. 아오키 대좌가 본인에게 이렇게 말했습니다. "말하지 마십시오. 간단히 말해, 이곳에서 우리는 중립적인 국가에 있기 때문입니다."

일본 체신성의 한 고위관리가 아오키 대좌를 수행했습니다. 얼마 전 그 체신성 관리는 체신성 대신 오오우라[2]와 함께 한국의 새로운 노선들 및 다롄[3] 랴오양[4] 사이의 궤도 변경공사를 시찰했습니다.

체신성 관리는 10월 말에 대구 남쪽 Toihöngto[5] 부근에 위치한 5천 영국 피트 길이의

1　[감교 주석] 아오키(靑木)
2　[감교 주석] 오오우라 가네타케(大浦兼武)
3　[감교 주석] 다롄(大連)
4　[감교 주석] 랴오양(遼陽)
5　[감교 주석] 청도(淸道)로 추정

터널이 완공되었다고 본인에게 알렸습니다. 그래서 이달 말에 경부선을 운영할 수 있을 것이라고 합니다. 경부선의 시운전 과정에서 두 번 탈선하는 일이 있었지만, 경부선 운영은 현재 확실하다는 것이었습니다.

체신성 관리의 견해에 따르면, 경의선은 6월 이전에 완공될 것입니다. 많은 철도 자재가 분실되었는데[6] 그것을 대체할 만한 자재를 구하기가 어렵다고 합니다. 목재 역시 구하기 어려우며 인부들도 부족하다고 합니다.

다롄와 옌타이[7] 간의 러시아 궤도를 일본 궤도로 변경하는 작업은 끝났습니다. 선로 부설 작업이 빠르게 진행된다고 합니다.

일본에서 공급한 차량 때문에 일본 궤도가 시급히 필요하다는 것입니다. 훗날 뤼순항[8]과 랴오양 및 선양[9] 사이의 선로는 미국 궤간으로 변경할 계획이라고 합니다. 뤼순이나 선양 두 곳 중 하나까지 연장되는 부산-의주 철도에도 미국 궤간이 사용된다고 합니다. 한국 철도를 뤼순이나 선양 중 어디에서 만주 철도와 연결할지는 아직 결정되지 않았다는 것입니다.

(서명) 클레어
무관 소령
원본 문서 일본 20

---

6 [원문 주석] 블라디보스토크 함대로 인해.
7 [감교 주석] 옌타이(煙臺)
8 [감교 주석] 뤼순(旅順; Port Arthur)항
9 [감교 주석] 선양(瀋陽)

한국 황태자비의 서거

발신(생산)일	1904. 11. 8	수신(접수)일	1904. 12. 31
발신(생산)자	잘데른	수신(접수)자	뷜로
발신지 정보	서울 주재 독일 공사관	수신지 정보	베를린 정부
	K. No. 114		A. 20488
메모	연도번호 No. 882 1월 4일 빈 6에 전달		

A. 20488 1904년 12월 31일 오후 수신. 첨부문서 1부

서울, 1904년 11월 8일

K. No. 114

독일제국 수상 뷜로 각하 귀하

이달 5일 한국의 황태자비[1]가 서거했습니다. 황태자비는 살아남은 남편과 마찬가지로 실권이 없었습니다. 한국의 황태자는 어리석은 사람입니다.

한국의 외부대신[2]은 거의 같은 내용의 각서 두 통을 통해 황태자비의 서거 소식을 본인에게 알렸습니다. 그중의 한 통은 오스트리아-헝가리제국 정부에게 보내는 것입니다. 오스트리아 헝가리제국 정부를 위해 번역본을 첨부하오니, 부디 빈에 전달해주시길 부탁드립니다.

(한국 황제가 아직 특별공문을 베를린에 보내지 않았다면 당분간 우리 측에서는 조의를 표할 필요가 없습니다. 본인이 외부대신에게 보내는 답신에서 이미 조의를 표했습니다.)

잘데른

내용: 한국 황태자비의 서거.

---

1 [감교 주석] 순명효황후 민씨(純明孝皇后 閔氏)
2 [감교 주석] 이하영(李夏榮)

No. 114의 첨부문서
번역문

한국 외부의 서신

서울, 1904년 11월 6일

이달 5일 저녁 8시에 우리나라의 황태자비께서 세상을 뜨셨습니다. 이로 인해 한국
국민은 슬픔에 젖어 있습니다.
본인은 이 소식을 오스트리아 정부에게 알려주실 것을 부탁드립니다.

외부대신
(서명) 이하영

독일제국 변리공사 잘데른 귀하

베를린, 1905년 1월 4일   A. 20488

빈 No. 6   한국 황태자비의 서거와 관련해 이달 8일 자 서
주재 사절단 귀중   울 주재 독일제국 변리공사의 보고서 사본을 삼
                                          가 전달하는 바입니다. 오스트리아-헝가리제국
                                          정부에게 이 소식을 전달해줄 것을 부탁하는 서
                                          신도 함께 동봉합니다.

                                                                    할트툰[3]

---

3 [감교 주석] 할트툰(Halttun)

21

[일진회에 조처하는 한국병사에 대한 일본군의 공격으로 인해 민심이 동요한다는 보고]

발신(생산)일	1905. 1. 5	수신(접수)일	1905. 1. 5
발신(생산)자	잘데른	수신(접수)자	
발신지 정보	서울 주재 독일 공사관	수신지 정보	베를린 외무부
	No. 1		A. 225
메모	암호전보문을 1월 9일 상트페테르부르크, 런던, 파리, 워싱턴에 전달		

A. 225 1905년 1월 5일 오후 수신

전보문

서울, 1905년 1월 5일 오전 11시 20분
오후 2시 16분 도착

독일제국 변리공사가 외무부에 발송

해독

No. 1

한국 황제가 정치단체 일진회[1]에 무력 조치를 취하라는 명령을 내렸고 그 과정에서 일진회 회원 여러 명이 이곳 서울에서 한국병사에 의해 부상을 입었습니다. 그러자 일본 군이 관련된 한국 장교들과 병사들을 체포해 폭행을 가했습니다.

그 진보단체의 회원들은 일본 주차군 사령부로부터 일당을 받고 있습니다.

한국 전국에서 민심이 들끓고 상황이 긴박해지고 있습니다. 머지않아 또 다른 혁명이 일어날 가능성이 있습니다.

---

1 [감교 주석] 일진회(一進會)

일본인들이 한국 왕조를 무너뜨리고 합병을 핑계로 모든 당면한 문제들을 일소하려는 것 같습니다.

잘데른

원본 문서 일본 20 No. 3

22

[일본인들이 한국 각 부서를 장악하려 한다는 풍설 보고]

발신(생산)일	1904. 12. 10	수신(접수)일	1905. 1. 18
발신(생산)자	잘데른	수신(접수)자	
발신지 정보	서울 주재 독일 공사관	수신지 정보	베를린 외무부
	K. No. 122		A. 926
메모	연도번호 No. 957 1월 24일 런던, 상트페테르부르크, 파리, 워싱턴에 전달		

사본

A. 926 1905년 1월 18일 오전 수신

서울, 1904년 12월 10일

K. No. 122

독일제국 수상 뷜로 각하 귀하

일본인들은 한국 행정을 개편하는 데 열중해 있으며, 날이 갈수록 그 일에 더욱 집착합니다. 그 문제와 관련해 더 이상의 조치들을 취할 것이라는 소문이 돌고 있습니다. 그 소문에 따르면, 각 부처에 명목상으로는 한국인 책임자가 있겠지만, 실제로는 일본인들이 각 부서를 장악할 것이라고 합니다. 그와 동시에 이곳 일본 공사관이 폐쇄되고 공사관 직원들은 한국의 행정에 투입된다는 것입니다. 하야시 공사[1]가 한국 내부를 맡을 것이라고 합니다. 학부에 임명된 고쿠부[2]는 일본 공사관의 2등서기관입니다. 매우 활동적이고 지성적인 인물인 노즈[3] 대좌는 이미 한국 군부를 장악하고 있습니다. 궁내부에 배치된 가토[4]는 하야시에 앞서 한국 주재 일본 공사를 역임했으며 그 후로 한국 정부의 고문으로 활동합니다. 가토는 친절하고 노련하며 한국 군주의 신임을 받는 듯 보입니다. 유명한 탁지부 고문 메가타[5]는 몇 개월 전까지만 해도 일본 대장성 주세국장이었습니다.

---

1 [감교 주석] 하야시 곤스케(林權助)
2 [감교 주석] 고쿠부 쇼타로(國分象太郎)
3 [감교 주석] 노즈 쓰네다케(野津鎭武)
4 [감교 주석] 가토 마스오(加藤增雄)

그러나 메가타가 큰 실수를 범한 탓에, 세관에서 칭찬하는 척하며 내보낸 것 같습니다. 메가타는 말없이 술을 마시는 사람으로 대개는 오전부터 이미 얼큰히 취해 있습니다. 외부에 임명된 스티븐스[6]는 이미 여러 차례 언급한 미국인으로 머지않아 이곳에 도착할 것으로 예상됩니다. 본인이 신뢰할 만한 사람에게서 입수한 개인적인 서한(서울, 12월 11일)에 다음과 같은 흥미로운 내용이 있습니다.

(서명) 잘데른

원본 문서 일본 20 No. 3

---

5 [감교 주석] 메가타 다네타로(目賀田種太郞)
6 [감교 주석] 스티븐스(D. W. Stevens)

23

[경부선 완공 보고]

발신(생산)일	1904. 12. 23	수신(접수)일	1905. 2. 12
발신(생산)자	클레어	수신(접수)자	
발신지 정보	베이징 주재 독일공사관	수신지 정보	베를린 국방부
	No. 52		A. 2438
메모	공사관 무관, 군사보고서 No. 52 연도번호 No. 297		

사본

A. 2438 1905년 2월 12일 오후 수신

베이징, 1904년 12월 23일

군사보고서 No. 52

프로이센 왕국 국방부 귀중

"경부철도가 완공되었습니다. 11월 9일에 마지막 레일이 부설되었습니다. 출발 구간과 종점 구간만이 개통되었습니다. 그러나 28시간 후면 열차들이 군사 목적과 철도 목적을 위해 운행될 것입니다. 이러한 목적을 위해 평양에서 송도(개성)까지도 이미 열차가 운행되고 있습니다."

(서명) 클레어

소령 무관

원본 문서 일본 20 No. 3

24

[일본이 고종을 일본으로 유인하려 한다는 기밀 보고]

발신(생산)일	1905. 2. 14	수신(접수)일	1905. 2. 14
발신(생산)자	잘데른	수신(접수)자	
발신지 정보	서울 주재 독일 공사관	수신지 정보	베를린 외무부
	No. 4		A. 2562
메모	기밀 암호전보문 2월 17일 베이징 18에 전달		

A. 2562 1905년 2월 14일 오전 수신

전보문

서울, 1905년 2월 14일 오후 12시 10분

오전 9시 54분 도착

독일제국 변리공사가 외무부에 발송

해독

No. 4

기밀

일본인들이 한국 황제를 일본으로 유인하려 합니다. 한국 황제는 다시는 못 돌아올
수도 있다는 두려움에서 거절하고 있습니다.

잘데른

원본 문서 일본 20 No. 3

25

[일진회 선동 등 한국 국내 상황 보고]

발신(생산)일	1905. 1. 10	수신(접수)일	1905. 2. 21
발신(생산)자	잘데른	수신(접수)자	뷜로
발신지 정보	서울 주재 독일 공사관	수신지 정보	베를린 정부
	K. No. 5		A. 3005
메모	연도번호 No. 43 2월 27일 대사관, 공사관에 전달		

사본

A. 3005 1905년 2월 21일 오후 수신

서울, 1905년 1월 10일

K. No. 5

독일제국 수상 뷜로 각하 귀하

　정치단체 일진회[1]가 큰 소란을 일으키고 있습니다. 일진회 추종자 수천 명이 서울로 몰려오고 있으며, 아마 중대한 사건들이 임박했을 수도 있습니다. 다만 이 사건을 주도할 수 있는 강력한 인물이 아직 등장하지 않은 듯싶습니다. 전국의 모든 무뢰한이 이 단체로 물밀듯이 모여듭니다. 그러나 무도한 탐관오리들에게 억울하게 논과 집을 빼앗긴 가난하고 불운하고 억눌린 자들도 이 단체의 대열에 합류합니다. 그래서 나라 전체가 엄청나게 동요하고 있습니다. 게다가 일진회에 대항하는 다른 단체들도 활동합니다. 그러나 일진회가 곳곳에서 우세한 듯 보입니다. 일진회는 관찰사와 대신의 해임을 비롯한 많은 사항을 요구하고 때로는 원하는 바를 관철시킵니다. 한국 황제는 두려움과 격앙된 자부심 사이에서 갈피를 잡지 못하고 있습니다. 그러나 일진회 배후에 일본인들이 있기 때문에, 황제의 최종 결정은 번번이 양보로 끝납니다. 일진회의 모든 회원은 일본 주차군사령부로부터 공공연히 3일에 1엔을 받습니다. 그래서 일본인들은 자신들의 손을 더럽히지 않고서도 한국 정부와 황실을 마음대로 조종할 수 있습니다. 이러다가는 아마 암살과

1　[감교 주석] 일진회(一進會)

정치적 혼란이 발생할 수 있습니다. 일본인들은 만반의 공격 태세를 갖추고 있다가 자신들의 목적에 부합하는 상황에 접어들면 그때 비로소 개입할 것입니다. 일본인들의 목적은 기존의 것들을 제거하고 한국을 이른바 일본의 한 지방으로 삼으려는 데 있습니다. 여기 가까이에서 사태의 흐름을 지켜보는 우리 모두는 훗날 일본인들이 자신들은 결정적인 사건에 개입하지 않았다고 부인하더라도 속지 않을 것입니다.

본인은 앞날을 예측해보았습니다. 모든 것이 평화적으로 흔적 없이 사라질 수도 있습니다. 한국의 국민성은 별로 확고하지 못해서, 단단하고 단호해지려면 혹독한 시련을 겪을 필요가 있습니다. 자칫하다가는 타닥타닥 타오르기 시작한 정치적 불길이 별다른 손해를 입히지 않고서 가물가물 꺼져버릴 것입니다.

한국에서 들끓는 정치적 상황들로 인해 많은 계획과 기획이 대두되었지만, 전부 일시적인 성격을 띠고 있습니다. 그러므로 본인은 그것들에 대해 다만 슬쩍 언급하려 합니다. 먼저 군대를 감축하고 관리를 감원하고 도덕성을 강화해야 한다고 합니다. 경찰조직을 정비하고, 조세를 강요하기보다는 합리적인 방법으로 징수해야 한다고 합니다. 이런 모든 문제들을 위한 위원회가 구성되었으며 여기저기서 일본인들에게 조언을 구하고 있습니다. 그러나 일본인들의 조언은 대부분 혹독한 것이어서 실현되지 않습니다. 수많은 계획들과 기획들이 무지와 비웃음의 바다 속으로 가라앉고 있습니다.

이러한 무질서 속에서 한국 정부의 공식적인 일본 고문들조차 일을 거의 진척시키지 못하고 있습니다. 그래서 예를 들어 탁지부 고문은 지출도 통제하지 못하고 수입원도 장악하지 못했습니다. 그 결과 최근 서거한 황태자비[2]의 장례에 수십만 엔이 소요되었습니다. 장례를 치를 사원을 설치하려고 한 구역 전체가 철거되었습니다. 국민을 즐겁게 하는 성대한 장례식이 지난해 태후가 서거했을 때 못지않게 거창하게 거행되었습니다. 이러한 모든 지출에도 불구하고 한국 정부의 일본 고문들은 절약하지 않습니다. 그래서 며칠 전 탁지부 고문은 자신이 살 집을 마련하려고 한국의 탁지부 자산 5200엔을 들여 독일제국 변리공사관이 위치한 대지를 매입했습니다. 본인은 1906년 1월 1일에 공사관을 비워줘야 하며 실제로 오갈 데 없는 신세가 될 것입니다. 서울을 잘 아는 사람은 누구나 이것을 이해할 것입니다.

한국 황제는 뤼순항[3]사건에 대한 소식에 매우 당혹한 듯 보입니다. 마침 그 소식이 도착한 1월 3일에 외교단은 장례식을 계기로 한국 황제를 알현했습니다. 한국 황제가

---

2 [감교 주석] 순명효황후 민씨(純明孝皇后 閔氏)
3 [감교 주석] 뤼순(旅順; Port Arthur)항

얼마나 풀이 죽어 있는지 누구나 알 수 있었습니다. 뤼순항의 방어는 한국 황제의 감탄을 자아냈었고 러시아에 대한 호감을 더욱 공고히 다져주었었습니다.

이곳의 모든 백인 대표들 가운데 미국 대표[4]가 제일 큰 역할을 합니다. 미국인 선교사들이 전국적으로 퍼져 있고, 대부분 선교사들로 구성된 미국인 거류지는 매우 수가 많습니다. 미국의 제국주의적인 정책은 이곳에서도 효과를 거두고 있으며, 현재의 혼란이 지나고 나면 아마 더욱 두드러지게 세력을 드러낼 것입니다. 미국 공사는 한국에서 20년 이상 선교단의 의사로 활동한 이력이 있으며, 한국 황제의 신임을 받고 있습니다. 그는 능력이 탁월하고 믿을 만한 인물로 충분히 황제의 신임을 받을 만합니다. 한국 황궁이 불타던 날 밤, 황제는 미국 공관 인근의 집으로 도피했으며 그 후로 그곳에서 거주합니다. 이 임시 황궁의 다른 편에는 미국 선교사 소유의 대지가 있고, 한국 황제는 그 대지를 매입하게 했습니다. 그런데도 미국 공관 수비대는 계속 그곳에 머물고 그 대지 위에는 미국 국기가 휘날리고 있습니다. 이러한 상태는 일본인들에게 눈엣가시였으며, 한국 군주를 미국인들의 손길에서 빼내려고 갖은 수단을 동원했습니다. 그러나 워싱턴의 생각은 다릅니다. 본인이 우연히 극비리에 입수한 소식에 의하면, 그 대지에 미국 해군을 계속 주둔시키라는 전보 명령문이 어제 워싱턴에서 도착했습니다.

(서명) 잘데른
원본 문서 일본 20 No. 3

---

4 [감교 주석] 알렌(H. N. Allen)

26

[의화군 귀국 풍설 보고]

발신(생산)일	1905. 1. 23	수신(접수)일	1905. 3. 11
발신(생산)자	잘데른	수신(접수)자	뷜로
발신지 정보	서울 주재 독일 공사관	수신지 정보	베를린 정부
	K. No. 6		A. 4115
메모	연도번호 No. 73 3월 17일 상트페테르부르크 199에 전달		

사본

A. 4115 1905년 3월 11일 오전 수신

서울, 1905년 1월 23일

K. No. 6

독일제국 수상 뷜로 각하 귀하

한국 황제의 아들 의화군[1]이 지금 서울로 돌아올 것이라는 소문이 나돌고 있습니다. 의화군은 몇 년 전부터 미국과 일본에서 일종의 유배생활을 했습니다. 이 황자는 일본의 영향하에 있는 것 같습니다.

(서명) 잘데른

원본 문서 일본 20 No. 3

---

1 [감교 주석] 의친왕(義親王)

27

[일본이 제일은행에 광범한 권한을 부여했다는 보고]

발신(생산)일	1905. 3. 26	수신(접수)일	1905. 3. 26
발신(생산)자	아르코	수신(접수)자	뷜로
발신지 정보	도쿄 주재 독일 공사관	수신지 정보	베를린 정부
	No. 76		A. 5092

사본

A. 5092 1905년 3월 26일 오후 수신

전보문

도쿄, 1905년 3월 26일 오후 1시 5분

오후 12시 10분 도착

독일제국 공사가 외무부에 발송

해독

No. 76

23일에 일본은 이곳의 제일은행에 광범위한 권한을 부여하는 명령을 내렸습니다. 한국은 한국의 재정난 해결을 위한 것이라며 은행권 발행의 권리를 주장합니다.

(서명) 아르코

원본 문서 일본 20 No. 3

28

[일본의 한국 내 영향력 확대에 대한 보고]

발신(생산)일	1905. 3. 15	수신(접수)일	1905. 4. 27
발신(생산)자	잘데른	수신(접수)자	뷜로
발신지 정보	서울 주재 독일 공사관	수신지 정보	베를린 정부
	K. No. 17		A. 7086
메모	5월 1일 대사관, 공사관에 전달		

사본

A. 7086   1905년 4월 27일 오전 수신

서울, 1905년 3월 15일

K. No. 17

독일제국 수상 뷜로 각하 귀하

얼마 전 본인은 상당수의 일본군이 한국에 올 것이라고 보고 드렸습니다. 일본군은 원래 제물포에 상륙해서 서울을 경유할 예정이었습니다. 그러나 한국의 북서쪽 항구들이 우연히도 다시 해빙되었기 때문에, 그곳에 상륙해서 북쪽으로 이동했습니다. 원산 부근에도 일본군이 다시 상륙했다고 합니다. 이 두 개의 증원군 규모가 어느 정도인지는 확실하게 말할 수 없습니다. 원래는 1만5천 내지 2만명이 올 것이라는 주장이 있었습니다. 앞으로는 일본군을 싣고 서해안에 상륙한 모든 선박은 일단 제물포에 입항해서 추후 명령을 대기한다는 이야기가 이곳에 나돌았습니다. 이 소문은 사실인 것 같습니다. 본인이 입수한 공식적인 선박 명부에 따르면, 2월 한 달 동안에만 일본 군사수송선 26척이 제물포항에 입항했기 때문입니다. 이 수송선들 중 몇 척은 병사 아닌 물자를 실었다 할지라도, 이 숫자를 토대로 대략 증원군의 규모를 추정할 수 있습니다. 한국 측의 소식통에 의하면, 동해안에서의 전황은 러시아인들이 성진에서 일본인들에게 밀려나 경성 지역의 북쪽, 즉 포시에트 만[1]지척까지 철수했다고 합니다. 이달 초부터 서울과 성진 사이 전신선이 다시 가동되고 있습니다.

---

1   [감교 주석] 포시에트 만(Possiet bay)

한국 주재 일본 외교단과 관리들은 한국을 합병해서 모든 행정을 장악하려고 총력을 기울이는 중입니다. 일본 이주민들이 한국 전국에 넘쳐나고 있습니다. 타인의 재산, 특히 토지를 욕심내는 아주 의심스러운 이주민들도 자주 볼 수 있습니다. 일본인들은 공적으로 매우 다양한 노력을 기울이고 있으며 모든 이해관계와 행정 분야에 깊이 개입합니다. 무엇보다도 먼저 한국 황제를 가능한 한 고립시켜서 무력하게 만들려고 합니다. 일본 천황의 고위부관이 한국 군주를 일본으로 초대하려고 지금 수행원들과 함께 한국에 있습니다. 얼마 전에 본인은 한국 군주가 당분간은 이 초대에 응할 의사가 없다고 이미 보고 드렸습니다. 약 10년간 미국에서 반 유배생활을 한 한국 황제의 아들[2]이 도쿄에서 사태의 진전을 관망하고 있습니다. 일본인들은 그 아들이 한국에서 주요한 역할을 할 의사가 있다고 여기는 것 같습니다.

일본인들은 한국 군주를 무력하게 만드는 동시에 한국을 대외적으로 고립시켜서 외국 열강들과의 관계를 단절시키는 데에도 주력하고 있습니다. 베를린과 파리 주재 한국 공사관들뿐만 아니라 사실상 이미 쓸모없어진 도쿄 주재 한국 공사관을 철폐하도록 한국 황제를 설득했다는 소문이 있습니다. 물론 본인은 한국 군주가 이 문제에서 그렇게 쉽게 굴복할 것이라고 믿지 않습니다. 한국 군주는 외국과의 빛나는 관계에 자신을 비추어서 그것이야말로 통치권의 가장 중요한 표현이라고 보기 때문입니다.

한국 군주가 최근 본인에게 심복을 보내, 러시아가 한국에서 일본의 통치권을 인정하려 한다는 신문보도가 사실인지 물었습니다. 그런데 한국의 주권은 다른 국가들과의 조약을 통해서도 확정되었기 때문에 그것은 불가하다는 것이었습니다. 한국 군주는 이 다른 국가들이 자신을 돕지 않겠느냐고 물었습니다. 본인은 직접적인 답변을 회피하고 모든 것은 평화조약을 체결하는 과정에서 결정될 것이라고 말했습니다. 그리고 독일은 어떤 경우에도 절대 개입하지 않고 오로지 지켜볼 것이라고 덧붙였습니다.

서울 주재 외국대표들은 일본인들에게 가장 거슬리는 눈엣가시입니다. 일본인들은 가능한 한 빠른 시일 내로 우리 모두를 떨쳐버리거나 아니면 적어도 영사관으로 변경시키고 싶어 합니다. 한국 외부에서 일하는 유명한 미국인 고문 스티븐스[3]는 미국의 몇 가지 유보조건을 제외하고는 자명하게도 완전히 일본의 뜻대로 움직입니다. 그런데 최근 스티븐스가 부영사 나이[4] 박사에게 대략 다음과 같은 의견을 표명했습니다. "이곳 프랑스 공사관에 암호전보의 발송과 수신을 허용하는 것은 수치스러운 일입니다. 만일

---

2   [감교 주석] 의친왕(義親王)
3   [감교 주석] 스티븐스(D. W. Stevens)
4   [감교 주석] 나이(Ney)

프로이센 장교가 하세가와 남작의 입장이라면, 이러한 전보통신을 비롯한 프랑스 공사관의 모든 통신을 감시할 것입니다. 이 정도는 총사령관에게 간단한 일일 것입니다. 한국 전국에 전시체제를 선포하면 그러한 모든 조처를 즉각 정당화할 수 있기 때문입니다." 그러나 본인이 알고 있는 바에 의하면, 한국 전국에 전시체제나 계엄령이 일본인들에 의해 결코 선포되지 않았음을 여기서 말씀드리고 싶습니다. 다만 북부지방에서만 그런 포고령이 발령되었습니다. 스티븐스의 말은 일본 관료층의 생각과 소망을 반영합니다. 스티븐스의 말을 토대로, 일본 관료층의 눈에 보이지 않는 고충이 어디에 있으며 그들에게서 무엇이 기대되는지 알 수 있습니다. 그들은 많은 이들의 호의를 잃을 것을 두려워하고 있음이 틀림없습니다. 그렇지 않다면 자신들이 원하는 바를 벌써 오래전에 실행에 옮겼을 것이기 때문입니다.

더욱이 스티븐스는 나이 박사에게 일본 재정에 대해 대략 다음과 같이 말했습니다. "저는 일본을 여행하면서 일본의 재정 상황에 대해 잘 아는 사람들을 만났습니다. 그들은 일본인들이 더 이상의 대외차관 없이도 앞으로 15개월은 전쟁을 계속할 수 있다고 계산했습니다. 1904년의 대풍작이 여기에 크게 일조했습니다." 스티븐스는 도쿄에 들렀을 때 옛 친구 이노우에[5]로부터 일본의 대외차관 성공에 대해 어떻게 생각하느냐는 질문을 받고 이렇게 답변했다고 합니다. "당신들이 뭔가 우매한 일을 저질렀다면 그것이야말로 단연코 우매한 일이었습니다. 그것도 대단히 우매한 짓이었지요. 이 점에서 미국의 정치가와 재정가들은 저와 같은 생각입니다. 당신들은 적어도 10억 엔은 즉시 받아야 했을 것입니다. 그랬더라면 이처럼 구걸하는 것보다 더 유리한 조건으로 받았을 것입니다. 지금은 너무 늦었습니다. 당신들이 이렇게 불리한 조건에 한 번 굴복한 이상, 이제는 그 누구도 더 유리한 조건으로 당신들에게 돈을 빌려주지 않을 것입니다." 일본인들은 대외차관을 엄청나게 두려워한다고 스티븐스는 덧붙였습니다.

현재 일본인들은 한국에서 또 다른 방면으로 자신들의 영향력을 관철시키려 시도하고 있습니다. 정확히 말하면, 그것은 한국에 근무하는 유럽 관리들을 축출하는 것과 관련 있습니다. 모든 프랑스 관리들이 해고되었는데, 제가 보기에는 당연한 처사입니다. 프랑스 관리들은 우체사무주임 클레망세[6]에 이르기까지 모조리 놀고먹는 건달이었기 때문입니다. 본인의 프랑스 동료는 일본인들이 한국 정부를 통해 내놓은 제안과 프랑스 동포들의 재정적인 요구사항을 조정하는 일로 몹시 분주합니다. 프랑스인들의 요구사항과 한

---

5 [감교 주석] 이노우에 가오루(井上馨)
6 [감교 주석] 클레망세(E. Clemencent)

국 정부의 제안 사이에는 여전히 커다란 간극이 있는 듯 보입니다. 오로지 우체사무주임만이 한국 정부로부터 받아야 하는 배상금에 대해 프랑스 공사를 거치지 않고 직접 일본 공사관과 합의했습니다. 클레망세는 곧 서울을 떠날 것입니다. 일본인들은 이미 오래전부터 한국의 우편업무를 장악하려고 노력했습니다. 이미 전쟁 초반에 일본인들은 한국의 전신업무를 장악했으며 러시아의 보호를 받던 덴마크인 전신국장[7]을 파면했습니다. 게다가 일본인들은 전쟁이 발발하기 이전부터 이미 한국에 독자적인 전신망을 구축했고 여전히 그 전신망을 소유하고 있습니다. 본인의 프랑스 동료는 한국 문제에 대해 원칙적으로 일본 공사관이 아니라 오로지 한국 정부와만 협의했습니다. 이와는 반대로 본인은 항상 이런 문제들에 대해 본인의 일본 동료와 터놓고 상의했습니다. 그래서 한국에 근무하는 독일 관리들은 당분간 적어도 해고될 위험이 없는 것 같습니다. 물론 일본인들은 우리 독일인들의 기분을 상하게 하지 않는 선에서 일본 국민들로 서서히 그 자리를 채우려는 의사를 내비쳤습니다. 본인이 지금까지 파악한 바에 의하면, 한국의 황실 악단을 이끌고 있는 프로이센 왕국의 음악단장 에케르트[8]의 자리만은 무슨 일이 있어도 보장된 듯 보입니다. 에케르트는 약 10년 동안 일본 육군과 해군의 군악대를 양성했습니다. 일본인들은 황실 의사 분쉬[9] 박사와 특별히 새로운 계약을 체결할 의향이 있는 것 같습니다. 분쉬 박사는 당연히 이곳 한국에서의 활동에 만족하지 못하고 있으며 어찌 되었든 직장을 바꿀 계획입니다. 새로운 계약도 재정적으로 열악할 가능성이 많고 의료 활동과 관련에서도 불만스러울 것입니다. 본인은 한국 정부가 운영하는 학교의 볼얀 교사에 대해서는 특별히 따로 보고 드릴 예정입니다. 앞에서 언급한 3명 이외에 한국 해관에서 일하는 독일인 몇 명이 더 있습니다. 일본인들이 해관의 풍부한 수입원을 서서히 통제하려고 서두르는 기색이 역력하지만, 이 독일인들의 자리는 당분간 보장된 듯싶습니다. 일본인들이 해관을 통제하게 되면 독일인들은 일본인들로 대체될 것입니다. 하지만 이 독일인들은 대부분 청국 해관으로 복귀할 권리가 있습니다. 일본인들의 한국 해관 인수를 가로막는 가장 큰 장애물은 영국인 총세무사 맥리비 브라운[10]입니다. 맥리비 브라운은 로버트 하트[11]를 본받아 한국 해관을 이끌었는데, 아마 로버트 하트 이상으로 권위적이었을 것입니다. 맥리비 브라운은 그 어떤 계산서도 제출하지 않았지만 그밖에는 매우 많은

---

7 [감교 주석] 뮐렌슈테트(H. J. Muehlensteth)로 추정
8 [감교 주석] 에케르트(F. Eckert)
9 [감교 주석] 분쉬(R. Wunsch)
10 [감교 주석] 브라운(J. M. Brown)
11 [감교 주석] 하트(R. Hart)

공적을 쌓았습니다. 얼마 전 맥리비 브라운과 일본인들 사이에서 갈등이 벌어질 조짐이 보였습니다. 일전에 본인은 특별히 메가타[12]의 재정 기획안에 대해 보고 드린 바 있습니다. 메가타가 한국 해관의 수입을 일본 정부에게 빌린 수백만 엔의 지폐에 대한 담보로 사용했을 때, 맥리비 브라운은 이 조치에 무척 흥분했습니다. 본인이 우연히 알아낸 바에 의하면, 맥리비 브라운은 도움을 요청하는 전보문을 본인의 영국 동료를 통해 런던으로 발송하게 했습니다. 그러자 런던과 도쿄에서 사태를 진정시키는 지시를 내린 것 같습니다. 이제는 갈등에 대한 이야기가 더 이상 들리지 않습니다. 자신의 직책에 끈질기게 집착하는 총세무사는 곧 일흔 살을 앞두고 있습니다. 이곳의 영국인들은 맥리비 브라운이 머지않아 경[13]의 작위를 받을 것이라고 말합니다.

한국 황제의 유명한 내장원경 이용익[14]이 남부지방[15]의 관찰사에 임명되었습니다. 한국의 신문보도에 의하면, 주민들이 이용익을 곧 다시 몰아낼 것을 청원했다고 합니다.

(서명) 잘데른
원본 문서 일본 20 No. 3

---

12 [감교 주석] 메가타 다네타로(目賀田種太郎)
13 [감교 주석] 경(Sir)
14 [감교 주석] 이용익(李容翊)
15 [감교 주석] 경상북도

[일본의 한국 내 영향력 확대에 대한 보고]

발신(생산)일		수신(접수)일	1905. 6. 15
발신(생산)자		수신(접수)자	
발신지 정보		수신지 정보	베를린 외무부
			A. 10313

A. 10313 1905년 6월 15일 수신

메모

서울 4월 28일의 보고서 - 29 -

한국에서 일본인들의 활동 - 철도건설, 행정, 재정, 우편제도와 전신제도, 경찰, 군대 개편 - 세관. 한국의 외교 대표. 금광채굴권 - 한국에 철도 자재 공급 - 미국 공사 교체.

원본 문서 일본 20 No. 3

[한국 정부의 1905년 예산안 보고]

발신(생산)일	1905. 5. 1	수신(접수)일	1905. 6. 15
발신(생산)자	잘데른	수신(접수)자	뷜로
발신지 정보	서울 주재 독일 공사관	수신지 정보	베를린 정부
	K. No. 31		A. 10314
메모	연도번호 No. 340		

A. 10314 1905년 6월 15일 오전 수신

서울, 1905년 5월 1일

K. No. 31

독일제국 수상 뷜로 각하 귀하

작년 9월 5일 자 보고서 No. 100에서 본인은 1904년도 예산안에 대해 보고 드린 바 있습니다. 금년도에 책정된 한국 예산안의 발췌본을 그 예산안과 대조하여 삼가 각하께 동봉하는 바입니다.

1905년도 예산 책정은 일본이 한국 정부의 탁지부 고문으로 임명한 메가타[1]의 첫 번째 임무들 중 하나였습니다. 본인은 메가타의 재정제도 및 특히 화폐제도 분야에서의 다양한 활농에 대해 여러 차례 보고 드린 바 있습니다. 먼저 수치들을 비교해보면, 상세한 내역은 전반적으로 상당히 동일하다는 것을 알 수 있습니다. 다만 새 예산은 두 가지 중요한 점에서 예년의 예산과 다릅니다.

특별 지출 항목들 가운데 전년도의 적자를 메우기 위해 책정된 4,614,263 항목이 보입니다. 예년의 예산들에서 한국의 재정은 전년도의 실제 결과에 대해서는 한결같이 침묵하는 책략을 사용했습니다. 과거의 예산들이 실제로 수행되었는지의 여부는 단순히 무시했습니다. 전년도 결손이 어떻게 청산되었는지 자세한 내역을 알 길이 없습니다. 어쨌든 응분의 결손액을 산출해 내는 것이 메가타의 지대한 관심사였습니다. 일본 측으로부터 차관을 받는 것이 한국 정부에게 얼마나 필요한 일인지 명백하게 제시할 수 있었

---

1 [감교 주석] 메가타 다네타로(目賀田種太郎)

기 때문입니다. 일본 정부는 이러한 차관 제안이 한국을 더욱 예속시킬 수 있는 적절한 방법이라고 보았습니다.

그러나 이런 점에서 일본 정부의 의도들은 지금까지 아직 충분히 실현되지 않았습니다. 일본 측에서 천만 엔의 차관을 수용하라고 거듭 독려하는데도, 한국은 일본 제일은행이 제공한 3백만 엔의 대출만을 승인했기 때문입니다. 이 3백만 엔은 계획한 화폐개혁을 실시하는 데 사용될 예정입니다. 금년 2월 14일 자 보고서 No. 15 참조.

새 예산안이 예년의 예산안과 다른 두 번째 중요한 점은 과거의 예산에 고착된 결점을 배제한 것입니다. 과거 예산안을 보면 얼마나 무지하게 예산 내역이 책정되었는지 적나라하게 알 수 있으며, 한국 예산이 얼마나 믿을 수 없는 것인지 깨닫게 됩니다. 한국의 예산은 매번 한국 백동화로 책정됩니다. 예전의 보고서들과 금년 2월 14일의 마지막 보고서에서 언급한 바와 같이, 백동화의 액면가는 원래 일본의 엔과 동등했습니다. 그러나 과잉 주조와 위조화폐의 대량 도입 탓에 일본 금화에 비해 가치가 대폭 하락했습니다. 그 결과 시세가 크게 요동치는 바람에 이미 오래전부터 손실이 평균 100%를 넘습니다. 예를 들어 해관세나 외국인이 공공장소에 지불하는 토지세 같은 국가 수입의 일부는 백동화가 아닌 엔으로 징수됩니다. 또한 제일은행에서 빌린 대출금 상환을 위해 책정된 금액, 외국인 및 모든 해관직원의 급료, 외국에 주재하는 한국 대표를 위한 경비 역시 백동화가 아닌 엔을 기본으로 합니다. 과거의 예산들은 이러한 근본적인 차이를 단순히 무시해버렸습니다. 엔과 백동화가 여전히 동등한 양 간단히 합산했습니다. 이제 메가타는 실제 상황을 고려하기 위해 지출과 수입에 엔과 백동화의 차이를 조정하는 금액을 투입했습니다.

그런데 새 예산과 전년도 예산의 개개 항목들을 살펴보면 크게 주목할 만한 차이점이 눈에 띄지 않습니다. 본인은 일본이 의도하는 한국 국가체제의 개혁에 대해 이미 정치보고서에서 각하께 말씀드렸습니다. 일본은 그 개혁의 일부를 벌써 실행에 옮겼으며, 그 개혁들은 1905년도 예산안의 많은 항목들을 파기시켰습니다. 금년도 한국 군대를 위한 비용은 1904년과 거의 동일합니다. 그러나 지난 수 주일 동안 한국 병사의 거의 절반이 해고되었습니다. 그러니 이미 책정된 금액이 아마 틀림없이 현저히 감소할 것입니다. 예산안에서 궁내부 소관으로 배정된 철도국과 광산국은 이미 폐지되었습니다. 일본이 이 시설들을 완전히 장악했기 때문입니다. 한국의 농상공부가 아직은 완전히 해체되지 않았지만, 최근 일본이 한국의 우편제도와 전신제도를 인수함으로써 이 제도 역시 헛된 것이 되고 말았습니다. 따라서 내년도 예산은 올해의 예산과 크게 다를 것입니다. 일본이 금년 6월 1일 자로 시행하려고 계획한 화폐개혁과 그 밖의 메가타의 재정개혁이 효력을 발휘할 것이기에 더욱 그렇습니다. 본인은 앞에서 언급한 금년 2월 14일 자 보고서에서 메가타의 재정개혁에 대해 설명 드린 바 있습니다.

본인은 IX. 3항에 자리한 백만 달러 항목에 대해서는 대출금과 관련된 것이라고 덧붙입니다. 그것은 빈번히 자금 부족에 시달리는 탁지부가 미지급된 관료 봉급과 그 밖의 긴급 비용을 지불하기 위해 내장원, 즉 황제의 개인 금고에서 1904년에 차용한 대출금입니다.

(서명) 잘데른
원본 문서 한국 4

[보호조약¹이 체결되었다는 보고]

발신(생산)일	1905. 11. (21?)	수신(접수)일	1905. 11. 22
발신(생산)자	아르코	수신(접수)자	
발신지 정보	도쿄 주재 독일 공사관	수신지 정보	베를린 외무부
	No. 213		A. 20806

A. 20806   1905년 11월 22일 오전 수신

전보문

도쿄, 1905년 11월 ―일 오후 7시 5분
11월 21일 오후 9시 42분 도착

독일제국 공사가 외무부에 발송

No. 213

고쿠민²이 서울에 전보 발송. 한국과 일본의 새로운 협정 체결. 일본이 한국의 외교권과 기존 국가조약의 수행을 떠맡음. 일본의 동의하에서만 새로운 조약 체결 가능. 일본 통감은 서울에서 한국 군주를 직접 자유롭게 방문. 서울 주재 일본 통감의 감독을 받는 행정관들을 주요 장소로 파견.

(서명) 아르코
원본 문서 한국 10

---

1   [감교 주석] 을사늑약(乙巳勒約); 한일협상조약
2   [감교 주석] 고쿠민(國民). 일본의 신문사.

32

[일본인의 한국 재정 개혁 관련 보고서]

발신(생산)일		수신(접수)일	1905. 4. 13
발신(생산)자		수신(접수)자	
발신지 정보		수신지 정보	베를린 외무부
			A. 7000

A. 7000   1906년 4월 13일 오전 수신

메모!

한국의 예산안 및 일본인들의 한국 개혁과 관련한 1906년 3월 7일 자 서울발 보고서가
원본 문서 한국 4에 있음

한국의 상황

발신(생산)일	1906. 6. 14	수신(접수)일	1906. 8. 4
발신(생산)자	나이	수신(접수)자	뷜로
발신지 정보	서울 주재 독일 영사관	수신지 정보	베를린 정부
	No. 41		A. 13501
메모	예나, 런던, 마드리드, 파리, 페테르부르크, 로마 B., 워싱턴, 빈, 아테네, 베오그라드, 베른, 브뤼셀, 부쿠레슈티, 크리스티안, 헤이그, 코펜하겐, 리스본, 스톡홀름, 카이로, 소피아, 다름슈타트, 드레스덴, 카를스루에, 뮌헨, 슈투트가르트, 바이마르, 올덴부르크, 함부르크, 베이징에 전달		

A. 13501 1906년 8월 4일 수신

서울, 1906년 6월 14일

No. 41

내용: 한국의 상황

독일제국 수상 뷜로 각하 귀하

한국에 새로 설치된 일본 행정관청[1]이 이미 정상적으로 운영되고 있습니다. "한국 정부"와의 약속은 지금까지 성실히 이행되었습니다. 통감부는 모든 중요한 조처와 관련해 한국 의정부의 허가를 요청합니다. 여러 부서에 배치된 고문이 의정부의 동의를 구하지 못하는 경우, 통감이 명령을 내리고 그러면 일이 해결됩니다. 이토[2]는 통감에 임명된 후로 전부 합해 겨우 6주일 한국에 체류했습니다. 본인이 정통한 소식통으로부터 입수한 정보에 의하면, 게다가 이토는 일 년 이내에 통감직에서 물러날 것이라고 합니다. 4월 말에 이토는 열병식을 참관하러 도쿄로 떠났습니다. 그리고 전쟁 이후 일본이 해결해야 하는 중대한 문제들 때문에 일본 수도에 붙잡혀 있습니다. 이토는 열흘 후쯤 한국에 돌아올 것으로 예상됩니다. 그전에 며칠 앞서 노즈[3]가 인솔하는 일본 위원회가 한반도를

---

1 [감교 주석] 통감부(統監府)
2 [감교 주석] 이토 히로부미(伊藤博文)
3 [감교 주석] 노즈 쓰네다케(野津鎭武)

살펴보기 위해 이곳에 도착할 것이라고 합니다. 이토는 일본이 공정하고 분별력 있고 행정을 통해 한국 국민의 신뢰를 얻어야만 한국에서의 임무를 완수할 수 있다고 확신합니다. 이토가 한국을 무력으로 개화하려 하는 일본 군부에게도 그런 확신을 심어줄 수 있을 지는 확실하지 않습니다. 군부 당국이 소유주에게 적절한 배상을 하지 않고 토지를 탈취하는 일이 지금도 비일비재합니다. 이토가 군사 목적을 위한 이런 재산 몰수에 반감을 품고 있으면서도 무력하게 지켜볼 수밖에 없다는 것을 모르는 사람이 없습니다. 한국 국민 대다수는 국가의 독립 상실보다 군부의 재산 몰수에 더 분노하고 있습니다. 한국에 주둔하는 두 개 사단 중 하나를 철수시키는 문제가 최근 논의되었습니다. 일본 언론의 최근 보도가 옳다면, 그 문제는 없던 일이 되었습니다.

서울의 동쪽에 위치한 강원도 및 남쪽지방 충청도와 경상도에서 지난달 초순부터 상당히 큰 규모의 소요사태가 발생했습니다. 폭도들은 주로 의병의 추종자들로 이루어져 있습니다. 이 단체는 청일전쟁 후 일본의 영향력이 한국에서 갑자기 강화되었을 무렵 창건되었으며, 그 후로 이따금 반란을 일으켜 "일본 배척 운동"을 지원하려 했습니다. 일본인들에게 살해당한 한국 왕비[4]의 가까운 친척 민종식[5]이 이 종파를 이끌고 있습니다. 일본 신문의 보도에 의하면, 이들 폭도들은 군사적으로 어느 정도 조직되어 있으며 훈련도 받았다고 합니다. 또한 그들 중에는 지난 2년 동안 한국 군대를 축소하는 과정에서 해고된 한국 병사 수백 명도 포함되어 있다는 것입니다. 폭도들은 상당수의 무라타 총기를 사용한다고 합니다. 폭도들의 주력부대는 충청도 홍주에 진을 치고 있습니다. 일본과 한국의 경찰 및 헌병이 이 폭도들에게 전혀 손을 쓰지 못했기 때문에, 일본 통감부는 폭도들을 진압할 수 있도록 한국군을 파견해줄 것을 한국 정부에 요청했습니다. 물론 그것은 실효를 거두지 못했습니다. 한국 군대의 프로그램에는 군사작전이라는 것이 없는데다가, 한국인들이 의병들에게 호감을 가지고 있습니다. 의병들의 배후에 한국 궁중이 있을 수도 있습니다. 몇몇 일본신문들이 아주 근사하게 표현한 바에 따르면, 한국이 "주권국가로서 부여받은 책무"를 다하지 못했기에 일본군이 폭동 진압에 동원되었습니다. 지난달 31일 일본군은 2개 중대와 화포 몇 대로 홍주를 탈환했습니다. 도시를 점령하는 과정에서 의병 60명이 목숨을 잃고 127명이 사로잡힌 반면에, 1000명 이상의 반란자들이 도주했습니다. 강원도와 충청도, 경상도에서의 소요사태는 지금도 계속되고 있으며, 이미 상당수의 일본인이 폭도들에게 붙잡혀 살해되었습니다. 그러나 이 폭동에는

---

4   [감교 주석] 명성황후(明成皇后)
5   [감교 주석] 민종식(閔宗植)

큰 의미가 없습니다. 이러한 필사적인 움직임은 오히려 일본 군부가 바라던 바이며, 더욱 강력한 조치를 취할 수 있는 구실을 일본 군부에 제공했습니다.

한국 주재 러시아 총영사에 임명된 플란손[6]이 이미 몇 주 전부터 일본에 머물고 있습니다. 일본인들은 플란손의 총영사 임명을 불신의 눈길로 바라봅니다. 신문 보도에 의하면, 플란손이 한국 황제의 영사 승인서를 제출하려 했지만 일본인들의 반대에 부딪혔다고 합니다. 그래서 플란손이 한국으로 출발하지 못하고 있다는 것입니다. 일본인들은 1904년 2월 23일의 한일의정서로 인해 한국과 러시아 사이의 조약들이 중단되었다는 근거를 내세우고 있습니다. 또한 작년 11월 17일의 보호조약에 의해 한국과 외국의 관계에 대한 결정권은 일본에게 있음으로, 러시아는 한국과 관련해 오로지 일본하고만 협상할 수 있다는 것입니다. 이러한 협상 과정에서 한국 정부는 완전히 제외해야 한다는 것입니다. 이와 관련해 러시아와 일본이 어떤 논의 단계에 있는지 이곳에서는 전혀 알아낼 길이 없습니다. 전쟁이 발발할 때까지 이곳 공사관 서기관이었던 케르베르크[7]는 몇 개월 전부터 이곳에서 완전히 은둔생활을 하고 있습니다. 본인과 친한 지인 중에는 몇 년 전부터 케르베르크와 가까이 지내는 사람이 있습니다. 케르베르크는 그 사람에게 이 문제에 대해 매우 회의적으로 말했으며, 심지어는 분쟁이 어떻게 해결될지 모른다고 선언했습니다. 러시아는 한국과의 조약을 고수하며 한국 군주의 동의 없이 체결된 작년 11월 17일의 협정을 인정할 수 없는데, 일본 역시 양보하지 않을 것이라고 말했다고 합니다. 케르베르크는 아직도 전쟁 전의 시절에 살고 있는 것 같습니다. 한국에서 일본의 조처를 목격한 사람은, 러시아가 한국의 새로운 상황에 순응하든지 아니면 한반도 주재 대표부를 아예 포기해야 할 것으로 판단합니다.

물론 이곳 궁중에서는 한국과 관련해 러시아와 일본이 불화를 빚는다는 소식을 매우 반기고 있습니다. 한국 군주는 실제 상황을 파악하지 못하는 탓에, 지금 매우 낙관적인 희망을 품고 있습니다. 한국 군주의 이런 태도에는 이토가 오랫동안 자리를 비운 것도 한 몫을 합니다. 이토는 매우 조용하고 거의 소심한 쓰루하라[8]를 권한대행으로 내세웠습니다. 며칠 전 한국 황제는 사전에 통감부의 의견을 묻는 절차 없이 민씨 가문의 일원[9]에게 의정대신 직책을 맡겼습니다. 의정대신 자리는 수년 전부터 공석이었으며, 의정부 참정대신이 의정대신 직무를 수행하곤 했습니다. 의정대신이 임명됨으로써 의정대신이

---

6 [감교 주석] 플란손(G. A. Plason)
7 [감교 주석] 케르베르크(Kehrberg)
8 [감교 주석] 쓰루하라 사다키치(鶴原定吉)
9 [감교 주석] 민영규(閔泳奎)

내각의 수장이 되었습니다. 이토가 의정대신을 임명한 이유에 대해 묻자, 한국 황제는 가을로 예정된 황태자의 재혼에 대비해 의정대신을 임명했다고 답변했습니다. 통감부는 이러한 설명에 만족하지 않았으며, 한국 군주에게 더 이상의 해명을 요구했습니다. 민씨는 의정대신 지위를 오래 누리지 못할 것입니다. 한국 황제는 통감부 측에서 (일본인이 아닌) 외국인을 위해 요청한 모든 알현을 거부하고 있습니다. 도쿄 주재 청국 공사관의 일등서기관을 역임한 마팅량[10]이 서울 주재 총영사로 임명되었는데, 지금까지 한국 군주를 접견하지 못했습니다. 한국 황제는 번번이 병을 구실로 내세우고 있지만, 진짜 이유는 알현하는 자리에 통감부 대표가 참석하는 것에 대한 반감 때문입니다. 이토에 대한 외국인들의 신뢰를 떨어뜨릴 목적으로, 통감이 도쿄로 떠나기 전날 한국 군주는 통감이 백인과 황인의 이해관계 대립에 대해 말했다는 소문을 심복들을 시켜 퍼트리게 했습니다. "아시아인들에게는 오로지 외국인이라는 하나의 적만이 있으니 아시아인들은 대동단결해야 한다. 청국이 이제 깨어나 외국인들에게 탈취당한 모든 권리를 되찾고 있다." 이토가 이렇게 말했다는 것입니다. 이토가 정말로 이런 말을 했을지 의구심을 표명한 지인에게, 한 고위관리는 한국 군주가 그에 대해 서면으로 확인한 것을 가져오겠다고 자청했습니다. 이토는 한국 군주를 너무 잘 알고 있는 터라서 그런 비슷한 말을 분명히 입 밖에 내지 않도록 조심했을 것입니다. 그러나 한국 군주가 그런 음모를 그만두기는 어려울 것이며, 얼마나 단순한지 이따금 종잡을 수 없는 일을 벌입니다. 한국 군주가 어느 정도나 단순한지 잘 보여주는 예가 있습니다. 그 유명한 손탁이 몇 개월 자리를 비운 사이 한 독일 부인이 황실 전례관의 업무를 수행했습니다. 몇 주 전 한국 군주가 독일 황제폐하께서 가을에 한국에 오시는 것이 사실이냐고 직접 그 독일 부인에게 물었다는 것입니다.

처음에는 하야시[11]가 그리고 나중에는 이토가 한국 황제의 마음을 움직여 후궁 소생의 의화군[12]을 다시 불러들이려 했는데, 이 노력이 결국 결실을 맺었습니다. 당시 한국 왕비[13]는 의화군을 자신의 소생, 즉 정신 박약한 세자의 경쟁자로 보았습니다. 그래서 한국 왕비는 살해되기 직전 의화군을 외국으로 내보냈으며, 그 후로 의화군은 일본과 미국에 머물렀습니다. 한국 군주는 완전히 일본의 영향하에 있는 왕자가 돌아오는 것을 오랫동안 반대하다가 결국 귀국을 허가했습니다. 4월 초에 의화군은 한국에 도착했고,

---

10 [감교 주석] 마팅량(馬廷亮)
11 [감교 주석] 하야시 곤스케(林權助)
12 [감교 주석] 의친왕(義親王)
13 [감교 주석] 명성황후(明成皇后)

궁궐이 아니라 이곳 일본인의 개인집에 숙소를 정했습니다. 의화군이 어쩌다 부친을 만날 때마다 한국 군주가 행여 일본에 반대하는 술책을 꾸밀까봐 항상 통감부의 대표가 그 자리에 참석했습니다. 의화군도 자신이 일가친지로부터 안전하다고 느끼지 않은 게 분명합니다. 이토가 도쿄로 떠나자 의화군도 곧바로 그 뒤를 따라갔으며 그 후로 다시 돌아오지 않았기 때문입니다. 일본인들이 다루기 힘든 한국 군주의 자리에 필요한 경우 앉힐 수 있는 자를 확보하기 위해 그 왕자를 끌어들였을 수 있습니다.

최근 볼리비아 주재 프랑스 대표를 역임한 브렝[14]이 서울 주재 프랑스 총영사에 임명되었습니다. 소환된 고든 패덕[15] 대신 지난 수년 동안 하와이 주재 미국 총영사였던 헤이우드[16]가 이곳의 총영사로 부임합니다.

(서명) 나이
원본 문서 한국 10

---

14 [감교 주석] 브렝(Belin)
15 [감교 주석] 고든 패덕(G. Paddock)
16 [감교 주석] 헤이우드(W. Haywood)

34

한국의 상황

발신(생산)일	1906. 6. 18	수신(접수)일	1906. 8. 4
발신(생산)자	나이	수신(접수)자	뷜로
발신지 정보	서울 주재 독일 영사관	수신지 정보	베를린 정부
	No. 42		A. 13502
메모	예나, 런던, 마드리드, 파리, 페테르부르크, 로마 B., 워싱턴, 빈, 아테네, 베오그라드, 베른, 브뤼셀, 부쿠레슈티, 크리스티안, 헤이그, 코펜하겐, 리스본, 스톡홀름, 카이로, 소피아, 다름슈타트, 드레스덴, 카를스루에, 뮌헨, 슈투트가르트, 바이마르, 올덴부르크, 함부르크에 전달		

A. 13502　1906년 8월 4일 수신

서울, 1906년 6월 18일

No. 42

내용: 한국의 상황

독일제국 수상 뷜로 각하 귀하

얼마 전 이토[1]에 의해 도쿄로 초빙된 스티븐스[2]가 최근 이곳에 돌아왔습니다. 스티븐스는 영사 승인 문제로 자신이 직접 플란손[3]과 협상했다고 본인에게 이야기했습니다. 플란손은 한국 황제가 영사 부임을 승인할 것을 실제로 먼저 일본 정부에 요구했다고 합니다. 그러나 그것은 "허세"에 불과했다는 것입니다. 플란손이 서울이 아닌 도쿄에 문의했다는 사실만 보아도 그것이 그의 본심일 리가 없음을 알 수 있기 때문이라고 합니다. 신임 러시아 총영사는 자신이 일본 정부에게 영사 승인을 받는 것에 동의를 표했다고 합니다. 조러통상조약의 존속과 관련해서도 협상이 진행 중입니다. 그러나 이것은 단지 형식적인 절차에 불과합니다. 한국과 관련해 러시아 측에 가장 유리한 약관을 포함하는 포츠머스조약이 러시아에게 옛 조약의 권리들을 보증하기 때문이라는 것입니다. 스티븐

1　[감교 주석] 이토 히로부미(伊藤博文)
2　[감교 주석] 스티븐스(D. W. Stevens)
3　[감교 주석] 플란손(G. A. Plason)

스의 말에 의하면, 플란손은 한국에서 일본 통감부와 최상의 관계를 유지할 것이라고 단언했다 합니다. 그럼에도 불구하고 스티븐스는 신임 러시아 총영사가 한국 군주의 오른팔 역할을 할 생각으로 서울에 간다는 인상을 떨쳐버릴 수 없다고 덧붙였습니다. 그러나 일본인들은 절대 휘말리지 않을 작정이라고 합니다. 한국 군주가 순순히 응하지 않으면, 오로지 한 가지 길밖에 없다고 합니다. 그것은 한국 군주를 일본으로 데려와서 무력화시키는 것입니다.

더욱이 스티븐스는 이토가 도쿄에 머무는 동안 군사 목적을 위해 토지를 점유하는 문제를 만족스럽게 해결했다고 말했습니다. 군사행정에 실제로 필요하지 않은 모든 토지는 다시 해제하고, 군사 당국이 소유하는 지역에 대해서는 소유주들에게 적절한 배상금을 지불한다는 것입니다. 토지 문제로 크게 염려했던 이토는 군사행정이 이런 방향으로 일을 처리할 것을 극히 단호하게 촉구할 것이라고 합니다.

(서명) 나이
원본 문서 한국 10

35

한국의 상황

발신(생산)일	1906. 7. 19	수신(접수)일	1906. 8. 15
발신(생산)자	에어케르트	수신(접수)자	뷜로
발신지 정보	도쿄 주재 독일 공사관	수신지 정보	베를린 정부
	No. 156		A. 14075
메모	8월 15일 베이징, 워싱턴, 상하이에 전달		

1906년 8월 15일 No. 156의 사본

A. 14075 1906년 8월 15일 수신

도쿄, 1906년 7월 19일

내용: 한국의 상황

독일제국 수상 뷜로 각하 귀하

각하께서는 서울 주재 독일제국 부영사[1]의 보고서를 통해 한국의 최근 정치적 사건들에 대해 알고 계십니다. 본인도 부영사의 보고서를 받았습니다. 한국에서 맡은 임무에 크게 열광하지 않는 이토[2]는 승전퍼레이드를 이유로 휴가를 연장했습니다. 그러나 한국 조정에 개입하기 위해 드디어 휴가를 중단했던 것 같습니다. 이토는 상당히 철저한 방식으로 한국 조정에 개입한 듯 보입니다. 일본인들이 최대한 격식을 갖추면서 음흉한 한국 조정의 질서를 강력하게 회복하려 하는 것을 나쁘게 생각할 수만은 없습니다. 그러므로 동아시아 주재 독일 지방신문이 자신이나 우리와는 아무 상관없는 이 문제에서 일본인들에게 반감을 표시하는 것은 그만큼 더욱 유감스러운 일입니다. 게다가 최근 하야시[3]는 이토가 계속 한국 황제와 함께 통치하기로 결정했다고 본인에게 확인해주었습니다. 일본 정부는 황제의 폐위 아니면 그런 비슷한 일들을 생각하고 있지 않다는 것입니다. 이토는 평생 음모 속에서 살아온 한국 제후를 서서히 "굴복시켜서", 지나치게 가혹한 조치를 취하지 않고도 일본의 뜻을 따르게 할 수 있을 것이라고 확신한다고 합니다.

---

1 [감교 주석] 나이(Ney)
2 [감교 주석] 이토 히로부미(伊藤博文)
3 [감교 주석] 하야시 곤스케(林權助)

본인은 그것이 일본인들에게 올바른 길이라고 생각합니다.

한국 문제에서 일본의 여론과 언론은 양쪽으로 나뉘어 심하게 대립하고 있습니다. 한쪽은 통감의 정책을 옹호하는 온건파이고, 다른 한쪽은 외국이 뭐라고 외치든 개의치 말고 격식 차리지 말고 깨끗이 소탕해버리라는 강경파입니다. 아오키[4]는 항상 후자를 지지했습니다.

본인은 일본인들이 한국에서 부딪히는 정치적 난관에 대해 특별히 관심을 드러내지 않으려고 조심하고 있습니다. 일본인들이 어떻게 한국에서 곤경을 헤쳐 나가든, 우리는 전적으로 일본인들만의 일로 여긴다는 것을 보여주려 하고 있습니다. 한국의 안정과 질서를 구축하고 경제적 발전을 추구하는 과정에서 우리의 무역에도 간접적으로 이익이 있을 것 같은 징후가 보입니다.

(서명) 에어케르트[5]
원본 문서 한국 10

---

4 [감교 주석] 아오키 슈조(青木周蔵)
5 [감교 주석] 에어케르트(Erckert)

36

한국의 상황

발신(생산)일	1906. 7. 10	수신(접수)일	1906. 8. 15
발신(생산)자	나이	수신(접수)자	빌로
발신지 정보	서울 주재 독일 영사관 No. 49	수신지 정보	베를린 정부 A. 14088

1906년 8월 16일의 보고서 No. 49의 사본

A. 14088 1906년 8월 15일 수신

서울, 1906년 7월 10일

내용: 한국의 상황

독일제국 수상 빌로 각하 귀하

거의 두 달 동안 자리를 비웠던 이토[1]가 얼마 전 서울에 돌아왔습니다. 그리고 본인이 이미 보고 드린 바와 같이 최근 들어 심히 오만해진 한국 조정을 돌아오자마자 신랄하게 질책했습니다. 이달 2일 통감은 한국 군주를 장시간 알현한 자리에서 한국 군주의 죄를 힐난했으며, 의병 폭동이 한국 조정의 후원을 받는다는 증거로 한국 황제의 옥쇄가 찍힌 서류들을 내보였습니다. 이토는 이런 고통스러운 폭로로 인해 완전히 기가 꺾인 한국 군주에게 무당이나 점쟁이 같은 저열한 자들을 멀리하라고 "조언"했습니다. 이처럼 달갑지 않은 족속들로부터 궁중을 깨끗이 유지하기 위해 앞으로는 궁궐의 모든 출입구들을 일본 경찰과 헌병이 지킬 것입니다. 한국 군주는 이번 일을 무사히 모면한 것에 기뻐했으며, 일본 측에서 강력하게 주장한대로 기꺼이 따르겠다고 동의했습니다. 바로 그날 저녁 일본 경찰대장[2] 마루야마[3]가 일본 경찰과 헌병들로 궁궐을 에워쌌으며, 그 후로 통감부가 한국 군주에게서 멀리하려는 자는 그 누구도 궁궐에 들어가지 못합니다.

사실 일본인들에게 무당이나 점쟁이는 별 문제가 아니었습니다. 그보다는 한국 황제

---

1 [감교 주석] 이토 히로부미(伊藤博文)
2 [감교 주석] 경무청 고문관(警務廳顧問官)
3 [감교 주석] 마루야마 시게토시(丸山重俊)

가 외부세계와 연락할 수 있는 가능성을 차단하고 한국 관리와 국민에게 영향력을 행사하지 못하게 할 속셈이었습니다. 통감부는 국가 행정을 독점할 것을 요구합니다. 한국 황제는 오로지 통감이 제시하는 국사에만 관여해야 합니다. 한국의 군주는 독자적으로 정치적인 시도를 할 수 있는 모든 기회를 빼앗겼다고 합니다. 한국 황제는 다른 속셈이 없음을 증명하기 위해 즉시 황실 예산의 품위 유지와 관련한 칙령을 발표했습니다. 그리고 황제의 승인하에 몇몇 한국 대신과 일본 경찰대장, 통감의 개인비서 고쿠부 쇼타로[4]로 이루어진 궁중위원회가 구성되었습니다. 이 위원회가 황제와 외부세계의 관계를 통제한다고 합니다. 궁내부 소속의 외교부서 폐지도 결정된 사안인 듯 보입니다. 이 외교부서는 군주와 외국 대표 사이의 연락을 중재하고, 간부진은 주로 유럽언어 통역관으로 구성되어 있습니다. 어쨌든 이토는 신임 러시아 총영사 플란손[5]이 이곳에서 임무를 수행하기 전에 대비하려 합니다.

지난번 궁중음모에 가담한 상당수의 고관들이 체포되었습니다. 궁내부 협판 민경식[6]과 내부협판 이봉래[7]가 다른 사람들과 함께 이곳 일본 헌병대에 구류되어 있습니다.

이토를 그림자처럼 따라다니는 의화군이 이토과 동시에 다시 이곳에 돌아왔습니다. 이토가 의화군에게 양위할 것을 한국 황제에게 조언했다는 소문이 이곳 신문들에 보도되었지만, 그 기사는 즉시 정정되었습니다. 많은 사람들의 견해에 따르면, 의화군은 결코 황제 후보자가 아니라고 합니다. 일본인들이 자신들의 목적을 위해 현재의 황태자보다 더 적절한 황위 계승자는 바랄 수 없다는 것입니다. 황태자는 완전 백치여서 어떤 상황에서도 위험을 초래하지 않을 것입니다. 한국의 황위가 장차 어떻게 될 것인지는 말할 수 없습니다. 이토가 앞으로도 계속해서 Yi-höng[8]을 시험할 것이라는 사실만은 단정할 수 있습니다.

지방의 폭동은 상당히 진압되었으며, 별로 의미 없는 소요만이 산발적으로 일어날 뿐입니다.

(서명) 나이

원본 문서 한국 10

---

4 [감교 주석] 고쿠부 쇼타로(國分象太郎)
5 [감교 주석] 플란손(G. A. Plason)
6 [감교 주석] 민경식(閔景植)
7 [감교 주석] 이봉래(李鳳來)
8 [감교 주석] 고종(高宗)

37

[민경식, 이봉래가 일본 헌병대에 고문을 당했다는 풍설 보고]

발신(생산)일	1906. 7. 10	수신(접수)일	1906. 8. 15
발신(생산)자	나이	수신(접수)자	뷜로
발신지 정보	서울 주재 독일 영사관	수신지 정보	베를린 정부
	K. No. 49		A. 14089
메모	연도번호 No. 418 1906년 7월 10일의 보고서 No. 49의 추신		

A. 14089 1906년 8월 15일 오후 수신

서울, 1906년 7월 10일

K. No. 49

독일제국 수상 뷜로 각하 귀하

해독

1906년 7월 10일의 보고서 No. 49의 추신

앞에서 언급한 한국 협판 두 명[1]의 체포에 대해, 이곳 미국 총영사가 본인에게 은밀히 알려준 내용을 덧붙이고 싶습니다. 미국 총영사가 믿을만한 소식통으로부터 입수한 소식에 의하면, 두 협판은 일본 헌병대에서 수차례 잔혹한 고문을 당했다고 합니다. 일본인들은 한국 군주가 폭동에 가담했다는 자백을 받아내려 했다는 것입니다. 미국 총영사[2]는 도쿄 주재 미국 대사[3]에게도 이에 대해 보고했다고 합니다. 본인으로서는 이 소식의 진위 여부를 확인할 수 없습니다. 본인이 들은 바에 의하면, 현재 이곳에 체류 중인 London Daily Mail의 통신원 매켄지[4]가 그 소문을 추적하고 있습니다. 그러므로 이 일은 아마 언론에 보도될 것입니다.

나이
원본 문서 한국 10

---

1 [감교 주석] 민경식(閔景植), 이봉래(李鳳來)
2 [감교 주석] 헤이우드(W. Haywood)
3 [감교 주석] 라이트(L. E. Wright)
4 [감교 주석] 매켄지(F. A. McKenzie)

[주한러시아 총영사 승인 문제의 해결에 관한 보고]

발신(생산)일	1906. 8. 24	수신(접수)일	1906. 8. 24
발신(생산)자	취르제키	수신(접수)자	뷜로
발신지 정보	베를린	수신지 정보	베를린 정부
			A. 14527
메모	8월 27일 베이징 49에 전달		

사본

A. 14527   1906년 8월 24일 오후 수신

베를린, 1906년 8월 24일

일본 대사[1]에게 전달받은 바에 의하면, 한국 주재 러시아 총영사의 승인 문제는 러시아가 일본 천황에게 승인을 요청하는 것에 동의하는 방향으로 해결되었다고 합니다.

그 기회를 빌려 일본은 한국이 일본의 동맹국으로서 러일전쟁에 참여한 사실을 내세워 한국과 러시아의 모든 조약도 폐지된 것으로 이해한다고 러시아에게 강조했다고 합니다. 그리고 한국과 러시아의 모든 새로운 조약은 일본이 한국을 대신해 체결한다는 것입니다.

이즈볼스키[2]는 이 문제에 대한 의견 표명을 아직까지 보류하고 있다고 합니다. 어쨌든 일본은 러시아가 영사 승인을 일본에 요청한다는 사실을 근거로 내세워, 한국이 일본에게 일종의 보호통치를 받고 있음을 러시아가 무언중에 인정하는 것으로 추론하고 있습니다.

(서명) 취르제키[3]

원본 문서 청국 25

---

1   [감교 주석] 이노우에 가쓰노스케(井上勝之助)

2   [감교 주석] 이즈볼스키(A. P. Izwolskii)

3   [감교 주석] 취르제키(Tschirschky)

39

[한국 내 일본 불교 전파를 주장하는 일본 신문의 사설]

발신(생산)일		수신(접수)일	1906. 9. 6
발신(생산)자		수신(접수)자	
발신지 정보		수신지 정보	베를린 외무부
			A. 15189

A. 15189   1906년 9월 6일 수신에 첨부

메모

도쿄 8월 7일의 보고서 No. A. 167

일본이 한국에서 불교를 전파해야 하는 필요성에 대한 도쿄 "경제신문" 사설이
일본 문서 1에 있음.

[일본이 한국 진해와 영흥을 군항으로 개조하려 한다는 언론보도 보고]

발신(생산)일	1906. 9. 6	수신(접수)일	1906. 10. 5
발신(생산)자	에어케르트	수신(접수)자	뷜로
발신지 정보	도쿄 주재 독일 대사관	수신지 정보	베를린 정부
	A. 212		A. 16766

사본

A. 16766　1906년 10월 5일 오전 수신

도쿄, 1906년 9월 6일

A. 212

독일제국 수상 뷜로 각하 귀하

이곳 신문보도에 따르면, 일본은 한국 남해안의 진해와 한국 동북쪽 Broughton Bay (Lazareff-Bay)의 영흥[1]을 일본 군항으로 개조할 계획입니다. 한국 정부는 이미 구획이 설정된 항구들을 "한국이 자국 해안을 스스로 방어할 수 있을" 때까지 일본에게 임대한 듯 보입니다.

전쟁 전에 자주 거론되었던 진해만은 쓰시마 전투 전에 일본 함대의 집결지였습니다. 러시아가 확보하려 애썼던 마산포도 진해만에 위치합니다. 진해만은 쓰시마의 다케시키[2], 마이즈루[3], 사세보[4]와 함께 한국해협을 지배합니다.

삼사 년 전만 해도 이 항구 문제는 동아시아에서 세력을 좌우하는 아주 중요한 문제 중의 하나였으며 전반적으로 이해관계의 중심에 있었습니다. 세력관계가 달라진 현 상황에서 이 항구 문제의 해결은 당연한 것으로서 별다른 주목을 끌지 못하고 있습니다.

서울의 관보가 이 문제에 대해 발표한 바에 따르면, "새 항구들 주변의 토지와 가옥을

1　[감교 주석] 영흥만(Port Lazareff)
2　[감교 주석] 다케시키(竹敷)
3　[감교 주석] 마이즈루(舞鶴)
4　[감교 주석] 사세보(佐世保)

비롯한 부동산은 외국인에게 매각하거나 양도하거나 임대할 수 없다." 그러므로 본인은 서울 주재 독일제국 영사관이 이 사안에 대해 보다 상세히 보고할 것으로 예상합니다. 하지만 오늘은 우편 상황이 특히 유리하기에 본인으로서는 짧게나마 꼭 보고 드리고 싶었습니다.

(서명) 에어케르트

[고종 생일에 각국 영사들이 고종을 알현했다는 보고]

발신(생산)일	1906. 9. 18	수신(접수)일	1906. 11. 3
발신(생산)자	나이	수신(접수)자	뷜로
발신지 정보	서울 주재 독일 영사관	수신지 정보	베를린 정부
	K. No. 70		A. 18449
메모	연도번호 No. 609		

A. 18449 1906년 11월 3일 오전 수신

서울, 1906년 9월 18일

K. No. 70

독일제국 수상 뷜로 각하 귀하

7월 초에 이토[1]는 원치 않는 인물들의 궁궐 접근을 금지하는 대책을 세웠으며, 지금까지 이 대책을 엄중하게 실행했습니다. 일본 경찰의 고문이 발행하는 통행증을 소지하지 않고서는 그 누구도 궁궐 문을 통과할 수 없습니다. 이 규칙의 예외는 없습니다. 심지어 통행증은 소지했지만 경찰초소에서 신분을 증명하는 것을 품위에 어긋나는 처사로 여겨 감옥으로 이송된 고위 관리들도 여럿 있습니다. 일본인들은 작년 11월 17일의 보호통치조약[2]에 포함된 조항을 내세워 자신들이 궁중을 "깨끗이 유지하기" 위해 엄중한 감시 조치를 수행할 의무가 있다고 주장합니다. 그 조항에는 일본이 한국 황실의 품위를 보장한다고 쓰여 있습니다. 한국 궁중은 조약 전체를 통틀어 유일하게 한국에 해당되는 이 조항으로 올가미를 씌우는 것을 당연히 몹시 가혹하다고 느끼고 있습니다. 게다가 그 조항은 원래 양보한 것입니다.

40년 이상 통치한 한국 군주는 자신에게 부여된 수동적 역할이 아무리 힘들지라도 불쾌한 기색을 보이지 않고 있습니다. 일본 언론은 한국 황제가 이토를 무한히 신뢰하며, 그래서 중요한 문제에서 자발적으로 노 정치가에게 문의한다고 거듭 주장합니다. 하지

---

1   [감교 주석] 이토 히로부미(伊藤博文)
2   [감교 주석] 을사늑약(乙巳勒約); 한일협상조약

만 이것은 매우 상대적인 일이어서, 한국 군주가 이토보다 다른 모든 통감들을 더욱 불신할 것이라고 이해될 수 있습니다. 이토도 한국 군주에게 새로운 국가행정을 받아들이게 하려는 생각을 포기한 것 같습니다. 이곳 서울에서 노 정치가는 마침 신문기자가 배석해 있지 않으면 그런 심중을 조금도 숨기려 하지 않습니다. 며칠 전 본인은 "일티스"[3]호의 함장과 함께 통감을 방문했습니다. 그 자리에서 통감은 그때 마침 자신을 부르는 한국 황제의 서한이 도착했다며 한국 군주가 자신에게서 무엇을 원하는지 도무지 짐작이 가지 않는다고 말했습니다. 그리고 자신은 그 높으신 분을 수 주일 전부터 전혀 뵙지 못했다고 덧붙였습니다.

각하께서도 지난 보고서들을 통해 아시는 바와 같이, 이곳 한국 군주는 일본의 보호통치가 시작된 이래 병을 구실 삼아서 (일본인이 아닌) 모든 외국인들의 알현을 거절했습니다. 그렇게 함으로써 한편으로 한국 황제는 직접 한국의 궁내부 대신이 아니라 통감부에 알현을 신청하는 것에 대한 항의를 표시하려고 했습니다. 다른 한편으로는 알현하는 자리에 통감이나 통감 대리인이 참석한다는 생각도 못마땅하게 여겼습니다. 그러나 지난 3개월 동안의 경험을 통해 한국 군주는 알현 문제에서 양보해야 하는 사람이 있다면 그것은 절대 이토일 수 없다는 것을 깨닫게 되었습니다. 그래서 얼마 전에 한국 군주는 자신의 탄신일인 9월 13일에 영사들과 외국 직원들을 영접하고 싶다는 바람을 통감에게 알렸습니다. 영국의 청국 주둔 함대장 아서 무어[4]도 그즈음 서울을 방문할 것이라고 알렸기 때문에, 그 제독에게도 같은 날 알현이 약속되었습니다. 이달 7일부터 14일까지 제물포에 머무른 "일티스"호의 함장도 초대를 받았습니다.

초대장은 관례에 따라 궁내부대신[5]이 작성했지만, 통감부 측에서 특별서신과 함께 외국 내표들에게 선날했습니다. 궁내무대신의 조대장에는 초대받은 사람이 사정상 참석할 수 없는 경우에는 미리 알려주기 바란다는 추신이 쓰여 있었습니다. 그러자 통감부는 특별 서한을 통해, 그런 기별을 직접 궁내부대신이 아니라 통감부에게 알리는 방향으로 궁내부대신 추신을 수정하는 것이 바람직하다고 판단했습니다. 예전에는 외국대표부의 수장과 함께 직원들도 정례적으로 접견에 초대받았던 것과는 달리 이번에는 수장들에게만 초대장이 전달되었습니다. 본인이 정통한 소식통으로부터 들은 바에 의하면, 이것은 이토의 단호한 요청에 의한 것이라고 합니다. 그럼으로써 전쟁과 정치적 급변 이후 처음으로 한국 군주 앞에 나타나는 러시아 대표가 많은 참모진을 거느리는 것을 저지할 속셈

---

3 [감교 주석] 일티스(Iltis)
4 [감교 주석] 아서 무어(Arthur Moore)
5 [감교 주석] 이근상(李根相)

이라고 이곳 사람들은 대부분 생각합니다. 플란손[6] 휘하에는 일등서기관 케르베르크[7], 통역관과 부영사 각기 한 명, 통역 수련생 여러 명으로 구성된 상당히 많은 직원이 있기 때문입니다.

예전에는 많은 사람들이 알현하는 경우 "신관"을 이용했는데, 이번에는 이른바 도서관[8]에서 알현이 이루어졌습니다. 한국 황제가 이 건물을 선택했다고 합니다. 궁궐의 알현실에는 황제와 황태자를 위한 높은 연단이 있는데, 외국인들을 알현하는 동안 이토도 이 높은 연단에 자리 잡을 것을 염려했기 때문이었습니다. 도서관에서는 이러한 의전 문제가 발생할 수 없었습니다.

알현은 순서대로 진행되었고, 맨 먼저 이토가 참모진과 함께 영접 받았습니다. 통감은 알현식이 끝날 때까지 자리를 지켰습니다. 통감에 이어 일본 최고사령관 하세가와[9] 장군이 영접을 받았고, 그 다음은 해군중장 아서 무어와 그 참모진 차례였습니다. 그 뒤를 이어 영사대표들이 한 명씩 알현했습니다. 러시아 총영사 플란손, 새로 도착한 미국 총영사 헤이우드[10], 이탈리아 영사 카사티[11]가 한국 군주에게 소개되었습니다. 소개하는 임무는 한국 고위관리들이 맡았습니다. 프리깃함 함장 퀴젤[12]은 본인과 함께 동시에 영접 받았습니다. 알현이 진행되는 동안 이토는 한국 황제의 수행원들 옆에 자리 잡고서 오직 지켜보기만 했습니다. 한국 정부에 채용된 외국인 직원들은 각기 부처에 배속된 일본 고문들이 자신의 부처에 속하는 외국인을 소개하는 식으로 한국 황제를 알현했습니다.

영국 제독 휘하의 기함 "King Alfred"호가 대형 순양함 두 척 "Diaden"호와 "Kent"호와 함께 9월 11일부터 16일까지 제물포에 정박했습니다. 영국 제독을 위해 서울과 제물포에서 일련의 연회가 개최되었습니다. 그 가운데 한번은 이토가 일본 사령부에서, 다른 한번은 궁내부대신이 구황궁에서 가든파티를 열었습니다. "일티스"호의 함장도 이 가든파티에 초대받았습니다.

본인은 이 보고서의 사본을 도쿄 주재 독일제국 대사관에 보낼 것입니다.

나이

---

6   [감교 주석] 플란손(G. A. Plason)
7   [감교 주석] 케르베르크(Kehrberg)
8   [감교 주석] 중명전(重明殿)
9   [감교 주석] 하세가와 요시미치(長谷川好道)
10 [감교 주석] 헤이우드(W. Haywood)
11 [감교 주석] 카사티(Casati)
12 [감교 주석] 퀴젤(Küsel)

42

[일본의 한국 군항 설치 관련 서울발 보고서]

발신(생산)일		수신(접수)일	1906. 11. 3
발신(생산)자		수신(접수)자	뷜로
발신지 정보		수신지 정보	베를린 외무부
			A. 18450

A. 18450 1906년 11월 3일 수신에 첨부.

메모

일본의 한국 군항 설치에 대한 9월 20일 자 서울발 보고서 No. 71이

한국 문서 10에 있음.

무관 에첼 소령의 한국 여행

발신(생산)일	1906. 10. 15	수신(접수)일	1906. 11. 24
발신(생산)자	나이	수신(접수)자	뷜로
발신지 정보	서울 주재 독일 영사관	수신지 정보	베를린 정부
	K. No. 77		A. 19595
메모	연도번호 No. 704		

A. 19595 1906년 11월 24일 오전 수신

서울, 1906년 10월 15일. 13780.

K. No. 77

독일제국 수상 뷜로 각하 귀하

지난달 24일 도쿄 주재 독일제국 대사관 소속의 무관 에첼[1] 소령이 공무여행 중에 며칠 서울에 머물렀습니다. 에첼 소령은 서울에 도착해 본인 집에 묵었으며, 본인과 함께 이토의 영접을 받았습니다. 에첼은 랴오양[2] 전투 때까지 근위사단을 지휘한 하세가와[3] 장군의 참모부에서 한때 근무했습니다. 그런데 하세가와 장군은 마침 한국의 동부지방을 시찰하는 중이었습니다. 이곳의 일본군 당국 측에서는 독일 장교를 매우 친절히 맞아주었습니다. 에첼은 이곳에 주둔하는 일본군 진영들을 시찰하고 다양한 훈련에 참석했습니다. 그리고 한국 군부의 일본인 고문 노즈[4]대좌에게 한국의 군대도 좀 보고 싶다는 소망을 표명했습니다. 노즈 대좌는 이 소망을 흔쾌히 받아들였습니다. 한국군 "사령부"는 독일의 장교가 보잘것없고 무시당하는 한국 군졸들에게 관심을 보이는 것을 커다란 사건으로 여기는 것 같았습니다. 한국 군대가 에첼을 위해 시범을 보이는 자리에 일본 장교들도 참석했습니다. 한국 측에서는 또 다시 사직서를 제출한 군부대신을 대신해 군부협판[5]이 파견되었습니다. 통감 휘하의 무라타 장군이 에첼에게 만찬을 베풀었고, 이곳

---

1 [감교 주석] 에첼(Etzel)
2 [감교 주석] 랴오양(遼陽)
3 [감교 주석] 하세가와 요시미치(長谷川好道)
4 [감교 주석] 노즈 쓰네다케(野津鎭武)

점령군의 고위 장교들, 한국 군부의 협판과 장군 한 명이 만찬에 참석했습니다.

서울에 8일 체류한 후, 에쳌은 새로운 북부철도노선을 살펴보고 서해안의 일본 수비대를 돌아보기 위해 의주로 떠났습니다. 한 일본 장교가 압록강을 건너 안둥[6]으로 가는 에쳌을 수행했습니다. 에쳌은 돌아오는 길에 다시 이곳에 들렀습니다. 그는 가는 곳곳에서 일본 측으로부터 받은 환대에 매우 감탄했습니다.

우리는 이토를 방문한 자리에서 에쳌의 한국 황제 알현에 대해 문의했습니다. 에쳌 소령이 북쪽에서 돌아온 후, 통감은 개인비서 후루야[7]를 통해 유감스럽게도 가까운 시일 내로는 알현하기 어렵다고 알려왔습니다. 그래서 에쳌은 바로 다음날인 이달 9일 일본으로 돌아가기로 결정하고 후루야에게 그 소식을 알렸습니다. 그러나 이달 8일 저녁 늦게, 에쳌이 서울에 좀 더 오래 머무른다면 이달 11일에 한국 군주를 접견할 수 있다는 통지가 도착했습니다.

그러나 에쳌이 짐을 이미 역으로 보내버린 뒤여서 출발을 더 이상 연기할 수 없었습니다.

나이

내용: 무관 에쳌 소령의 한국 여행

---

5 [감교 주석] 이희두(李熙斗)
6 [감교 주석] 안둥(安東)
7 [감교 주석] 후루야 히사츠나(古谷久綱)

A. 19595 첨부문서

연도번호 No. 13220

반송 요청과 함께,
국방부 장관에게
전해드립니다.

베를린, 1906년 11월 29일

국방부   베를린, 1906년 12월 18일

읽었음.

44

일본과 한국

발신(생산)일	1906. 12. 10	수신(접수)일	1907. 1. 11
발신(생산)자	에어케르트	수신(접수)자	뷜로
발신지 정보	도쿄 주재 독일 대사관	수신지 정보	베를린 정부
	A. 335		A. 493
메모	1월 16일 베이징, 워싱턴에 전달		

외무부

사본

A. 493   1907년 1월 11일 수신

도쿄, 1906년 12월 10일

A. 335

내용: 일본과 한국

독일제국 수상 뷜로 각하 귀하

한국 통감 이토[1]가 다시 일본에 와 있습니다. 지난번 휴가 때처럼, 노신사가 한국의 분위기에 염증이 나서 책임이 막중한 직책을 줄곧 그만두고 싶어 한다는 소문이 이번에도 신문에 나돌고 있습니다. 그런데도 이토가 일정 기간만 일본에 머무를 것이라고 추정됩니다. 물론 이토가 한반도에서 삶의 활기를 잃은 것 같지는 않습니다. 본인이 들은 바에 의하면, 이토는 무엇보다도 일본의 아름다운 남부지방에서 좋아하는 게이샤들의 춤을 즐기며 사람들과 유쾌하게 어울려 지내는데 휴가를 이용했기 때문입니다. 이토는 서울의 혹독한 기후에서 벗어나 다시 몸을 따뜻하게 녹이고 있습니다. 이제 이곳에 도착해서, 진부하게 표현하면 마치 "상황이 잘 돌아가는지 다시 감독하려는 것"처럼 보입니다. 이토는 원래의 정치 분야에서 나이든 정치가들 가운데 야마가타[2]와 더불어 여전히 가장 활동적인 사람입니다. 이노우에[3]는 점차 재정정책 쪽으로 영향력을 집중하고, 허약

---

1   [감교 주석] 이토 히로부미(伊藤博文)
2   [감교 주석] 야마가타 아리토모(山県有朋)
3   [감교 주석] 이노우에 가오루(井上馨)

한 마츠카타[4]는 최근 들어 매우 자제하고 있기 때문입니다.

이토는 한국에서 아직도 많은 난관을 극복해야 합니다. 이런 사실은 한 대사관 직원이 최근 귀족원 소속의 정치가와 은밀히 나눈 대화를 통해 또 다시 확인되었습니다. 그 정치가는 한국의 궁중파가 여전히 존재하고 있으며 한국 황제는 "3센으로 매수할 수 있는" 부류라고 말했다는 것입니다. 한국 황제를 정치 무대로부터 완전히 물러나게 할 때가 되었느냐는 질문에 대해, 그 귀족원 의원은 많은 유력한 인물들의 견해에 따르면 그것만이 유일하게 실용적인 해결책이라고 말했습니다. 그리고 외국을 심각하게 고려할 필요가 없으면 일본은 아마 그 방법도 선택할 것이라고 덧붙였습니다.

최근 한국의 특사[5]가 이곳에 도착해 한국 황제의 친서를 일본 천황에게 전달했습니다. 들리는 소문에 의하면, 한국 황제는 일본 천황에게 이토의 지휘하에 한국의 내부행정이 개선된 것에 대한 감사의 뜻을 표명했습니다.

이 소식을 본인에게 전해준 사람의 말에 의하면, 한국 황제가 서한에서 일본의 통치자를 자신과 완전히 동등하게 대한 것에 대해 이곳에서는 분노했다고 합니다. 원래는 한국 황제가 직접 도쿄에 와야 했다고 합니다. 그런데 한국 황제가 주권군주로서 모든 예우를 받을 것을 요구했으며, 특히 일본 천황이 역으로 마중 나오고 예전의 아리스가와[6]에서 묵을 것을 요구했다고 합니다. 아리스가와는 외국 제후들이 묵곤 하는 궁전입니다. 일본 궁내부가 분개해서 이런 요구들을 거절했다는 것입니다. 본인은 이런 주장이 사실인지 확인할 수 없었습니다. 그러나 양국의 군주들이 만나려는 계획에 대해 달리 들은 바가 전혀 없는데도 특별히 언급할 가치가 있다고 생각했습니다.

이토는 여전히 배후에서 정치적인 영향력을 유지하고 싶어 합니다. 이런 맥락에서 이토의 사임 문제와 관련해, 총리대신을 역임한 가쓰라[7]의 이름이 후계자로 물망에 오르고 있습니다. 이미 알려진 바와 같이 가쓰라는 야마가타 일파, 즉 군부의 추종자입니다. 그러나 이미 말씀드린 대로, 이곳의 현재 상황으로 보아 그렇게 되지는 않을 것 같습니다. 물론 일본에서는 예측하기가 항상 쉬운 일만은 아닙니다.

(서명) 에어케르트
원본 문서 한국 10

---

4   [감교 주석] 마츠카타 마사요시(松方正義)
5   [감교 주석] 이지용(李址鎔)
6   [감교 주석] 아리스가와(有栖川)
7   [감교 주석] 가쓰라 다로(桂太郎)

[해군소장 브로이징의 한국 방문 보고서 송부]

발신(생산)일	1907. 2. 6	수신(접수)일	1907. 2. 7
발신(생산)자	침머만	수신(접수)자	
발신지 정보	베를린 해군 참모부	수신지 정보	베를린 외무부
	B. 474 III		A. 2151
메모	해군소장 브로이징의 한국 방문 보고서(1906.12.23.) 첨부		

사본

A. 2151 1907년 2월 7일 오후 수신. 첨부문서 1부

베를린, 1907년 2월 6일

B. 474 III

베를린 외무부 차관 귀하

해군 참모부는 순양함 함대 사령부의 작년 12월 23일 자 군사정책 보고서를 삼가 각하께 동봉하게 되어 영광입니다.

(대리서명) 라인하르트 코흐[1]

(서명) 침머만[2]

원본 문서 청국 1

---

1 [감교 주석] 라인하르트 코흐(Reinhard Koch)
2 [감교 주석] 침머만(Zimmermann)

[브로이징의 한국방문기]

발신(생산)일	1906. 12. 23	수신(접수)일	
발신(생산)자	브로이징	수신(접수)자	
발신지 정보	홍콩 순양함 함대 사령부	수신지 정보	황제 폐하
	B. 474 III		Ad. 2151
메모	순양함 함대 사령부 기밀 1906년 11월과 12월의 군사정책 보고서		

사본

Ad. 2151

홍콩, 1906년 12월 23일

G. Br. B. No. 2649

베를린 황제 폐하 귀하

1. 한국 방문

본인은 지난번 일본을 방문했을 때, 한국 통감 이토[1]에게 서울로 찾아뵙겠다고 약속했습니다. 그리고 이 약속을 지키기 위해 11월 3일 기함을 이끌고 제물포에 도착했습니다. 그전에 본인은 가능하다면 한국 황제를 알현할 기회를 마련해줄 것을 서울 주재 영사에게 부탁했습니다.

본인은 제물포에 도착하자마자 몇몇 참모장교와 함께 서울로 향했습니다. 바로 그날 서울에서 열리는 일본 천황의 탄신일 축하연에 참석할 예정이었습니다. 저녁에는 이토에게 초대받아 융숭한 대접을 받았습니다. 그 자리에서 본인이 요청한 알현이 화제에 올랐습니다. 본인은 다음날 오후 4시에 한국 황제를 알현할 것을 이미 개인적으로 알고 있었습니다. 이토는 한국 황제가 다음날 몸이 좋지 않을 것이라며 그 다음날로 알현을 연기해야 할 것이라고 본인에게 알렸습니다. 본인은 상황이 그렇다면 기다릴 시간이 없

---

1   [감교 주석] 이토 히로부미(伊藤博文)

는 까닭에 알현을 포기할 수밖에 없다고 말했습니다. 그러자 통감은 즉시 본인을 위해서 기꺼이 한국 궁중에 조치를 취해보겠다고 대답하고는 궁중에 전화 연락을 취했습니다. 그리고 정말로 다음날 오후 4시에 한국 황제의 영접을 받을 것이라는 확답을 주었습니다. 그렇게 되기까지는 시간이 거의 걸리지 않아서 논의가 이루어졌다고는 볼 수 없었습니다. 그 기회를 이용해 이토는 자신이 한국에서 휘두르는 막강한 권한을 매우 현명치 못한 방법으로 손님에게 보여주었습니다.

한국 황제는 본인과 본인의 수행원을 매우 온화하게 맞아 주었으며 선물을 통해 저희에게 호의를 보여주었습니다. 본인이 이러한 상황을 말씀드리는 이유는, 그 직전에 서울을 방문한 영국의 해군중장 무어[2]는 그런 환대를 받지 못했기 때문입니다. 아마 여기에서 일본의 압제에 시달리는 한국이 일본의 동맹국에게 품고 있는 분위기를 엿볼 수 있을 것입니다.

(서명) 브로이닝[3]
해군소장
순양함 함대 사령부의 위임을 받았음.

---

2 [감교 주석] 무어(Moore)
3 [감교 주석] 브로이닝(Breuing)

[일본 중의원 예산위원회 질의에 대한 해군성의 회답 보고]

발신(생산)일	1907. 1. 30	수신(접수)일	1907. 3. 6
발신(생산)자	에어케르트	수신(접수)자	뷜로
발신지 정보	도쿄 주재 독일 대사관	수신지 정보	베를린 정부
	A. 47		A. 3742

사본

A. 3742 1907년 3월 6일 오전 수신

도쿄, 1907년 1월 30일

독일제국 대사관

A. 47

독일제국 수상 뷜로 각하 귀하

일본 중의원 예산위원회에서 오이시 의원의 질의에 대해 해군성 차관[1]은 한국 해안에 요새를 구축할 계획이 없다고 답변했습니다. 다만 일본 함대를 위한 수조를 설치할 예정이라고 합니다.

(서명) 에어케르트

원본 문서 한국 10

---

1 [감교 주석] 가토 도모사부로(加藤友三郎)

48

한국 황위계승자의 혼인

발신(생산)일	1907. 1. 28	수신(접수)일	1907. 3. 14
발신(생산)자	나이	수신(접수)자	빌로
발신지 정보	서울 주재 독일 영사관	수신지 정보	베를린 정부
	K. No. 16		A. 4203
메모	연도번호 No. 85		

A. 4203 1907년 3월 14일 오전 수신

서울, 1907년 1월 28일

K. No. 16

독일제국 수상 빌로 후작 각하 귀하

이달 24일 한국의 황위계승자인 32세의 이척 황태자[1]와 고위관리 윤택영[2]의 여식[3]이 혼례식을 올렸습니다. 윤택영의 여식은 전임 의정대신 윤용선[4]의 손녀이기도 합니다. 황태자는 민씨 일족인 민태호[5]의 여식과 첫 번째 혼인을 했지만 자식을 보지 못했으며, 황태자비는 1905년 1월 초에 세상을 떠났습니다. 새 황태자비의 나이는 12살입니다.

황위계승자의 재혼은 이미 작년에 치러질 예정이었지만 여러 차례 혼례식이 연기되었습니다. 한편으로는 한국 궁중이 탁지부의 혼인 비용 부담에 대해 재정고문관 메가타[6]와 합의하지 못했기 때문이고, 다른 한편으로는 점쟁이들과 무당들이 길일을 정하는데 "어려움"이 있었기 때문입니다. 일본 천황은 궁내부대신 다나까[7]는 혼례식 특사로 파견했습니다. 이달 21일 다나까는 수행원들과 함께 이곳에 도착해 손탁[8]의 집에 숙소를 정

---

1 [감교 주석] 순종(純宗)
2 [감교 주석] 윤택영(尹澤榮)
3 [감교 주석] 순정효황후(純貞孝皇后)
4 [감교 주석] 윤용선(尹容善)
5 [감교 주석] 민태호(閔台鎬)
6 [감교 주석] 메가타 다네타로(目賀田種太郎)
7 [감교 주석] 다나카 미쓰아키(田中光顯)
8 [감교 주석] 손탁(A. Sontag)

했습니다. 이달 23일 통감 대리 하세가와[9] 장군이 이달 23일 다나까를 위해 만찬을 베풀었습니다. 한국의 대신들, 일본인 관료들과 군사 당국의 대표들, 그리고 영사들이 만찬에 초대받았습니다.

이달 24일 새 신부가 경사스럽게 입궁한 후 혼례식이 거행되었습니다. 한국의 예절에 따라 여인들에게만 혼례식 참관이 허용되었습니다. 나중에 황제와 황태자가 다나까와 하세가와 장군, 영사들, 제물포에 함대와 함께 파견된 테라가케 제독과 참모진, 그 밖의 일본 장교들과 관리들을 맞이했습니다. 영사단의 이름으로 최고 연장자인 벨기에 총영사 뱅카르[10]가 축사를 했고, 그 후에 궁궐에서 성대한 연회가 열렸습니다. 한국인들과 일본인들 이외에 영사와 영사관 직원들, 한국 정부에 근무하는 외국인들이 연회에 참석했습니다. 손님들은 은으로 제작한 기념메달을 선물 받았습니다.

일본 천황 말고는 어떤 다른 국가원수도 혼례식에 축전이나 친서를 보내지 않았습니다.

혼례식 비용은 거의 100만 엔에 달한다고 합니다. 국가 예산이 겨우 1300만 엔에 불과한 한국에게는 막대한 금액입니다. 총 경비 중 50만 엔은 정부가 부담했고, 나머지는 황실 금고에서 충당해야 합니다.

본인은 이 보고서의 사본을 도쿄 주재 독일제국 대사관에 보낼 것입니다.

나이

내용: 한국 황위계승자의 혼인

---

9 [감교 주석] 하세가와 요시미치(長谷川好道)
10 [감교 주석] 뱅카르(Leon Vincart)

[재한 미국 선교사들의 반일감정 선동과 서울 프레스에 관한 보고]

발신(생산)일	1907. 6. 5	수신(접수)일	1907. 7. 7
발신(생산)자	뭄	수신(접수)자	뷜로
발신지 정보	도쿄 주재 독일 대사관	수신지 정보	베를린 정부
	A. 225		A. 10603
메모	7월 11일 워싱턴 A. 484에 전달		

A. 10603 1907년 7월 7일 오후 수신

도쿄, 1907년 6월 5일

A. 225

독일제국 수상 뷜로 후작 각하 귀하

지난 수 주일 동안의 항일운동을 계기로 이곳의 일본 신문들, 무엇보다도 "요미우리신문[1]"이 한국의 외국 선교사들, 특히 미국 선교사들이 일본에 대한 비우호적인 태도를 통해 한국 국민의 분노를 부추겼다고 비난했습니다. 이런 비난에 대해 미국 선교사들은 매우 강력하게 이의를 제기했습니다. 이토[2]의 충성스러운 지지자 주모토[3]가 발행하는 "Seoul Press"는 통감부의 기관지입니다. "Seoul Press"는 요미우리에 반대해 선교사들을 옹호했으며, 특히 그 사이 폐간된 반일 신문 "Korea Review"의 유명한 편집인 헐버트[4]는 이미 수년 전부터 한국의 미국 선교사들과는 아무런 관계가 없다고 강조했습니다. 헐버트의 말은 한국에 있는 예절바른 미국선교사들의 견해를 결코 반영하지 않는다는 것이었습니다.

반관신문이 이렇게 혐의를 벗겨주었으면 일본 정부로서는 한국의 미국 선교사들을 우호적인 눈길로 바라볼 수 있을 것입니다. 그런데도 본인이 보기에는, 일본 정부가 미국 선교사들에게 우호적이 아니라고 추정할만한 이유가 충분한 것 같습니다.

---

1 [감교 주석] 요미우리신문(讀賣新聞)
2 [감교 주석] 이토 히로부미(伊藤博文)
3 [감교 주석] 즈모토 모토사다(頭本元貞)
4 [감교 주석] 헐버트(H. B. Hulbert)

이토는 최근 도쿄에 머무는 동안, 한국에서 맡은 임무가 쉽지 않다고 말했습니다. 그러면서 미국 선교사들이 한국 국민을 일본인으로부터 보호하려고 노력하는 것이 보인다고 분명히 강조했습니다. 미국 선교사들이 일본에 대한 한국 국민의 수동적인 반항을 고무시키려 한다는 것이었습니다.

얼마 전 하야시[5]도 선교사들이 세상에서 가장 좋은 의도를 품고 있겠지만 정치적으로는 이따금 몹시 불편하다고 본인에게 하소연했습니다. 이것은 다만 한국에 있는 선교사들에게만 해당될 것입니다. 일본에 있는 선교사들은 일본 정부에 조금도 근심을 안겨주지 않기 때문입니다.

그러므로 앞에서 인용한 "Seoul Press" 기사의 유일한 목적은, 한국의 외국 선교사들 중에서 새로운 질서가 내부로부터는 더 이상 붕괴될 수 없다는 것을 인식하고 일본으로 건너가려고 결심한 선교사들을 격려하는 데 있다고 본인은 믿습니다.

본인은 이 보고서의 사본을 서울 주재 독일제국 총영사관에 보낼 것입니다.

뭄

---

5 [감교 주석] 하야시 곤스케(林權助)

서울의 개각

발신(생산)일	1907. 6. 5	수신(접수)일	1907. 7. 7
발신(생산)자	뭄	수신(접수)자	뷜로
발신지 정보	도쿄 주재 독일 대사관	수신지 정보	베를린 정부
	A. 226		A. 10604
메모	7월 9일 예나 589, 런던 802, 마드리드 312, 파리 648, 페테르부르크 565, 로마 B. 502, 워싱턴 A. 479, 빈 563, 아테네, 다름슈타트 204, 드레스덴 245, 카를스루에 228, 뮌헨 252, 슈투트가르트 231, 바이마르 213, 올덴부르크 220, 함부르크 255에 전달		

A. 10604 1907년 7월 7일 오후 수신

도쿄, 1907년 6월 5일

A. 226

독일제국 수상 뷜로 각하 귀하

5월 초부터 서울에서 한국 정부의 개각이 임박했다는 전신 보고들이 도착했습니다. 처음에는 의정대신 박[1]이 스스로 임무를 감당할 수 없다고 느끼고 사임하려 하는데 이토[2]가 박을 만류하려 하는 것으로 설명되었습니다. 그러나 이 위기의 숨은 이유가 한국 내각의 반일적인 성향에 있는 것으로 곧 밝혀졌습니다. 이토가 친일파, 이른바 Ji Chung hoi[3]와 손을 맞잡고서, 방해되는 내각을 단순히 명목상이 아닌 실질적인 친일내각으로 교체하려 한다는 것입니다. 5월 21일 의정대신 박의 사직원이 수리된 즉시, 나머지 모든 내각요인들의 사임이 요구되었습니다.

궁중파는 "나이든 정치인들"로 구성된 내각, 즉 보수적이고 반일적인 내각이 정권을 잡도록 모든 수단을 강구한 듯 보입니다. 그러나 이토가 지금까지 한국에서 보여준 정책과는 거리가 먼 결단력을 보여준 것 같습니다. 잠시 심사숙고한 후 결국 다음과 같은

---

1 [감교 주석] 의정부 참정대신(議政府參政大臣) 박제순(朴齊純)
2 [감교 주석] 이토 히로부미(伊藤博文)
3 [감교 주석] 원문에는 "Ji Chung hoi"로 기술되어 있음. 일진회(一進會)로 추정.

새로운 내각이 구성되었습니다.

총리대신 : 이완용[4]
농상공부대신 : 송병준[5]
내부대신 : 임선준[6]
탁지부대신 : 고영희[7]
군부대신 : 이병무[8]
학부대신 : 이재곤[9]
법부대신 : 조중응[10]

이완용은 1905년 11월 17일 보호통치조약[11]의 원조로 간주됩니다. 이완용이 조약에 서명할 준비가 되어 있다고 선언한 최초의 인물이었기 때문입니다. 일본 언론은 이완용을 매우 높이 칭송하며, 탁월한 지성과 교양을 겸비한 진보적인 성향의 가진 인물이라고 일컫습니다.

새 내각의 방향은 송병준과 조중응을 동시에 받아들인 것에서 분명하게 드러납니다. 송병준은 한국 황제와 모든 궁중파에게 증오받는 일진회의 열성적인 지도자입니다. 도쿄의 외국어 학교에서 다년간 교수를 역임한 조중응은 한국 왕조가 붕괴되어야만 한국이 안정과 질서를 찾을 수 있다는 견해를 주장한다고 합니다.

새 내각은 구성되자마자 즉각 궁중파의 수장인 유명한 이근택[12]의 격렬한 공격 대상이 되었습니다. 이근택은 한국의 반일단체를 선동하고 있습니다. 거기에 사용되는 자금이 황실금고에서 유래한다는 것은 공공연한 비밀입니다. 이곳의 신문은 일반적으로 새로운 국면을 크게 환영하며, 통감이 필요하다고 여기는 개혁의 수행을 내각이 강력하게 지지할 것으로 기대합니다. "요미우리[13]"의 편집장 다케고시만이 이번에도 어설픈 조치

---

4   [감교 주석] 이완용(李完用)
5   [감교 주석] 송병준(宋秉畯)
6   [감교 주석] 임선준(任善準)
7   [감교 주석] 고영희(高永喜)
8   [감교 주석] 이병무(李秉武)
9   [감교 주석] 이재곤(李載崑)
10   [감교 주석] 조중응(趙重應)
11   [감교 주석] 을사늑약(乙巳勒約)
12   [감교 주석] 이근택(李根澤)
13   [감교 주석] 요미우리신문(讀賣新聞)

에 불과하다는 견해를 신문에 기고했습니다. 다케고시는 일본 내각이 통감을 지원하는 경우에만 실제로 질서를 바로세울 수 있다고 말합니다.

새 내각이 일본 측의 기대에 부응해 일본에 우호적인 경우에는, 그 때문에라도 한국 국민들에게 호응을 받기 쉽지 않을 것입니다.

본인은 이 보고서의 사본을 베이징 주재 독일제국 공사관과 서울 주재 독일제국 총영사관에 보낼 것입니다.

뭄

내용: 서울의 개각

한국 중추원의 개편

발신(생산)일	1907. 6. 5	수신(접수)일	1907. 7. 7
발신(생산)자	뭄	수신(접수)자	뷜로
발신지 정보	도쿄 주재 독일 대사관	수신지 정보	베를린 정부
	A. 227		A. 10605
메모	7월 9일 예나 590, 런던 803, 마드리드 313, 파리 649, 페테르부르크 566, 로마 B. 503, 워싱턴 480, 빈 564, 다름슈타트 205, 드레스덴 249, 카를스루에 229, 뮌헨 253, 슈투트가르트 232, 바이마르 214, 올덴부르크 221, 함부르크 256에 전달		

A. 10605 1907년 7월 7일 오후 수신

도쿄, 1907년 6월 5일

A. 227

독일제국 수상 뷜로 후작 각하 귀하

서울에서 이토[1]는 한국 내각의 위기에 직면해, 몇 년 전 일본 정부가 개혁을 실시했을 때 유용한 도움이 되었던 조처를 취했습니다. 즉, 의정원 조직을 개편해 일본의 추밀원과 비슷하게 나이든 정치인들이 명예롭게 퇴직할 수 있도록 했습니다. 나이든 정치인들을 간단히 제거해버리면, 격분한 그들은 새 정부 시스템에 대해 감당할 수 없는 막강한 적으로 돌아설 것입니다. 이달 1일 공표된 한국 중추원[2]의 새 조직은 다음과 같습니다.

1. 중추원 고문은 6명이다.
2. 적어도 일 년 동안 한국의 대신을 역임한 인물들만이 중추원 고문에 임명될 수 있다.
3. 중추원 회의는 전쟁이 발발하거나 그 밖의 위험이 닥치는 경우 개최된다.
4. 중추원 고문은 연봉 4천 엔을 수령하며 일 년에 두 번 각기 1천 엔의 특별상여금을 지급받는다.

---

1 [감교 주석] 이토 히로부미(伊藤博文)
2 [감교 주석] 중추원(中樞院)

권중현[3]을 제외한 지금까지의 대신들과 유명한 반일 인물이자 한국 군주의 심복인 이근택[4]이 중추원 고문에 임명되었습니다.

　　중추원 고문의 서열은 현직 대신과 같습니다.

　　본인은 이 보고서의 사본을 서울 주재 독일제국 총영사관에 보낼 것입니다.

뭄

　　내용: 한국 중추원의 개편

3　[감교 주석] 권중현(卷重顯)
4　[감교 주석] 이근택(李根澤)

[한국인 이위종의 헤이그 평화회의 연설에 관한
프랑크푸르트 신문의 1907년 7월 9일 보도]

발신(생산)일	1907. 7. 9	수신(접수)일	1907. 7. 9
발신(생산)자		수신(접수)자	
발신지 정보		수신지 정보	A. 10725

A. 10725 1907년 7월 9일 오후 수신

프랑크푸르트 신문

1907년 7월 9일

헤이그 평화회의
한국 이위종 왕자[1] 강연

헤이그 7월 8일 오후 10시 25분(개인 전보문). 오늘 저녁 한국의 이위종 왕자가 Cercle Internationale[2]에서 연설했다. 두 개의 안락하고 작은 홀은 대부분 여성 청중으로 가득 찼다. 불이 밝게 비치고 편안한 분위기는 우리가 처음 한국인들을 만난 초라한 호텔방과는 완전히 달랐다. 아직 앳된 젊은 위종은 최신식 연미복을 입고 있었다. 주빈석에는 위종과 함께 전임 한국 대신 두 명[3], 프랑크푸르트에서 온 스테드[4]와 드 뇌빌[5], 일본 기자 한 명이 앉아 있었다. 베르타 폰 주트너[6], 프리트[7], 상원의원 라퐁테느 브뤼셀[8], 그리

---

1   [감교 주석] 이위종(李瑋鍾). 원문에는 왕자(Prinz)로 기술되어 있음. 이위종이 세종대왕의 다섯째 아들인 광평대군의 후손인 관계로 "Prinz"라는 호칭이 사용된 것으로 보임.
2   [감교 주석] 국제서클(Circle International). 각국 기자들의 클럽에 해당함.
3   [감교 주석] 이준(李儁), 이상설(李相卨)
4   [감교 주석] 스테드(W.T.Stead)
5   [감교 주석] 프랑수아 드 뇌빌(F. de Neufville)
6   [감교 주석] 베르타 폰 주트너(B. v. Suttner)
7   [감교 주석] 프리트(Fried)
8   [감교 주석] 라퐁테느 브뤼셀(Lafontaine-Brüssel)

고 유럽 각지의 신문기자들이 청중석에서 눈에 뜨였다. 그러나 회의에 파견된 대표들은 한 명도 눈에 띄지 않았다. 젊은 청국 외교관 몇 명이 참석했다. 위종은 즉석에서 침착하고 인상 깊게 연설했다. 그는 일본의 한국 침입, 고위관리들의 애국적인 희생, 황제의 자살 시도, 국가의 자유 상실에 절망한 수많은 고관과 학자들의 자살 등 역사적 사실들을 묘사했다. 연설 말미에서 그 한국인이 일본 세력의 급격한 성장, 다른 말로 표현해서 황인종의 위험을 유럽에게 간곡히 경고한 점이 관심을 끌었다.

위종의 행위가 한국 황제를 위태롭게 하고 일본의 한국 합병을 초래할 수 있다는 주장이 제기되면서 토론이 벌어졌다. 그러자 일본이 사실상 이미 한국을 소유하고 있으며 무익한 폭력행위를 통해 경솔하게 문명세계의 호의를 잃어버리는 것은 가망 없는 일이라는 의견이 제기되었다. 프리트는 한국인들이 미국에 가려는 의도를 실행할 경우 일본에 반대하는 미국의 극단적 애국주의를 쉽게 부채질할 수 있다는 점을 상기시켰다. 그것은 바람직하지 못하며, 결국 평화 사상에 도움이 되지 않는다는 것이었다.

53

原文 p.707

[고종이 황태자에게 양위하기로 결정했다는 소식 보고]

발신(생산)일	1907. 7. 19	수신(접수)일	1907. 7. 20
발신(생산)자	뭄	수신(접수)자	–
발신지 정보	도쿄 주재 독일 대사관	수신지 정보	베를린 외무부
	No. 66		A. 11317

A. 11317 1907년 7월 20일 오전 수신

전보문

도쿄, 1907년 7월 19일 ---시 ---분
오후 7시 30분 도착
독일제국 대사가 외무부에 발송.

No. 66

해독

일본 신문이 서울에서 발송한 상세한 전보문에 따르면, 한국 황제가 한국 내각의 강요를 받고 황태자에게 양위하기로 결정했다고 합니다.

본인이 간접적으로 알아낸 바에 의하면, 이곳 외무성은 이에 대해 아직 아무런 연락을 받지 못했다고 주장합니다.

영국 대사관 측에서 극비리에 알려준 바에 의하면, 하야시[1]가 출발하기 전에 자신은 양위를 유도할 생각이 없다고 영국 대사[2]에게 말했습니다.

하야시는 어제 저녁 서울에 도착했을 것입니다.

뭄
원본 문서 한국 10

---

1 [감교 주석] 하야시 곤스케(林權助)
2 [감교 주석] 맥도널드(C. M. MacDonald)

독일외교문서 한국편(1874~1910) 제11권

54

[고종의 퇴위와 한국군의 저항]

발신(생산)일	1907. 7. 20	수신(접수)일	1907. 7. 20
발신(생산)자	크뤼거	수신(접수)자	–
발신지 정보	서울 주재 독일 영사관	수신지 정보	베를린 외무부
	No. 4		A. 11376

A. 11376 1907년 7월 20일 오후 수신

전보문

서울, 1907년 7월 20일 ---시 ---분
오후 6시 5분 도착

독일제국 총영사가 외무부에 발송

No. 4

해독

한국 황제가 내각의 강요를 받고 황태자에게 통치권을 이양한다는 칙령을 어제 공표했습니다.

오후에 궁궐 정문 앞에서 군중을 해산시키는 과정에서 경찰과 충돌이 일어났습니다. 한국인들은 돌을 던졌고, 경찰은 총포를 사용했습니다. 나중에 한국 병사들이 일본 경찰에 맞서 한국 군중 편에 가담했으며 피해 숫자는 아직 알려지지 않았습니다. 이토[1]가 외국 대표들에게 경비병을 제공했는데, 본인은 사양했습니다. 현재는 시내에서 총성이 산발적으로 들리고, 많은 순찰대가 질서를 유지하고 있습니다. 이곳 반관신문은 한국 내각이 이토과는 무관하게 행동했다고 선언합니다. 그러나 황권 교체가 앞으로 일본에게 한국의 충성에 대한 충분한 보장이 되지 못할 것이라고 합니다. 그러므로 하야시

---

1 [감교 주석] 이토 히로부미(伊藤博文)

사절이 결코 헛걸음을 한 게 아니라는 것입니다. 일본의 요구사항은 아직 알려지지 않았습니다.

크뤼거

원본 문서 한국 10

내용: 한국 의정원 개편[2]

---

2 [감교 주석] 원문에는 "Reorganisation des koreanischen Staatsrats(한국 의정원 개편)"으로 적혀 있으나, 실질적인 내용은 고종 퇴위와 그에 따른 한국군 중심의 저항을 담고 있음.

[순종이 황권을 넘겨 받았다는 보고]

발신(생산)일	1907. 7. 21	수신(접수)일	1907. 7. 21
발신(생산)자	크뤼거	수신(접수)자	–
발신지 정보	서울 주재 독일 영사관	수신지 정보	베를린 외무부
	No. 5		A. 11422

A. 11422 1907년 7월 21일 오후 수신

전보문

서울, 1907년 7월 21일 ---시 ---분
오후 5시 7분 도착

독일제국 총영사가 외무부에 발송

No. 5

해독

한국 황태자가 어제 공식적으로 정권을 이양 받았습니다. 아직 평온은 회복되지 않았습니다. 일본인들이 상황을 장악하고 있습니다. 오후에 새 황제가 영사단을 접견한 뒤를 이어 전임 황제에게 고별 알현을 했습니다.

크뤼거[1]
원본 문서 한국 10

---

1   [감교 주석] 크뤼거(Krüger)

[고종이 황태자에게 양위하기로 결정했다는 소식 보고]

발신(생산)일	1907. 7.	수신(접수)일	1907. 7. 22
발신(생산)자	뭄	수신(접수)자	–
발신지 정보	도쿄 주재 독일 대사관	수신지 정보	베를린 외무부
	No. 68		A. 11475

A. 11475　1907년 7월 22일 오전 수신

전보문

도쿄, 1907년 7월　　　---시 ---분

7월 22일 오전 11시 29분 도착

독일제국 대사가 외무부에 발송

No. 68

해독

이곳의 관료들 사이에서 떠도는 말에 의하면, 한국의 새 통치자는 단순히 군주가 아니라 황제의 칭호를 사용한다고 합니다.

이곳 언론은 한국 문제가 양위를 통해 해결되었다고 보지 않습니다. 헤이그 특사 파견과 같은 사건이 되풀이되지 않도록 방지할 것을 요구하고 있습니다.

이곳의 여론은 한국에서 보고된 소요를 일단은 심각하게 여기지 않습니다. 본인은 여기에 동의하는 바입니다.

뭄[1]

원본 문서 한국 10

1　[감교 주석] 뭄(Mumm)

[한국과 만주의 일본인 이주민들에 관한 쾰니셰 차이퉁의 1907년 7월 22일 보도]

발신(생산)일	1907. 7. 22	수신(접수)일	1907. 7. 27
발신(생산)자		수신(접수)자	
발신지 정보		수신지 정보	A. 11723

A. 11723 1907년 7월 27일 수신

쾰니셰 차이퉁[1]

1907년 7월 22일

한국과 만주의 일본인 이주민들

도쿄, 5월 7일

일본인 이민이 국제적인 정치문제로 부각되었다. 그러나 일본이 아직 수확 가능한 땅을 얼마나 보유하고 있고 그런데도 왜 일본인들이 이주할 지역을 물색하는가 하는 질문에 대한 적절한 해답은 아마 이 세상 어디에도 없을 것이다. 일본은 417,400km²의 면적 중 56%가 삼림지역이고, 인구는 약 4천8백만 명에 이른다. 그러므로 1km² 당 약 114명이 산다. 독일은 면적이 540,743km²이고 인구는 약 6천만이다. 1km² 당 약 106명이 살며, 전체 면적의 25%가 삼림이다. 오스트리아헝가리제국은 점령지역을 제외하면 면적이 625,228km²이고 인구가 약 4천6백만이다. 1km² 당 73명이 살며 33%가 삼림이다. 그러므로 일본은 오스트리아-헝가리 제국보다 전체 면적에서 차지하는 임야 비율이 훨씬 더 높다. 그러나 일본의 인구밀도가 더 높고 대부분의 숲이 아직 거의 개간되지 않은 점을 고려하면, 그러니까 오스트리아의 삼림과 비교할 수 없다는 점을 고려하면, 일본 국민 일인당 목재 재고량은 오스트리아-헝가리 제국과 엇비슷하다. 일본에서는 목재가 유일한 건축재이고 또 공장 운영을 제외하면 유일한 연료인 탓에 이런 상황은 더욱 불리

---

1 [감교 주석] 쾰니셰 차이퉁(Kölnische Zeitung)

하게 작용한다. 결국 일본인들이 거의 평지에서만 거주하며 더 높고 접근하기 어렵고 멀리 떨어진 산악지대는 개간하지 않는 사실이 주목을 끈다. 그래서 일본의 삼림은 지금까지 거의 이용되지 않고 있으며 도로와 철도도 없다. 일본인들은 벼농사 때문에 — 구 일본에서는 논농사만을, 대만에서는 논농사와 밭농사를 짓는데 밭에서 경작한 벼는 맛이 떨어진다 — 거의 전적으로 평지에만 정착하고 평지만을 고집했다. 그 결과 평지와 그 주변의 숲은 매우 삭막해졌으며, 예를 들어 도쿄 인근에는 숲이 전혀 없다. 그래서 일본에서는 목재 값도 본래 가치에 비해 두 배나 비싸다. 숲이 많은 구 일본이 대만뿐만 아니라 캐나다의 Puget-Sund에서도 많은 목재를 수입한다는 것은 거의 믿어지지 않는다. 종이 생산에 필요한 총 목재 수요량의 3/4이 외국산이며, 더욱이 그중에는 일부 오스트리아-헝가리 제국 산도 있다. 오늘날 진짜 피렌체 밀짚모자를 흔히 일본산 짚 세공품으로 만드는데 비해, 진짜 일본종이는 대부분 미국과 유럽의 재료로 생산된다. 이제 일본의 전신선과 철도노선이 확장되고 전신주와 침목이 대량으로 필요해지면, 목재자원은 그만큼 더욱 많이 사용되고 값은 더욱 치솟을 것이다. 그러므로 이러한 독특한 사정을 감안하면, 전쟁 이후 일본인들이 압록강 삼림지역의 벌목에 열정적으로 착수한 것이 이해된다. 전쟁 직전에는 러시아 사람들이 먼저 그 삼림을 노획할 생각이었다. 그 삼림이 지금까지 한국인들에 의해 남벌되는 운명을 피할 수 있었던 이유는, 일본 고지대의 삼림처럼 외진 곳에 있기 때문이다. 즉, 한국인들도 거의 평지에서만 거주한다. 일본인들은 훗날을 위해 자국의 목재를 보호할 목적으로 선수 쳐서 압록강 유역의 벌목을 시작했다. 이미 언급한 바와 같이, 일본이 자국의 숲을 벌목하려면 교통수단의 개선이 요구된다. 무엇보다도 압록강의 목재는 현재 한국과 만주에서 이용되고 있으며, 이로 말미암아 일본 측에서는 수송비도 절감할 수 있다. 압록강 산림의 벌목과 관련해, 한국의 다른 지역, 정확히 말하면 입지조건이 더 유리한 지역에 조림사업을 하는 경우에는 그 벌목의 정당성이 인정된다고 말할 수 있을 것이다. 다시 말해 경작지에 인접한 산에 삼림을 조성한다면, 일본 이민으로 인해 증가하는 수요를 충족할 것이다.

한국으로 이주하는 일본인들은 대부분 소매상인과 농민이고 그 이외에 어민도 있다. 소매상인들은 연초와 궐련, 과자와 사탕을 파는 가게를 연다. 일본 농민들은 벼농사를 짓는 사람들이면 경작지와 함께 농가를 매입하고, 그밖에는 차 재배와 특히 양잠을 한국에 정착시키려는 계획을 품고 있다. 그러므로 벼농사를 짓는 사람들은 이미 준비된 둥지에 안주하는 반면에, 양잠하는 사람들은 일본 고유의 경작 문화에 종사한다. 양잠이 일본만큼 자리 잡은 곳은 없기 때문이다. 한국인들은 순식간에 소작민이나 농노로 전락할 것이다. 만주의 청국인들과는 사정이 다르다.

만주에서 일본 농민에게는 할 일이 별로 없다. 토지가 한국보다 훨씬 더 많이 개간되었을 뿐만 아니라 청국인들은 한국인들보다 훨씬 더 끈질기다. 심지어는 일본인들보다 더 끈질기다. 청국이라는 거대한 제국의 다양한 종족들이 이주해온 정복자들을 통해 전체적으로 거의 균등하게 융해되어 버린 것을 보면, 청국 민족이 인종적으로 얼마나 소화력이 있는지 알 수 있다. 시기적으로 늦게 이주해온 만주족도 편발 이외에는 남아 있는 것이 없다. 그리고 이 편발도 언제든 싹둑 잘라버릴 수 있을 것이다. 만주족은 청국인에 비해 육체적, 정신적으로 매우 불리해서, 현재 일본의 지배하에 있는 남만주는 청국 이민으로 인해 완전히 청국화되었다. 일본 이주민들은 청국인의 엄청난 동화력 앞에서 자신의 종족을 상실할 것이다. 일본 이주민들이 특히 지금처럼 계속 이주할 수는 없기 때문에 간단히 흡수되어 버릴 것이다. 일본 이주민은 비교적 큰 도시에 정착하는 상인들, 그것도 소매상인이 거의 대부분이다. 청국인은 상인과 금융가로서도 일본인보다 훨씬 더 우월하다. 그러므로 큰 상점은 계속 청국인의 소유로 남아 있을 것이다. 이주한 청국인들이 지금 태국을 경제적으로 지배하고 있는 것을 생각해보라.

북만주의 일본화는 남만주의 일본화보다도 실질적으로 가능성이 더 없다. 물론 러시아인들은 일본 종족이 자신들의 영역으로 밀려올 것을 여러모로 두려워하고 있다. 일본인들이 벼농사를 지을 수 없는 북쪽의 기후에는 적응할 수 없기 때문에라도, 물론 그럴리는 없다. 만주에서 일본의 통치지역과 러시아의 통치지역 사이의 경계는 벼농사의 경계이기도 하다. 그러므로 일본의 농민들이 아니라 도시에서 작은 상점을 경영하는 상인들만이 만주의 러시아 지역으로 이주할 것이 확실하다. 다른 한편으로 러시아 카자흐이민들에게는 농토가 분배되지 않고 있다. 일본인들과 청국인들의 시베리아 대량 이민은 생각할 수도 없는 일이다.

일본인은 말레이 군도에서 왔으며, 정복당한 원주민 아이누족 및 바다 건너온 상당수의 한국인과 혼합되어 있다. 오늘날에도 열대성 기질이 일본인에게 얼마나 많이 남아있는지, 한편으로는 가옥 양식이 다른 한편으로는 쌀, 콩, 채소 재배에 한정된 농사가 입증한다. 일본의 가옥은 여름용 거처로서 근본적으로 햇빛을 막는 지붕에 지나지 않는다. 또한 고지대의 건조한 지역에서 재배되는 기장과 감자는 일본인에게 별로 중요하지 않다. 밀농사도 짓지 않으며 가축도 기르지 않는다. 일반적으로 불교가 육식을 금하는 탓에 축산이 발달하지 못한 것으로 추정된다. 그러나 예로부터 일본인들은 종교 면에서 아주 자유로웠다. 불교가 청국에서 결코 대규모 돼지사육과 (한국에도 있는) 소사육을 막지 않았다면, 일본인들이 축산을 하지 않은 이유를 아마 불교 교리 밖에서 찾아야 할 것이다. 나는 그 이유가 일본인들의 유래 때문이라고 생각한다. 청국인들은 가축을

사육하는 아시아 내륙의 고지대에서 유래했으며, 그 때문에 불교에도 불구하고 축산이 그대로 유지되었다. 일본인은 주로 채식생활을 하는 남쪽에서 왔다. 일본인은 바다를 건너왔으며 원래의 관습을 고수했다. 일본인은 불교의 교리에 위협받지도 않았고 청국인의 본보기에 고무되지도 않았다. 일본인은 항상 새로운 것과 낯선 것에 열광하면서도 매우 보수적이다. 그 때문에 평지에서의 벼농사를 고수하고 산악지대를 활용하지 않는다. 전문가들의 판단에 의하면, 구 일본과 홋카이도에 2천8백만 내지 3천만 명을 위한 농경지가 가능한데도, 산악지대를 곡물농사와 가축사육에 이용하지 않고 있다. 일본 국내에서 재배되는 쌀은 모든 국민을 먹여 살리기에 더 이상 충분하지 않다. 그런데도 곡물농사와 가축사육으로 전환하는 대신 외국의 쌀과 콩을 들여온다. 현재 콩은 만주의 도움을 받고 있다.

만주의 일본 상인들은 소매상인이라고 이미 앞에서 언급했다. 많은 사람들의 견해에 따르면, 다른 산업 국가들을 위협하는 경제 위기가 일본에서도 머지않아 심각하게 대두할 것이라고 덧붙여야 한다. 일본인들에게는 대규모 기업에 필요한 자본이 부족할 뿐만 아니라, 일본은 수자원과 석탄, 인력이 풍부한데도 다른 여러 가지 이유들에서 머지않아 유럽과 미국의 진지한 산업 경쟁자가 되기는 어렵다. 일본인이 만든 물건은 아직까지 그리 견고하지 않다. 일본인들 스스로도 "우리가 만든 제품들의 외양은 수입제품처럼 보이지만 아무 쓸모가 없다"고 종종 말한다. 일본 근로자는 공구나 기계를 소중히 다루지 않고, 기술 분야와 상업 분야의 관리들은 책임지는 일을 하기에는 대부분 너무 젊다. 그들은 사전에 충분히 교육도 받지 못했고 경험도 없을 뿐더러 인내심과 성실성도 결여되어 있다. 기업가들은 근로자들에게 조금도 의무감을 느끼지 않는다. 현재 일본인들도 유감스러운 일이라고 거듭 인정하는 바와 같이, 기업가들은 극히 무자비하고 무책임하게 근로자들을 착취한다. 다른 산업 국가들에서는 이미 파업이 일상적인 일이다. 근로자들은 일반적으로 파업을 통해서만 물가상승에 상응하는 임금인상 요구를 달성할 수 있기 때문이다. 일본에서는 파업이 훨씬 더 빈번하게 일어날 것이다. 전쟁으로 인한 심각한 물가상승 탓에 지금이야말로 임금을 인상해야 하는데도, 일본의 기업들은 자발적으로 근로자를 위해 뭔가를 하는 일이 결코 없기 때문이다. 이제 불가피하게 임금이 인상된다면, 지금까지 수자원, 석탄, 인력과 더불어 줄곧 거론되었던 저임금의 장점이 사라지게 된다. 그런데다 이주민이 증가하면 임금은 더욱 상승할 것이다. 다른 곳에서 더 많이 벌 수 있는 유능한 근로자들이 본국의 산업에서 빠져나갈 것이 자명하기 때문이다. 그렇지 않아도 숙련된 일꾼이 모든 분야에서 부족한 상황이다. 행정의 중앙집권화와 국민후원을 강력하게 추구하는 일본 정부는 공장법 입법을 추진함으로써, 필요한 경우 사업

감독을 정부의 가장 중요한 과업 중의 하나로 간주한다. 공장법은 서류상으로 명시될 뿐만 아니라 실제로 근로자들을 보살피고 최대한 파업과 폭동을 예방하고 경제적으로 꼭 필요한 인물들의 이주를 저지할 것이다. 일본의 발전은 국민의 무산계급화를 향해 질주하고 있다. 국가가 응당 존속하려면, 일본은 물론이고 한국에서도 이러한 위험스런 발전을 예방해야 한다.

원본 문서 일본 1

Auswärtiges Amt
Abth. A.

Politisches Archiv d. Auswärt. Amts

Acten

Betreffend
Allgemeinen Angelegenheiten Koreas

Vom 1. November 1902
Bis 15. Februar 1904

Bd. 34
f. Bd. 35

Politisches Archiv des Auswärtigen Amts
R 18934

KOREA. No. 1.

Ber. a. Söul v. 17. 11. № 185: Anwesenheit des russischen Spezial-Gesandten Wäber in Söul und seine Beziehungen zum Kaiser von Korea, Anregung von Reformen für Korea.	23. 1. 1.
Ber. aus Söul v. 8. 4. № 67. Engagement des früheren japanischen Gesandten Kato für das koreanische Hausministerium; Beseitigung des anfänglichen Widerspruches des Russischen Gesandten; Äußerungen des Hrn. Pavlow über Russlands Politik in Korea.	8070. 25. 5.
Ber. a. St. Petersburg v. 5. 4. № 292. Unwillen der russischen Presse über die fortschreitende Colonisirung Korea´s durch Japan und Frage der Erwerbung Masampo´s seitens Russlands.	5441. 7. 4.
desgl. v. 21. 6. −№ 505− Veröffentlichung des Wortlautes eines japanisch-koreanischen Vertrages über Ertheilung einer Landkoncession an die Japaner in Masampo auf Korea.	9716. 23. 6.
Bericht aus Söul v. 10. 5. −№ 82− Vice-Minister Choe Yoeng Ha vertritt den erkrankten Minister der Auswärtigen Angelegenheiten Yu Kui Hwan.	10241. 3. 7.
1903.	
koreanische Waffenankäufe bei japanischen Firmen.	
Ber. a. Söul v. 29. 11. № 189: Forderung der amerikanischen Firma Collbran u. Bostwick für Einrichtung der koreanischen „Seoul Electric Company.“	591. 13. 1.
Desgl. v. 13. 12. № 193: Besuch S. M. S. „Jaguar“ in Chemulpo.	1308. 28. 1.
Desgl. v. 25. 12. № 196: Wiederherstellung des Kabinets, Yi Yong Ik´s Reise nach Port Arthur.	1708. 5. 2.
Tel a. Söul v. 7. 2. № 3: Engagement eines belgischen Rathgebers für die koreanische Regierung.	1885. 8. 2.
Desgl. v. 9. 2. № 4: Korea hat die Noten der ersten japanischen Bank verboten, Japan droht daher mit Repressalien.	1960. 10. 2.
Tel. a. Söul v. 13. 2. № 5. Tel. a. Söul v. 14. 2. № 6. Beilegung der japanisch-koreanischen Differenz durch Nachgeben Koreas.	2201. 14. 2. 2215. 15. 2.
Ber. a. Söul v. 2. 12. № 191: Anklage gegen den Minister und Präsidenten des Privat-Schatzamts Yi Yong Ik und seine Flucht auf die russische Gesandtschaft. Kabinetskrisis.	778. 19. 1.

Ber. des Kommandos des Kreuzergeschwaders v. 10. 10: Die Theilnahme der verschiedenen fremden Höfe an der Feier des Regierungsjubiläums des Kaisers von Korea.	1043. 22. 1.
Ber. a. Söul v. 16. 12. 02. № 194: Die Kabinetskrisis wegen der Angelegenheit Yi Yong Ik's.	1116. 24. 1.
Ber. a. Tokio v. 24. 12. 02. A. 157: Japanischer und russischer Seits werden Unruhen wegen Koreas nicht befürchtet.	1128. 24. 1.
Ber. aus Tokio v. 22. 1. № A. 14. Unterredung des Leg. Rats v. Erckert mit Her. Hayashi, dem japanischen Gesandten in Söul, über Charakter und Fähigkeiten Yi Yong Ik's.	2482. 20. 2.
Notiz: Bericht aus Söul v. 11. 2. № 20. betr. Streitigkeiten zwischen katholischen und protestantischen Eingeborenen in der koreanischen Provinz Hoang-hae befindet sich i. a. Korea 6.	4692. 3. 4.
Kölnische Ztg. v. 9. 4. Das Vordringen Russlands in Korea.	5057. 9. 4.
Bericht aus Soeul v. 3. 1. −№ 4− Protest des japan. Gesandten gegen Wiederanstellung Yi Yong Ik's bei der koreanischen Regierung, da dieser unter dem Schutz der russischen Regierung stände und deren Interessen vertrete. Seit der Reise Ik's nach China haben sich die Finanzen Koreas schlecht gestellt. Anleihe bei der „Ersten Bank" von Japan.	2426. 19. 2.
Bericht aus Tokio v. 22. 1. −№ A. 13− Der japanische Gesandte in Korea schreibt die Besserung der koreanischen Finanzen dem Umstand zu, daß Yi Yong Ik unbestechlich ist und die Gelder sparsam verwaltet.	2481. 20. 2.
Bericht aus Tokio v. 22. 1. −№ A. 16− Preßmeldung über die Theilnahme eines japanischen Geschwaders an dem Regierungs-Jubiläum in Korea. Vertretung Japans und Englands.	2484. 20. 2.
Bericht aus Soeul v. 19. 1. −№ 10− Yi Yong Ik ist nach Reisankäufen nach Soeul zurückgekehrt und hat die Funktionen als Chef der Kaiserl. Privatschatulle wieder übernommen. Yi Kun Tack bemüht sich, ein Engagement des H. Waeber als Rathgeber der Regierung zu Stande bringen.	3666. 15. 3.
Bericht aus Tokio v. 19. 2. −№ A. 35− Stellung der fremden Vertreter bei der Verwickelung zwischen Japan und Korea wegen des Verbots der Noten der ersten japanischen Bank.	3841. 18. 3.

Bericht aus Söul v. 29. 1. –№ 12– Gerüchte über eine Anleihe Koreas bei Belgien, die durch Rußland und Frankreich garantirt wird. Entsendung von 4 russischen Rathgebern für die Münz-und Finanz-Reform	3667. 15. 3.
Bericht aus Söul v. 25. 2. –№ 32– Unterredung mit dem japanischen Gesandten über einen Einspruch Japans gegen die deutsche Concession gegen die Woensan-Bahn.	5502. 15. 4.
Desgl. v. 10. 3. –№ 35– Protest des japanischen Gesandten gegen das Engagement eines Berathers für Korea.	5883. 25. 4.
Desgl. v. 7. 2. –№ 17– Das Engagement des belgischen Berathers tritt nunmehr in die Ausführung. Hauptaufgabe dieses Beamten soll die Placirung belgischen Kapitals in Korea sein. Auch in den Kohlengruben in Pyoeng Yang sollen nun belgische Ingenieure angestellt werden.	4011. 21. 3.
Desgl. v. 17. 3. –№ 40.- Auch Italien bewirbt sich um eine Goldgruben-Concession.- Das Kohlenbergwerk in Pyoeng Yang wird durch französische Ingenieure erschlossen. Letzteres ist ein Werk Yi-Yong Ik's.	6156. 30. 4.
Desgl. v. 20. 2. –№ 27.- Notenaustausch zwischen Japan u. Korea betr. die Regl. der Noten der Ersten Bank.	4696. 3. 4.
Hamburger Correspondent v. 20. 5.: Verbot der Niederlassung von Ausländern auf Quelpart	7286. 20. 5.
Petersburger Herold v. 20. 5.: Verbot für Koreaner auf Quelpart, mit den dortigen Japanern in Beziehungen zu treten	7288. 20. 5.
Ber. 69 aus Söul v. 10. 4.: Deutsche Bestrebungen bezl. der Söul-Wönsan-Bahn	s. i. Bd. 33.
Ber. 28. aus Söul v. 21. 2.: Russ. Gesuch um die Conzession der Wiju-Bahn	5202. 12. 4.
Ber. 29. aus Söul v. 22. 2.: Die russ. Vertretung in Korea, neuer russ. Militär-Attaché Oberstl. v. Raaben	5203. 12. 4.
Ber. 18 aus Söul v. 9. 2. Wechsel der Leitung des korean. Ministeriums des Äußern.	4890. 3. 4.

Schrb. des korean. Konsuls Ed. Meyer v. 11. 2. in Hamburg. Befriedigung über die Erhebung des Ks. Konsuls in Soeul zum Minister-Residenten. Frage der Entsendung einer besonderen Mission u. eines Kriegsschiffs anläßlich des korean. Krönungsjubiläums.	2125. 23. 2.
Ber. des Militär-Attachés in Tokio v. 5. 4., № 32. cop. Äußerungen des brit. Militär-Attachés, Obersten Churchill über den Erfolg einer kriegerischen Intervention für Rußland und Japan in Korea. orig. i. a. Korea 10.	6567. 7. 5.
Schrb. des Chefs des Admiralstabs v. 10. 6., B 2418 I. Anfrage, ob vom politischen Standpunkt eine Teilnahme des Kreuzergeschwaders an den Jubiläumsfeierlichkeiten des Kaisers von Korea angezeigt erscheint. cfr. Antwort v. 24. 6.	8778. 10. 6.
Bericht aus Söul v. 11. 4. № 53. Pockenerkrankung im Kaiserl. Palaste. Aufschub der Feier des Regierungsjubiläums bis zum Herbst. Beschwerden um Forderungen der Mächte. (Firma Collbran u. Bostwick; Quelpart-Entschädigung; Zollerhebung am Nak-tong-Fluß; Minengesuche).	8163. 6. 6.
Vossische Zeitung v. 25. 6. Emily Brown, die neue Kaiserin von Korea. Ihre politischen Ziele.	9249. 25. 6.
Bericht aus Petersb. v. 18. 2. № 94. Der koreanisch-japanische Conflict wegen des Verbotes der Noten der ersten japanischen Bank ist beigelegt.	2494. 20. 2.
Bericht aus Söul v. 9. 2. № 19. betr. den vorgenannten Conflict. Rücktritt des Ministers des Aeußern. Die Zollerhebungen am Naktong-Flusse.	4691. 3. 4.
Desgl. v. 13. 2. № 22. Beilegung der Noten-Angelegenheit. Ernennung eines neuen Gesandten für Tokio.	4693. 3. 4.
Bericht aus Söul v. 14. 2. № 23. Rückkehr des japanischen Gesandten. Beilegung der Noten-Angelegenheit. Abhängigkeit Koreas von Japan in finanzieller Hinsicht.	4694. 3. 4.
Desgl. v. 9. 4. № 52. Die Verhältnisse im offenen Hafen von Songchin.	7700. 29. 5.
Ber. a. St. Petersbg. v. 10. 8. № 558: Zusammenstoß zwischen Japanern u. Koreanern auf dem Wege Söul-Fusan.	11596. 12. 8.
Ber. a. Söul v. 22. 4. Eintreffen des oestr.-ungar. Kreuzers „Kaiser Karl VI" in Chemulpo.	8121. 6. 6.

Tel. i. Z. aus Peking v. 12. 10. № 118. -Abschrift- Gerücht über militärische Besetzung Masampo's durch Japaner.	15100. 12. 10.
Ber. a. Söul v. 4. 9. № 105: Vorschlag der koreanischen Regierung, den Hafen von Wiju den Fremden zu öffnen und dafür den Hafen von Piöngyöng zu schließen. Der K. Ministerresident hat zum Antrag keine Stellung genommen, Rußland ist dagegen, England, Japan, Amerika sind dafür.	14706. 4. 10.
Ber. a. Tokio. v. 21. 9. A. 112: Die „Japan Daily Mail" ist mit H. von Salderns Stellungnahme zur Frage der Öffnung von Wiju nicht einverstanden.	15797. 26. 10.
Ber. a. Söul v. 14. 8. № 98: Richtigstellung des Artikels der Vossischen Zeitung: Emily Brown, die neue Kaiserin von Korea.- Der Artikel ist total falsch.	14899. 8. 10.
Tel a. Petersburg v. 21. 11. № 410: Graf Lamsdorff weiß nichts von der angeblichen Besetzung Wiju's durch Japan.	17350. 21. 11.
Tel. a. Tokio v. 13. 12. № 59: Baron Rosen hat neue Vorbehalte über Korea gemacht.	18550. 13. 12.
Tel. a. Petersburg v. 17. 12. № 443: Rußland erkennt angeblich Japans Vorzugsstellung in Korea an, fordert aber völlige Handelsfreiheit für sich und einen Hafen in Südkorea.	18750. 17. 12.
Tel. a. Tokio v. 19. 12: Japanische Kriegsmaßregeln u. A. Ausbau der Eisenbahn Söul-Fusan. Japan beabsichtigt kurzes Ultimatum zu stellen und dann Korea sofort zu besetzen.	19353. 29. 12.
Ber. a. Petersburg v. 5. 12. № 815: Basis für die Regelung der Differenz zwischen Rußland und Japan wegen Korea.	18173. 7. 12.
Ber. a. Söul v. 20. 8. № 100. -Absr. - Vergrößerung der koreanischen Armeemission des Kapitäns Hyen Sang Kien nach Europa, um Neutralisierung Koreas zu bestreiten. – Absicht, das Reg.-Jubiläum des Kaisers im Oktober zu feiern.	14228. 23. 9.
Bericht a. Söul v. 15. 7. -82- mlt. Die Holzkonzessionen der Russen in Korea. Überwiegender Einfluß der Japaner in Korea; Ausbeutg. dieses Einflusses, insbesondere durch den japanischen Ges. in Soeul; Energielosigkeit der koreanischen Regierg.; Intriguen am Hofe. – - orig. i. a. China 25. -	11859.
Bericht a. Tokio v. 28. 11. – A. 140. Ermordg. eines koreanischen politischen Flüchtlings.	19180. 25. 12.

Bericht a. Soeul v. 10. 8. -92- copda. Saldern ist vom Kaiser v. Korea um Vermittelg. u. Schutz vor den ev. Grausamkeiten der im Falle eines Krieges aus Japan heimkehrenden koreanischen Flüchtlinge gebeten, - dsgl. amerikan. Ges. – <div align="right">- orig. i. a. China 25. -</div>	13267. 6. 9.
Bericht a. Odessa v. 3. 6. -51- mlt. Abfahrt russischer Kreuzer nach Ostasien. <div align="right">- orig. i. a. Rußland 72 b. -</div>	8178. 6. 6.
Ber. S. M. S. „Iltis" d. d. Chemulpo an das Kommando des Kreuzergeschwaders über die Vorbereitungen zum 40-jährigen Regierungsjubiläum des Kaisers von Korea. / 1te Abschr. i. a. China 1. /	18067. 5. 12.
1904	
Koreanische Note v. 4. 1.: Anzeige des Todes der Kaiserin Witwe Myeng Hoen, Schwägerin des jetzigen Kaisers.	193. 4. 1.
Ber. a. Söul v. 21. 12. K№ 130: Kapitalsanlage des Kaisers von Korea in deutschen Staatspapieren.	1083. 21. 1.
Ber. a. Tokio v. 30. 12. A. 3: Beschleunigter Ausbau der Söul-Fusan-Eisenbahn.	1445. 28. 1.
Ber. a. Söul v. 9. 1. K№ 6: Tod der Kaiserin- Witwe Myeng Hoen.	1898. 5. 2.
Ber. a. London v. 11. 2. № 569: Einreichung einer neuen Karte von Korea.	2632. 15. 2.
Ber. a. London v. 10. 2. 106 „Morning Post" erinnert an das Bestehen eines amerikanisch-koreanischen Vertrages v. 22. 5. 82., in welchem die Verein. Staaten Korea für den Fall der Unterdrückg. Dienste versprechen.	2353. 12. 2.
Bericht a. Soeul v. 30. 12. -136- Der russ. u. japan. Ges. über den ev. Kriegs-Ausbruch. Vorbereitg. Japans für d. Krieg.-Anzeichen. Über den neuen russ. Mil. Attaché. Lethargie der Koreaner. Der Kaiser von Korea. Minister-Wechsel. Die künftg. koreanische Kaiserin. Ev. Überreichg. e. Ordens an Prz. Heinrich v. Preußen?	1129. 22. 1.
Ber. des Mil. Attachés v. Etzel aus Tokio v. 2. 1. № 1. Der späte Eingriff der japan. Regierung bei der Reorganisationen der Söul-Fusan-Eisenbahngesellschaft. Die Langsamkeit des Bahnbaues.	1449. 28. 1.

Besuch des Chefs des Kaiserlichen Kreuzergeschwaders in Soeul.

PAAA_RZ201-018934_020 ff.			
Empfänger	Buelow	Absender	Weipert
A. 16163 pr. 5. November 1902. p. m.		Soeul, den 19. September 1902.	
Memo	J. № 917.		

A. 16163 pr. 5. November 1902. p. m.

Soeul, den 19. September 1902.

№ 148.

Seiner Excellenz

dem Reichskanzler

Herrn Grafen von Buelow.

Vorangegangener Ankündigung entsprechend traf der Chef des Kaiserlichen Kreuzergeschwaders, Herr Vice- Admiral Geissler mit S. M. S. „Fuerst Bismarck" und dem Torpedoboot „S 90" am 7. d. M. in Chemulpo ein. Nachdem ich dem Herrn Vice-Admiral meinen Besuch abgestattet hatte, richtete ich seinem Wunsche entsprechend am selben Abend noch an den Minister des Aeussern a. i. ein Ersuchen betreffs Gewaehrung einer Audienz. Am folgenden Vormittag erhielt ich jedoch eine Mittheilung des Herrn Vice-Admiral, dass er wegen beunruhigender Nachrichten ueber S. M. Kanonenboot „Tiger", welches am 30. v. M. von Tsingtau abgefahren, am 4. d. M. aber noch nicht in Shanghai eingetroffen und wahrscheinlich in einen Taifun gekommen sei, sofort nach Tsingtau fahren muesse. Gemaess dem Wunsche des Herrn Vice-Admiral zog ich daher das Audienzgesuch zurueck, indem ich die Dispositionsaenderung mit Ruecksicht auf die Sachlage zu entschuldigen bat.

Erfreulicherweise erhielt ich bereits am 10. d. M. eine Mittheilung des Herrn Geschwaderchefs, dass die beunruhigende Nachricht in Betreff S. M. S. „Tiger" sich als grundlos erwiesen habe und er am 15. wieder in Chemulpo eintreffen werde. Der Herr Vice-Admiral begab sich sofort nach seiner Ankunft nach Soeul, stieg nebst dem Chef seines Stabes und dem Flaggleutnant im Konsulatsgebaeude ab und wurde noch am Nachmittag des 15. d. M. mit den beiden Herren Kommandanten und 5 der Herren Offiziere von dem Kaiser von Korea in Audienz empfangen. Bei derselben waren ausser dem Praesidenten des Ceremonien-Amtes zwei Abtheilungschefs des Militaerkabinets im

Generalsrang und zwei Majore zugegen, entsprechend einer seit Ende Juni d. J. in Geltung befindlichen neuen Audienz-Ordnung, nach welcher die frueher bei allen Audienz anwesenden Minister des Kaiserlichen Hauses und der Auswaertigen Angelegenheiten nur noch-neben den vorerwaehnten Wuerdentraegern- bei grossen Audienzen zwecks Ueberreichung von Schreiben oder Dekorationen anderer Staatsoberhaeupter zugezogen werden.

An die Audienz schloss sich ein Diner, bei welchem der Praesident des Ceremonien-Amtes und der Hausminister zugegen waren und die koreanische Militaerkapelle fuer die Musik sorgte. Von der Mitnahme der Kapelle des Flaggschiffs war mit Ruecksicht auf die seit Ende v. M. in Soeul zu verzeichnenden sporadischen Cholerafaelle abgesehen worden.

Der folgende Tag war Besuchen und der Besichtigung Soeuls gewidmet. Auch fand ein Fruehstueck auf dem Konsulat statt, zu welchem ich eine Anzahl koreanischer Wuerdentraeger und die hiesigen Deutschen eingeladen hatte. Der Kaiser, sowie der Kronprinz sandten eine Anzahl von Geschenken fuer Seine Excellenz, sowie fuer die sieben Herren Offizicrc.

Am 17. kehrte der Herr Vice-Admiral nach Chemulpo zurueck, bewirthete sieben koreanische Wuerdentraeger, darunter den Hausminister, den interimistischen Minister des Aeussern und zwei Generale zum Fruehstueck an Bord des Flaggschiffs.

Am 18. in der Fruehe verliess der Herr Geschwaderchef Chemulpo um sich nach Taku zu begeben.

Weipert.

Inhalt: Besuch des Chefs des Kaiserlichen Kreuzergeschwaders in Soeul.

Berlin, den 13. November 1902.   A. 16163.

Ich darf anheimstellen den
Bericht auch dem Herrn Chef
des Admiralstabes der Marine
zugängig machen zu wollen.
(St. S.)

J. № 9834.

Der anliegende Bericht des Kais. Konsuls in
Söul vom 19. September d. J., betreffend den
Aufenthalt des Chefs des Kreuzergeschwaders
Viceadmirals Geissler in Korea, wird dem Herrn
Staatssekretär des Reichsmarine-Amtes zur
gefälligen Kenntnißnahme unter Rückerbittung
ergebenst übersandt.

St. S.

i. m.

Besuch des amerikanischen Admirals Rogers.

PAAA_RZ201-018934_025 f.			
Empfänger	Buelow	Absender	Weipert
A. 17036 pr. 23. November 1902. a. m.		Soeul, den 3. Oktober 1902.	
Memo	J. № 981.		

A. 17036 pr. 23. November 1902. a. m.

Soeul, den 3. Oktober 1902.

№ 160.

Seiner Excellenz

dem Reichskanzler

Herrn Grafen von Buelow.

Vom 23 bis 26. v. M. hat sich der amerikanische Contre-Admiral Rogers mit dem Flaggschiff „New York" in Chemulpo aufgehalten. Auf dem Flaggschiff befand sich auch der amerikanische Gesandte in Tokio, Herr Buck, der eine Erholungsreise in die hiesigen Gewaesser unternommen hatte. Beide Herren haben Soeul besucht, die beantragte Audienz wurde aber von dem hiesigen Souveraen mit Ruecksicht auf die herrschende Cholera-Epidemie nicht gewaehrt.

Kopieen dieses gehorsamsten Berichts sende ich an die Kaiserlichen Gesandtschaften in Tokio und Peking.

Weipert.

Inhalt: Besuch des amerikanischen Admirals Rogers.

[   ]

PAAA_RZ201-018934_027 ff.			
Empfänger	Kaisl. Kriegsministerium	Absender	Etzel
A. 17178 pr. 26. November 1902. p. m.		Tokio, den 29. Oktober 1902.	
Memo	mtg. 29. 11., Petersbg. 931, Washgton A. 345, Peking A. 134, Söul A. 4, London 1066, Paris 837. Mil. Attaché. J. № 18.		

Abschrift.

A. 17178 pr. 26. November 1902. p. m.

Tokio, den 29. Oktober 1902.

An das Kaisl. Kriegsministerium.

Militärbericht № 13.

betrifft Verkauf von Geschützen und Pferden an Korea. Angebliche koreanische Militärreformpläne.

————————————

Die koreanische Regierung hat 6 Feldgeschütze (alten Modells) u. 106 Militärpferde von Japan gekauft. Der Transport soll Anfang Oktober nach Chemulpo verschifft worden sein.

Seit Ende September befindet sich ein koreanischer Offizier in Asahigawa beim Stabe der 7. Division, um das Milizwesen in Hokkaido (nur noch bis Frühjahr n. Js. gültig) zu studiren. Sein Aufenthalt ist auf 5 Monate berechnet.

Japanische Zeitungen beschäftigen sich jetzt öfters mit angeblichen koreanischen Plänen einer Neuorganisation und Vermehrung der koreanischen Truppen. Danach soll beabsichtigt sein:

1. Die kaiserliche Palastwache in Söul um 500 Mann zu vermehren.

2. Zum Schutze der Nordgrenze die in Ping yang stehenden Truppen um 1600 Mann zu verstärken.

3. Im Laufe des nächsten Jahres eine Garnison in Masampo zu errichten.

4. Arsenale in Söul u. Pingyang zu schaffen.

5. Jährlich 50 Offiziere ins Ausland zu senden, deren 10 nach Deutschland u. 20 nach

Japan.

Diese Mittheilungen entspringen wohl dem Wunsche, möglichst viel japanische Offiziere als Instrukteure nach Korea zu senden, um den japanischen Einfluß dort immer mehr zu stärken. Daß die koreanische Regierung bei ihrer beschränkten Finanzlage sich aus eigenem Antriebe mit immerhin kostspieligen Militärplänen tragen sollte, ist kaum anzunehmen.

Die Errichtung einer Waffen-und Munitionsfabrik in Söul soll einer japanischen Gesellschaft zum Preise von 210000 Yen übertragen worden sein.

Wenn diese Nachricht sich bewahrheitet, werden wohl in japanischen Arsenalen nicht mehr verwendbare Maschinen nach Korea verschifft werden.

gez. v. Etzel (Gunther).
Major u. Militär-Attaché.

Berlin, den 29. November 1902.   A. 17178.[II]

An

die Missionen in

1. St. Petbg. № 931

2. Washington № A. 345

3. Peking № A. 134

4. Söul № A. 4

5. London № 1066

6. Paris № 837

J. № 10280.

Euerer pp. übersende ich anbei ergebenst
Abschrift eines Berichts des Militär-Attachés
bei der Kais. Gesandtschaft in Tokio vom
29. vor. Mts, betreffend Nachrichten über die
koreanische Armee,

zu Ihrer gefl. Information.

St. S.

i. m.

[   ]

PAAA_RZ201-018934_031

Empfänger	Auswärtigen Amts	Absender	Rampold
A. 17452 pr. 1. Dezember 1902.		Berlin, den 29. November 1902.	
Memo	Der Staatssekretär des Reichs-Marine-Amts. Auf das gefl. Schreiben v. 13. 11. 02. – A. 16163 / 9834.		

A. 17452 pr. 1. Dezember 1902. 1 Anl.

Berlin, den 29. November 1902.

A. I^e 12704.

An

den Herrn Staatssekretär

des Auswärtigen Amts

Anliegend wird der Bericht des Kaiserlichen Konsuls in Söul vom 19. September 1902 nach Kenntnißnahme ergebenst zurückgesandt. Der Herr Chef des Admiralstabes hat gleichfalls Kenntniß erhalten.

Im Auftrage.

Rampold.

[   ]

PAAA_RZ201-018934_032

Empfänger	Auswärtiges Amt in Berlin	Absender	Weipert
A. 17467 pr. 2. Dezember 1902. a. m.		Söul, den 1. Dezember. 1902.	
Memo	cfr. A. 18176.		

A. 17467 pr. 2. Dezember 1902. a. m.

Telegramm.

Söul, den 1. Dezember. 1902. 7 Uhr 50 Min. p. m.
Ankunft: 9 Uhr   5 Min. p. m.

Der K. Konsul an Auswärtiges Amt.

Entzifferung.

№ 20.

Ministerkrisis wegen Yiyongik der, vom Kabinet angeklagt, sich mit Kenntniß seines Souveräns gestern in die russische Gesandtschaft geflüchtet hat.
Bevölkerung ruhig.

Weipert.

[   ]

PAAA_RZ201-018934_033 ff.

Empfänger	Bülow	Absender	Weipert
A. 17987 pr. 12. Dezember 1902. p. m.		Söul, den 19. Oktober 1902.	
Memo	mtg. 1. 1. Petbg. 4, London 1. Auszug I 31342. pr. 12. 12. 1902. Konsulat des Deutschen Reiches. J. № 1047.		

A. 17987 pr. 12. Dezember 1902. p. m. 1 Anlage.

Söul, den 19. Oktober 1902.

№ 166.

Seiner Excellenz

dem Reichskanzler

Herrn Grafen von Bülow.

pp. Nur Rußland hat die Verschiebung der Jubiläumsfeier ignorirt. Der besondere Abgesandte Herr Waeber ist am 16. d. M. zugleich mit dem Großfürsten Cyrill Wladimirovitsch, dessen Besuch wohl eigentlich auch der Theilnahme an den Festlichkeiten halber auf den gegenwärtigen Zeitpunkt anberaumt worden war, auf dem russischen Kriegsschiff „Admiral Nachimoff" in Chemulpo eingetroffen und auf sein Ansuchen am 18. – noch vor den hiesigen Vertretern – von dem Kaiser in besonderer Audienz empfangen worden, in der er dem Letzteren ein Glückwunschschreiben des Zaren überreicht hat. Da Herr Waeber auf seiner Reise durch Sibirien und die Mandschurei leicht in Port Arthur noch hätte aufgehalten werden können, so liegt die Annahme nahe, daß seine Entsendung noch andere Zwecke, vermuthlich in der Richtung der Wiederherstellung wärmerer Beziehungen zwischen Rußland und Korea verfolgt, um deren Erreichung willen der Zeitpunkt seiner Mission nicht hinausgeschoben werden sollte.

Herr Waeber ist mit seiner Gemahlin nicht in der russischen Gesandtschaft abgestiegen, sondern wohnt als Gast des koreanischen Hofes in einer Art von Kaiserlichem Hotel, welches von Fräulein Sontag, der deutschen Wirthschafterin des Hofes, einer Verwandten der Frau Waeber, mit Mitteln des Hofes unterhalten wird. Nach Aeußrungen der Fräulein Sontag wird Herr Waeber fürs Erste noch nicht wieder abreisen. Neben dem Gerücht, daß

Herr Waeber die hiesige Vertretung Rußlands wieder erhalten solle, taucht jetzt das andere auf, er solle als Rathgeber der koreanischen Regierung engagirt werden. Sein Verhältniß zu dem Geschäftsträger Stein ist schon von früher her kein sehr freundschaftliches und es wird behauptet, daß seitens des Letzteren, sowie seitens des Herrn Pavlow gegen Herrn Waeber und besonders gegen dessen jetzige Mission in St. Petersburg intriguirt worden sei. Nicht weniger unangenehm scheint der russische Geschäftsträger die Anwesenheit des Baron Guensburg, des früheren Sekretärs des General Wogack in Tientsin zu empfinden, der sich schon seit Mitte dieses Sommers hier wieder aufhält und auf ein längeres Bleiben einzurichten scheint. Da ein anderer Zweck seiner Anwesenheit zur Zeit nicht erkennbar ist, so nimmt man an, daß sie in erster Linie geheimer Informationsbeschaffung und Berichterstattung diene. pp.

Von den für die Jubiläumsfeier geplanten Bauten und Anlagen ist bisher nur ein Theil, darunter eine neue Audienzhalle, vollendet. Es scheint schließlich an Mitteln für die Ausgaben, die in ihrem genauen Betrag nicht bekannt sind, aber bisher schon über 1 Million Yen betragen haben sollen, gefehlt zu haben, ein Umstand, der auf den raschen Entschluß der Verschiebung der Feier wahrscheinlich nicht ohne Einfluß war. pp.

gez. Weipert.

PAAA_RZ201-018934_036			
Empfänger	Auswärtiges Amt in Berlin	Absender	Weipert
A. 18176 pr. 17. Dezember 1902. a. m.		Söul, den 17. Dezember 1902.	

A. 18176 pr. 17. Dezember 1902. a. m.

Telegramm.

Söul, den 17. Dezember 1902. 12 Uhr. 10 Min. a. m.

Ankunft: 6 Uhr. 28 Min. a. m.

Der K. Konsul an Auswärtiges Amt.

Entzifferung.

№ 21.

Unt. Bezuge auf Tel. № 20.

Auf russischen und japanischen Rath einige Minister entlassen und Yi in Provinz verbannt Yi noch in russischer Gesandtschaft möchte Einfluß wiedererlangen und deshalb deutsche Ginseng-Anleihe durchführen. Japan scheint insgeheim gegen Yi für Lady Om zu arbeiten.

Weipert.

[   ]

PAAA_RZ201-018934_037

Empfänger	[o. A.]	Absender	[o. A.]
A. 18211 pr. 18. Dezember 1902.		[o. A.]	

A. 18211 pr. 18. Dezember 1902.

Notiz.

Schriftstücke, betr. den Wunsch der Aktien-Gesellschaft Loh, die Erlaubniß zur Einlagerung von Kriegsmaterial bei der Fima Ed. Meyer in Chemulpo zu erhalten, befinden sich

i. a. China 24

PAAA_RZ201-018934_038 ff.

Empfänger	Bülow	Absender	Alvensleben
A. 18364 pr. 21. Dezember 1902. a. m.		St. Petersburg, den 19. Dezember 1902.	

Abschrift.

A. 18364 pr. 21. Dezember 1902. a. m.

St. Petersburg, den 19. Dezember 1902.

№ 891.

Sr. Excellenz

dem Reichskanzler

Herrn Grafen von Bülow.

Der „Nowoje Wremja" ist nachstehende Mittheilung des russischen Ministeriums des Äußern zugegangen:

„In № 9581 hatte die „Nowoje Wremja" einen Artikel aus der Feder Paul Tolstoj´s veröffentlicht, der die Überschrift trug: Rußland und der Burenkrieg. Der Autor dieses Artikels beruft sich auf die Ereignisse der letzten Jahre, stellt sie jedoch in einem falschen Lichte dar.

Im Interesse der Wahrheit erscheint es notwendig, die Hinweise Tolstoj´s entsprechend zurechtzustellen. Nach Ansicht des Autors hat Rußland den Forderungen Englands ein erstes Mandschureiabkommen mit China zu annullieren, nachgegeben. Hier ist alles unrichtig. Es ist kein Abkommen annulliert worden, folglich konnte auch von Forderungen Englands an die Adresse Rußlands nicht die Rede sein. Der Standpunkt der russischen Regierung bezüglich der chinesischen Ereignisse des Jahres 1900 ist in den Regierungskommuniqués, die in der Folge veröffentlicht wurden, mit voller Bestimmtheit dargelegt worden. Indem Rußland sich streng an sein Aktionsprogramm hielt, dessen Grundlage die Wiederherstellung und Erhaltung der normalen Lage der Dinge in dem Nachbarreiche bildete, ist es zu Verhandlungen mit China wegen Räumung der Mandschurei geschritten. Die Regierung des Bogdychan hat anfangs tatsächlich den Abschluß eines Abkommens, möglicherweise unter dem Einflusse gewisser Ränke, abgelehnt, während für Rußland augenscheinlich keine Notwendigkeit vorlag, auf der Unterzeichnung des Vertrages zu bestehen, Wenn später gleichwohl der Abschluß desselben zu Stande kam, so ledglich infolge der verstärkten Bemühungen Chinas selbst, wobei Rußland die Erklärung abgab, der Abzug der russischen Truppen aus der Mandschurei werde in Abhängigkeit gestellt werden zu dem Grade der Ruhe im Lande und dem Verhalten der anderen Mächte. Ohne Zweifel stimmt die Darstellung im Artikel Tolstoj´s mit dieser Entscheidung der Frage nicht überein.

Ferner haben, nachdem zwischen England und Japan ein Bündnis geschlossen worden war, Rußland und Frankreich diesen Umstand benutzt, um auch ihrerseits offen zu erklären, daß sie in den Angelegenheiten des fernen Ostens mit einander eng vereint sind. Die von Tolstoj anerkannte Macht dieser Einigung erscheint doch als beste Widerlegung der von ihm geäußerten Ansicht, daß England und Japan in den chinesischen Dingen gewissermaßen die ausschlaggebende Stellung einnähmen.

Was Korea anlangt, so ist bekanntlich im Jahre 1896 ein Abkommen zwischen Rußland und Japan zu Stande gekommen, kraft dessen beiden Mächten das Recht zuerkannt wird, eine bestimmte Anzahl Truppen in diesem Lande zu unterhalten. Aus diesem Grunde bedeutet, im Gegensatze zur Behauptung Tolstoj´s, der Aufenthalt kleiner japanischer Abteilungen in Korea ebensowenig eine Verletzung des Abkommens, wie die Berufung des Japaners Kato in koreanischen Dienst, da Kato mit Wissen der russischen Regierung einen überdies untergeordneten Posten im Ministerium der Landwirtschaft bekleidet, aber nicht dem Hofressort vorsteht. Was den Engländer Brown, den Zollchef, betrifft, so befindet er sich in koreanischem Dienste laut Kontrakt, dessen Frist nach endgültiger Tilgung der von Korea in Japan aufgenommenen Anleihe abläuft.

Die von Tolstoj bezüglich der zentralasiatischen Verhältnisse gemachten Angaben sind gleichfalls nicht ganz genau. Die Engländer haben nicht vom südöstlichen Persien Besitz ergriffen. Wenn von ihrer Seite auch Versuche gemacht worden waren, die persische Grenze zu überschreiten, so sind diese Versuche gerade durch die Intervention Rußlands rechtzeitig aufgehalten worden, und innerhalb der Besitzungen des Schahs sind in letzter Zeit Grenzveränderungen nicht vorgekommen. Die freundschaftlichen Beziehungen zwischen Rußland und Persien haben sich andauernd gefestigt, und es liegt augenblicklich kein Anlaß vor, auch nur die geringste Verschlechterung in diesen Beziehungen vorauszusetzen.

Die Grenzregulierung mit Afghanistan war bereits vor dem Beginne des Burenkrieges bewerkstelligt worden. Wenn Rußland im Jahre 1895 Afghanistan einen Landstreifen zwischen dem Quellgebiete des Amu-Darja und Indien Zugestanden hat, so hat es andererseits England verpflichtet, diesen Landstreifen nicht seinen Besitzungen anzugliedern.

Zur Frage unserer Beziehungen mit Afghanistan ist es nötig zu erklären, daß wir uns mit keinerlei Bitten in dieser Sache an das Londoner Kabinet gewandt, sondern ihm nur bekannt gegeben haben, wir hätten uns entschlossen, in Anbetracht der veränderten Bedingungen an der Grenze, künftig mit Afghanistan in unmittelbare Beziehungen zu treten. Weitere Erläuterungen sind in dieser Frage nicht erfolgt.

Am Schlusse seines Artikels weist Tolostoj darauf hin, daß die russische Regierung in der Frage der Deutschland verliehenen Konzession zum Baue der Bagdadbahn sich passiv verhalten hätte. Die von Tolstoj angeführte Kundgebung des Finanzministeriums hätte eigentlich als direkte Widerlegung dieses Hinweises gelten können. Sie legt am allerbesten davon Zeugnis ab, wie aufmerksam die russische Regierung der Entwickelung dieser Frage gefolgt ist."

gez. Alvensleben.

Orig. i. a. Asien gen. 5.

PAAA_RZ201-018934_043 f.			
Empfänger	Auswärtiges Amt in Berlin	Absender	Weipert
A. 18372 pr. 21. Dezember 1902. a. m.		Söul, den 20. Dezember 1902.	

A. 18372 pr. 21. Dezember 1902. a. m.

Telegramm.

Söul, den 20. Dezember 1902. 7 Uhr 45 Min. p. m.
Ankunft: 21. 12. 4 Uhr 32 Min. a. m.

Der. K. Konsul an Auswärtiges Amt.

Entzifferung.

№ 22.

Unter Bezug auf Tel. № 21.

Kabinet wiederhergestellt. Yi auf russisches Verlangen wieder Chef der Schatulle, wogegen japanische Regierung Einwendungen erhebt, wie japanischer Gesandter dem russischen Geschäftsträger geschrieben. Yi bis zur Beruhigung der Situation heute auf russischem Kanonenboot nach Port Arthur. In Söul provozirende japanische Elemente bemerkbar.

Tokio und Peking sind benachrichtigt.

Weipert.

Weitere Rangerhoehung der „Lady Oem".

PAAA_RZ201-018934_045 f.			
Empfänger	Buelow	Absender	Weipert
A. 18845 pr. 31. Dezember 1902. p. m.		Soeul, den 5. November 1902.	
Memo	J. № 1115.		

A. 18845 pr. 31. Dezember 1902. p. m.

Soeul, den 5. November 1902.

№ 177.

Seiner Excellenz

dem Reichskanzler

Herrn Grafen von Buelow.

„Lady Oem", die Lieblings-Nebenfrau des hiesigen Souveraens, welche am 22. September v. J. mit dem Titel „PI". d. h. einer „Ersten Nebenfrau mit Prinzessinnen-Rang", ausgezeichnet war, hat durch Dekret vom 29. v. M. eine weitere Rangerhoehung durch Ernennung zur Hoang Kui pi 皇貴妃 d. h. einer „Kaiserlichen Geehrten Ersten Nebenfrau mit Prinzessinnenrang", erhalten. Der Titel einer Kaiserin, dessen mit der voelligen Legitimierung verbundene Zuerkennung das naechste Ziel der von den zahlreichen Anhaengern der Dame am Hof in letzter Zeit mit erhoehtem Eifer betriebenen Agitation ist, wuerde Hoang Hu (皇后 Kaiserliche Gemahlin) lauten.

Kopieen dieses gehorsamsten Berichts sende ich an die Kaiserlichen Gesandtschaften in Peking und Tokio.

Weipert.

Inhalt: Weitere Rangerhoehung der „Lady Oem".

Ernennung Cho Pioeng Sik´s zum Minister des Aeussern. Beziehung zu Herrn Waeber.

PAAA_RZ201-018934_047 ff.			
Empfänger	Buelow	Absender	Weipert
A. 18846 pr. 31. Dezember 1902. p. m.		Soeul, den 5. November 1902.	
Memo	mtg. 4. 1. Petersbg. 13, London 13. J. № 1116.		

A. 18846 pr. 31. Dezember 1902. p. m.

Soeul, den 5. November 1902.

№ 178.

Seiner Excellenz

dem Reichskanzler

Herrn Grafen von Buelow.

Seitdem Herr Pak Chae Sun von dem hiesigen Posten eines Ministers des Aeussern am 28. Januar d. J. enthoben wurde, ist das Amt nur interimistisch besetzt gewesen, zunaechst durch den Genannten selbst, dann durch Herrn Yu Kui Hoan, welcher wegen Erkrankung zeitweise von dem Vizeminister Choe Yong Ha vertreten wurde und am 26. August d. J. starb, darauf durch den genannten Vizeminister und endlich seit dem 17. v. M. durch Herrn Cho Pioeng Sik. Letzterem ist nun am 31. v. M. das Portefeuille definitive verliehen worden.

Derselbe ist bereits frueher zweimal Minister des Aeussern gewesen (September 1887 bis September 1888 und November 1897 bis Februar 1898) und hat zuletzt im Sommer 1900 durch seine Mission nach Japan von sich reden gemacht (cf. s. pl. Bericht № 91. vom 18. August 1900). Seitdem hat er verschiedene ministerielle Posten, zuletzt aber nur den eines Kammerherrn bekleidet.

Herr Cho Pioeng Sik ist, wie ich bereits in dem angezogenen Bericht gehorsamst auszufuehren die Ehre hatte, als konservativ und russenfreundlich zu bezeichnen. Die Annahme liegt daher nahe, dass das Zusammentreffen seiner Berufung in das Ministerium des Aeussern mit der Ankunft des Herrn Waeber, der ihn besonders von der Zeit des Aufenthalts des hiesigen Souveraens in der russischen Gesandtschaft her gut kennt, kein bloss zufaelliges ist. Es darf darin vielmehr ein Beweis fuer den Wunsch des koreanischen

Kaisers erblickt werden, dass das Verbleiben des Herrn Waeber in Soeul in der einen oder anderen Form zu Stande kommen moege. Bisher scheint ueber diese Frage, nach den Aeusserungen des Herrn Waeber zu urtheilen, noch gar nichts entschieden zu sein.

Kopieen dieses gehorsamsten Berichts sende ich an die Kaiserlichen Gesandtschaft in Tokio und Peking.

Weipert.

Inhalt: Ernennung Cho Pioeng Sik's zum Minister des Aeussern. Beziehung zu Herrn Waeber.

Berlin, den 1. Januar 1903.   A. 17987.

An
die Missionen in
1. St. Petersburg № 4
2. London № 1

J. № 26.

Vertraulich.

Euerer pp. übersende ich anbei ergebenst
Auszug aus einem Berichte des Kaiserl. Konsuls
in Söul vom 19. Oktober v. J., betreffend das
Regierungsjubiläum des Kaisers von Korea,
        zu Ihrer gefl. vertraul. Information.
                St. S.
                i. m.

Die Bestrebungen des Herrn Waeber.

PAAA_RZ201-018934_051 ff.

Empfänger	Buelow	Absender	Weipert
A. 23 pr. 1. Januar 1903. a. m.		Soeul, den 17. November 1902.	
Memo	J. № 1155.		

A. 23 pr. 1. Januar 1903. a. m.

Soeul, den 17. November 1902.

№ 185.

Seiner Excellenz

dem Reichskanzler

Herrn Grafen von Buelow.

Der hiesige russische Geschaeftstraeger hat vor Kurzem der koreanischen Regierung angezeigt, dass Herr Waeber in seiner Eigenschaft als Spezialgesandter bis zur Jubilaeumsfeier am 30. April K. J. hier bleiben werde. Gutem Vernehmen nach ist die dahingehende Weisung aus St. Petersburg auf eine telegraphisch uebermittelte Bitte des hiesigen Souveraens hin erfolgt. Herr Waeber hat es aber abgelehnt in der Zwischenzeit noch als Gast des Hofes zu leben. Den Orden wird er, wie er mir sagte, bei der genannten Feier ueberreichen. Seine Beziehungen zu dem Geschaeftstraeger Stein scheinen sich noch verschlechtert zu haben. Von einer Herrn Waeber nahestehenden Persönlichkeit wurde mir mitgetheilt, dass Herr Stein sich in St. Petersburg ueber das Verlangen des Herrn Waeber die Akten der Gesandtschaft einzusehen beschwert habe. Auch Herr Collin de Plancy scheint von der Aussicht auf eine Ernennung des Herrn Waeber zum hiesigen Gesandten nicht angenehm beruehrt zu sein. Er klagte mir, dass nach seiner frueheren Erfahrung von demselben im Gegensatz zu Herrn Pavlow fast nie eine Information zu erhalten sei.

Von einer russischen Kreisen nahestehenden Persoenlichkeit, die ich fuer glaubwuerdig halte, wurde mir mitgetheilt, Herr Waeber habe vertraulich die ihm vom Grafen Lamsdorff gegebene Instruktion dahin bezeichnet, dass er von Korea nichts verlangen und seinen Rath, insbesondere in der Richtung, wie dem Wachsen des japanischen Einflusses zu steuern sein moechte, nur dann geben solle, wenn er gefragt werde.

Mir hat Herr Waeber mitgetheilt, er habe in einer Audienz am 14. d. M. dem hiesigen Souveraen, dessen Faehigkeit und guten Willen er sehr optimistisch beurtheilt,

Abschaffung des Stellenverkaufs und andere Reformen, namens im Finanz- und Muenzwesen, vorgeschlagen. Zugleich arbeitet er daran sich einen seinem Einfluss zugaenglichen Kreis in der Naehe des Kaisers zu schaffen und scheint dabei auch auf Yi Yong Ik zu rechnen, der immer noch fortfaehrt zum Vortheil seines Herrn seine im Wesentlichen auf die Nichtzahlung auch der berechtigsten Forderungen und auf Erpressung hinauslaufende Finanzkunst zu ueben. Es duerfte aber fraglich sein, ob derselbe von seiner in letzter Zeit befolgten Politik abgehen wird, die hauptsaechlich darin bestand, dass er bei Russland Rath und Anschluss suchte, gleichzeitig aber auch mit Japan auf gutem Fuss zu bleiben wusste, indem er ihm ein Lieferungsgeschaeft nach dem anderen zuwandte. So wurden unter seiner Mitwirkung gegen Ende September 106 japanische Pferde fuer die jetzt, wenn auch mit sehr maessigem Resultat, gebildeten Cavallerieschwadronen, sowie 6 Geschuetze fuer Salutzwecke fuer insgesamt angeblich ueber 100 000 Yen gekauft und neuerdings sollen wieder 1 5000 Mauserkarabiner nebst Saebeln und anderen Ausruestungsgegenstaenden fuer angeblich 90 000 Yen bei der japanischen Mitsui Bussan-Gesellschaft bestellt sein, die alle derartigen Forderungen von ihrer Schuld fuer die vorjaehrige Ginsengernte abzieht.

Ob ein Geruecht, wonach zwischen Yi Yong Ik und dem Baron Guensburg Verhandlungen ueber eine von der Russisch-Chinesischen Bank zu gewaehrende Anleihe von 5 Millionen Yen gegen Verpfaendung der Ginsengernten der naechsten 5 Jahre schweben sollen, auf Wahrheit beruht, war bisher nicht festzustellen.

Kopieen dieses gehorsamsten Berichts sende ich an die Kaiserliche Gesandtschaft in Tokio und Peking.

Weipert.

Inhalt: Die Bestrebungen des Herrn Waeber.

Berlin, den 4. Januar 1903.   A. 18846.

An

die Missionen in

1. St. Petersburg. № 13

2. London. № 13

Euerer pp. übersende ich anbei ergebenst
Abschrift eines Berichts des Kaiserl. Konsuls in
Soeul vom 5. November v. J., betreffend den
neuernannten koreanischen Minister des Äußern
Cho Pioeng Sik,

zu Ihrer gefl. Information.

St. S.

i. m.

[   ]

PAAA_RZ201-018934_057

Empfänger	Buelow	Absender	Weipert
A. 179 pr. 7. Januar 1903. a. m.		Söul, den 3. Januar 1903.	

A. 179 pr. 7. Januar 1903. a. m.

Telegramm.

Söul, den 3. Januar 1903. 7 Uhr 57 Min. p. m.
Ankunft: 11 Uhr 16 Min. p. m.

Der. K. Konsul an Auswärtiges Amt.

Entzifferung.

№ 1.

Unter Bezug auf Tel. № 22.[1] Japanischer Protest gegen Wiederanstellung Yi´s am 31. Dezember auf beruhigende russische und koreanische Versicherung betreffs Nicht-Ausnutzung derselben zu russischem Vorteil, zurückgezogen, Peking und Tokio benachrichtigt.

Weipert.

---

1   A. 18732 ehrerb. beft.

Die Forderung der amerikanischen Firma Collbran & Bostwick.

PAAA_RZ201-018934_058 ff.			
Empfänger	Buelow	Absender	Weipert
A. 591 pr. 13. Januar 1903. p. m.		Soeul, den 29. November 1902.	
Memo	J. № 1178.		

A. 591 pr. 13. Januar 1903. p. m.

Soeul, den 29. November 1902.

№ 189.

Seiner Excellenz

dem Reichskanzler

Herrn Grafen von Buelow.

Die in dem gehorsamsten Bericht № 133. vom 11. August d. J.[2] gemeldete Schwierigkeit zwischen dem hiesigen amerikanischen Gesandten und der koreanischen Regierung in Betreff der Collbran & Bostwick'schen Forderung von 1 1/2 Millionen Yen hat sich mehr und mehr gesteigert. Dr. Allen hat am 15. August das verpfaendete Eigenthum der „Seoul Electric Company" fuer verfallen erklaert, dann aber bis zum 1. Oktober und nachher nochmals bis zum 15. Oktober Frist gewaehrt um der koreanischen Regierung Zeit zu geben die Rechnungen durch den von ihr damit beauftragten Generalzolldirektor McLeavy Brown pruefen zu lassen. Als die letzte Frist verstrichen war, ohne dass die zugesagte Pruefung und Regelung der Angelegenheit erfolgt waere, erklaerte Dr. Allen, dass er die amerikanische Firma ermaechtigt habe, das Pfandobjekt in Besitz zu nehmen und darueber zu disponieren. Dieselbe hat die elektrischen Anlagen seitdem fuer ihre eigene Rechnung betrieben. Sie soll dabei durch rationellere Verwaltung einen Ueberschuss erzielen, waehrend nach Angabe des Herrn McLeavy Brown der bisherige Betrieb in 3 Jahren ein Deficit von insgesamt 170 000 Yen verursacht hat, ohne Verzinsung des bereits der Firma Collbran & Bostwick erstatteten Anlagekapitals von 600 000 Yen.

Die koreanische Regierung hat gegen einen Verkauf der Anlagen dem amerikanischen Gesandten gegenueber protestiert und zugleich die hiesigen Vertreter der uebrigen Maechte

---

2 A. 14185.

durch identische Noten vom 20. d. M. ersucht durch Bekanntmachung ihren Staatsangehoerigen den Ankauf zu verbieten, weil die Forderung noch nicht festgestellt sei und zudem die Regierung die elektrische Bahn fuer ihre Zwecke reserviert habe. Diese Note, welche von mir und den meisten anderen Vertretern- nur der japanische Gesandte hat ablehnend erwidert – bisher unbeantwortet gelassen wurde, hat den amerikanischen Gesandten veranlasst, in einer Versammlung der Vertreter am 26. d. M. eine Erklaerung abzugeben, in der er sein Verhalten im Wesentlichen wie oben angegeben darstellte. Er fuegte hinzu, am 1. d. M. erst sei ihm der Bericht ueber das Resultat der Rechnungspruefung mitgetheilt worden, welcher 510 000 Yen als sofort zahlbar anerkenne, im Uebrigen aber Ausstellungen mache und auf zwei Hauptposten – diese betreffen angeblich 433 000 Yen Entschaedigung fuer die Vorarbeiten für die Wasserwerke und eine Entschaedigung fuer die projektierte auf insgesammt 720 000 Yen veranschlagte Ausdehnung der elektrischen Bahn – gar nicht eingehe. Auch bezueglich des anerkannten Betrages sei weder Zahlung, noch ein sonstiges Arrangement angeboten worden. Auf einen von ihm gemachten Vorschlag betreffs schiedsrichterlicher Entscheidung habe er keine Antwort erhalten.

Da dieser Vorschlag indess auch von dem japanischen Gesandten der hiesigen Regierung empfohlen worden ist, so hat Dr. Allen die Moeglichkeit einer solchen Loesung in seinem jetzt nach Washington erstatteten Bericht noch offen gehalten.

Russischerseits ist man auf das Ende Juli d. J. von der Firma Collbran & Bostwick gemachte Verkaufsangebot nicht eingegangen. Dagegen sagte mir Dr. Allen, dass ein zur Zeit sich hier aufhaltender japanischer Bankier Yasuda auf den Erwerb reflektiere, waehrend der japanische Gesandte der koreanischen Regierung zugesagt habe, ohne ihre Einwilligung den Ankauf seitens eines Japaners nicht unterstuetzen zu wollen, und seinerseits ein Arrangement anstrebe, wonach ein Japaner, wiederum gegen Verpfaendung der Anlagen, unter Vorstreckung des an die Firma Collbran & Bostwick zu zahlenden Betrages an Stelle der Letzteren den Betrieb fuer die koreanische Rechnung uebernehmen solle.

Kopieen dieses gehorsamsten Berichts sende ich an die Kaiserlichen Gesandtschaften in Tokio und Peking.

Weipert.

Inhalt: Die Forderung der amerikanischen Firma Collbran & Bostwick.

Anklage gegen Yi Yong Ik. Seine Flucht auf die russische Gesandtschaft. Cabinetskrisis.

PAAA_RZ201-018934_062 ff.			
Empfänger	Buelow	Absender	Weipert
A. 778 pr. 17. Januar 1903. a. m.		Seoul, den 2. Dezember 1902.	
Memo	J. № 1189.		

A. 778 pr. 17. Januar 1903. a. m.

Seoul, den 2. Dezember 1902.

№ 191.

Seiner Excellenz

dem Reichskanzler

Herrn Grafen von Buelow.

Der uebermaessige Einfluss Yi Yong Ik´s, der in der letzten Zeit neben seinen Stellungen als Praesident des Kaiserlichen Privat-Schatzamts und als Muenzdirektor zugleich als Finanzminister und Praesident des Obersten Gerichtshofs fungierte und damit in der Lage war, alle Finanzverhaeltnisse zu beherrschen und die Steurrueckstaende der Provinzialbeamten vor Allem zu Gunsten der Schatulle mit ruecksichtsloser Strenge beizutreiben, hat gegen Ende v. M. fast die gesammte hoehere Beamtenschaft dazu veranlasst, sich ohne Ruecksicht auf sonstige Parteifaerbung zu seinem Sturz zu vereinigen. Man versuchte zunaechst, seine Vorfuehrung als Zeuge in einer Criminalsache durchzusetzen, die einen angeblichen Anschlag gegen sein eigenes Leben betraf und ihn daher noethigte, sein Amt als Gerichtspraesident niederzulegen. Hatte man ihn erst im Gericht, so hoffte man ihn auf Grund einer bereit gehaltenen Anklage wegen Majestaetsbeleidigung oder eventuelle durch eine leicht dazu aufzureizende Volksmenge aus der Welt zu schaffen. Dies scheiterte aber daran, dass der Kaiser sich am 26. v. M. weigerte den Vorfuehrungsbefehl zu vollziehen. Yi Yong Ik, der den Palast nicht verliess, hatte auf den Kaiser besonders dadurch Eindruck gemacht, dass er nur um vier Tage Frist bat, um Rechnung ueber die Kaiserlichen Privatfinanzen zu legen. Dazu kamen Bemuehungen des Kronprinzen, der die „Lady Oem"[3] mit ihrem ganzen Anhang in

---

3   die Lieblingserbenfrau des Kaisers.

gegnerischen Lager wusste, und des Herrn Waeber, der den Freund Russlands, auf den er fuer die Zukunft noch groessere Hoffnungen zu setzen scheint, nicht im Stich liess.[4]

Nun richtete das gesammte Cabinet eine Eingabe an den Thron, in der auf Denunciation des Ministers des Aeussern Cho Pieong Sik die Anklage wegen Majestaetsbeleidigung, angeblich begangen durch Aeusserungen gegen die „Lady Oem", erhoben wurde. Yi Yong Ik soll sich ihr gegenueber, als wenn sie schon Kaiserin waere, als „Unterthan" bezeichnet und sie wegen Aehnlichkeit ihres neuen Titels mit einer chinesischen Kaiserin verglichen haben, die vor etwa 1000 Jahren ihr Land ruiniert haben soll.

Da die Eingabe einen ablehnenden Bescheid erhielt, wurde sie wiederholt, und saemmtliche Minister und Staatsraete knieten am 29. v. M. in corpore stundenlang zur Unterstuetzung ihrer Bitte vor dem Palastthor auf der Strasse, einem alten fuer extreme Faelle geltenden Brauch folgend. Ihr Plan gleichzeitig die Bevoelkerung zu Demonstrationen zu veranlassen, wurde zwar durch ein starkes Aufgebot von Truppen in den Strassen vereitelt, aber der Kaiser sah sich doch veranlasst, dem allgemeinen Ansturm gegenueber fuers Erste wenigstens bis zu einem gewissen Grade nachzugeben. Zunaechst wurde jedoch Yi Yong Ik[5], wie ich Grund habe anzunehmen, auf Veranlassung des Herrn Waeber[6], unter sichere russische[7] Obhut gebracht. Der russische Geschaefstraeger[8] Stein wurde am 30. Nachmittags in Audienz empfangen und alsbald nach derselben unternahm der Kaiser ploetzlich eine Prozession nach einem nahen Tempel, zu dem der Weg an einem Hintereingang der russischen Gesandtschaft vorbeifuehrt. Hier angelangt trennte sich Yi Yong Ik von der Suite des Kaisers und wurde von einigen Kosacken in Empfang genommen und in der russischen Gesandtschaft untergebracht. Am selben Tag[910] wurde ihm die Leitung des Schatzamts genommen. Aus dem Finanzministerium war er schon am Tag zuvor entlassen worden.

Eine definitive Entscheidung ist bisher weder ueber die Anklage, noch ueber das Schicksal des Cabinets erfolgt. Eine Anzahl der Minister ist jedoch bereits entlassen oder ausser Funktion gesetzt worden, darunter aber bezeichnenderweise nicht der Minister des Auessern Cho Pioeng Sik und der Handels-und Landwirtschaftsminister Min Chong Muk, die beide als russenfreundlich gelten duerfen.

---

4 [„und des Herrn ... im Stich liess.": Durchgestrichen von Dritten.]
5 am 30. Novemeber in den **der** [*sic.*] Gesandschaft
6 [wie ich Grund habe anzunehmen, auf Veranlassung des Herrn Waeber: Durchgestrichen von Dritten.]
7 [russische: Durchgestrichen von Dritten.]
8 [Der russische Geschaefstraeger: Durchgestrichen von Dritten.]
9 [in der russischen Gesandtschaft untergebracht. Am selben Tag: Durchgestrichen von Dritten.]
10 gleichzeitig

Der amerikanische und englische Vertreter scheinen die gegen Yi Yong Ik gerichtete Bewegung mit groesserer Sympathie anzusehen, als der japanische, der zwar mir gegenueber die Asylgewaehrung seitens der russischen Gesandtschaft als eine Einmischung in die innere Politik Koreas bezeichnete, andererseits aber ein gewisses Wohlwollen fuer Yi Yong Ik durchblicken liess, was bei den zahlreichen Geschaeftsbeziehungen, die Letzter bezueglich der Muenze, des Ginsenggeschaefts usw. mit den Japanern unterhalten hat, leicht verstaendlich ist.[11]

Kopieen dieses gehorsamsten Berichts sende ich an die Kaiserlichen Gesandtschaften in Peking und Tokio.

Weipert.

Inhalt: Anklage gegen Yi Yong Ik. Seine Flucht auf die russische Gesandtschaft. Cabinetskrisis.

---

11 [„Der amerikanische ... verstaendlich ist.": Durchgestrichen von Dritten.]

[   ]

PAAA_RZ201-018934_066 ff.

Empfänger	Kaiser und König	Absender	Geissler
A. 1043 pr. 22. Januar 1903.		Tsingtau, den 10. Oktober 1902.	
Memo	Kommando des Kreuzergeschwaders. Geheim.		

Auszug.

ad A. 1043 pr. 22. Januar 1903.

Tsingtau, den 10. Oktober 1902.

G. B. № 1055.

Seiner Majestät

dem Kaiser und Könige.

pp.

Die Hofintrigue, welche in Korea der Hauptsache nach die Politik der Regierung leitet, hat es augenblicklich zustande gebracht, daß Rußland besonders wohl, Frankreich dagegen besonders schlecht angeschrieben ist. Letzteres dürfte übrigens wohl auch darauf zurückzuführen sein, daß von französischer Seite neuerdings unter Androhung von Zwangsmaßregeln die baldige Zahlung der Entschädigungssumme für die im vorigen Jahre auf Quelpart ermordeten französischen Missionare verlangt worden ist, was der in steten Geldnöten befindlichen koreanischen Regierung höchst peinlich sein muß. Rußland dagegen verdankt seine augenblickliche gute Position wohl nicht zum geringsten Teil dem Umstande, daß es das Zustandekommen des vierzigjährigen Regierungsjubiläums des Kaisers von Korea, das seit Monaten im Vordergrund des gesamten Interesses in Söul steht, in jeder Weise begünstigt hat. Unter anderem soll die russo-chinesische Bank dem Hof zur Bestreitung der großen Ausgaben für das Fest eine Anleihe von ½ Millionen Rubel gewährt haben. Ferner entsendet die russische Regierung den früheren Gesandten in Söul Waeber, als Vertreter zu dem Jubiläum. Dies scheint die Veranlassung gewesen zu sein, daß auch andere Regierungen sich entschlossen haben, der vom Kaiser in Korea ausgegangenen Einladung zur Entsendung besonderer Botschafter zu dem Feste zu entsprechen. So waren unter anderem von England der Gesandte in Tokio, Sir Claude Macdonald, und von Japan und China je ein Prinz als Abgesandte für die Jubiläumsfeier vorgesehen. Das Fest, das dem ursprünglichen Plane gemäß am 18. Oktober stattfinden sollte, ist der inzwischen in Söul ausgebrochenen Choleraepidemie wegen auf das kommende Frühjahr verschoben worden. Nach Ansicht von Kennern der Verhältnisse ist der Plan zur Abhaltung des Festes hauptsächlich auf den Wunsch der Hofbeamten zurückzuführen, einmal wieder Gelegenheit zur Füllung ihrer Tatsachen zu erhalten. In der Tat bieten die umfangreichen Beschaffungen und Bauausführungen, dies aus Veranlassung des Jubiläums eingeleitet worden sind, wohl eine selten günstige Gelegenheit für die beteiligten Beamten, sich auf dem bekannten Wege des „squeeze" zu bereichern. In Söul ist für das Fest unter anderem eine neue große Audienzhalle und ein Haus für vornehme Gäste in Bau. Ein großes Gewächshaus ist bereits fertig gestellt. In Japan werden Pferde gekauft, um die koreanische Gardekavallerie bis zum Regierungsjubiläum beritten zu machen. Die koreanischen Offiziere haben Befehl erhalten, die europäische Tracht und den europäischen Haarschnitt anzunehmen. Dem Kriegsminister, der sich weigerte, sich den Haarknoten abschneiden zu lassen, hat der Kaiser die Alternative gestellt, entweder fiele der Schopf oder der Kopf, worauf Seine Excellenz dann seinen Widerstand gegen die Annahme europäischer Haartracht aufgegeben hat. pp.

gez. Geissler.

cop. 1 i. a. China 9. № 1.

Die Kabinetskrisis wegen der Angelegenheit Yi Yong Ik´s.

PAAA_RZ201-018934_069 ff.

Empfänger	Buelow	Absender	Weipert
A. 1116 pr. 24. Januar 1903. a. m.		Soeul, den 16. Dezember 1902.	
Memo	J. № 1231.		

A. 1116 pr. 24. Januar 1903. a. m.

Soeul, den 16. Dezember 1902.

№ 194.

Seiner Excellenz

dem Reichskanzler

Herrn Grafen von Buelow.

Der hiesige Souveraen hat eine Reihe von Hoffestlichkeiten, die fuer die koreanische Beamtenwelt zur Feier des verschobenen Jubilaeums veranstaltet wurden, als willkommenen Anlass benutzt um die Entscheidung der Angelegenheit Yi Yong Ik´s bis Mitte d. M. hinauszuschieben. Die Regierungsgeschaefte stehen seitdem fast voellig still. Nach den Festlichkeiten erfolgten neue Eingaben gegen Yi Yong Ik seitens des Premierministers Yun Yong Soen, waehrend die uebrigen Mitglieder des durch die bereits verfuegten Entlassungen gelichteten Kabinets sich abwartend verhielten. Durch ein Dekret vom 15. d. M. hat dann der Kaiser Yi Yong Ik in seine Heimathsprovinz Ham Kieong Do verbannt mit der Begruendung, dass durch seine Amtsentsetzung die oeffentliche Meinung noch nicht befriedigt sei. Der Premierminister wurde gleichzeitig strafweise entlassen, am folgenden Tage aber wieder begnadigt.

Diese Entschliessungen sind durch die Rathschlaege beeinflusst worden, welche dem Kaiser seitens des russischen und japanischen Vertreters ertheilt wurden. Beide hatten sich, wie ich von ihnen hoere, darueber verstaendigt, dass mit der Entfernung Yi Yong Ik´s, die als genuegende Suehnung zu betrachten sei, die Sache zur Vermeidung weiterer Wirren unter moeglichster Schonung des Kabinets beigelegt werden muesse.

Dass Yi Yong Ik in die Provinz reisen und so den Anschlaegen seiner Feinde sich aussetzen werde, ist kaum anzunehmen. Zur Zeit hat er jedenfalls seinen Zufluchtsort auf der russischen Gesandtschaft noch nicht aufgegeben. Auch faehrt er fort durch einen Vertrauensmann, der an seiner Stelle ernannt wurde, das Schatzamt zu verwalten.

Russischerseits bemueht sich namentlich Herr Waeber ihn mit seinen Gegnern auszusoehnen, um die schwierige Situation zu beenden. Bisher sind diese Versuche indess an der Hartnaeckigkeit Yi´s gescheitert, der einen vollstaendigen Sieg ueber seine Feinde am Hof erstrebt. Er bestuermt daher den Kaiser namentlich mit Anschuldigungen gegen Yi Kun Taek, den Chef der Palastpolizei, der sein Haupt-Rivale und ein Verbuendeter der „Lady Om" ist. In dem Streben der Letzteren nach der Herrschaft im Palast liegt vermuthlich der Schwerpunkt der ganzen Bewegung, die von Japan insgeheim gefoerdert zu werden scheint, obwohl Herr Hayashi sich aeusserlich nicht feindlich gegen Yi Yong Ik zeigt. Nach Informationen, die Herr Collin de Plancy aus guter Quelle zu haben behauptet, waere seitens der Parthei der „Lady Om" ein gegen den Kaiser und den Kronprinzen gerichteter Handstreich im Palast in der Hoffnung auf japanische Huelfe geplant gewesen, womit man die allerdings auffallende Thatsache in Zusammenhang bringt, dass vor einigen Tagen 3 patroullierende japanische Soldaten Nachts in der Naehe des Palastes betroffen wurden, was den Kaiser veranlasste um 2 Uhr Nachts noch den japanischen Gesandten um Aufklaerung bitten zu lassen. Letztere soll dahin erfolgt sein, dass der Kommandant der japanischen Schutztruppe von irgendwelcher koreanischer Seite um Huelfe fuer den Palast gebeten worden sei und die Patrouille geschickt habe um nachzusehen, was vorgehe.

Der Kaiser soll nun in steter Furcht vor Vergiftung leben. Er scheint aber nicht im Stande zu sein, die „Lady Om" zu entfernen, einerseits seiner Zuneigung zu deren kleinem Sohn halber, andererseits deshalb, weil er, durch seinen eigenen Wankelmuth isoliert, sich auf Niemand voellig verlassen kann.

Kopieen dieses gehorsamsten Berichts sende ich an die Kaiserlichen Gesandtschaften in Tokio und Peking.

Weipert.

Inhalt: Die Kabinetskrisis wegen der Angelegenheit Yi Yong Ik´s.

Die Krise in Söul.

PAAA_RZ201-018934_073 ff.			
Empfänger	Bülow	Absender	Arco
A. 1128 pr. 24. Januar 1903. p. m.		Tokio, den 24. Dezember 1902.	

A. 1128 pr. 24. Januar 1903. p. m.

Tokio, den 24. Dezember 1902.

A. 157.

Seiner Excellenz

dem Reichskanzler

Herrn Grafen von Bülow.

Die Krise in Söul wird hier sowohl von japanischer als auch von russischer Seite sehr kühl beurtheilt. Baron Komura meint, an solche Vorfälle sei man gewöhnt und Niemand rege sich darüber auf. Isvolsky sagt, solche Intriguen könnten zwar leicht den Anstoß zu ernsten Verwickelungen geben, aber er glaubt selbst nicht, daß die Japaner einen Zusammenstoß herbeiwünschen und so werde Alles beim Alten bleiben.

Graf Arco.

Inhalt: Die Krise in Söul.

S. M. S. „Jaguar" in Chemulpo.

PAAA_RZ201-018934_076			
Empfänger	Buelow	Absender	Weipert
A. 1308 pr. 28. Januar 1903. p. m.		Soeul, den 13. Dezember 1902.	
Memo	J. № 1216.		

A. 1308 pr. 28. Januar 1903. p. m.

Soeul, den 13. Dezember 1902.

№ 193.

Seiner Excellenz

dem Reichskanzler

Herrn Grafen von Buelow.

S. M. S. „Jaguar" traf gestern Nachmittag auf der Rhede von Chemulpo ein. Nach seiner vorherigen Ankuendigung beabsichtigte das Schiff bis zum 16. d. M. hier zu verweilen. In Folge erhaltener neuer Befehle verliess es jedoch heute frueh bereits den Hafen wieder um sich nach Wusung zu begeben.

Weipert.

Inhalt: S. M. S. „Jaguar" in Chemulpo.

Wiederherstellung des Kabinets. Yi Yong Ik´s Reise nach Port-Arthur.

PAAA_RZ201-018934_077 ff.

Empfänger	Buelow	Absender	Weipert
A. 1708 pr. 5. Februar 1903. a. m.		Soeul, den 20. Dezember 1902.	
Memo	J. № 1241.		

A. 1708 pr. 5. Februar 1903. a. m.

Soeul, den 20. Dezember 1902.

№ 196.

Seiner Excellenz

dem Reichskanzler

Herrn Grafen von Buelow.

Durch Dekrete, die am 17. und 18. d. M. publiciert wurden, sind die entlassenen Minister wieder in ihre Stellungen eingesetzt und Yi Yong Ik wieder zum Chef der Kaiserlichen Schatulle ernannt worden. Letzteres ist auf Verlangen des russischen Geschaeftstraegers geschehen, der auf der Rehabilitation Yi´s bestehen zu muessen erklaerte, wenn dessen Gegner saemmtlich rehabilitiert wuerden. Wie mir Herr Stein heute mittheilte, hat ihm daraufhin der japanische Gesandte in einem Schreiben jetzt erklaert, seine Regierung erhebe Einwendungen gegen die Wiederanstellung Yi´s („Objects to the reappointment"). Auch in den koreanischen leitenden Kreisen scheinen mit der Wiederherstellung des Kabinets die inneren Gegensaetze noch keineswegs ausgeglichen zu sein, wenn auch einige der Minister, darunter der des Aeussern, sich mit Yi verstaendigt haben sollen. Man hat es daher russischerseits vorgezogen, Yi Yong Ik, dessen weiteres Verweilen in der russischen Gesandtschaft nicht erwuenscht schien, bis zur Beruhigung der Situation von hier zu entfernen. Er wurde am 17. d. M. von Herrn Stein in Begleitung einiger Kosaken nach Chemulpo an Bord des russischen Kanonenboots „Koreetz" gebracht und ist mit Letzterem heute nach Port Arthur gefahren. Als Vorwand fuer die Reise hat man ihm einen Auftrag gegeben in China Reis fuer die koreanische Regierung einzukaufen.

Herr Stein, der in der Angelegenheit mehr mit Herrn Collin de Plancy, als mit Herrn Waeber berathschlagt und zusammenarbeitet, erklaerte mir, er werde Alles thun um Yi Yong Ik in seiner Stellung zu halten und erblicke in dem bisherigen Verlauf schon einen moralischen Sieg Russlands, da sich wieder gezeigt habe, dass der hiesige Kaiser in jeder Verlegenheit sich ohne Zoegern auf Russland stuetze.

Der japanische Gesandte, welcher gestern einen kurzen Urlaub nach Japan angetreten hat, beschraenkte sich mir gegenueber darauf, die Reise Yi Yong Ik´s als einen unklugen Schritt des Herrn Stein, zu bezeichnen, weil man Yi nach seiner Rueckkehr vorwerfen werde, ein Angehoeriger Russlands geworden zu sein, was seiner Brauchbarkeit fuer russische Zwecke schaden muesse. Auch Herr Jordan theilt diese Ansicht, aber da schon durch Yi´s Aufnahme in die russische Gesandtschaft sein intimes Verhaeltniss zu dieser offen eingestanden ist, war in dieser Hinsicht nicht mehr viel zu verderben.

Eine gewisse Gefahr fuer die Situation liegt, abgesehen von der offiziellen russisch-japanischen Differenz bezueglich der Wiederanstellung Yi´s, in dem Verhalten der in Seoul lebenden Japaner niederer Klasse, unter denen sich Aufregung und Neigung zu Provocation der Koreaner bemerkbar macht. Einige Soldaten der japanischen Schutztruppe, die angetrunken von ihrem Schiessplatz kamen, haben vor Kurzem ein koreanisches Haus demoliert und 2 Koreaner verwundet. Ein japanischer Telegraphenbeamte beging Ausschreitungen gegen die Polizeiwache eines der Palstthore. Von den Koreanern wird viel ueber Rempeleien seitens der Japaner in den Strassen geklagt. Auch wird behauptet, dass sich eine betraechtliche Anzahl Soshi hier aufhalten, die bekanntlich von den japanischen Oppositionspartheien gern verwendet werden um der von ihnen gewuenschten „energischen" Politik die Wege zu zeigen.

Kopieen dieses gehorsamsten Berichts sende ich an die Kaiserlichen Gesandtschaften in Peking und Tokio.

Weipert.

Inhalt: Wiederherstellung des Kabinets. Yi Yong Ik´s Reise nach Port-Arthur.

[   ]

PAAA_RZ201-018934_083

Empfänger	Auswärtiges Amt in Berlin	Absender	Weipert
1 A. 1885 pr. 8. Februar 1903. a. m.		Söul, den 7. Februar 1903.	

A. 1885 pr. 8. Februar 1903. a. m.

Telegramm.

Söul, den 7. Februar 1903. 11 Uhr. 20 Min. p. m.
Ankunft: 8. 2. 8 Uhr. 37 Min. a. m.

Der. K. Konsul an Auswärtiges Amt.

Entzifferung.

№ 3.

Belgier wird als Privatrathgeber hiesigen Kaisers engagiert, mit belgischem Syndikat schweben Anleiheverhandlungen.

Weipert.

ad A. 1960.

Bemerkungen Seiner Majestät auf Seite 1.

Eilt

Geh. Reg. II

Sind dort Vorgänge über das Verbot koreanischer Regierung bezgl. der Noten der ersten Bank in Japan vorhanden?

Ergebenst

Zentralbureau. 12. 2.

Ja

Geh. Register II

12. 2.

[   ]

PAAA_RZ201-018934_087 f.

Empfänger	Auswärtiges Amt in Berlin	Absender	Weipert
A. 1960 pr. 10. Februar 1903. a. m.		Söul, den 9. Februar 1903.	
Memo	crf. A. 2201		

A. 1960 pr. 10. Februar 1903. a. m.

Telegramm.

Söul, den 9. Februar 1903. 10 Uhr. 40 Min. p. m.
Ankunft: 10. 2. 7 Uhr. 28 Min. a. m.

Der. K. Konsul an Auswärtiges Amt.

Entzifferung.

№ 4.

Japan droht mit Repressalien wegen koreanischen Verbots der Noten der ersten Bank. Japanisches Kriegsschiff der Station eingetroffen größerer Kreuzer übermorgen erwartet.

Weipert.

PAAA_RZ201-018934_089 ff.

Empfänger	Richthofen	Absender	Meyer
A. 2125 pr. 13. Februar 1903. a. m.		Hamburg, den 11. Februar 1903.	

A. 2125 pr. 13. Februar 1903. a. m. 1 Anl.

Hamburg, den 11. Februar 1903.

Sr. Excellenz

dem Herrn Staatssekretair

Freiherrn Dr. von Richthofen,

Berlin.

Euer Excellenz erlaube ich mir, nachdem Herr von Saldern zum Ministerresidenten für Korea ernannt worden ist, auch im Namen meiner Firma E. Meyer & Co, meinen lebhafte Befriedigung über die dadurch der deutschen Vertretung in Korea gegebene Rangerhöhung auszusprechen.

Es wird dadurch ein Wunsch erfüllt, den wir in Hinblick auf den bisher höheren Rang der Vertreter anderer Nationen seit vielen Jahren, als im deutschen Interesse liegend, stets gehegt haben und mehrfach auszusprechen uns erlaubten.

Zur Beglückwünschung des Kaisers von Korea anläßlich seines am 30. April stattfindenden Krönungsjubiläums ist der außerordentliche russische Gesandte Herr Waeber bereits in Korea eingetroffen, und ich erlaube mir, die Hoffnung dass von Saldern der Träger eines Glückwunsches Seiner Majestät des Deutschen Kaisers zum Krönungsjubiläum des Kaisers von Korea sein werde.

Es dürfte dieser Akt, die Übergabe des Kaiserlichen Glückwunsches – gewiß an Feierlichkeit sehr gewinnen, das deutsche Ansehen heben und dem Kaiser von Korea eine große Freude bereiten, wenn zugleich ein deutsches Kriegsschiff nach Chemulpo gesandt werden könnte oder, Herr von Saldern bereits an Bord eines solchen in Korea eintreffen würde, wie dies bei Einführung der Vertreter anderer Nationen häufig der Fall gewesen ist.

Euer Excellenz gestatte ich mir, inliegend einen Ausschnitt aus der „Neuen Hamburger Börsenhalle" vom 4. Januar ds. Jahres betreffend die Ausreise des russischen Ministerresidenten Herrn Waeber zur gütigen Kenntnißnahme ergebenst zu überreichen.

Indem ich mir erlaube, Euer Excellenz für das dem deutschen Handel in Korea in so vielfacher Weise dargebrachte Interesse meinen ergebensten Dank auszusprechen, verharre ich

Euer Excellenz
ganz ergebener
H. C. Eduard Meyer.

Kaiserlich Koreanischer
Konsul für das Deutsche Reich.

zu A. 1960.

Abschrift eines Ausschnittes aus der
„Neuen Hamburger Börsenhalle".

4. Januar 1903.

Wie verlautet, hat der zum Krönungsjubiläum nach Soul entsandte ausserordentliche russische Gesandte Waeber, den Auftrag erhalten, die Koreanische Regierung zu veranlassen, den Thronfolger in Begleitung hoher Würdenträger zu einem Besuche am Zarenhofe zu entsenden, ferner den bereits in koreanischen Diensten stehenden russischen Beamten Alexejew zum Hauptratgeber des Kaisers von Korea zu ernennen und Telegraphenleitungen in Nord-Korea im Anschluss an das russische Telegraphennetz anzulegen.

Berlin, den 14. Februar 1903.   Zu A. 1960.

An   Zu Ew. gefl. Information.
Botschaft   der Kaiserliche Konsul in Söul meldet unter
St. Petersburg № 108.   dem 9. d. M.: „inser. aus dem Eing.“

                                                    St. S.
cf. A. 2494.   i. m.
In Postziffern.

Vertraulich.

[   ]

PAAA_RZ201-018934_099

Empfänger	Auswärtiges Amt in Berlin	Absender	Weipert
A. 2201 pr. 14. Februar 1903. p. m.		Söul, den 13. Februar 1903.	

A. 2201 pr. 14. Februar 1903. p. m.

Telegramm.

Söul, den 13. Februar 1903. 10 Uhr. 46 Min. p. m.
Ankunft: 14. 2. 7 Uhr. 2 Min. p. m.

Der K. Konsul an Auswärtiges Amt.

Entzifferung.

№ 5.

Im Anschluß an Tel. № 4.[12] Aufhebung des Verbots gestern mündlich zugesagt
Beilegung scheint gesichert.

Weipert.

---

12 A.1960 erhrerbietigst beigefügt.

[   ]

PAAA_RZ201-018934_100

Empfänger	Auswärtiges Amt in Berlin	Absender	Weipert
A. 2215 pr. 15. Februar 1903. a. m.		Söul, den 14. Februar 1903	

A. 2215 pr. 15. Februar 1903. a. m.

Telegramm.

Söul, den 14. Februar 1903. 8 Uhr. 30 Min.

Ankunft: 10 Uhr 25 Min. p. m.

Der K. Konsul an Auswärtiges Amt.

Entzifferung.

№ 6.

Im Anschluß an Tel. № 5.

Zur japanischen Befriedigung erledigt.

Weipert.

Die russisch-japanische Diffenrz wegen Yi Yong Ik´s Anleihe bei der japanischen „Ersten Bank".

PAAA_RZ201-018934_101 ff.			
Empfänger	Buelow	Absender	Weipert
A. 2426 pr. 19. Februar 1903. a. m.		Soeul, den 3. Januar 1903.	
Memo	cfr A. 2481 J. № 34.		

A. 2426 pr. 19. Februar 1903. a. m.

Soeul, den 3. Januar 1903.

№ 4.

Seiner Excellenz

dem Reichskanzler

Herrn Grafen von Buelow.

Der japanische Gesandte hat am 19. v. M. vor Antritt seines Urlaubs noch, den Widerspruch gegen die Wiederanstellung Yi Yong Ik´s auch der koreanischen Regierung gegenueber durch ein Schreiben an den Minister des Aeussern zur Geltung gebracht, indem er im Auftrag seiner Regierung erklaerte, dieselbe koenne es nicht dulden, dass ein unter dem Schutze einer fremden Macht stehender Beamter auf die koreanische Regierung und Palastverwaltung einen weitgehenden Einfluss ausuebe. Auf die Entgegnung, dass Yi Yong Ik nicht unter dem Schutze einer fremden Macht stehe und ueberdies die Ernennung der Beamten ausschliessliches Recht des koreanischen Souveraens sei, hat der japanische Geschaeftstraeger Hagiwara, wie ich von ihm hoere, erwidert, die Unterbringung Yi´s in der russischen Gesandtschaft, seine durch den russischen Geschaeftstraeger bewirkte Ueberfuehrung auf ein russisches Kriegsschiff und seine auf diesem unternommene Reise nach Port Arthur lasse befuerchten, dass seine auf russischen Wunsch erfolgte Wiederernennung zu Abmachungen im Interesse Russlands werde benutzt werden. In betreff dieser, offenbar den Hauptgrund der japanischen Haltung in der Angelegenheit bildenden Besorgniss fand am 27. v. M. eine Unterredung der beiden Vertreter statt, in Folge deren Herr Stein dem Herrn Hagiwara in vertraulicher Form die schriftliche Versicherung gab, er lege der Angelegenheit keine politische Bedeutung bei und es bestehe keine Absicht, die Stellung Yi Yong Ik´s im Interesse des russischen Einflusses auf die inneren Verhaeltnisse Koreas auszunutzen. Auf dieses Schreiben gestuetzt wandte sich Herr Hagiwara wieder an den Minister des Aeussern und erhielt von diesem, wie mir Herr Stein mittheilte, am 31. v. M. die offizielle Erklaerung, Yi Yong Ik sei nur mit dem Auftrag Reis einzukaufen nach China geschickt und habe keine Vollmacht irgendwelche Abmachungen mit Russland zu dessen Vortheil abzuschliessen, solche wuerden daher, falls er sie dennoch treffen sollte, nicht anerkannt werden. Daraufhin hat Herr Hagiwara am selben Tage, wie er mir sagte, den Protest gegen die Wiederanstellung Yi Yong Ik´s zurueckgezogen. Er scheint, nach seinen Aeusserungen zu urtheilen, ueber die durch die Erklaerung des Herrn Stein ermoeglichte Loesung der Angelegenheit sehr befriedigt, sagte mir jedoch, es werde noch abzuwarten sein, wie Yi Yong Ik, der von der hiesigen Regierung zurueckberufen sei und wahrscheinlich in Baelde hier wieder eintreffen werde, sich nach Wiederuebernahme seiner Funktionen verhalten werde.

Nach Mittheilung des japanischen Geschaeftstraegers ist es ihm gelungen gleichzeitig und im Zussamenhang mit dieser Angelegenheit Zugestaendnisse der koreanischen Regierung in einigen anderen schwebenden Fragen durchzusetzen, indem sie versprochen habe, das Verbot der Annahme der Noten der japanischen „Ersten Bank" aufzuheben und die Erhebung der inlaendischen Steuer von bereits verzollten Importen zu beseitigen, welche trotz der in dem gehorsamsten Bericht № 187. vom 22. November v. J. gemeldeten Demarche in der Gegend von Fusan noch verschiedentlich zum Nachtheil japanischer Kaufleute vorgekommen ist. Ferner ist dem japanischen Wunsch entsprechend in der Person des Kammerherrn Kim Seung Kyu (frueher Oberst und Regimentskommandeur) ein neuer Gesandter, der in Baelde auf seinen Posten gehen soll fuer Tokio ernannt worden, wo man verstimmt darueber war, dass die Vertretung zum Geschaeftstraeger erst zum Legationssekretaer befoerderten bisherigen Kanzlisten Namens Choeng Hai Yong ubertragen worden war.

In Folge der Abwesenheit Yi Yong Ik´s stellte sich eine ohne seine Mitwirkung schwer zu beseitigende Ebbe in der Staatskasse ein. Der entstandenen Verlegenheit wurde theilweise durch ein der koreanischen Regierung seitens der japanischen „Ersten Bank" Ende v. M. ohne besondere Sicherheit gewaehrtes Darlehen von angeblich 100 000 Yen abgeholfen, welches mit 1% monatlich verzinslich und in 4 Monaten rueckzahlbar sein soll. Die Firma E. Meyer & Co., an die man sich gleichfalls gewendet hatte, war auf den Vorschlag nicht eingegangen. Das Darlehen kommt hauptsaechlich Japan zu Gute, da mit demselben in erster Linie Zinsen der sich auf nahezu 1 Million Yen belaufenden vorjaehrigen Vorschuesse der „Ersten Bank" und im Betrage von etwa 10 000 Yen kleinere Forderungen von japanischen Lieferanten bezahlt werden sollen.

Die vor Kurzem gemeldeten Geruechte betreffs einer Anleihe der Russisch-Chinesischen

Bank gegen Verpfaendung der Ginsengernten scheinen der Begruendung zu entbehren. Wenigstens hat dies der russische Geschaeftstraeger mir sowohl, wie Herrn Hagiwara erklaert. Der von Letzterem bei dieser Gelegenheit geaeusserten Ansicht, dass eine solche Anleihe wegen der dafuer des Betrages halber noethigen Genehmigung der russischen Regierung als eine Anleihe der Letzteren betrachtet werden muesse, soll Herr Stein allerdings lebhaft widersprochen haben.

Kopieen dieses gehorsamsten Berichts sende ich an die Kaiserlichen Gesandtschaften in Peking und Tokio.

Weipert.

Inhalt: Die russisch-japanische Differenz wegen Yi Yong Ik's Anleihe bei der japanischen „Ersten Bank".

Aeusserungen des japanischen Gesandten für Korea über Yi Yong Ik.

PAAA_RZ201-018934_105 ff.			
Empfänger	Bülow	Absender	Arco
A. 2481 pr. 20. Februar 1903. a. m.		Tokio, dem 22. Januar 1903.	

A. 2481 pr. 20. Februar 1903. a. m.

Tokio, dem 22. Januar 1903.

A. 13.

Seiner Excellenz

dem Reichskanzler

Herrn Grafen von Bülow.

Der auf Urlaub hier anwesende japanische Gesandte Herr Hayashi äusserte sich kürzlich einem Mitgliede der Kaiserlichen Gesandtschaft gegenüber wie folgt:

Yi Yong Ik´s Einfluss und seine Bedeutung für Korea liegt in seiner absoluten Unbestechlichkeit und darin dass er die Kaiserlichen Gelder thatsächlich mit Ehrlichkeit und gewöhnlicher Sparsamkeit verwaltet. Von der grossen Schaar der corrumpirten koreanischen Beamten wird er daher gefürchtet und gehasst und manche Intrigue ist schon angezettelt worden, um ihn zu beseitigen. Doch schützte ihn bisher noch immer der Umstand, dass er für die Hoffinanzverwaltung geradezu unentbehrlich ist. Seine Unbestechlichkeit lässt Japan hoffen, dass er auch in Port Arthur nicht für russische Interessen hat gewonnen werden können.

Diese optimistische Auffassung des Herrn Hayashi scheint sich indessen nicht ganz zu bestätigen. Wenigstens bringen hiesige Blätter die telegraphische Nachricht aus Söul, dass die koreanische Regierung auf Betreiben von Yi Yong Ik sofort nach dessen Rückkehr wieder gewisse Zugestaendnisse zurückgenommen habe, die sie dem japanischen Geschäftsträger mit Bezug auf die Zulassung der Noten der „Ersten Bank" und auf die Abstellung der vertragswidrigen Doppelverzollung japanischer Einfuhrgüter jüngst gemacht hatte.

Graf Arco.

Inhalt: Aeusserungen des japanischen Gesandten für Korea über Yi Yong Ik.

Aeusserungen des japanischen Gesandten in Söul über koreanische Verhältnisse.

PAAA_RZ201-018934_109 f.			
Empfänger	Bülow	Absender	Arco
A. 2482 pr. 20. Februar 1903. a. m.		Tokio, den 22. Januar 1903.	

A. 2482 pr. 20. Februar 1903. a. m. 1 Anl.

Tokio, den 22. Januar 1903.

A. 14.

Seiner Excellenz

dem Reichskanzler

Herrn Grafen von Bülow.

Beifolgend eine Aufzeichnung des Herrn Legationsraths von Erckert über seine Unterredung mit Herrn Hayashi, japanischem Gesandten in Söul.

Graf Arco.

Inhalt: Aeusserungen des japanischen Gesandten in Söul über koreanische Verhältnisse.

Zu A. 14.

Der zur Zeit auf Urlaub hier anwesende japanische Gesandte in Korea Herrn Hayashi äusserte sich über Yi Yong Ik folgender Massen: „Von ganz niederer Herkunft, aus der Kuli-Klasse stammend, hat er sich zu einer bedeutenden Stellung emporgearbeitet: er ist jedenfalls eine auffallende Persönlichkeit. Bemerkenswerth ist, dass er die Finanzen des Herrschers absolut ehrlich verwaltet. Wegen seiner Strenge in Steuerfragen und als Emporkömmling ist er weitgehend verhasst, aber seinem Herrn ist er nützlich." Politisch, meinte Herr Hayashi lächelnd, verstehe er sehr geschickt zwischen Japan und Russland zu jongliren.

Eckert.

Regierungsjubiläum in Söul.

PAAA_RZ201-018934_111 ff.			
Empfänger	Bülow	Absender	Arco
A. 2484 pr. 20. Februar 1903. a. m.		Tokio, den 22. Januar 1903.	

A. 2484 pr. 20. Februar 1903. a. m.

Tokio, den 22. Januar 1903.

A. 16.

Seiner Excellenz

dem Reichskanzler

Herrn Grafen von Bülow.

Die Zeitungen beschäftigen sich wieder viel mit dem Regierungsjubiläum in Söul. Einige wollen wissen, daß die um dieselbe Zeit manövrirende japanische Kriegsflotte sich während der Festzeit an der koreanischen Küste zeigen werde, um den Souverän zu ehren und um ihre Machstellung zu dokumentiren. Bei nüchterner Beurtheilung der Lage dürfte aber eine solche Demonstration wenig Wahrscheinlichkeit für sich haben. Dagegen ist anzunehmen, daß einer der jüngeren japanischen Prinzen, der in der Marine dient, an den Festlichkeiten in Söul Theil nehmen wird. So hatten es die Japaner für die verschobenen Festlichkeiten im letzten Herbst vorbereitet. Auch der englische Gesandte Sir Claude Mac Donald bereitet sich für die Reise nach Söul vor, um dort seinen Souverän zu vertreten.

Graf Arco.

Inhalt: Regierungsjubiläum in Söul.

Japan und Korea.

PAAA_RZ201-018934_114 f.			
Empfänger	Bülow	Absender	Alvensleben
A. 2494 pr. 20. Februar 1903. a. m.		St. Petersburg, den 18. Februar 1903.	
Memo	durch Legationsrath. Freiherrn von Romberg.		

A. 2494 pr. 20. Februar 1903. a. m.

St. Petersburg, den 18. Februar 1903.

№ 94.

Seiner Excellenz

dem Reichskanzler

Herrn Grafen von Bülow.

Mit Bezug auf die durch Erlaß № 108.[13] vom 14. d. Ms. mir geneigtest mitgeteilte Meldung aus Söul über einen wegen des von Korea erlassenen Verbotes der Noten der ersten Bank mit Japan ausgebrochenen Konflikt, erzählte mir der hiesige japanische Gesandte, dieser Zwischenfall sei bereits beglichen. Vor etwa 6 Tagen habe er die Mitteilung erhalten, daß ein Protokoll unterzeichnet worden sei, wonach das Verbot zurückgenommen und die Noten wieder zugelassen seien.

Alvensleben.

Inhalt: Japan und Korea.

---

13 A. 1960 ehrerb. beigef.

PAAA_RZ201-018934_116 f.

Empfänger	Buelow	Absender	Weipert
A. 3666 pr. 15. März 1903. a. m.		Soeul, den 19. Januar 1903.	

A. 3666 pr. 15. März 1903. a. m.

Soeul, den 19. Januar 1903.

№ 10.

Seiner Excellenz

dem Reichskanzler

Herrn Grafen von Buelow.

Yi Yong Ik ist auf Anordnung des hiesigen Souveraens nach Verstaendigung mit dem russischen Geschaeftstraeger am 14. d. M. auf dem russischen Kriegsschiff „Koreetz" von Port Arthur nach Chemulpo zurueckgekehrt, obwohl der japanische Geschaeftstraeger Herrn Stein, wie ich von diesem hoere, noch am 6. d. M. den Wunsch zu erkennen gab, dass dieser Schritt noch einige Zeit unterbleiben moege.

Was die Erledigung seines Auftrags wegen Reisankaufs betrifft, so hat Yi Yong Ik zwar nicht in Port Arthur, wohl aber hier bereits vor seiner Abreise durch die franzoesische Firma L. Rondon eine Quantitaet Saigon-Reis bestellt, um gegenueber der betraechtlichen japanischen Ausfuhr der letzten Monate der drohenden Knappheit im Lande vorzubeugen. Die erste Ladung mit angeblich etwa 25 000 Pikul soll dieser Tage in Chemulpo eingetroffen sein. Ausserdem soll gutem Vernehmen nach waehrend des Aufenthalts Yi Yong Ik's in der russischen Gesandtschaft von ihm ein Vertrag auf Lieferung von 20 000 Gewehren mit hiesigen Franzosen abgeschlossen worden sein.

Yi Yong Ik hat sich sofort nach Soeul begeben und hier seine amtlichen Funktionen als Chef der Kaiserlichen Privatschatulle wieder uebernommen, ohne gegenwaertig noch weiter den Schutz der russischen Gesandtschaft in Anspruch zu nehmen. In einer Audienz am 16. d. M. fand in aller Form eine Versoehnung zwischen ihm und seinem Hauptgegner dem Chef der Palastpolizei, General Yi Kun Taek statt, und zwar im Beisein des Herrn Waeber, dessen Bemuehungen dieses fuers Erste vielleicht einige Ruhe in den Regierungskreisen in Aussicht stellende Resultat hauptsaechlich zuzuschreiben zu sein scheint.

Dem Geruecht nach soll sich neuerdings Yi Kun Taek, dem sich Herr Waeber seit einiger Zeit genaehert hat, besonders bemuehen, ein Engagement des Herrn Waeber als Rathgeber der hiesigen Regierung, worueber in der That gewisse Verhandlungen zu schweben scheinen, zu Stande zu bringen.

Kopieen dieses gehorsamsten Berichts sende ich an die Kaiserlichen Gesandtschaften in Peking und Tokio.

Weipert.

Rückkehr Yi Yong Ik's.

PAAA_RZ201-018934_118 ff.			
Empfänger	Bülow	Absender	Weipert
A. 3667 pr. 15. März 1903. a. m.		Söul, den 29. Januar 1903.	
Memo	mtg. 18. 3. London 191, Paris 166, Petersbg. 188, Brüssel 39. J. № 97.		

Abschrift.

A. 3667 pr. 15. März 1903. a. m.

Söul, den 29. Januar 1903.

№ 12.

Seiner Excellenz

dem Reichskanzler

Herrn Grafen von Bülow.

Seit der Rückkehr Yi Yong Ik's sind Gerüchte im Umlauf, daß derselbe wegen einer von der belgischen Compagnie Internationale d'Orient zu gewährenden Anleihe in Verhandlung stehe, deren Betrag zuerst auf 10 Millionen, dann auf 4 Millionen Yen angegeben wurde, während die Verzinsung angeblich nur 5% betragen und die Sicherheit in den Goldbergwerken des Kaiserlichen Hauses und ferner in den Steuern des Landes bestehen soll, für deren Einziehung eine belgischerseits zu leitende Bank vorgesehen sei. Auch die Verleihung der von Herrn Vincart schon vor längerer Zeit nachgesuchten Bergwerkkonzession soll in Verbindung mit dem Projekt erfolgen und endlich wird behauptet, daß Rußland und Frankreich die Anleihe garantieren würden und daß 4 russische Ratgeber engagiert werden sollen um bei der Durchführung der Münz- und Finanzreform tätig zu sein, die Herr Waeber im Zusammenhang mit dem Projekt vorgeschlagen haben soll.

Der amerikanische Gesandte hält nach seinen Informationen diese Gerüchte nicht für grundlos und der japanische Geschäftsträger hat denselben genug Bedeutung beigelegt um, wie er mir sagte, am 26. d. M. an den hiesigen Minister des Äußern ein Schreiben mit einer warnenden Anfrage nach der Richtigkeit der Gerüchte zu richten.

Japan vindiziert sich, wie mir der englische Ministerresident mit Bezug auf diesen Schritt erklärte, das Recht auf Grund seiner hiesigen Interessen gegen jede auswärtige koreanische Anleihe Einspruch zu erheben, weil das Geld bei der herrschenden Mißwirtschaft doch nur verschwendet werden würde. Herr Jordan fügte hinzu, daß er seinerseits jedenfalls Alles tun werde, um eine Verpfändung der Seezölle für eine Anleihe zu verhindern. Dieser Stellungnahme der beiden Mächte wird zwar im gegnerischen Lager jede Berechtigung abgesprochen, sie wird aber mit großer Wahrscheinlichkeit ebenso wie im Falle des Anleihevertrags des Yunnan-Syndikats den Erflog haben, die koreanische Regierung einzuschüchtern und von der Durchführung des Projektes abzuhalten.

Nach Äußerungen des Herrn Waeber scheint es, daß in der Tat Verhandlungen mit dem belgischen Syndikat schweben, ein Einverständnis betreffs der Bedingungen aber noch nicht erzielt ist. Herr Waeber hat sich mir gegenüber wiederholt dahin ausgesprochen, daß hier eine Anleihe seitens eines dem Argwohn politischer Bestrebungen nicht ausgesetzten Landes, wie Belgien die meisten Chancen habe. Auch deutete er an, daß zur Durchführung der Steuerverpfändung die Anstellung fremder Ratgeber in der inneren Verwaltung und die Schaffung einer von Ausländern geleiteten Bank mit ausgedehnten Vollmachten notwendig sei. Daß eine Garantie der Anleihe seitens Rußlands und Frankreichs ins Auge gefaßt sei, bestritt er mir gegenüber, ebenso wie Herr Stein, der auch Herrn Hagiwara versichert hat, daß russischerseits eine solche Absicht nicht bestehe. Herr Waeber meinte aber, es könne ja vielleicht so eingerichtet werden, daß die genannten Mächte Belgien nur gewisse Zusicherungen betreffs Unterstützung für den Fall geben, daß von dritter Seite dem Unternehmen Schwierigkeiten politischer Art bereitet werden sollten.

Die Verhandlungen sind vermutlich mit einem angeblich im Dienst der Compagnie International d´Orient stehenden Belgier Namens Daugs angeknüpft worden, den sich Ende v. M. kurze Zeit hier aufgehalten hat, um das Terrain für etwaige Unternehmungen zu sondieren, wobei er insbesondere für die Bergwerkfrage und für die elektrischen Anlagen der Firma Collbran u. Bostwick großes Interesse gezeigt haben soll. Es heißt, daß der Genannte nach Shanghai gereist sei und in Kürze hier wieder erwartet werde.

Verschiedene Anzeichen sprechen dafür, daß der hiesige Hof zur Zeit auf die Beziehungen zu Belgien große Hoffnungen setzt. So soll es sich bei der Gründung einer Kaiserlichen Bibliothek für Literatur aller Länder, deren Organisation kürzlich publiziert wurde, um ein belgischerseits suggeriertes und zu unterstützendes Unternehmen handeln. Ferner soll gutem Vernehmen nach Herr Vincart vor etwa 8 Tagen vom hiesigen Hausministerium die schriftliche Zusicherung der Anstellung eines belgischen Ratgebers für den Fall der Beendigung des gegenwärtigen Vertragsverhältnisses des amerikanischen Ratgebers Sands erhalten haben. In dieser Beziehung ist zu bemerken, daß die Stellung des Herrn Sands durch übereifrige Schritte im Interesse der Firma Collbran u. Bostwick und durch leichtsinnige Schulden, welche nach Angabe des Dr. Allen etwa 30000 Yen betragen, erschüttert zu sein scheint. Von einer Urlaubsreise nach Peking, die man vielfach schon als eine Art Flucht auffaßte, ist er zwar nach etwa 2 Monaten am 26. d. M. wieder zurückgekehrt, es heißt aber jetzt, er werde wahrscheinlich in Kürze entweder der koreanischen Gesandtschaft in Peking als Beirat attachiert werden oder den koreanischen Dienst überhaupt verlassen.

gez. Weipert.

orig. i. a. Korea 4

Inhalt: Rückkehr Yi Yong Ik's.

Die jüngste Verwickelung mit Korea.

PAAA_RZ201-018934_124 ff.			
Empfänger	Bülow	Absender	Arco
A. 3841 pr. 18. März 1903. a. m.		Tokio, den 19. Februar 1903.	
Memo	mtg. 20. 3. Petbg. 193, Lond. 199, Peking A. 24.		

A. 3841 pr. 18. März 1903. a. m.

Tokio, den 19. Februar 1903.

A. 15.

Seiner Excellenz

dem Reichskanzler

Herrn Grafen von Bülow.

Über die jüngste Verwickelung zwischen Japan und Korea wegen des Verbots der Noten der ersten japanischen Bank liegen Euerer Excellenz eingehende Meldungen aus Söul vor. Hier waren die einzelnen Phasen der Streitigkeit nicht genau zu kontrolieren, weil die Japaner über dergleichen Dinge nicht viel sagen und weil die Lösung sehr rasch herbeigeführt worden ist. Interessant war aber sowohl die stolze Befriedigung der japanischen Regierungsmänner über den erzielten Erfolg als auch die Haltung der beiden Interessengruppen. Mein englischer Kollege war durchaus auf Seite der Japaner. Er zeigte mir einen Privatbrief des englischen Vertreters in Söul, der auf Anlaß dieses Falles in den heftigsten Ausdrücken über die Koreaner schreibt. Es sei unglaublich, was sich die civilisierten Nationen in Korea gefallen ließen. Die Koreaner operierten einzig und allein mit ihrer Schwäche und rechneten darauf, daß man ihnen gerade wegen ihrer Ohnmacht nichts anhaben könne. Der russische Kollege fand den Widerstand der Koreaner für ganz gerechtfertigt und das Vorgehen der Japaner brutal, die sogar mit der Besetzung von Ahnengräbern gedroht hätten. Herr Isvolsky fand es bezeichnend und für künftige Fälle beunruhigend, daß die Engländer so augenfällig die Partei der Japaner ergriffen hätten. Wenn sich solches wiederhole, dann würden die russisch-japanischen Abmachungen über die Nichteinmischung in die inneren Angelegenheiten von Korea bald keine Bedeutung mehr haben und die Japaner würden im Vertrauen auf die englische Hülfe immer dreister werden.

Graf Arco.

Inhalt: Die jüngste Verwickelung mit Korea.

Berlin, den 20. März 1903.   A. 3841.

An die Missionen in

1. St. Petersburg. № 193
2. London. № 199
3. Peking. № A. 24

J. № 2537.

Euerer pp. übersende ich anbei ergebenst Abschrift eines Berichts des Kaiserl. Gesandten in Tokio vom 19. v. Mts., betreffend die Verwickelung zwischen Japan und Korea wegen des Verbots der Noten der ersten japanischen Bank,

zu Ihrer gefl. Information.

St. S

i. m.

Belgische Bestrebungen in Korea.

PAAA_RZ201-018934_129 ff.

Empfänger	Buelow	Absender	Weipert
A. 4011 pr. 21. März 1903. a. m.		Soeul, den 7. Februar 1903.	
Memo	mts 24. 3. Brüssel 46.		

A. 4011 pr. 21. März 1903. a. m.

Soeul, den 7. Februar 1903.

№ 17.

Seiner Excellenz

dem Reichskanzler

Herrn Grafen von Buelow.

Der belgische Generalkonsul theilte mir heute gespraechsweise mit, dass das Engagement eines belgischen Berathers, welches ihm bereits im Maerz v. J. zugesichert worden sei, nunmehr zur Ausfuehrung gelange, und zwar unabhaengig von der Frage der Stellung des amerikanischen Berathers Sands, der vorlaeufig noch bleibt und seine Thaetigkeit wieder aufgenommen hat. Nach Angabe des Herrn Vincart soll der von seiner Regierung auszusuchende Belgier als „consieller privé" des hiesigen Kaisers selbst, also in einer den uebrigen Barethern einzelner Departements gegenueber durchaus exceptionellen Stellung fungieren und ein Monatsgehalt von 1000 Yen (ca. 2000 M) erhalten. Das Reisegeld ist Herrn Vincart in diesen Tagen bereits ausgehaendigt worden.

Herr Vincart machte kein Hehl daraus, dass er besondere Weisung habe, fuer thunlichste Placierung belgischen Kapitals in Korea zu wirken. Er aeusserte weiter, er habe der hiesigen Regierung fuer die nachgesuchte Bergwerkskonzession Zahlung von 300 000 Yen angeboten, sobald der Grubenplatz von dem Konzessionnaer aufgesucht sein wuerde, man sei aber darauf bisher nicht eingegangen, weil Yi Yong Ik eine belgische Anleihe zu erlangen hoffe, die derselbe gegen Ende v. J. einem von der Compagnie International d´Orient abgezweigten Syndikat angeboten habe, habe Letzterem berichtet, zu irgend welchem Resultat aber sei man noch nicht gelangt. Nach Ansicht des Herrn Vincart bietet die Frage der Sicherheit kaum zu ueberwindende Schwierigkeiten, da Japan und England entschlossen scheinen jede Inanspruchnahme der Zoelle dafuer aufs Aeusserste zu bekaempfen und die Verpfaendung der Steuern nur mit weitgehenden Kontrolmassregeln moeglich sei, die bei Japan vermuthlich auch Widerstand finden wuerden. Der Genannte stellte in Abrede, dass eine Garantie der Anleihe durch Russland oder Frankreich ins Auge gefasst sei, gab aber die Moeglichkeit zu, dass man an eine Rueckendeckung Belgiens durch die beiden Maechte gegenueber Schwierigkeiten von dritter Seite denken koenne.

Nach Information aus hiesigen Palastkreisen soll Herr Vincart auch die schriftliche Zusage erhalten haben, dass fuer die Kohlengruben in Pyoeng Yang im Falle der Aufnahme des Betriebs durch die hiesige Regierung belgische Ingenieure verwendet werden sollen.

Kopieen dieses gehorsamsten Berichts sende ich an die Kaiserlichen Gesandtschaften in Tokio und Peking.

Weipert.

Inhalt: Belgische Bestrebungen in Korea.

Berlin, den 27. März 1903.   A. 4011.

An   Euerer pp. übersende ich anbei ergebenst Abschrift
die Missionen in   eines Berichts des Kaiserl. Konsuls in Söul vom 7.
Brüssel. № 46   v. Mts., betreffend die belgischen Bestrebungen in
                                      Korea,
J. № 2779.   zu Ihrer gefl. Information.
                                                      St. S
                                                      i. m.

Wechsel des koreanischen Ministers des Aeussern.

PAAA_RZ201-018934_134 f.

Empfänger	Buelow	Absender	Weipert
A. 4690 pr. 3. April 1903. a. m.		Soeul, den 9. Februar 1903.	
Memo	J. № 127.		

A. 4690 pr. 3. April 1903. a. m.

Soeul, den 9. Februar 1903.

№ 18.

Seiner Excellenz

dem Reichskanzler

Herrn Grafen von Buelow.

Der seit dem 17. Oktober v. J. fungierende Minister des Äussern, Herr Cho Pyoeng Sik ist am 30. v. M. seines Amtes enthoben und zum Praesidenten des Nordwest-Eisenbahnamts (Soeul-Wiju-Bahn) ernannt worden. An seiner Stelle hat der Praesident des ausserdem noch bestehenden allgemeinen Eisenbahnamts Herr Yi To Chae das Portefeuille des Aeussern erhalten, wie er durch heute eingegangene Note von 7. d. M. angezeigt hat. Ueber die Veranlassung zu dem Wechsel beehre ich mich Euerer Excellenz an anderer Stelle heute gehorsamst zu berichten.

Herr Yi To Chae gilt als sehr konservativ, aber zugleich als gerecht und unpartheiisch und weder zur russischen, noch zur japanischen Gruppe hinneigend. Er hat das Ministerium des Aeussern bereits im August 1898 und im April 1899 voruebergehend interimistisch verwaltet und war ausserdem bereits Handels- und Ackerbauminister und Kriegsminister. Bis zu der vor etwa Jahresfrist erfolgten Ernennung zu seinem letzten Amt war er Gouverneur der Provinz Nord-Pyoeng-Yang, deren Verwaltung er zur grossen Zufriedenheit der dort ihres Bergwerks halber interessirten Amerikaner gefuehrt hat.

Kopieen dieses gehorsamsten Berichts sende ich an die Kaiserlichen Gesandtschaften in Peking und Tokio.

Weipert.

Japanisch-koreanischer Konflikt wegen der Noten der „Ersten Bank".

PAAA_RZ201-018934_136 ff.

Empfänger	Buelow	Absender	Weipert
A. 4691 pr. 3. April. 1903. a. m.		Soeul, den 9. Februar 1903.	
Memo	mtg. 9. 4. Peterbg. 248, London 246. J. № 128.		

A. 4691 pr. 3. April. 1903. a. m.

Soeul, den 9. Februar 1903.

№ 19.

Seiner Excellenz

dem Reichskanzler

Herrn Grafen von Buelow.

Die Veranlassung zu dem an anderer Stelle heute gehorsamst gemeldeten Wechsel in der Person des Ministers des Aeussern wurde durch die Entwickelung gegeben, welche die Angelegenheit des Verbots der Noten der japanischen „Ersten Bank" genommen hat. In Folge seines Ende v. J. dem japanischen Geschaftsstraeger gegeben Versprechens hat diesem Herr Cho Pyoeng Sik am 8. v. M. geschrieben er werde die Handelsinspektoren der offenen Haefen instruiren, dass das Verbot aufgehoben sei. Er hat Herrn Hagiwara ferner nach dessen Angabe am 9. den Wortlaut dieser Instruktionen mitgetheilt und am 13. durch amtliches Schreiben erklaert, dass die Instruktionen ertheilt seien. Als dann Mitte v. M. Yi Yong Ik zurueckgekehrt war, der, wie es scheint, hauptsaechlich seiner mit dem langgehegten Projekt einer Papiergeldausgabe verbundenen Finanzplaene halber die Cirkulation der Noten der „Ersten Bank" bekämpft, gelang es ihm den Monarchen umzustimmen. Cho Pyoeng Sik erhielt den Befehl die Sache zu redressieren und schrieb in Folge dessen um den 20. v. M. dem japanischen Geschaeftstraeger, dass er um Rückgabe seiner Note vom 13. bitte. Letzterer lehnte dies Ansinnen ab und bestand auf der Erfuellung des erhaltenen Versprechens.

Um Cho Pyoeng Sik zu halten, wurde die Verantwortlichkeit fuer die Schwenkung zunaechst dem japanfreundlichen Vize-Minister des Aeussern Pak Yong Hwa aufgebuerdet, der den Befehl des Kaisers in Betreff der Zurueckziehung des Notenverbots dem Minister unrichtig uebermittelt haben sollte und deshalb am 27. v. M. seines Postens enthoben und zum Praesidenten des Obersten Gerichtshofs ernannt wurde. Dass dann, entgegen den russischen Wuenschen, Cho Pyoeng Sik auch noch entfernt wurde, scheint auf Betreiben Yi Yong Ik's erfolgt zu sein, der eines Herrn Waeber gegebenen Versprechens ungeachtet der Versuchung nicht widerstehen konnte seinen alten Hass gegen Cho Pyoeng Sik zu befriedigen.

Nach den Informationen des Herrn Hagiwara sind die Instruktionen an die Handelsinspektoren trotz der Note vom 13. v. M. ueberhaupt nicht abgesandt worden. Dagegen hat der Gouverneur von Soeul am 30. v. M. eine den Koreanern den Gebrauch der Noten der „Ersten Bank" bei schwerer Strafe verbietende Bekanntmachung erlassen. In Folge dessen sind nach Angabe des Herrn Hagiwara von den bisher ausgegebenen Noten im Betrag von etwa 700 000 Yen in Soeul und Chemulpo allein etwa 300 000 Yen von Koreanern zur Einloesung gebracht und betraechtliche Summen von koreanischen Privatdepositen (in Soeul etwa 30 000 Yen) zurueckgezogen worden. Wegen der hierdurch der Bank erwachsenden Verluste hat der japanische Geschaeftstraeger in einer Note vom 4. d. M., wie ich heute von ihm hoerte, Entschaedigung vorbehaltlich der Liquidation und Zurueckziehung jedes Verbotes der Noten, sowie Versprechen der Nichterneuerung solchen Verbotes verlangt. Fuer den Fall der Nichterfuellung dieser Forderung hat er Repressalien durch Besitznahme von Staatseigenthum oder Aneignung von irgendwelchen neuen Gerechtsamen angedroht. Eine Antwort ist hierauf noch nicht erfolgt. Herr Hagiwara sagte mir weiter, dass er instruirt sei, eine sehr feste und energische Haltung in der Sache anzunehmen und dass der Kreuzer „Takasago Kan" gestern von Japan abgefahren sei und uebermorgen, vermuthlich mit dem zurueckkehrenden Gesandten Hayashi an Bord, in Chemulpo erwartet werde. Den in Korea stationirten kleineren Kreuzer „Tsukushi Kan", der auf der Rueckreise gewesen sei, habe er veranlasst, wieder nach Chemulpo zu kommen, wo er gestern eingetroffen sei. Spaeterhin wuerden wahrscheinlich noch einige weitere Schiffe kommen. Als moegliche Objekte der Repressalien bezeichnete er Beschlagnahme von Ginseng in Song do, Ausuebung der Fischerei an den Kuesten der 3 Provinzen, fuer welche sie den Japanern noch nicht gewaehrt sei oder Besetzung eines der alten unbewohnten Palaeste in Soeul.

Unter den Auslaendern ist bisher keine Beunruhigung bezueglich des Kredits der „Ersten Bank" zu bemerken. Der Generealzolldirektor hat in diesen Tagen eine Weisung des Finanzministers, die Noten nicht mehr zu nehmen, rundweg abgelehnt.

Der russische Geschaeftstraeger hat nach Herrn Hagiwara diesem gegenueber zwar refuesiert die russische Verwahrung gegen Verwendung der Noten zur Auszahlung des Gehalts an russische Angestellte zurueckzuziehen, aber gleichzeitig erklaert, dass er das erlassene Verbot der koreanischen Regierung als zuweit gehend nicht billige. Ich habe den

Eindruck, dass man russischerseits beginnt die allzu enge Verbindung mit Yi Yong Ik zu bereuen. Herr Waeber insbesondere, dessen Verhaeltniss zu Herrn Stein uebrigens immer gespannter wird, klagt ueber die Unlenksamkeit und Unaufrichtigkeit Yi Yong Ik´s und zeigt ueber diesen, sowie ueber die hiesigen Verhaeltnisse ueberhaupt grosse Enttaeuschung.

Auch die anderen beiden, dem japanischen Geschaeftstraeger Ende v. J. gegebenen Versprechen sind bisher nicht erfuellt worden. Die Abgaben von bereits verzollten japanischen Waaren am Naktong-Fluss in der Naehe von Fusan werden zwar nicht mehr von Japanern, von Koreanern aber nach wie vor erhoben. Fuer die Entsendung des neuen Gesandten nach Tokio fehlt es, wie es scheint, vor Allem an 30000 Yen, welche derselbe zur Zahlung der Schulden der dortigen Gesandtschaft an die „Erste Bank" mitnehmen muss.

Kopieen dieses gehorsamsten Berichts sende ich an die Kaiserlichen Gesandtschaften in Tokio und Peking.

Weipert.

Inhalt: Japanisch-koreanischer Konflikt wegen der Noten der „Ersten Bank".

[   ]

PAAA_RZ201-018934_141

Empfänger	[o. A.]	Absender	[o. A.]
A. 4692 pr. 3. April 1903.		[o. A.]	

A. 4692 pr. 3. April 1903.

Notiz.

Bericht aus Söul v. 11. 2. № 20. betr. Streitigkeiten zwischen katholischen und protestantischen Eingeborenen in der koreanischen Provinz Hoang-hae

befindet sich i. a. Korea 6

Beilegung der Angelegenheit der Noten der „Ersten Bank".

PAAA_RZ201-018934_142 ff.			
Empfänger	Buelow	Absender	Weipert
A. 4693 pr. 3. April 1903. a. m.		Soeul, den 13. Februar 1903.	
Memo	mtg. 3. 4. Petersburg 248, London 246. J. № 139.		

A. 4693 pr. 3. April 1903. a. m. 1 Anl.

Soeul, den 13. Februar 1903.

№ 22.

Seiner Excellenz

dem Reichskanzler

Herrn Grafen von Buelow.

Obwohl die Note des japanischen Geschaeftstraegers vom 4. d. M., von der ich mich beehre Euerer Excellenz eine von dem franzoesischen Ministerresidenten mir inzwischen vertraulich mitgetheilte franzoesische Uebersetzung in der Anlage abschriftlich gehorsamst vorzulegen, nach den darin ausgesprochenen Drohungen der hiesigen Regierung kaum einen Zweifel darueber lassen konnte, dass es Japan mit dem Bestehen auf sofortiger befriedigender Regelung der Angelegenheit Ernst sei, und obwohl auch Herr Stein zu einem schleunigen Einlenken rieth, entschloss man sich erst am 11. d. M. zu entgegenkommenden Schritten, vielleicht weil man inzwischen die thatsaechliche Abfahrt des Kreuzers „Takasago Kan" von Japan erfahren hatte, die sich verzoegert hatte, so dass derselbe erst heute Vormittag in Chemulpo eintraf.

Der neue Minister des Aussern, der sich bis dahin krank gemeldet hatte, besuchte Herrn Hagiwara an 11. und gestern kam dann im Auswaertigen Amt im Beisein des englischen Ministerresidenten, der instruirt worden war die japanische Forderungen zu unterstuetzen, eine Einigung zu Stande, in der der Minister, wie ich von Herrn Hagiwara hoere, zusagte, die gegen die Cirkulation gerichteten Erlasse an die Lokalbehörden ebenso wie das Verbot des Gouverneurs von Soeul zurueckzuziehen, letzteres durch eine die freie Cirkulation der Noten gestattende Proklamation zu ersetzen und in Zukunft den Noten nicht nur keine Schwierigkeiten mehr zu bereiten, sondern auch jeden zu bestrafen, der dem zuwiderhandeln sollte. Hiergegen verzichtete Herr Hagiwara auf Entschaedigung fuer die bisherigen Verluste der Bank. Ueber diese muendliche Vereinbarung, deren Punkte zunaechst nur in einem Memorandum niedergelegt wurden, versprach der Minister alsbald eine offizielle Note an den japanischen Geschaeftstraeger zu richten, durch welche die Angelegenheit ihren formellen Abschluss erhalten und wogegen die Note vom 4. d. M. zurueckgenommen werden soll. Herrn Hagiwara ist diese Note im Laufe des heutigen Tages noch nicht zugegangen, jedoch sind die das Verbot enthaltenden Maueranschlaege des Gouverneurs von Soeul heute Vormittag bereits entfernt und durch eine Proklamation ersetzt worden, welche es jedem freistellt, ob er die Noten benutzen will oder nicht, auch ist der Gouverneur von Soeul gestern von seinem Posten japanischem Wunsch entsprechend enthoben worden. Fuer Tokio ist am 10. bereits ein neuer Gesandter in der Person des bisherigen Vize-Ministers des Unterrichts Herr Ko Yong Hui ernannt worden, der in den naechsten Tagen abreisen soll.

Der russische Geshaeftstraeger erklaerte mir, er habe nach seinen Informationen keinen Zweifel, dass das koreanische Versprechen erfuellt werde und die Sache als beigelegt zu betrachten sei, er habe jedoch Herrn Hagiwara gegenueber bei aller Anerkennung der Vertragswidrigkeit des koreanischen Verbots kein Hehl daraus gemacht, dass nach seiner Ansicht einen weitere starke Vermehrung der Notenausgabe der Bank, fuer deren genuegende Deckung es an einer Garantie fehle, eine ernste Gefahr fuer dieses Institut und fuer den hiesigen Geldmarkt bedeute.

Kopieen dieses gehorsamsten Berichts sende ich an die Kaiserlichen Gesandtschaften in Peking und Tokio.

Weipert.

Inhalt: Beilegung der Angelegenheit der Noten der „Ersten Bank". 1 Anlage.

Anlage zu Bericht № 22.
Übersetzung.

Le Chargé d´Affaires du Japon au Ministre des Affaires Etrangères.

Séoul, 4 fevrier 1903.

En ce qui concerne l´interdiction des billets de la Première Banque, j´ai l´honneur de Vous faire connaitre qu´au cas où Vous ne remettriez pas immédiatement à l´exécution les clauses de la convention intervenue - cette manière d´agir constituent, de la part de Votre Gouvernement, une violation du traité et un manque d´exécution de la dite convention - le Gouvernement Impérial (du Japan) saura de son côté prendre telles mesures qu´il jugera convenables.

Je laisse à Votre Gouvernement la responsabilité entière de toutes les difficultés soulevées entre nos deux pays par ces procédés.

Tout d´abord, le préjudice causé à la Première Banque par le refus de remettre en vigueur la convention intervenue fera l´objet d´un calcul d´indemnités que nous réclamerons à Votre Gouvernement.

En attendant nous saisirons à titre de gage provisoire les propriétés de l´Etat Coréen, ses mines, ses bateaux, ses palais et ses temples.

Jusqu´ici, en vertu des restrictions contenues au traité, nos nationaux n´étaient pas autorisés à faire le commerce partout où ils le voulaient; de plus le privilège des pêcheries ne permettrait à leurs bateaux de pénétrer que dans certains des ports non ouverts nous les laisserons opérer librement, tant pour le cornmerce que pour la pêche sur toutes les côtes des 3 provinces de Tchyong-tjyeng (Tschung- tschöng), Hoang-hai et Pyeng-an.

Telles sont les déclarations formelles que j´avais à Vous adresser.

Le 4 février de la 36 année Meiji
(signé) Le Chargé d´affaires

du Japon
Hagiwara.

P. S. N´ayant pas encore reçu la notification officielle de la prise de service du nouveau Ministre des Affaires Etrangères M. Yi To-tjyai, je n´ai pas pu faire figurer son nom dans le texte de ma dépêche. Je me suis borné à désigner ce fonctionnaire par son titre et je le prie de vouloir bien prendre connaissance de ma communication.

Pour traduction certifiée conforme
(signé) T. Berteaux.

[   ]

PAAA_RZ201-018934_150 f.

Empfänger	Buelow	Absender	Weipert
A. 4694 pr. 3. April 1903. a. m.		Soeul, den 14. Februar 1903.	
Memo	mtg. 4. 4. Petersburg 248, London 246. J. № 144.		

A. 4694 pr. 3. April 1903. a. m.

Soeul, den 14. Februar 1903.

№ 23.

Seiner Excellenz

dem Reichskanzler

Herrn Grafen von Buelow.

Der japanische Gesandte, welcher an Bord des Kriegsschiffs „Takasago Kan" gestern von seinem Urlaub zurueckgekehrt ist und die Geschaefte heute wieder uebernommen hat, theilte mir heute mit, dass dem Geschaeftstraeger Hagiwara noch gestern Abend eine offizielle Note des Ministers des Aeussern vom gestrigen Datum zugegangen sei, in welcher derselbe eine Japan befriedigende Erklaerung im Sinne der Vereinbarung vom 12. d. M. abgebe. Daraufhin sei nicht nur die Note des Herrn Hagiwara vom 4. d. M., sondern auch die ganze uebrige Korrespondenz der letzten Monate ueber die Streitfrage beiderseitig zurueckgenommen worden. Die Regierung in Tokio hat, wie ich von Herrn Hagiwara hoere, diese Erledigung und sein Verhalten in der Angelegenheit ueberhaupt inzwischen ausdruecklich gebilligt. Die Weisungen des hiesigen Ministers des Aeussern an die Lokalbehoerden in Betreff der Aufhebung der frueheren gegen die Cirkulation der Noten gerichteten Erlasse sollen am 12. bereits abgesandt worden sein.

Der britische Vertreter hob mir gegenueber bezueglich seiner Thaetigkeit in der Sache hervor, dass seine Unterstützung ohne einen darauf gerichteten Wunsch Japans erfolgt sei.

Yi Yong Ik hat in den letzten Tagen wiederholt die japanische Gesandtschaft besucht und scheint jetzt wieder Annaeherung an diese Seite anzustreben. Dies wuerde voraussichtlich vor Allem einen Verzicht auf sein Projekt einer belgischen Anleihe bedeuten, das man im japanischen Lager mit grosser Besorgniss anzusehen scheint. In dieser Beziehung aeusserte der russische Geschaeftstraeger gestern zu mir, Korea koenne, wie die Dinge jetzt liegen, Geld nur von Japan erhalten und scheine diesem gegenueber unaufhaltsam mehr und mehr in ökonomische Abhaengigkeit zu gerathen.

Kopieen dieses gehorsamsten Berichts sende ich an die Kaiserlichen Gesandtschaften in Tokio und Peking.

Weipert.

Die Erledigung der Angelegenheit der Noten der „Ersten Bank".

PAAA_RZ201-018934_152 f.

Empfänger	Buelow	Absender	Weipert
A. 4696 pr. 3. April 1903. a. m.		Soeul, den 20. Februar 1903.	
Memo	J. № 163.		

A. 4696 pr. 3. April 1903. a. m. 1 Anl.

Soeul, den 20. Februar 1903.

№ 27.

Seiner Excellenz

dem Reichskanzler

Herrn Grafen von Buelow.

Euerer Excellenz beehre ich mich im Anschluss an den Bericht № 23. vom 14. d. M. den von dem japanischen Gesandten mir inzwischen vertraulich mitgeteilten Wortlaut des Memorandums vom 12. d. M. und der Note des Ministers des Aeussern vom 13. d. M. in deutscher Uebersetzung in der Anlage gehorsamst einzureichen. Herr Hayashi erwaehnte, dass er den japanischen Anspruch nicht sowohl auf die den Gebrauch japanischer Muenzen gestattende Abmachung (Artikel VII der Zusatzbestimmungen zum Japanisch-Koreanischen Kang-Hoa-Vertrag v. 24. August 1876), als auf die allgemeine Garantie freien Handelsverkehrs ohne Einmischung der koreanischen Behoerden stuetze (Artikel IX des Kang-Hoa Vertrages v. 26. Februar 1876.)

Herr Hayashi ist mit dem Kapitaen des „Takasago Kan" und angeblich 15 Offizieren am 16. d. M. in Audienz empfangen worden und hat dabei, wie ich hoere, seine Befriedigung über die noch vor seiner Rueckkehr erfolgte Erledigung der Angelegenheit ausgedrueckt.

Die hiesigen beiden japanischen Blaetter haben in den letzten Tagen mit grosser Genugthuung hervorgehoben, dass die japanisch-englische Allianz in der von Herrn Jordan auf Weisung seiner Regierung gewaehrten Unterstuetzung des Herrn Hagiwara einen thatkraeftigen Ausdruck gefunden habe.

Nach Aeusserung des Leiters der Filiale der Ersten Bank in Soeul hat seit dem 16. d. M. die Cirkulation der Noten wieder begonnen einen normaleren Charakter anzunehmen. Er giebt an, dass gegenueber dem in Soeul bis zum 26. v. M. ausgegebenen Notenbetrag von 95 665 Yen daselbst vom 2. -9. d. M. 215 853 Yen, vom 10. - 16. 10 335 Yen und vom 17. - 19. 4979 Yen praesentiert und eingeloest seien. Nach Angabe des Leiters der Bank in Chemulpo sind dort waehrend des Ansturms gegenueber einer Ausgabe von rund 270 000 Yen etwa 130 000 Yen zur Bank zurueckgekommen. Die Gesamtausgabe in Korea hat nach dem letzteren Gewaehrsmann am 31. v. M. 743 208 Yen mit einer Deckung von 574 166 Yen betragen. Nach Angabe des Herrn Hayashi beabsichtigt die japanische Regierung die erforderliche Deckung demnaechst fuer einen Ausgabebetrag bis zu 1 Million Yen auf 2/3 und darueber hinaus auf 1/2 definitiv zu normieren.

Kopieen dieses gehorsamsten Berichts sende ich an die Kaiserlichen Gesandtschaften in Tokio und Peking.

Weipert.

Inhalt: Die Erledigung der Angelegenheit der Noten der „Ersten Bank". 1 Anlage.

Anlage zu Bericht № 27.
Uebersetzung

MEMORANDUM.

Am 12. Februar 1903 wurde die Angelegenheit der Noten der Ersten Bank in folgender Weise beigelegt:

1. Die von dem vorigen Minister Herrn Cho am 8. Januar entworfenen Instruktionen werden an die Handelsinspektoren der verschiedenen offenen Haefen und Plaetze gesandt.

2. Die von den Ministern des Innern und der Finanzen erlassenen Instruktionen werden sofort telegraphisch zurueckgezogen.

3. Die an den Thoren von Soeul seitens des Gouverneurs angeschlagenen Bekanntmachungen werden noch heute zurueckgezogen und die jetzt entworfene neue Bekanntmachung wird an den Thoren und anderen ins Auge fallenden Plaetzen angebracht.

4. Diese jetzt entworfene Bekanntmachung wird auch den Handelsinspektoren der verschiedenen offenen Haefen und Plaetze mit Weisung des Auswaertigen Amts zugesandt.

5. Das jetzt entworfene offizielle Schreiben wird an den japanischen Vertreter gerichtet.

Nach Ausfuehrung dieser Punkte wird der japanische Vertreter seine frueheren Schreiben in der Angelegenheit zuruecknehmen und seine Regierung telegraphisch um Zurueckziehung ihres Erlasses in Betreff dieser Sache ersuchen.

Der Minister des Aeussern Yi To Chae (L. S.)

Der Japanische Geschaeftstraeger Hagiwara (L. S.)

Note № 13.

Ministerium der Aeussern Angelegenheiten

den 13. Februar 1903.

Herr Geschaeftstraeger!

Euerer Hochwohlgeboren beehre ich mich den Empfang des gefaelligen Schreibens betreffend das Verbot der Noten der Ersten Bank ergebenst zu bestaetigen. Da die bisherige Korrespondenz in der Angelegenheit nur dazu beigetragen hat, den Fall schwieriger zu gestalten, und einer guetlichen Beilegung der Sache nicht guenstig war, so habe ich, um im Interesse der freundschaftlichen Beziehungen der beiden Laender eine angemessene Erledigung herbei zu fuehren, die von meinem Amtsvorgaenger Herrn Cho Pioeng Sik entworfenen Instruktionen alsbald an die Handelsinspektoren der verschiedenen offenen Haefen und Plaetze mit der Weisung gesandt sofort entsprechend zu verfahren. Die im Betreff des Verbots der Annahme der Banknoten von anderen Ministerien erlassenen Instruktionen sind von denselben bereits aufgehoben worden.

Da es angemessen erscheint, die Benutzung der in Rede stehenden Banknoten dem Ermessen der Bevoelkerung zu ueberlassen, so dass die Leute sie annehmen koennen, wenn sie ihnen Kredit schenken, und zurueckweisen, wenn sie kein Vertrauen zu denselben haben, so habe ich den Gouverneur von Soeul und die Handelsinspektoren der verschiedenen offenen Haefen und Plaetze angewiesen zwecks Beseitigung jedes Hindernisses (der Cirkulation) entsprechende Bekanntmachungen zu erlassen.

Die Angelegenheit ist daher voellig beigelegt. Die Unterthanen der beiden Laender koennen fortan nach ihrem Belieben mit einander Handel treiben und sollte jeman dem Hindernisse in den Weg legen, so muss solches den gesetzlichen Bestimmungen entsprechend geahndet werden.

Dies ist, was ich Ihnen zu erklaeren habe.

Ich benutze diesen Anlasss etc.

Der Koreanische Minister des Äussern

(L. S.) Yi To Chae.

An

den Japanischen Geschaeftstraeger Herrn Hagiwara

Hochwohlgeboren.

Berlin, den 9. April 1903.

zu A. 4691, 4693, 4694.

An

die Missionen in

1. St. Petersburg № 248

2. London № 246

J. № 3259.

Abschrift von

1) A. 4691.

2) von A. 4693 u. ohne Anlage.

3) von A. 4694.

Ew. übersende ich anbei ergebenst Abschrift dreier Berichte des Kaiserl. Konsuls in Söul vom 9., 13. und 14. Februar d. J., betreffend die Angelegenheit der Noten der japanischen Ersten Bank,

zu Ihrer gefl. Information.

St. S.

i. m.

PAAA_RZ201-018934_160 f.			
Empfänger	[o. A.]	Absender	[o. A.]
A. 5057 pr. 9 April 1903. p. m.		[o. A.]	

A. 5057 pr. 9 April 1903. p. m.

Kölnische Zeitung.

9. 4. 1903.

Asien.
Rußland in Korea.

Korea. Seoul, Ende Januar. „Langsam, aber sicher", lautet die Parole, der Rußland bei seiner Ausbreitungspolitik in Ostasien seit Jahrhunderten folgt, und den Erfolg sehen wir darin, daß der russische Doppeladler seine Schwingen bereits bis an die Gestade des Japanischen und Gelben Meeres ausgebreitet hat. Daß aber Port Arthur und Dalnij sowie Wladiwostok erst dann als fruchtbringender russischer Besitz gelten können, wenn auch die vorgestreckte Halbinsel Korea in russische Hände übergegangen ist oder wenigstens vor japanischer Besitzergreifung gesichert ist, steht außer Zweifel. So ist denn Rußland auch seit Jahren bemüht gewesen, in Korea Einfluß zu gewinnen. Besonders erfolgreich war darin der russische Gesandte Waeber, der von 1885 bis 1897 als Vertreter Rußlands in Seoul weilte. Ihm gelang es vor allem, das Vertrauen des Königs zu gewinnen, und als am 8. Oktober 1895 die Königin im Palast ermordet wurde, wobei bekanntlich auch der japanische Gesandte Miura seine Hand im Spiel hatte, und neben den revoltierenden koreanischen Soldaten auch japanische Truppen den Palast besetzt hielten, da war es besonders Waeber, der dem König mit Rat und Tat zur Seite stand, und der ihm nebst dem Kronprinzen am 11. Februar 1896, als beide in Damensänften unbemerkt aus dem Palast flüchteten, in der russischen Gesandtschaft ein gastliches, sicheres Unterkommen gewährte. Auf diesen ein Jahr lang dauernden Aufenthalt gründen sich hauptsächlich die Errungenschaften Rußlands. Russische Offiziere und Unteroffiziere wurden angestellt, um die koreanischen Truppen auszubilden; ein namhafter Finanzrat wurde ins Land gerufen, eine russische Bank gegründet und russische Ingenieure verwalteten das Arsenal. Als am

20. Febr. 1897 die königliche Familie die russische Gesandtschaft verließ, um den neuerbauten Palast in der Nähe der russischen Gesandtschaft zu beziehen, da waren es russische Offiziere, deren Kommando die Palastwache unterstellt wurde, kurz, überall machte sich der russische Einfluß bemerkbar. Da wurde Waeber anfangs September 1897 abberufen. Im Frühjahr des nächsten Jahres verließ die russische Militär-Kommission Seoul, die Bank wurde geschlossen, der Finanzrat Alexiew gab seine Stellung auf, und es schien, als ob Rußland jegliches Interesse für Korea verloren habe. Was war die Ursache? Für Rußland standen zu der Zeit wichtigere Fragen im Vordergrunde: erst sollte die sibirische Eisenbahn fertiggestellt und dann auch Rußlands Stellung in der Mandschurei gesichert werden. Eine recht emsige, sogar auffällig eifrige Tätigkeit entfaltete nun der französische Gesandte in Seoul. Französische Eisenbahn- und Minen-Ingenieure, ein Postdirektor, ein Jurist und zwei Artillerie-Offiziere als Arsenal-Ingenieure wurden angestellt. Die Japaner wurden stutzig und hegten den berechtigten Verdacht, daß dies alles nur im russischen Interesse geschehe.

Sobald die Russen ihre Interessensphäre in China umschrieben hatten, zeigten sie sich auch in Korea wieder rühriger. Zum Vertreter Rußlands wurde Pawlow, der sich bereits in Peking durch sein diplomatisches Geschick einen Namen gemacht hatte, ernannt, und bald erkannte man auch, daß Rußland nicht gewillt war, ganz Korea den Japanern zu überlassen. Für den russischen Grafen H. Keyserling erwirkte Pawlow eine Konzession zum Betrieb des Walfischfanges entlang der koreanischen Küste und gleichzeitig das Recht, an drei Plätzen der Ostküste Walfischstationen zu errichten. Weiter erlangte er eine Konzession zum Fällen von Bauholz in den koreanischen Urwäldern am Jalufluß, wodurch Rußland in den Stand gesetzt wird, für seine riesigen Bau-Unternehmungen auf der Liaotung-Halbinsel schnell gutes Baumaterial zu beschaffen. Sodann entsandte der russische Kaiser aus Anlaß des vierzigjährigen Regierungsjubiläums des Kaisers von Korea als Sondervertreter und Ueberbringer des höchsten russischen Ordens wieder den Gesandten a. D. v. Waeber hinaus. Da infolge des Ausbruchs der Cholera die Festlichkeiten bis zum April 1903 verschoben werden mußten, so beließ die russische Regierung ihren Sondergesandten in Seoul, und hier bot sich ihm reichlich Gelegenheit, im Interesse seines Landes zu arbeiten, was ihm um so leichter wird, da sein kaiserlicher Freund und Gönner ihm nach wie vor wohlgeneigt ist und seinen Ratschlägen größte Beachtung schenkt. Dies zeigte sich besonders in dem Zwist, der zwischen dem zur russischen Partei gehörigen Präsidenten des kaiserlichen Schatzamts, Inouik, und den koreanischen Staatsministern ausgebrochen war. Inouik, der das ganze Vertrauen des Kaisers besitzt, hatte sich in seiner Eigenschaft als Direktor der Münze, Vize-Finanzminister, Major der kaiserlichen Armee - das sind einige der einflußreichen

Stellungen, die er auf einmal bekleidet - infolge seiner übermäßigen Sparsamkeit, Herrschsucht und Rücksichtslosigkeit sämtliche Staatsminister zu Feinden gemacht. Aus einer Kulifamilie stammend, ohne Bildung, dabei ehrgeizig und grausam, weshalb er wohl Horang (Tiger) Täkam (Herr) genannt wird, besitzt er doch zwei gute Eigenschaften: er ist unbestechlich und seinem Kaiser mit Leib und Seele ergeben; auch versteht er es stets, die nicht geringen kaiserlichen Ansprüche an die Kasse zu befriedigen. Diesem Manne sollte vor einigen Monaten der Prozeß gemacht werden. Eine mächtige Partei, zu der sämtliche Staatsminister und einflußreiche Hofdamen gehörten und die auch japanischer Unterstützung nicht entbehrte, verklagte ihn als Kriminalverbrecher beim Kaiser, weil er dessen Lieblingsnebenfrau, die Prinzessin Om, aufs schwerste beleidigt haben sollte. Frau Om war nämlich zweimal kurz hintereinander vom Kaiser durch eine Rangerhöhung ausgezeichnet worden, und zwar als Sünbi (Prinzessin) und Kwibi (Königin). Nun erzählt eine alte, jedem Koreaner bekannte chinesische Dichtung von einer Yang Kwibi, einer chinesischen Prinzessin, die durch ihre Verschwendungssucht China an den Rand des Untergangs brachte, schließlich aber von chinesischen Soldaten getötet wurde. Bei Verleihung des Ranges als Kwibi soll nun Inouik gesagt haben, jetzt sei die Prinzessin Om wohl eine „Yang Kwibi", darob erhob sich gegen ihn ein wahrer Entrüstungssturm; sämtliche Minister verlangten seinen Tod. Waeber machte aber den Kaiser klar, daß, selbst wenn die Beleidigung zugestanden werde, Inouik keineswegs den Tod verwirkt habe. Dreimal bestürmten seine Gegner den Kaiser mit Petitionen, aber vergebens. Alle Minister wurden abgesetzt, nur der Premierminister Tschopiongsick blieb, und Inouik schlüpfte durch eine Hintertür aus dem Palaste nach der russischen Gesandtschaft; von da begab er sich dann auf einem russischen Kriegsschiff nach Port Arthur, angeblich um Reiseinkäufe zu besorgen.

Der russische Sondergesandte war inzwischen nicht untätig. Die abgesetzten Minister erhielten ihre Aemter wieder und als Inouik nach vierzehntägiger Abwesenheit auf kaiserlichen Befehl zurückkehrte, da es an Geld mangelte, - er hatte wohlweislich die Schlüssel zu den Schatzkammern mitgenommen - gelang es Waeber, die Parteien auszusöhnen, was durch verschiedene Festessen besiegelt wurde. Das russische Ansehen in Korea ist dadurch wieder bedeutend gestiegen. Es heißt, der Kaiser wolle einen russischen Ratgeber hohen Ranges als Staatsrat anstellen und sein sehnlicher Wunsch sei, Herrn Waeber für diese Stellung zu gewinnen. Sollte dieser sich dazu bewegen lassen, so hat Rußland den rechten Mann am rechten Platze. Auf Vermittlung des russischen Gesandten Pawlow wurde schon vor etwa einem Jahre der Direktor des koreanischen Telegraphenamtes D. Mühlensteth, ein Däne, der aber russischer Schutzgenosse ist, als Ratgeber im Auswärtigen Amte angestellt und zum Mitgliede des Staatsrates ernannt. So sucht also Rußland Schritt für Schritt seinen politischen Einfluß in Korea auszudehnen. Aber russische Dampfschiffgesellschaften lassen ihre vorzüglich eingerichteten, neuen Schiffe - die, nebenbei bemerkt, der Vulkan in Stettin erbaut hat -, die wichtigsten koreanischen Häfen anlaufen, und ein russischer Kaufmann wird demnächst in Seoul ein Geschäft eröffnen. „Langsam, aber zielbewußt", lautet Rußlands Devise in Korea.

Das russische Gesuch um die Konzession der Wiju-Bahn.

PAAA_RZ201-018934_162 f.			
Empfänger	Buelow	Absender	Weipert
A. 5202 pr. 12. April 1903. a. m.		Soeul, den 21. Februar 1903.	
Memo	mtg. 17. 4. Petersburg 268, London 263, Washington. A. 104. J. № 167.		

A. 5202 pr. 12. April 1903. a. m.

Soeul, den 21. Februar 1903.

№ 28.

Seiner Excellenz

dem Reichskanzler

Herrn Grafen von Buelow.

Der russische Geschaeftstraeger theilte mir heute mit, dass der Minister des Aeussern ihm gestern auf seine Note betreffs des Gesuchs des Baron Guenzburg um Konzession zum Bau der Wiju-Bahn abschlaegig geantwortet habe. Auch auf das eventuelle Anerbieten der Beschaffung des Kapitals fuer die koreanische Regierung sei er nicht eingegangen, er habe vielmehr erklaert, die Regierung gedenke die Bahn selber zu bauen und werde die Mittel dazu bereit stellen, auch sei der Rathgeber Lefèvre nach Frankreich entsandt um diesbezuegliche Arrangements zu treffen. Herr Stein sagte, er werde sich in seiner Antwort darauf beschraenken, die von dem Minister gegebene Motivierung seiner Absage besonders zu betonen, im Uebrigen hoffe er aber, dass Baron Guenzburg nun wenigstens die gewuenschte Bergwerkskonzession erhalten werde. Er aeusserte weiter, er sei erstaunt, dass der japanische Gesandte durch die offiziell erhobenen Einwendungen, die jeder Begruendung entbehrten, seine Karten so offen aufgedeckt habe.

Als aehnliches Beispiel der in letzter Zeit besonders stark hervortretenden japanischen Empfindlichkeit gegenueber den Bestrebungen anderer Maechte duerfte die Erfahrung des belgischen Generalkonsuls bemerkenswerth sein, zu dem Herr Hagiwara sich kuerzlich in Betreff des Engagements eines belgischen Rathgebers missbilligend und vorwurfsvoll geäussert hat, namentlich weil derselbe 400 Yen monatlich mehr erhalte, als Herr Kato, so dass Herr Vincart sich genoethigt gesehen haben will ihn ziemlich scharf darauf hinzuweisen, dass Korea ein unabhaengiger Staat sei.

Herr Stein erklaerte mir uebrigens noch, er sei ueberzeugt, dass es auch weiter gelingen werde, alle derartige Fragen mit Japan in durchaus freundschaftlicher Weise zu erledigen und Japan muesse doch insbesondere aus der russischen Behandlung der Angelegenheit Yi Yong Ik´s ersehen haben, das Russland daraus keinerlei Vortheile fuer sich zu gewinnen gesucht habe.

Kopieen dieses gehorsamsten Berichts sende ich an die Kaiserlichen Gesandtschaften in Peking und Tokio.

Weipert.

Inhalt: Das russische Gesuch um die Konzession der Wiju-Bahn.

PAAA_RZ201-018934_164 ff.			
Empfänger	Bülow	Absender	Weipert
A. 5203 pr. 12. April 1903. a. m.		Söul, den 22. Februar 1903.	
Memo	mtg. 15. 4. London 256, Petersburg 258.		

Abschrift.

A. 5203 pr. 12. April 1903. a. m.

Söul, den 22. Februar 1903.

№ 29.

Sr. Excellenz

dem Reichskanzler

Herrn Grafen von Bülow.

Nach einem Telegramm, welches der russische Geschäftsträger kürzlich von Herrn Pavlow erhalten hat, soll dessen Wiedereintreffen in Söul gegen Mitte Mai mit Sicherheit zu erwarten sein. Herr Waeber andererseits äußerte sich kürzlich in dem Sinne, daß er alsbald nach den am 30. April beginnenden Jubiläumsfeierlichkeiten, deren Vorbereitungen neuerdings wieder, wenn auch nicht mit sehr großem Eifer betrieben werden, seine Rückreise anzutreten gedenke. Demnach würde anzunehmen sein, daß er auf eine weitere Tätigkeit hier nicht rechnet. Er scheint z. Zt. das Zusammenwirken mit Yi Yong Ik völlig aufgegeben zu haben und eine Besserung der hiesigen Verhältnisse, namentlich auf finanziellem Gebiet lediglich von der Wirksamkeit des erwarteten belgischen Ratgebers zu hoffen.

Vor einigen Tagen ist der an Stelle des Obersten Strelbitzky hierher ernannte russische Militär-Attaché, Oberstleutnant von Raaben mit seiner Gemahlin hier eingetroffen.

gez. Weipert.

Orig. i. a. Korea 7

Berlin, den 17. April 1903.   A. 5202.

An
die Missionen in
1. St. Petersburg № 268
2. London № 263
3. Washington № A. 104

J. № 3479.

Euerer pp. übersende ich anbei ergebenst
Abschrift eines Berichts der Kaiserl. Konsuls in
Söul vom 21. Februar d. J., betreffend die
japanischen Bestrebungen in Korea.
zu Ihrer gefl. Information.

St. S.

i. a.

Frage des belgischen Beraters. Japanische Stellungnahme.

PAAA_RZ201-018934_168 ff.			
Empfänger	Buelow	Absender	Weipert
A. 5883 pr. 25. April. 1903. p. m.		Soeul, den 10. März 1903.	
Memo	mtg. 29. 4. London 292, St. Petbg 2296, Wash. A. 123. J. № 206.		

A. 5883 pr. 25. April. 1903. p. m.

Soeul, den 10. Maerz 1903.

№ 35.

Seiner Excellenz

dem Reichskanzler

Herrn Grafen von Buelow.

Der japanische Gesandte teilte mir gestern gespraechsweise mit, dass er vor kurzem dem hiesigen Minister des Aeussern gegenueber an der Hand einer Verbal-Note Einwendungen gegen das Engagement eines belgischen Ratgebers geltend gemacht habe. Er habe daran hauptsaechlich auszusetzen, dass es der belgischen Regierung ganz freigestellt sei, wen sie schicken wolle, und dass das Gehalt aus den Einnahmen der Seezoelle bezahlt werden solle. Herr Hayashi ging so weit, mir den Verdacht auszusprechen, dass der nach belgischer Angabe am 10. Februar v. J. abgeschlossene Vertrag tatsaechlich erst vor kurzem zustande gekommen und zurueckdatiert worden sei. Auch habe ihm der Hausminister, dessen Siegel sich darunter befinden soll, gesagt, er wisse nichts von dem Vertrag. Ausserdem deutete mir Herr Hayashi an, wenn das Engagement, woran nach Behauptung des Herrn Waeber kein Zweifel sein soll, dennoch durchgefuehrt werde, so werde er darauf bestehen, dass auch Herr Kato, der ja eigentlich fuer das Hausministerium bestimmt gewesen sei, nunmehr bei diesem angestellt und dem Belgier im Gehalt gleich gesetzt werde. Diese Eifersucht scheint, neben dem Argwohn, dass Belgien fuer russische und franzoesische Interessen mitarbeiten werde, fuer die japanische Opposition hauptsaechlich bestimmend zu sein. Es duerfte bezeichnend fuer die Situation sein, dass Japan sich in dieser Frage, wie vorher durch seinen Protest gegen die russischen Bestrebungen wegen der Wiju-Bahn, ganz offen zu dem Standpunkt bekennt, dass seine ueberwiegenden Interessen hier ihm das Recht geben, den Bestrebungen aller

Anderen entgegen zu treten, soweit es sich durch dieselben gehindert findet. Der englische Ministerresident aeusserte dieser Tage gespraechsweise, dass er dieser festeren Stellungnahme Japans vollen Beifall schenke.

Aeusserungen und Haltung des russischen Geschaeftstraegers machen nicht den Eindruck, als ob Russland zur Zeit gesonnen sei, sich den japanischen Bestrebungen entgegen zu stemmen. Nachdem Herr Stein auf den japanischen Einspruch hin das Gesuch betreffs der Wiju-Bahn, das vielleicht von vornherein nicht sehr ernst gemeint war, ohne Zoegern aufgegeben, hat er nunmehr auch in der Banknoten-Frage ein weiteres Entgegenkommen gezeigt. Auf Ersuchen des japanischen Gesandten hat er, wie ich von letzterem hoere, anfangs d. M. seine Verwahrung vom Herbst vorigen Jahres gegen Zahlung der Gehaelter von russischen Angestellten in Noten der „Ersten Bank" durch ein Schreiben an den Minister des Aeussern dahin modifiziert, dass er seinerseits gegen die Verwendung der Noten der Bank nichts einzuwenden habe und dass es den russischen Angestellten selbst zu ueberlassen sei, ob sie dieselben annehmen wollen oder nicht.

Hierdurch kann der, wie es scheint, in den hiesigen Regierungskreisen herrschende Eindruck, dass Herr Stein Korea in der Angelegenheit auf die energische Haltung Japans hin im Stich gelassen habe, nur verstaerkt werden.

Kopieen dieses gehorsamsten Berichts sende ich an die Kaiserlichen Gesandtschaften in Peking und Tokio.

Weipert.

Inhalt: Frage des belgischen Beraters. Japanische Stellungnahme.

Berlin, den 29. April 1903.   A. 5883.

An

die Missionen in

1. London № 292

2. St. Petersburg № 296

3. Washington № A. 123

J. № 3878.

Euerer pp. übersende ich anbei ergebenst
Abschrift eines Berichts des Kaiserl. Konsuls
in Söul vom 10. v. Mts., betreffend das
Engagement eines belgischen Ratgebers und
die Auszahlung der Gehälter von russischen
Angestellten in Noten der „Ersten Bank",
zu Ihrer gefl. Information.

St. S.

i. m.

Koreanische Bergwerke.

PAAA_RZ201-018934_173 f.

Empfänger	Buelow	Absender	Weipert
A. 6156 pr. 30. April 1903. a. m.		Soeul den 17. Maerz 1903.	
Memo	J. № 229.		

A. 6156 pr. 30. April 1903. a. m.

Soeul den 17. Maerz 1903.

№ 40.

Seiner Excellenz
dem Reichskanzler, Herrn Grafen von Buelow.

Seit kurzem bemueht sich auch der hiesige italienische Vertreter um Erlangung einer Goldgruben-Konzession fuer italienische Kapitalisten. Sowohl diesen wie den belgischen Bestrebungen werden, wie es scheint, von Yi Yong Ik Schwierigkeiten bereitet, sei es, weil er aus den Konzessionen groessere Vorteile herauszuschlagen gedenkt, sei es wegen seiner Plaene betreffs eigener Bearbeitung der Kaiserlichen Grubenfelder.

Einen ernstlichen Anfang in letzterer Richtung hat Yi Yong Ik jetzt, wie ich von Herrn Collin de Plancy hoere, bezueglich des Kohlenbergwerks von Pyoeng Yang vor, allerdings nicht, wie in dem gehorsamsten Bericht № 17. vom 7. v. M. in Aussicht gestellt wurde, mit belgischer Huelfe, sondern mit dem bereits in koreanischen Diensten befindlichen franzoesischen Bergingenieur Cuvillier. Letzterer ist vor kurzem nach Frankreich geschickt worden um die noetigen Maschinen zu besorgen, wofuer Yi Yong Ik eine Summe von etwas ueber 100 000 Yen bereitgestellt haben soll. Es handelt sich dabei, abgesehen von den noetigen Pumpen pp, namentlich um Maschinen fuer die Herstellung von Briquettes, da man es zunaechst mit einer Lage von Staubkohle zu tun hat, ehe man hoffen kann in der Tiefe festes Material zu erreichen. Die Agentur ist. dem hiesigen franzoesischen Kaufmann L. Rondon uebertragen worden, der seinerseits Unteragenturen in anderes Plaetzen Ostasiens einrichten soll.

Kopieen dieses gehorsamsten Berichts sende ich an die Kaiserlichen Gesandtschaften in Tokio und Peking.

Weipert.

Nachtrag vom 18. Maerz 1903.

Von dem Kaufmann Rondon hoere ich inzwischen noch, dass sein Vertrag mit Yi Yong Ik fuer die Dauer von 10 Jahren abgeschlossen sei. Auch die Leitung des Betriebes sei in seine Hand gelegt, derselbe finde jedoch fuer die Kaiserliche Schatulle statt, der er alle 10 Tage Rechnung zu legen habe. Der Ingenieur Cuvillier werde in Frankreich 3 Bergleute engagieren. Fuer die Herstellung der Briquettes soll Theer aus der Provinz Echigo in Japan verwendet werden.

Inhalt: Koreanische Bergwerke.

Ablösung des britischen Militär-Attachés Obersten Churchill.

PAAA_RZ201-018934_175 f.

Empfänger	[o. A.]	Absender	Etzel
A. 6567 pr. 7. Mai 1903.		Tokio, den 5. April 1903.	
Memo	Militär-Attaché. mtg. 9. 5. Peking A. 43, Petersbg. 331, London 331. J. № 32. 03.		

Abschrift.

ad A. 6567 pr. 7. Mai 1903.

Tokio, den 5. April 1903.

Militär- Bericht № 23.

pp.

Da Oberst Churchill zugleich Militär-Attaché in Söul war, hat er auch Korea kennen gelernt. Seiner Ansicht nach würde es sowohl für die Japaner als für die Russen sehr schwer sein, einen einmal dort festgesetzten Gegner mit Waffengewalt hinauszudrängen, da die große Ausdehnung des gebirgigen, unwegsamen und nur wenige Hülfsquellen bietenden Landes die Kriegführung ungemein schwierig machten. Die Stärke der jetzt in Korea stehenden japanischen Truppen beträgt etwa 500 Mann, 1 Bataillon Infanterie zu 4 Kompagnien, von denen 2 Kompagnien in Söul, je 1 in Fusan und Gensan untergebracht sind. Außerdem hat Japan in Korea etwa 500 Gendarmen zum Schutz der Telegraphenlinie und des Bahnbaues Söul-Fusan.

gez. v. Etzel (Günther).
Major und Militär-Attaché.
orig. i. a. Korea 10

Betr: Ablösung des britischen Militär-Attachés Obersten Churchill.

PAAA_RZ201-018934_177			
Empfänger	[o. A.]	Absender	[o. A.]
A. 7286 pr. 20. Mai 1903. p. m.		[o. A.]	

A. 7286 pr. 20. Mai 1903. p. m.

Hamburgischer Correspondent.

20. 5. 3.

St. Petersburg, den 19. Mai. (Original-Telegramm.) Wie aus Söul berichtet wird, erließ der Kreischef der Insel Quelpart eine Bekanntmachung, wonach jeder Koreaner, der den Japanern ein Haus oder Grund und Boden verkauft oder Waren von ihnen entnimmt, mit Zwangsarbeit bestraft, und wer japanische Schulen besucht, hingerichtet wird. Dieser Verfügung liegt ein Abkommen zwischen Korea, Rußland und Japan zu Grunde, wonach Ausländern die Niederlassung auf Quelpart verboten ist. Unbekümmert hierum haben sich jedoch Japaner auf Quelpart festgesetzt.

PAAA_RZ201-018934_178

Empfänger	[o. A.]	Absender	[o. A.]
A. 7288 pr. 20. Mai 1903. p. m.		[o. A.]	

A. 7288 pr. 20. Mai 1903. p. m.

St. Petersburger Herald.

20. 5. 1903.

Unsere Presse.

Wir haben kürzlich von dem Erlasse des koreanischen Kreischefs der Insel Kwelpart Mittheilung gemacht, der alle Koreaner mit den strengsten Strafen bedroht, welche in irgendwelche Verbindung mit den Japanern treten würden. Indessen war es vorauszusehen, daß Japan nicht zurückweichen würde. Der „Nowoje Wremja" wird hierüber aus Söul telegraphirt:

„Der japanische Gesandte Chajasi, der ehemalige japanische Minister des Auswärtigen, besuchte die koreanische Regierung und bat nachdrücklich, die koreanische Regierung möge die Japaner nicht von der Insel Kwelpart aussiedeln. Aus Japan sollen mit jedem Postdampfer nach Korea 75 Frauen und 150 Männer zur Colonisation Koreas gebracht werden. Zum Transport der Uebersiedler sind 10 Dampfer hergerichtet, welche monatlich vier Fahrten machen."

So wird Japan wohl in wenigen Jahren die koreanische Frage gründlich „gelöst" haben.

Die Verhaeltnisse im offenen Hafen von Songchin.

PAAA_RZ201-018934_181 ff.			
Empfänger	Buelow	Absender	Weipert
A. 7700 pr. 29. Mai 1903. p. m.		Soeul, den 9. April 1903.	
Memo	J. № 302.		

A. 7700 pr. 29. Mai 1903. p. m.

Soeul, den 9. April 1903.

№ 52.

Seiner Excellenz

dem Reichskanzler

Herrn Grafen von Buelow.

Die Verhaeltnisse in dem geoeffneten Hafen von Songchin, ueber die Euerer Exzellenz in den gehorsamsten Berichten № 96. vom 22. August[14] und № 98.[15] vom 30. August 1900 Meldung erstattet wurde, haben inzwischen die oeffentliche Aufmerksamkeit verschiedentlich wieder in Anspruch genommen. Die Regierung glaubte zunaechst durch Vereinigung der Bezirke von Songchin und Kilchu, entsprechend den Wuenschen der Bevoelkerung des letzteren, Ruhe schaffen zu koennen, und teilte am 18. Februar v. J. mit, dass der Handelsinspektor (Kamni) von Songchin kuenftig Handelsinspektor von Kilchu heissen, aber fortfahren werde seinen Amtssitz in Songchin zu haben. Hiermit waren wieder die Einwohner von Songchin nicht zufrieden, da sie nun an den Stellen sowohl, wie namentlich an den Einkuenften der zu dem alten Songchin-Bezirk gehoerigen Confucius-Tempel die Leute von Kilchu teil nehmen lassen mussten. Sie begannen daher insbesondere seit dem Herbst v. J. die dortigen Beamten nicht nur, sondern auch die Auslaender durch Angriffe auf ihre Wohnungen zu belaestigen um dadurch einen Druck auf die Regierung auszuueben. Hierdurch sah sich, ausser dem japanischen, auch der englische Vertreter im Interesse einiger dort wirkender Mitglieder der kanadischen Mission, zu Vorstellungen veranlasst. Daraufhin beschloss die Regierung vor kurzem, um wenigstens in Songchin Ruhe herzustellen, die beiden Bezirke wieder zu trennen, und der

---

14 A. 14296[00] ehrerb. beigft.

15 A. 13956[00]

Minister des Aeussern teilte durch Note vom 28. v. M. mit, dass die Bezeichnung des dortigen Handelsinspektors wieder in die eines Handelsinspektors von Songchin umgeaendert worden sei.

Kopieen dieses gehorsamsten Berichts sende ich an die Kaiserlichen Gesandtschaften in Tokio und Peking.

Weipert.

Inhalt: Die Verhaeltnisse im offenen Hafen von Songchin.

Oesterreichisch-ungarischer Kreuzer „Kaiser Karl VI" in Chemulpo.

PAAA_RZ201-018934_184 f.			
Empfänger	Buelow	Absender	Weipert
A. 8121 pr. 6. Juni 1903. a. m.		Soeul, den 22. April 1903.	
Memo	mtg. 27. 6. Wien 366. J. № 342.		

A. 8121 pr. 6. Juni 1903. a. m.

Soeul, den 22. April 1903.

№ 57.

Seiner Excellenz

dem Reichskanzler

Herrn Grafen von Buelow.

Am 17. d. M. traf der oesterreichisch-ungarische Kreuzer „Kaiser Karl VI" von Tsingtau kommend in Chemulpo ein. Da die gewuenschte Audienz wegen der Pockenerkrankung des juengsten Kaiserlichen Prinzen nicht erwirkt werden konnte, beschraenkte sich der Kommandant, Herr Linienschiffs-Kapitaen Dreger auf einen Besuch von Soeul am 20. d. M. und ging gestern wieder in See um demnaechst, wie er mir sagte, bei Masampo Schiessuebungen vorzunehmen.

Kopie dieses gehorsamsten Berichts sende ich an den Chef des Kaiserlichen Kreuzergeschwaders.

Weipert.

Inhalt: Oesterreichisch-ungarischer Kreuzer „Kaiser Karl VI" in Chemulpo.

Zusammenstoß zwischen Japanern und Koreanern.

PAAA_RZ201-018934_186 ff.

Empfänger	Bülow	Absender	Weipert
A. 8163 pr. 6. Juni 1903. p. m.		Soeul, den 11. April 1903.	
Memo	Abschrift I. 12799. Kaiserliches Konsulat. J. № 313.		

A. 8163 pr. 6. Juni 1903. p. m.

Soeul, den 11. April 1903.

№ 53.

Seiner Exzellenz

dem Reichskanzler

Herrn Grafen von Bülow.

Durch heute eingegangene Note vom gestrigen Tage teilte der Minister des Äußern mit, daß der Kaiser wegen eines Falles von Pockenerkrankung im Palast die feierliche Begehung des Regierungsjubiläums aus Rücksicht auf die Abgesandten der Mächte auf einen noch zu bestimmenden Tag im Herbst d. Js. verschoben habe. Der Minister ersuchte gleichzeitig die Kaiserliche, sowie die k. und k. österreichisch-ungarische Regierung hiervon zu benachrichtigen und die Bitte hinzuzufügen, daß die Entsendung von besonderen Abgesandten verschoben werden möge.

Wie bereits gestern Abend durch mündliche Botschaften des Hausministers bekannt gegeben war, handelt es sich um den jüngsten Kaiserlichen Prinzen Yong, den sechsjährigen Sohn der „Lady" Oem, bei dem sich seit gestern früh die Symptome der Pockenerkrankung eingestellt haben sollen. Den deutschen Hofarzt Dr. Wunsch hat man bisher nicht zugezogen. Die seit Ende Januar herrschende Pockenepidemie ist zwar sehr viel schwächer geworden, aber noch nicht ganz erloschen. Die Mitglieder der Kaiserlichen Familie sind sämtlich nicht geimpft, weil die hiesige Etikette operative Eingriffe mit schneidenden Instrumenten an ihnen verbietet. Auch herrschte bisher die Legende, daß sie gegen die Pocken gefeit seien. Da nach koreanischer Vorstellung aus Rücksicht auf den Pockengott während eines Pockenfalles keinerlei Arbeiten im Hause vorgenommen werden dürfen, so sind alle Festvorbereitungen im Palast seit gestern eingestellt worden und es können fürs erste weder Audienzen noch sonstige Palastfunktionen stattfinden.

Die Erkrankung des Prinzen befreit die hiesige Regierung aus mannigfacher Verlegenheit. Vor allem waren die baulichen und sonstigen Vorbereitungen für die Festlichkeiten noch bedenklich im Rückstande. Außerdem sah sich die Regierung einer beträchtlichen Anzahl von Beschwerden und Wünschen der verschiedenen Mächte gegenüber, die in der letzten Zeit von einigen der Vertreter immer dringender und mit dem mehr oder weniger deutlichen Hinweis darauf geltend gemacht wurden, daß ihre Nichterledigung vor den Festlichkeiten die Beteiligung an den letzteren in Frage stellen könne. Insbesondere scheinen der amerikanische und französische Vertreter die Situation in diesem Sinne benutzt zu haben; der erstere um die Anerkennung der Forderung der Firma Collbran u. Bostwick für die elektrischen Anlagen durchzusetzen, der letztere, um die endliche Zahlung der Quelpart-Entschädigung zu erlangen. Dazu kommen japanische Wünsche, unter anderem wegen der noch nicht völlig beseitigten Zollerhebung am Nak-tong-Fluß bei Fusan und wegen Gewährung einer anderen Minenkonzession an Stelle des unergiebig befundenen Platzes in Chiksan, und das russische, belgische und italienische Minenkonzessionsgesuch. Endlich harrt auch noch die alle Mächte gleichmäßig interessierende Frage des Besitztitelwesens in Soeul der Erledigung. Für alle diese Angelegenheiten ist nun wieder Zeit gewonnen.

Nach Äußerungen aus den hiesigen Hofkreisen zu urteilen scheint man die Empfindung zu haben, daß es nicht wohl angehe, die Mächte zum dritten Mal wegen der Entsendung besonderer Missionen zu bemühen, und daß es sich daher vielleicht empfehle, die Feier im Herbst auf einen festlichen Empfang der hiesigen Vertreter zu beschränken.

Herr Waeber wartet auf Instruktionen, ob er gleich abreisen oder erst noch dem hiesigen Souverän den Andreas-Orden überreichen soll.

gez. Weipert.

Inhalt: Zusammenstoß zwischen Japanern und Koreanern.

[   ]

PAAA_RZ201-018934_191

Empfänger	Bülow	Absender	Schäffer
A. 8178. pr. 6. Juni 1903. p. m.		Odessa, den 3. Juni 1903.	
Memo	Ⅰ. Tel. i. z. Peking, Tokio Ⅱ. mtg. 16. 6. St. Petersbg.		

Abschrift.

A. 8178. pr. 6. Juni 1903. p. m.

Odessa, den 3. Juni 1903.

№ 51.

Seiner Excellenz

dem Reichskanzler

Herrn Grafen von Bülow.

Entzifferung.

Wie ich aus einer Quelle erfahren, die ich für zuverlässig zu halten Grund habe, gehen die beiden seit August v. Js. in Sebastopol liegenden Kreuzer der Freiwilligen Flotte Moskwa und Smolensk demnächst nach Ostasien. Sie sind von der Kriegsmarine angekauft worden und bestimmt auf der dortigen Station zu verbleiben, um für den Transport von Truppen und Kriegsmaterial zwischen den ostasiatischen Häfen verwendet zu werden.

Man spricht hier davon, daß Rußland beabsichtige, sich bei erster günstiger Gelegenheit Koreas zu bemächtigen, und daß die Hinaussendung der genannten Schiffe damit zusammenhänge. Es ist letzthin auffallend viel Munition nach Ostasien verschifft worden.

gez. Schäffer.

PAAA_RZ201-018934_192			
Empfänger	Auswärtiges Amt in Berlin	Absender	Büchsel
A. 8378 pr. 10. Juni 1903. p. m.		Berlin, den 10. Juni 1903.	
Memo	Der Chef des Admiralstabes der Marine. Antwort 24. 6.		

A. 8378 pr. 10. Juni 1903. p. m.

Berlin, den 10. Juni 1903.

B. 2418 I.

An den Staatssekretär

des Auswärtigen Amts.

Hier.

Der Chef des Kreuzergeschwaders hat angefragt, ob eine Teilnahme an den für diesen Herbst in Aussicht genommenen Jubiläums-Feierlichkeiten des Kaisers von Korea politisch angebracht ist und gewünscht wird.

Ehe ich Seiner Majestät Vorschläge über den Umfang der Beteiligung des Kreuzergeschwaders an den Festlichkeiten unterbreite, ersuche ich Euere Excellenz ergebenst um eine sehr gefällige Äußerung darüber, ob der früher vorhandene Wunsch nach Entsendung von Kriegsschiffen auch jetzt noch besteht, ferner, ob das vorjährige Programm, wonach der Minister-Resident in Söul ein Allerhöchstes Handschreiben überreicht, noch gültig ist. Wenn letzteres der Fall ist, so würde, wie ich Euerer Excellenz im September v. J. bereits mündlich zum Ausdruck zu bringen Gelegenheit hatte, Seiner Majestät die persönliche Beteiligung des Chefs des Kreuzergeschwaders an den Feierlichkeiten in Söul nicht empfohlen werden können.

Büchsel.

Berlin, den 24. Juni 1903.   zu A. 8378.

An
Chef des Admiralstabes.

J. № 5530.

Ew. Exc. beehre ich mich auf das gefällige
Schreiben von 10. d. M. -A. 2418 I- zu erwidern,
daß es nach wie vor politisch erwünscht erscheint,
wenn   die   Kaiserliche   Marine   bei   den
Jubiläumsfeierlichkeiten des Kaisers von Korea
im Herbst dieses Jahres in irgend einer Weise
vertreten wäre. Über den Zeitpunkt des Jubiläums
ist der hiesige koreanische Gesandte noch ohne
Nachricht von seiner Regierung. Der kaiserliche
Ministerresident in Söul ist bereits im Besitz
eines Allerhöchsten Glückwunschscheibens Seiner
Majestät des Kaisers und Königs, welches er
angewiesen ist, seiner Zeit dem Kaiser von Korea
zu übergeben.

St. S.

[   ]

PAAA_RZ201-018934_195 f.

Empfänger	[o. A.]	Absender	[o. A.]
A. 9249 pr. 25. Juni. 1903. p. m.		[o. A.]	

A. 9249 pr. 25. Juni. 1903. p. m.

Vossische Zeitung
25. 6. 1903.

Emily Brown, die neue Kaiserin von Korea.
(Eigener Bericht.)

Am 21. Januar, gelegentlich des 40. Jahrestages der Thronbesteigung Yi höngs, des Kaisers von Korea, wurde Emily Brown, die Tochter eines dortigen amerikanischen Missionärs, zur Kaiserin von Korea gekrönt und ihr aus mehrjähriger Verbindung mit Yi höng entsprossener Sohn zum Thronerben des Kaiserreichs erklärt. Das war die allerneueste und bedeutendste Rangerhöhung republikanischer Amerikanerinnen, die es bisher allerdings auch schon zu Gattinnen regierender Könige (Cola Heusler wurde die Gemahlin eines Königs von Portugal), von Herzögen, Fürstinnen gebracht, aber nie zuvor eine Kaiserkrone getragen haben. Dazu deute man sich den künftigen Kaiser von Korea als halben Anglo-Amerikaner!

Bis dahin hatte die neue Kaiserin nur den Titel „Lady Emily" oder in Koreanisch „Emsy" geführt - jetzt heißt sie „Ihre Majestät die Kaiserin Om", auf Deutsch „Morgenröte". Bis dahin haben koreanische Frauen überhaupt keine Namen geführt. Man hat sich also auch im „Eremiten-Reich" zivilisirt - die Kulturlorbeern Japans haben die Nachbarnation nicht schlafen lassen. Doch hatte die junge schöne Amerikanerin an ihren Einzug in den Herrscherpalast von Söul nach dem tragischen Ende der ersten Gemahlin des Kaisers, die Bedingung geknüpft, daß sie ihren christlichen Vornamen behalten dürfe. Obwohl die Tochter eines armen amerikanischen Missionärs und nur die „erste kaiserliche Favoritin", waren ihr bereits vordem seitens der Höfe von Peking und Tokio die höchsten Ehren erwiesen worden. Jedoch erst zu Anfang dieses Jahres verkündete der koreanische „Staatsanzeiger" zum allgemeinen Erstaunen, daß die „Favorite" zum Rang einer „kaiserlichen Prinzessin" erhoben sei, und schließlich wurde ihr der volle Titel einer Kaiserin-Gemahlin zu Theil. Der offizielle Erlaß des Hofes von Söul erklärte, daß bereits nach dem Tode seiner Gemahlin der Kaiser von Korea „Lady Emily" in aller Stille geehelicht habe, und er nun seine neue Gattin zur Feier des vierzigsten Regierungsjubiläums zur Kaiserin erhebe und ihren jungen Sohn zum Kronprinzen von Korea erkläre.

Die Einladung des Kaisers an auswärtige Mächte, sich bei dieser Feier vertreten zu lassen, wurde bloß von England, den Vereinigten Staaten und Japan angenommen. Die japanische Regierung war bei der Krönung der Kaiserin Om durch ein Mitglied der Familie des Mikado, England durch Sir Claude Mac Donald, den Gesandten in Tokio, und die Vereinigten Staaten durch den Gesandten Allen, Konsul Paddak und einen Militär-Attachee vertreten. Zwei andere Amerikaner, Mr. Brown, Chef des koreanischen Zollamts, und Mr. Sands, kaiserlicher Regierungsrat von Korea, hatten bei dem feierlichen Akte Stühle nächst dem Throne der Kaiserin, ihrer Landsmännin, erhalten, und die 300 Amerikaner, die Söul bewohnen, wohnten als Ehren-Wache der Feier bei. Der „Staatsanzeiger" erklärte ausdrücklich, daß die offizielle Vertretung der genannten drei Mächte bei der Krönung ihnen die Freundschaft der neuen Kaiserin sichern werden. Der offizielle Titel der jungen Amerikanerin auf Koreas Thron lautet seither „Tscho-sen-is Hap-nun", und sie trägt von jenem Augenblicke an blos kostbare, mit goldenen Drachen, dem Zeichen königlicher Macht, bestickte Seidengewänder und ihr ganzes Mobiliar ist gleichfalls mit eingeschnitzten Drachen verziert. Für den großartigen Umzug am 21. Januar waren sämmtliche Straßen und Häuser Söuls festlich geschmückt. Die Eingeborenen hatten auf Befehl des Bürgermeisters ihre Häuser schließen und selbst auf der Schwelle der Eingangstür mit neuem Besen in der Hand als Zeichen der Unterwürfigkeit knien müssen, während die aus vielen Tausenden reich gekleideter Personen bestehende Prozession vorbeizog. Ihre Majestäten wurden in zwei geschlossenen goldgezierten Sänften getragen, vor denen ein riesiger violetter Fächer und ein roter Schirm emporgehalten wurden, als Zeichen, daß der Kaiser sich entschlossen habe, Macht und Ehren mit seiner klugen Gemahlin zu teilen. Fünf reich behangene Rosse edelster Raffe, deren gestickte Sättel kostbare Kunstwerke waren, wurden zwischen den beiden Sänften geführt. Das mittelste Pferd trug das Kaiserbanner, einen fliegenden Drachen, 14 Fuß im Geviert messend.

Man erinnere sich, daß im Jahre 1867 der amerikanische General Scherman der erste Amerikaner war, der koreanischen Boden betrat und damals feindlich empfangen wurde; daß Bundeskriegsschiffe später die Koreaner für den dem Sternenbanner angetanenen Schimpf züchtigen mußten, und daß erst im Jahre 1882 vom Admiral Shufeld ein Vertrag zwischen Korea und den Vereinigten Staaten geschlossen wurde. Seitdem ist amerikanischer Einfluß in Korea im Wachsten und haben Amerikaner meistens an der Spitze des koreanischen Ministeriums gestanden. Amerikanische Kultur hat sich allmählich in Söul eingebürgert, elektrische Straßenbahnen sind im Betriebe, und die erste von Amerikanern erbaute Eisenbahn ist vor nicht langer Zeit dem Verkehr übergeben worden.

Der Vater Emily Browns, ein schlichter presbyterianischer Missionar, wurde aus Wisconsin oder Ohio, im Westen der Ver. Staaten als einer der ersten protestantischen Missionare nach Söul gesandt, und seine jugendliche Tochter, die eine schöne Stimme besaß, trug in der Missionskapelle die kirchlichen Gesänge vor. Mit einem seltenen Sprachtalent begabt, beherrschte sie die koreanische Sprache in Jahresfrist und leistete in den Verhandlungen zwischen der Kirche und den Staatsbeamten häufig Dolmetscherdienste. Man berichtete dem damaligen König von der außergewöhnlichen Schönheit der eben erblühten Jungfrau, und der Herrscher befahl ihr, in seinen Harem einzutreten, was sie mit Entrüstung zurückwies. Als sie zwei Jahre später jedoch sich zur Uebersiedelung in den kgl. Haushalt entschloß, wurde ihr der Titel „Erste Favoritin" mit dem Zugeständniß verliehen, daß der König sie zu seiner Gemahlin machen würde, sobald er frei sei, zu heiraten, und daß, falls sie ihm einen Sohn geben würde, dieser der Thronerbe sein würde, da seine Gattin ihm bloß Töchter geschenkt hatte.

Lady Emily strebt schon seit Jahren die Verbesserung des Loses ihrer heidnischen Schwestern an, als Kaiserin Om gedenkt sie ihnen die Befreiung aus der Sklaverei zu erringen und ihren kaiserlichen Gemahl zur Aufhebung des Gesetzes, das die Koreanerin zum Eigentum des Gatten macht, zu veranlassen. Doch die ehrgeizigen Pläne der amerikanischen Kaiserin reichen noch höher. Es heißt, daß sie die politische Stellung ihres Adoptivlandes unter den asiatischen Nationen zu heben bemüht sei. In der Einleitung zu dem von ihr veröffentlichten Werke: „Großtaten der Männer und Frauen der Eremitennation" schreibt sie: „Korea war vordem, obwohl dies heutzutage wenig bekannt ist, ein blühendes großes Land, das China und Japan Gesetze vorschrieb. Im 16. Jahrhundert waren tatsächlich China und Japan dem Hofe von Söul tributpflichtig!" Vermutlich stehen daher dem koreanischen Reiche unter dem Einfluß der neuen amerikanischen Throngenossin des Selbstherrschers bedeutende Umwälzungen bevor. Vor allem fragt es sich, welche der Großmächte, die schon lange das Auge auf das reiche Land gerichtet haben, Rußland, Japan, England, die Vereinigten Staaten, nunmehr den größten Einfluß an dem Hofe gewinnen werden. Jedenfalls haben die Stammesbrüder der schönen weißen Kaiserin die besten Aussichten dazu. P. O.

PAAA_RZ201-018934_199 ff.

Empfänger	Bülow	Absender	Saldern
A. 11859 pr. 10. August 1903. p. m.		Söul, den 15. Juni 1903.	
Memo	über Sibirien und durch das Ksl. Konsulat in Moskau. J. № 553.		

Abschrift.

A. 11859 pr. 10. August 1903. p. m.

Söul, den 15. Juni 1903.

№ 82.

Seiner Excellenz

dem Reichskanzler

Herrn Grafen von Bülow.

Die Lage in Korea ist augenblicklich eine besonders kritische. Euerer Excellenz habe ich bereits anderweitig zu melden die Ehre gehabt, wie mir von glaubwürdiger Seite gesagt worden sei, daß Rußland jetzt einschneidende Entschlüsse wegen der Behandlung seiner koreanisch-mandschurischen Angelegenheiten gefaßt habe. Diese Nachrichten gipfeln darin, daß es im wesentlichen Admiral Alexeieff sein wird, der ziemlich unabhängig von St. Petersburg, die Einzelheiten des russischen Vorgehens in diesen Landesteilen zu bestimmen haben wird und daß man entschlossen ist, hier an der nördlichen koreanischen Grenze nicht zu weichen, daß man ferner nicht gewillt ist, daß dort auf koreanischem Gebiete Häfen dem allgemeinen Fremden-Verkehr eröffnet oder Holzkonzessionen an Japaner erteilt werden.

Daß russische Erklärungen in diesem Sinne vor etwa 10 Tagen hier auch wirklich abgegeben worden sind und daß Rußland dabei bemerkt hat, es werde falls Korea nicht gehorche seine Truppen an der koreanischen Grenze vorschieben, ist mir auch aus anderen Quellen bekannt und ist hier übrigens auch sonst kein Geheimnis mehr.

Es liegt also der feste Entschluß Rußlands vor, die am Yalu-Flusse unter dem Deckmantel einer russischen Holzkonzession per fas oder nefas eingenommene quasi militärische Stellung auszubeuten und unter allen Umständen zu behaupten. Dagegen hat der japanische Gesandte in der letzten Zeit wiederholt bei der hiesigen Regierung beantragt, dort in jenen Gegenden an Japaner Holzkonzessionen zu erteilen. Er hat ferner darauf gedrungen, daß der Hafen Wiju an der Yalumündung zu einem offenen erklärt werde. Diesen letzteren Antrag haben vor einigen Tagen auch der hiesige chinesische Gesandte und der großbritannische Minister-Resident gestellt.

Die Sachen sind hiernach jetzt wieder derart auf die Spitze gestellt, daß wenn nicht, was wahrscheinlicher ist, eine Versumpfung der Lage eintritt, es zum Bruche kommen muß.

Euerer Excellenz ist die Geschichte dieser russischen Holzkonzessionen am Yalu an der koreanischen Nordgrenze im Westen, und am Tjumen im Osten, aus den Berichten der hiesigen Konsuln bekannt. Sie waren dem hiesigen Monarchen abgerungen worden während er sich, nach der Ermordung seiner Gemahlin durch die Japaner, auf die russische Gesandtschaft geflüchtet hatte. Genau definiert scheinen weder die geographischen noch die sachlichen Grenzen dieser Konzessionen zu sein. Ein schriftlicher Konzessionsvertrag ist anscheinend vorhanden, aber er ist nicht öffentlich bekannt. Eine Gegenleistung hat sich Korea nicht ausbedungen.

Die Ausübung der Rechte aus diesen Konzessionen haben die Russen zunächst mehrere Jahre ruhen lassen. Von Arbeiten am Tjumen hört man auch jetzt noch nichts. Am Yalu-Fluß hat man in der zweiten Hälfte des vorigen Jahres mit Holzschlagen angefangen. Als sogenannte Holzwärter sind Soldaten angestellt, die man die Uniformen hat ausziehen lassen. Nach Angabe der hiesigen Russen sind es jetzt ungefähr 800 Mann, es werden aber wohl viel mehr sein. Auch chinesische Arbeiter und Wärter hat man in großer Menge zugezogen und es scheinen nicht immer die besten Elemente zu sein, die man dort gebraucht. Das Ganze hat schnell den Anschein angenommen, als ob es sich nicht nur um ein industrielles Unternehmen, sondern auch um eine militärische Position handelte. Russische Kriegsschiffe stationieren von Zeit zu Zeit in der Yalu-Mündung.

Aber auch in industrieller Beziehung ist das Unternehmen ein gutes Geschäft. Unendliche Holzungen bester Art harren der Ausbeutung. Port Arthur und die holzarme Mandschurei, Peking und das Yangtse-Becken werden sichere Abnehmer sein. Die russische Aktiengesellschaft, an deren Spitze General Besabrasoff, ein früherer chevalier garde steht, hat bisher schon etwa eine Million Rubel dort ausgegeben, eine weitere Million soll noch im Laufe dieses Jahres verwendet werden. Landungsstellen, Beamten- und Arbeiterhäuser werden gebaut, ohne auf den Einspruch der koreanischen Behörden zu achten. Die Russen tun dort überhaupt so, als ob sie Herren des Landes wären. Einer der Hauptaktionäre ist Großfürst Alexander Michaelowitsch, der Schwager Seiner Majestät des Kaisers.

Nun trifft es sich, daß die abgelegenen, sonst ziemlich unberührten Yalu-Wälder schon von alters her durch chinesische Unternehmer, die Japaner sagen auch durch Japaner ausgebeutet worden sind, ohne daß eigentlich für diese Leute irgend ein Rechtstitel vorgelegen hätte. Die Russen machen in dieser Beziehung reinen Tisch und werfen diese Chinesen einfach hinaus oder schlagen sie tot. Von einem Zusammenstoß mit Japanern habe ich bisher noch nichts gehört. Der japanische Gesandte, Herr Hayashi, der seinen Sekretär neulich um Erkundigungen über die Lage einzuziehen bis Pyöng Yang geschickt hatte, sprach mir auch vor Kurzem von schon lange bestehenden japanischen Unternehmungen dort und von drohenden Zusammenstößen. Dann sei die Gefahr eines ernsteren Konfliktes groß. Ich glaube eigentlich nicht an das Vorhandensein dortiger japanischer Unternehmungen und ich denke es ist nur ein Vorwand der japanischen Vertretung um den Russen dort Knüttel zwischen die Beine zu werfen und um dem japanischen Anspruch auf Konzessionserteilung einen stärkeren Hintergrund zu verschaffen. Kontrollieren lassen sich die dortigen Zustände von hier aus nicht genau ; man kann nur das was die Russen und was die Japaner sagen vergleichen und daraus vereint mit dem, was aus koreanischem Munde kommt, Schlüsse ziehen. Ich glaube die Japaner spielen mit dem Feuer, wenn sie in diesen Angelegenheiten zu sehr drängen ; sie sollten nur, wenn sie fest entschlossen sind, den Kriegspfad zu beschreiten dort am Yalu der freilich in ihrer Ausschließlichkeit und räumlichen Ausdehnung rechtlich sehr anfechtbaren russischen Unternehmung entgegentreten. Aber Herr Hayashi tut von Zeit zu Zeit sehr kriegerisch und daß die öffentliche Meinung in Japan höchst aufgeregt ist, das wissen Euere Excellenz aus anderen Berichten.

Auch die Koreaner sehen schon seit Monaten schwarz. Besonders die Landbevölkerung im Norden spricht von Krieg und Kriegesnot. Neulich stand in der koreanischen Zeitung, ein Flüßchen dort habe einen ganzen Tag blutrotes Wasser geführt. Das bedeute Krieg und schwere Not. So montieren sich die Köpfe immer mehr und niemand hier würde sich wundern, wenn noch in diesem Jahre die Feuerbrände leuchteten.

Wenn es sich um Korea allein handelte, so möchte man sagen, da die Japaner einen Krieg gar nicht brauchten. Sie herrschen hier schon fast unbeschränkt und haben die Kontrolle über fast alles. Jedem Fremden, der das Land betritt, fällt sofort dieser überwiegende Einfluß Japans in die Augen. Die Eisenbahnen sind japanisch. Blühend und zahlreich sind die japanischen Kolonien, besonders in den Küstenplätzen, aber auch überall im Innern, wo irgend das Geschäft sich etwas reift. Japanische Reinlichkeit und Ordnung herrscht in diesen Kolonien und daneben einhergehend der schläfrige und schmutzige Koreaner, dem eine gewisse Gutmütigkeit und die Fähigkeit der Unterordnung nicht abzusprechen ist, solange er einen Herrscher über sich fühlt, dessen habsüchtige und unmoralische Triebe aber sofort auftauchen sobald er ihnen ungestraft nachgehen zu dürfen glaubt. Außer diesem von japanisch amtlicher Seite aufs energischste und zielbewußteste unterstützten Vordringen des japanischen Volkstums ist aber auch der japanische Einfluß im Palast und in der koreanischen Regierung fast überwältigend. Mit List, Bestechung, mit groben und drohenden Noten und mit Intrigen aller Art herrscht hier der japanische Gesandte. Dabei wird auch die arme koreanische Regierung in finanziellen Sachen von den Japanern so übers Ohr gehauen, daß es einem manchmal wie Mitleid überkommen möchte. Einige solcher Geschichten möchte ich aufzuführen mir erlauben.

So haben die Koreaner durch einen bestochenen, inzwischen zu seinem Glücke verstorbenen Kriegsminister von einer japanischen Gesellschaft vor einigen Monaten einen alten Dampfer gekauft, der von den Japanern als Kriegsschiff aufgeputzt und mit einigen Geschützen bestückt zum Salutschießen bei den inzwischen ins Wasser gefallenen Jubiläumsfestlichkeiten dienen sollte. Jetzt kann man hier den Kaufpreis nicht zahlen. Der Gesandte drängt Tag für Tag auf Zahlung, aber die armen Koreaner können nicht. Sie erklären, sie wollen 200 000 Yen Abstandsgeld zahlen, man solle ihnen nur den alten Kasten wieder abnehmen. Der Gesandte erklärt sich damit einverstanden unter der Bedingung, daß Korea verspreche, wenn es jemals wieder ein Kriegsschiff brauche, es von Japan zu kaufen. Das will Korea nicht versprechen. Und nun wächst die Schuld lawinenmäßig, denn unter 20% im Monat tut es kein anständiger japanischer Gläubiger. Erheiternd ist auch die Geschichte des Japaners, welcher dem Kaiser von Korea Geld geliehen hatte und es nicht wieder bekommen konnte. Da läßt er sich vom Kaiser durch amtliche japanische Vermittelung das Privileg geben, neue Maße und Gewichte nach japanischem Muster in Korea einzuführen und zu liefern, natürlich ein höchst einträgliches Geschäft. Auf koreanische Kosten wird ihm ein Institut gebaut, dessen Direktor und Nutznießer er zugleich geworden ist. Japan schlug hier zwei Fliegen mit einer Klappe; der Mann bekommt sein Geld und Japans Einfluß macht einen großen Schritt, indem seine Gewichtsordnung in Korea eingeführt wird. Die Einführung sollte am 1. d. M. erfolgen. Bisher ist eine betreffende Veröffentlichung aber noch nicht erschienen.

Ein anderer Fall ist folgender : Einige Japaner, welche die hiesige Münze leiten, haben auch den Druck der koreanischen Postwertzeichen, die bisher in Europa gedruckt wurden, übernommen. Als neulich der französische Leiter der koreanischen Post von diesen Leuten neue Briefmarken geliefert haben wollte, fordern die Leute von ihm nicht nur die Herstellungskosten, sondern den Vollen Nennwert der Marken. Außerdem erfährt der Franzose, daß große Mengen der neuen Marken bereits in Paris verkauft worden sind.

Und das Alles wird vom japanischen Gesandten unterstützt und gefördert. Wenn man ein Handbuch diplomatischer Ungezogenheiten und Unmöglichkeiten herausgeben wollte, so könnte man hier einige Bände mit japanischem Material dazu füllen. Von dem Morde einer Königin angefangen. Aber man muß die Zielbewußtheit und die Erfolge dieser Leute bewundern.

Die Russen haben sich seit einigen Jahren in den Fragen der inneren koreanischen Politik ganz zurückgezogen. Fast kein Russe wohnt oder treibt Geschäfte im Lande. Mein russischer Kollege, Herr Pavlow, der seit einer Woche mit seinem Militär-Attaché in Port Arthur weilt, behufs Besprechungen mit General Kuropatkin und Admiral Alexeieff, antwortete mir neulich auf meine Frage, ob es nicht in russischem Interesse liege, den Bau der Eisenbahn Söul-Wiju etwas zu poussieren: „Pas du tout nous avons intérêt que rien ne se fasse en Corée." Das mag nicht ganz à la lettre zu nehmen sein, aber im allgemeinen charakterisirt es doch den russischen Standpunkt und fällt genau mit dem zusammen wie sich die russische Politik hier gibt. Herr Pavlow äußerte sich mir gegenüber in einer Unterhaltung über die Einzelheiten und Methode der japanischen Politik hier dahin : Er verstehe die Japaner und die Art ihres Vorgehens hier vollständig, auch daß sie bei unserem britischen Kollegen im allgemeinen Unterstützung finde läge in der Natur der Sache , daß dieser aber alle die kleinen japanischen Gemeinheiten ebenso mitmache, daß wundere ihn doch für einen Europäer sehr. Ob dieses Urteil in seiner Schärfe berechtigt ist, kann ich noch nicht beurteilen. Der großbritannische Ministerresident, Herr Jordan, ist eine stille und anscheinend recht inoffensive Natur. Wir anderen, selbst der Franzose halten uns ganz zurück, ebenso auch der noch nach mir angekommene erste diplomatische Vertreter Italiens, Ministerresident Herr Monaco.

Für den englisch-japanischen Einfluß arbeitet natürlich mit Feuereifer der sehr einflußreiche und höchst gescheite Generaldirektor des koreanischen Zollwesens, Herr Mc Leavy Brown.

Von der koreanischen Regierung selbst ist nicht viel mehr zu sagen als: Null, Null und abermals Null. Und doch könnte das Land reich und entwickelt sein, und das Volk, in den festen Händen eines wohlwollenden Absolutismus, könnte behäbig und glücklich leben. Aber es stürzen sich nicht bloß die Japaner, sondern auch alle möglichen Europäer und nicht zum wenigsten die Amerikaner, wie die Hyänen auf den koreanischen Cadaver und saugen ihm den letzten Tropfen aus. Die Geschichte einer amerikanischen Elektrizitätsgesellschaft, die gerade jetzt sich hier abspielt, und für deren angeblichen Rechte der Vertreter der Vereinigten Staaten mit Gewalt eintritt, erinnert in ihrer Schamlosigkeit an die schnödesten Gründungsgeschichten westlicher Börsen.

Alles rauft sich um die Beute und dem unbeteiligten Zuschauer steigt die Schamröte ins Gesicht.

Eine eigentliche Regierung fehlt hier, wie schon oben gesagt, fast gänzlich. Der Monarch ist ein recht unbedeutender Herr, aber im Palast laufen doch alle Fäden derjenigen Aktionen, die man etwa Regierung nennen könnte, zusammen. Höflinge, amtlich angestellte Zauberinnen und Teufelsbeschwörerinnen und die Eunuchen müssen bestochen werden. Das japanische Gold herrscht vor. Herr Pavlow klagte neulich mir gegenüber, daß er gar keine geheimen Fonds habe. Das wird aber wohl nicht ganz so richtig sein. Selbst die Kaufleute, die etwas an den Kaiser oder an den Staat verkaufen wollen, müssen hier im Palast ihren Tribut zahlen. Der vorgenannte Generalzolldirektor sagte mir vor Kurzem auf meine Frage, was denn eigentlich der Kaiser für ein Mann sei: „He is a very cunning man", er sei auch sonst eine höchst traurige Person, für Geld tue er alles, man könne ihm auch solches direkt anbieten, er würde es nehmen.

Ein gebildeter anständiger Beamtenstand fehlt, einige ehrenwerte Ausnahmen abgerechnet, vollständig. Die Beamten sind eine rohe Masse aus vor Jahrhunderten, zur Blütezeit Koreas, bedeutenden und wohlhabenden aber schon lange bis auf das Hemd verarmten Familien. Diese Leute, welche ihr Amt meist bezahlen müssen, haben, wenn sie zu einer Stellung kommen, nichts zu tun als für ihre Tasche zu wirtschaften. Die Minister stehen auf dem Papiere. Niemand von ihnen außer dem der Auswärtigen Angelegenheiten, der doch am Ende uns Rede und Antwort stehen und unsere Noten beantworten muß, arbeitet. Die Ministerialbureaus stehen meist ganz leer, und man findet, wenn man einmal dorthin kommt, niemanden oder erst nach langem Suchen vielleicht den Türhüter. Diese sogenannten Minister sind freilich auch jämmerlich bezahlt, und sie haben nicht wie die Beamten im Lande Gelegenheit sich an der misera contribuens plebs schadlos zu halten.

Dabei bezahlt die Regierung noch fremde Berater, die sogenannten Adviser, die alle nur herumlungern und gar nichts, buchstäblich gar nichts, zu tun haben. Jetzt ist noch ein neuer Belgier aus dem dortigen diplomatischen Dienst, ein Herr Delcoigne hier angekommen. Er glaubt anscheinend vorläufig noch Tätigkeit erlangen zu können. Es ist schon ein Japaner, Amerikaner, Franzose, Russe und ein Däne in solcher Stellung. Die öffentliche Meinung hier sagt, die Koreaner hätten den Belgier jetzt nur kommen lassen, um einen Vorwand zu haben, den ihnen lästigen japanischen Adviser unbeschäftigt zu lassen. Dieser, Herr Kato, war früher japanischer Gesandter hier. Der Franzose, ein alter ganz ramponierter Appell-Präsident a. D. aus Saigon, spielt mehr eine lächerliche Figur, er arbeitet angeblich einen code criminel für Korea aus. Er sagte mir, er sei außerdem im Ministerium des Königlichen Haushalts Chef der Abteilung für die Königlichen Wassermühlen, es sei aber keine einzige solcher Mühlen vorhanden.

Die Lage im Inneren des Landes ist so wie man es nach Vorstehendem erwarten kann. Es wird eigentlich nur malträtierender Weise oder gar nicht regiert; nur in der Nähe der Küsten, wo der Absatz leicht ist, wächst der Wohlstand.

Konsul Dr. Weipert hat über die Unruhen berichtet, die zwischen koreanischen Katholiken und Protestanten hier nördlich von Söul bei Song Do stattgefunden haben. Die Sache hat irgend eine weitergehende Bedeutung nicht, trotzdem sich die Franzosen und

Amerikaner einzumischen versucht haben. Keiner dieser Katholiken ist wirklicher Christ. Wenn sie können, bedrücken sie das anders gläubige koreanische Landvolk und die Behörden benutzen die dann vorkommenden Untersuchungen, um die Angeschuldigten, die Zeugen und die ganze Corona einzulochen und sachgemäß auszupressen. Das Verhältnis der Katholiken zu den Protestanten dort ist ungefähr wie 9 zu 1 und im gleichen Verhältnis ist auch ungefähr ihre Beteiligung an den Missetaten. Dann haben sich über diese Angelegenheiten noch die amerikanisch-methodistischen Missionare in Söul mit der katholischen Geistlichkeit hier in die Haare gekriegt. Zuletzt erschien im Kobe Chronicle eine Darstellung der Vorgänge, die ein Meisterstück eleganter Perfidie war. Der katholische Bischof machte mich stolz darauf aufmerksam, daß dieser Artikel sein Werk sei.

Auf der Insel Quelpart haben mißvergnügte Dorfschaften einige katholische Priester erschlagen. Der hiesige französische Gesandte wartet schon seit vielen Monaten auf die von der koreanischen Regierung zu zahlende Entschädigung. Er sollte den Grand Cordon der Ehrenlegion dem Kaiser zum Jubiläumsfeste nur dann umhängen, wenn die Entschädigung bezahlt worden sei. Jetzt ist er dieser Sorge vorläufig überhoben. Auch der für das Jubiläumsfest bestimmte Andreas-Orden liegt, wie sein französischer Genosse, noch unbenutzt im Tischkasten. Herr Wäber, der Jubiläumsgesandte in außerordentlicher Mission, der ihn überreichen sollte, ist nach etwa sechsmonatigem Aufenthalt hier recht mißvergnügt wieder abgereist, nachdem er sich noch gründlich mit der hiesigen russischen Vertretung überworfen hatte. Diese wollte seine Einmischung in das politische Geschäft nicht dulden. Im übrigen hat Herr Wäber auch wenig ausgerichtet. Das Beste was er versucht hat, ist ihm nicht gelungen. Er wollte die widerstreitenden Hofparteien hier versöhnen und hat den Herren Koreanern immer gepredigt, sie sollten unter sich wenigstens einig sein, da ihnen so viele Gefahren von Außen drohten. Er hatte sogar ein Versöhnungsmahl, dem er präsidiert hat, zustande gebracht. Der Palast steht unter dem Zeichen der Streitigkeiten zwischen Yi Yong Ik, dem Schatzminister des Kaisers, der seinem Herrn gegenüber nach allgemeiner Meinung treu und ehrlich sein soll, und seinen vielen Gegnern, an deren Spitze der General Yi Kun Tak, der Polizei- und Palast-Präfekt steht. Seit Wäbers Abgang ist dieser Streit wieder im besten Gang. Als ich vor etwa 2 Monaten hierher kam, sah man in den Straßen, ganz wie militärisch organisiert, die an ihrer besonderen Tracht und ihren großen gleichförmigen Knütteln kenntliche Hausierergilde mit Patrouillen und Posten Wachtdienst tun. Diese Gilde wird vorn Schatzminister immer aufgeboten, um seine Feinde einzuschüchtern, wenn er sich in Gefahr glaubt. Dann verschwanden diese Leute von der Straße und Yi Yong Ik, der jetzt gerade mit den Japanern gut steht, ging ins japanische Hospital, da er schwer an der Rose erkrankt war. Dort hat man vor etwa 14 Tagen sein Krankenzimmer mit Dynamit in die Luft gesprengt. Er befand sich aber glücklicherweise gerade in einem Nebenzimmer, und er hat sich nun - noch schwer krank - in sein eigenes Haus begeben, wo er von seiner Leibwache, der Hausierergilde, gut bewacht wird. Unser deutscher Landsmann, der Hofarzt des Kaisers Dr. Wunsch behandelt ihn dort in Gemeinschaft mit einem japanischen Arzte. Während seiner Krankheit soll aber Yi Kun Tak, sein Gegner, die Gelegenheit benutzt haben, im Palast einen großen Personenwechsel eintreten zu lassen, sodaß man vielleicht annehmen kann, daß wenn der Schatzminister den Palast wieder betritt, ihm irgend ein Leids geschieht. Yi Yong Ik ist freilich klug genug um sich zu wehren, aber er ist im Wesentlichen von der Gunst des Kaisers abhängig und die ist schwankend wie sein Charakter, dessen hauptsächlichstes Merkmal die Furcht ist. Die 8000 Mann Truppen der Garnison von Söul dienen nur zum Schutz des Monarchen, der sich streng in seine Palastmauern verschließt. Es wimmelt von militärischen Posten und Patrouillen in der ganzen Stadt bei Tag und Nacht.

Trotz allen diesen Elementen der Furcht und Unruhe möchte ich meinen, daß die inneren Parteigegensätze in Korea viel zu kleinlich und viel zu persönlicher Natur sind, und daß das Volk viel zu schlapp und entnervt ist, als daß es hier jemals zu ernstlichen, dauernden Unruhen kommen könnte. Auch fehlt der energische Mann, der die Leitung übernehmen könnte. Sein Schicksal wird Korea von Außen durch den großen Gegensatz zwischen Rußland und Japan empfangen.

Euere Excellenz wollen entschuldigen, daß dieses Schriftstück etwas länger geworden ist, als es die Vorschrift eigentlich gestattet. Ich wollte aber, nachdem ich mich umgesehen ein allgemeines Bild der Lage geben und das war kaum kürzer zu machen.

Nach Tokio und Peking sende ich Abschriften dieses Berichts.

Nachträglich finde ich in den hiesigen ziemlich ungeordneten älteren Akten, daß eine Abschrift der ursprünglichen russischen Forstkonzession mit einem Bericht des Konsul Krien vom 21. September 1896, Kontroll № 53, nach Berlin eingereicht worden ist. Was die Russen jetzt daraus machen ist freilich ganz etwas anderes als was damals bewilligt worden war.

gez. Saldern.

Orig. i. a. China 25

[   ]

PAAA_RZ201-018934_219

Empfänger	Bülow	Absender	Alvensleben
A. 11956 pr. 12. August 1903. a. m.		St. Petersburg, den 10. August 1903.	

A. 11956 pr. 12. August 1903. a. m.

St. Petersburg, den 10. August 1903.

№ 558.

Seiner Excellenz

dem Reichskanzler

Herrn Grafen von Bülow.

Nach einer telegraphischen Meldung der „Nowoje Wremja" aus Wladiwostok teilen koreanische Blätter mit, daß auf dem Wege Soeul-Fusan ein Zusammenstoß der Japaner mit Koreanern stattfand, wobei ein Koreaner getötet und mehrere verwundet wurden.

Alvensleben.

[   ]

PAAA_RZ201-018934_220 f.

Empfänger	Bülow	Absender	Saldern
A. 13267 pr. 6. September 1903. a. m.		Söul, den 10. August 1903.	
Memo	J. № 633.		

Abschrift.

A. 13267 pr. 6. September 1903. a. m.

Söul, den 10. August 1903.

K. № 92.

Seiner Excellenz

dem Reichskanzler

Herrn Grafen von Bülow.

Entzifferung.

Der Kaiser hat vor einigen Tagen einen seiner vertrauten Adjutanten zu mir geschickt, und hat mir folgendes sagen lassen :

Wenn jetzt Krieg ausbreche, würden die Japaner gewiß binnen kurzem das Land besetzen, und mit ihnen würden die koreanischen Flüchtlinge heimkehren, die jetzt in Japan leben. Diese würden nun furchtbare Rache an ihren Feinden nehmen wollen und alle möglichen Grausamkeiten würden vor sich gehen, welche die Japaner zulassen würden, weil sie sich gegen die Feinde Japans richten. Er, der Kaiser, würde dann nichts tun können, weil er ganz in der Hand der Japaner sein würde.

Er bitte mich, dann meinen Einfluß geltend zu machen, damit nicht zu viel Unheil geschehe. Er wisse, daß wir politisch unbeteiligt seien und er könne sich daher in dieser Sache nur an mich und an den amerikanischen Vertreter wenden, der in gleicher Lage sei.

Ich habe dem Vertrauensmann geantwortet, er solle dem Kaiser sagen, ich glaubte zwar nicht an Krieg in diesem Jahre, er möge aber versichert sein, daß ich in solchem Falle mein möglichstes tun werde. Ich hätte freilich die strengste Instruktion, mich politisch völlig neutral zu verhalten, aber die Vertretung solcher rein menschlicher Interessen sei mir jedenfalls erlaubt.

gez. v. Saldern.

Orig i. a. China 25

[   ]

PAAA_RZ201-018934_222 ff.			
Empfänger	Bülow	Absender	Saldern
A. 14228. pr. 25. September 1903. p. m.		Söul, den 20. August 1903.	
Memo	mtg. 30. 9. London 845, Petersburg 855, Washington A. 254. J. № 662.		

Abschrift.

A. 14228. pr. 25. September 1903. p. m.

Söul, den 20. August 1903.

K. № 100.

Seiner Excellenz

dem Reichskanzler

Herrn Grafen von Bülow.

Der Kaiser von Korea lebt in großer Kriegsfurcht. Er hat sich jetzt überreden lassen, weitere 8000 Mann auszuheben und in Uniformen zu stecken. Später sollen dann diese Aushebungen bis auf 50 000 Mann gebracht werden. Den Leuten schwebt die Idee einer allgemeinen Wehrpflicht vor. Der Anstifter dieses neuen Aushebungsplanes ist ein Mann aus der Pedlar Gilde, wie man sie hier nach englischer Ausdruckweise nennt, es sind aber keine eigentlichen Hausierer, sondern es ist die flottierende Arbeiter-Bevölkerung Koreas, welche von Alters her in einer Gilde mit straffer Organisation gegliedert, eine große Anzahl Mitglieder zählt, die zu jeder Art Diensten bereit sind.

Wenn der Plan zur Ausführung gelangen sollte, was wegen Geldmangels zweifelhaft ist, so können wir hier bösen Zeiten entgegen gehen, denn die neuen Truppen, welche im wesentlichen in Söul garnisonieren werden, sollen nur Kleidung, Bewaffnung und Nahrung, nicht aber Löhnung erhalten, würden also schlechter gestellt sein, als die etwa 9000 Mann, die jetzt schon hier liegen. Diesen Unterschied in den Kompetenzen würde sich die Gilde gewiß auf die Dauer nicht gefallen lassen und die Straßen von Söul würden dann wohl ziemlich unsicher werden.

Der Kaiser schickt jetzt einen seiner vertrauten Adjutanten, Kapitän Hyen Sang Kien, in geheimem Auftrage nach St. Petersburg, Berlin und London. Es ist dieselbe Persönlichkeit, die der Monarch auch manchmal mit vertraulichen Anfragen zu mir geschickt hat und dem ich, wie Euere Excellenz wissen, wegen unserer neutralen Stellung stets ausweichend geantwortet habe. Der Genannte ist ein noch junger Mensch, er spricht ausgezeichnet französisch und ist recht gewandt. Sollte er in Berlin mit dem Auswärtigen Amte in Berührung kommen, so bitte ich ihn recht rücksichtsvoll behandeln zu lassen, da er das Ohr des Kaisers hat und uns in unseren rein unpolitischen Bestrebungen auf kommerziellem Gebiete von Nutzen sein kann.

Was die Mission des Kapitäns bedeutet, kann ich nicht sagen, aber die Koreaner tragen sich, in ihrer Furcht aufgefressen zu werden, jetzt viel mit Ideen von Neutralität, sodaß ich vermute, es wird sich um ähnliche Dinge handeln. Neulich war, anscheinend im Auftrage des Kaisers, der jetzt allmächtige Mann, General-Adjutant Ji Kuen Tak, lange bei mir und hat im wesentlichen das Thema der Neutralität variiert, indem er auf das Beispiel Belgiens und der Schweiz hinwies. Ich habe versucht, ihm begreiflich zu machen, daß Korea zwischen Rußland und Japan doch in einer ganz anderen Lage sei, als die genannten beiden Staaten, deren Neutralität historisch entstanden und außerdem durch eigene Kraftentfaltung dieser Staaten selbst etwas geschützt sei. Der genannte Herr kam in der Unterhaltung immer wieder darauf zurück, daß doch Japan und Rußland in allen ihren Konventionen über Korea immer von der „Integrität" dieses Landes sprächen, wenn die Integrität seitens der beiden Meistbeteiligten so anerkannt sei, müsse doch auch Neutralität möglich sein.

Aus den in diesen Unterhaltungen gegebenen Anzeichen schließe ich, daß es sich bei der Mission des Kapitäns Hyen Sang Kien um diese Fragen handeln soll. Er reist in den nächsten Tagen von hier über Port Arthur und wird etwa gleichzeitig mit diesem Bericht, den ich ebenfalls über Sibirien sende, in Europa eintreffen. Sein Aufenthalt dort soll nur zwei Monate dauern.

Die Bemühungen des hiesigen japanischen und britischen Gesandten wegen Oeffnung des Hafens von Wiju dauern fort. Der chinesische Gesandte, der den gleichen Antrag gestellt hatte, ist wieder still geworden. Der Japaner und der Brite aber schreiben etwa jede Woche eine Note, die immer einen drohenden Schlußsatz hat: „Wenn Korea nicht nachgebe, werde man zu ernsteren Entschlüssen kommen", oder „Korea werde es noch bereuen, dem Antrage nicht stattgegeben.zu haben." Man kann neugierig sein, ob sich die drohenden Mächte zu mehr als zu Flottendemonstrationen entschließen werden ; in koreanischen Hofkreisen spricht man freilich davon, daß die Engländer Wiju militärisch besetzen wollen.

Es scheint, daß man hier nun doch noch die Absicht hat, das so oft verschobene Regierungsjubiläum des Kaisers zu feiern und zwar im Oktober. Doch werden die Feierlichkeiten wohl nur einen geringen Umfang erhalten. Sicher scheint die Feier selbst und der Zeitpunkt derselben überhaupt noch nicht festzustehen.

gez. Saldern.

Orig. i. a. Korea 10

Die Öffnung Wiju's für den fremden Handel.

Empfänger	Bülow	Absender	Saldern
A. 14706 pr. 4. Oktober 1903. a. m.		Söul, den 4. September 1903.	
Memo	I. Auszug. 20.10, Wien 720. II. mtg. 20. 10, Petersburg 902, London 310, Washi. A. 276, Paris 754. J. № 706.		

PAAA_RZ201-018934_226 ff.

A. 14706 pr. 4. Oktober 1903. a. m. 2 Anl.

Söul, den 4. September 1903.

K. № 105.

Seiner Excellenz

dem Reichskanzler

Herrn Grafen von Bülow.

Euerer Excellenz habe ich vor kurzem berichten[16] dürfen, daß der japanische und englische Vertreter hier in sehr zudringlicher Weise und weniger heftig auch der Chinese die Öffnung Wiju's für den fremden Handel beantragt haben. Jetzt scheint nun die koreanische Regierung nachgeben zu wollen. Am 2. d. Mts. habe ich vom koreanischen Minister des Auswärtigen die in Übersetzung beifolgende Note erhalten, <welche ich heute beantwortet habe. Eine Abschrift meiner Antwort füge ich hier bei.>

Wie Euere Excellenz daraus ersehen wollen, haben die Koreaner die Absicht, den Platz von Piöngyöng zu schließen und dafür Wiju zu öffnen. Man kann von beiden Orten nicht als Häfen reden, da Piöngyöng im Lande liegt und auch Wiju nicht an der Mündung des Yalu belegen ist. Für Piöngyöng war bisher Chinnampo offener Hafen. In meiner anliegenden Antwort habe ich mich ganz reserviert und abseits jeder politischen Stellungnahme verhalten. Auch in mündlichen Gesprächen habe ich immer dieselbe Stellung eingenommen.

Da die Russen jetzt von ihrer ursprünglichen Absicht, sich gegen die Öffnung von Wiju energischer zu wehren, zurückgekommen sind, so zieht die Maßregel Koreas keine unmittelbare Gefahren nach sich. Immerhin können recht unangenehme Zwischenfälle

---

16 A. 14228 ehrerb. beigef.

entstehen, wenn viele Japaner dorthin gelangen denn die Russen haben am Yalu, nah unterhalb Wiju's, ihr großes Holz-Etablissement angelegt und die Russen werden sich von den Japanern, die auf koreanischem Gebiete ganz außerordentlich frech aufzutreten pflegen, nichts gefallen lassen.

Diesen Standpunkt hat auch der russische Gesandte der koreanischen Regierung gegenüber eingenommen und sie vor der Öffnung von Wiju gewarnt. Diese Maßregel scheint aber jetzt beschlossene Sache zu sein. Die Koreaner haben dem japanischen und englischen Andrängen, dem sich übrigens außer dem Chinesen auch noch der Amerikaner angeschlossen hatte, nicht länger widerstehen können. Vom handelspolitischen Standpunkte aus ist übrigens Wiju vorläufig ohne jegliche Bedeutung.

Herr Pavlow war gestern Abend bei mir und fragte mich, ob ich auch von der koreanischen Regierung um eine Äußerung, die mit einigen Modifikationen an alle fremden Vertreter hier gelangt ist, angegangen sei. Ich habe Herrn Pavlow die koreanische Note gezeigt und ihm gesagt, daß ich entweder gar nicht oder, wie geschehen, ausweichend antworten werde.

Die koreanische Regierung bittet mich in ihrer Note, auch der k. u. k. österreichisch-ungarischen Regierung eine betreffende Mitteilung zu machen. Ich darf gehorsamst anheimstellen, dies von Berlin aus zu tun.

Abschrift dieses Berichts sende ich nach Peking und Tokio.

von Saldern.

Betrifft: Die Öffnung Wiju's für den fremden Handel.

Anlage 1 zu Bericht № 105.

Übersetzung einer Note des koreanischen Ministers der Auswärtigen Angelegenheiten an den Minister-Residenten von Saldern.

Söul, den 2. September 1903.

Herr Minister!

Obgleich der Platz Piöngyöng schon seit einigen Jahren geöffnet worden ist, hat sich doch dort kein Handelsverkehr eingestellt und es ist auch keine Hoffnung vorhanden, daß dies geschehen wird, denn dazu liegt Piöngyöng zu nahe am offenen Hafen von

Chinnampo. Ich schlage daher vor, diesen Platz wieder zu schließen, denn seine Öffnung ist ohne jeden Nützen gewesen. Wiju dagegen ist ein Platz, welcher früher schon dem chinesischen Handel geöffnet, jetzt mit Vorteil dem fremden Handel aufgetan werden könnte. Ich bin sicher, daß das Geschäft dort blühen und daß diese Maßregel sowohl für die Koreaner wie für die Fremden von Nutzen sein würde.

Ich habe daher die Ehre Ihnen vorzuschlagen, daß Wiju geöffnet und dafür Piöngyöng geschlossen wird und ich bin sicher, daß Sie keine Einwendung dagegen haben werden. Jedoch soll Piöngyöng erst nach der Eröffnung von Wiju geschlossen werden.

Ich habe die Ehre Sie zu bitten, auch der k. u. k. österreichisch-ungarischen Regierung eine entsprechende Mitteilung zu machen und sehe Ihrer baldigen Antwort entgegen.

Genehmigen Sie u. s. w.

gez. Yi Chung Ha.

Anlage 2 zu Bericht № 105.
Abschrift.

Söul, den 4. September 1903.

Euere Excellenz!

Ihre Note vom 2. d. Mts. wegen Schließung des Markts von Piöngyöng und Öffnung von Wiju habe ich erhalten. Ich bemerke dazu, daß Deutschland vorläufig keine kommerziellen Interessen in jenen Gegenden hat und daß ich es daher Ihnen überlassen muß zu thun was Sie wollen.

gez. von Saldern.

An den kaiserlich koreanischen Vize-Minister der Auswärtigen Angelegenheiten, Herrn Yi Chung Ha, Excellenz.

Ein Bericht der Vossischen Zeitung vom 25. Juni 1903.

PAAA_RZ201-018934_233 f.			
Empfänger	Bülow	Absender	Saldern
A. 14899 pr. 8. Oktober 1903. p. m.		Söul, den 14. August 1903.	
Memo	J. № 651.		

A. 14899 pr. 8. Oktober 1903. p. m. 1 Anl.

Söul, den 14. August 1903.

K. № 98.

Seiner Excellenz

dem Reichskanzler

Herrn Grafen von Bülow.

Der anliegende Ausschnitt aus der Vossischen Zeitung vom 25. Juni d. Js. ist mir in einem Briefumschlag des Auswärtigen Amtes zugegangen.

Der Inhalt des Berichts ist ein so haarsträubender Blödsinn und jedes Wort darin ist derart erstunken und erlogen, daß man nur glauben kann irgend Jemand habe sich den Spaß gemacht, den Bericht am 1. April niederzuschreiben.

Die gute Tante sollte doch darauf aufmerksam gemacht werden, daß es in ihrem eigenen Interesse liegt, den braven Berlinern nicht solchen Unsinn aufzutischen und ihnen richtigere Ansichten über die Zustände in Korea beizubringen. Eine Amerikanerin oder Europäerin zur Frau des Kaisers von Korea zu machen, ist etwa ebenso unmöglich, wie ein Gleiches am chinesischen Hofe unmöglich wäre. Eine Nebenfrau des Kaisers heißt übrigens Om, sie ist eine geborene Koreanerin niedriger Herkunft, steht aber beim Kaiser in hoher Gunst, obgleich sie schon über 40 Jahre alt ist. Sie strebt offen danach, Rang und Titel einer Kaiserin zu bekommen.

Der Artikel scheint übrigens aus amerikanischen Zeitungen zu stammen.

von Saldern.

Betrifft: Ein Bericht der Vossischen Zeitung vom 25. Juni 1903.

Anlage zu Bericht № 98.

Vossische Zeitung
25. 6. 1903.

Emily Brown, die neue Kaiserin von Korea.
(Eigener Bericht.)

Am 21. Januar, gelegentlich des 40. Jahrestages der Thronbesteigung Yi höngs, des Kaisers von Korea, wurde Emily Brown, die Tochter eines dortigen amerikanischen Missionärs, zur Kaiserin von Korea gekrönt und ihr aus mehrjähriger Verbindung mit Yi höng entsprossener Sohn zum Thronerben des Kaiserreichs erklärt. Das war die allerneueste und bedeutendste Rangerhöhung republikanischer Amerikanerinnen, die es bisher allerdings auch schon zu Gattinnen regierender Könige (Cola Heusler wurde die Gemahlin eines Königs von Portugal), von Herzögen, Fürstinnen gebracht, aber nie zuvor eine Kaiserkrone getragen haben. Dazu deute man sich den künftigen Kaiser von Korea als halben Anglo-Amerikaner!

Bis dahin hatte die neue Kaiserin nur den Titel „Lady Emily" oder in Koreanisch „Emsy" geführt - jetzt heißt sie „Ihre Majestät die Kaiserin Om", auf Deutsch „Morgenröte". Bis dahin haben koreanische Frauen überhaupt keine Namen geführt. Man hat sich also auch im „Eremiten-Reich" zivilisirt - die Kulturlorbeern Japans haben die Nachbarnation nicht schlafen lassen. Doch hatte die junge schöne Amerikanerin an ihren Einzug in den Herrscherpalast von Söul nach dem tragischen Ende der ersten Gemahlin des Kaisers, die Bedingung geknüpft, daß sie ihren christlichen Vornamen behalten dürfe. Obwohl die Tochter eines armen amerikanischen Missionärs und nur die „erste kaiserliche Favoritin", waren ihr bereits vordem seitens der Höfe von Peking und Tokio die höchsten Ehren erwiesen worden. Jedoch erst zu Anfang dieses Jahres verkündete der koreanische „Staatsanzeiger" zum allgemeinen Erstaunen, daß die „Favorite" zum Rang einer „kaiserlichen Prinzessin" erhoben sei, und schließlich wurde ihr der volle Titel einer Kaiserin-Gemahlin zu Theil. Der offizielle Erlaß des Hofes von Söul erklärte, daß bereits nach dem Tode seiner Gemahlin der Kaiser von Korea „Lady Emily" in aller Stille geehelicht habe, und er nun seine neue Gattin zur Feier des vierzigsten Regierungsjubiläums zur Kaiserin erhebe und ihren jungen Sohn zum Kronprinzen von Korea erkläre.

Die Einladung des Kaisers an auswärtige Mächte, sich bei dieser Feier vertreten zu lassen, wurde bloß von England, den Vereinigten Staaten und Japan angenommen. Die japanische Regierung war bei der Krönung der Kaiserin Om durch ein Mitglied der Familie des Mikado, England durch Sir Claude Mac Donald, den Gesandten in Tokio, und die Vereinigten Staaten durch den Gesandten Allen, Konsul Paddak und einen Militär-Attachee vertreten. Zwei andere Amerikaner, Mr. Brown, Chef des koreanischen Zollamts, und Mr. Sands, kaiserlicher Regierungsrat von Korea, hatten bei dem feierlichen Akte Stühle nächst dem Throne der Kaiserin, ihrer Landsmännin, erhalten, und die 300 Amerikaner, die Söul bewohnen, wohnten als Ehren-Wache der Feier bei. Der „Staatsanzeiger" erklärte ausdrücklich, daß die offizielle Vertretung der genannten drei Mächte bei der Krönung ihnen die Freundschaft der neuen Kaiserin sichern werden. Der offizielle Titel der jungen Amerikanerin auf Koreas Thron lautet seither „Tscho-sen-is Hap-nun", und sie trägt von jenem Augenblicke an blos kostbare, mit goldenen Drachen, dem Zeichen königlicher Macht, bestickte Seidengewänder und ihr ganzes Mobiliar ist gleichfalls mit eingeschnitzten Drachen verziert. Für den großartigen Umzug am 21. Januar waren sämmtliche Straßen und Häuser Söuls festlich geschmückt. Die Eingeborenen hatten auf Befehl des Bürgermeisters ihre Häuser schließen und selbst auf der Schwelle der Eingangstür mit neuem Besen in der Hand als Zeichen der Unterwürfigkeit knien müssen, während die aus vielen Tausenden reich gekleideter Personen bestehende Prozession vorbeizog. Ihre Majestäten wurden in zwei geschlossenen goldgezierten Sänften getragen, vor denen ein riesiger violetter Fächer und ein roter Schirm emporgehalten wurden, als Zeichen, daß der Kaiser sich entschlossen habe, Macht und Ehren mit seiner klugen Gemahlin zu teilen. Fünf reich behangene Rosse edelster Raffe, deren gestickte Sättel kostbare Kunstwerke waren, wurden zwischen den beiden Sänften geführt. Das mittelste Pferd trug das Kaiserbanner, einen fliegenden Drachen, 14 Fuß im Geviert messend.

Man erinnere sich, daß im Jahre 1867 der amerikanische General Scherman der erste Amerikaner war, der koreanischen Boden betrat und damals feindlich empfangen wurde; daß Bundeskriegsschiffe später die Koreaner für den dem Sternenbanner angetanenen Schimpf züchtigen mußten, und daß erst im Jahre 1882 vom Admiral Shufeld ein Vertrag zwischen Korea und den Vereinigten Staaten geschlossen wurde. Seitdem ist amerikanischer Einfluß in Korea im Wachsten und haben Amerikaner meistens an der Spitze des koreanischen Ministeriums gestanden. Amerikanische Kultur hat sich allmählich in Söul eingebürgert, elektrische Straßenbahnen sind im Betriebe, und die erste von Amerikanern erbaute Eisenbahn ist vor nicht langer Zeit dem Verkehr übergeben worden.

Der Vater Emily Browns, ein schlichter presbyterianischer Missionar, wurde aus Wisconsin oder Ohio, im Westen der Ver. Staaten als einer der ersten protestantischen Missionare nach Söul gesandt, und seine jugendliche Tochter, die eine schöne Stimme besaß, trug in der Missionskapelle die kirchlichen Gesänge vor. Mit einem seltenen Sprachtalent begabt, beherrschte sie die koreanische Sprache in Jahresfrist und leistete in den Verhandlungen zwischen der Kirche und den Staatsbeamten häufig Dolmetscherdienste. Man berichtete dem damaligen König von der außergewöhnlichen Schönheit der eben erblühten Jungfrau, und der Herrscher befahl ihr, in seinen Harem einzutreten, was sie mit Entrüstung zurückwies. Als sie zwei Jahre später jedoch sich zur Uebersiedelung in den kgl. Haushalt entschloß, wurde ihr der Titel „Erste Favoritin" mit dem Zugeständniß verliehen, daß der König sie zu seiner Gemahlin machen würde, sobald er frei sei, zu heiraten, und daß, falls sie ihm einen Sohn geben würde, dieser der Thronerbe sein würde, da seine Gattin ihm bloß Töchter geschenkt hatte.

Lady Emily strebt schon seit Jahren die Verbesserung des Loses ihrer heidnischen Schwestern an, als Kaiserin Om gedenkt sie ihnen die Befreiung aus der Sklaverei zu erringen und ihren kaiserlichen Gemahl zur Aufhebung des Gesetzes, das die Koreanerin zum Eigentum des Gatten macht, zu veranlassen. Doch die ehrgeizigen Pläne der amerikanischen Kaiserin reichen noch höher. Es heißt, daß sie die politische Stellung ihres Adoptivlandes unter den asiatischen Nationen zu heben bemüht sei. In der Einleitung zu dem von ihr veröffentlichten Werke: „Großtaten der Männer und Frauen der Eremitennation" schreibt sie: „Korea war vordem, obwohl dies heutzutage wenig bekannt ist, ein blühendes großes Land, das China und Japan Gesetze vorschrieb. Im 16. Jahrhundert waren tatsächlich China und Japan dem Hofe von Söul tributpflichtig!" Vermutlich stehen daher dem koreanischen Reiche unter dem Einfluß der neuen amerikanischen Throngenossin des Selbstherrschers bedeutende Umwälzungen bevor. Vor allem fragt es sich, welche der Großmächte, die schon lange das Auge auf das reiche Land gerichtet haben, Rußland, Japan, England, die Vereinigten Staaten, nunmehr den größten Einfluß an dem Hofe gewinnen werden. Jedenfalls haben die Stammesbrüder der schönen weißen Kaiserin die besten Aussichten dazu. P. O.

[   ]

PAAA_RZ201-018934_238

Empfänger	Auswärtiges Amt in Berlin	Absender	Mumm
A. 15100 pr. 12. Oktober 1903. p. m.		Peking, den 12. Oktober 1903.	

A. 15100 pr. 12. Oktober 1903. p. m.

Telegramm.

Peking, den 12. Oktober 1903. 7 Uhr. 3 Min. N. m.

Ankunft: 6 Uhr. 6 Min. N. m.

Der K. Gesandte an Auswärtiges Amt.

Entzifferung.

№ 118.

Hier circuliert bisher nicht controlierbares Gerücht über militärische Besetzung Masampo´s durch Japaner. Japanischer Gesandter und russischer Gesandter ohne amtliche Nachricht. Letzterer betrachtet Möglichkeit kühl. Erklärt Krieg werde daraus nicht entstehen.

Mumm.

Orig. i. a. Korea 10

Berlin, den 20. Oktober 1903.   A. 14706[I].

Botschafter
Wien № 720

cfr. A. 15797
J. № 9451.

Die Koreanische Regierung hat an den Kais. Minister-Residenten in Söul die in deutscher Übersetzung beigefügte Note vom 2. v. Ms. mit der Bitte gerichtet, auch der K. u. K. oesterreichisch-ungarischen Regierung eine entsprechende Mittheilung zu machen.

Die Note enthält den Vorschlag den Hafen von Wiju dem fremden Handel zu öffnen und dafür den bisher offenen Platz Piöngyöng wieder zu schließen. Das Nähere darüber wollen Euere Exc. aus dem abschriftlich beigefügten Begleitbericht Herrn von Saldern vom 4. v. Ms. entnehmen.

Euere Exc. darf ich bitten, die dortige Regierung dem koreanischen Antrage gemäß zu verständigen.

Herr von Saldern hat Namens der Kais. Regierung die Note dahin beantwortet, daß wir mangels kommerzieller Interessen in den in Betracht kommenden Gebieten die Entscheidung Korea überlassen müßten.

                                    St. S.

Berlin, den 20. Oktober 1903.   A. 14706^{II}.

An

die Missionen in

1) St. Petbg. № 902

2) London № 910

3)Washington № A. 276

4) Paris № 754

J. № 9452.

Euerer pp. übersende ich anbei ergebenst Abschrift
eines Berichts des Kais. Ministerresidenten in Söul
vom 4. v. Mts., betreffend die bevorstehende
Öffnung von Wiju für den fremden Handel,

zu Ihrer gefl.

zu 3: vertraul. Information.

St. S.

i. m.

Angriff gegen unsere Vertretung in Korea.

PAAA_RZ201-018934_242 f.			
Empfänger	Bülow	Absender	Arco
A. 15797 pr. 26. Oktober 1903. a. m.		Tokio, den 21. September 1903.	

A. 15797 pr. 26. Oktober 1903. a. m. 1 Anl.

Tokio, den 21. September 1903.

A. 112.

Seiner Excellenz

dem Reichskanzler

Herrn Grafen von Bülow.

Herr von Saldern hat die Güte gehabt, mir Abschrift seiner Note vom 4. d. M.[17] über die Oeffnung von Wiju und die Schließung von Piöng Yöng mitzuteilen.

Die hiesige englische Zeitung „Daily Mail", die gern den Deutschen etwas am Zeug flickt, meint, daß die sofortige Beantwortung dieser Anfrage durch unseren Vertreter den Japanern sehr unerwünscht gekommen sei.

Von anderer Seite ist mir dieser Gedanke nicht entgegengetreten, weder in Gesprächen noch in Zeitungen.

Ich habe den englischen Artikel Herrn von Saldern zugeschickt und lege ihn hiermit auch Euerer Excellenz gehorsamst vor,

Graf Arco.

Inhalt: Angriff gegen unsere Vertretung in Korea.

---

17 A. 14706 ehrerb. beigef.

Zu A. 112.

The Japan Daily Mail.

Yokohama. Tuesday, September 8, 1903.

THE CLOSING OF PYONG-YANG.

Intelligence from Seoul says that Mr. Hayashi, the Japanese Representative, has intimated to the Korean Government his unqualified dissent from the proposal of closing Pyong-yang in consideration of opening Wiju. Mr. Hayashi is reported to have declared that whatever view might be taken by other Powers Japan could never agree to such an arrangement and that he must insist upon re-affirming his original proposition.

With regard to this matter, it is now reported that Germany is the only Occidental Power which has returned a favourable answer to Korea's proposal, or, indeed, any answer at all. The other Governments maintain silence and their views are consequently unknown. There is, of course, a strong suspicion that Russia favours the closing of Pyong-yang, and the suspicion derives confirmation from Germany's action, for it is now abundantly plain that wherever her own interests are not directly menaced, Germany shapes her Far-Eastern course in accordance with Russia's convenience. It would be, perhaps, a little difficult for M. Pavlow to figure as a promoter of this scheme to close Pyong-yang. Such a course could scarcely be reconciled with the terms of the Protocol of 1898, which pledges Russia not to impede Japan's commercial development in Korea, and it would certainly be a very substantial impediment to close a town where several hundreds of Japanese subjects have settled and are carrying on business. We trust that we do no injustice to M. Pavlow when we say that he presents himself to us as a Minister whose scruples weigh little against his zeal for his country's aggrandizement. But we assume that he would not wastefully antagonize Japan, as he would be doing did he openly advocate the closing of Pyong-yang. As to Germany's alleged attitude in the matter, we must await some explanation of her approval of a step so retrogressive, since, while making every allowance for her desire to placate Russia - a desire quite natural in the circumstances - we do not find in that a sufficient motive.

PAAA_RZ201-018934_246 f.

Empfänger	Auswärtiges Amt in Berlin	Absender	Romberg
A. 17350 pr. 21. November 1903. p. m.		Petersburg, den 21. November 1903.	
Memo	mtg 21. 11. London 1094, Peking A. 150, Tokio A. 86.		

A. 17350 pr. 21. November 1903. p. m.

Telegramm.

Petersburg, den 21. November 1903. 5 Uhr 29 Min. p. m.
Ankunft: 6 Uhr 18 Min. p. m.

Der K. Geschäftsträger an Auswärtiges Amt.

Entzifferung.

№ 410.

Als ich Graf Lamsdorff über die neuesten Zeitungsnachrichten aus Ostasien, wie angebliche Besetzung Wijus durch Japaner, russische Besetzung der chinesischen Mauer, befragte, erwiderte er, seit mehreren Tagen habe er keine amtlichen Nachrichten aus Ostasien und er müsse mir gestehen, daß er sich über mancherlei dortige Vorgänge kein klares Bild machen könne. So wisse er nicht, warum Wiederbesetzung Mukden's nötig gewesen sei; er habe mit kaiserlicher Genehmigung Admiral Alexejew hierüber um Auskunft ersucht. Graf Lamsdorff verhehlte nicht seine Mißstimmung über die Rolle, die seinem Ministerium in den ostasiatischen Dingen zufällt, und deutete an, daß er mit der Politik des Statthalters nicht immer einverstanden sei.

Romberg.

Orig. i. a. China 25

Aufenthalt S. M. S. „Iltis" in Chemulpo.

PAAA_RZ201-018934_248 f.			
Empfänger	Kais. Komdo. des Kreuzergeschwaders	Absender	Platen
A. 18067 pr. 5. Dezember 1903. [o. A.]		[o. A.]	
Memo	orig. 7.1. zck. an. Adm. Stäb. Kommando S. M. S. „Iltis"		

Abschrift.

A. 18067 pr. 5. Dezember 1903.

B. № 759.

An das Kais. Komdo. des Kreuzergeschwaders, Tsingtau.

pp.

Jubiläum des Kaisers.

Das 40 jährige Regierungsjubiläum des Kaisers, das im Herbst 1902 gefeiert werden sollte, und damals wegen der in Seoul herrschenden Cholera auf April 1903 verschoben wurde, ist wiederum bis zum Herbst 1903 verschoben worden.

Als Grund wird die Erkrankung des jüngsten Sohnes des Kaisers an Pocken angegeben, doch glaubt man nicht an eine Erkrankung, da der europäische Hofarzt Dr. Wunsch nicht zugezogen wurde, was bei ernstlicher Erkrankung sicher geschehen sein würde.

Der junge Prinz ist 6 Jahre alt, er ist der Sohn einer der Nebenfrauen der sogenannten „Lady Ohm" die dem Kaiser s. Zt. die Flucht aus dem Palast in die russische Gesandtschaft ermöglichte. Man erwartet allgemein, daß sie in absehbarer Zeit zur Kaiserin erhoben wird

Der wirkl. Grund des abermaligen Ausfalls ist bisher nicht in Erfahrung zu bringen, man sagt, die Japaner hätten ein Interesse daran das Fest zu verschieben, andere behaupten, es sei z. Zt. kein Geld vorhanden, das Fest zu begehen.

Fremde Abgesandte zum Fest.

Zum Jubiläum werden Rußland und Japan besondere Abgesandte schicken. Rußland wird durch den früheren Minister in Seoul, v. Weber vertreten sein. Dieser wartet bereits seit dem Herbst 1902 in Seoul; er soll dem Kaiser den Andreasorden überreichen. Japan wird einen Kais. Prinzen entsenden. Korea hat sich große Mühe gegeben, daß auch ein chinesischer Prinz abgesandt wurde, doch ist das auf das entschiedenste abgelehnt. - pp. -

gez. v. Platen.

1te Abschr. i. a. China 1

Inhalt: Aufenthalt S. M. S. „Iltis" in Chemulpo.

PAAA_RZ201-018934_250 ff.

Empfänger	Bülow	Absender	Alvensleben
A. 18173 pr. 7. Dezember 1903. a. m.		St. Petersburg, den 5. Dezember 1903.	
Memo	Durch Konsul Weipert. mtg 17. 12. Peking A. 166, Tokio A. 95.		

Abschrift.

A. 18173 pr. 7. Dezember 1903. a. m.

St. Petersburg, den 5. Dezember 1903.

№ 815.

Seiner Excellenz

dem Reichskanzler

Herrn Grafen von Bülow.

Aus den Mitteilungen, die mir von unterrichteter russischer wie japanischer Seite zugegangen sind, zu schließen, sind keinerlei Schwierigkeiten bezüglich der Regelung der koreanischen Frage zu erwarten, die auf folgender Basis erfolgen dürfte. Rußland erkennt von neuem das wirtschaftliche Übergewicht Japans in Korea an. Sollten in Korea Unruhen entstehen, deren die koreanische Regierung nicht Herr zu werden vermag, so soll Japan berechtigt sein, Truppen zur Herstellung der Ordnung einrücken zu lassen unter der Voraussetzung, daß, sobald dies geschehen, die Truppen wieder zurückgezogen werden. Es besteht ferner Einverständnis darüber, daß in solchem Falle die japanischen Truppen nicht zu nahe an die mandschurische Grenze und andererseits auch die russischen Truppen nicht zu nahe an die koreanische Grenze geschoben werden.

Nur in dieser Form scheint sich der anscheinend von japanischer Seite geförderte Gedanke der Schaffung einer neutralen Zone zwischen Korea und Japan verwirklichen zu sollen. Die völlige Neutralisierung Koreas, die die koreanische Regierung nach Aussage des hiesigen japanischen Gesandten durch den hierher entsandten Hofbeamten, Hauptmann Hyen Sang Kien, sowie durch einen nach Tokio entsandten Beamten zu betreiben sucht, würde, wie Herr Kurino meint, weder den russischen noch den japanischen Wünschen entsprechen. Dasselbe gelte bezüglich einer Teilung Koreas da es Rußland ja doch gerade darauf ankomme, einen Stützpunkt an der Südspitze zu erlangen, wenn es auch vielleicht mit einem Versprechen Japans zufrieden sein würde, daß dieses sich dort militärisch nicht festsetzen werde.

Was die mandschurische Frage betrifft, so sagte mir der japanische Gesandte, Japan halte an seinem Verlangen, von Rußland eine vertragsmäßige Anerkennung seiner dortigen Rechte und Interessen zu erhalten, fest. Rußland suche sich dieser Forderung mit dem Hinweise zu entziehen, daß es über diese Frage nur mit China verhandeln könne. Zwischen China und Rußland schwebten aber keine Verhandlungen mehr, seitdem Admiral Alexejew dieselben abgebrochen habe infolge der Erklärung Chinas, daß es keine Zusagen machen könne, solange Rußland die Mandschurei nicht geräumt habe. Nach Ansicht des Herrn Kurino besteht aber auf russischer Seite Neigung zum Einlenken. Graf Lamsdorff habe ihm die bereits schriftlich gegebene Versicherung, daß die japanischen Vorschläge in versöhnlichem Geiste erwogen würden, mündlich wiederholt und die Verzögerung in Erteilung der Antwort auf den Wunsch des Kaisers zurückgeführt, eine endgültige Lösung der Schwierigkeiten zu finden. Diese Antwort soll spätestens nächsten Mittwoch oder Donnerstag erfolgen. Auch der hiesige englische Geschäftsträger will in den letzten Tagen eine wesentlich konziliantere Stimmung auf russischer Seite beobachtet haben, ohne sich darüber klar zu sein worauf dieselbe zurückzuführen ist. Soll man darin ein Symptom für die Richtigkeit der Gerüchte erkennen über welche ich heute an anderer Stelle berichte, denenzufolge hier jetzt die Erkenntnis zum Durchbruch gelangt ist, daß man in Ostasien zu rasch vorgegangen ist und daß es vor allem finanzielle Schwierigkeiten sind, die es Rußland verbieten, das Risiko eines kriegerischen Konflikts auf sich zu nehmen?

gez. Alvensleben.
Orig. i. a. China 25

[   ]

PAAA_RZ201-018934_254

Empfänger	Auswärtiges Amt in Berlin	Absender	Arco
A. 18550 pr. 13. Dezember 1903. p. m.		Tokio, den 13. Dezember 1903.	

A. 18550 pr. 13. Dezember 1903. p. m.

Telegramm.

Tokio, den 13. Dezember 1903. 3 Uhr 20 Min. N. m.
Ankunft: 11 Uhr 13 Min. N. m.

Der K. Gesandte an Auswärtiges Amt.

Entzifferung.

№ 59.

Antwort auf Tel. № 57.

Baron Rosen hat am 11. hier Eröffnungen gemacht mit neuen Vorbehalten über Corea. Vicomte Aoki nahm meine Nachrichten mit Dankbarkeit als höchst wichtig auf.

In diesem Augenblick japanische Regierung weniger geneigt als je zu Nachgiebigkeit.

Arco.

Orig. i. a. China 25

[   ]

PAAA_RZ201-018934_255 f.

Empfänger	Auswärtiges Amt in Berlin	Absender	Alvensleben
A. 18750 pr. 17. Dezember 1903. p. m.		Petersburg, den 17. Dezember 1903.	
Memo	I. Tel. i. z. mtg. 18. 12. Peking 93, Tokio 58, Söul 10. II. Tel. i. z. mtg. 20. 12. Tokio 59. III. Tel. i. z. mtg 20. 12. Petersburg 317.		

A. 18750 pr. 17. Dezember 1903. p. m.

Telegramm.

Petersburg, den 17. Dezember 1903. 5 Uhr 35 Min. p. m.

Ankunft: 5 Uhr 47 Min. p. m.

Der k. Botschafter an Auswärtiges Amt.

Entzifferung.

№ 443.

Vertraulich.

Der frühere russische Gesandte in Korea, Herr Waeber, soll über die russisch-japanischen Verhandlungen bezüglich Koreas privatim geäußert haben, die russische Regierung sei bereit die wirtschaftliche und politische Vorzugsstellung Japans in Korea anzuerkennen. Rußland verlange aber für sich unbedingt Handelsfreiheit in Korea, während Japan nur Gleichberechtigung mit allen übrigen Nationen zugestehen wolle. Rußland fordere schließlich im Süden Koreas einen militärischen Stützpunkt zur Sicherung seiner Verbindungslinie Port Arthur-Wladiwostok.

Von anderer Seite verlautet indessen, daß Admiral Alexejew gegen die Anerkennung der einem Protektorat über Korea gleichkommenden Vorzugsstellung Japans in Korea mit Erfolg Einspruch erhoben habe.

Alvensleben.

Orig. i. a. China 25

[   ]

PAAA_RZ201-018934_257 f.

Empfänger	Bülow	Absender	Arco
A. 19180 pr. 25. Dezember 1903. p. m.		Tokio, den 28. November 1903.	
Memo	mtg. 26. 12.		

A. 19180 pr. 25. Dezember 1903. p. m.

Tokio, den 28. November 1903.

A. 140.

Seiner Excellenz

dem Reichskanzler

Herrn Grafen von Bülow.

Am 24. d. M. wurde in Kure der koreanische politische Flüchtling U Phöm Syön von zwei Landsleuten namens Ko yong keun und No eun myöng ermordet. Die Tat geschah im Verlauf einer Kneiperei im Hause des Ko, der seit Jahren mit U befreundet gewesen zu sein scheint. Ko stach den U mit einem Dolch durch die Kehle, während No dem Opfer den Schädel mit einem Hammer einschlug. Die Mörder haben sich sofort nach der Tat der japanischen Polizei gestellt. U, der früher koreanischer Vizeminister der auswärtigen Angelegenheiten war, soll an der Ermordung der Königin von Korea tätlichen Anteil gehabt haben, und es wird hier allgemein angenommen, dass Ko die Tat als Racheakt für diese Ermordung lange geplant hat und dass seine vor vier Jahren erfolgte Flucht aus Korea wegen Verdachts der Beteiligung an einem Bombenattentat eine Finte war, um das Vertrauen der hiesigen koreanischen Flüchtlinge zu erlangen.

In hiesigen Zeitungen wird die Vermutung ausgesprochen, dass die Tat vom Kaiser von Korea selbst angestiftet sein könnte, dessen glühender Hass gegen alle der Teilnahme an der Ermordung der Königin Verdächtigen bekannt ist.

Dem Kaiserlichen Ministerresidenten in Söul schicke ich Abschrift dieses Berichts.

Graf Arco.

Inhalt: Ermordung eines koreanischen politischen Flüchtlings.

[   ]

\multicolumn{4}{l}{PAAA_RZ201-018934_259 f.}
Empfänger	Auswärtiges Amt in Berlin	Absender	Arco
\multicolumn{2}{l}{A. 19353 pr. 29. Dezember 1903. p. m.}	\multicolumn{2}{l}{Tokio, 29. Dezember 1903.}
Memo	I. Tel. i. z. mtg. 30. 12. Peterbg. 327. II. Tel. i. z. mtg. 3. 1. Gen. Stab, Admi. Stab.		

Abschrift.

A. 19353 pr. 29. Dezember 1903. p. m.

Tokio, 29. Dezember 1903.

An das Auswärtige Amt, Berlin.

Tel. Entzifferung.

In gestriger gemeinsamer Sitzung von Kabinet und Geheimem Rat wurden Mittel zur Ergänzung der Kriegsausrüstung und zum Ausbau der Eisenbahn Söul-Fusan bereit gestellt. Heute entsprechende kaiserliche Verordnung veröffentlicht. Nach vertraulicher zuverlässiger Mitteilung stehen 60 Millionen Yen aus vorhandenen Fonds zur Verfügung, 100 Millionen hofft man durch eine innere Anleihe und wahrscheinlich noch weitere Mittel durch Ausland zu beschaffen. Weitere Verordnungen, die heute veröffentlicht, haben Veränderung Organisation kaiserlichen Hauptquartiers, Kriegsrat und Söul-Fusan-Eisenbahn zum Gegenstand. Militärische Stellenbesetzungen stehen noch aus.

Getroffene Maßregeln scheinen ersten Schritt zur Mobilmachung zu bedeuten. Japanische Regierung soll mit Möglichkeit rechnen, daß diese Beschlüsse Gegner beeinflussen; ferner werde demnächstiges kurzfristiges Ultimatum mit folgender Besetzung von Korea geplant.

Wie sich aus Äußerung des russischen Marine-Attachés ergibt, hoffen Russen auch jetzt noch auf japanische Nachgiebigkeit. Unter Neutralen herrscht allgemein Eindruck, daß diese Rechnung falsch.

gez. Arco.

Orig. i. a. China 25

Ermordung eines koreanischen politischen Flüchtlings.

PAAA_RZ201-018934_262 f.			
Empfänger	Freiherrn	Absender	Min Chul Hun
A. 193 pr. 4. Januar 1904. p. m.		Berlin, den 4. Januar 1904.	

A. 193 pr. 4. Januar 1904. p. m.

Berlin, den 4. Januar 1904.

Antwort 15. 1.

Seiner Excellenz

dem Staatssekretär

des Deutschen Auswärtigen Amtes

Herrn Freiherrn von Richthofen

Berlin

Der Unterzeichnete beehrt sich, Seiner Excellenz dem Staatssekretär des Deutschen Auswärtigen Amtes, Herrn Freiherrn von Richthofen ergebenst mitzuteilen, daß Ihre Majestät die Kaiserin-Witwe Myeng Hoen, die Schwägerin Seiner Majestät des Kaisers von Korea laut eines soeben eingegangenen Telegramms, am 2. Januar d. J. um 8 Uhr Vormittags im Neuen Palast zu Seoul verschieden sind, indem der Unterzeichnete Seine Excellenz Herrn Freiherrn von Richthofen ergebenst bittet, den Inhalt des gegenwärtigen Schreibens Seiner Majestät dem Deutschen Kaiser zur Allerhöchsten Kenntnisnahme unterbreiten zu wollen.

Zugleich benutzt der Unterzeichnete diesen Anlaß, um Seiner Excellenz dem Herrn Staatssekretär Freiherrn von Richthofen die Versicherung seiner Hochachtung zu erneuern.

Min Chul Hun.

Berlin, den 15. Januar 1904.   A. 193.

An
den (tit.) Min Chöl Hun

J. № 550.

Notiz: Die koreanische Note enthält
den Ausdruck „Versicherung seiner
Hochachtung"
(ohne „ausgezeichnetsten").

Der Unterzeichnete beehrt sich, dem (tit. u. Name) mitzuteilen, daß er von dem Inhalt des gefl. Schreibens vom 4. d. M. mit Bedauern Kenntnis genommen und nicht unterlassen hat, dem geäußerten Wunsche entsprechend, den Trauerfall zur Allerhöchsten Kenntnis Seiner Majestät des Kaisers und Königs zu bringen. Der Unterzeichnete benutzt diesen Anlaß, um dem (tit. u. Name) den Ausdruck seiner ausgezeichnetsten Hochachtung zu erneuern.

St. S.

[   ]

PAAA_RZ201-018934_269 f.			
Empfänger	Bülow	Absender	Saldern
A. 1083 pr. 21. Januar 1904. p. m.		Söul, den 21. Dezember 1903.	
Memo	J. № 952.		

A. 1083 pr. 21. Januar 1904. p. m.

Söul, den 21. Dezember 1903.

K. № 130.

Seiner Excellenz

dem Reichskanzler

Herrn Grafen von Bülow.

Entzifferung.

Vor einigen Monaten schickte der Kaiser zu mir und ließ mir sagen, er habe den Wunsch, etwas von seinem Privatvermögen in Deutschland anzulegen, ich möge ihm dabei behülflich sein, die Sache aber sehr geheim behandeln. Da es sich um eine nichtpolitische Angelegenheit handelt, so habe ich mich mit dem Direktor der Deutschasiatischen Bank in Schanghai in Verbindung gesetzt, dieser ist vor einiger Zeit hier gewesen und hat 180 000 Yen also etwa 370 000 Mark in japanischen Noten und Goldbarren mit sich genommen mit der Bestimmung, in Berlin in deutschen Konsols oder in anderen ähnlichen sicheren Papieren angelegt zu werden. Es scheint als ob noch mehr Geld denselben Weg . . . . wird.

von Saldern.

Koreanische Angelegenheiten.

PAAA_RZ201-018934_272 ff.

Empfänger	Bülow	Absender	Saldern
A. 1129 pr. 22. Januar 1904. a. m.		Söul, den 30. Dezember 1903.	
Memo	Kaiserlich Deutsche Legation Söul. mtg. 2. 2. London 154, Petbg. 158, orig. 2pr. 2. 2., Generalstab, Admiralstab, zk 20. 2. J. № 985.		

A. 1129 pr. 22. Januar 1904. a. m.

Söul, den 30. Dezember 1903.

K. № 136.

Seiner Excellenz

dem Reichskanzler

Herrn Grafen von Bülow.

Obgleich mein russischer und mein japanischer Kollege jedem, der es hören will, versichern, daß die Lage friedlich sei und daß ihre beiden Staaten immer noch hofften, zu einer Verständigung zu gelangen, so ist man doch hier ziemlich besorgt und man merkt auch den genannten beiden Herren an, daß sie innerlich anders denken. Herr Pavlow sagte mir daß seine Regierung durchaus friedlich sei, gab aber dabei zu verstehen, daß Rußland von der in der Mandschurei und hier in Korea eingenommenen Stellung auch nicht das Geringste aufzugeben gesonnen sei. Von den Vertragsrechten der fremden Staaten ist in allen diesen Äußerungen nicht die Rede. Auch habe ich den Eindruck, daß, wenn Rußland Konzessionen an Japan in Korea macht, diese nur äußerst geringe und vorübergehender Natur sein werden. Daß auch Herr Hayashi sich innerlich stark mit Krieg beschäftigt, geht aus verschiedenen seiner Äußerungen hervor. Als wir vor einigen Tagen die Vorzüge der beiderseitigen Flotten besprachen, meinte er z. B., die russischen Schiffe hätten zu wenig Offiziere. Darin sei die japanische Marine der russischen überlegen.

Daß Japan auf alle Eventualitäten sich hier vorbereitet hat, geht aus den verschiedensten Anzeichen hervor. Man sieht hier jetzt viele fremde japanische Gesichter, anscheinend Offiziere in Zivil, die dazu bestimmt sind, die zahlreichen hier im Lande befindlichen japanischen Reserven, wenn sie zusammenberufen würden, zu kommandiren.

In Chemulpo sind vor einigen Tagen 15000 Sack Gerste angekommen, von einer japanischen Handelsgesellschaft eingeführt. Diese hat Zollfreiheit verlangt unter der Angabe, daß das Getreide für die japanische Armee bestimmt sei.

Auch die Russen sind nicht müßig. Neulich war Vizeadmiral Starck mit mehreren großen Schiffen in Chemulpo, welchen Platz die Russen häufiger besuchen, als die Japaner. Ein russischer Stationär liegt stets in Chemulpo.

Der neue russische Militär-Attaché, Oberstleutnant Potapoff, ist dieselbe Persönlichkeit, welche seiner Zeit amtlich den Krieg in Südafrika mitgemacht hat. Er scheint recht intelligent zu sein und hat in der letzten Zeit hier verschiedene kurze geheimnißvolle Reisen ausgeführt.

Die Koreaner selbst sehen den kommenden Ereignissen mit Beängstigungen entgegen, aber ohne sich deshalb aus ihrer Lethargie aufwecken zu lassen. Man kann die hiesige Regierung und den Kaiser kaum tief genug einschätzen. Die Unkenntnis fremder Verhältnisse und die geradezu kindliche Naivietät sind unglaublich.

Euerer Excellenz ist aus den Berichten des Grafen Arco bekannt, daß Ende November in Japan der koreanische Flüchtling U Phön Syön von seinen Landsleuten Ko und No ermordet worden ist. Der Ermordete war bei der Abschlachtung der hiesigen Königin beteiligt. Ko ein treuer Diener dieser Letzteren, hatte es auf sich genommen, den Tod der Königin zu rächen und hat seine Tat jahrelang vorbereitet. Er war, um seine Eigenschaft als Flüchtling glaubhafter zu machen, mit seinem Diener No von hier verbannt worden. Jetzt hat nun die koreanische Regierung den beiden Mördern pardoniert und ihre Auslieferung von der japanischen Regierung, in deren Gefängnissen sie sitzen, beantragt. Der Ermordete ist nach hiesiger Sitte nachträglich zum Tode verurteilt worden. Der hiesige stellvertretende Auswärtige Minister, welcher das Unsinnige dieses Auslieferungsantrages einsah, hat seinen Abschied genommen. Hierzu hat ihn auch der Umstand veranlaßt, daß er den Vertretern von Japan, England und Amerika auf Grund der Anweisung des Kaisers die Öffnung eines Hafens am Yalu, Wiju oder Ryong Ampho versprochen hatte, ein Versprechen, welches er nicht einlösen konnte, da der Kaiser sich im letzten Moment immer weigerte und der Minister keinen Zutritt zu seinem Monarchen hatte. Jetzt ist Yi Ki Yong zum stellvertretenden Auswärtigen Minister ernannt, er ist ein naher Verwandter des Kaisers und wird deshalb direkt mit ihm verhandeln können. Eine bestimmte politische Richtung vertritt er wohl nicht. Dem eigentlichen Auswärtigen Minister Yi To Kai, welcher krank war und schon seit 6 Monaten nicht mehr funktionierte, ist jetzt auch endlich der lang erbetene Abschied bewilligt worden. Ein Vergnügen ist es nicht, hier Minister zu sein. Der Kaiser will doch alles selbst entscheiden und übt dabei weder Ehrlichkeit noch Folgerichtigkeit aus.

Der Präsident des Zeremonialamts Min Yong Huan hat mir gesagt, daß der Kaiser in der nächsten Zeit Seiner Königlichen Hoheit dem Prinzen Heinrich von Preußen den Orden vom goldenen Maß überreichen lassen werde. Es ist das derselbe Orden, den Seine Majestät unser Allergnädigster Herr bereits besitzt. Ich habe in vorsichtigster Weise angedeutet, daß vielleicht der gegenwärtige Augenblick für die Ausführung dieser Absicht nicht ganz geeignet wäre, der Kaiser scheint aber seinen Wunsch jetzt doch ausführen zu wollen.

Eine Hauptrolle im Palaste spielt eine Wahrsagerin, die sich deshalb eines so guten Zutrauens erfreut, weil sie seiner Zeit der Frau Om, der Nebenfrau des Kaisers, geweissagt hatte, sie würde einen Prinzen gebären, was dann eingetroffen ist. Man sagt mir, daß zwei Söhne dieser Wahrsagerin, obgleich koreanische Offiziere russische Untertanen sind. Frau Om hat vor kurzem den Titel einer Kaiserlichen Prinzessin erhalten, sie wird nun wohl bald Kaiserin werden.

In Mokpo, dem Vertragshafen an der Südecke Koreas, haben Unruhen stattgefunden. Die koreanische Arbeiterschaft war von japanischen und koreanischen Unternehmern in ihren berechtigten Lohnforderungen verkürzt worden, darauf kam es zu Aufläufen, bei denen von koreanischen und japanischen Plebs wechselseitig gegeneinander gefochten und das japanische Konsulat und das koreanische Verwaltungsgebäude bestürmt wurden. Japan hat dann ein Kriegsschiff hingeschickt um Ordnung zu schaffen. Dabei hat es aber erst recht Blutvergießen gegeben. Jetzt ist dort wieder alles ruhig.

Den Kaiserlichen Gesandten in Peking und Tokio, sowie dem Chef des Kreuzergeschwaders sende ich Abschrift dieses Berichts.

von Saldern.

Betrifft: Koreanische Angelegenheiten.

A. 1129.

G. A. (cfr IB. 16906. 04.)

Die Vorlegung von A. 1129 an S. M. ist nicht erfolgt, weil der sonstige Inhalt des Berichts für S. M. ohne Interesse und überholt ist. Es schien deshalb zweckmäßiger, die eine Stelle, betr. Dekorirung Sr. K. H. des Prinzen Heinrich, ev. zum Gegenstand eines besonderen Immediatberichts zu machen.

[Unterschrift]

---

cfr IB 16906. 04.   A. 1129.

M. g. B. ist eine Koreanische Dekorirung bedeutungslos und kann daher, wenn sie erfolgt, ruhig ertragen und unbedenklich von Sr. Kgl. Hoh. angenommen werden. Ich möchte daher raten, der Sache ihren Lauf zu lassen.

Richthofen 26. 1.

G. A.

Zufolge S. 5 des anliegenden Berichts aus Söul will der Kaiser von Korea Sr. Königl. Hoheit dem Prinzen Heinrich den Orden vom goldenen Maßstab überreichen lassen. Soll der Sache ihr Lauf gelassen oder in Söul abgewinkt werden? (Letzteres wohl nur nach Einholung der Befehle Sr. Majestät des Kaisers oder wenigstens der Ansicht des Prinzen Heinrich)

Kt. 24. 1.

Beschleunigter Ausbau der Söul-Fusan Eisenbahn.

PAAA_RZ201-018934_290 f.			
Empfänger	Buelow	Absender	Weipert
A. 1445 pr. 25. Januar 1904. p. m.		Tokio, den 30. Dezember 1903.	
Memo	mtg 1. 2. London 149, Petbg. 156, Wash. 69.		

A. 1445 pr. 25. Januar 1904. p. m. 1 Anl.

Tokio, den 30. Dezember 1903.

A. 3. 04.

Seiner Excellenz

dem Reichskanzler

Herrn Grafen von Bülow.

Schon seit geraumer Zeit machte die Presse den massgebenden Finanzleuten und der Regierung den Vorwurf, dass der Bau der Söul-Fusan Eisenbahn nicht mit der wünschenswerten Schnelligkeit betrieben worden sei. Nach Auskunft der Direktion der Söul-Fusanbahn waren von den 269 englischen Meilen der Gesamtstrecke Ende dieses Jahres erst die Strecke Söul-Syu-uön mit etwas über 25 Meilen und die Strecke Fusan-Kui-pho mit 10 Meilen betriebsfähig. Unter dem Druck der öffentlichen Meinung entsandte die Regierung vor einigen Monaten mehrere höhere Eisenbahnbeamte nach Korea, um die Bahnbauten an Ort und Stelle zu inspizieren, insbesondere auch die Frage zu studieren, ob eine Aenderung der Organisation der Söul-Fusan Eisenbahngesellschaft angezeigt erscheine. Auf Grund der Berichte dieser Kommission hat sich die Regierung entschlossen, den Weiterbau der Bahn tatsächlich selbst in die Hand zu nehmen: Durch die Kaiserliche Verordnung № 291. vom 28. d. M., über welche ich an anderer Stelle berichtet habe, ist der Regierung die Befugnis erteilt werden, für eine von der Söul-Fusan Eisenbahnaktiengesellschaft aufzunehmende, in Maximo mit 6% verzinsliche Anleihe bis zum Höchstbetrage von 10 Millionen Yen Zinsen und Kapital zu garantieren. Ferner ist die Regierung ermächtigt worden, der Gesellschaft zum Zweck des beschleunigten Ausbaus der Linie eine einmalige Geldbeihülfe von 1 Millionen Yen zu gewähren, welche unter besonderen Umständen noch um 450 000 Yen erhöht werden kann. Demgegenüber erlangt die Regierung durch die Bestimmungen der in englischer Uebersetzung beigefügten Kaiserlichen Verordnung № 292. vom 28. Dezember d. J. die tatsächliche Leitung der

Bahn: Sie ernennt den Präsidenten und sämmtliche Direktoren, deren Zahl auf höchstens 7 beschränkt ist. Aus der Zahl der letzteren werden vier geschäftsführende Direktoren bestellt, von denen drei der Verkehrsminister ernennt. Die Regierung hat ferner das Recht, die Arbeiten und Geschäfte der Gesellschaft durch Inspektoren mit weitgehenden Befugnissen beaufsichtigen zu lassen.

Zum Präsidenten ist der bisherige Direktor des Staatseisenbahnbau- und Betriebsamtes Dr. Furuichi ernannt worden und als Chefingenieur ist ihm der bisherige Abteilungschef im Eisenbahnbau- und Betriebsamt Oya beigegeben worden.

Der politische Charakter der Massregel springt in die Augen: Abgesehen von der strategischen Bedeutung, welche die Bahn im Falle eines russisch-japanischen Zusammenstosses haben muss, wird, nach allgemeiner Annahme die Neuordnung der Dinge der Regierung Gelegenheit geben, beim Ausbau der Linie das Eisenbahnbataillon zu verwenden, und den Vorwand bieten, zum Schutze der Arbeiten Truppen nach Südkorea zu entsenden.

Diese Beziehung zur auswärtigen Lage tritt auch darin zu Tage, dass die Bereitstellung der erforderlichen Geldmittel im Wege der Notverordnung erfolgt ist.

Graf Arco.

Inhalt: Beschleunigter Ausbau der Söul-Fusan Eisenbahn.

Zu A. 3. 04.

The Japan Times

TOKYO, WEDNESDAY, DEC. 30TH, 1903.

IMPERIAL ORDINANCE RELATING TO THE SÖUL-FUSAN RAILWAY.

We hereby give our sanction to the Ordinance relating to the Söul-Fusan Railway Company, Limited, and order it to be promulgated.

[Irnperial Sign-Manual.]
[Privy Seal.]
(Countersigned)
Count TARO KATSURA,
　Minister President of State.
KANETAKE OURA,
　Minister of State for Communications.
Dated the 28th day of the 12th month of the 86th year of *Meiji*.
IMPERIAL ORDINANCE № 292.

Art. I. As to the matters relating to the Söul-Fusan Railway not provided for in the present Ordinance the Imperial Ordinance № 366, of' the 33rd year of *Meiji*, shall apply.

Art. II. The Company shall be under a President, not more than seven Directors, and not more than four Auditors.

The Minister of State for Communications shall appoint not more than three Managing Directors from among the Directors.

Art. III. The President shall represent the Company and direct its business.

The Managing Directors shall assist the President, take part in the management of the business of the Company, and, in case the President is unable to attend to business, one of them shall perform the latter's functions in accordance with the rules to be determined by the Minister of State for Communications.

The Directors shall participate in the transaction of all the important business of the Company.

The Auditors shall inspect the business of the Company.

Art. IV. The President shall be appointed by the Government under Imperial approval for a term of three years.

The Directors shall be appointed by the Government from among the shareholders possessing not less than 100 shares, and their term of office shall be three years.

The Auditors shall be elected at the general meeting of the shareholders from among the shareholders possessing not less than 50 shares, and their term of office shall be two years.

Art. V. The President and Managing Directors shall be prohibited, during their term of office from engaging in any other business under any name whatever, unless the Minister of State for Communications gives sanction to the contrary.

Art. VI. The amount of remuneration and allowances to the President and Directors shall be fixed by the Minister of State for Communications.

Art. VII. The Government shall appoint Official Inspectors of the Söul-Fusan Railway Company in order to supervise the business of the Company.

The Official Inspectors may at any time examine the work and business of the Company and inspect the safes, books, and other records relating to the business of the Company.

The Official Inspectors may cause the Company to submit to them statistical and other reports on the general condition of its business, whenever they deem such a measure necessary.

The Official Inspectors may be present and express their views at the general meetings of the shareholders and at other meetings held in connection with the business of the Company, but they are not entitled to vote at such meetings.

SUPPLEMENTARY RULES.

The present Ordinance shall come into operation on and after the date of its promulgation.

The term of office of the present Directors of the Söul-Fusan Railway Company shall expire on the date of the appointment of the new President and Directors, in consequence of the promulgation of this Ordinance.

The present Auditors shall remain in office till the expiration of their term of office, in accordance with the provisions of the existing charter of the Company.

Notverordnungen. - Kriegsvorbereitungen.

PAAA_RZ201-018934_294 f.			
Empfänger	Kriegsministerium	Absender	Etzel
A. 1449 pr. 28. Januar 1904. p. m.		Tokio, den 2. Januar 1904.	
Memo	Orig. am 29. 1. an S. M. gesandt. Militär-Attaché. J. № 1. 04.		

Abschrift.

ad A. 1449 pr. 28. Januar 1904. p. m.

Tokio, den 2. Januar 1904.

Militär-Bericht № 1. 04.

An das Kgl. Preuß. Kriegsministerium Berlin.

pp.

Die Sicherstellung von bedeutenden Geldmitteln für Ergänzung und Instandhaltung der Kriegsausrüstung giebt der Regierung die Möglichkeit, die schleunige Überführung und Erhaltung von Armee und Marine auf Kriegsstand vorzubereiten. Die Reorganisation der Söul-Fusan Eisenbahn Gesellschaft und die vom Staate gewährte finanzielle Unterstützung sollen den Ausbau dieser für einen Kriegsfall so wichtigen Nachschublinie beschleunigen. Der staatliche Eingriff erfolgt reichlich spät. Man kann die verantwortlichen japanischen Staatsleiter nicht von einem Mangel an Voraussicht freisprechen. Sie hätten der vielfach angegriffenen Geschäftsführung der Gesellschaft früher die genügende Aufmerksamkeit schenken sollen. Von der 269 Meilen langen Strecke sind seit dem im Frühjahr 1901 begonnenen Bau erst etwa 20 Meilen von Söul aus und etwa 10 Meilen von Fusan aus fertiggestellt worden. Ein schlagendes Beispiel für den Mangel japanischen Unternehmungsgeistes im Gegensatz zu der von den Russen beim Bau der sibirischen Bahn entwickelten Energie. Vor kurzem sind dem in Korea stehenden japanischen Besatzungsbataillon etwa 70 Pioniere, vielleicht zur Verwendung beim Bahnbau, zugeteilt worden. Es erscheint nicht ausgeschlossen, daß bei einer Verschärfung der Lage das Eisenbahn-Bataillon und weitere Pionierabteilungen zu demselben Zwecke nach Korea gesandt werden. Vielleicht wird die fehlende Strecke als Feldbahn zunächst hergestellt werden.

pp.

gez. v. Etzel.

Major und Mil. Attaché.

Orig. i. a. Japan 20

Betrifft: Notverordnungen. - Kriegsvorbereitungen.

Berlin, den 1. Februar 1904.   A. 1445.

An

die Missionen in

1. London № 149

2. St. Petersburg № 156

3. Washington A. № 69

J. № 1339.

Euere pp. übersende ich anbei ergebenst Abschrift eines Berichts des Kais. Gesandten in Tokio vom 30. Dez. v. J., betreffend den beschleunigten Ausbau der Eisenbahn Söul-Fusan,

zu Ihrer gefl. Information.

St. S.

i. m.

Berlin, den 2. Februar 1904.   A. 1129.

An
die Missionen in
1. London № 154
2. St. Petersburg № 158
3. An Chef des Generalstabes und
   Chef des Admiralstabes.
   Abzugeben im Admiralstab.

J. № 1372.

Ew. pp. übersende ich anbei ergebenst Abschrift eines Berichts das Kais. Minister-Residenten in Söul vom 30. Dez. v. J., betreffend koreanische Angelegenheiten,
ad 1-2: zu Ihrer gefl. Information.

                    #   #   #

Ew. pp. beehre ich mich anbei u. R. einen Bericht wie oben
      zur gefl. Kenntnißnahme zu übersenden.
                    St. S.
                    i. m.

Berlin, den 2. Februar 1904.   A.1129.

An
den Herrn Chef des
Generalstabs der Armee
und
den Herrn Chef des
Admiralstabs der Marine.

A. 1129 Orig.

J. № 1372.

Eueren Excellenzen beehre ich mich anbei unter Rückerbittung einen Bericht des kaiserlichen Minister-Residenten in Söul vom 30. Dezember v. J., betreffend koreanische Angelegenheiten, zur gefälligen Kenntnisnahme zu übersenden.

                    Richthofen.

Das Leben der Kaiserin-Witwe von Korea.

PAAA_RZ201-018934_300 f.			
Empfänger	Buelow	Absender	Saldern
A. 1898 pr. 5. Februar 1904. p. m.		Soeul, den 9. Januar 1904.	
Memo	Kaiserlich Deutsche Legation Seoul. J. № 32.		

A. 1898 pr. 5. Februar 1904. p. m.

Soeul, den 9. Januar 1904.

K. № 6.

Seiner Excellenz

dem Reichskanzler

Herrn Grafen von Buelow.

Am Morgen des 2. Januar ist hierselbst die Kaiserin-Witwe von Korea Mioeng Hoen, die Adoptivmutter des Kaisers, gestorben. Der Minister des Aeussern hat mir dies amtlich angezeigt mit der Bitte, eine Mitteilung darueber nach Berlin und an die Kaiserlich Koeniglich oesterreichisch-ungarische Regierung, deren Vertretung uns hier obliegt, gelangen zu lassen.

Ich darf ganz gehorsamst anheimstellen, mich zu beauftragen, dem hiesigen Monarchen das Beileid Seiner Majestaet unseres Allergnaedigsten Herrn auszusprechen. Eine solche Form duerfte meines Erachtens genuegen.

Auch darf ich gehorsamst bitten, die Mitteilung an die Kaiserlich Koeniglich oesterreichisch-ungarische Regierung dort zu vermitteln. Ich wuerde dankbar sein, wenn mir eine allgemeine Anweisung darueber zuginge, ob ich mich in allen den Faellen, welche sich hier aus der oesterreichisch -ungarischen Vertretung ergeben, direkt mit dem Kasierlich Koeniglich Auswaertigen Ministerium in Wien in Verbindung zu setzen habe, oder ob ich mich der Vermittelung unseres Auswaertigen Amts bedienen soll.

von Saldern

Inhalt: Das Leben der Kaiserin-Witwe von Korea.

PAAA_RZ201-018934_302

Empfänger	Bülow	Absender	Metternich
A. 2353 pr. 12. Februar 1904. a. m.		London, den 10. Februar 1904.	

Abschrift.

A. 2353 pr. 12. Februar 1904. a. m.

London, den 10. Februar 1904.

№ 106.

Seiner Excellenz

dem Reichskanzler

Herrn Grafen von Bülow.

Eine Washingtoner Korrespondenz der „Morning Post" erinnert an das Bestehen eines amerikanisch-koreanischen Vertrages vom 22. Mai 1882, in welchem die Vereinigten Staaten Korea für den Fall ungerechter Behandlung oder Unterdrückung durch andere Mächte ihre guten Dienste versprechen, um eine freundliche Verständigung herbeizuführen.

Dieses, wie der Korrespondent schreibt, auch in den Vereinigten Staaten fast vergessene Dokument ist geeignet, bei der späteren Ordnung der koreanischen Angelegenheiten die diplomatische Stellung des Washingtoner Kabinetts zu stärken und könnte zusammen mit den mandschurischen Aspirationen Amerikas der Ausgangspunkt von Meinungsverschiedenheiten mit Japan werden.

gez. Metternich.

Neue Karte von Korea von Angus Hamilton.

PAAA_RZ201-018934_303 f.			
Empfänger	Bülow	Absender	Metternich
A. 2632 pr. 15. Februar1904. p. m.		London, den 11. Februar 1904.	
Memo	Kaiserlich Deutsche Botschaft. J. № 569.		

A. 2632 pr. 15. Februar1904. p. m. 2 Anl.

London, den 11. Februar 1904.

Seiner Excellenz

dem Reichskanzler

Herrn Grafen von Bülow.

In der hiesigen geographischen Verlagsanstalt von Edward Stanford ist kürzlich eine neue Karte von Korea von Angus Hamilton, dem Verfasser des hier bei Wm. Heinemann verlegten Buches „Korea", erschienen (Preis 5 s).

Zwei Exemplare dieser Karte beehre ich mich Euerer Excellenz beifolgend vorzulegen, zwei weitere habe ich zum Dienstgebrauch auf der Kaiserlichen Botschaft angeschafft.

Metternich.

Neue Karte von Korea von Angus Hamilton.

Auswärtiges Amt
Abth. A.

Politisches Archiv d. Auswärt. Amts

Acten

Betreffend

Allgemeinen Angelegenheiten Koreas

Vom 16. Februar 1904
Bis 15. Juli 1904

Bd. 35
f. Bd. 36

Politisches Archiv des Auswärtigen Amts
R 18935

KOREA. No. 1.

Inhalts-Verzeichniß 1904.	
Japan. Mittheilung v. 26. 2. -Abdr.- Japanisch-koreanischer Vertrag v. 23. 2. 04.	3339. 26. 2.
Tel. n. Tokio v. 9. 3. № 78. -Abschr.- Außerordentliche Mission des Marquis Ito nach Söul. Derselbe angeblich künftiger Berater am Hof daselbst.	4083. 9. 3.
Bericht a. Tokio v. 6. 2. -A. 24- Verurteilg. d. Mörder des koreanischen Flüchtlings U phöm syon.	4220. 12. 3.
Tel. a. Soeul v. 15. 4. -24- Kaiserpalast niedergebrannt. Stadt Soeul ruhig.	6413. 15. 4.
Tel. a. Soeul 27 v. 20. 4. Japan. Ges. teilt mit, Kaiser ziehe in einen von den Legationen entfernten Palast.	6685. 20. 4.
Tel. a. Peking v. 1. 5. -173- Brand des Kaiserpalastes Soeul auf Kaiser zurückzuführen?	7398. 1. 5.
Entzffg. a. Peking v. 2. 5. – A. 134 - Der amerikan. Ges. in Soeul soll dem Kaiser von Korea, vor Ausbruch des Krieges, das nachgesuchte Asyl verweigert haben.	9141. 31. 5.
Erlaß nach Soeul v. 22. 2. – A. 3 - Erörterung der Frage, auf welchem Wege sich der - durch die vom Min. Res. v. Saldern wahrgenommene Öster.- Ungar. Vertretg. bedingte - dienstliche Verkehr mit dem österr. ungar. Minister. d. Ausw. Angelegenheiten zu vollziehen habe.	1898. 22. 2.
Bericht a. Soeul v. 1. 2. - 11 - Abschrift. Der Schatzmeister des Kaisers I Hun Ik. Charakteristik. Die Minister-Wechsel. Unruhen im Lande. (Sekten). Japanische Kriegsvorbereitungen. Das koreanische Militär. Die Ohnmacht des koreanischen Kaisers, orig. i. a. Japan 20	4934. 23. 3.
Bericht a. Peking v. 12. 2. -A. 42- Der koreanische Ges. in Peking ist von seinem Posten abberufen und zum Minister des Ausw. in Soeul ernannt.	5473. 1. 4.
Mil. Ber. 3 a. Soeul v. 22. 3. met. Linie Soeul-Tschemulpo. Linie Soeul-Fusan. Lnie Soeul-Pjöng jang (Wiju) orig. i. a. Japan 20	7872. 8. 5.
Mil. Ber. 4 a. Soeul v. 23. 3. met Bedeutung der japanischen Eisenbahnpläne in Korea, Befestigungsarbeiten im Süden Koreas. orig. i. a. Japan 20	7872. 8. 5.

Bericht a. Tsingtau v. 16. 3. -52- Abschr. Militär.- politischer Bericht des Stationärs vor Chemulpo für die Zeit vom 9-15. Maerz 1904. orig. i. a. Japan 20	8210. 14. 5.
Ber. a. Washington v. 3. 3. -54- Der korean.-amerik. Vertrag v. 22. 5. 1882. (Artikel)	4867. 22. 3.
Ber. iZ. a. Peking v. 3. 5. Der Brand des korean. Kaiserpalastes soll vom Kaiser selbst veranlaßt sein, um dem japan. Einfluß entgehen u. die amerikan. Gesandtschaft aufsuchen zu können. Diese aus französ. Quelle stammende Nachricht ist unwahrscheinlich. Wachsamkeit der Japaner gegen ein etwaiges Aufsuchen e. fremden Gesandtschaft durch den Kaiser. Verminderung der amerikan. Gesandtschaftswache.	11639. 15. 7.
Anlage e. Schr. d. R. Mar. -Amts v. 13. 6. u. ″ Admiralstabes v. 28. 4. Ber. des 2. Admirals des Kreuzergeschwaders v. 26. 1. (Gelbes Meer) Beschleunigung des Ausbaues der Eisenbahn Soeul-Fusan durch Japan.	10257. 20. 6.
Ber. des Mil. Attachés von Claer v. 15. 5. № 16. Betrachtungen über die Folgen des russisch-japan. Krieges a) im Falle e. Sieges Japans; b) im Falle e. Sieges Rußlands. i. a. Japan 20	10748. 30. 6.
Ber. a. Tokio v. 7. 5. -B. 146. Dr. Koto's „General Map of Korea" u. „Catalogue of the Romanized Geographical Names of Korea".	9583. 8. 6.
Desgl. v. 1. 3. -A. 58- Vertragsprotokoll zwischen Japan und Korea.	5687. 4. 4.
Ber. a. Söul v. 13. 3. -28- Der koreanische Volkscharacter. Erklärung von Wiju zum offenen Hafen. Amerikanische Entschädigungsforderung für die Trambahn- und Elektrizitäts-Gesellschaft. Bau der Söul-Wiju-Bahn durch die Japaner.	6852. 23. 4.
Desgl. v. 30. 3. -35- Marquis Ito in Söul. - Japan. Berater im koreanischen Kriegsministerium. Koreanische Soldaten im japan. Heere.	7811. 8. 5.
Ber. a. Peking v. 9. 4. -A. 115- Bau des Schienenwegs Fusan-Widschu durch Japan. Vollbahn Fusan-Soeul, Feldbahn Soeul-Pyeng Yang u. Pyeng Yang-Widschu. Befestigung von Fusan u. Masampo u. Insel Ködscha.	7914. 9. 5.
Ber. a. Söul v. 18. 5. -55- Der Palast des Kaisers von Korea. Der japanische Einfluß in Korea	10749. 30. 6.

Desgl. v. 30. 5. -63- Abberufung des korean. Gesandten aus Rußland. Geheime Mission des Kapitän Hyunsangkiun nach St. Petersburg.	11635. 15. 7.
Ber. a. Tokio v. 18. 2. -A. 41- Excesse gegen die Reichsangehörigen Henschel u. Frau durch japan. Kulis in Fusan.	4606. 18. 3.
Ber. a. Söul v. 11. 2. -16- - wie vor -	4936. 23. 3. cop.
" " " v. 1. 3. -23- Abschluß des japan. -koreanischen Abkommens v. 23. 2.	5956. 9. 4. cop.
Ber. a. Tokio v. 28. 4. -A. 118- Entsendung des Prinzen I chi yong als korean. außerordentl. Botschafter nach Tokio in Erwiderung des Besuchs des Marquis Ito in Söul.	8795. 25. 5. cop.
Ber. a. Söul v. 18. 4. № 45., Der Berichterstatter des „Berl. Lok. Anzeigers" in Korea, H.v. Gottberg; der Brand des Kaiserpalastes und die Kaiserl. Familie; Charakter des koreanischen Volkes.	8818. 25. 5.

Berlin, den 22. Februar 1904.   zu A. 1898.

An
Gesandten
Soeul № A. 3

cf. I 29207. 76. i. a. IV
Geschäftsgang № 28.
von Oktober 1874.

Auf Bericht J. № 32. / K. № 6. vom 9. v. M.

Ew. pp. theile ich zu Ihrer Information erg. mit, daß der hiesige koreanische Gesandte bereits den Tod der Kaiserin Wittwe von Korea mit der Bitte hierher mitgetheilt hat, den Trauerfall zur Kenntniß S. M. des Kaisers und Königs zu bringen. Nachdem darauf das Beileid der Kais. Regierung der koreanischen Vertretung gegenüber zum Ausdruck gebracht worden ist, dürfte eine Veranlassung zu weiteren Kundgebungen unsererseits nicht mehr vorliegen. Mit der Mittheilung des Todesfalls an die Oesterr.-Ungarische Regierung habe ich den ksl. Botschafter in Wien beauftragt.

Was die weiter von Ew. pp. angeregte Frage betrifft, auf welchem Wege sich der durch die von Ihnen wahrgenommene Oesterr.-Ungarische Vertretung bedingte dienstliche Verkehr mit dem Oesterr.-Ungarischen Ministerium der Auswärtigen Angelegenheiten zu vollziehen habe, so ersuche ich Ew. pp. erg. entsprechend dem bisher in analogen Fällen beobachteten Modus, jedesmal die Vermittelung Ihrer hiesigen vorgesetzten Behörde in Anspruch zu nehmen. Insbesondere wollen Ew. pp. etwaige Berichte, die Sie in Angelegenheiten von Staatsangehörigen der Oesterr.-Ungarischen Monarchie nach Wien zu richten haben, unter fliegendem Siegel zur Weiterbeförderung hierher einreichen. Den Empfang dieses Erlasses bitte ich mir gfl. zu bestätigen.

#   #   #

2. Botschafter
Wien № 163

Der Koreanische Minister des Aeußern hat den mit Vertretung der Oesterr. -Ungarischen Interessen in Korea beauftragten Ksl. Gesandten in Soeul gebeten, die amtliche Mittheilung vom Tode der Kaiserin Wittwe von Korea, Mioeng Hoen, der Adoptivmutter des regierenden Kaisers, an die Oesterr.-Ungarische Regierung gelangen zu lassen. Ew. pp. darf ich bitten, vorstehendes dem dortigen Minister des Aeußern gfl. mittheilen zu wollen.

St. S.

PAAA_RZ201-018935_013 ff.

Empfänger	Kaiserlich Japanische Gesandtschaft	Absender	[o. A.]
A. 3339 pr. 26. Februar 1904. p. m.		[o. A.]	
Memo	mtg. 2. 3. London 307, Paris 235, Pterbg. 314, Rom 218, Wien 211, Wash. A. 155, Generalstab. Admiralstab. Kaiserlich Japanische Gesandtschaft. Copy of Protocol concluded between Japan and Corea on the 23. February 1904.		

Abschrift.

A. 3339 pr. 26. Februar 1904. p. m.

"Mr. Hayashi, Envoy Extraordinary and Minister plenipotentiary of His Majesty the Emperor of Japan, and Major-General Ye-tschi-yong, Minister of State for Foreign Affairs ad interim of His Majesty the Emperor of Corea, being respectively duly empowered for the purpose, have agreed upon the following articles.

Article I. For the purpose of maintaining a permanent and solid friendship between Japan and Corea and firmly establishing peace in the Far East, the Imperial Government of Corea shall place full confidence in the Imperial Government of Japan and adopt the advice of the latter in regard to improvements in administration.

Article II. The Imperial Government of Japan shall in a spirit of firm friendship ensure the safety and repose of the Imperial House of Corea.

Article III. The Imperial Government of Japan definitely guarantee independence and territorial integrity of the Corean Empire.

Article IV. In case the welfare of the Imperial House of Corea or the territorial integrity of Corea is endangered by aggression of a third Power or internal disturbances, Imperial Government of Japan shall immediately take such necessary measures as circumstances require and in such case Imperial Government of Corea shall give full facilities to promote action of Imperial Japanese Government.

Imperial Government of Japan may, for the attainment of the above mentioned object, occupy when the circumstances require it such places as may be necessary from strategical points of view.

Article V. The Government of two countries shall not, in future without mutual consent, conclude with a third Power such an arrangement as may be contrary to principles of present protocol.

Article VI. Details in connection with present protocol shall be arranged as the circumstances may require between the Representative of Japan and Minister of State for Foreign Affairs of Corea."

urschriftl. i. a. Japan 20. № 3.

PAAA_RZ201-018935_016

Empfänger	Auswärtiges Amt in Berlin	Absender	Arco
A. 4083 pr. 9. März 1904. p. m.		Tokio, den _. März 1904.	
Memo	Umstelg. mtg. 12. 3. Petersburg 343.		

Abschrift.

A. 4083 pr. 9. März 1904. p. m.

Telegramm.

Tokio, den _. März 1904. - Uhr - Min. - m.
Ankunft: 9. 3. 1 Uhr 13 Min. Nm.

Der K. Gesandte an Auswärtiges Amt.

Entzifferung.

№ 78.

Marquis Ito reist mit diplomatischem und militärischem Stabe nach Soeul, um als außerordentlicher Botschafter dortigem Souverän Handschreiben des Mikado zu überbringen. Als künftiger ständiger Berater am Hofe von Soeul wird allgemein Vicomte Aoki bezeichnet, der aber bisher diese Nachricht ableugnet.

Soeul mitgeteilt.
Arco.
urschriftl. i. a. Japan 20. № 3.

[   ]

PAAA_RZ201-018935_017 f.

Empfänger	Bülow	Absender	Arco
A. 4220 pr. 12. März 1904. a. m.		Tokio, den 6. Februar 1904.	

A. 4220 pr. 12. März 1904. a. m.

Tokio, den 6. Februar 1904.

A. 24.

Seiner Exzellenz

dem Reichskanzler

Herrn Grafen von Bülow.

Ko yong keun, der Mörder des koreanischen Flüchtlings U phöm syon[1], war in erster Instanz am 26. Dezember v. J. zum Tode verurteilt worden, während sein Mitschuldiger No eun myöng mit lebenslänglichem Zuchthaus davon kam. Beide Angeklagte haben Berufung gegen dieses Urteil eingelegt und wie schon in der Hauptverhandlung der ersten Instanz ihren Antrag auf mildere Bestrafung darauf gestützt, dass sie im Auftrage des Hofes zu Söul gehandelt hätten. In der zweiten Instanz hat schon der Staatsanwalt unter Anerkennung der Berechtigung dieses Einwands für beide Angeklagten eine gelindere Bestrafung beantragt und der Appellationsgerichtshof zu Hiroshima hat sich dieser Auffassung angeschlossen und hat in der gestrigen Hauptverhandlung unter Zubilligung mildernder Umstände den Ko yong keun wegen Mordes zu lebenslänglichem und den Ho eun myöng wegen Beihülfe zum Mord zu 12 Jahren Zuchthaus verurteilt.

Dem Kaiserlichen Ministerresidenten in Söul schickte ich Abschrift dieses Berichts.

Graf Arco.

---

1 A. 1918 ehrerbietigst beigefügt.

PAAA_RZ201-018935_019 f.

Empfänger	Bülow	Absender	Arco
A. 4606 per. 18. März 1904. a. m.		Tokio, den 18. Februar 1904.	

A. 4606 per. 18. März 1904. a. m.

Tokio, den 18. Februar 1904.

A. 41.

Seiner Excellenz

dem Reichskanzler

Herrn Grafen von Bülow.

Am 12. d. M. erhielt ich den Besuch eines aus Fusan kommenden amerikanischen Journalisten, der mir Briefe des dortigen Zolldirektors Pegorini, eines Italieners, sowie des glaublich gleichfalls im koreanischen Zolldienst befindlichen Reichsangehörigen Bolljahn vom 8. d. M. überbrachte. Nach diesen Nachrichten waren am 7. d. M. der Reichsangehörige Henschel und seine japanische Frau von japanischen Kulis arg misshandelt worden. Die Herren Pegorini und Bolljahn baten um Schutz.

Ich begab mich sofort mit meinem italienischen Kollegen, an den Pegorini gleichfalls geschrieben hatte, in das Ministerium der Auswärtigen Angelegenheiten und erhielt dort die Zusicherung, dass man sofort um Aufklärung und Untersuchung telegraphieren sowie energisch die Beschützung der Fremden und Fürsorge für die Verwundeten anordnen werde. Später schlossen sich auch meine Kollegen von England und den Vereinigten Staaten meiner Demarche an, weil auch Angehörige dieser Staaten in Fusan wohnen. Die Kaiserliche Gesandtschaft Söul und Herrn Bolljahn habe ich von meinem Vorgehen telegraphisch unterrichtet.

Am 13. d. M. kam der Vizeminister der Auswärtigen Angelegenheiten zu mir, um mir mitzuteilen, dass man trotz aller Bemühungen die schuldigen Kulis noch nicht habe ermitteln können; der Excess habe sich bei Dunkelheit ausserhalb des japanischen Settlements zugetragen und es sei deshalb schwer, der Sache auf den Grund zu gehen. Man habe aber die Polizei verstärkt und den japanischen Konsul in Fusan beauftragt, sich mit Herrn Pegorini wegen des Schutzes der Fremden in Verbindung zu setzen. Auch werde die Untersuchung fortgesetzt, um die Excedenten ausfindig zu machen. Der

Vizeminister sprach auch sein Bedauern über das Vorgefallene aus.

Auch von Herrn Pegorini kam die Nachricht, dass sich die Verhältnisse wieder gebessert hätten. Ich habe Herrn von Saldern auch von diesen weiteren Nachrichten verständigt.

Ueber die Verletzungen des Herrn Henschel fehlen genaue Nachrichten, doch glaubte Herr Pegorini am 12. d. M., er werde noch 6 Wochen lang damit zu tun haben.

Der Japanischen Regierung sind solche Excesse aufrichtig unangenehm und sie zeigt unzweifelhaft guten Willen, um Ruhe und Ordnung aufrecht zu erhalten.

Graf Arco.

PAAA_RZ201-018935_021

Empfänger	Bülow	Absender	Sternburg
A. 4867 pr. 22. März 1904. p. m.		Washington, den 3. März 1904.	
Memo	Durch Dep. Sack am 4. 3. Auf Erlaß № A. 110. vom 18. v. M.		

Abschrift.

A. 4867 pr. 22. März 1904. p. m.

Washington, den 3. März 1904.

A. 54.

Sr Exzellenz

dem Reichkanzler

Herrn Grafen von Bülow.

Der koreanisch-amerikanische Vertrag vom 22. Mai 1882, von dem der Bericht № 106. des Kaiserlichen Botschafters in London vom 10. v. M. handelt, ist in der offiziellen Sammlung der „Treaties and Conventions concluded between the United States of America and other powers" abgedruckt. Der in Frage kommende Artikel № 1. lautet wörtlich;

There shall be perpetual peace and friendship between the president of the United States and the King of Chosen and the citizens and subjects of their respective Governments.

If other Powers deal unjustly or oppresively with either Government, the other will exert their good offices, on being informed of the case, to bring about an amicable arrangement, thus showing their friendly feelings.

gez. Sternburg.

orig. i. a. Korea 10

Verurteilung der Mörder des koreanischen Flüchtlings U phöm syon.

PAAA_RZ201-018935_022 ff.

Empfänger	Bülow	Absender	Saldern
A. 4934 pr. März 1904. p. m.		Soeul, den 1. Februar 1904.	
Memo	J. № 89.		

Abschrift.

A. 4934 pr. März 1904. p. m.

Soeul, den 1. Februar 1904.

K. № 11.

Sr. Exzellenz

dem Reichkanzler

Herrn Grafen von Bülow.

Seit meinem letzten Berichte vom 13. Januar d. J. hat sich hier nichts Wesentliches geändert. Nur wird die Regierungsmaschine immer rumpliger. Ministerwechsel folgen sich alle Tage und niemand weiß eigentlich mehr, wer im Amte ist, besonders auch, da diese ephemeren Erscheinungen gänzlich unbekannte Persönlichkeiten sind, die irgend eine politische Parteirichtung nicht haben. Der einzige unter diesen Leuten, von dem man etwa reden kann, ist der berühmte Schatzmeister des Kaisers Namens I Hun Ik, ein Mann, der sich vom Kuli heraufgearbeitet hat, nicht lesen und nicht schreiben kann, aber gewandt und voll von Intrigen, in den Mitteln nicht wählerisch und von Jedermann gefürchtet ist. Er war in den letzten Tagen 2 Tage lang Finanz-Minister, 1 1/2 Tage Kriegsminister, und Anfang voriger Woche ist er wieder Finanzminister geworden.

Bei aller dieser Mißwirtschaft wird das Land jetzt auch tatsächlich unruhiger; die berüchtigte Tong Hak-Sekte hat sich in dem östlichen Teile Mittel-Koreas erhoben und plündert Behörden und Bevölkerung, die auch wegen Steuerbedrückung schon aufgeregt war. Die armen Leute sind wirklich zu bedauern, denn was den Steuerbeamten entgeht, verfällt den Räubern. Der katholische Bischof sagte mir vor einigen Tagen, seine Leute hätten ihm berichtet, daß die Tong Haks von den Japanern bezahlt würden, er glaube aber nicht daran, denn an und für sich sei schon genug Grund zur Erhebung vorhanden, und dann seien auch die Summen, welche als von den Japanern gezahlt genannt würden, so hohe, daß man den Erzählungen die Unwahrheit sofort anmerken könne. Bemerkenswert sei aber, daß jetzt das Haupt der Tong Haks namentlich bekannt sei, was seit den Hinrichtungen der früheren Leiter vor etwa 10 Jahren nicht mehr der Fall gewesen sei.

Die Japaner fahren in ihren Kriegsvorbereitungen mit Eifer fort. In allen koreanischen Hafenplätzen werden Unmengen Getreide für die Truppen aufgehäuft. So weiß ich z. B. von einem Kontrakte von etwa 20 000 Tonnen Reis in kürzester Frist nach Fusan zu liefern. Große Gersten-Vorräte werden in Chemulpo angesammelt. Die Gerste wird dort aus großen Packen in kleinere, wie sie für die Beladung von Packpferden geeignet sind, umgeschüttet. Das alles geschieht mit einer Ordnung und Systematik, die bewunderungswürdig erscheinen muß. Bemerkenswert erscheint mir nur, daß die Japaner hier in Chemulpo, an der koreanischen Nordwestküste und so zu sagen im Aktionsbereiche der russischen Port Arthur-Flotte, solche Vorräte hinlegen. Vielleicht wollen sie über ihren Aufmarsch täuschen. Es geht freilich das Gerücht, daß die Japaner in der Bucht von A-san, etwa 50 Kilometer südlich von Chemulpo, Vorbereitungen zur Landung treffen. Dort haben sie auch im Kriege mit China ihre ersten Truppen ausgeschifft. Da die Eisenbahn Soeul-Fusan erst auf kurzen Strecken an den beiden Endpunkten benutzbar ist, so würden an der Ost- und Südküste gelandete japanische Truppen mittelst Fußmarsches die ganze Halbinsel durchqueren müssen. Die Schwierigkeiten eines solchen Marsches im hiesigen sehr harten Winter lassen es wahrscheinlich erscheinen, daß es mit den Landungsabsichten der Japaner bei A-san ernst ist. Euerer Exzellenz ist bekannt, daß die japanische Regierung jetzt große Subventionen für den schleunigen Fortbau der Soeul-Fusan-Bahn ausgeworfen hat. Es kann aber gegenwärtig wegen des scharfen Frostes auf der Strecke nicht gearbeitet werden. Der hiesigen japanischen Legation ist seit etwa 14 Tagen Generalmajor Iditti, der auch vor ungefähr 20 Jahren mehrere Jahre in Berlin gelebt hat und der sehr gut deutsch spricht, beigegeben worden.

Das koreanische Militär benimmt sich bei alledem so indifferent wie möglich. Die Offiziere haben vor einiger Zeit allerdings versucht, Schießübungen mit Maximgeschützen abzuhalten, aber der Generaldirektor der Zölle Mc Leavy Brown, in dessen Verwahrung diese Geschütze standen, hatte, damit die Koreaner kein Unheil anrichten könnten, die Verschlußstücke herausnehmen und verstecken lassen. Diese Maschinengewehre sind vor einigen Jahren durch Herrn Brown´s Vermittelung von England geliefert worden und nachdem der englische Fabrikant sein Geld erhalten hatte, war für Herrn Brown der Daseinszweck dieser Geschütze erfüllt.

Alles was hier mit der Regierung zusammenhängt, ist ebenso lächerlich wie verächtlich und wert, daß es zu Grunde geht.

Der Kaiser sitzt mit seinen Weibern, Eunuchen und Zauberern zusammen, kommt nie heraus und denkt dabei anscheinend noch, daß er etwas bedeute. So hat er neulich befohlen, daß die neue Republik Panama anerkannt werde. Wo Panama liegt, davon hat er natürlich keine Ahnung, aber irgend Jemand hat ihm gesagt, daß dieser neue Staat entstanden sei und da denkt er denn, daß es seiner Würde entspreche, davon Akt zu nehmen. Vor kurzem hatte er den Wunsch geäußert, etwas mehr wie bisher über die Ereignisse der Welt unterrichtet zu werden. Seine Umgebung hat darauf eine Kommission konstituiert bestehend aus 2 Franzosen, 2 Engländern, 2 Deutschen, 1 Belgier und anderen Fremden mehr. Diese Herren haben dann gleich unter Führung der Engländer und Franzosen beschlossen, für 2000 Yen monatlich Zeitungen zu abonnieren. Es hat sich aber Niemand gefunden, der das Geld dazu hergibt. Auch sonst würde die Sache ihre Schwierigkeiten haben, denn es müßte erst eine sichere Methode erfunden werden, wie dem Kaiser diese Nachrichten nun beizubringen wären, denn die Eunuchen und anderen Vertrauten des Monarchen würden nicht zulassen, daß eine europäische Persönlichkeit nebst koreanischem Dolmetscher regelmäßig Vortrag hätte; diese Persönlichkeit könnte dann zu viel Einfluß gewinnen. So ist das schöne Projekt ein ungeborenes Kind und der Kaiser bleibt uninformiert, was auch kein besonderer Schade ist. Im übrigen hat der Monarch nur den sehr berechtigten Wunsch, daß man ihn möglich in Ruhe lasse, was natürlich denen, die es am nächsten angeht, garnicht einfällt. Diesem Wunsche entsprach auch das Euerer Exzellenz bekannte Bestreben nach Feststellung einer Neutralität Koreas. Es scheinen ja in der letzten Zeit in dieser Beziehung an den europäischen Höfen Erklärungen abgegeben werden zu sein: Der koreanische Gesandte in Berlin hat vor etwa 8 Tage hierher telegraphiert, daß Deutschland die Neutralität Koreas anerkannt habe. England hat hierher mitteilen lassen, es habe mit Interesse von der Neutralitätserklärung Koreas Kenntnis genommen. Rußland und Japan haben sich, so viel ich höre, noch garnicht geäußert. Der französische interimistische Vertreter hier, Vicomte von Fontenay, sprach mir mit Begeisterung von der Wirkung dieser Neutralität auf Rußland und Japan und wollte nicht begreifen, daß dazu immer zwei gehören, einer der sie wünscht und der andere, der sie achtet. Mein amerikanischer Kollege sagte mir vor einigen Tagen, er habe von seiner Regierung noch nichts über diese Angelegenheit gehört.

Alle Gesandtschaften, außer mir und dem Chinesen, haben jetzt ihre Wachen, die zahlreichste die Amerikaner. Einige meiner Kollegen meinen, daß die Anwesenheit dieser fremden Wachen die Japaner von Maßregeln gegen Soeul abhalten würde, eine Ansicht, die ich für ziemlich lächerlich halte. Die Russen haben sich mit einer Wache von ungefähr 50 Mann begnügt und ihre ursprüngliche Absicht, diese Schutztruppe auf 130 Mann zu bringen, aufgeben. Die koreanische Regierung ist ziemlich bestürzt über das viele fremde Militär und die Bevölkerung ernstlich darüber erregt. Viel Volks hat die Stadt verlassen und ist in die umliegenden Dörfer gelaufen. Die Preise der gewöhnlichen Lebensmittel fangen an zu steigen.

gez. Saldern.

orig. i. a. Japan 20

Inhalt: Verurteilung der Mörder des koreanischen Flüchtlings U phöm syon.

[   ]

PAAA_RZ201-018935_032 f.

Empfänger	Bülow	Absender	Saldern
A. 4936 pr. 23. März 1904. p. m.		Söul, den 11. Februar 1904.	
Memo	Minister-Residentur J. № 117.		

Abschrift.

A. 4936 pr. 23. März 1904. p. m.

Söul, den 11. Februar 1904.

K. № 16.

Seiner Exzellenz

dem Reichskanzler

Herrn Grafen von Bülow.

pp.

Fusan ist leider vor einigen Tagen ein deutscher Reichsangehöriger von japanischen Kulis geschlagen und verletzt worden. Ich weiß noch garnichts Näheres von der Sache, außer durch die Entschuldigungen, die mir mein japanischer Kollege über den Vorfall gemacht hat. Wir sind ohne jede Verbindung mit Fusan und der japanischen Gesandtschaft sind anscheinend die näheren Umstände des Vorfalls auch noch nicht bekannt. Herr Hayaschi, welcher am 8. abends bei mir speiste (: Wir Nicht-Japaner wußten von dem Erscheinen der Flotte in Tschemulpo damals noch nichts:) sprach mir an jenem Abend schon von der Sache und schickte gestern noch einmal seinen Sekretär Hagiwara mit besonderen Entschuldigungen zu mir. Dieser meinte, er wisse nur, daß die Verletzungen des Deutschen nicht schwer seien. Die Täter seien sofort gefangen gesetzt und der Konsul habe das Verfahren gegen sie eröffnet, ich könne jeder Genugtuung sicher sein. Ich deutete zart an, daß auch vielleicht eine Geldentschädigung gewährt werden könnte. Es gibt in dauerndem Domizil nur zwei Deutsche in Fusan, die beide im koreanischen Zolldienste stehe. Ich darf gehorsamst bitten, mich bei Empfang dieses Berichts mit telegraphischer Weisung zu versehen, ob in solchen Fällen im Prinzip ein Schmerzensgeld von Japan gefordert werden kann und ob ich nach Lage des Falles dem Gesandten höflich nahe legen kann, daß, abgesehen von der Bezahlung der Kurkosten auch eine von der japanischen Regierung zu zahlende Geldentschädigung erwünscht sei. Ich denke, ich werde in den nächsten Tagen durch den General-Zolldirektor Näheres über den bedauerlichen Vorfall hören können. Wie die Japaner es darstellen, scheint das Ereignis mit der gegenwärtigen politischen Erregung keinen Zusammenhang zu haben.

Nach Peking und nach Tokio sende ich Abschriften dieses Berichts.

gez. von Saldern.

orig. i. a. Japan 20

[   ]

PAAA_RZ201-018935_034

Empfänger	Bülow	Absender	Mumm
A. 5473 pr. 1. April 1904. a. m.		Peking, den 12. Februar 1904.	

A. 5473 pr. 1. April 1904. a. m.

Peking, den 12. Februar 1904.

A. 42.

Seiner Exzellenz

dem Reichskanzler

Herrn Grafen von Bülow.

Euerer Exzellenz beehre ich mich zu berichten, daß der koreanische Gesandte in Peking, Herr Pak-Shai-sun, von seinem Postern abberufen und zum Minister des Auswärtigen in Soeul ernannt worden ist. Die Führung der Geschäfte hat der zweite Legationssekretär Herr Pak-Tai-jung übernommen.

Mumm.

[   ]

PAAA_RZ201-018935_035 f.

Empfänger	Bülow	Absender	Arco
A. 5687 pr. 4. April 1904. a. m.		Tokio, den 1. März 1904.	
Memo	mtg. 9. 4. London, St. Petbg., Peking, Washington, Söul, Paris		

Abschrift.

A. 5687 pr. 4. April 1904. a. m.

Tokio, den 1. März 1904.

A. 58.

Seiner Exzellenz

dem Reichskanzler

Herrn Grafen von Bülow.

Am 23. v. Mts. ist in Söul zwischen dem japanischen Gesandten und dem interimistischen Minister der auswärtigen Angelegenheiten ein Vertragsprotokoll abgeschlossen worden, das ich in deutscher Übersetzung beifolgend vorlegen darf.

In dem Vertrage verpflichtet sich die koreanische Regierung, die japanischen Ratschläge in der Staatsverwaltung anzunehmen, die japanischen Maßnahmen zugunsten Koreas zu unterstützen und insbesondere sich die Besetzung gefallen zu lassen, sowie endlich keine Staatsverträge abzuschließen, die dem Vertragsprotokoll vom 23. Februar zuwiderlaufen.

Japan übernimmt letzte Verpflichtung gleichfalls, garantiert die Unabhängigkeit und Integrität von Korea und verspricht alle erforderlichen Maßnahmen für die Ruhe und Sicherheit des Kaiserhauses und Reiches von Korea.

gez. Graf Arco.

Orig. i. a. Japan 20. № 3.

Abschrift.

A. 5687. 04.

Übersetzung des Textes
des Protokolls.
(Unterzeichnet in Söul am 23. Februar 1904)

Herr Hayashi Gonske, außerordentlicher Gesandter und bevollmächtigter Minister Seiner Majestät des Kaisers von Japan und Generalmajor Yi tchi yong, interimistischer Staatsminister der auswärtigen Angelegenheiten Seiner Majestät des Kaisers von Korea, beide mit den erforderlichen Vollmachten zu diesem Zwecke versehen, sind über folgende Artikel übereingekommen:

Artikel 1.

Zu dem Zwecke, eine dauernde und feste Freundschaft zwischen Japan und Korea aufrecht zu erhalten und den Frieden im äußersten Osten dauerhaft sicher zu stellen, wird die Kaiserlich Koreanische Regierung volles Vertrauen auf die Kaiserlich Japanische Regierung setzen und die Ratschläge der letzteren bezüglich Verbesserung in der Verwaltung annehmen.

Artikel 2.

Die Kaiserlich Japanische Regierung wird im Geiste unverbrüchlicher Freundschaft die Sicherheit und Ruhe des Koreanischen Kaiserhauses sicherstellen.

Artikel 3.

Die Kaiserlich Japanische Regierung garantiert ausdrücklich die Unabhängigkeit und die territoriale Integrität des Kaiserreichs Korea.

Artikel 4.

Sollte die Wohlfahrt des koreanischen Kaiserhauses oder die territoriale Integrität Koreas durch den Angriff einer dritten Macht oder innere Unruhen gefährdet werden, so wird die Kaiserlich Japanische Regierung sofort die notwendigen Maßregeln ergreifen, welche die Umstände erfordern, und in solchen Fällen wird die Kaiserlich Koreanische Regierung alle Erleichterungen gewähren, um das Vorgehen der Kaiserlich Japanischen Regierung zu unterstützen.

Zur Erreichung des oben erwähnten Zweckes darf die Kaiserlich Japanische Regierung, wenn die Umstände es erfordern, solche Plätze besetzen, deren Okkupation von strategischen Gesichtspunkten aus etwa notwendig erscheint.

Artikel 5.

Die Regierungen beider Länder dürfen in Zukunft, ohne beiderseitige Zustimmung, mit einer dritten Macht keinerlei Abkommen schließen, das den Grundsätzen des vorliegenden Protokolls zuwiderlaufen könnte.

Artikel 6.

Einzelheiten mit Bezug auf das vorliegende Protokoll werden, je nachdem es die Umstände erfordern, zwischen dem japanischen Vertreter und dem koreanischen Staatsminister der auswärtigen Angelegenheiten vereinbart werden.

Abberufung des Koreanischen Gesandten.

PAAA_RZ201-018935_040 ff.

Empfänger	Bülow	Absender	Saldern
A. 5956 pr. 9. April 1904. a. m.		Söul, den 1. März 1904.	
Memo	ausz. mtg. 28. 4. Generalstab. J. № 186.		

Abschrift.

A. 5956 pr. 9. April 1904. a. m.

Söul, den 1. März 1904.

K. № 23.

Sr. Exzellenz

dem Reichskanzler

Herrn Grafen v. Bülow.

E. E. beehre ich mich hierbei die englische Übersetzung eines Abkommens zu überreichen, welches am 23. v. Mts. zwischen dem hiesigen japanischen Gesandten u. der koreanischen Regierung vereinbart worden ist. Der vorliegende engl. Text ist mir von meinem japanischen Kollegen übergeben worden. Weiter als in diesem Abkommen konnte Korea in der Entäußerung seiner Souveränität kaum gehen. Bezeichnend ist besonders der Artikel II des Protokolls in welchem von der „safety and repose" des Kaiserlich koreanischen Hauses gesprochen wird. Hiermit haben die Japaner den Punkt getroffen, auf dem es dem hiesigen Kaiser allein ankommt. Wenn er nur seine Ruhe hat, wenn nur seine Furcht vor Mord u. anderen Anschlägen beschwichtigt ist, so ist er in seinem Egoismus befriedigt. Von Ehrgefühl oder Nationalsinn ist bei ihm keine Rede. Übrigens ist es mit dem sonst gutmütigen und sympathischen koreanischen Volke nicht viel besser bestellt; niemand fühlt, in eine wie große Schande das Land verfallen ist. Der Kaiser läßt jetzt öffentlich die Proben großer Zeremonien abhalten, welche das Leichenbegängnis seiner vor kurzem verstorbenen Adoptivmutter begleiten sollen. Das spielt sich nun in den Straßen von Söul wie ein großes Volksfest ab u. man sieht überall vergnügte Gesichter. Tausende scharen sich um die Bannerträger der verschiedenen Stadtteile und die Bevölkerung der umliegenden Dörfer mit ihren Bannern nimmt jauchzend an dem großen Volksfeste teil.

Das alles spielt sich inmitten der japanischen Truppen ab u. die Belustigung des Volkes kann sich dank der ausgezeichneten japanischen Manneszucht frei entwickeln. Wenn dann manchmal eine japanische Kompagnie durch die dichtgedrängte Menge marschiert u. die Soldaten mit barschen Worten Platz fordern, so verschlägt das dem biederen Koreaner nichts u. fröhlich schließen sich wieder die Massen.

gez. von Saldern.

Orig. i. a. Japan 20. № 3.

Inhalt: Abberufung des Koreanischen Gesandten.

[   ]

PAAA_RZ201-018935_043 f.

Empfänger	Auswärtiges Amt in Berlin	Absender	Saldern
A. 6413 pr. 15 April 1904. p. m.		Seoul, den 15. April 1904.	

Abschrift.

A. 6413 pr. 15 April 1904. p. m.

Telegramm.

Seoul, den 15. April 1904. - Uhr. - Min. - m.

Ankunft: 15. 4. - Uhr. - Min. - m.

Der K. Ministerresident an Auswärtiges Amt.

Entzifferung.

№ 24.

Letzte Nacht ganzer Kaiserpalast wieder gebrannt, alle Schätze und Juwelen verloren. Kaiser sagt, daß Feuer durch Schuld Bauhandwerker, welche Ofen überheizten und, als Gefahr entstand, fortliefen, verursacht. Kaiser in steinernes außerhalb Palastmauern belegenes Haus gerettet, wird diplomatisches Corps dort heute Nachmittag empfangen. Seoul alles ruhig.

gez. Saldern.

[   ]

PAAA_RZ201-018935_045 f.

Empfänger	Auswärtiges Amt in Berlin	Absender	Saldern
A. 6685 pr. 20. April 1904. p. m.		Söul, den 20. April 1904.	
Memo	cfr A. 10749 Sehr geheim!		

A. 6685 pr. 20. April 1904. p. m.

Telegramm.

Söul, den 20. April 1904. 6 Uhr 25 Min. p. m.
Ankunft: 6 Uhr 43 Min. p. m.

Der K. Minister-Resident an Auswärtiges Amt.

Entzifferung.

№ 27.

Japanischer Gesandter sagt seit einigen Wochen, daß Kaiser in einen von den Legationen entfernten Palast ziehe. Jetzt, nach dem Brande befindet sich Monarch hart an Amerikanischer Legation und ist von amerikanischen Grundstücken und Soldaten rings umgeben. Mein amerikanischer Kollege sagte mir, daß ihm dieser durch Zufall eingetretene Zustand sehr unangenehm sei. Japaner drohen jetzt Kaiser eventuell mit Gewalt in Ost-Palast führen zu lassen. Kaiser will nicht nachgeben.

Vom Monarchen zu den Russen mit mündlichen Aufträgen Gesandte Person ist von Japanern aufgefangen und hat gestanden.

Tokio Peking gleichlautend
Saldern.

Berlin, den 23. April 1904.   A. 6685.

An

die Mission in

St. Petersburg. № 552

In Postziffern.

Vertraulich.

Zu Ew. pp. Information.

Der Kais. Ministerresident in Söul meldet

unterm 20. d. Mts.: „ins. aus der Vorlage"

st. St. S.

i. m.

Die Lage in Korea.

PAAA_RZ201-018935_048 ff.

Empfänger	Bülow	Absender	Saldern
A. 6852 pr. 23. April 1904. a. m.		Söul, den 13. März 1904.	
Memo	J. № 224.		

A. 6852 pr. 23. April 1904. a. m.

Söul, den 13. März 1904.

K. № 28.

Seiner Excellenz

dem Reichskanzler

Herrn Grafen von Bülow.

Die Verhältnisse hier sind dauernd in einem stagnierenden Zustand und machen, abgesehen von einigen kleinen Zwischenfällen, den Eindruck absoluter Ruhe. Das Kriegstheater ist zu entfernt von uns, als daß sein hin und her auf den Gang der täglichen Ereignisse hier Einfluß haben könnte. Die tatsächliche Entfernung Söul's von den kämpfenden Parteien ist ja nicht so weit, aber bei dem Mangel jeglicher Verbindungen und Straßen hört man hier nur das, was die Japaner sagen wollen.

Ich habe in meinem letzten Berichte bemerken dürfen, daß dem Koreaner anscheinend jegliches Gefühl für seine Schande und jedes Vaterlandsgefühl fehle. Ganz scheint das aber doch nicht der Fall zu sein, denn es sind gegen drei bei der Unterzeichnung des Vertrages von 23. Februar beteiligte Beamte Attentatsversuche gemacht worden. Diese Versuche sind aber sämtlich erfolglos geblieben, da sie mit unzureichenden Mitteln gemacht worden sind. Die Täter haben weder Mut noch Überlegung gezeigt, sondern haben die Bomben vor der Zeit und in den Höfen und Fluren zur Entzündung gebracht, um sich noch rechtzeitig in Sicherheit bringen zu können. Es erscheint zweifelhaft, ob die gefaßten Personen die wirklichen Täter sind. Die Japaner dringen auf strenge Untersuchung und Bestrafung. Die Koreaner betreiben das Verfahren aber recht wenig energisch.

Ganz Söul befindet sich in Schützenfeststimmung, weil morgen ein Mitglied der regierenden Familie beerdigt wird. Morgen früh um 5 1/2 Uhr empfängt uns der Kaiser in einem Tempel, wo er die Nacht hindurch Opfer dargebracht hat. Von den weiten Höfen dieses Tempels aus setzt sich dann das Leichenbegängnis mit seinem ganzen Pompe in

Bewegung.

Am 18. wird, wie Euere Excellenz bereits wissen, Marquis Ito als außerordentlicher japanischer Botschafter hier erwartet, ein weiteres Zeichen, daß Japan dem hiesigen Kaiser die Illusion seiner Souveränität vorläufig belassen will.

Vor einigen Tagen hatte ich eine Audienz beim Kaiser; er machte einen recht kläglichen, verlegen lächelnden Eindruck. Sein Hofstaat war sehr zusammengeschmolzen. Anscheinend haben die Japaner darin aufgeräumt. Nur einige Getreue umgeben ihn. Bei den Zeremonien morgen wird sich aber, außer einigen verbannten Eunuchen, alles wieder einfinden, denn so etwas versäumt ein Koreaner so leicht nicht.

Die Koreanische Regierung hat mir mit der Bitte um Mittelung nach Berlin und auch an die Kaiserlich und Königlich österreichisch-ungarische Regierung angezeigt, daß Wiju demnächst zum offenen Hafen erklärt werden solle. Mein amerikanischer Kollege drang energisch darauf, obgleich selbst der japanische Gesandte meinte, daß der gegenwärtige Moment, in welchem die Kosaken und Japaner sich dort mit Flintenschüssen regalieren, recht ungeeignet für eine solche politische Aktion sei.

Der amerikanischen Vertretung hier ist es ferner gelungen, vom Kaiser für die hiesige amerikanische Trambahn- und Elektrizitäts-Gesellschaft eine Entschädigung von 400 000 Yen jetzt ausgezahlt zu erhalten. Es ist dies eine der blutigsten Gründungen, in die man den Kaiser seiner Zeit als finanziell Betheiligten hineingelockt hat. Jetzt setzt man ihm aus den nichtigsten Gründen Daumschrauben an. Als mein amerikanischer Kollege mir gestern von der Zahlung erzählte, fragte ich ihn, ob sich der Kaiser nun damit losgekauft habe; er meinte darauf; er bedaure sagen zu müssen, daß dies wahrscheinlich nicht der Fall sei, die Rechnungen seien sehr verwickelt. Etwas Scham scheint er daher doch zu empfinden. Es ist dies ein bezeichnendes Beispiel dafür, wie gefährlich es ist, wenn der Vertreter einer Macht sein amtliches Gesicht mehr wie billig für Privatinteressen einlegen muß. Auch an unsereins treten ja manchmal solche privaten Wünsche heran. Auf die Gefahr hin bei Euerer Excellenz als ein wenig eifriger Vertreter der Deutschen Interessen bezeichnet zu werden, suche ich mich von derartigen Sachen, falls mir die Wünsche unberechtigt erscheinen, möglichst fern zu halten. Es hat sich hier leider das Verfahren hervorausgebildet, daß die Kaufleute ihre Regierungsgeschäfte nicht selbst abschließen, sondern dazu die Druckkraft ihres Vertreters beanspruchen. Das führt dann zu derartigen Lagen wie der, in welcher sich mein sehr anständiger amerikanischer Kollege jetzt befindet.

Die Japaner bauen jetzt an der Söul-Wiju-Bahn. Von dieser war eigentlich noch nichts vorhanden, außer einigen zu klein gehaltenen Wasserdurchlässen. Die Konzession war ursprünglich einer französischen Gesellschaft erteilt, welche sie verfallen ließ. Darauf wurde von den Franzosen durchgesetzt, daß die Bahn von der koreanischen Regierung in eigener Regie, aber mit französischen Ingenieuren und Material gebaut werden sollte. Dies ist dann einige Zeit aber in sehr unzureichender Weise geschehen. Jetzt haben die Japaner, ohne viel zu fragen, die Arbeit in die Hand genommen. Mein französischer Kollege sagte mir, er habe garnicht protestiert, das möge man in Paris ausmachen.

Über Militärisches melde ich nichts, weil Herr Major von Claer, welcher am 8. März hier angekommen ist, darüber berichten wird. Außerdem werden unsere Telegramme fortlaufend das Erforderliche melden.

Abschrift dieses Berichts sende ich nach Peking und Tokio.

Von Saldern.

Betrifft: Die Lage in Korea.

[   ]

PAAA_RZ201-018935_056

Empfänger	Auswärtiges Amt	Absender	Mumm
A. 7398 pr. 1. Mai 1904. p. m.		Peking.	

Abschrift.

A. 7398 pr. 1. Mai 1904. p. m.

Peking.

№ 173.

An das Auswärtige Amt.

Russischer Gesandter hat Nachricht, daß Brand des Kaiserpalastes in Söul durch Kaiser selbst herbeigeführt sei, der, in Angst vor Japan, auf diese Weise einen Vorwand geschaffen habe, in ein im Schutze der amerikanischen Gesandtschaft belegenes Haus zu fliehen.

gez. Mumm.

[   ]

PAAA_RZ201-018935_057

Empfänger	Auswärtiges Amt in Berlin	Absender	Mumm
A. 7398 pr. 1. Mai 1904. p. m.		Peking, den 1. Mai 1904.	

A. 7398 pr. 1. Mai 1904. p. m.

Telegramm.

Peking, den 1. Mai 1904. 3 Uhr 37 Min. p. m.

Ankunft: 11 Uhr 12 Min. a. m.

Der k. Gesandte an Auswärtiges Amt.

Entzifferung.

№ 173.

Nach Nachrichten des russischen Gesandten sei Brand Kaiserpalaste Soeul auf Kaiser selbst zurückzuführen, der in seiner Angst vor Japan dadurch Vorwand zur Flucht in ein im Schutze der amerikanischen Gesandtschaft gelegenes Haus geschaffen habe.

Soeul benachrichtigt.

Mumm.

PAAA_RZ201-018935_058 ff.

Empfänger	Bülow	Absender	Saldern
A. 7811 pr. 8. Mai 1904. a. m.		Söul, den 30. März 1904.	
Memo	mtg 16. 5. London 618, Paris 485, Petbg. 652, Washg. A. 259. J. № 267.		

Abschrift.

A. 7811 pr. 8. Mai 1904. a. m.

Söul, den 30. März 1904.

K. № 35.

Seiner Excellenz

dem Reichskanzler

Herrn Grafen von Bülow.

Marquis Ito ist mit großem Gefolge hier gewesen und hat einige Tage Söul in Atem gehalten. Er war uns gegenüber ebenso liebenswürdig wie politisch zurückhaltend und zeigte in gesellschaftlicher Beziehung gerne eine joviale Ader. Wir haben ihm die Ehren erwiesen, die einem außerordentlichen Ambassadeur zustehen: als ersten Besuch u. a. Vom Kaiser ist ihm der hohe Orden vom goldenen Maß verliehen und sein ganzes Gefolge ist mit anderen koreanischen Orden dekoriert worden.

Ob die Mission des Marquis am koreanischen Hofe mehr wie ein Höflichkeitsbesuch gewesen ist, ist schwer zu ermitteln. Koreaner, die es wissen müssen, und Japaner sagen übereinstimmend, daß von Geschäften nicht die Rede gewesen sei. Es würde übrigens auch ganz glaubhaft und sehr geschickt sein, wenn diese Sendung sich nur damit befaßt hätte, dem Kaiser und den Machthabern hier Vertrauen einzuflößen. Das Andere, das heißt, das Eingreifen in die verrottete koreanische Verwaltung, wird wohl später kommen. Es würde gewiß außerordentlich segensreich sein, wenn die Japaner im Lande etwas Ordnung schafften. Unordnung und Räuberei herrschen überall bis vor die Tore von Söul.

Schon ehe der Marquis Ito hier angekammen war, hatten es die Japaner übrigens schon durchgesetzt, daß einer ihrer Offiziere zum Berater des koreanischen Kriegsministeriums ernannt wurde. Diesen Posten hat Oberstleutnant Nadzu, der im letzten Jahre der hiesigen japanischen Legation attachiert war, erhalten. Er wird wohl der einzige fremde Berater hier sein, der wirklich etwas zu sagen haben wird.

Die große Frage, ob die Japaner in ihrem Kriege mit Rußland sich der sogenannten Soldaten Koreas bedienen werden, scheint so gelöst werden zu sollen, daß man sie in der Front und vor dem Feinde nicht wünscht, daß man sie aber zu Etappen- und ähnlichen Diensten zu benutzen gedenkt. Es erscheint mir jedoch wahrscheinlich, daß die Japaner auch davon noch abkommen werden, denn die Unzuverlässigkeit der Koreaner ist zu groß. Wenn diese heute nur ihre Pfeife Tabak und etwas Sonnenschein haben, werden sie alle ihnen übertragene Arbeit liegen lassen.

Von der Armee hört man hier fast garnichts. Die Japaner halten Militär-Attachés und Zeitungskorrespondenten fern von ihren Aktionen. Korrespondenten, die auf eigene Hand nach Pyeng Yang gegangen waren, sind zurückgeschickt worden und von Militärattachés ist nur einem amerikanischen General Allen und einem englischen Major Pereira die Möglichkeit gegeben worden, nach Pyeng Yang zu kommen. Die Japaner scheinen es aber schwer zu bereuen, daß sie diese beiden Herren durchgelassen haben. Im Uebrigen wird man wohl erst dann Korrespondenten und Attachés zulassen, wenn die geheimnisvolle militärische Aktion, die man vorzuhaben scheint, geographisch festgelegt ist und nicht mehr verheimlicht werden kann. Oder sollten die Japaner mit Seeherrschaft und Defensive zu Lande die Russen finanziell zu ermüden suchen? Doch ich begebe mich da auf ein Gebiet, das den Militär-Attaché angeht.

gez. von Saldern.

Orig. i. a. Japan 20. № 3.

Empfangsbestätigung des Erlasses A. 3 vom 22. Februar 1904.

PAAA_RZ201-018935_064 ff.

Empfänger	Kriegsministerium	Absender	Claer
A. 7872. 04. pr. 8. Mai 1904.		Seoul, 22. März 1904.	

Abschrift.

zu A. 7872. 04. pr. 8. Mai 1904.

Seoul, 22. März 1904.

Militärbericht № 3.

An das königlich Preußische
Kriegsministerium in Berlin.

Die Bahnbauten Japans in Korea.

1. Linie Seoul-Tschemulpo.

Die im Jahre 1897 von den Amerikanern begonnene, 1898 an eine japanische Gesellschaft übergegangene und 1900 fertiggestellte Linie Seoul-Tschemulpo hat den Japanern seit Beginn des Krieges gute Dienste geleistet. Der größere Teil der in Tschemulpo gelandeten 12. Division fuhr mit der Bahn nach Seoul, um von dort nach Pyöng jang in Marsch gesetzt zu werden. Die Linie ist zwar nur 42 km lang, doch haben hier wegen der schlechten Beschaffenheit der Wege kurze Linien erhöhte Bedeutung.

Die Bahn ist in dem hügligen Gelände meist bodengleich geführt, wodurch zwar Kunstbauten vermieden, aber zahlreiche bedeutende Kurven verursacht wurden, die die Fahrtgeschwindigkeit beeinträchtigen. Der einzige größere Kunstbau der Bahn ist die 600 m lange Brücke über den Hangang bei Seoul.

Die Militärtransporte verliefen nach Urteilen von Augenzeugen geordnet. Doch gestatten sie kaum einen Schluß auf die Leistungen der Japaner im Transportwesen. Dazu ist die Linie zu kurz. Auch ist das rollende Material nicht hinreichend, trotzdem es durch den Wagenpark der Strecke Jongtong-po-Suwon (im Oktober vor. J. dem Verkehr übergebene Teilstrecke der Linie Seoul-Fusan) ergänzt wurde. Die Maschinen der Linie sind überdies zu schwach. Da die Transportdampfer in unregelmäßigen Zeiträumen eintrafen, so waren auch aus diesem Grunde keine erheblichen Anforderungen an die Linie zu stellen.

2. Linie Seoul-Fusan.

Dieselbe (etwa 450 km. lang) wurde im Mai 1901 von einer japanischen Gesellschaft begonnen. Fertig sind 60-70 km, die sich ungefähr gleichmäßig auf Anfangs- und Endstrecke verteilen. Der weitaus größte Teil ist mithin noch zu bauen. Auch wird die Überschreitung des Gebirges auf die Grenze der Provinzen Chyölla und Kyöng Siang besondere Schwierigkeiten bereiten. Trotzdem schritt die japanische Regierung bald nach Beginn der Feindseligkeiten daran, die Bahn als Vollbahn von Civilarbeitern beschleunigt ausbauen zu lassen.

Die Linie Seoul-Fusan vereinigt sich bei Jong tong po, der dritten Station vor Seoul, mit der Linie Seoul-Tschemulpo, so daß die Hanggang-Eisenbahnbrücke beiden gemeinsam ist. Die Japaner hoffen, die Linie noch in diesem Jahre fertigzustellen, was indessen sehr fraglich erscheint.

3. Linie Seoul-Pyöng jang (-Wiju).

Im Jahre 1896 erhielt die französische Gesellschaft Fiols-Bille die Genehmigung zum Bau einer Linie Seoul-Pyong jang-Wiju. Da die Gesellschaft damals mit dem Bahnbau in Tonkin Park beschäftigt war, ließ sie die Frist (1899) verstreichen bis zu welcher die Arbeiten begonnen sein mußten. Doch sicherten sich die Franzosen bei dem Rückfall der Konzession das Recht, die Bahn durch französische Ingenieure bauen zu lassen und französisches Eisenbahnmaterial zu verwenden.

1900 begannen die Vorarbeiten für die erste Strecke Seoul-Songdo. Dieselben waren bei Beginn der Feinseligkeiten noch nicht abgeschlossen.

Die Japaner begannen am 6. März unter Leitung des Generals Yamane den Bau einer Feldbahn Seoul-Songdo-Pyongjang. Es ist beabsichtigt, dieselbe moglichenfalls auf Anju und Wiju zu verlängern. Der Ausgangspunkt der Bahn befindet sich in der Nähe der Station Junsan (1. Station Seoul-Tschemulpo).

Die Japaner sprachen geringschätzig von den französischen Vorarbeiten, die sie indessen teilweise benutzen. Von Seiten des französischen Geschäftsträgers ist ein Einspruch bisher nicht erfolgt, doch ist anzunehmen, daß es zu einer Auseinandersetzung wegen Benutzung des Materials kommen wird.

gez. von Claer.

Major und Militär-Attaché.

Orig. i. a. Japan 20

Inhalt: Empfangsbestätigung des Erlasses A. 3 vom 22. Februar 1904.

[   ]

PAAA_RZ201-018935_070 ff.

Empfänger	Kriegsministerium	Absender	Claer
A. 7872. pr. 8. Mai 1904.		Seoul, 23. März 1904.	

Abschrift.

ad A. 7872. pr. 8. Mai 1904.

Seoul, 23. März 1904.

Militärbericht № 4.

An das Königlich Preußische

Kriegsministerium in Berlin.

Bedeutung der japanischen Eisenbahnpläne in Korea, Befestigungsarbeiten im Süden Koreas.

Japan ist, wie im Militärbericht № 3. ausgeführt wurde, im Begriff, sich für Kriegszwecke einen Schienenweg durch Korea von Fusan bis zum Jalu zu schaffen. Die Bedeutung desselben für die Verbindung mit dem Mutterlande und das geordnete Fortschreiten der Operationen liegt auf der Hand. Die 120 Seemeilen betragende Strecke Schimonoseki-Fusan wird von Transportschiffen in 10-12 Stunden zurückgelegt. Schimonoseki und das gegenüberliegende Moji sind Endpunkte der aus dem Landinnern heranführenden japanischen Bahnen.

Die erwähnte Verbindung durch Korea hat, wenn sie als leistungsfähige Vollbahn ausgebaut sein wird, eine große Zukunft. Sie wird im Verein mit dem über Föng huang tschönn-Ljaojau oder Haitschöng zu gewinnenden Eisenbahn-Anschluß den Landverkehr von Europa bezw. China nach Japan vermitteln.

Die augenblicklichen Eisenbahnbaupläne Japans in Korea gehen aus dem Bedürfnis hervor, den Nachschub des Heeres von der weniger sicheren Seeverbindung unabhängig zu bewerkstelligen.

Wie bereits telegraphisch gemeldet, werden glaubwürdigen Angaben zufolge Fusan, der Ausgangspunkt der Bahn nach Söul, und Masampo, welches als bester Hafen der koreanischen Südküste gilt, land- und seewärts befestigt. Die Japaner haben die Pläne dem koreanischen Auswärtigen Amt eingereicht.

Die Nachrichten über die Einzelheiten der Befestigungen lauten unsicher. Auch ist es bei dem mangelhaften Kartenmaterial schwierig, die Lage der Orte genau zu bestimmen. Genannt werden als zu befestigende Punkte u. A. Jongto (Insel vor Fusan), die Orte Ungtschon und Chilyon bei Masampo, ferner die große Insel Ködsche (Köjyöi) südlich Masampo. Beabsichtigt soll der Bau von 8 Werken sein. Genaueres war bisher nicht zu erfahren. Nach glaubwürdigen Nachrichten haben die Arbeiten bereits begonnen.

Die Befestigung der Insel Ködsche scheint darauf zu deuten, daß die Japaner sich unter Benutzung der bereits vorhandenen Befestigungen auf der Insel Tsuschima eine beherrschende Stellung in der Straße von Korea schaffen wollen. Dieselbe würde alsbald den praktischen Nutzen haben, die wichtige Seeverbindung Schimonoseki - Fusan gegen Störungen von Südwesten zu sichern.

gez. von Claer.

Major und Militärattaché.

Orig. i. a. Japan 20

[   ]

PAAA_RZ201-018935_073 f.

Empfänger	Bülow	Absender	Mumm
A. 7914 pr. 9. Mai 1904. p. m.		Peking, den 9. April 1904.	
Memo	Über Sibirien. In Umstellg. 13. 5. Generalstab, Kriegsmin., Admiralstab.		

A. 7914 pr. 9. Mai 1904. p. m.

Peking, den 9. April 1904.

A. 115.

Seiner Exzellenz

dem Reichskanzler

Herrn Grafen von Bülow.

Entzifferung.

Auszug aus Bericht des kaiserlichen Militärattaché´s von Claer aus Soeul:
Japan im Begriff, Schienenweg Fusan-Widschu zu bauen.

Vollbahn Fusan-Soeul soll vor Jahresschluß fertig werden. Feldbahn Soeul-Pyeng Yang unter Benutzung französischer Vorarbeiten im Bau. Pyeng Yang-Widschu noch vorbehalten.

Fusan und Masampo werden nach Land- und Seeseite befestigt, ebenso Insel Ködscha. Acht Werke sollen vorgesehen sein, die Arbeiten sollen begonnen haben.

Mumm.

Orig. i. a. Japan 20

PAAA_RZ201-018935_075 f.			
Empfänger	Komdo	Absender	Huss
A. 8210 pr. 14. Mai 1904.		Tsingtau, den 16. März 1904.	
Memo	Komdo. S. M. Kr. „Bussard". Geheim!		

Abschrift.

zu A. 8210 pr. 14. Mai 1904.

Tsingtau, den 16. März 1904.

G. J. № 52.

An d. kais. Komdo. d. Kreuzergeschwaders.

Militärpolitischer Bericht des Stationärs vor Chemulpo für die Zeit v. 9. -15. März 04.

V. Eisenbahnbau.

Daß die Japaner sich vollkommen als Herren des Landes fühlen, geht daraus hervor, daß sie den Bahnbau Fusan-Soeul einstweilen aufgegeben haben, um mit alle Kräften an der Fertigstellung der Strecke Soeul-Widchu zu arbeiten. Es hat zwar eine Franz. Gesellschaft von der koreanischen Regierung die Konzession zum Bau dieser Strecke erhalten, bis jetzt ca. 20km. davon in Arbeit und nunmehr gegen Japans Vorgehen Protest erhoben, die Japaner lassen sich jedoch dadurch nicht abhalten, den Weiterbau selbst in die Hand zu nehmen.

Leiter der Arbeiten ist der am 5. d. Mts. eingetroffene General Yamane, Inspekteur der Verkehrstruppen. Ein japanischer Dampfer brachte in den letzten Tagen Eisenbahnschwellen, eine engl. Gesellschaft liefert laut Kontrakt monatlich einen großen Dampfer mit Eisenbahnschienen. Zur Zeit löschte der engl. Dampfer „Idomeneus" Schienen. Bis Ende November d. Js. hofft man die etwa 200km. lange Strecke fertiggestellt zu haben.

VI. Entsendung eines jap. außerordentl. Botschafters.

Im Auftrage seines Kommandanten teilte mir der 1. Offz. der „Oshima" mit, daß der Marquis Ito in besonderer Botschaft vom Mikado zum Kaiser von Korea gesandt und am 18. oder 19. in Chemulpo eintreffen werde. Zeitungs-Nachrichten zufolge sollte Marquis

Ito als ständiger Ratgeber des Kaisers von Korea in Soeul verbleiben. Dies erklärte der japanischer Offz. für Erfindung, Marquis Ito werde vielmehr nach Erledigung seines Auftrages nach Japan zurückkehren. Richtig sei allerdings, daß ein anderer japanischer Minister dazu ausersehen sei, dem Kaiser als Ratgeber (in Wirklichkeit wohl als Regent) zur Seite zu stehen. Eine deutsche Firma in Chemulpo hat den Auftrag erhalten, das Haus, das einst Se. Kgl. Hoheit Prinz Heinrich bewohnt hat, bis zum 17. d. Mts. zur Aufnahme einer hochgestellten Persönlichkeit herzurichten.

gez. Huss.

orig. i. a. Japan 20

[   ]

PAAA_RZ201-018935_077 f.

Empfänger	Bülow	Absender	Arco
A. 8795 pr. 25. Mai 1904 a. m.		Tokio, den 28. April 1904.	

Abschrift.

A. 8795 pr. 25. Mai 1904 a. m.

Tokio, den 28. April 1904.

A. 118.

Sr. Exz.

dem R. K. H., Graf. v. Bülow.

Der koreanische Hof hat in Erwiderung des Besuchs des Marquis Ito in Söul den mit der Kais. Familie verwandten „Prinzen" I chi yong als außerordentlichen Botschafter nach Tokio entsandt. Derselbe traf am 22. d. M. hier ein u. wurde von dem Japanischen Hof in einem zu diesem Zweck gemieteten kleinen Hotel, dem europäisch eingerichteten Seiyoken im Uenopark einquartiert. Das Programm für die neun Tage des hiesigen Aufenthalts hat einen deutlich belehrenden Charakter, alle Arten von Unterrichts- u. Verkehrsanstalten werden dem Botschafter gezeigt, selbst dem sehr kümmerlichen Zoologischen Garten sind ein paar Stunden gewidmet worden, dagegen hat man sich mit den offiziellen Hoffeierlichkeiten offenbar absichtlich auf das Unerläßliche beschränkt. Anläßlich der Ernennung des Botschafters hatten hiesige Zeitungen aus Söul die Nachricht gebracht, I chi yong würde versuchen, als Gegengabe für die willfährige Haltung Koreas beim Abschluß des Protektoratsvertrags, von Japan die Auslieferung der koreanischen politischen Flüchtlinge zu erlangen, welche hier ein Asyl gefunden haben. Vorläufig sind aber keine Anzeichen dafür vorhanden, daß man sich darauf einläßt, mit dem Botschafter über politische Frage zu verhandeln.

Dem Kais. Ministerresidenten in Söul schicke ich Abschrift dieses Berichts.

gez. Graf Arco.

Orig. i. a. Japan 20. № 3.

Die Lage in Korea.

Empfänger	Bülow	Absender	Saldern
A. 8818 pr. 25. Mai 1904. p. m.		Söul, den 18. April 1904.	
Memo	J. № 343.		

PAAA_RZ201-018935_080 ff.

A. 8818 pr. 25. Mai 1904. p. m.

Söul, den 18. April 1904.

K. № 45.

Seiner Exzellenz

dem Reichskanzler

Herrn Grafen von Bülow.

Wir leben hier im Zustande tiefster Ruhe; politisch ist garnichts zu melden und über das Militärische schreibt Major von Claer. Aber für diesen, wie überhaupt für alle Berichterstatter hier, ist es außerordentlich schwer, Nachrichten zu bekommen. In diesem ganz unwegsamen Lande, wo die wenigen vorhandenen Telegraphenlinien ganz in der Hand der Japaner sind, sickert kaum eine zuverlässige Nachricht durch. Die Japaner haben dagegen das größte Interesse, daß unwahre Angaben über ihre Bewegungen die möglichste Verbreitung finden. Die amerikanischen und englischen Offiziere, die im Norden bei der Armee waren, sind von dort zurückgekommen. Sie waren möglichst weit hinter der Front gehalten worden und sahen die Nutzlosigkeit ihres dortigen Aufenthalts ein. Dagegen hat das japanische Armeeoberkommando jetzt dort eine Schar Korrespondenten zugelassen, die natürlich auch weit hinter der Front bleiben müssen. Ich mache besonders auf die Berichte des Korrespondenten des Berliner Lokalanzeigers, des wohl auch im Auswärtigen Amte bekannten Herrn von Gottberg, aufmerksam. Korrespondenten anderer deutscher Blätter sind bisher noch nicht hierher gelangt. Herr von Gottberg, früherer preußischer Offizier, hat den Lokalanzeiger in den letzten Jahren im Amerika vertreten. Er hat Söul vor ungefähr einer Woche verlassen und befindet sich jetzt in der Nähe von Pyeng Yang.

Der Brand des Kaiserpalastes in der Nacht vom 14. zum 15. d. Mts. war ein furchtbar schönes Bild. Das Feuer brach etwa um 10 Uhr Abends aus und verbreitete sich mit rasender Schnelligkeit über den ganzen, etwa 4 Hektar großen, Bezirk. Schon vor 12 Uhr waren die großen Audienzhallen eingestürzt, das Feuer brannte aber die ganze Nacht hindurch und die Morgensonne sah nur einen Trümmerhaufen. Wie ich schon telegraphisch gemeldet habe, ist der Brand durch die Nachlässigkeit von Bauhandwerkern verursacht worden. Nur die hohe und starke Umfassungsmauer des Palastgrundes hat es verhindert, daß das Feuer auf die angrenzenden Stadtteile übergriff. Doch schien es eine Zeit lang, als ob die neben dem Palast liegenden amerikanischen und britischen Legationen gefährdet seien. Der Kaiser hat in der Brandnacht meinen amerikanischen Kollegen gesprochen und ihm erzählt, er habe nichts weiter gerettet, als sein großes Staatssiegel und ein Bildnis seiner ermordeten Gemahlin. Jetzt wohnt der Kaiser in einem hart neben der amerikanischen Legation belegenen europäisch gebauten Gebäude, welches den Namen Bibliothek führt und eine Anzahl Bibliothekare, aber keine Bücher hat. Dort empfing der Monarch das diplomatische Korps am 15. Nachmittags. Er war heiter und gefaßt und erwiderte auf die unglaublich ungeschickte Rede unseres Doyen, des sacht gescheuten japanischen Gesandten, mit Geschick und Takt. Herr Hayashi, der die politische Note nicht gut anschlagen konnte und sichtlich vermeiden wollte, den naheliegenden Gedanken auszusprechen, daß den Monarchen in seinen gegenwärtigen übrigen Nöten auch noch dieses Mißgeschick betroffen habe, ritt auf dem Gedanken herum, daß der Kaiser so many valuables things verloren habe, was natürlich ebenso banal wie unpassend Klang. Der Kaiser dankte für die Mitwirkung der fremden Truppen und Gesandtschaftswachen bei der Bekämpfung des Brandes, sprach hoffnungsreich von einem baldigen provisorischen Wiederaufbau und machte mir zum ersten Male, seitdem ich ihn kennengelernt habe, einen männlichen und überlegenen Eindruck. Der neben ihm stehende Kronprinz erschien blödsinniger wie jemals. Er stand mit offenem Munde da, schwankte und wäre beinahe gefallen, wenn nicht ein hinzuspringender Kammerherr ihn aufgefangen und ziemlich unsanft wieder an seinen Platz geschubst hätte. Zwischen dem Kaiser und dem Kronprinzen stehend wurde uns zum ersten Male der kleine Sohn der Prinzessin Om vorgeführt, ein etwa 8jähriger aufgeweckt erscheinender Knabe.

Die japanischen Truppen hielten vorzügliche Ordnung um den brennenden Palast, während die koreanischen Soldaten in ihrem Unverstande meist nur den Andern im Wege waren. Die koreanische Bevölkerung verhielt sich teilnahmslos. Nur wenige Gruppen Koreaner standen in den Straßen umher, denn dies Volk ist von Alters her gewohnt, sich zu verkriechen, wenn Gefahr droht und Niemand wußte, ob in dieser Nacht nicht eine politische Intrige zum Ausbruch kommen würde, denn nur wenige kannten in diesen bangen Stunden die wahre und harmlose Ursache des Brandes. Wenn ich hier von der Teilnahmslosigkeit des koreanischen Volkes spreche, so will ich damit nicht sagen, daß die Bevölkerung keiner ernsteren und tieferen Gefühle fähig wäre. Was in dieser Volksseele schlummert, erfährt der Fremde am Allerletzten. Jedenfalls ist das Volk beherrscht von einer tiefen Abneigung gegen die Japaner und in den nördlichen Provinzen wo man die Russen kennengelernt hat, fürchtet man die Russen. Daß der Koreaner nicht überall harmlos ist, ergibt sich aus der wilden Unordnung, die sich im ganzen Lande bemerkbar macht und bei der die geheime Gesellschaft der Tong Haks eine nicht zu unterschätzende Rolle spielt.

Abschriften dieses Berichts sende ich nach Peking und Tokio.

von Saldern.

Betrifft: Die Lage in Korea.

[   ]

PAAA_RZ201-018935_088

Empfänger	Bülow	Absender	Saldern
A. 8886 pr. 26. Mai 1904. p. m.		Söul, den 16. April 1904.	
Memo	J. № 341.		

A. 8886 pr. 26. Mai 1904. p. m.

Söul, den 16. April 1904.

№ 44.

Seiner Exzellenz

dem Reichskanzler

Herrn Grafen von Bülow.

Euerer Exzellenz habe ich die Ehre den Empfang des Erlasses № A. 3 vom 22. Februar d. Js. hiermit zu bestätigen.

von Saldern.

[   ]

PAAA_RZ201-018935_089 f.

Empfänger	Auswärtiges Amt in Berlin	Absender	Mumm
A. 9141 pr. 31. Mai 1904. p. m.		Peking, den 2. Mai 1904.	

Abschrift.

A. 9141 pr. 31. Mai 1904. p. m.

Peking, den 2. Mai 1904.

A. 134.

An das Auswärtige Amt.

Im Anschluß an gestriges Telegramm № 173. Ich erfahre weiter von meinem russischen Kollegen, daß der amerikanische Gesandte in Söul dem Kaiser von Korea, vor Ausbruch des Krieges, das nachgesuchte Asyl verweigert habe. Herr Pavlow habe dem analogen Ansuchen gegenüber auf das Prekäre eines Asyls in der russischen Gesandtschaft im Falle einer japanischen Landung in Korea aufmerksam gemacht.

gez. Mumm.

Berlin, den 3. Juni 1904.   A. 9141. / A. 7398.

An

die Missionen in

1. London. № 696

2. St. Petersburg. № 720

3. Washington. № A. 273

Vertraulich.

Euerer pp. übersende ich anbei ergebenst
Abschrift zweier Berichte des Kais. Gesandten
in Peking vom 1. u. 2. v. Mts., betreffend den
Kaiser von Korea, zu Ihrer gefl. vertraulichen
Information.

St. S.

[   ]

PAAA_RZ201-018935_093

Empfänger	Bülow	Absender	Arco
A. 9583 pr. 8. Juni 1904. a. m.		Tokio, den 7. Mai 1904.	
Memo	Unter Bezugnahme auf den Bericht des Kaiserlichen Ministerresidenten in Seoul № 48 vom 25. April d. J.		

A. 9583 pr. 8. Juni 1904. a. m. 4 Anl.

Tokio, den 7. Mai 1904.

B. 146.

Seiner Exzellenz

dem Reichskanzler

Herrn Grafen von Bülow.

Beifolgend überreiche ich 2 Exemplare von Dr. Koto´s „General Map of Korea" nebst dazugehörigem „Catalogue of the Romanized Geographical Names of Korea". Die Kosten für die Anschaffung werde ich in die hiesige amtliche Abrechnung aufnehmen.

Graf Arco.

Dr. KOTO'S GENERAL MAP

of

KOREA

———

TOKYO: MARUYA & CO., LTD.

NIHONBASHI

zu A. 9583.

Von Seiner Majestät

Durch Vermittelung des Militärkabinetts nach Kenntnisnahme bezw. Vorlage bei den von Seiner Majestät bezeichneten Dienststellen zurückgelangt mit A. 13424.

Bemerkung Seiner Majestät
auf Seite 1.

A companion book of this map.

A

Catalogue

of the

Romanized Geographical Names

of Korea.

by

B. Koto, Ph. Dl, Rig-Hak.

S. Kanazawa, Bung-Hak.

———————— ♣ ————————

Published by

The University of Tokyo

1903

——————

MARUYA & CO., LTD

NIHONBASHI, TOKYO

[   ]

PAAA_RZ201-018935_285

Empfänger	[o. A.]	Absender	Holtzendorff
zu A. 10257.		Gelbes Meer, den 26. Januar 1904.	
Memo	Anlage zum Schreiben des R. Mar. A. v. 13. 6. u. Admiralstabes v. 28. 4. pr. 20. Juni 1904. 2. Admiral des Kreuzergeschwaders.		

Abschrift f. d. Akten.

zu A. 10257. Anlage 1.

Gelbes Meer, den 26. Januar 1904.

G. B. № 23.

pp.

Der Bau der Eisenbahn Soeul-Fusan, den Japan neuerdings von Staatswegen übernommen hat, soll mit äußersten Nachdruck so gefördert werden, daß die Bahn noch im laufenden Jahre in Betrieb genommen werden kann. Herr von Saldern hält eine solche Beschleunigung des Baues für ausgeschlossen; der Vertreter der Firma Meyer & Co., Herr Wolter, ist anderer Ansicht; er glaubt, daß die Japaner bei den geringen Geländeschwierigkeiten, die zu überwinden sind (ein Brückenbau und 2 kleine Tunnelanlagen) die Arbeit bis Ende dieses Jahres bewältigen werden.

pp.

gez. von Holtzendorff.

cfr. A. China 1

Die Lage in Korea.

PAAA_RZ201-018935_286 ff.

Empfänger	Bülow	Absender	Saldern
A. 10749 pr. 30. Juni 1904. a. m.		Söul, den 18. Mai 1904.	
Memo	mtg. 8. 7. London 822, Paris 677, Petbg. 811. J. № 453.		

A. 10749 pr. 30. Juni 1904. a. m.

Söul, den 18. Mai 1904.

K. № 55.

Seiner Exzellenz

dem Reichskanzler

Herrn Grafen von Bülow.

Euerer Exzellenz habe ich vor einiger Zeit melden dürfen, daß mein japanischer Kollege in ziemlich ungestümer Weise darauf dringe, daß der Kaiser das von ihm gegenwärtig bewohnte Haus, in welches er sich nach dem Brande seines Palastes gerettet hatte, verlasse. Das sogenannte Bibliothekhaus liegt den Japanern zu nahe an den fremden Legationen und sie versuchen, den Monarchen diesem Einfluß zu entziehen. Sie wünschen, daß der Kaiser auf den Wiederaufbau seines jetzigen Palastes verzichte und schlugen vor, daß der Hof in den entfernten sogenannten Ostpalast ziehe. Die Japaner führten das Argument an, daß ein Wiederaufbau auf der Brandstätte selbst wenn es nur ein provisorischer sein würde zu große Kosten verursachen könnte. Der Kaiser ist aber fest geblieben und hat sich dem Rate der Japaner nicht gefügt, trotzdem dieses von meinem englischen und amerikanischen Kollegen unterstützt wurde. An den Ostpalast knüpfen sich für ihn schauerliche Erinnerungen, denn dort sind vor etwa 20 Jahren bei einer Palastrevolution, in welcher der chinesische Einfluß mit dem japanischen kämpfte, viele seiner Würdenträger und Freunde in seiner Gegenwart hier geschlachtet worden. Da er den sogenannten Nordpalast nicht beziehen mag, weil dort seine Gemahlin vor 9 Jahren ermordet worden ist, so blieb dem bedauernswürdigen Herren nichts übrig, als den Umzugsideen der Japaner den heftigsten Widerstand entgegen zu setzen. Es schien denn auch einige Zeit, als ob man den Kaiser da wohnen lassen wolle, wo er jetzt wohnt und selbst mein japanischer Kollege sagte mir, daß er es aufgegeben habe, weiter zu drängen. Jetzt aber verlautet, das, was offen nicht erreicht worden ist, von hinten herum gemacht werden soll. Für das japanische Interesse gewonnene Weiber und Eunuchen haben sich hineingemischt und die Palastintrige hat das Wort. Der Kaiser setzt vorläufig noch allen Zudringlichkeiten das Argument entgegen, daß ihm die Wiederwohnbarmachung der alten Paläste viel mehr Geld kosten würde, als der Wiederaufbau des zuletzt bewohnten. Der arme Herr wird aber wohl doch zuletzt unterliegen und wird dann ganz in die Hand der Japaner kommen.

Im Innern seines Herzens würde der koreanische Herrscher, wenn er von seinen zwei Bedrückern einen wählen könnte, sich wohl lieber in die Arme der Russen werfen. Daß er noch geheime Verbindungen dorthin hat, das wissen die Japaner sehr wohl. Von Zeit zu Zeit wird ein Bote, der an die Russen gesandt ist, aufgefangen, aber die Japaner scheinen die Blößen, die man sich dadurch hier giebt, nicht intensiv zu benutzen. Sie sind im Wesentlichen noch immer bei dem Prinzip der Höflichkeiten, wie sie die Mission des Marquis Ito eingeleitet hat, und scheinen dann am sichersten fortzukommen. Ihre beste Hülfe sind die bisher gänzlich fehlenden militärischen Erfolge auf russischer Seite, deren Mangel natürlich auf den hiesigen Monarchen den größten Eindruck macht. Wird einmal Kuropatkin zugreifen und den siegesgewissen Herren Japanern etwa auf die Finger klopfen, so wird auch in den Anschauungen und Hoffnungen des Kaisers eine Wandlung eintreten. Die bewundernswürdige Organisation, umsichtige Leistung und Tapferkeit der Japaner haben freilich schon so starke Eindrücke hinterlassen, daß man hier fast unbedingt an weitere Erfolge Japans glaubt. Es ist geradezu verblüffend, mit welchem Selbstbewußtsein und mit welcher Sicherheit die Japaner von der Stufenfolge glänzender Zukunft sprechen. Je höher hinauf, mit desto mehr Bescheidenheit, geradezu unerträglich aber in den gebildeten Mittelklassen, welche bei jeder Mahlzeit einen ganzen Moskowiter mit Sporen und Stiefeln zu verzehren gedenken, ohne sich zu überlegen, daß ihr Magen und ihr Beutel dazu doch etwas zu klein sind. In finanzieller Beziehung sprechen diese Herren von einer Abtretung der russischen Eisenbahn bis an den Baikalsee und von einem Verkaufe dieser Beute an eine zu bildende Gesellschaft, wobei der Kaufpreis die Kriegskosten decken solle. Sie rühmen sich, daß sie mit ihrem kriegerischen Vorgehen nicht egoistische Interessen verfolgen, sondern daß sie nur die Urteilsvollstrecker der Zivilisation gegen die Barbarei seien, und offene Türen für alle anderen Nationen schaffen wollten. Nur manchmal kommt der Pferdefuß dabei zu Tage, dann kommen versteckte Drohungen gegen uns Andere, die wir auch Interessen hier im fernen Osten haben. Nur gegen England wagt man vorläufig nichts zu sagen. Allen anderen aber kann es recht übel ergehen, wenn Rußland nicht auch einmal Siege aufzuweisen haben wird.

Abschriften dieses Berichts sende ich nach Peking und Tokio.

von Saldern.

Betrifft: Die Lage in Korea.

Berlin, den 8. Juli 1904.   A. 10749.

An

die Missionen in

1. London № 822

2. Paris № 677

3. St. Petersburg № 84

Vertraulich.

Euerer pp. übersende ich anbei ergebenst Abschrift eines Berichts des Kais. Minister-Residenten in Söul vom 18. Mai d. J., betreffend die Lage in Korea, zu Ihrer gefl. vertraulichen Information.

St. S.

i. m.

PAAA_RZ201-018935_294 f.			
Empfänger	Bülow	Absender	Saldern
A. 11635 pr. 15. Juli 1904. p. m.		Söul, den 30. Mai 1904.	
Memo	mtg. i. Z. 17. 7. St. Petbg. 829. J. № 501.		

A. 11635 pr. 15. Juli 1904. p. m.

Söul, den 30. Mai 1904.

K. № 63.

Seiner Exzellenz

dem Reichskanzler

Herrn Grafen von Bülow.

Entzifferung.

Wie hier gesagt wird ist der koreanische Gesandte am Russischen Hofe jetzt wirklich von Petersburg abberufen. Euere Exzellenz werden besser wie ich kontrollieren können, ob das wahr ist.

Streng vertraulich möchte ich noch melden, daß Kapitän Hyun sangkiun, über dessen geheime Reise in die europäischen Hauptstädte ich im vorigen Jahre berichten durfte und der sich vor einigen Monaten von hier vor den Japanern geflüchtet hatte und in Schanghai lebte, jetzt in geheimer Mission nach Petersburg gesandt worden ist. Er hat vorläufig einen Wechsel von 700 Pfund mitbekommen. Dieser ganz junge Mann hat das besondere Vertrauen des hiesigen Kaisers.

Saldern.

Orig. i. a. Korea 10

[   ]

PAAA_RZ201-018935_297 ff.

Empfänger	Saldern	Absender	Mumm
A. 11639 pr. 15. Juli 1904. p. m.		Peking, den 3. Mai 1904.	

Abschrift.

A. 11639 pr. 15. Juli 1904. p. m.

Peking, den 3. Mai 1904.

Seiner Hochwohlgeboren

dem kaiserlichen Minister-Residenten

Herrn von Saldern.

Entzifferung.

Unter Bezugnahme auf Telegramme vom 15. und 20. April.

Nach geheimen Nachrichten des hiesigen russischen Gesandten soll der Brand des dortigen Kaiserpalastes auf den Kaiser selbst zurückzuführen sein, der in seiner Angst vor Japan dadurch Vorwand zur Flucht in ein im Schutze der amerikanischen Gesandtschaft belegenes Haus geschaffen habe.

Vor Ausbruch des Krieges habe amerikanischer Gesandter dem Kaiser das nachgesuchte Asyl verweigert, während Pavlow dem analogen Ansuchen gegenüber auf das Prekäre eines Asyls in der Russischen Gesandtschaft im Falle einer japanischen Landung in Korea hingewiesen habe.

gez. Mumm.

Soeul.

Kaiserlich deutsche Ministerresidentur in Korea.

Soeul, den 28. Mai 1904.

J. № 492.

An den kaiserlichen Gesandten

Herrn Freiherrn von Mumm.

Hochwohlgeboren, Peking.

In Verfolg der chiffrierten Mitteilung vom 3. d. Mts. wegen der Ursachen des Brandes des hiesigen Kaiserpalastes bemerke ich, daß die geheimen Nachrichten des dortigen russischen Gesandten unzweifelhaft auf von dem hiesigen französischen Geschäftsträger nach Peking gesandten Mitteilungen beruhen. Die Auffassung dieses Herrn ist mir bekannt, beruht aber nur auf Kombination, die mit französischer Lebhaftigkeit und Übertreibung vollwertiger Tatsache gleichgestellt wird.

Gegen diese französische Auffassung spricht, daß beim Brande doch wirklich bedeutende Werte vernichtet worden sind, freilich nicht soviel als ursprünglich angenommen wurde. Ich weiß aber bestimmt, daß 500 000 Yen, welche der Frau des Kaisers, der Prinzessin Om gehörten, verbrannt sind. Dann blies auch in jener Nacht der Wind in die Richtung der amerikanischen Gesandtschaft und in Häuser, in die der Kaiser sich jetzt geflüchtet hat und diese Gebäude wären beinahe ein Opfer der Flammen geworden. Es ist doch nicht wahrscheinlich, daß der Kaiser den Ort, wohin er sich flüchten wollte, in Gefahr bringt.

Es ist freilich möglich und sogar wahrscheinlich, daß einige Monate früher im Januar und Februar derartig ehrgeizige Pläne der Amerikaner vorgelegen haben, denn niemand konnte begreifen, weshalb der Gesandte eine Schutzwache von 200 Mann kommen ließ nach dem ganz friedlichen Soeul. Später als man sah, daß die Japaner energisch genug sein würden, sich so etwas zu verbitten, hat man mildere Saiten aufgezogen. Eine Andeutung von kompetenter Seite, daß Gesandter in einer besonders wichtigen Frage koreanischer Politik anderer Meinung gewesen sei als Präsident Roosevelt, welcher dann nachgegeben habe, läßt mich auf dieses Sachverhältnis schliesen. Jetzt ist übrigens auch die amerikanische Wache auf 20 Mann ermäßigt worden.

Ich glaube immer noch an die offizielle harmlose Version über die Ursachen des Brandes, wenn nicht die Japaner selbst, die den Kaiser weiter ab von den Legationen wünschten, ihn ausgeräuchert haben. Kurz nach Ausbruch des Brandes standen vor den in Betracht kommenden Legationen, der amerikanischen und der französischen, starke japanische Pickets, anscheinend um einer etwaigen fremden Hospitalität für den Kaiser Eintrag zu tun.

gez. v. Saldern.

Offen.

J. № 492.

K. № 66.

Die vorstehenden beiden Abschriften werden

Seiner Exzellenz

dem Reichskanzler

Herrn Grafen von Bülow

zur geneigten Kenntnisnahme gehorsamst überreicht.

Soeul, den 1. Juni 1904.

von Saldern.

Auswärtiges Amt
Abth. A.

Politisches Archiv d. Auswärt. Amts

Acten

Betreffend
Allgemeinen Angelegenheiten Koreas

Vom 16. Juli 1904
Bis 31. Juli 1904

Bd. 36
f. Bd. 37

Politisches Archiv des Auswärtigen Amts
R 18936*

KOREA. No. 1.

※ cfr. pro 1904. 5. (während des russisch-japanischen Krieges) _ die
Akten Japan 20 № 3. (japanisch-koreanische Abkommen v. 23. 2. u.
22. 8. 1904)

Ber. v. Söul v. 26. 8. № 95. (Auszug): Als amerikanischer Ratgeber für das koreanische Auswärtige Amt soll Mr. Stevens bestellt werden. Die Übergriffe der Japaner in Korea, über das sie eigentlich schon das Protektorat ausüben, die Bestrebungen der Amerikaner in Korea.	16037. 8. 10.
desgl. von 18. 11. № 45. Tod der Kronprinzessin von Korea. Frage der Kondolenz seitens Sr. M. des Kaisers.	18203. 19. 11.
degl. v. 10. 8. № 87. ------ abschr ------- Der Unmut der Koreaner über die Forderung der Japaner auf Besitzergreifung des unbebauten Landes. Scharfes Auftreten Japaner. Marquis Ito, der vom Kaiser von Korea um sein Kommen ersucht worden war, geht nicht nach Korea. Passiver Widerstand des Hofes. Belassung des korean. Gesandten in Petersburg. Errichtung v. meteorologischer Station (drahtlose Telegraphie?) in Tschimulpo. Öffentliche Bauten. Gute Beziehungen unseres Ministerresidenten zum kommand. jap. General Haragushi. Das Japan. u. Korean. Militär.	15228. 22. 9.
Ber. a. Soul 24. 9. № 105. Erkrankung des Kaisers von Korea; Nichtempfang des Chefs des S. M. S. Kreuzergeschwaders („Fürst" Bismarck). Des Kaisers Hoffnung auf die Russen; er hat an den Zaren ein Persönliches Schreiben aus dem Palaste schmuggeln lassen. Die Japaner zwingen ihn zu ihnen freundl. Kundgebungen; Entsendg. e. korean. Generals nach der Mandschurei, um Grüße des Kaisers an die jap. Armee zu überbringen; Geschenk an den japan — korean. Freundschaftsklub.	17341. 3. 11.
Hamburgischer Korrespondent. Stellungnahme des korean. Konsuls in Hamburg zu dem Artikel v. 24. 12. betr. „Chaos in Korea"; Aufschwung Koreas.	20378. 29. 12.
Ber. a. Söul v. 5. 9. № 100. (Abschrift) Korean. Budget für 1903 u. 1904. Militär. Untersuchungskommission zur Prüfung der japanischerseits angeregten Frage der Herabsetzung der korean. Armee von 20 000 Mann auf 1500. Vercharterung des korean. Kriegsschiffs an Japan.	16582. 20. 10. pr.
Ber. a. Tokio v. 8. 11. № 316. /met/ Feiern zu Ehren des auf der Durchreise befindlichen, japanfreundlichen Beraters der korean. Regierung D. W. Stevens.	19394. 11. 12.
Eingabe des Direktors der Deutschen Bank, Gwinner, v. 13. 10. (sieh Pechien 1)	16329. 19. 10.
Tel. a. Söul v. 12. 12. № 47. Unterhandlungen Größbritanniens wegen Erwerbs von Port Hamilton und Quelpart.	19518. 13. 12.

Ber. a. Söul v. 8. 11. № 882. Tod der Kronprinzessin von Korea.	20488. 31. 12.
Bericht aus Peking v. 11. 12. № 219. Mil. Ber. 41. Oberst Aoki über die Eröffnung der Eisenbahn-Linien Söul — Fusan, Söul — Wiju; Abänderung der russ. Spur in die jap. zwischen Dalny und Yentai. Spätere Einführung der amerikan. Spurweite.	20482. 31. 12.
1905	
Tel. aus Söul v. 5. 1. № 1. Angriff japan. Truppen auf korean. Militärs, welche auf Anordnung des Kaisers gegen Mitglieder des fortschrittlichen Vereins „Ilchinhoi" einschritten. Revolution in Sicht. Japaner arbeiten auf Sturz der Dynastie hin.	225. 5. 1.
Tel. a. Söul v. 14. 2. № 4. Japaner suchen, den Kaiser von Korea nach Japan zu locken.	2562. 14. 2.
Ber. a. Söul von 17. 12. № 122. Besetzung der koreanischen Ministerien mit Japanern.	926. 16. 1.
desgl. v. 10. 1. № 5. Zuspitzung der inneren Lage, besonders infolge der Agitation des grössten, mit japanischem Gelde unterstützten politischen Vereins Il chin Hoi; Schwierigkeiten, denen die offiziellen japanischen Berater der Regierung begegnen; widerschlagender Eindruck der Nachricht vom Falle Port Arthurs auf den Kaiser; Flucht des Kaisers in die amerikanische Gesandtschaft.	3005. 21. 2.
Tel. aus Korea v. 26. 3. № 76. Japanische Verordnung betr. Erteilung weitgehender Befugnisse an die erste dortige Bank; Anspruch Koreas auf das Recht der Noten-Ausgabe.	5092. 26. 3.
Mil. Ber. a. Peking v. 23. 12. № 52. Fertigstellung der Eisenbahn Fusan — Söul.	2438. 12. 2.
1904.	
Ber. aus Soul 4-11. 04. K. № 113. Russ. Konzession in Korea. Frage ihres Fortbestandes nach einem evtl. Friedenschluss mit Japan. Russ. und franz. Unternehmungen auf wirtsch. Gebiete in Korea.	19741. 17. 12.
1905.	
Ber. a. Söul v. 23. 1. K. № 6. Gerücht über Zurückberufung eines verbannten Sohnes des Kaisers von Korea Namens Ui Hua.	4115. 11. 3.

desgl. 15. 3. 05. Landung von japanischen Truppennachschüben in Korea. Ausdehnung des japan. Einflusses. Bestreben, die ganze Verwaltung in japanische Hände zu bekommen. Einwanderung. Isolierung des Monarchen. Ein Vertrauensmann des koreanischen Monarchen beim deutsch. Ges. Fremde Vertretungen in Söul den Japanern ein Dorn im Auge. Japanische Finanzen. Verdrängung der europäischen Beamten in korean. Diensten. Sicherheit der deutschen Beamten (Musikdirektor Eckert p. p) Streben nach Zollkontrolle.	7086. 27. 4.
Notiz, betr. die Tätigkeit der Japaner in Korea; Eisenbahnbaute.	10313. 15. 6.
Ber. a, Soul v. 7. 5. № 31. koreanisches Budget für 1905. orig i. a. Korea 4	10314. 15. 6.
Tel a. Tokio v. 21. 11. № 218. ---- Aobsr. ---- Jap.-koreanischer Vertrag, nach dem Japan die Leitung des koreanischen Staats übernimmt, ist abgeschlossen worden. Kurzer Inhalt. Br.	20806. 22. 11.
1906.	
Notiz! Bericht aus Söul v. 7. Ⅲ. 06. betr. das korean. Budget u. die Reformen der Japaner in Korea befindet sich i. d. A. Korea 4.	7000. 13. 4.
Notiz! Bericht aus Tokio v. 20. 12. A. 372 betr. die Bewegung der Chinesischen Studenten in Tokio u. die Kontrolmassregeln gegen sie befindet sich i. d. A. Japan 9.	i. a. Japan 9.
Ber. a. Söul v. 14. 6. № 41. Entwicklung die japan. Verwaltung in Korea. Agitation der japan. Militärpartei. Okkupation japan. Territoriums für jap. mil. Zwecke. Ernennung eines russ. Gen. Consuls u. eines korean. Staatsraths-Präsidenten; Rückberufung des Prinzen Ui hua.	13501. 4. 8.
Ber. a. Soul v. 4. 6. № 42. Der russ. Gen. Cons. für Korea erhält von Japan das Exequatur. Regelung der Frage der Landokkupation zu milit. Zwecken durch die Japaner.	13802. 11. 8.
Ber. a. Söul v. 10. 7. № 49. / cop 1. Rückkehr Marquis Itos nach Söul; Einschreiten gegen den Kaiser v. Korea wegen der Begünstigung des Aufstandes der Uipyungs; Abschließung des Kaisers von der Aussenwelt durch japan. Polizei. Auflösung des diplom. Büreaus.	14088. 15. 8.
Ber. a. Tokio v. 19. 7. № 156. /cop/ Einschreiten der Japaner gegen die Intrigen des Kaisers v. Korea u. des Kaisers Sohns.	14095. 15. 8.

Notiz; Ber. a. Tokio v. 7. 8. № A. 267; Artikel der Tokioer. „Wirtschaftl. Zeitschrift" über die Notwendigkeit japanischer buddhistischer Propaganda in Korea befindet sich i. a. Japan 1.	15189. 7. 9.
Nachtrage zu Ber. v. 10. 7. № 49. Gerücht über Folterung der beiden verhafteten korean. Minister durch die Japaner um von ihnen ein Geständnis über die Teilnehme des Kaisers v. Korea an der Aufstandsbewegung zu erpressen.	14089. 15. 8.
Aufzeichnung des Hl. Staatssekr. v. 21. 8. Mitteilung des japanischen Botschafters über die Zustimmung Rußland s, das Exequatur für den russ. Generalkonsul in Korea bei Japan nachzusuchen u. über die Aufhebung der Verträge zwischen Rußland u. Korea.	14527. 24. 8.
Ber. a. Söul v. 18. 9. № 70. Verhältnis des koreanischen Hofes zur japanischen Generalresidentur. Empfänge bei Hofe am Geburtstag des Kaisers.	18449. 3. 11.
Ber. a. Tokio 6. 9. A. 212 Japanische Kriegshäfen in Korea.	16766. 5. 10.
Ber. a. Söul v. 15. 10. № 77. Anwesenheit des Militär - Attaché Majors von Etzel in Söul.	19595 24. 11.
Notiz zu Ber. a. Söul v. 20. 9. über die Anlage zu japanischen Kriegshäfen in Korea.	18450. 3. 11.
Inhalts - Verzeichnis 1907.	
Ber. a. Tokio v. 10. 12. A. 335 Rückkehr des Marquis Ito nach Korea. Frage eines Besuchs des Kaisers von Korea in Tokio. Nennung des Grafen Katsura als w. Nachfolger Itos.	493. 11. 1.
Schr. des Min. Res. a. D. v. Saldern v. 5. 2. Überführung von Geldern des Kaisers von Korea nach Deutschland u. Anlegung in deutschen Wertpapieren. Behandlung der Angelegenheit durch Vizekonsul Dr. Ney.	2089. 6. 2.
Ber. a. Tokio v. 30. 1. A. 47. Erklärung des Vizeministers der Marine im Unterhause, daß keine Pläne für Befestigung der koreanischen Küsten beständen.	3742. 6. 3.
Ber. a. Söul v. 28. 7. № 16. Vermählung des koreanischen Thronfolgers.	4203. 14. 3.
Schrb. d. Admiralstabes der Marine v. 6. Ⅱ. - A. 484 Ⅲ. Bericht des Kommandors des Kreuzergeschwaders. Audienz des Kontre-Admirals Breusing beim Kaiser von Korea.	2151. 7. 2. cop
Ber. a. Tokio v. 5. 6. A. 225. Amerikanische Missionare in Korea.	10603. 5. 7.

drgl. v. 5. 6. № A. 226. Kabinettswechsel in Söul.	10604. 5. 7.
drgl. v. 5. 6. № A. 227 Reorganisation des Koreanischen Staatsrats.	10605. 5. 7.
Frankfurter Zeitung v. 9. 7. Ein Vortrag des Koreanischen Prinzen Yongu Yi im Haag. Urschr. i. o. a. Aa. 37. № 5.	10725. 9. 7.
Tel. i. z. a. Tokio v. 11. 7. № 66. Kaiser von Korea soll Absicht hegen, abzudanken. Urschr. i. d. A. Korea 10	11317. cop 20. 7.
Tel. i. Z. a. Söul v. 20. 7. № 4. Kaiser von Korea hat Kronprinzen Regentschaft übertragen. Unruhe in Söul. Urschr. i. d. A. Korea 10	11376. cop 20. 7.
Tel. I. Z. a. Söul v. 22. 7. № 6. Revolverattentat eines Koreaners auf den Sohn des deutschen Konsularskanzlisten Brinkmeyer. Täter nicht ergriffen.	11504. 23. 7.
dsl. v. 21. 7. № 5. Kronprinz von Korea hat Regierung übernommen. Ruhe noch nicht wiederhergestellt. Empfang des Konsularkorps beim neuen Kaiser. Abschiedsaudienz beim Ex- Kaiser. Urschr. i. d. A. Korea 10	11422. cop 21. 7.
Tel. i. Z. a. Tokio v. 22. 7. № 68. Neuer Herrscher von Korea führt d. Titel „Kaiser". Presse fordert Garantie gegen Wiederholung ähnlicher Vorkommnisse. Eine Haager Deputation. Urschr. i. i. A. Korea 10	11475. cop 22. 7.
Kölnisch. Zeitung v. 22. 7. Die Japaner als Ansiedler in Korea. Urschr. i. d. A. Japan 1.	11723. 22. 7.

[　　]

PAAA_RZ201-018936_018 f.

Empfänger	Bülow	Absender	Alvensleben
A. 12259 pr. 28. Juli 1904. a. m.		St. Petersburg, den 26. Juli 1904.	

Abschrift.

A. 12259 pr. 28. Juli 1904. a. m.

St. Petersburg, den 26. Juli 1904.

№ 613.

Sr. Exzellenz

dem Reichskanzler

Herrn Grafen v. Bülow

Nach einem heute hier veröffentlichten Pekinger Telegramme des russ. Handelstelegraphenbüreaus hat Japan seine Forderungen bezüglich der Abtretung des nicht nutzbar gemachten Landes in Korea zurückgezogen, weil diese Forderungen unter den Koreanern Unzufriedenheit erregt u. zu Unruhen Anlass gegeben haben.

Die „Nowoje Wremja", die auf Grund obiger Nachricht sich neuerdings über das „völkerrechtswidrige" Vorgehen der Japaner in Korea ausläßt, macht darauf aufmerksam, daß jener Mißerfolg der Japaner zeitlich mit gewissem Maß nahmen Zusammenfalle, die darauf schließen, daß Japan die Basis seiner kriegerischen Operationen nach Korea zu verlegen gedenke. „In diesem Falle", schreibt das Blatt, „ist es natürlich nicht angenehm, sich mitten unter einer erbitterten, feindselig gestimmten Bevölkerung zu befinden. Was hat dies alles aber zu bedeuten? Die nächste Zukunft wird die Lösung dieses Rätsels bringen."

gez. Alvensleben.

Orig. i. a. Japan 20

PAAA_RZ201-018936_020 ff.

Empfänger	Bülow	Absender	Saldern
A. 12506 pr. 2. August 1904. a. m.		Söul, den 1. Juli 1904.	
Memo	Erl. 28. 8. a. Söul A. 24. Minister-Residentur. J. № 542.		

Abschrift.

A. 12506 pr. 2. August 1904. a. m.

Söul, den 1. Juli 1904.

K. № 70.

Sr. E.

dem R. K.

Hrn. Grf. v. Bülow.

Am 5. Mai d. Js. traf die „Hertha" mit Sr. Kgl. Hoheit dem Prinzen Adalbert von Preußen an Bord in Tschemulpo ein. Der Prinz hatte die Gnade meiner Einladung nach Söul zu kommen und in meinem Hause abzusteigen Folge zu leisten.

In seiner Begleitung befand sich Kapitän zur See Frhr. von Schimmelmann und mehrere andere Offiziere. Seiner Kgl. Hoheit Aufenthalt hier erfolgte im strengsten Inkognito u. dauerte nicht einmal 24 Stunden. Ich hatte die Ehre, dem Prinzen bei einem Frühstück in meinem Hause die Herren der deutschen Kolonien von Söul u. Tschemulpo vorstellen zu dürfen. Wegen der Kürze der Zeit war es leider nicht möglich, die geplanten Reitpartien zum Besuche der landschaftlich sehr schönen Umgebungen von Söul auszuführen. Seine Kgl. Hoheit wird daher, bei dem ziemlich trostlosen Städtebilde der Hauptstadt keinen besonders erfrischenden Eindruck von Korea mitgenommen haben. Das einzige, was ich dem hohen Herren in der Kürze der Zeit hier zeigen konnte, war die unter deutscher Leitung stehende Kaiserliche Musikkapelle und die Kais. koreanische deutsche Schule.

Da dem hiesigen Monarchen die Anwesenheit eines Sohnes unseres Allergnädigsten Herren in seinem Lande nicht verschwiegen bleiben konnte, so hatte ich ihm einige Tage vorher sagen lassen, der Prinz käme im striktesten Inkognito u. könne daher auch keinen

Besuch beim Kaiser machen, ich bäte auch keinerlei Notiz vom Prinzen zu nehmen. Es war außerordentlich schwer, den hohen Herren zu überreden von irgend welchen ehrenden Massregeln Abstand zu nehmen. Er hat viermal zu mir geschickt u. die verschiedensten Vorschläge machen lassen, die ich aber sämtlich habe ablehnen müßen. Da der Kaiser ein außerordentlich lebhaftes Gefühl für seine Würde hat u. sehr darauf hält, daß ihm die nötigen Ehren erwiesen werden, so fürchte ich, daß er durch diese Umgehung seiner Person sich gekränkt fühlt u. daß er uns dies nachtragen kann. Immerhin ist er noch die entscheidende Instanz im Land und es kommen so manche Fragen industrieller und kommerzieller Natur hier vor, bei denen er das letzte Wort spricht u. bei deren Lösung er sich deutschen Interessen gegenüber verneinend verhalten kann. Ich würde daher dazu raten, daß, falls wieder einmal ein Preuß. Prinz nach Söul kommt, dies nicht im Inkognito geschieht. In europäischen Größstädten wird sich Niemand wundern, wenn hohe Herrschaften an den Monarchen des Ortes versteckt vorbeireisen; in Asien u. in dem kleinen Neste Söul ist aber so etwas unmöglich. Mögen unsere Interessen hier auch noch so gering sein, so haben wir doch welche, wenn auch sehr unpolitische u. harmlose u. deshalb sollte der Herrscher des Landes für uns eine quantité négligeabel nicht sein. Etwa eine Woche nach dem Besuch Sr. Kgl. Hoh. hatte ich mit dem Herrn Kommandanten u. den Offizieren S. M. Schiff „Geier" eine Audienz beim Kaiser. Dieser redete mich dabei direkt auf den Besuch des Prinzen an u. sprach nochmals sein Bedauern darüber aus, daß er ihn nicht kennen gelernt habe. Ich habe mir Mühe gegeben, den Monarchen zu überzeugen, daß wir nicht anders handeln konnten. Zunächst habe ich ihm gesagt, daß sich Korea im Kriegszustande befinde u. daß es deshalb aus politischen Gründen unmöglich sei einen Schritt zu tun, der uns als Parteinahme ausgelegt werden könne, sodann habe ich auf die Jugend Sr. Kgl. Hoh. hingewiesen, der noch nicht ins Leben heraustreten solle u. der an Bord wie jeder andere junge Offizier behandelt werde.

gez. von Saldern.

Orig. i. a. Preußen Pers. 3

[   ]

PAAA_RZ201-018936_023

Empfänger	[o. A.]	Absender	[o. A.]
A. 13033 pr. 12. August 1904.		[o. A.]	
Memo	Ber. a. Washington v. 30. 7. № A. 157.		

Zu A. 13033 pr. 12. August 1904.

Notiz.

Brief des Mr. Edwin Morgan, der als amer. Konsul nach Antung gehen sollte, von den Russen aber zurückgewiesen wurde, über seine Reise durch Korea u. über die Tätigkeit der Japaner in Korea.

befindet sich orig. i. a. Japan 20. № 3.

[   ]

PAAA_RZ201-018936_024 ff.

Empfänger	Bülow	Absender	Saldern
A. 13801 pr. 25. August 1904. a. m.		Söul, den 14. Juli 1904.	
Memo	mtg. 27. 8. London, Paris, St. Petbg, Wash. J. № 611.		

Abschrift.

A. 13801 pr. 25. August 1904. a. m.

Söul, den 14. Juli 1904.

K. № 78.

Seiner Exzellenz

dem Reichskanzler

Herrn Grafen von Bülow.

Hier in Söul ist alles verhältnismäßig ruhig, aber die politischen Zustände versumpfen täglich mehr und die Macht der koreanischen Regierung wird immer schwächer. Äußerlich freilich entscheidet der Kaiser alles, aber die ganze Verwaltungstätigkeit bleibt ihm ausgeführt.

Der japanische Gesandte, Herr Hayashi, welcher übrigens jetzt mit kurzem Urlaub in Japan weilt, hat vor einigen Wochen dem hiesigen Vertreter der amerikanischen associated press, der zugleich Reuters Agent ist, eine Unterredung geführt und hat dabei ausgeführt: „Was Japan erstrebe, sei ein überwiegender, fast ausschließlicher Einfluss Japans auf Korea, ohne jedoch eine politische Verantwortlichkeit zu übernehmen" Das ist jedenfalls eine Monstrosität und ebensowenig ausführbar, wie die Quadratur des Kreises. Übrigens höhlen die Japaner Korea aus, wie eine Nuß, der Kern wird japanisch und nur die Schale bleibt für die Koreaner. Die Japaner rechnen anscheinend mit langen Zeiträumen. Sie haben es nicht eilig und es ist kein Zweifel, daß das tatkräftige, selbstbewußte, gesunde japanische Blut über die Kontemplativ-faulen, milden Koreaner siegen wird, das heisst, wenn Japan nicht gestört wird. In dieser Beziehung ist das Ereignis des Tages eine Note des japanischen Geschäftsträgers, in welcher er in der Abwesenheit Hayashi's alles unbebaute Land in Korea, soweit es nicht in Privat- und Regierungs-Eigentum steht, für die japanische Einwanderung verlangt. Die Kenner meinen, daß dies ungefähr ein Drittel

Koreas sei. Die Angelegenheit spielt schon seit März und wurde damals unter der Hand betrieben. Ein reicher Japaner Namens Nagamuri ist japanischerseits vorgeschoben und soll nach Erlangung einer bezüglichen Konzession diese Kulturarbeiten auf den koreanischen Ländereien in Angriff nehmen und leiten. In den ersten 5 Jahren sollen von dieser Unternehmung keine Abgaben gezahlt werden, später jährlich 400000 Yen an die koreanische Regierung. Nach 50 Jahren soll Korea das Recht haben, mit Zurückzahlung alles von Japan aufgewendeten Kapitals, nebst 5% Zinsen, die neukultivierten Länder zurückzuerwerben, eine Vertragsklausel, die selbstverständlich unausführbar sein wird. Da die oberen Flußläufe meist in diese Konzession fallen würden, so hätten die Japaner unter Anderem die Kontrolle der Wasserversorgung, was in einem im wesentlichen Reis bauenden Lande wie Korea bedeutet, daß Japan den unteren Anliegern der Bäche den Hals umdrehen könnte.

Da die Japaner schon größte Fischerei-Konzessionen an den koreanischen Küsten besitzen, die sie in den letzten Monaten, noch derart vermehrt haben, daß der koreanische Fischer dort fast verdrängt worden ist, so hat die Nagamurische Angelegenheit ungeheure Entrüstung im koreanischen Volke und in den maßgebenden koreanischen Kreisen erregt. Der Kaiser hat im Staatsrat wiederholt die Zurücksendung der japanischen Note befohlen und nach einigem Hin- und Hersenden ist die Note auch auf der japanischen Gesandtschaft geblieben. Der koreanische Minister des Auswärtigen, der sonst nicht besonders japanerfeindlich ist, hat sich der koreanischen öffentlichen Meinung angeschlossen und hat dem Monarchen wiederholt seine Entlassung angeboten. Vorläufig ist also das japanische Anliegen abgewiesen, aber wenn diese die Macht behalten, werden sie ihren Willen doch durchsetzen. Dann ist der Reisbau und die Fischerei, das heisst die Beschaffung zwei der wesentlichen Nahrungsmittel des koreanischen Volkes, den Koreanern aus der Hand genommen.

In einem Gespräche mit dem englischen Vertreter soll sich der japanische Geschäftsträger kürzlich dahin geäußert haben, daß Japan Korea als Kornkammer haben müße, da nach dem für Japan zweifellos siegreichen Kriege ein ungeahnter Aufschwung von Handel und Industrie in Japan erfolgen und dadurch dort eine Verminderung des Ackerbaus eintreten werde.

Man hat mir gesagt, daß mein britischer und mein amerikanischer Kollege die japanische Gesandtschaft gewarnt haben, nicht zu weit zu gehen.

Die Amerikaner sind hier außerordentlich tätig und suchen sich überall festzusetzen. Herr Edwin Morgan, Amerikanischer Konsul in Dalny, wohin er übrigens anscheinend gar nicht gehen will, hat bei seiner Ankunft hier, vor etwa 2 Monaten, die Eisenbahnlinie-Fusan-Söul bereist, man vermutet auf Wunsch der japanischen Regierung, um amerikanisches Geld darauf zu leihen. Wahrscheinlich soll auch Söul -- Wiju beliehen werden. Fast das ganze Eisenbahnmaterial für Soul -- Fusan und Söul -- Wiju kommt aus Amerika, einiges auch aus England. Ich habe mich vergeblich bemüht, für eine deutsche Firma die Lieferung von deutschem Material durchzusetzen. Doch ist neulich hier festgestellt worden, daß an der Söul -- Wiju -- Linie ein Teil der Schienen die Bezeichnung „Krupp – Essen" trägt.

Vor einigen Tagen ist Herr Morgan, der, wie Euerer Excellenz bekannt, seiner Zeit Mitglied der Samoa -- Konferenz war, nach Peking gereist und will auf der Rückreise hierher auch Tsingtau berühren.

gez. von Saldern.

Orig. i. a. Japan 20. № 3.

[   ]

PAAA_RZ201-018936_030

Empfänger	[o. A.]	Absender	[o. A.]
A. 14113 pr. 31. August 1904. p. m.		Seoul, den 22. August 1904.	
Memo	mtg. 5. 9. London, Paris, St. Petbg., Rom, Wien, Washington.		

Abschrift.

A. 14113 pr. 31. August 1904. p. m.

Agreement

signed at Seoul, August 22nd 1904 by the Japanese and Korean Representatives.

1. Korean government shall engage a Japanese subject recommended by Japanese Government as financial adviser to the Korean government and all matters concerning finance shall be dealt with after his counsel being taken.

2. Korean government shall engage a foreigner recommended by Japanese Government as diplomatic adviser to Foreign Office, and all important matters concerning foreign relations shall be dealt with after his counsel being taken.

3. Korean Government shall previously consult Japanese Government in concluding treaties and conventions with foreign Powers and in dealing with other important diplomatic affairs, such as the grant of concessions to or contract with foreigners.

Orig. i. a. Japan 20. № 3.

PAAA_RZ201-018936_031

Empfänger	[o. A.]	Absender	[o. A.]
A. 14248 pr. 2. September 1904. p. m.		[o. A.]	
Memo	Morning Book. 1. 9. 4.		

A. 14248 pr. 2. September 1904. p. m.

AMERICAN ADVISER IN KOREA.
FROM OUR OWN CORRESPONDENT.

Washington, AUGUST 31.

The Japanese Government has notified the United States, as well as the other Powers, of the appointment of Mr. Durham White Stevens, Chancellor of the Washington Legation, as adviser of the Japanese Foreign Office at Seoul.

Mr. Stevens is an American, who has been for many years in the Japanese service. He is now in Washington, but he will shortly leave to take up his new duties.

In its communication to the Powers, the Japanese Government is careful to state that the appointment of Mr. Stevens will not interfere with the independent status of Korea, and that Korea will still maintain her diplomatic intercourse with the rest of the world, but virtually the position of the Emperor of Korea will be reduced to that of the Khedive of Egypt since the British occupation.

Mr. Stevens will exercise a real authority. His appointment does not nullify that of Mr. J. McLeavy Brown, who continues to be the financial adviser of Korea, and in control of the Customs.

[   ]

PAAA_RZ201-018936_032 f.

Empfänger	Bülow	Absender	Sternburg
A. 15182 pr. 21. September 1904. a. m.		Washington, den 6. September 1904.	
Memo	mtg. 249. London, Petbg., Peking, Tokio.		

Abschrift.

A. 15182 pr. 21. September 1904. a. m.

Washington, den 6. September 1904.

A. 178.

Seiner Exzellenz

dem Reichskanzler

Grafen von Bülow.

Telegrammen aus Tokio zufolge ist, am 22. v. M. ein Vertrag zwischen Japan und Korea abgeschlossen worden, durch den letzteres Land sich unter anderem dazu verpflichtet (Art. 2), einen von der Japanischen Regierung empfohlenen Berater für auswärtige Angelegenheiten anzustellen. Für diesen Posten ist angeblich der Amerikanische Untertan Durham White Stevens aus Washington in Aussicht genommen worden, der seit etwa 20 Jahren der Japanischen Gesandtschaft in den Vereinigten Staaten, zuletzt mit dem Titel eines Legationsrats, angehört hat. Hr. Stevens, der Ostasien aus eigener Anschauung kennt und etwa 50 Jahre alt ist, ist ein äußerst gewandter Diplomat und hat der Japanischen Vertretung in Washington große Dienste geleistet. Die Ernennung eines Amerikaners auf den wichtigen Posten in Soul ist meines Erachtens ein neues Zeichen für die Intimität der japanisch-amerikanischen Beziehungen.

gez. Sternburg.

Orig. i. a. Japan 20. № 3.

PAAA_RZ201-018936_034 ff.			
Empfänger	Bülow	Absender	Saldern
A. 15228 pr. 22. September 1904. a. m.		Söul. den 10. August 1904.	
Memo	mtg 1. 10. London, Dresden, Darmstadt, St. Ptbg., München, Weimar, Wash., Oldenbg, Rom, G., Karlsruhe, Hambg.		

Abschrift.

A. 15228 pr. 22. September 1904. a. m.

Söul, den 10. August 1904.

J. № 679.

K. № 87.

Seiner Exzellenz

Dem Reichskanzler

Herrn Grafen von Bülow.

In einem letzten Berichte über die Lage hier habe ich auf die Missstimmung hingewiesen, die im ganzen koreanischen Volk über das japanische Verlangen entstanden ist, daß alles unbenutzte Land in Korea zur Kolonisation durch Japaner weggenommen werden solle. Wenn man irgend etwas hätte herausfinden wollen, was den sanftmütigen Koreaner reizen kann, so hätte man nichts Wirksameres entdecken können, als solch ein Projekt, dessen Ausführung ihm seinen Lebensfaden als Ackerbauer langsam aber sicher durchschneiden würde, und dessen mörderischer Effekt auch für den ärmsten und dümmsten verständlich sein muß. Es ist kaum zu begreifen, wie die Japaner, die doch wissen, daß wenn sie hier Herren bleiben, alles das ihnen im Laufe der Jahre von selbst zufallen muß, und die doch ebenso gut wissen müßen, daß sie mit einem solchen Unternehmen in ein Wespennest stechen, eine so grobe Regung der Koreaner vornehmen konnten, wenn man nicht annehmen will, daß die japanische Politik absichtlich eine Erregung des Volkes und Ausschreitungen hat veranlassen wollen, um einen Vorwand zu haben, von der bisherigen milden Praxis hier zu einem härten Verfahren überzugehen. Dieser Meinung ist mein französischer Kollege und ich denke ebenso.

Ihr Vorhaben ist den Japanern dann auch trefflich gelungen: Die Koreaner werden störrisch und die Japaner grob. Entrüstete Volksversammlungen haben stattgefunden und grobe Worte sind gefallen. Die Japaner haben Verhaftungen vorgenommen, auch einzelne Schüsse sind unter die Menge gefeuert worden, die japanische Garnison ist verstärkt und die Torwachen sind von den Japanern besetzt worden. Feldartillerie wird mit Ostentation durch die Stadt gefahren und über der Stadt, hinter einer japanischen Kaserne sind 2 Batterien aufgefahren.

Das alles sieht sehr bös aus, aber man kann sicher sein, daß hier in Söul wenigstens kaum erhebliche Ruhestörungen vorkommen werden.

Ein Franzose hat vor kurzem ein sehr nettes poetisch angehauchtes Bächelchen geschrieben; „Pauvre et douce Corée". Sachlichen Wert hat dieses kleine Heft freilich nicht, sondern nur literarischen. Über Korea kann man sich darin nicht belehren, nur durch seine schöne Sprache und durch seine poetische Auffassung empfiehlt es sich. Aber als Überschrift über ganz Korea ist sein Titel sehr brauchbar. Le pauvre et doux pays wird sich sicher niemals mehr zu einer energischen Leistung aufraffen, höchstens zu einer Pose, doch auch dazu ist man noch zu faul.

Die Japaner schlagen aber auch nicht aus Furcht vor irgend einem Widerstande an ihr Schwert, sondern, wie schon gesagt, nur deshalb, um nach außen hin eine Rechtfertigung zu haben, wenn sie energischer vorgehen. Formell haben sie den Belagerungszustand hier nie erklärt, tatsächlich besteht ein solcher.

Der Umschwung in der japanischen Auffassung und der Entschluß von Milde zur Strenge überzugehen, scheint erst ganz vor kurzem gefasst zu sein. Als vor etwa drei Wochen der japanische Gesandte von Urlaub aus Japan zurückkam, schien noch die Absicht zu bestehen, vielleicht auf ein milderes Verfahren, falls Korea sich in der Landfrage nachgiebig erweisen sollte, zurückzugreifen. Herr Hayashi hat in seiner ersten Audienz dem hiesigen Monarchen nahegelegt, um den Marquis Ito zu bitten, damit dieser hier nach dem Rechten sehen solle, natürlich sollte Ito durch den Kaiser regieren. Dieser ist nun wirklich auf den Vorschlag hineingefallen und hat um Marquis Ito nach Japan telegraphiert. Dort hatte man aber inzwischen andere Entschlüsse gefasst und es ist die Antwort gegeben worden, daß Ito nicht kommen werde.

Wie ich schon geäußert habe, wird in Söul etwas Ernstliches nicht vorkommen, aber im Lande selbst werden die Japaner durch einzelne Angriffe, Sachbeschädigungen, Mordtat und ähnliches beunruhigt werden und dann werden sie die Machtmittel zur Hand haben, um sich das Land ganz gefügig zu machen. Sie sind es eben müde, sich vom koreanischen Hofe an der Nase herumführen zu lassen. Bei aller seiner Naivität und Furcht hatte dieser doch die Parole des passiven Widerstandes ausgegeben. Bezeichnend für diese Parole ist das Belassen des koreanischen Gesandten in St. Petersburg und dessen Haltung dort. Der Kaiser schielt immer noch mit einem Auge nach Rußland und hat vielleicht nicht Unrecht dabei, wenn auch der bisherige Gang der kriegerischen Ereignisse für diese Sinnesrichtung recht betrübend sein muß. Aus den Mitteilungen hiesiger Zeitungen ergibt sich besonders drastisch, in wie rücksichtloser Weise die Japaner jetzt hier mit Korea umspringen. Bei der meteorologischen Station, welche die Japaner angeblich bei Tschemulpo anlegen wollen, handelt es sich selbstverständlich um eine Einrichtung für drahtlose Telegraphie. Die japanischen Zeitungen meldeten neulich die Auflösung einer koreanischen Volksversammlung und die Verhaftung von Vorstandsmitgliedern. Dazu ist zu bemerken, daß der von den Japanern verhaftete Präsident dieses anti-japanischen Vereins zum Schutze Koreas ein Kammerherr des Kaisers ist. Der Monarch verbietet öffentlich, was er heimlich unterstützt.

Die Japaner bieten große Arbeitermassen auf, um ihre Eisenbahnarbeiten zu beschleunigen. Auch scheinen grössere Befestigungs- oder Brückenbauten am untern Yalu ausgeführt werden zu sollen. Der kommandierende General der japanischen Besatzungstruppen in Korea, General Haraguchi, hat vor etwa 14 Jahren ein Jahr lang bei dem 87. Regiment in Mainz gestanden, dann aber mehrere Jahre in der französischen Armee. Er ist ein alter liebenswürdiger Herr, der, soviel ich weiss, bei Ausbruch des Krieges schon außer Dienst war. Wir laden uns manchmal zu Tisch ein, wie denn überhaupt meine Beziehungen zu den Japanern, die sich durchaus korrekt benehmen, sehr gute sind.

Auch die japanische Soldateska benimmt sich gut, es sind hier nur kräftige alte Leute, gut gekleidet und gut gedrillt, die in ihrer tadellosen Sauberkeit einen strammen militärischen Eindruck machen. Die Torwachen Söuls haben die Japaner seit etwa einer Woche besetzt, sie haben die koreanischen Wachen einfach bei Seite gedrängt und diese sind dann neben ihren japanischen Kollegen stehen geblieben. Wenn man neben diesen militärisch korrekten und ernsten Japanern, Kinder der uns Preußen nachgemachten allgemeinen Wehrpflicht, die meist noch nicht dem Knabenalter entwachsenen, zerlumpten und schmutzigen koreanischen Söldlinge sieht, die von dem Ernst der Lage und von dem wozu ein Soldat eigentlich da ist, keine Ahnung haben und sich mit dem Posten vorn Gewehr meist damit vergnügen, sich gegenseitig Witze vorzumachen und sich mit dem Bajonett zu kitzeln, so kann man sich eines melancholischen Lächelns über das Heerwesen der pauvre et douce Corée kaum enthalten.

gez. v. Saldern.

Orig. i. a. Japan 20. № 3.

PAAA_RZ201-018936_040 f.

Empfänger	Bülow	Absender	Saldern
A. 15419 pr. 26. September 1904. a. m.		Söul, den 13. August 1904.	
Memo	mtg. 289. London, Washington, Petbg. J. № 691.		

Abschrift.

A. 15419 pr. 26. September 1904. a. m.

Söul, den 13. August 1904.

Seiner Exzellenz

dem Reichskanzler

Herrn Grafen von Bülow.

Vor einiger Zeit habe ich berichten dürfen, wie lebhaft hier die Amerikaner tätig sind, wie sie überall Einfluss zu erringen suchen und auch erringen.

Gestern hat nun der japanische Gesandte eine zweieinhalbstündige Audienz beim Kaiser gehabt und hat dabei unter Anderem, wie ich aus geheimer Quelle erfahre, vorgeschlagen, daß alle jetzt in Amt und Würden befindlichen fremden Berater der koreanischen Regierung weggeschickt und dafür nur ein Japaner im Finanzministerium und ein Amerikaner im Auswärtigen Amte eine leitende Stellung erhalten sollen.

Dieser Vorschlag lässt darauf schliessen, daß Amerika mit Japan hier ganz Hand in Hand geht. Ich glaube, es würde ein Glück für das Land sein, wenn der Kaiser auf den Rat einginge. Es würde wenigstens einige Ordnung in die Sache kommen und wir, die wir hier nur geringe Interessen und keinen deutschen Adviser haben, können es ruhig mit ansehen und aus der Neuordnung der Dinge Nutzen ziehen. Es wird freilich noch lange Wege haben, bis ein solcher Vorschlag durchdringt. Der Monarch hat meinem Gewährsmann erzählt, er habe Herrn Hayashi geantwortet, er könne die Sache nicht allein entscheiden, er müße den Staatsrat fragen.

Wenn die Japaner die koreanischen Finanzen in die Hand bekommen, werden sie bald Ordnung schaffen und dadurch auch die nötige Macht erlangen, das Land zu regieren, denn wer das Geld hat, hat die Macht. Ein amerikanischer Berater im Auswärtigen Amte, mit machtvoller Stimme, würde mit der unglaublich naiven Torheit aufräumen, mit der dieses Ressort verwaltet wird. Wenn er auch etwas amerikanisch-parteiisch vorgehen würde, so könnte seine Tätigkeit doch auch dem Lande von Nutzen sein.

Ich habe seinerzeit gemeldet, daß der japanische Oberstleutnant Nodzu zum Berater im koreanischen Kriegsministerium bestellt worden sei. Man hört und sieht jetzt nichts mehr von seiner Tätigkeit und es wird behauptet, daß die koreanische Armee stark vermindert werden solle. Es scheint, als ob die Japaner die Nutzlosigkeit ihrer Bemühungen um das koreanische Heer eingesehen haben, andererseits sich aber auch scheuen, einem Körper neuen Odem einzuflößen, welcher, wenn er wieder Leben bekäme, wahrscheinlich nur feindlich gegen sie auftreten würde.

gez. Saldern.

Orig. i. a. Japan 20. № 3.

PAAA_RZ201-018936_042 ff.

Empfänger	Bülow	Absender	Saldern
A. 16037 pr. 8. Oktober 1904. a. m.		Söul, den 26. August 1904.	
Memo	Minister-Residentur. J. № 731.		

Abschrift.

A. 16037 pr. 8. Oktober 1904. a. m.

Söul, den 26. August 1904.

K. № 95.

Seiner Exzellenz

dem Reichskanzler

Herrn Grafen von Bülow.

Als amerikanischer Ratgeber für das koreanische Auswärtige Amt wird wahrscheinlich ein Mr. Stevens bestellt werden. Er ist ein älterer Herr, der längere Jahre bei der amerikanischen Gesandtschaft in Tokio gewirkt hat und später Ratgeber bei der japanischen oder koreanischen Gesandtschaft in Washington gewesen ist. Die Amerikaner sagen von ihm, daß er objektiv und unparteiisch sei und dass er in erster Linie seine Pflicht tun werde.

So gehen hier die Amerikaner mit den Japanern Hand in Hand, aber es sind doch Anzeichen dafür vorhanden, daß die Einigkeit nicht überall durchgeführt werden kann. Die Amerikaner sind die jenige Nation, die am wenigsten von allen geneigt sein wird, sich japanische Übergriffe gefallen zu lassen. So haben z. B. die Amerikaner eine verbriefte Konzession von den Koreanern wegen Baues einer Wasserleitung, um Söul mit gutem Trinkwasser zu versehen. Die Japaner gehen mit demselben Gedanken um und beginnen jetzt entsprechende Vorarbeiten. Der amerikanische Gesandte ist genötigt gewesen, die älteren amerikanischen Rechte zu betonen. Die Japaner haben sich aber vorläufig nicht viel um diesen Einspruch bekümmert. Dann hat der kommandierende japanische General der koreanischen Regierung vor kurzem erklärt, Japan brauche für militärische Zwecke alles Land, welches zwischen dem Südtore Söuls und dem Han-Flusse gelegen ist. Es sind dies ungefähr 4 Kilometer in der Lange, bei unbestimmter Breite. Der japanische General hat von der koreanischen Regierung verlangt, sie solle den Eigentümern dieser Grundstücke ein Verkaufsverbot auferlegen und so das Land extra commercium stellen. In diesem Gelände haben nun amerikanische Missionare sehr wertvolle Besitzungen und auch hier hat, wie ich höre, der amerikanische Gesandte alle Rechte seiner Landsleute durch Einspruch wahren zu müßen geglaubt. Ich will nun nicht gerade sagen, daß aus solchen kleinen Verhältnissen gleich ernsthafte politische Konflikte entstehen müßen, aber bei dem herrischen Auftreten der Japaner stossen sich deren Interessen an allen Ecken und Enden mit denen anderer Leute und es wird jedenfalls schwer und viel Takt notwendig sein, um diese kleinen Gegensätze überall friedlich auszugleichen.

Die Japaner sind auf dem Gebiete den öffentlichen Arbeiten hier bei Söul und in der Umgegend ungemein tätig. Es sind häuptsächlich Eisenbahnarbeiten, Veränderung und Vergrösserung von Bahnhofsanlagen, mit denen sie sich beschäftigen, dazu kommen Karsernenbauten und Lager-Anlagen. In Tschemulpo haben sie größe Arbeiten am Hafen vor. Eine grössere dem innern Hafen nördlich vorgelagerte Insel soll mit dem Festlande durch einen Damm verbunden und auf diesen die Eisenbahn auf die Insel hinübergeführt werden. Dann will man am Westende der Insel ein Pier bauen, das ungefähr bis zu derjenigen Stelle gehen soll, an welcher jetzt die grösseren Kriegsschiffe zu ankern pflegen. Auf diesem Pier sollen die Eisenbahnzüge ein- u. ausladen. Südlich des inneren Hafens liegen 2 kleine Inseln, welche sie untereinander und mit dem Festlande durch Aufschüttungen verbinden wollen. Wenn die Japaner Herren im Lande bleiben, steht Tschemulpo jedenfalls eine größe Zukunft bevor und es wird notwendig sein, dort ein deutsches Berufskonsulat zu errichten. Schon jetzt macht sich ein Bedürfnis nach einem solchen Amte sehr stark geltend und es ist eine Illusion, wenn man in Berlin vielleicht glaubt, konsularische Geschäfte in und für Tschemulpo könnten von Söul aus besorgt werden.

Der japanische kommandierende General hat vor kurzem dem koreanischen Auswärtigen Amte angezeigt, wenn der japanische Gesandte Audienz beim Kaiser haben wolle, so werde er nicht mehr schriftlich um Audienz bitten, sondern direkt in den Palast gehen, um den Kaiser zu sprechen, denn Japan sei mit Korea verbunden (*sic*). Vor einigen Tagen ist nun Herr Hayashi, der schon vorher, als er seine Audienzen noch anmeldete, den Kaiser mit mehrstündigen Unterredungen gequält hat, um 3 Uhr nachmittags in den Palast gekommen und hat ihn um 9 Uhr abends unverrichteter Sache wieder verlassen müßen. Man kann es dem Kaiser gar nicht verdenken, wenn er sich solche Unverfrorenheit nicht gefallen lässt. Die Japaner können ja doch hier tun und lassen, was sie wollen, sie wünschen aber, daß der Kaiser ihre Massnahmen und Befehle mit seinem Namen deckt, um so dem koreanischen Volke und dem Auslande gegenüber formell der Verantwortlichkeit enthoben zu sein.

So sind wir schon mitten im Protektorate und die Saiten, die der Japaner auf das koreanische Instrument aufzieht, klingen unmelodisch und schrill. Vielleicht zerschlägt der Musikant bald einmal das ganze Instrument und steckt die Stücke in die Tasche.

Bei der energielosen und schlaffen Haltung des koreanischen Volkes haben die Japaner ernsthaften Widerspruch nicht zu erwarten. Aber die Stimmung im Lande wird immer schlechter und zuletzt hat besonders das Verlangen der japanischen Behörden, daß ihnen von der koreanischen Regierung Arbeiter für ihre Eisenbahn u. militärischen Bauten gestellt werden, dem Fasse den Boden ausgeschlagen. Arbeiten mag der Koreaner schon an u. für sich überhaupt nicht. Dann ist jetzt auch Erntezeit und was an Arbeiten geleistet wird, wird dort gebraucht. So finden die Behörden, welche die Arbeiter zusammentreiben sollen, passiven Widerstand und leere Dörfer. Die Einwohner fliehen ins Gebirge und verstecken sich.

gez. von Saldern.

Orig. i. a. Japan 20. № 3.

[   ]

PAAA_RZ201-018936_046 f.

Empfänger	Auswärtiges Amt in Berlin	Absender	Mumm
A. 16574 pr. 20. October 1904. a. m.		Peking, den 19. Oktober 1904.	

A. 16574 pr. 20. October 1904. a. m.

Telegramm.

Peking, den 19. Oktober 1904. 12 Uhr 50 Min. p. m.
Ankunft: 9 Uhr 40 Min. p. m.

Der K. Gesandte
an Auswärtiges Amt.

Entzifferung.

№ 286.

Verbesserte Wiederholung von Tel. m № 286. Aus Peking, eingeg. 19. 10. N. 35 a. m.
Militär-Attaché meldet:

Aus Korea verlautet, daß dort angeblich Bildung 4. japanischer Armee 3 Divisionen
stark Söul Pyangyang Wonsan beabsichtigt Führer General Hasegawa Stabschef
Generalmajor Otschoi. In Söul Anfang Oktober 4,000 Mann Älteste Reserve-Jahrgänge
dabei Infanterie Nummern 28 38 47 48 eine Batterie Feldartillerie 8 täglich eintreffen
Verstärkungen. Infanterie Nummer 52 früher beordert Mangel an Transportschiffen
verlangsamt Bildung dieser Armee. Bahn Söul Wonsan geplant Linie Söul Wiji Bahn-Damm
bis Songdo fertig Strecke Songdo Pyöng Yang und Wiju Pyöng-Yang Unterbau in Arbeit.

Mumm.
Orig. i. a. Japan 20

[   ]

PAAA_RZ201-018936_048 f.

Empfänger	Bülow	Absender	Saldern
A. 16582 pr. 20. Oktober 1904. a. m.		Söul, den 5. September 1904.	
Memo	Minister-Residentur. J. № 764.		

Abschrift.

A. 16582 pr. 20. Oktober 1904. a. m.

Söul, den 5. September 1904.

K. № 100.

Sr. E.

dem R. K.

Hrn. Grafen von Bülow.

E. E. überreiche ich in der Anlage einen Auszug aus dem von der Koreanischen Regierung kürzlich für das laufende Jahre aufgestellten Budget in Gegenüberstellung mit dem Budget von 1903, daß der Kaiserl. Konsul Dr. Wießert mit Bericht vom 14. März v. Js. J. № 228 übersandt hat.

Bei der hier herrschenden Unordnung haben die Zahlen an u. für sich eine besondere Bedeutung nicht. Die gegenwärtigen kriegerischen u. politischen Ereignisse machen die Aufstellung noch bedeutungsloser.

Zu der in den Ausgaben für das Kriegsministerium ausgeworfenen Summe von 5180614 $, die gegenüber der Position von 4123582 $ des Vorjahres eine wesentliche Erhöhung gefunden hat, ist zu bemerken, daß die Japanische Reg. der koreanischen Reg. kürzlich nahegelegt hat, die auf 20000 Mann angegebene koreanische Armee aufzulösen u. nur eine Truppe von 1500 Mann zu belassen, deren Aufgabe die Bewachung des Kaiserl. Palastes sein solle. Der Kaiser hat daraufhin eine Kommission von zwölf koreanischen Offizieren eingesetzt, die diese Frage beraten sollten. Vor einigen Tagen hat dann diese Kommission dem Monarchen den Vorschlag unterbreitet, alle Soldaten über 25 Jahre u. alle Offiziere über 45 Jahre zu entlassen. Bei der großen Anzahl des beim koreanischen Militär dienenden mittleren Alters hätte „die Verjüngung" eine ganz bedeutende Verminderung der koreanischen Armee zur Folge. Eine Entscheidung ist indessen noch nicht getroffen.

In dem für das koreanische Kriegsm. ausgeworfenen Posten ist auch der Betrag von 450604 $ einbegriffen, durch den die Ausgaben für das im vorigen Jahre in Japan gekaufte Kriegsschiff gedeckt werden sollen. Mit Ausbruch des Kriegs hat die japanische Regierung jedoch das Schiff von der Koreanischen Regierung gechartert u. seither zum Kohlentransport benutzt. Die Koreaner sollen von Japan für das Schiff angeblich 5000 Yen monatlich erhalten.

gez. von Saldern.

Urschr. i. d. a. Korea 4

PAAA_RZ201-018936_050 ff.

Empfänger	Bülow	Absender	Ney
A. 17341 pr. 3. November 1904. a. m.		Söul, den 24. September 1904.	
Memo	Minister-Residentur. tz. (Auszug) 7. 11. J. № 803.		

Abschrift.

A. 17341 pr. 3. November 1904. a. m.

Söul, den 24. September 1904.

K. № 105.

Sr. E.

dem R. K.

Hrn. Grafen v. Bülow.

Der hiesige Herrscher ist seit Anfang des Monats an einer Erkältung erkrankt. Er war daher nicht der Lage, den Chef des Kreuzergeschwaders, dessen Flaggschiff „Fürst Bismarck" vom 7. bis zum 12. d. M. in Chemulpo lag, die erbetene Audienz zu erteilen. Der Kaiser hat jedoch Herrn von Saldern wiederholt sein Bedauern aussprechen lassen, den Admiral u. seine Offiziere nicht sehen zu können u. sich dadurch aufmerksam erwiesen, daß er Geschenke sandte u. in dem Hause seiner Palastintendantin Fräulein Sontag ein Diner veranstalten ließ. Dem Monarchen wird nicht sehr darum zu tun sein, bald wieder gesund zu werden. Solange er krank ist, bleiben ihm die Unterredungen mit dem japanischen Gesandten erspart, die für den Herrscher Stunden der schwersten Prüfungen zu sein scheinen. Den Glauben an die Russen hat der Kaiser noch nicht verloren. Wenn die kriegerischen Erfolge der Japaner den Glauben zu erschüttern drohen, dann treten die Dunkelmänner, die Zauberer, Wahrsager u. Zeichendeuter, deren Entfernung aus dem Palast die Japaner sich zur dankenswerten Aufgabe gemacht haben, in Tätigkeit. Sie prophezeien den baldigen Einzug der Russen in die Hauptstadt u. das Allerhöchste Vertrauen zu den russ. Waffen ist wiederhergestellt. Der Monarch ist bemüht, mit St. Petersburg die Fühlung nicht vollständig zu verlieren. Von einem sehr zuverlässigen Gewährsmann habe ich erfahren, daß es dem Kaiser trotz des umfassenden Spionagesystems, mit dem die Japaner den Herrscher zu umgeben verstanden, dieser Tage wieder gelungen ist, ein Schreiben an den Kaiser von Rußland aus dem Palaste schmuggeln zu lassen. Das Schreiben wurde mit dem franz. Kriegsschiff „Kersaint" an einen Kaufmann im Shanghai zur Übermittelung an den seit Ausbruch des Krieges von hier flüchtigen Palastbeamten Hun Sang Kyung, der sich unter dem Namen Mr. Henry in Shanghai aufhält, gesandt. Der Koreaner hat den Auftrag, das Schreiben persönlich nach St. Petersburg zu bringen.

Im Übrigen sorgen die Japaner dafür, daß der Monarch nicht vergißt, von Zeit zu Zeit seine „Bundestreue" zu Japan zu manifestieren. Dieser Tage hat er einen seiner ersten Generäle beauftragt, nach der Mandschurei zu gehen, um der japanischen Armee die Grüße des Kaisers zu übermitteln u. sich nach dem Befinden der Truppen zu erkundigen. Einem neu gegründeten japanisch – koreanischen Freundschaftsklub, dem bereits 100 japanische u. 300 koreanische Beamte beigetreten sind, dessen Präsident das Mitglied des Kais. Hauses Yi Chä Uan ist, hat der Monarch 30.000 Yen als Geschenk überwiesen.

gez. Ney.

Orig. i. a. Japan 20. № 3.

PAAA_RZ201-018936_053 f.

Empfänger	Auswärtiges Amt in Berlin	Absender	Saldern
A. 18203 pr. 19. November 1904. p. m.		Söul, den 19. November 1904.	

A. 18203 pr. 19. November 1904. p. m.

Telegramm.

Söul, den 19. November 1904. 12 Uhr 15 Min. N. m.
Ankunft: 3 Uhr 31 Min. N. m.

Der K. Minister – Resident an Auswärtiges Amt.

Entzifferung.

№ 45.

Kronprinzessin von Korea ist 5. d. M. gestorben. Da die Monarchen von Großbritannien, Italien, Belgien Kaiser telegraphisch kondoliert haben, so stelle ich, entgegen der in meinem Bericht, welcher unterwegs, geäußerten Ansicht anheim, ob unser allergnädigster Herr nicht ein Gleiches tun will. Es würde genügen, wenn ein Allerhöchstes offenes Telegramm durch mich an den Kaiser gelangt.

Saldern.

[   ]

PAAA_RZ201-018936_055 f.

Empfänger	Bülow	Absender	Arco
A. 19394 pr. 11. Dezember 1904. a. m.		Tokio, den 8. November 1904.	
Memo	mtg. 16. 12. St. Petbrg, London, Washington, Peking. Durch Depeschenkasten.		

Abschrift.

A. 19394 pr. 11. Dezember 1904. a. m.

Tokio, den 8. November 1904.

A. 361.

Seiner Exzellenz

dem Reichskanzler

Herrn Grafen von Bülow.

Der auf Vorschlag Japans von der koreanischen Regierung als Berater angestellte Herr D. W. Stevens weilt augenblicklich auf der Durchreise nach seinem neuen Posten hier und wird von seinen Landsleuten und den Japanern stark festiert. Auf einem ihm zu Ehren gegebenen Fest der amerikanisch-japanischen Vereinigung hielt der auch in Berlin bekannte Generalsekretär des Geheimen Staatsrats Herr Tsuzuke Keiroku eine Begrüßungsrede. Er hob hervor, daß Herr Stevens seit langem das unbegrenzte Vertrauen der japanischen Regierung genieße; seine Ernennung zum Berater der koreanischen Regierung sei ein Beweis dafür, daß die japanischen und koreanischen Interessen in Zukunft als identisch zu gelten haben werden.

Herr Stevens, ein größter Japanerfreund, war bisher im Dienste der japanischen Regierung, während er jetzt formell in den Dienst der koreanischen Regierung eintritt. Tatsächlich bleibt er aber natürlich von der japanischen Regierung abhängig.

gez. Graf Arco.

Orig, i. a. Japan 20. № 3.

[   ]

PAAA_RZ201-018936_057 f.			
Empfänger	Auswärtiges Amt in Berlin	Absender	Saldern
A. 19518 pr. 13. Dezember 1904. p. m.		Söul, den 12. Dezember 1904.	
Memo	I. 16. 12. Tokio 177, Peking 156, Petersbg. 332. II. Tel. 1. 3. 19 .12., London 274.		

A. 19518 pr. 13. Dezember 1904. p. m.

Telegramm.

Söul, den 12. Dezember 1904. 1 Uhr 20 Min. p. m.

Ankunft: 13. 12. 12 Uhr 20 Min. p. m.

Der K. Ministerresident an Auswärtiges Amt.

Entzifferung.

№ 47.

Aus geheimer Quelle höre ich, daß Großbritannien wegen Erwerbs von Port Hamilton und Quelpart unterhandeln solle.

Saldern.

Berlin, den 16. Dezember 1904   A. 19518.

1. Gesandter Tokio № 177   Tel. i. Ziff.
2. Gesandter Peking № 156   Zu Ew. vertraulichen Information.
3. Botschafter St. Petersburg № 332   Der Kais. Ministerresident in Söul hat aus
                                          geheimer Quelle gehört, daß England jetzt
                                          wegen Erwerbs von Port Hamilton und
                                          Quelport unterhandeln soll.

                                                          St. S.
                                                          R. 16.

PAAA_RZ201-018936_061 ff.

Empfänger	Bülow	Absender	Saldern
A. 19741 pr. 17. Dezember 1904. a. m.		Söul, den 4. November 1904.	
Memo	ap. deer. Minister-Residentur. Bei Ⅱ. u. Ⅲ. z. g. k. z. d. a. gez. Kt. 22. 12. J. № 875.		

Abschrift.

A. 19741 pr. 17. Dezember 1904. a. m.

Söul, den 4. November 1904.

K. № 113.

Sr. E.

dem R. K.

Hrn Grafen von Bülow.

In europäischen Zeitungen lese ich jetzt häufig bei Gelegenheit der Besprechung von voraus sichtlichen Interventionen u. etwaigen späteren Friedensbedingungen, daß Rußland jedenfalls den Fortbestand der russ. Konzessionen in Korea verlangen werde. Dazu möchte ich bemerken, daß Rußland außer der vielbesprochenen Holzkonzession am Yalu u. Tjumen u. außer einer Station für Walfischfang an der Ostküste nie irgendwelche anderen Konzession in Korea besessen hat. Der Russe ist ja überhaupt nicht für gewerbliche oder Handelsunternehmungen besonders veranlagt u. die Russen, die sich vor Ausbruch des Krieges in Korea befanden, waren an den Fingern einer Hand abzuzählen, gegenüber von etwa 25 000 Japanern. Erwähnen will ich freilich noch, daß der bekannte Schatzmeister des Kaisers I Jung I eine unter russ. Leitung stehende Wollspinnerei u. eine Glasfabrik hier bei Söul hatte bauen lassen. Diese beiden Anl. standen unter Leitung von russ. Ingenieuren, welche die russ. Vertretung dem Kaiser aufgedrängt hatte. Die Fabriken sind aber nie fertig geworden und die hohlen Mauern der Anl. starren in die Luft. Für die Wollspinnerei fehlt sogar jegliche Vorbedingung, da keine Schafe in Korea gehalten werden. Man hatte dem Kaiser vorgeschwindelt, man wolle dazu Schafzucht in größem

Stile in Korea einführen. Man hatte aber in echter russ. Gewissenlosigkeit jeglichen Schritt zur Ausführung dieses an u. für sich schon außerordentlich schwierigen Problems unterlassen, sodaß die Spinnerei, wenn sie überhaupt in Gang gekommen wäre, ihre Wolle teuer vom Auslande hätte beziehen müßen. Auch das Material für die Glasfabrik hätte von weiter hergeschafft werden müßen. Die russ. Ingenieure, welche aus der Ksl. Schatulle monatlich bezahlt wurden, hatten schon vor Ausbruch des Kriegs Korea verlassen. Die Franzosen haben auch so einige aus Ksl. Fonds gespeiste totgeborene Unternehmungen hier, zum Beispiel eine nicht über die Fundamente hinausgekommene Porzellanfabrik. Ein Porzellanmaler aus Sèvres ist hier, der aber nur vom Malen nicht vom Machen des Porzellans etwas versteht. Er geht seit 2 Jahren spazieren. Korea mit einer Industrie zu beschenken, welche rein Ksl. ist, ist überhaupt der Gipfelpunkt des Unsinns. Nur privater Unternehmungsgeist u. eigenes Kapital kann dem Lande zu solchen Etablissements verhelfen. Ich rechne es mir zum Verdienste an, daß ich den Bestrebungen der hies. deutschen Firma, durch meine Vermittlung Ksl. Kontrakte u. Gelder zu erhalten um eine Streichholzfabrik u. eine Fabrik zur Herstellung von Ziegelsteinen aus gepresstem Sand zu gründen, höflich passiven Widerstand entgegengestellt habe.

Gez. von Saldern.

Orig. i. a. Japan 20. № 3.

Berlin, den 19. Dezember 1904.   A. 19518. Ⅱ.

Geschäftsträger   Zu Ew. vertraut. Information.
London № 274   Der Kais. Ministerresident in Söul hat aus geheimer
                                   Quelle gehört, daß England jetzt wegen Erwerbs
                                   von Port Hamilton und Quelpart unterhandeln soll.

PAAA_RZ201-018936_065

Empfänger	[o. A.]	Absender	[o. A.]
A. 20378 pr. 29. Dezember 1904. p. m.		[o. A.], den 29. Dezember 1904.	

A. 20378 pr. 29. Dezember 1904. p. m.

Hamburgischer Correspondent.
29. 12. 4.

Die Lage in Korea.

Der hiesige koreanische Konsul sendet uns folgende Zeilen mit der Bitte um Aufnahme;
„Da der in der Abendausgabe Ihres geschätzten Blattes vom 24. Dezember enthaltene Artikel „Chaos in Korea" schon oder eigentlich nur wegen dieser Überschrift eine ungünstige und durchaus unrichtige Beurteilung der Verhältnisse in Korea bei Fernerstehenden erwecken kann, erlaube ich mir darauf hinzuweisen, daß in Korea durchaus kein Chaos herrscht, sondern das Land sich von Jahr zu Jahr einer steigenden Entwicklung seines Handels erfreut, wie dies auch aus den statistischen Angaben des Zollamtes erhellt, das in gleicher Weise und nach denselben Prinzipien wie die Chinesischen Zollämter durch europäische Beamte verwaltet wird.

Der russisch - japanische Krieg hat anstatt der zuerst befürchteten Einschränkung des Handels dem koreanischen Reiche soweit nur Vorteile gebracht, da mit dem Durchzug des japanischen Heeres viel Geld unter das Volk gekommen ist. Die bereits fertiggestellten Eisenbahnen zwischen Chemulpo – Söul und Söul – Fusan sowie die von den Japanern bereits begonnenen Eisenbahnlinien Söul – Fusan und Söul – Aichiu mit dem für später in Aussicht genommenen Anschluss an die transsibirische Bahn werden zur Entwickelung des Handels in nächster Zeit das ihrige beitragen.

Die Hamburg-Amerika Linie unterhält in Erkenntnis des zunehmenden Handels mit Korea zwischen Chemulpo und chinesischen Küstenplätzen eine Dampferverbindung, die befriedigende Resultate erzielt.

Welchen Ausgang der jetzige Krieg zwischen Japan und Rußland auch nehmen mag, so wird Korea doch ein begehrtes Absatzgebiet für eine Reihe von Waren bleiben und machen die Japaner bekanntlich die größten Anstrengungen, auch durch mit japanischem

Kapital geförderte Unternehmungen sich dasselbe nach Kräften für ihre Industrie zu sichern.

Die in dem Artikel erwähnten geheimen Gesellschaften haben nicht die Bedeutung, die der Artikel ihnen beizumessen scheint, jedenfalls haben die Japaner, seitdem sie in Korea die Oberhand gewonnen haben, musterhafte Ordnung im Lande gehalten, was der Verfasser des Artikels ja auch zugibt, wenn er die japanischerseits ergriffenen Maßregeln als „folgerichtig" und „zweckentsprechend" bezeichnet und manchen dieser Anordnungen sogar „unbedingte" Anerkennung zollt.

x x x x x x x x x x x x x

Der günstige Einfluss des ostasiatischen Kriegs auf das wirtschaftliche Leben Koreas wird auch in dem Bericht unserer Handelskammer, der der gegenwärtigen Nummer beiliegt, ausdrücklich anerkannt, und wir wollen gerne hoffen, daß unser Mitarbeiter in Söul zu schwarzgesehen hat, wenn er von dem Gegensatz der geheimen Gesellschaften und dem Hin- und Herschwanken des Kaisers zwischen den russischen Freunden und den japanischen Herren eine üble Einwirkung auf die Zukunft Koreas befürchtet.

PAAA_RZ201-018936_066 f.			
Empfänger	Kriegsm.	Absender	[o. A.]
A. 20482. 04. pr. 31. Dezember 1904.		Peking, den 11. Dezember 1904.	
Memo	Gesandtschaft. Mil. Attaché. J. № 219.		

Abschrift.

ad A. 20482. 04. pr. 31. Dezember 1904.

Peking, den 11. Dezember 1904.

An das Kgl. Preuß. Kriegsm. Berlin.

Militär-Bericht № 41.

Oberst Aoki, - Bahnbauten der Japaner.

Oberst Aoki war wenig erbaut davon, von Bekannten getroffen und angesprochen zu werden. Er sagte mir ; „N´en parlez pas, car enfin nous somme ici en pays neutre."

In seiner Begleitung befand sich ein höherer Beamter des japanischen Verkehrsministeriums, der vor kurzem mit dem Verkehrsminister Ura die neuen Linien in Korea u. die Arbeiten zur Abänderung der Spur zwischen Dalny u. Liauyang besichtigt hatte.

Er teilt mir mit, die Linie Seoul – Fusan würde Ende d. M. betriebsfähig, nachdem der 5000 engl. Fuss lange Tunnel bei Toihöngto südl. Taiku Ende Oktober fertiggestellt worden sei. Bei Probefahrten auf der Linie seien zwar 2 Entgleisungen vorgekommen, doch sei der Betrieb jetzt gesichert.

Die Linie Seoul – Wiju wird seiner Ansicht nach vor Juni fertig. Es sei viel Eisenbahnmaterial verloren gegangen[1], es falle schwer, Ersatz zu finden, Holz sei ebenfalls schwer zu erhalten, auch bestehe Mangel an Kulis.

Die Abänderung der russ. Spur in die japanische zwischen Dalny u. Yentai sei fertig. Die Verlegung der Schienen gehe rasch von statten.

Augenblicklich benötige man noch die japanische Spur wegen des aus Japan

---

1 Durch das Wladiwostock-Geschwader.

herangeschafften rollenden Materials. Später sei beabsichtigt, das Geleise zwischen Port Arthur u. Liauyang bezw. Mukden auf Amerikanische Spurweite zu bringen, dieselbe, die auf der bis zu einem der letztgenannten beiden Punkte zu verlängernden Linie Fusan – Wiju angewandt sei. Es sei noch nicht entschieden, ob der Anschluss der koreanischen Bahnen an die mandschurische bei Liauyang oder bei Mukden erfolgen solle.

U.

gez. von Claer.

Maj. u. Mil. Attaché.

Orig. i. a. Japan 20

Tod der Kronprinzessin von Korea.

Empfänger	Bülow	Absender	Saldern
A. 20488 pr. 31. Dezember 1904. p. m.		Söul, den 8. November 1904.	
Memo	mitg. 4. 1. Wien 6. J. № 882.		

PAAA_RZ201-018936_068 f.

A. 20488 pr. 31. Dezember 1904. p. m. 1 Anl.

Söul, den 8. November 1904.

K. № 114.

Seiner Exzellenz

dem Reichskanzler

Herrn Grafen von Bülow.

Am 5. d. Mts. ist die Kronprinzessin von Korea gestorben. Eine Bedeutung hatte diese Dame nicht, ebenso wenig wie ihr sie überlebender Gemahl der ein Idiot ist.

Der koreanische Minister der Auswärtigen Angelegenheiten hat mir diesen Todesfall in zwei fast gleichlautenden Noten angezeigt, von denen die eine für die K. U. K. Österreichisch – Ungarische Regierung bestimmt ist. Indem ich eine Übersetzung der Letzteren hier beifüge, bitte ich eine Mitteilung nach Wien gelangen zu lassen.

Eine Beileidsbezeugung unsererseits ist vorläufig nicht notwendig, wenn der koreanische Kaiser nicht noch eine besondere Anzeige nach Berlin gelangen lassen sollte. In meiner Antwort an den Minister habe ich mein Beileid schon zum Ausdruck gebracht.

von Saldern.

Betrifft: Tod der Kronprinzessin von Korea.

Anlage zu Bericht № 114.
Übersetzung.

An den Kaiserlich Deutschen Minister-Residenten
Herrn Von Saldern.

Schreiben vom Auswärtigen Amte.

Söul, den 6. November 1904.

Am 5. d. Mts. abends 8 Uhr ist Ihre Hoheit die Kronprinzessin unseres Landes gestorben. Das koreanische Volk ist hierdurch in Trauer versetzt.

Ich bitte der Österreichischen Regierung hiervon Mitteilung zu machen.

Der Auswärtige Minister
gez. Yi Ha Yung.

Berlin, den 4. Januar 1905.   A. 20488.

An
die Mission in
Wien № 6.

Euerer p. p. übersende ich anbei ergebenst
Abschrift eines Berichts des K. Minister-Resid. in
Söul vom 8. d. Mts. betreffend das Hinscheiden
der Kronprinzessin von Korea nebst Anlage mit
dem Ersuchen um eine entsprechende Mitteilung
an die Österreichisch-Ungarische Regierung
Halttun.

[   ]

PAAA_RZ201-018936_072 f.

Empfänger	Auswärtiges Amt in Berlin	Absender	Saldern
A. 225 pr 5. Januar 1905. p. m.		Söul, den 5. Januar 1905.	
Memo	mtg. i. z. 9. 1. St. Petbg., London, Paris, Wash.		

A. 225 pr 5. Januar 1905. p. m.

Telegramm.

Söul, den 5. Januar 1905. 11 Uhr 20 Min. m.
Ankunft: 2 Uhr 16 Min. N m.

Der K. Ministerresident an Auswartiges Amt.

Entzifferung.

№ 1.

Nachdem Kaiser bewaffnetes Einschreiten gegen politischen Verein Ilchinhoi befohlen und dabei mehrere Vereinsmitglieder hier in Söul von koreanischen Soldaten verwundet, haben japanische Truppen betreffende koreanische Offiziere und Soldaten verhaftet und mißhandelt.

Jedes Mitglied dieses Fortschrittsvereins erhält tägliches Gehalt vom japanischen Hauptquartier.

Es gährt im Lande und die Lage spitzt sich zu, möglich, daß nächstens Revolution.

Japaner wollen anscheinend Dynastie stürzen und reinen Tisch machen als Vorwand zur Annexion.

Saldern.

Orig. i. a. Japan 20. № 3.

PAAA_RZ201-018936_074 f.			
Empfänger	Bülow	Absender	Saldern
A. 926 pr. 18. Januar 1905. a. m.		Söul, den 10. Dezember 1904.	
Memo	mtg. 24. 1. London, St. Petersbg., Paris, Washington. J. № 957.		

Abschrift.

A. 926 pr. 18. Januar 1905. a. m.

Söul, den 10. Dezember 1904.

K. № 122.

Seiner Exzellenz

dem Reichskanzler

Herrn Grafen von Bülow.

Die Japaner sind eifrig mit der Unmodelung der koreanischen Verwaltung beschäftig und reißen nach und nach immer mehr davon an sich. Es gehen Gerüchte um, daß jetzt in dieser Beziehung weitere Schritte geschehen sollen, wonach die sämtlichen Ministerien zwar nominell einen koreanischen Chef haben würden, die eigentliche Leitung dieser Ämter aber in japanischen Händen läge. Zugleich würde die hiesige japanische Legation geschlossen werden und die Herren sich der Verwaltung Koreas widmen. Der Gesandte, Herr Hayashi, würde das Ministerium des Innern übernehmen. Der für das Unterrichtsministerium genannte Herr Kokuba ist der 2. Sekretär dieser Legation. Oberstleutnant Nodzu, eine sehr energische und intelligente Persönlichkeit, hat schon jetzt das koreanische Kriegsministerium in der Hand. Der für das Hausministerium bezeichnete Herr Kato war vor Herrn Hayashi japanischer Gesandter hier und ist seitdem Berater der Koreanischen Regierung. Er ist liebenswürdig und geschickt und der hiesige Monarch scheint ihn mit seinem Vertrauen zu beehren. Der vielgenannte Finanzberater, Herr Hegata, war bis vor einigen Monaten Generaldirektor der japanischen Zölle. Er scheint aber von dort fortgelobt worden zu sein, denn er hat einen großen Fehler, er ist ein stiller Trinker und befindet sich meist schon vormittags in einem Zustande behaglichen Dusels. Der für das Auswärtige Ministerium genannte Herr Stevens ist jener viel besprochene Amerikaner, dessen Eintreffen hier in den nächsten Tagen erwartet wird. Aus einem mir vom verläßlicher Seite zugehenden Privatbriefe

(Söul 11 XII.) dürfte Folgendes von Interesse sein.

Gez. von Saldern.

Orig. i. a. Japan 20. № 3.

[   ]

PAAA_RZ201-018936_076

Empfänger	Kriegsministerium	Absender	Claer
A. 2438 pr. 12. Februar 1905. p. m.		Peking, den 23. Dezember 1904.	
Memo	Militär – Attaché. J. № 297.		

Abschrift.

ad A. 2438 pr. 12. Februar 1905. p. m.

Peking, den 23. Dezember 1904.

Militär-Bericht № 52.

An das Kgl. Preuß. Kriegsministerium.

U.

„Die Eisenbahn Fusan-Seoul ist fertig. Am 9. XI. wurde die Schlußscheine gelegt. Dem Verkehr sind nur die Anfangs- u. Endstrecken übergeben. Doch gehen Züge bereits in 28 Stunden durch für militärische u. Eisenbahnzwecke. Für dieselben Zwecke laufen auch schon Züge von PyöngYang bis Songdo (Kaisong)."

gez. von Claer.

Major u. Mil. Attaché.

Orig. i. a. Japan 20. № 3.

[   ]

PAAA_RZ201-018936_077

Empfänger	Auswärtiges Amt in Berlin	Absender	Saldern
A. 2562 pr. 14. Februar 1905. a. m.		Seoul, den 14. Februar 1905.	
Memo	Tel. i. z. 17. 2. Peking 18.		

A. 2562 pr. 14. Februar 1905. a. m.

Telegramm.

Seoul, den 14. Februar 1905. 12 Uhr 10 Min. p. m.
Ankunft: 9 Uhr 54 Min. a. m.

Der K. Ministerresident an Auswärtiges Amt.

Entzifferung.

№ 4.

Geheim.

Japaner suchen Kaiser nach Japan zu locken, er weigert sich aus Furcht nicht wieder zurückgelassen zu werden.

Saldern.
Orig. i. a. Japan 20. № 3.

PAAA_RZ201-018936_079 ff.

Empfänger	Bülow	Absender	Saldern
A. 3005 pr. 21. Februar 1905. p. m.		Söul, den 10. Januar 1905.	
Memo	mtg. 27. 2. Botschaften, Gesandtschaften. J. № 43.		

Abschrift.

A. 3005 pr. 21. Februar 1905. p. m.

Söul, den 10. Januar 1905.

K. № 5.

Seiner Exzellenz

dem Reichskanzler

Herrn Grafen von Bülow.

Der politische Verein Il Chin Hoi macht gewaltigen Lärm. Tausende seiner Anhänger strömen nach Söul und wir stehen vielleicht am Vorabende größer Ereignisse. Nur fehlt anscheinend noch der energische Mann, der die Leitung der Bewegung in die Hand nehmen kann. Alles Gesindel im ganzen Lande strömt diesem Vereine zu. Aber auch die Armen, Unglücklichen und Bedrückten, denen durch die Gewissenlosigkeit Mächtigerer Schaden entstanden ist, denen ihr Rcisland oder ihre Häuser durch ungetreue und habgierige Beamte grausam entrissen worden sind, füllen die Reihen des Vereins. So ist eine gewaltige Bewegung im ganzen Lande. Dabei sind andere Vereine in Tätigkeit, welche den Il Chin Hoi bekämpfen, aber dieser scheint überall die Oberhand zu haben. Er verlangt die Absetzung von Präfekten und Ministern und vieles andere und setzt seine Wünsche auch manchmal durch. Der Kaiser schwankt zwischen Furcht und Aufwallungen von Selbstbewußtsein. Aber seine endlichen Entschließungen sind immer Nachgiebigkeit, denn hinter dem Ill Chin Hoi stehen die Japaner und jedes Vereinsmitglied erhält ganz offen alle 3 Tage 1 Yen vom japanischen Hauptquartier. So können die Japaner mit der koreanischen Regierung und auch mit der Dynastie machen, was sie wollen, ohne sich selbst die Hände schmutzig zu machen. Meuchel-mord und politische Anarchie werden vielleicht eintreten und die Japaner werden Gewehr bei Fuss zusehen und erst dann einschreiten, wenn derjenige Zustand eingetreten ist, der ihren Zwecken paßt, die wohl auf das Ausräumen des Bestehenden gehen und Korea zu einer japanischen quasi Provinz zu machen bestrebt sind. Wir alle, die wir die Vorgänge hier aus der Nähe ansehen, werden uns nicht täuschen lassen, wenn die Japaner später eine Mitschuld an verhängnisvollen Ereignissen ableugnen.

Doch ich habe mich auf das Gebiet der Prophezeiungen begeben. Es kann auch alles friedlich im Sande verlaufen. Der koreanische Nationalcharakter ist so wenig und bedarf so grober Keulenschläge, um hart und entschlußfähig zu werden, daß das prasselnde politische Feuer vielleicht glimmend verlöscht, ohne erheblichen Schaden anzurichten.

Die gärenden politischen Zustände hier haben manche Pläne und Projekte gezeigt, die aber mehr ephemerer Natur sind, weshalb ich Euere Exzellenz nur andeutungsweise von ihnen unterhalten will: So soll die Armee vermindert, die Beamtenschar verkleinert und moralisch gebessert werden, das Polizeiwesen soll geordnet und die Steuererhebung vernünftig und weniger bedrückend geregelt werden. Kommissionen für alle diese Fragen sind zusammengestellt, die Japaner werden überall um Rat gefragt, aber da ihr Rat meistens ein bitterer ist, so wird er doch nicht befolgt und die ganze Flut der Pläne und Projekte versinkt wieder in einem Meer von Unkenntnis und Lächerlichkeit.

Selbst die offiziellen japanischen Berater der koreanischen Regierung können in diesem allgemeinen Wust kaum vorwärtskommen, sodaß es zum Beispiel dem Finanzberater weder gelingt, die Ausgaben zu zügeln, noch Einnahmequellen in seine Hand zu bekommen. So hat die Beerdigung der kürzlich verstorbenen Kronprinzessin viele hunderttausend Yen gekostet. Zur Errichtung der Beisetzungstempel ist ein ganzes Stadtviertel niedergerissen worden und die prächtigen und das Volk belustigenden Beerdigungszeremonien gingen fast ebenso glänzend vor sich, wie im vorigen Jahre die der Königin Mutter. Trotz aller dieser Ausgaben wird von den japanischen Beratern der koreanischen Regierung nicht gespart. So hat vor einigen Tagen der Finanzberater, um für sich eine Wohnung zu beschaffen, aus den Fonds des koreanischen Finanzministeriums für 5200 Yen das Grundstück, auf dem sich die Kaiserliche Minister-Residentur befindet, angekauft, und ich muß am 1. Januar 1906 das Anwesen räumen und werde tatsächlich obdachlos. Jeder, der Söul kennt, wird das begreiflich finden.

Die Nachricht des Falles von Port Arthur hat einen sichtlich verblüffenden Eindruck auf den hiesigen Kaiser gemacht. Das diplomatische Korps hatte am 3. Januar als gerade die Meldung eingetroffen war, aus Anlass der Beisetzungsfeierlichkeit Audienz und wir konnten uns alle nicht verhehlen, wie niedergedrückt der Kaiser war. Die Verteidigung von Port Arthur hatte ihm imponiert und allen seinen russischen Sympathien festen Halt gegeben.

Von allen weißen Vertretungen spielt hier die amerikanische die größte Rolle. Die amerikanische Kolonie, meist aus Missionaren bestehend, die im ganzen Lande verbreitet leben, ist sehr zahlreich, dann macht sich auch die amerikanische imperialistische Politik hier geltend und wird wohl nach Ablauf der gegenwärtigen Wirren noch mehr hervortreten. Der amerikanische Gesandte, früher Missionsarzt und über 20 Jahre im Lande, hat das Vertrauen des Kaisers. Er ist eine ausgezeichnete und zuverlässige Persönlichkeit, der dies Vertrauen vollständig verdient. In der Nacht, als sein Palast abbrannte, ist der Kaiser in ein Haus geflüchtet, welches neben der amerikanischen Legation liegt und wohnt seitdem dort. Auf der anderen Seite dieses provisorischen Palastes liegt ein Grundstück, welches einem amerikanischen Missionar gehört. Dieses Grundstück hat der Kaiser ankaufen lassen, trotzdem ist aber die Amerikanische Gesandtschaftwache dort verbleiben und über dem Grundstück weht die amerikanische Flagge. Dieser Zustand war den Japanern ein Dorn im Auge und sie haben alles Mögliche getan, um den Monarchen dieses amerikanischen Schutzes zu berauben. In Washington ist man aber anderer Meinung gewesen und gestern ist, wie ich zufällig aus geheimer Quelle erfahre, von dort der telegrafische Befehl eingetroffen, daß die amerikanischen Marinesoldaten auf diesem Grundstück zu verbleiben haben.

gez. von Saldern.

Orig. i. a. Japan 20. № 3.

[   ]

PAAA_RZ201-018936_085

Empfänger	Bülow	Absender	Saldern
A. 4115 pr. 11. März 1905. a. m.		Söul, den 23. Januar 1905.	
Memo	mtg. 17. 3. St. Petbg. 199. Minister-Residentur. J. № 73.		

Abschrift.

A. 4115 pr. 11. März 1905. a. m.

Söul, den 23. Januar 1905.

K. № 6.

Sr. E.

dem R. K.

Hrn. Grafen von Bülow.

U.

Es geht das Grücht, daß ein Sohn des Kaisers von Korea Nomens Ui Hua Kun, welcher seit einigen Jahren in einer Art Verbannung in Amerika u. Japan gelebt hat, jetzt nach Söul zurückkommen werde. Dieser Prinz steht anscheinend unter japanischem Einfluss.

gez. v. Saldern.

Orig. i. a. Japan 20. № 3.

[   ]

PAAA_RZ201-018936_086

Empfänger	Auswärtiges Amt in Berlin	Absender	Arco
A. 5092 pr. 26. März 1905. p. m.		Tokio, den 26. Marz 1905.	

Abschrift.

A. 5092 pr. 26. März 1905. p. m.

Telegramm.

Tokio, den 26. Marz 1905. 1 Uhr 5 Min. p. m.
Ankunft: 12 Uhr 10 Min. p. m.

Der K. Gesandte an Auswärtiges Amt.

Entzifferung.

№ 76.

Ksl. japanische Verordnung v. 23. erteilt der hiesigen ersten Bank weitgehende Befugnisse.

Korea besteht auf Recht der Notenausgabe, bezeichnet als Aufgabe Sanierung koreanischer Finanzen.

Gez. Arco.

Orig. i. a. Japan 20. № 3.

PAAA_RZ201-018936_087 ff.

Empfänger	Bülow	Absender	Saldern
A. 7086 pr. 27. April 1905. a. m.		Söul, den 15. März 1905.	
Memo	mtg. 1. 5. Botschaften, Gesandtschaften.		

Abschrift.

A. 7086 pr. 27. April 1905. a. m.

Söul, den 15. März 1905.

K. № 17.

Sr. Exzellenz

dem Reichskanzler

Herrn Grafen von Bülow.

Vor kurzem habe ich gemeldet, daß eine grössere Anzahl japanische Truppen in Korea erwartet würde. Sie sollten ursprünglich in Chemulpo gelandet werden und über Söul marschieren, sind aber, da die nordwestlichen Häfen zufällig wieder eisfrei geworden waren, dort gelandet und nach Norden abgerückt. Auch bei Wönsan sollen wieder japanische Truppen gelandet worden sein. Wie stark diese beiden Nachschübe gewesen sind, darüber kann ich Bestimmtes nicht angeben. Ursprünglich wurde behauptet, es würden 15 bis 20 000 Mann kommen. Hier wurde erzählt, daß alle Schiffe, welche die nachher an der Westküste gelandeten Truppen von Japan herübergebracht haben, zunächst Chemulpo angelaufen sind, um dort Weitere Ordres zu empfangen. Das scheint richtig zu sein, denn nach den mir zugegangenen amtlichen Schiffslisten sind im Monat Februar allein 26 japanische Kriegstransportschiffe in den Hafen von Chemulpo eingelaufen. Aus dieser Anzahl kann man auch ungefähre Schlüsse auf die Höhe der militärischen Nachschübe machen, selbst wenn einige dieser Transporte nicht Truppen, sondern Material geladen hatten. An der Ostküste stellt sich die militärische Lage so, dass, wie koreanische Quellen besagen, die Russen durch die Japaner aus Söng-Chin vertrieben sind und sich nach dem Norden des Distriktes Kyöng-Song, also bis hart die Possietbay, zurückgezogen haben. Die Telegraphenlinie zwischen Söul und Söng-Chin ist seit Anfang d. Mts. wieder in Betrieb gesetzt.

Die japanische Diplomatie und das andere Beamtentum hier arbeitet mit Hochdruck daran, Korea zu mediatisieren und die ganze Verwaltung in japanische Hände zu bekommen. Ströme von japanischen Einwanderern, häufig recht zweifelhaften Charakters mit großem Appetit nach fremdem Eigentum, besonders nach Grund und Boden, überschwemmen das Land. Die amtlichen Bestrebungen sind recht vielseitiger Natur und greifen in alle Interessensphären und Verwaltungszweige ein. Zunächst soll der Kaiser möglichst isoliert und unschädlich gemacht werden. Ein Generaladjutant des Kaisers von Japan mit einer gewissen Suite ist jetzt hier um den koreanischen Monarchen zu einem Besuch nach Japan einzuladen. Ich habe schon vor einiger Zeit berichten dürfen, daß dieser vorläufig nicht geneigt ist, dieser Einladung Folge zu leisten. Sein Sohn, welchen die Japaner anscheinend in Bereitschaft halten, hier eine Rolle zu spielen, wartet, nachdem er etwa 10 Jahre in Amerika in halber Verbannung gelebt hat, in Tokio die weitere Entwickelung der Dinge ab.

Zugleich mit der Unschädlichmachung der Person des Monarchen haben die Japaner auch ihr Augenmerk darauf geworfen, Korea nach aussen hin zu isolieren und seine Verbindungen mit den fremden Mächten zu unterbrechen. Es verlautet, daß es bereits gelungen sei, den Kaiser zu überreden, die koreanischen Gesandtschaften in Berlin und Paris auszulassen, ebenso die in Tokio, die ja an und für sich schon überflüssig sein würde. Ich glaube freilich nicht, daß der koreanische Monarch in diesen Fragen so leicht nachgeben wird, denn er spiegelt sich gerne in dem Glanze seiner fremden Verbindungen und sieht darin den prägnantesten Ausdruck seiner eignen Souveränität.

Neulich schickte er einen Vertrauensmann zu mir und liess mich fragen, ob die Zeitungsnachricht, daß Rußland Japans Oberherrschaft in Korea anerkennen wolle, richtig sei. Das könne doch unmöglich der Fall sein, denn Koreas Souveränität sei doch auch durch Verträge mit anderen Staaten festgestellt. Ob diese anderen Staaten ihm denn nicht helfen würden. Ich liess ihm eine ausweichende Antwort geben, die im Wesentlichen darin gipfelte, daß alles das sich erst beim Friedenschlusse entscheiden werde und dass Deutschland auf jeden Fall sich niemals hineinmischen, sondern nur den Zuschauer spielen werde.

Am meisten sind den Japanern die fremden Vertretungen in Söul ein Dorn im Auge und sie möchten uns alle gerne so bald wie möglich loswerden, oder wenigstens in Konsulate verwandelt sehen. Der bekannte amerikanische Berater des Auswärtigen Amtes, Herr Stevens, welcher unter einigen amerikanischen Vorbehalten selbst verständlich vollständig im japanischen Fahrwasser segelt, hat neulich zu Vizekonsul Dr. Ney etwa folgendes geäußert; „Es sei eine Schande, daß man der französischen Gesandtschaft hier gestatte, chiffrierte Telegramme abzusenden und zu empfangen. Wenn ein Preußischer General an Baron Hasegawa's Stelle wäre, so würde er gewiss diesen Telegrammverkehr und die ganze übrige Correspondenz der französischen Gesandtschaft überwachen. Für diesen Oberbefehlshaber wäre dies ein Leichtes, da durch Erklärung des Kriegszustandes in ganz Korea alle solche Massregeln ohne Weiteres gerechtfertigt sein würden." Hierbei möchte ich jedoch bemerken, daß meines Wissens ein Kriegs- oder Belagerungszustand über ganz Korea niemals von den Japanern ausdrücklich proklamiert worden ist. Nur für die Nordprovinzen sind solche Proklamationen erfolgt. Aus den Bemerkungen des Herrn Stevens, welche gewiss Anschauungen und Wünsche der amtlichen japanischen Kreise widerspiegeln, sieht man, wo diese Herren der Schuh drückt und wessen man sich von ihnen zu versehen hat. Sie müßen doch aber fürchten, es mit vielen zu verderben, denn sonst würden sie ihre Wünsche längst schon in Taten umgesetzt haben.

Herr Stevens hat Dr. Ney über japanische Finanzen ferner etwa folgendes gesagt; „Es sei ihm bei seiner Durchreise durch Japan von Leuten, die es wissen müßten, vorgerechnet worden, daß sie, die Japaner, noch 15 Monate ohne eine weitere äußere Anleihe den Kring fortsetzen könnten. Hierzu habe eine außerordentlich günstige Reisernte im Jahre 1904 viel beigetragen." Als er, Stevens, nach Tokio gekommen, sei er von seinem alten Freunde Inouye gefragt worden: „Nun, was sagen Sie zu dem Erfolge unserer, Äusseren Anleihen?" Er, Stevens, habe geantwortet: „Wenn Ihr eine Dummheit gemacht habt, so war dies zweifellos eine und zwar eine größe und darin stimmen die amerikanischen Politiker und Finanzleute mit mir überein. Ihr hättet gleich mindestens eine Milliarde Yen aufnehmen müßen. Die hättet Ihr zu günstigeren Bedingungen bekommen als diese Bettelsummen. Jetzt ist es zu spät. Nachdem Ihr Euch einmal so ungünstigen Konditionen unterworfen habt, wird Euch niemand mehr zu günstigeren borgen." Die Japaner haben eben, hat Herr Stevens hinzugefügt, eine höllische Angst vor äußeren Anleihen.

Noch in einer anderen Richtung versuchen die Japaner in Korea jetzt ihren Einfluss geltend zu machen und zwar in Bezug auf Verdrängung der europäischen Beamten in koreanischen Diensten. Allen französischen Beamten ist gekündigt worden und meiner Ansicht nach mit Recht, denn diese waren bis auf Herrn Clémencet, den Postdirektor, sämtlich Nichtstuer. Mein französischer Kollege hat alle Hände voll zu tun, um die finanziellen Ansprüche seiner Nationalen mit den Angeboten, welche ihnen die Japaner durch die koreanische Regierung machen lassen, zu versöhnen. Ansprüche und Angebote scheinen noch weit auseinander zu sein. Nur der Postdirektor hat sich, über den Kopf seines Gesandten hinweg, direkt mit der japanischen Gesandtschaft über eine ihm von der koreanischen Regierung zu zahlende Abfindungssumme geeinigt und wird demnächst Söul verlassen. Es war schon lange das Bestreben der Japaner, den koreanischen Postdienst in ihre Hände zu bekommen. Den koreanischen Telegrafendienst hatten sie schon zu Anfang des Krieges in die Hand genommen und den Direktor, einen unter russischem Schutz stehenden Dänen, kaltgestellt. Die Japaner haben übrigens und hatten schon vor Ausbruch des Krieges verschiedene eigene Telegrapfenlinien in Korea. Ich habe im Gegensatz zu meinem französischen Kollegen, welcher aus Grundsatz über koreanische Angelegenheiten nicht mit der japanischen Gesandtschaft, sondern nur mit der koreanischen Regierung unterhandelt, stets diese Fragen offen mit meinem japanischen Kollegen besprochen. Danach scheint für die deutschen Beamten in koreanischen Diensten vorläufig wenigstens keine Gefahr zu sein, wenn auch die Japaner den Wunsch durchblicken lassen, auch diese Stellen, ohne unseren Herren zu nahe zu treten, nach und nach mit ihren Leuten zu besetzen. Nur die Stelle des königlich Preußischen Musikdirektors, Herrn Eckert, welcher die Kaiserliche Kapelle leitet, scheint, soweit ich bis jetzt übersehen kann, unter allen Umständen gesichert zu sein. Herr Eckert hat etwa ein Jahrzehnt lang die japanische Militär – und Marine – Musik ausgebildet. Der Hofarzt des Kaisers. Dr. Wunsch, mit dem die Japaner einen besonderen neuen Kontrakt abzuschließen geneigt sein würden, findet in seiner hiesigen Tätigkeit mit Recht keine Befriedigung und hat die Absicht, sich sowieso zu verändern. Auch der neue Kontrakt würde wahrscheinlich finanziell minderwertig und in Bezug auf medizinische Tätigkeit unbefriedigend sein. Über den Lehrer an der von der Kaiserlich koreanischen Regierung unterhaltenen Schule, Herrn Bolljahn, werde ich besonders berichten. Außer den genannten drei Herren sind noch einige andere Deutsche im koreanischen Zolldienste, deren Stellung wohl vorläufig noch gesichert ist, wenn auch die Japaner sichtlich dahin drängen, die reiche Einnahmequelle des Zolles nach und nach unter ihre Kontrolle zu bekommen. Dann werden wohl auch diese Beamten, die übrigens meist das Rücktrittsrecht in den chinesischen Zolldienst haben, durch Japaner ersetzt werden. Das größte Hindernis für die Übernahme des koreanischen Zolldienstes durch die Japaner ist der Chef dieses Dienstes, der Engländer Mr. Leavy Brown. Er hat nach dem Muster von Sir Robert Hart, nur vielleicht noch autokratischer als dieser und ohne jemals Rechnung gelegt zu haben, aber sonst in sehr verdienstvoller Weise, den koreanischen Zolldienst geführt. Vor kurzem schien es, als ob es zwischen ihm und den Japanern zum Konflikt kommen würde. Das war, als Herr Megata, über dessen Finanzprojekte ich besonders berichtet habe, über die koreanischen Zolleinnahmen als Pfand für die von der japanischen Regierung Korea zu leihenden drie Millionen Yen Papiergeld verfügt hatte. Über diesen Schritt war Herr Brown sehr aufgeregt. Er ließ, wie ich zufällig erfahren habe, meinen britischen Kollegen um Schutz nach London telegraphieren. Es schienen dann beruhigende Befehle von dort und aus Tokio gekommen zu sein und jetzt hört man nicht mehr von einem Konflikt. Der General-Zolldirektor, welcher mit Zähigkeit an seinem Posten hängt, ist beinahe 70 Jahre alt. Die Engländer hier erzählen, er werde wohl demnächst zum Sir John ernannt werden.

Der bekannte Schatzmeister des Kaisers, Yi Yon Ik, ist zum Gouverneur einer der südlichen Provinzen ernannt worden. Die koreanischen Zeitungen schreiben, daß die Bevölkerung ersucht habe, ihn sofort wieder zu verjagen.

gez. von Saldern.

Orig. i. a. Japan 20. № 3.

[   ]

PAAA_RZ201-018936_097

Empfänger	[o. A.]	Absender	[o. A.]
A. 10313 pr. 15. Juni 1905.		[o. A.]	

A. 10313 pr. 15. Juni 1905.

Notiz.

Bericht aus Söul v. 28. 4. - 29 -

Die Tätigkeit der Japaner in Korea − Eisenbahnbau; Verwaltung; Finanzen; Post u. Telegraphenwesen; Polizei; Reorganisation der Armee − Zollwesen. Die diplomatische Vertretung Koreas. Goldminenkonzession—Lieferung von Eisenbahnmaterial für Korea, -- Wechsel in der Person des amerik. Gesandten.

Orig. i. a. Japan 20. № 3.

PAAA_RZ201-018936_098 ff.

Empfänger	Bülow	Absender	Saldern
A. 10314 pr. 15. Juni 1905. a. m.		Söul, den 1. Mai 1905.	
Memo	Minister – Residentur. J. № 340.		

Abschrift.

A. 10314 pr. 15. Juni 1905. a. m.

Söul, den 1. Mai 1905.

K. № 31.

Seiner Excellenz

dem Reichskanzler

Herrn Grafen von Bülow.

Euerer Excellenz überreiche ich in der Anlage einen Auszug aus dem für das laufende Jahr aufgestellten koreanischen Budget in Gegenüberstellung mit dem Budget von 1904 auf das sich mein Bericht vom 5. September v. J. № 100. bezog.

Die Aufstellung des Budgets für 1905 war eine der ersten Arbeiten des von Japan der koreanischen Regierung beigegebenen Finanzratgebers Megata, über dessen vielseitige Tätigkeit auf dem Gebiete des Finanz – und namentlich des Münzwesens ich widerholt berichtet habe. Ein Vergleich der Zahlen ergibt zunächst, dass die im Einzelnen ausgeworfenen Positionen im Großen und Ganzen ziemlich gleichgeblieben sind und dass nur in zwei wesentlichen Punkten sich das neue Budget von den Budgets der früheren Jahre unterscheidet.

Unter den außerordentlichen Ausgaben erscheint ein Posten von 4 614 263 $, der zur Deckung des vorjährigen Defizits bestimmt ist. In den früheren Budgets hat es die koreanische Finanzweisheit fertig gebracht, von dem tatsächlichen Ergebnis der Vorjahre regelmäßig zu schweigen und die Frage, ob sich die früheren Voranschläge verwirklicht haben, einfach zu ignorieren. Nähere Angaben darüber, wie sich das vorjährige Defizit berechnet, sind nicht zu erhalten. Jedenfalls lag es ganz im Interesse des Herrn Megata, einen gehörigen Fehlbetrag herauszurechnen, da der koreanischen Regierung dadurch vor Augen geführt werden konnte, wie notwendig es für sie sei, eine Anleihe von Seiten

Japans anzunehmen, ein Anerbieten, in dem die japanische Regierung ein willkommenes Mittel sah, Korea in noch größere Abhängigkeit zu bringen. In vollem Masse haben sich die Absichten der japanischen Regierung in dieser Hinsicht allerdings bisher noch nicht verwirklicht, da statt der wiederholt dringend empfohlenen Anleihe von 10 Millionen Yen sich Korea nur auf die Aufnahme eines von der japanischen ersten Bank zu gewährenden Darlehns von 3 Millionen, das zur Durchführung der beabsichtigten Münzreform bestimmt ist, eingelassen hat. Vgl. den Bericht vom 14. Februar d. J. № 15.

Der zweite wesentliche Punkt, in dem sich das neue Budget von dem alten unterscheidet, ist die Beseitigung eines den früheren Etats anhaftenden Mangels, der die Naivität, mit der die Voranschläge aufgestellt zu werden pflegten, drastisch vor Augen führt und die Unzuverlässigkeit des koreanischen Budgets erkennen lässt. Die Budgets werden regelmäßig in koreanischen Nickeldollars aufgestellt. Der Nickeldollar, der ursprünglich mit dem Japanischen Yen pari stand, ist, wie in früheren Berichten und zuletzt in dem erwähnten Bericht vom 14. Februar d. J. dargestellt wurde, infolge Überprägung und Einführung falscher Münzen im großen Stile an Wert im Verhältnis zum Goldyen immer mehr gesunken, so dass das Disagio bereits seit geraumer Zeit mit großen Schwankungen durchschnittlich mehr als 100 Prozent beträgt. Ein Teil der Einnahmen des Staates wie beispielsweise die Seezölle, die von den Fremden zu zahlende Grundsteuer in den offenen Plätzen wird nicht in Nickeldollars, sondern in Yen erhoben. Auch bei einer großen Reihe der Ausgaben wie der zur Rückzahlung der von der ersten Bank aufgenommen Darlehen ausgeworfenen Beträge, die Gehälter der Fremden und aller Beamten der Seezollverwaltung, die Kosten der koreanischen Vertretungen im Auslande wird nicht der Nickeldollar, sondern der Yen zu Grunde gelegt. Diesen wesentlichen Unterschied haben die früheren Budgets einfach ignoriert. Yen und Nickeldollars wurden ohne weiteres zusammenaddiert, wie wenn beide nach wie vor pari stünden. Um nun den tatsächlichen Verhältnissen Rechnung zu tragen, hat Herr Megata bei den Ausgaben und Einnahmen Beträge eingesetzt, die den Unterschied ausgleichen.

Im Ürigen weisen die einzelnen Positionen des neuen Budgets und diejenigen des Vorjahres keine bemerkenswerten Unterschiede auf. Die von Japan beabsichtigten und teilweise bereits durchgeführten Reformen des koreanischen Staatswesens, die Euerer Excellenz aus meiner politischen Berichterstattung bekannt sind, haben schon jetzt das für 1905 aufgestellte Budget in vielen Punkten über den Haufen geworfen. Für das laufende Jahr sind nahezu die gleichen Summen für das koreanische Militär ausgeworfen wie für 1904. In den letzten Wochen ist indes beinahe die Hälfte der koreanischen Soldaten entlassen worden, was den ausgesetzten Betrag doch wohl ganz bedeutend vermindern müßte. Die im Budget als von dem Hausministerium ressortierend erscheinenden

Eisenbahnämter und das Bergwerksamt sind bereits aufgehoben worden, da Japan diese Einrichtungen vollständig in die Hand genommen hat. Wenn auch das koreanische Verkehrsministerium noch nicht völlig aufgelöst worden ist, so ist doch durch die kürzlich erfolgte Übernahme des koreanischen Post – und Telegraphenwesens durch Japan auch diese Einrichtung illusorisch geworden. Das nächstjährige Budget dürfte sich von dem vorliegenden somit sehr stark unterscheiden, umso mehr als die von Japan beabsichtigte mit dem 1. Juni d. J. in Kraft tretende Münzreform und die sonstigen Finanzreformen des Herrn Megata, die ich in dem genannten Bericht vom 14. Februar d. J. dargelegt habe, ihre Wirkungen zeigen werden.

Zu der unter IX 3 e erscheinenden Position von 1 000 000 $ bemerke ich, dass es sich um ein Darlehen handelt, welches das Finanzministerium, das öfters nicht bei Kasse ist, dem Schatzmeisteramt d. h. dem Privatsäckel des Kaisers im Jahre 1904 entnommen hat, um die rückständigen Beamtengehälter und andere dringende Ausgaben zu zahlen.

gez. Saldern.

Orig. i. a. Korea 4

[   ]

PAAA_RZ201-018936_102

Empfänger	Auswärtiges Amt in Berlin	Absender	Arco
A. 20806 pr. 22. November 1905. a. m.		Tokio, den -. November 1905.	

A. 20806 pr. 22. November 1905. a. m.

Telegramm.

Tokio, den -. November 1905. 7 Uhr 05 Min. nm.
Ankunft: 21. 11. 9 Uhr 42 Min. nm.

Der K. Gesandte an Auswärtiges Amt.

Entzifferung.

№. 213.

Zu 213.

Kokumin hat Söul Telegramm neues japanisch-koreanisches Abkommen abgeschlossen: Japan übernimmt diplomatische Vertretung Koreas und Durchführung der bestehenden Staatsverträge. Zulässt neue Verträge nur unter seiner Zustimmung. Entsendet Administratoren nach wichtigen Plätzen welche japanischem Generalresidenten in Söul mit unmittelbarem Zutritt bei Souverän unterstehen.

gez. Arco.
Urschrift i. a. Korea 10

[   ]

PAAA_RZ201-018936_103

Empfänger	[o. A.]	Absender	[o. A.]
A. 7000 pr. 13. April 1906.		[o. A.]	

A. 7000 pr. 13. April 1906.

Notiz!

Bericht aus Söul vom 7. Ⅲ. 06 betr das korean. Budget und die Reformen der Japaner in Korea.

befindet sich i. d. a. Korea 4

Die Lage in Korea.

PAAA_RZ201-018936_104 ff.			
Empfänger	Bülow	Absender	Ney
A. 13501 pr. 4. August 1906.		Söul, den 14. Juni 1906.	
Memo	mitgt: Jena, London, Madrid, Paris, Petersbg., Rom B., Washington, Wien, Athen, Belgrad, Bern, Brüssel, Bukarest, Christian. Haag, Ropenh., Lissab., Stockh., Cairo, Sofia, Darmst. Dresden, Karlsr., München, Stutg., Weimar, Oldenbg., Hambg, Peking.		

A. 13501 pr. 4. August 1906.

Söul, den 14. Juni 1906.

№ 41

Seiner Durchlaucht

dem Herrn Reichskanzler

Fürsten von Bülow.

Die neu eingerichtete japanische Verwaltung in Korea geht bereits ihren geregelten Gang. Die Farce mit der „Koreanischen Regierung" ist bisher gewissenhaft durchgeführt worden: die Generalresidentur sucht für alle wichtigeren Maßregeln die Genehmigung des koreanischen Staatsrates noch. Gelingt es dann den verschiedenen Ressorts beigegebenen Ratgebern nicht, den Staatsrat zur Erteilung seiner Zustimmung zu bewegen, so spricht der japanische Statthalter sein Machtwort und die Sache wird doch gemacht. Marquis Ito, der übrigens, wie ich aus wohlunterrichteter Quelle höre, den Generalgouverneurposten nicht mehr länger als ein Jahr bekleiden wird, hat sich seit seiner Ernennung im Ganzen nur 6 Wochen in Korea aufgehalten. Seit Ende April, da er zu der Heerschau noch Tokio reiste, wird er in der Hauptstadt durch die großen Fragen, die Japan nach dem Kriege zu lösen hat, zurückgehalten. Er wird in ungefähr 10 Tagen zurückerwartet, einige Tage vorher soll eine japanische Kommission unter Führung des Marschalls Nozu hier eintreffen, die sich in der Halbinsel umsehen will. Ob es Marquis Ito gelingen wird, die Überzeugung, dass Japan seine Aufgaben in Korea nur wird lösen können, wenn es sich durch eine einsichtsvolle und gerechte Verwaltung das Vertrauen der koreanischen Bevölkerung erwirbt, auch gegenüber der japanischen Militärpartei zur Geltung zu bringen, die Korea mit der Kanone zivilisieren will, steht dahin. Die Wegnahme von Land seitens der Militärbehörde ohne angemessene Entschädigung der Eigentümer steht auch jetzt noch an der Tagesordnung und es ist kein Geheimnis, dass Marquis Ito diesen Konfiskationen für militärische Zwecke, die bei der breiten Masse der Bevölkerung mehr Erbitterung erregen, als der Verlust der nationalen Selbständigkeit, unsympathisch und zugleich machtlos gegenüber steht. Von der Zurückziehung einer der beiden in Korea liegenden Divisionen, wovon in letzter Zeit die Rede war, hat man, wenn die letzten Meldungen japanischer Blätter richtig sind, Abstand genommen.

In der östlich von Söul gelegenen Provinz Kangwön sowie in den Südprovinzen Tschung-Tschöng und Kjöng-sang sind seit Anfang des vorigen Monats grössere Unruhen ausgebrochen. Die Aufständischen rekrutieren sich hauptsächlich aus Anhängern der Uipyung-Sekte, einer Gesellschaft, die nach dem chinesisch-japanischen Kriege, als der japanische Einfluss in Korea plötzlich erstarkte, gegründet wurde und seit dieser Zeit die „Los-von-Japan-Bewegung" durch zeitweilige Aufstände zu unterstützen suchte. Die Sekte steht unter der Führung des Min Chung Sik, eines nahen Verwandten der von den Japanern ermordeten Gemahlin des koreanischen Herrschers. Die japanischen Zeitungen melden, dass die Aufständischen ein gewisses Maß von militärischer Organisation und Disziplin an den Tag legten und dass sich unter ihnen mehrere hundert frühere koreanische Soldaten befänden, die bei der Verminderung des koreanischen Militärs in den letzten beiden Jahren entlassen worden waren. Die Aufrührer sollen über eine größere Anzahl Murata-Gewehre verfügen. Da die japanischen und koreanischen Polizisten und Gendarmen gegen die Aufständischen, deren Hauptmacht sich in Hongtju in der Provinz Tschung-tschüng verschanzt hatte, nichts ausrichten konnten, ersuchte die japanische Generalresidentur die koreanische Regierung, das koreanische Militär gegen die Rebellen zu senden. Der Erfolg war natürlich ein negativer. Kriegerische Operationen gehören überhaupt nicht zum Programm der koreanischen Soldateska und zudem haben die Uipyungs, hinter denen der hiesige Palast stecken dürfte, die Sympathie der Koreaner. Da, wie sich einige japanische Zeitungen sehr schön ausdrücken, Korea den „ihm als souveränen Staate obliegenden Pflichten" nicht nachkam, wurden die japanischen Truppen zur Unterdrückung des Aufstandes herangezogen und am 31. v. Mts. wurde von 2 Kompagnien nebst einigen Geschützen Hong-tju genommen. 60 Uipyungs wurden bei der Einnahme der Stadt getötet und 127 gefangen genommen, während mehr als 1.000 Rebellen entkamen. Die Unruhen in den genannten 3 Provinzen dauern noch fort, und es sind bereits eine Reihe von Japanern den Aufständischen in die Hände gefallen und getötet worden. Größe Bedeutung wird indes dem Aufstande nicht beigelegt. Das verzweifelte Beginnen ist lediglich Wasser auf der Mühle der Militärpartei und gibt ihr den Vorwand zu noch drastischerem Vorgehen.

Herr Plançon, dessen Ernennung zum russischen Generalkonsul in Korea von den Japanern mit größtem Misstrauen aufgenommen worden ist, hält sich bereits seit Wochen in Japan auf. Die Zeitungen melden, dass sich die Weiterreise nach Korea verzögere, weil Herr Plançon seine Exequatur vom Kaiser von Korea erteilt haben wolle, was natürlich auf den Widerstand der Japaner stösst. Diese stützen sich darauf, dass mit dem japanisch-koreanischen Bündnis-Abkommen vom 23. Februar 1904 die Verträge zwischen Korea und Russland aufgehört hätten, durch den Protektoratsvertrag vom 17. November v. Js. die Beziehungen zwischen Korea und den fremden Mächten in Japans Hände gelegt worden seien, dass Russland wegen Koreas daher nur mit Japan verhandeln könne und bei diesen Verhandlungen die koreanische Regierung völlig auszuschalten sei. Hier ist über den Stand dieser russisch japanischen Auseinandersetzungen nichts zu erfahren. Herr von Kehrberg, der bis zum Ausbruch des Krieges Sekretär bei der hiesigen Gesandtschaft gewesen war und sich seit einigen Monaten in grösster Zurückgezogenheit hier aufhält, hat sich einem mir befreundeten Herrn gegenüber, der ihm schon seit Jahren nahesteht, sehr pessimistisch über die Frage ausgesprochen und sogar erklärt, er sehe nicht, wie der Streit eine Lösung finden könne. Russland halte am Vertrage mit Korea fest und könne das Abkommen vom 17. November v. Js., das ohne Zustimmung des Koreanischen Monarchen abgeschlossen sei, nicht anerkennen, und andererseits werde Japan wohl auch nicht nach geben. Herr von Kehrberg lebt anscheinend noch in den alten Zeiten vor dem Kriege. Wer das japanische Vorgehen in Korea beobachtet, der weiss, dass Russland sich entweder der neuen Ordnung der Dinge in Korea fügen, oder überhaupt auf eine Vertretung in der Halbinsel verzichten muss.

In dem hiesigen Palaste sind natürlich die Nachrichten von Differenzen zwischen Russland und Japan wegen Korea sehr willkommen; bei der Unfähigkeit des hiesigen Herrschers, seine wirkliche Lage zu erkennen, werden in ihm die optimistischsten Hoffnungen wach, wozu auch die lange Abwesenheit des Marquis Ito beiträgt, der in Herrn Tsuruhara einen sehr ruhigen, nahezu schüchternen Vertreter gefunden hat. Der Kaiser hat vor einigen Tagen, ohne die Generalresidentur vorher zu hören, einem Angehörigen der Min-Familie das Präsidium des Staatsrates übertragen, ein Posten, der seit Jahren nicht mehr besetzt war. Der Vizepräsident des Staatsrates pflegte als Premierminister zu fungieren, und durch die Ernennung eines Staatsrats-Präsidenten ist der Vorsitz im Kabinett an diesen übergegangen. Auf eine durch Marquis Ito veranlasste Anfrage über den Grund dieser Ernennung erwiderte der Kaiser, dass wegen der im Herbste bevorstehenden Wiedervermählung des Kronprinzen die Besetzung der Stelle erfolgt sei. Der Generalresidentur genügte diese Erklärung nicht, sie hat weitere Aufklärungen von dem Herrscher verlangt und lange wird sich Herr Min seiner Würde nicht zu erfreuen haben. Alle von der Generalresidentur für Fremde |Nichtjapaner| nachgesuchten Audienzen werden von dem Kaiser verweigert, und der zum Generalkonsul in Söul ernannte frühere 1. Sekretär der chinesischen Gesandtschaft in Tokio, Ma Ting Liang, ist bisher von dem Monarchen nicht empfangen worden. Der Kaiser schützt regelmäßig Krankheit vor; doch liegt der wahre Grund in der Abneigung des Kaisers gegen die Anwesenheit eines Vertreters der Generalresidentur bei den Audienzen. Um Marquis Ito bei den Fremden in Misskredit zu bringen, hat der koreanische Herrscher habe am Tage vor seiner Abreise nach Tokio ihm über die Interessengegensätze der weißen und gelben Rasse gesprochen. Die Asiaten müßten zusammenhalten, für sie gebe es nur einen Feind, die Fremden; China sei jetzt erwacht und nehme den Fremden alle Rechte wieder ab, die sie an sich gerissen hätten. Einem Bekannten gegenüber, der Zweifel äußerte, dass der Marquis diese Äußerungen tatsächlich getan habe, erbot sich ein Würdenträger, eine schriftliche Bestätigung des Monarchen darüber beizubringen. Marquis Ito kennt den hiesigen Herrscher zu gut und er wird sich wohl gehütet haben, ihm derartiges oder ähnliches zu sagen. Der Monarch kann aber nun einmal das Intrigieren nicht lassen und seine Naivität bringt ihn dabei auf wunderliche Wege. Wie weit diese Einfalt geht, möchte ich dadurch illustrieren, dass er eine deutsche Dame, die während der mehrmonatlichen Abwesenheit des bekannten Fräulein Sontag die Geschäfte der Palastintendantin führte, vor einigen Wochen selbst gefragt hat, ob es wahr wäre, dass Seine Majestät der deutsche Kaiser im Herbste nach Korea kommen wird.

Die früher von Herrn Hayashi und später zur Rückberufung Marquis Ito unternommenen Bemühungen, den Kaiser zur Rückberufung des Prinzen Ui hwa, eines Sohnes des Monarchen und einer Konkubine, zu bewegen, haben schließlich Erfolg gehabt. Der Prinz war seiner Zeit auf Betreiben der Königin, die in ihm einen Konkurrenten ihres Sohnes, des schwachsinnigen Kronprinzen, erblickte, kurz vor deren Ermordung ins Ausland geschickt worden und hat sich seitdem in Japan und Amerika aufgehalten. Nach langem Widerstreben hat der Monarch schließlich die Erlaubnis erteilt, dass der Prinz, der völlig unter japanischem Einflusse steht, hierherkommt und Anfang April ist der Prinz hier eingetroffen. Er ist nicht im Palaste, sondern in dem Privathause eines hiesigen Japaners abgestiegen. Bei den wenigen Zusammenkünften, die der Prinz mit seinem Vater hatte, war stets ein Vertreter der Generalresidentur zugegen, um zu verhindern, dass der Monarch den Prinzen in ein anti-japanisches Intrigenspiel zu verwickeln suchte. Offenbar fühlte sich Ui hwa auch nicht ganz sicher vor seinen Verwandten, denn als Marquis Ito nach Tokio abreiste, folgte ihm der Prinz alsbald und er ist seitdem auch nicht wieder zurückgekommen. Die Japaner haben sich den Prinzen wohl herangezogen, um jemand zur Hand zu haben, den sie gegebenenfalls an die Stelle des widerspenstigen Monarchen setzen könnten.

Zum französischen Generalkonsul in Söul ist Herr Belin, der zuletzt Vertreter Frankreichs in Bolivien gewesen war, ernannt worden. An Stelle des zurückberufenen Herrn Gordon Paddock kommt Herr Haywood, der in früheren Jahren Generalkonsul der Vereinigten Staaten in Hawai war, als Generalkonsul hierher.

gez. Ney.

Orig. i. a. Korea 10

Inhalt: Die Lage in Korea.

Die Lage in Korea.

PAAA_RZ201-018936_115 f.

Empfänger	Bülow	Absender	Ney
A. 13502 pr. 4. August 1906.		Söul, den 18. Juni 1906.	
Memo	mitgt: Jena, London, Madrid, Paris, Petersbg., Rom B., Washington, Wien, Athen, Belgrad, Bern, Brüssel, Bukarest, Christian. Haag, Kopenh., Lissab., Stockh., Cairo, Sofia, Darmst. Dresden, Karlsr., München, Stutg., Weimar, Oldenbg., Hambg.		

Auswärtiges Amt.

A. 13502 pr. 4. August 1906.

Söul, den 18. Juni 1906.

№ 42.

Seiner Durchlaucht

dem Reichskanzler

Fürsten von Bülow.

Herr Stevens, der vor kurzem von Marquis Ito nach Tokio berufen worden war, ist dieser Tage hier wieder eingetroffen. Er hat mir erzählt, er habe selbst mit Herrn Plançon wegen der Exequaturfrage verhandelt. Herr Plançon habe in der Tat zuerst von der japanischen Regierung verlangt, dass ihm eine Exequatur vom Kaiser von Korea erteilt werde. Das sei aber nur „bluff" gewesen, denn bereits die Tatsache, dass sich Herr Plançon nach Tokio und nicht nach Söul gewandt habe, zeigte, dass es ihm nicht ernst sein konnte. Der neue russische Generalkonsul habe sich dann auch damit einverstanden erklärt, dass er seine Exequatur von der japanischen Regierung erhalte. Wegen der Frage des Fortbestehens des koreanisch-russischen Handelsvertrags schwebten noch Verhandlungen, doch seien dies nur Fragen formeller Natur, denn der Portsmouth-Vertrag, der für Russland die Meistbegünstigungsklausel wegen Korea enthalte, sichere Russland die Rechte des alten Vertrags zu. Herr Stevens fügte hinzu, dass er trotz der Versicherungen des Herrn Plançon, er wolle in Korea die besten Beziehungen mit der japanischen Generalresidentur aufrechterhalten, sich nicht des Eindrucks erwehren könne, dass der neue russische Generalkonsul mit dem Gedanken nach Söul gehe, dort die rechte Hand des Monarchen spielen zu können. Die Japaner seien aber fest entschlossen, sich nicht an die Räder kommen zu lassen. Wenn der Monarch sich nicht füge, dann bleibe nur ein Weg, nämlich ihn nach Japan zu schaffen und auf diese Weise unschädlich zu machen.

Herr Stevens erzählte ferner, dass es Marquis Ito während seiner Anwesenheit in Tokio gelungen sei, die Frage der Okkupation von Land für militärische Zwecke in befriedigender Weise zu lösen. Alles Land, dessen die Heeresverwaltung nicht wirklich benötige, solle wieder frei gegeben werden und für das im Besitze der Militärbehörden verbleibende Gelände solle den Eigentümern eine angemessene Entschädigung gezahlt werden. Der Marquis, dem diese Landfrage große Sorgen gemacht habe, werde auf das Entschiedenste darauf dringen, dass die Militärverwaltung auch in diesem Sinne handele.

gez. Ney.

Orig. i. a. Korea 10

Inhalt: Die Lage in Korea.

Die Lage in Korea.

PAAA_RZ201-018936_117 f.

Empfänger	Bülow	Absender	Erckert
A. 14075 pr. 15. August 1906.		Tokio, den 19. Juli 1906.	
Memo	mtg. 15. 8. Peking, Wash., Shanhai.		

Abschrift für № 156. vom 15. 0. 06.

A. 14075 pr. 15. August 1906.

Tokio, den 19. Juli 1906.

Sr. Durchlaucht

dem Herrn Reichkanzler

Fürsten von Bülow.

Über die politischen Vorgänge der letzten Zeit in Korea sind Euere Durchlaucht durch die auch hier vorliegende Berichterstattung des Kaiserlichen Vizekonsuls in Söul unterrichtet. Es scheint höchste Zeit gewesen zu sein, daß Marquis Ito, der seiner koreanischen Aufgabe keinen sonderlichen Enthusiasmus entgegenbringt, seinen recht ausgedehnten Urlaub im Zusammenhang mit der Siegesparade abbrach, um am koreanischen Kaiserhofe einzuschreiten. Das scheint nun in ziemlich gründlicher Weise geschehen zu sein. Man kann es den Japanern nicht verdenken, wenn sie unter möglichster Wahrung der Form energisch an dem intriganten Kaiserhofe in Söul Ordnung zu schaffen suchen. Umso bedauerlicher ist es, daß die lokale deutsche Presse in Ostasien in dieser Frage, die sie und uns nichts angeht, gegen die Japaner hetzt. Vicomte Hayashi versicherte mir übrigens kürzlich Marquis Ito sei entschlossen, weiter mit dem Kaiser von Korea zu regieren, und die Regierung denke an keine Absetzung oder dergleichen; der Marquis sei überzeugt, den sein Leben lang an Intrigen gewöhnten Fürsten allmählich „klein bekommen" und dem japanischen Willen unterwerfen zu können, ohne zu allzu drastischen Maßregeln greifen zu brauchen. Ich glaube, daß die Japaner damit auf dem richtigen Wege sind.

In der öffentlichen Meinung und in der Presse stehen sich in der koreanischen Frage hier zwei Auffassungen schroff gegenüber; eine konziliantere, die der Politik des Generalresidenten das Wort redet, und eine energische, die unbekümmert um etwaiges Geschrei des Auslandes, zu gründlichem Aufräumen ohne Wahrung von Formen rät. Auf letzterer Seite hat auch Vicomte Aoki stets gestanden.

Ich vermeide es, Japanern gegenüber besonderes Interesse für die politischen Schwierigkeiten an den Tag zu legen, denen sie in Korea begegnen, um ihnen zu zeigen, daß es nach unserer Auffassung lediglich ihre Sache ist, wie sie sich dort aus der Affäre ziehen. Dafür, daß bei Herstellung von Ruhe und Ordnung und bei wirtschaftlicher Entwicklung des Landes indirekt auch für unseren Handel manches abfallen wird, sind schon Anzeichen vorhanden.

gez. von Erckert.

Orig. i. a. Korea 10

Inhalt: Die Lage in Korea.

Die Lage in Korea.

PAAA_RZ201-018936_119 ff.			
Empfänger	Bülow	Absender	Ney
A. 14088 pr. 15. August 1906.		Söul, den 10. Juli 1906.	

Abschrift № 49. vom 16. August 1906.

A. 14088 pr. 15. August 1906.

Söul, den 10. Juli 1906.

Seiner Durchlaucht

dem Herrn Reichskanzler

Fürsten von Bülow.

Marquis Ito ist nach nahezu zweimonatlicher Abwesenheit kürzlich wieder nach Söul zurückgekehrt und hat alsbald über den hiesigen Hof, der, wie ich bereits berichtet habe, in letzter Zeit zu übermütig geworden war, strenges Gericht gehalten. In einer langen Audienz vom 2. d. m. hat der Statthalter dem Monarchen seine Sünden vorgehalten und ihm, wie es scheint an der Hand von Schriftstücken, die dort kaiserliche Siegel tragen, nachgewiesen, daß der Aufstandsbewegung der Uipyungs von dem hiesigen Hofe Vorschub geleistet sei; Marquis Ito hat dem Monarchen, der durch diese peinliche Enthüllungen entsprechend mürbe geworden war, „geraten", sich von Zauberern, Wahrsagern und anderen unwürdigen Persönlichkeiten fern zu halten. Um die Reinhaltung des Hofes von diesen unliebsamen Elementen zu gewährleisten, sollten die Zugänge zu dem Palast in Zukunft durch japanischen Polizisten und Gendarmen bewacht worden. Der Herrscher war wohl froh, dieses Mal noch so gut wegzukommen und gab, wie von japanischer Seite nachdrücklich hervorgehoben wird, bereitwillig seine Zustimmung. Noch am gleichen Abende liess der japanischen Polizeichef Maruyama den Palast mit japanischen Polizisten und Gendarmen umstellen und seitdem wird niemand eingelassen, den die Generalresidentur von der Person des Monarchen fernzuhalten wünscht.

Um die Zauberer und Wahrsager wird es den Japanern nicht so sehr zu tun sein, als darum den Kaiser vom Verkehr mit der Außenwelt abzuschließen und es ihm unmöglich zu machen, auf die koreanische Beamtenschaft und das Volk Einfluss auszuüben. Die Generalresidentur nimmt aber die Verwaltung des Landes ausschließlich für sich in Anspruch; der Kaiser soll nur mit solchen Staatsangelegenheiten zu tun haben, die durch den Generalresidenten vor ihn gebracht werden; dem Herrscher soll jede Gelegenheit zu selbständigen politischen Experimenten genommen sein. Mit Genehmigung des Kaisers, der wohl um die Ehrlichkeit seiner Absichten zu dokumentieren – sogleich ein Edikt betreffend die Aufrechterhaltung der Würde des Kaiserlichen Haushaltes erliess, wurde dann eine Palastkommission gebildet, der einige koreanische Minister, der japanische Polizeichef und ein Privatsekretär des Generalresidenten, Herr Kokubu, angehören und die die Controle über die Beziehungen des Kaisers mit der Außenwelt ausüben soll. Es scheint auch die Aufhebung des diplomatischen Bureaus im Hausministerium, das seither den Verkehr zwischen dem Monarchen und den fremden Vertretungen vermittelt und dessen Stab hauptsächlich aus den Dolmetschern für europäische Sprachen besteht, beschlossene Sache zu sein. Marquis Ito will jedenfalls für die Zeit vorbauen, da der neue russische Generalkonsul Herr Plançon seine Tätigkeit hier aufnimmt.

Eine große Anzahl Würdenträger, die bei den letzten Palastintriguen beteiligt waren, ist verhaftet worden. Der Vizeminister des Hausministeriums Min Kiung Sik und der Vizeminister des Innern Yi Pong Nai befinden sich mit anderen auf der hiesigen japanischen Gendarmeriestation in Untersuchungshaft.

Prinz Ui – hwa, der Schatten des Marquis Ito, ist mit diesem gleichzeitig hier wieder eingetroffen. In den hiesigen Zeitungen war das Gerücht verbreitet, Marquis Ito habe dem Kaiser geraten zu Gunsten des Prinzen abzudanken. Die Nachricht wurde sofort dementiert. Nach Ansicht vieler soll Ui – hwa überhaupt kein Thronkandidat sein. Die Japaner könnten sich für ihre Zwecke als Nachfolger des gegenwärtigen Herrschers überhaupt keine geeignetere Persönlichkeit wünschen, als den Kronprinzen, der ein vollkommer Idiot ist und unter keinen Umständen gefährlich werden kann. Was aus dem koreanischen Thron später einmal werden, das ist nicht zu sagen. Soviel scheint festzustehen, daß Marquis Ito es noch weiter mit Yi-höng versuchen will.

Der Aufstand im Innern ist so ziemlich niedergeworfen; es kommen nur noch vereinzelte Störungen geringer Bedeutung vor.

Gez. Ney.

Orig. i. a. Korea 10

Inhalt: Die Lage in Korea.

PAAA_RZ201-018936_123

Empfänger	Bülow	Absender	Saldern
A. 14089 pr. 15. August 1906. p. m.		Söul, den 10. Juli 1906.	
Memo	J. № 418.		

A. 14089 pr. 15. August 1906. p. m.

Söul, den 10. Juli 1906.

K. № 49.

Seiner Durchlaucht

dem Herrn Reichskanzler

Fürsten von Bülow.

Entzifferung.

Nachtrag zum Bericht № 49 vom 10. Juli 1906.

Zu der Verhaftung der vorgenannten beiden Vize-Minister möchte ich bemerken, dass mir der hiesige amerikanische Generalkonsul vertraulich mitgeteilt hat, er wisse aus sicherer Quelle, dass die beiden in der japanischen Gensdarmeriestation wiederholt in grausamer Weise gefoltert worden seien, um von ihnen Geständnis hinsichtlich der Beteiligung des Monarchen an der Aufstandsbewegung zu erpressen. Er habe darüber auch an den amerikanischen Botschafter in Tokio berichtet. Ich bin nicht in der Lage, diese Nachricht auf ihre Wahrheit zu prüfen. Wie ich gehört habe, forscht der gegenwärtig hier weilende Korrespondent der Londoner Daily Mail, Mackenzie, dem Gerücht nach, sodaß die Angelegenheit vielleicht noch in der Presse erörtert wird.

Ney.

Orig. i. a. Korea 10

[   ]

PAAA_RZ201-018936_124			
Empfänger	[o. A.]	Absender	Tschirschky
A. 14527 pr. 24. August 1906. p. m.		Berlin, den 24. August 1906.	
Memo	mtg. Erl. 27. 8. u. Peking 49.		

Abschrift.

A. 14527 pr. 24. August 1906. p. m.

Berlin, den 24. August 1906.

Der japanische Botschafter bemerkte dann weiter, die Frage der Erteilung des Exequaturs für den russischen Generalkonsul in Korea sei dahin geregelt worden, dass Rußland zugestimmt habe, das Exequatur beim Kaiser von Japan nachzusuchen.

Japan habe bei der Gelegenheit Rußland gegenüber betont, dass seiner Auffassung nach durch die Tatsache, dass Korea als Verbündeter Japans den Krieg mit Rußland geführt habe, auch alle Verträge zwischen Korea und Russland aufgehoben seien. Neue Verträge zwischen den genannten beiden Staaten würden dann für Korea von Japan abzuschließen sein.

Herr Iswolski habe sich die Stellungnahme zu dieser Frage noch vorbehalten. Jedenfalls deduziert Japan aus der Tatsache, dass Rußland das Exequatur in Japan nachsuche, die stillschweigende Anerkennung Rußlands dafür, dass Korea unter einer Art Protektorat Japans stehe.

gez. Tschirschky.

Urschri. i. a. China 25

[   ]

PAAA_RZ201-018936_125

Empfänger	[o. A.]	Absender	[o. A.]
A. 15189 pr. 6. September 1906.		[o. A.]	

Zu A. 15189 pr. 6. September 1906.

Notiz.

Bericht aus Tokio v. 7. 8. № A. 167.

Artikel der Tokioer „Wirtschaftl. Zeitschrift" über die Notwendigkeit japanischer
buddhistischer Propaganda in Korea.

befindet sich i. a. Japan i.

[   ]

PAAA_RZ201-018936_126

Empfänger	Bülow	Absender	Erckert
A. 16766 pr. 5. Oktober 1906. a. m.		Tokio, den 6. September 1906.	

Abschrift.

A. 16766 pr. 5. Oktober 1906. a. m.

Tokio, den 6. September 1906.

Botschaft.

A. 212.

Seiner Durchlaucht

dem Herrn Reichskanzler

Fürsten v. Bülow.

Wie hiesige Blätter melden, beabsichtigt Japan das an der südlichen Küste Koreas liegende Chinhai und das in der Broughton Bay / Lazareff - Bay / im Nordosten Koreas befindliche Jöngheung in japanische Kriegshäfen zu verwandeln. Die Koreanische Regierung hat anscheinend die bereits abgegrenzten Häfen an Japan bis zu dem Zeitpunkt verpachtet, „wo Korea die Verteidigung seiner Küsten selbst übernehmen kann."

Chinhai - Bay, an der das vor dem Kriege oft genannte, von Rußland erstrebte Masampo liegt, war vor der Schlacht von Tsushima der Versammlungsplatz der japanischen Flotte. Mit Takeshiki auf Tsushima, Maizuru und Sasebo beherrscht es die Korea - Strasse.

Die Erledigung dieser Hafenfrage, die vor 3-4 Jahren als eine der wichtigsten Machtfragen in Ostasien im Mittelpunkt des allgemeinen Interesses stand, erfolgt jetzt den veränderten Machtverhältnissen entsprechend, als etwas selbstverständliches ohne irgend besonderes Aufsehen zu erregen.

Da die Amtszeitung in Söul eine Veröffentlichung über die Sache gebracht haben soll, wonach „Land, Häuser und sonstige Immobilien in einem gewissen Umkreise um die neuen Häfen nicht an Ausländer verkauft, übertragen oder verpfändet werden dürfen," nehme ich an, dass die Kaiserliche Konsularvertretung in Söul über die Angelegenheit näher berichten wird. Ich wollte jedoch nicht unterlassen bei der heutigen, besonders günstigen Postgelegenheit kurz die Sache zu melden.

gez. v. Erckert.

Der koreanische Hof und japanische Generalresidentur. Empfänge am
Geburtstage des koreanischen Herrschers.

PAAA_RZ201-018936_127 ff.

Empfänger	Bülow	Absender	Ney
A. 18449 pr. 3. November 1906. a. m.		Söul, den 18. September 1906.	

A. 18449 pr. 3. November 1906. a. m.

Söul, den 18. September 1906.

J. № 609.

K. № 70.

An Seine Durchlaucht

den Herrn Reichskanzler

Fürsten von Bülow.

Marquis Ito hat die zu Anfang Juli angeordneten Maßregeln, die die Fernhaltung
unerwünschter Persönlichkeiten aus den kaiserlichen Palaste zum Ziele hatten, bisher strikt
durchführen lassen. Es kann niemand die Palasttore passieren, der nicht im Besitze eines
von dem japanischen Polizeiratgeber ausgestellten Passes ist. Ausnahmen von dieser Regel
gibt es nicht und es sind sogar verschiedene hohe koreanische Würdenträger, die zwar den
Paß bei sich trugen, es aber unter ihrer Würde hielten, sich bei den Polizeiposten zu
legitimieren, in das Gefängnis gewandert. Die Japaner machen geltend, sie seien durch die
im Protektoratsvertrag vom 17. November v. Js. enthaltene Klausel, worin Japan die
Aufrechterhaltung der Würde des Kaiserlichen Hauses garantiert, verpflichtet, zur
„Reinhaltung" des Palastes die strengen Überwachungsmassregeln durchzuführen und der
Hof empfindet es begreiflicherweise als besonders hart, daß ihm gerade aus dieser Klausel,
die doch eine Konzession—die einzige im ganzen Vertrage an Korea sein sollte, ein Strick
gedreht wird.

Der Monarch macht gute Miene zum bösen Spiele, so schwer es ihm auch werden mag,
sich nach mehr als 40-jähriger Regierung in die ihm zugedachte Rolle absoluter Passivität
zu finden. Wenn indes in Japanischen Blättern die Behauptung immer wiederkehrt, der
Kaiser von Korea habe ein unbegrenztes Vertrauen zu Marquis Ito gewonnen und wende
sich aus eigenem Antriebe in wichtigen Fragen an den alten Staatsmann, so ist das doch
sehr relativ und im besten Falle so zu verstehen, daß der Herrscher jedem anderen

japanischen Statthalter noch mehr mißvertrauen würde, als Ito. Der Marquis scheint auch den Gedanken, den hiesigen Monarchen zu dem neuen Regime bekehren zu können, aufgegeben zu haben. Daraus macht der alte Staatsmann hier in Söul, wenn er sich nicht gerade einem Zeitungskorrespondenten gegenüber befindet, auch gar kein Hehl. Bei einem Besuche, den ich vor einigen Tagen mit dem Kommandanten S. M. S. „Iltis" bei dem Generalresidenten macht, erklärte dieser, anknüpfend an eine ihm gerade zugegangene Einladung zum Kaiser zu kommen, er könne sich gar nicht denken, was der Monarch von ihm wolle, er habe den hohen Herrn schon seit Wochen nicht mehr gesehen.

Euerer Durchlaucht ist aus früheren Berichten bekannt, daß der hiesige Herrscher seit der Begründung des japanischen Protektorats unter dem Vorwande von Krankheit alle Audienzgesuche von Fremden (Nicht-Japanern) abgelehnt hat. Der Kaiser wollte dadurch einerseits Einspruch dagegen erheben, daß die Audienzen nicht unmittelbar bei seinem Hausminister, sondern bei der Generalresidentur beantragt wurden und andererseits war ihm auch der Gedanke der Anwesenheit des Generalresidenten oder dessen Vertreters bei den Empfängen unsympathisch. Die Erfahrungen der letzten 3 Monate haben dem Herrscher indes die Überzeugung beigebracht, daß wenn in der Audienzfrage jemand nachgebe, dies sicherlich nicht Marquis Ito sei. So gab denn der Monarch vor einiger Zeit dem Generalersidenten den Wunsch zu erkennen, daß er an seinem Geburtstage am 13. September den Konsul und fremde Angestellte empfangen wolle. Da auch der Chef des Britischen China-Geschwaders Sir Arthur Moore um diese Zeit seinen Besuch in Söul angesagt hatten, wurde auch für den Admiral am gleichen Tage eine Audienz angesetzt. Auch an den Kommandanten des „Iltis" der vom 7. bis zum 14. d. Mts. in Tscheumulpo lag, erging eine Aufforderung.

Die Einladungen waren in der üblichen Form von dem Hausminister ausgestellt, wurden indes den fremden Vertretern seitens der Generalresidentur mit besonderem zugestellt. Da die Einladung des Hausministers die Bemerkung enthielt, der Eingeladene möge im Falle der Verhinderung ihm rechtzeitig Mitteilung machen, so hielt es die Generalresidentur für geboten, in dem Begleitschreiben die Bemerkung des Hausministers dahin zu korrigieren, daß eine derartige Mitteilung nicht an den Hausminister direkt, sondern an die Generalresidentur gerichtet werden möge. Während früher regelmäßig neben den Chefs auch die sonstigen Beamten der fremden Vertretungen zu den Empfängen geladen worden waren, blieben die Aufforderungen dieses Mal auf die Chefs beschränkt. Wie ich von wohlunterrichteter Seite höre, ist dies auf einen ausdrücklichen Wunsch des Marquis Ito zurückzuführen. Man ist hier allgemein der Ansicht, daß dadurch lediglich verhindert werden sollte, daß der erste russische Vertreter, der nach dem Kriege und dem politischen Umschwung in Korea vor dem Herrscher erscheint, von einem großen

Stabe begleitet sei. Herr Plançon verfügt nämlich über ein größeres Beamtenpersonal, das aus dem ersten Sekretär Herren von Kehrberg, einem Dragoman, einem Vizekonsul und mehreren Dolmetscher-Eleven besteht.

Die Audienzen fanden in der sogenannten Bibliothek, nicht wie es bei früheren großen Empfängen üblich war, in dem „Neuen Palast" statt. Der Kaiser soll das erstere Gebäude gewählt haben, weil sich in dem Audienzsaale im Palais eine für ihn und den Kronprinzen bestimmte Estrade befindet und er befürchtete, daß Marquis Ito während der Audienzen der Fremden auf dieser Tribüne gleichfalls Platz nehmen würde. In der Bibliothek konnte diese zeremonielle Frage nicht aufkommen.

Die Audienzen folgten in der Reihenfolge, daß zunächst Marquis Ito mit seinem Stab empfangen wurde. Der Generalresident blieb bei den folgenden Audienzen zugegen. Es folgte dann der japanische höchstkommandierende General Hasegawa, demnächst Vizeadmiral Sir Arthur Moore mit ihren Stäben. Alsdann wurden die Konsuralvertreter einzeln empfangen. Dabei wurden der Russische Generalkonsul Plançon, der neueingetroffen Amerikanischen Generalkonsul Haywood und der italienische Konsul Casati dem Monarchen vorgestellt. Die Vorstellung erfolgte durch koreanische Würdenträger. Korvettenkapitän Küsel wurde mit mir gleichzeitig empfangen. Marquis Ito nahm während der Audienzen einen Platz bei dem Kaiserlichen Gefolge ein und war lediglich als Zuschauer zugegen. Die fremden Angestellten der Koreanischen Regierung wurden später in der Weise empfangen, daß die jedem Ministerium beigegebenen japanischen Ratgeber der verschiedenen Ministerien die zu ihren Departements gehörigen Fremden einführten.

Zu Ehren des britischen Admirals, dessen Flaggschiff „King Alfred" mit den beiden großen Kreuzern „Diadem" und „Kent" vom 11. bis zum 16. September in Tchimulpo lag, fanden in Söul und Tschimulpo eine Reihe von Festlichkeiten statt. Zu zwei Gartenfesten, von denen eines von Marquis Ito im Japanischen Hauptquartier und das andere vom Hausminister im Alten Palast gegeben wurde, erhielt auch der Kommandant des „Iltis" Einladungen.

Abschrift dieses Berichts sende ich an die Kaiserliche Botschaft in Tokio.

Ney.

Betrifft: Der koreanische Hof und japanische Generalresidentur. Empfänge am Geburtstage des koreanischen Herrschers.

[   ]

PAAA_RZ201-018936_135

Empfänger	[o. A.]	Absender	[o. A.]
A. 18450 pr. 3. November 1906.		[o. A.]	

zu A. 18450 pr. 3. November 1906.

Notiz.

Bericht aus Söul v. 20. 9. № 71 betr. die Anlegung japanischer Kriegshäfen in Korea.

Befindet sich i. a. Korea 10

Reise des Militärattachés Majors von Etzel nach Korea.

PAAA_RZ201-018936_136 ff.

Empfänger	Bülow	Absender	Ney
A. 19595 pr. 24. November 1906. a. m.		Söul, den 15. Oktober 1906.	
Memo	J. № 704.		

A. 19595 pr. 24. November 1906. a. m.

Söul, den 15. Oktober 1906.

K. № 77.

An seine Durchlaucht

den Herrn Reichskanzler

Fürsten von Bülow.

Der Militärattaché bei der Kaiserlichen Botschaft in Tokio, Major von Etzel, ist am 24. d. Mts. auf einer Dienstreise zu mehrtägigem Aufenthalte in Söul eingetroffen und hat bei mir Wohnung genommen. Herr von Etzel wurde mit mir von Marquis Ito empfangen. General Hasegawa, der bis zur Schlacht bei Liaoyang die Gardedivision kommandierte und bei dessen Stabe Herr von Etzel den ersten Teil des Feldzuges mitgemacht hatte, war auf einer Besichtigungstour im Osten Koreas begriffen. Dem deutschen Offizier wurde von Seiten der hiesigen japanischen Militärbehörden eine sehr freundliche Aufnahme zu Teil. Er besichtigte die Quartiere der hier liegenden japanischen Truppen und wohnte verschiedenen Übungen bei. Dem gegenüber dem japanischen Ratgeber im hiesigen Kriegsministerium Oberst Nozu geäußerten Wunsch, auch etwas von dem koreanischen Militär zu sehen, wurde bereitwilligst entsprochen und die koreanische „ Heeresleitung" schien es als eine große Aufmerksamkeit zu empfinden, daß ein deutscher Offizier sich für ihre verachtete Soldateska interessierte. Es wurde daher zu dem für Herrn von Etzel angesetzten Vorexerzieren eines koreanischen Truppenteils, dem auch japanische Offiziere beiwohnten, als Vertreter des Kriegsministers, der einmal wieder seine Demission eingereicht hatte, der Vizeminister abgeordnet. Der der Person des Generalresidenten attachierte General Murata gab Herrn von Etzel ein Diner, zu dem die höchsten Offiziere der hiesigen Besatzungstruppen, der Vizeminister und ein weiterer koreanischer General aus dem Kriegsministerium erschienen.

Nach achttägigem Aufenthalte in Söul fuhr Major von Etzel nach Widschu, um die neue Nord-Bahn- Linie kennen zu lernen und die japanischen Garnisonen an der Westküste zu besuchen. Er wurde auf der Reise, die ihn dann über den Yalu nach Antong führte, von einem japanischen Offizier begleitet. Auf der Rückreise kam Herr von Etzel hier wieder durch. Er sprach sich sehr anerkennend über das Entgegenkommen aus, das er überall von japanischer Seite gefunden hatte.

Gelegentlich unseres Besuches bei Marquis Ito brachten wir die Frage einer Audienz für Herrn von Etzel in Anregung. Nach der Rückkehr des Majors vom Norden ließ uns der Generalresident durch seinen Privatsekretär Herren Furuya sagen, daß sich in den allernächsten Tagen eine Audienz leider nicht ermöglichen lasse. Herr von Etzel beschloß deshalb, den nächsten Tag, am 9. d. Mts. nach Japan zurückzureisen und teilte seinen Entschluß Herren Furuya mit. Am 8. d. Mts. wurde uns indes noch spät abends der Bescheid, daß wenn Herr von Etzel noch länger in Söul bleiben könnte, am 11. d. Mts. der Monarch ihn empfangen würde.

Da indes das Gepäck des Herrn von Etzel bereits zur Bahn gegeben war, konnte er die Abreise nicht länger verschieben.

Ney.

Betrifft: Reise des Militärattachés Majors von Etzel nach Korea.

Zu A. 19595.

J. № 13220.

1 Anl.

Unter Rückerbittung

dem Herrn Kriegsminister
zur Kenntnisnahme.

Berlin, den 29. November 1906.

Kriegsministerium.   Berlin 18. 12. 1906.

Gelesen.
Im Auftrage.
[sic.]

Japan und Korea.

PAAA_RZ201-018936_142 f.

Empfänger	Bülow	Absender	Erckert
A. 493 pr. 11. Januar 1907.		Tokio, den 10. Dezember 1906.	
Memo	mtg. 16. 1. n. Peking, Washington. Auswärtiges Amt.		

Abschrift.

A. 493 pr. 11. Januar 1907.

Tokio, den 10. Dezember 1906.

Sr. Durchlaucht

dem Reichskanzler

Fürsten von Bülow.

Der General—Resident von Korea, Marquis Ito, ist wieder im Lande. Es ist anzunehmen, dass sein Aufenthalt von begrenzter Dauer sein wird, obwohl, wie bei seinem letztem Urlaub, auch dieses Mal in der Presse Gerüchte auftreten, der greise Herr habe die koreanische Atmosphäre satt und wolle dauernd seinen verantwortungsreichen Posten aufgeben, seine Lebensfrische scheint der Marquis allerdings auf der Halbinsel nicht eingebüßt zu haben, denn wie ich höre, hat er zunächst seinen Urlaub dazu benutzt, um bei den Tänzen der von ihm so verehrten Geishas im schönen Süden Japans lustige Gesellschaft zu pflegen und sich nach dem rauhen Klima Söuls wieder etwas aufzuwärmen. Jetzt ist er hier eingetroffen und scheint, trivial gesprochen, „wieder nach dem Rechten sehen zu wollen". Ito ist nun einmal mit Yamagata noch immer der tätigste unter den alten Staatsleuten auf dem Gebiete der eigentlichen Politik, da Inouye seinen Einfluss mehr und mehr auf die finanzpolitische Seite konzentriert und der kränkliche Matsukata sich in letzter Zeit sehr zurückhält.

Die Tatsache, dass Ito noch mit genug Schwierigkeiten in Korea zu kämpfen hat, wurde wieder durch eine vertrauliche Unterhaltung bestätigt, die ein Mitglied der Botschaft kürzlich mit einem Politiker aus dem Oberhause hatte. Letzterer äußerte, die Hofpartei existiere auch jetzt noch weiter und der Kaiser von Korea gehöre zu den Personen, die „mit 3 Sen gekauft werden könnten". Auf die Frage eingehend, ob es an der Zeit sei, ihn gänzlich von der politischen Bühne abtreten zu lassen, meinte das betreffende Herrenhaus

— Mitglied, dass nach Ansicht vieler maßgebender Persönlichkeiten eine solche Lösung die einzig praktische sein würde, dass Japan diesen Ausweg auch wohl wählen würde, wenn die Rücksicht auf das Ausland sie nicht bedenklich erscheinen ließe.

Kürzlich ist hier eine Spezialgesandtschaft eingetroffen, welche ein Handschreiben des Kaisers von Korea an den Kaiser von Japan überbracht hat. Wie verlautet, hat ersterer dem letzteren seinen Dank für die in der inneren Verwaltung Koreas vorgenommenen Verbesserungen ausgesprochen welche unter der Leitung des Marquis Ito erreicht worden wären.

Der oben erwähnte Gewährsmann meint, es habe hier verschnupft, dass der Kaiser von Korea den hiesigen Herrscher in seinem Briefe ganz als seines gleichen behandelt habe. Ersterer hätte ursprünglich selbst nach Tokio kommen sollen, hätte jedoch die Bedingung gestellt, dass ihm alle Ehren als Souverän, insbesondere Empfang des Mikado am Bahnhof und Quartier im früheren Arisugawa — Palais, wo fremde Fürstlichkeiten abzusteigen pflegen, gewährt würden. Das hiesige Hausministerium habe dies entrüstet zurückgewiesen. Ohne die Gewähr für die letztere Behauptung übernehmen zu wollen, habe ich dieselbe doch der Erwähnung wert gefunden, obwohl ich von keiner anderen Seite etwas von der Absicht einer solchen Monarchen — Zusammenkunft gehört hätte.

Was nun die Frage der Demission Ito's, der auch dann noch seine volle politische Bedeutung hinter den Kulissen behalten würde, anbetrifft, so wird meist in diesem Zusammenhange der Name des früheren Ministerpräsidenten Grafen Katsura als Nachfolger genannt. Er ist bekanntlich Yamagata-Mann, also Militärpartei. Aber, wie gesagt, wie die Verhältnisse hier augenblicklich liegen, glaube ich nicht recht daran. Prophezeien ist allerdings in Japan nicht immer leicht.

gez. Erckert.
Urschr. i. a. Korea 10

Inhalt: Japan und Korea.

[   ]

PAAA_RZ201-018936_156

Empfänger	Der Chef des Admiralstabes der Marine	Absender	Koch
A. 2151 pr. 7. Februar 1907. p. m.		Berlin, den 6. Februar 1907.	

Abschrift.

A. 2151 pr. 7. Februar 1907. p. m. 1 Anl.

Berlin, den 6. Februar 1907.

B. 474 Ⅲ.

Der Chef des Admiralstabes der Marine.

Ew. Exzellenz beehrt sich der Admiralstab der Marine anliegend Abschrift eines militärpolitischen Berichts des Kommandos des Kreuzergeschwaders vom 23. Dezember v. Js. ergebenst zu übersenden.

Im Auftrage.

gez. Reinhard Koch.

An den Staatssekretär des Auswärtigen Amts. hier.

gez. Zimmermann.

12. 2.

Orig. i. a. China 1

PAAA_RZ201-018936_157 f.			
Empfänger	Kaiser und König	Absender	Breuing
Ad. 2151.		Honkong, den 23. Dezember 1906.	
Memo	Kommando des Kreuzergeschwaders. Geheim. Militärpolitischer Bericht für November und Dez. 1906.		

Abschrift.

Ad. 2151.

Honkong, den 23. Dezember 1906.

G. Br. B. № 2649.

An Seine Majestät den Kaiser und König, Berlin.

1. Besuch in Korea.

Bei meinem lezten Besuche in Japan hatte ich dem Generalresidenten in Korea, Marquis Ito, versprochen, ihn in Soeul zu besuchen. Diesem Versprechen gemäss traf ich mit dem Flaggschiff am 3. November in Chemulpo ein. Vorher hatte ich den Konsul in Soeul unter Anderem ersucht, mir eine Audienz bei dem Kaiser von Korea zu erwirken, sofern dies angebracht erscheine.

Alsbald nach meiner Ankunft begab ich mich mit einigen Offizieren meines Stabes nach der Hauptstadt, um dort noch am selben Tage an den Feierlichkeiten zu Ehren des Geburtstages des Kaisers von Japan teilzunehmen. Zudem folgte ich abends einer Einladung des Marquis Ito zu einem grossen Empfange. Als dabei das Gespräch auf die angeregte Audienz kam, betreffs deren ich privatim bereits erfahren hatte, dass sie bestimmt am nächsten Tage um 4 Uhr nachm. stattfinden würde, teilte mir Marquis Ito mit, dass der Kaiser von Korea am nächsten Tage krank sein würde und dass die Audienz daher auf den übernächsten Tag verschoben werden müsse. Hierauf erklärte ich, dass ich unter diesen Umsänden auf die Audienz verzichten müsse, da ich keine Zeit zum Warten hätte. Der Generalresident erwiderte jedoch sofort, er werde seinen Einfluss am Hofe mir gern zur Verfügung stellen und gab tatsächlich — nachdem telephonisch mit dem Palast in Verbindung getreten war — nach so kurzer Zeit, dass eine Verhandlung gar nicht stattgefunden haben konnte, die Versicherung ab, dass ich am folgenden Tage um 4 Uhr nachm. von Seiner Majestät empfangen werden würde. Offenbar hatte Marquis Ito in recht ungeschickter Weise die Gelegenheit benutzt, um seinem Gaste gegenüber seine Allgewalt in Korea in das volle Licht zu stellen.

Der Kaiser von Korea empfing mich und meine Begleitung in sehr gnädiger Weise und zeichnete uns durch Geschenke aus. Ich erwähne diesen Umstand um deswillen, weil der englische Vize-Adimral Moore bei einem kurz vorher abgestatteten Besuche in Soeul nicht in solcher Weise ausgezeichnet wurde. Wielleicht wird man darin einen Ausfluss der koreanischen Stimmung erblicken können, die, unter der eisernen Faust Japans knirschend, sich auch gegen dessen Bundesgenossen richtet.

pp.　－

gez. Breuing.

Kontre － Admiral.

Allerh. mit der Führung des Kreuzer －

Geschwaders beauftragt.

[   ]

PAAA_RZ201-018936_159

Empfänger	Bülow	Absender	Erckert
A. 3742 pr. 6. März 1907. a. m.		Tokio, den 30. Januar 1907.	

Abschrift.

A. 3742 pr. 6. März 1907. a. m.

Tokio, den 30. Januar 1907.

A. 47.

Seiner Durchlaucht

dem Fürsten von Bülow.

Auf eine Anfrage des Abgeordneten Oishi in der Budgetkommission des Unterhauses erklärte der Vizeminister der Marine, es beständen keine Pläne für Befestigung der koreanischen Küsten. Nur würden Süsswasser – Reservoirs zur Benutzung für die japanische Flotte angelegt.

gez. Erckert.

Urschr. i. a. Korea 10

Vermählung des Koreanischen Thronfolgers.

PAAA_RZ201-018936_160 ff.

Empfänger	Bülow	Absender	Ney
A. 4203 pr. 14. März 1907. a. m.		Söul, den 28. Januar 1907.	

A. 4203 pr. 14. März 1907. a. m.

Söul, den 28. Januar 1907.

J. № 85.

K. № 16.

An Seine Durchlaucht

den Herrn Reichskanzler

Fürsten von Bülow.

Am 24. d. Mts. hat die Hochzeit des hiesigen Thronfolgers, des 32 jährigen Prinzen I tschack, mit der Tochter des Hofbeamten Yun Täk Yong, Enkelin des früheren Premierministers Yun Yong San, stattgefunden. Der Kronprinz, der in erster kinderloser Ehe mit der Tochter eines Mitgliedes der Min-Familie, Min Tu Ho, verheiratet war, war seit Anfang Januar 1905 Witwer. Die neue Kronprinzessin ist 12 Jahre alt.

Die Wiedervermählung des Thronfolgers sollte bereits vergangenen Jahre erfolgen, doch wurde die Feier wiederholt verschoben, teils, weil sich der Palast mit dem Finanzratgeber Megata nicht über den Beitrag einigen konnte, den das Finanzministerium zu den Kosten zuschießen sollte, teils, weil die Wahrsager und Zauberer in der Bestimmung eines glückverheißenden Tages „Schwierigkeiten" hatten. Der von dem Kaiser von Japan als Spezialgesandter zu der Feier abgeordnete Hausminister Vicomte Tanaka ist mit seiner Suite am 21. d. Mts. hier eingetroffen und in dem Hause von Fräulein Sontag abgestiegen. Der Vertreter des Generalresidenten General Hasegawa gab am 23. d. Mts. zu Ehren des Vicomtes ein Diner, zu dem die koreanischen Minister, die Vertreter des japanischen Zivil- und Militärbehörden und die Konsule Einladungen erhalten hatten.

Nachdem die Braut am 24. d. Mts. Ihren feierlichen Einzug in den Palast gehalten hatte, fand die Hochzeitszeremonie statt. Nach koreanischer Etikette wurden als Zuschauer lediglich Damen zugelassen. Später empfingen der Kaiser und der Thronfolger den Vicomte Tanaka, General Hasegawa, die Konsuln, den mit seinem Geschwader nach

Tschemulpo entsandten Admiral Teragake nebst Stab und sonstige japanische Offziere und Beamte. In Namen des Konsularkorps brachte der Doyen, Herr Vincart, belgischer Generalkonsul, die Glückwünsche dar. Später fand dann noch ein großes Bankett im Palaste statt. Außer Koreanern und Japanern nahmen die Chefs und sonstigen Beamten der Konsulate sowie die im Dienste der Koreanischen Regierung stehenden Fremden hieran teil. An die Gäste wurden silberne Erinnerungsmedaillen verteilt.

Außer von Seiten des Kaisers von Japan sind anläßlich der Hochzeit von keinem weiteren Staatsoberhaupte Glückwunschtelegramme oder Handschreiben eingegangen.

Die Außgaben für die Hochzeitsfeierlichkeiten sollen sich auf nahezu eine Million Yen belaufen, für Korea, dessen Budget nur 13 Millionen Yen beträgt, eine sehr stattliche Summe. Von den gesamten Kosten wurden 500 000 Yen von der Regierung übernommen. Für den Rest muß die Kaiserliche Schatulle aufkommen.

Abschrift dieses Berichts sende ich an die Kaiserliche Botschaft in Tokio.

Ney.

Betrifft: Vermählung des koreanischen Thronfolgers.

PAAA_RZ201-018936_164 ff.

Empfänger	Bülow	Absender	Mumm
A. 10603 pr. 7. Juli 1907. p. m.		Tokio, den 5. Juni 1907.	
Memo	mtg. 11. 7. Washington A. 484.		

A. 10603 pr. 7. Juli 1907. p. m.

Tokio, den 5. Juni 1907.

A. 225.

Seiner Durchlaucht

Dem Fürsten von Bülow.

Die fremden, besonders die amerikanischen Missionare in Korea wurden gelegentlich der antijapanischen Unruhen der letzten Wochen von der japanischen Presse hier, in erster Linie von der „Yomiuri Shimbun" beschuldigt, durch ihre gegen Japan unfreundliche Haltung die Gährung in der koreanischen Bevölkerung befördert zu haben. Gegen diese Beschuldigung haben sie sehr energisch Verwahrung eingelegt und das Organ der Generalresidentur, die von Marquis Ito's Gefolgsmann Zumoto herausgegebene „Söul Press" hat sie gegen die Yomiuri in Schutz genommen, insbesondere auch betont, dass der bekannte Redakteur der inzwischen eingegangenen antijapanischen „Korea Review", Herr Homer B. Halbert, schon seit langen Jahren keine Beziehungen zu den amerikanischen Missionaren in Korea mehr habe und dass dessen Auslassungen keineswegs die Ansichten der anständigen amerikanischen Missionare in Korea widerspiegele.

Ich habe Grund zu der Annahme, dass die japanische Regierung die amerikanischen Missionare in Korea durchaus nicht mit so freundlichen Augen ansieht, als dies nach solcher Weisswaschung durch die offiziöse Presse den Anschein haben könnte.

Marquis Ito hat bei seiner jüngsten Anwesenheit in Tokio gelegentlich eines Gesprächs über die Schwierigkeiten seiner Aufgabe in Korea ausdrücklich erwähnt, dass die amerikanischen Missionare das Bestreben an den Tag legten, das koreanische Volk gegen die Japaner zu schützen und ihm in seinem passiven Widerstand gegen Japan den Rücken zu stärken.

Auch hat Vicomte Hayashi mir gegenüber kürzlich geklagt, die Missionare möchten die besten Absichten von der Welt haben, politisch würden sie aber doch manchmal recht unbequem, was sich nur auf die fremden Missionare in Korea beziehen konnte, denn hier bereiten Missionare der japanischen Regierung nicht die geringsten Sorgen.

Ich glaube daher, dass der citierte Artikel der „Söul Press" lediglich den Zweck hatte, diejenigen unter den fremden Missionaren in Korea zu stärken, die eingesehen haben, dass die neue Ordnung der Dinge von innen her nicht mehr wird eingestürzt werden können und die sich daher entschlossen haben, in's japanische Lager überzugehen.

Dem Kaiserlichen Generalkonsulat in Söul sende ich Abschrift dieses Berichts.

Mumm.

Kabinettswechsel in Söul.

PAAA_RZ201-018936_167 ff.

Empfänger	Bülow	Absender	Mumm
A. 10604 pr. 7. Juli 1907. p. m.		Tokio, den 5. Juni 1907.	
Memo	mitgt. 9. 7. Jena 589, London 802, Madrid 312, Paris 648, Petersbg. 565, Rom B. 502, Wash. A. 479, Wien 563, Darmstadt 204, Dresden 245, Karlruhe 228, München 252, Stuttgart 231, Weimar 213, Oldenbg. 220, Hambg. 255.		

A. 10604 pr. 7. Juli 1907. p. m.

Tokio, den 5. Juni 1907.

A. 226.

Seiner Durchlaucht

Dem Fürsten von Bülow.

Seit Anfang Mai trafen hier aus Söul telegraphische Meldungen ein, die auf einen bevorstehenden Wechsel im koreanischen Kabinett vorbereiteten. Zwar wurde die Sache zunächst so dargestellt, als wolle der Ministerpräsident Pak gehen, weil er sich seiner Aufgabe nicht gewachsen fühle und als zeige sich Marquis Ito bemüht, ihn zum Bleiben zu bewegen. Es wurde indessen bald klar, dass die Krisis ihren tieferen Grund in der antijapanischen Gesinnung des Kabinetts hatte und dass Marquis Ito Hand in Hand mit der projapanischen Partei, der sogennanten Ji Chung hoi, daran arbeitete, das obstruktionistische Kabinett durch ein nicht nur dem Namen nach projapanisches zu ersetzen. Sofort nach der Annahme des Entlassungsgesuchs des Premierministers Pak am 21. Mai suchten sämtliche übrigen Kabinettsmitglieder ihre Entlassung nach.

Es scheint, dass die Hofpartei alle Hebel in Bewegung gesetzt hat, um ein Kabinett von „alten Staatsleuten", d. h. ein reaktionäres und antijapanisches Kabinett ans Ruder zu bringen. Marquis Ito scheint aber mit einer seiner bisherigen Politik in Korea fremden Energie aufgetreten zu sein und es wurde nach einigen Schwankungen schliesslich folgendes neue Kabinett gebildet:

Ministerpräsident: Yi Wan Yong

Minister für Landwirtschaft und Handel: Song pyong Chun;

Minister des Innern: In Son Sun;

Finanzminister: Ko yong Hwi;

Kriegsminister: Yi Pyong Sun;

Unterrichtsminister: Yi Chai Kenk;

Justizminister: Cho Cheung Eung;

Yi Wan Yong gilt für den Vater der Protektorats-Konvention vom 17. November 1905, weil er der Erste war, der sich zur Unterzeichnung bereit erklärte. Die japanische Presse spendet ihm höchstes Lob und bezeichnet ihn als einen fortschrittlich gesinnten Mann von hervorragender Intelligenz und Bildung.

Am deutlichsten tritt die Richtung des neuen Kabinetts in dem Umstand zu Tage, dass Song und Cho in dasselbe Aufnahme gefunden haben. Song ist der energische Leiter der dem Kaiser und der ganzen Hof-Coterie bitter verhassten Il Ching hoi und Cho, der mehrere Jahre lang Professor an der Schule für fremde Sprachen in Tokio war, wird nachgesagt, er stehe auf dem Standpunkt, dass nur der Sturz der koreanischen Dynastie Korea Ruhe und Ordnung bringen könne.

Das neue Kabinett ist denn auch sofort Gegenstand heftiger Angriffe von Seiten des Hauptes der Hofcoterie, des bekannten Yi keun thaik, geworden, der mit Geldmitteln, deren Provenienz aus der kaiserlichen Schatulle ein offenes Geheimnis ist, in den antijapanischen Kreisen Koreas agitiert. Die hiesige Presse begrüsst im Allgemeinen die neue Wendung der Dinge mit grosser Freude und erwartet, dass das Kabinett dem Generalresidenten eine starke Stütze bei der Durchführung der von ihm für nötig gehaltenen Reformen werden wird. Nur der Chefredakteur der „Yomiuri", Herr Takekoshi, vertritt in seiner Zeitung die Ansicht, dass auch hier wieder nur eine halbe Massregel vorliege. In Wirklichkeit werde Ordnung nur geschaffen werden können, wenn man dem Generalresidenten ein japanisches Kabinett zur Seite stelle.

Sicherlich wird bei der Stimmung in der koreanischen Bevölkerung das neue Kabinett, gerade wenn es so projapanisch ist, wie dies japanischerseits von ihm erwartet wird, keinen leichten Stand haben.

Der Kaiserlichen Gesandtschaft in Peking und dem Kaiserlichen Generalkonsulat in Söul sende ich Abschrift dieses Berichts.

Mumm.

Inhalt: Kabinettswechsel in Söul.

[　　]

PAAA_RZ201-018936_171 f.

Empfänger	Bülow	Absender	Mumm
A. 10605 pr. 7. Juli 1907. p. m.		Tokio, den 5. Juni 1907.	
Memo	mitgt. 9. 7. Jena 590, London 803, Madrid 313, Paris 649, Petersbg. 566, Rom B. 503, Wash. 480, Wien 564, Darmstadt 205, Dresden 249, Karlruhe 229, München 253, Stuttgart 232, Weimar 214, Oldenbg. 221, Hambg. 256.		

A. 10605 pr. 7. Juli 1907. p. m.

Tokio, den 5. Juni 1907.

A. 227.

Seiner Durchlaucht

dem Fürsten von Bülow.

Marquis Ito hat im Verfolg der koreanischen Kabinettskrisis in Söul eine Massregel ergriffen, die der japanischen Regierung vor Jahren bei Durchführung der Reformen gute Dienste getan hat. Er hat die Organisation des Staatsrats so abgeändert, dass er ähnlich dem Geheimen Staatsrat in Japan eine ehrenvolle Kaltstellung solcher älteren Staatsleute ermöglicht, deren einfache Beseitigung sie zu erbitterten einflussreichen und unkontrollierbaren Gegnern des neuen Regimes machen würde. Die Neuorganisation des koreanischen Geheimen Staatsrats, die am 1. d. Mts. bekannt gegeben worden ist, ist folgende:

1. Die Zahl der Geheimen Staatsräte beträgt sechs.
2. Nur solche Personen, die mindestens ein Jahr lang ein koreanisches Ministerportefeuille innegehabt haben, können zu Geheimen Staatsräten ernannt werden.
3. Die Sitzungen des Geheimen Staatsrats finden in Kriegszeiten oder in sonstigen Zeiten drohender Gefahr statt.
4. Die Geheimen Staatsräte erhalten ein Jahresgehalt von 4000 Yen und zweimal jährlich eine Extragratifikation von je 1000 Yen.

Die bisherigen Kabinettminister mit Ausnahme Kwong chung hyon's und der bekannte

Gegner der Japaner und Vertrauensmann des koreanischen Monarchen Yi keun thaik sind zu Geheimen Staatsräten ernannt worden.

Die Geheimen Staatsräte rangieren mit den aktiven Staatsministern gleich.

Dem Kaiserlichen Generalkonsulat in Söul sende ich Abschrift dieses Berichts.

Mumm.

PAAA_RZ201-018936_173

Empfänger	[o. A.]	Absender	[o. A.]
A. 10725 pr. 9. Juli 1907. p. m.		[o. A.], den 9. Juli 1907.	

A. 10725 pr. 9. Juli 1907. p. m.

Frankfurter Zeitung.

9. 7. 07.

Die Haager Friedenskonferenz.

Ein Vortrag des koreanischen Prinzen Yonglu Yi.

-t- Haag, 8. Juli, 10. 25 N. (Prib.-Tel.) Der koreanische Prinz Yonglu Yi sprach heute Abend im Cercle Internationale. Die beiden komfortablen Sälchen, meist gefüllt mit Damen als Zuhörer, muten in ihrer hellerleuchteten Behaglichkeit ganz anders an als die armselige Hotelstube, in der wir die Koreaner zuerst getroffen hatten. Der blutjunge Prinz trägt einen Frack nach neuster Mode. Mit ihm am Vorstandstisch sitzen die beiden ehemaligen koreanischen Minister, ferner Stead, de Reufville aus Frankfurt und ein japanischer Journalist. Im Publikum bemerken wir Bertha v. Suttner, Fried, Senator Lafontaine-Brüssel und Journalisten aus allen Teilen Europas, aber keinen Delegierten der Konferenz. Einige junge chinesische Diplomaten sind anwesend. Yonglu extemporiert dann sachlich und eindringlich. Er gibt eine historische Schilderung der japanischen Penetration in Korea, der patriotischen Aufopferung der Würdenträger, des Selbstmordversuchs des Kaisers, der zahlreichen Selbstmorde von patriotischen Würdenträgern und Gelehrten aus Verzweiflung über den Verlust der Freiheit des Landes. Interessant wird es, wie der Koreaner eindringlich am Schluß seiner Rede Europa vor der rapiden Zunahme der japanischen Macht, mit anderen Worten vor der gelben Gefahr warnt.

Es entspinnt sich eine Diskussion, da behauptet worden war, daß die Aktion des Prinzen dem Kaiser von Korea gefährlich werden und zur Einverleibung Koreas durch Japan führen könne. Dem wird entgegengestellt, daß Japan Korea bereits de facto besitze und unmöglich daran denke, sich durch einen nutzlosen Gewaltakt die Sympathien der kultivierten Welt zu verscherzen. Fried machte darauf aufmerksam, daß die Koreaner, falls sie ihre Absicht, nach Amerika zu gehen, ausführen, dort leicht dazu verwandt könnten, amerikanischen Chauvinismus gegen Japan in ungewünschter Weise anzufachen, womit der Friedensidee nicht gedient werde.

[   ]

PAAA_RZ201-018936_174

Empfänger	Auswärtiges Amt in Berlin	Absender	Mumm
A. 11317 pr. 20. Juli 1907. a. m.		Tokio, den 19. Juli 1907.	

A. 11317 pr. 20. Juli 1907. a. m.

Telegramm.

Tokio, den 19. Juli 1907. - Uhr - Min. m.
Ankunft: 7 Uhr 30 Min. Nm.

Der K. Botschafter an Auswärtiges Amt.

Entzifferung.

№ 66.

Ausführliches Telegramm japanischer Presse meldet aus Soeul, Kaiser habe sich auf Drängen koreanischen Ministeriums entschlossen, zu Gunsten des Kronprinzen abzudanken.

Auswärtiges Ministerium hier will, wie indirekt erfahren, hierüber noch nicht orientiert sein.

Laut streng vertraulicher Mitteilung englischer Botschaft hat Baron Hayashi vor Abreise dem Botschafter gesagt, er beabsichtige nicht Abdankung herbeizuführen.

Baron Hayashi sollte gestern Abend Soeul eintreffen.

Mumm.

Urschr. i. d. a. Korea 10

Reorganisation des koreanischen Staatsrats.

PAAA_RZ201-018936_175 f.			
Empfänger	Auswärtiges Amt in Berlin	Absender	Krüger
A. 11376 pr. 20. Juli 1907. p. m.		Söul, den 20. Juli 1907.	

A. 11376 pr. 20. Juli 1907. p. m.

Telegramm.

Söul, den 20. Juli 1907. - Uhr - Min. - m.
Ankunft: 6 Uhr 5 Min. p. m.

Der K. Generalkonsul an Auswärtiges Amt.
Entzifferung.

№ 4.

Von seinem Kabinett gedrängt hat der Kaiser gestern durch Edikt Regentschaft an Kronprinzen übertragen.

Nachmittags kam es vor dem Haupttor des Palastes beim Versuch Volkmenge zu zerstreuen zum Zusammenstoss mit Polizei. Koreaner warfen Steine, Polizisten gebrauchten Schusswaffe, später ergriffen koreanische Soldaten Partei gegen japanische Polizei, Verlustziffer noch unbekannt. Marquis Ito bot den fremden Vertretern militärische Schutzwache an, habe mit Dank abgelehnt. Augenblicklich vereinzelte Schüsse in der Stadt, Ordnung wurde durch starke Patrouillen aufrechterhalten; hiesige offiziöse Presse erklärt Kabinett habe ohne Beeinflussung Marquis Ito's gehandelt, Thronwechsel gewähre Japan aber noch nicht genügende Garantie für künftige Loyalität Koreas. Die Mission Vicomte Hayashi sei daher keineswegs gegenstandslos geworden, japanische Forderungen noch unbekannt.

Krüger.

Urschr. in. d. A. Korea 10

Inhalt: Reorganisation des koreanischen Staatsrats.

[   ]

1 PAAA_RZ201-018936_177

Empfänger	Auswärtiges Amt in Berlin	Absender	Krüger
A. 11422 pr. 21. Juli 1907. p. m.		Söul, den 21. Juli 1907.	

A. 11422 pr. 21. Juli 1907. p. m.

Telegramm.

Söul, den 21. Juli 1907. - Uhr ⁻ Min. -m.
Ankunft: 5 Uhr 7 Min. p. m.

Der K. Generalkonsul an Auswärtiges Amt.

Entzifferung.

№ 5.

Kronprinz hat gestern Regierung formell übernommen. Ruhe noch nicht wiederhergestellt: Japaner haben Situation in Hand. Nachmittag empfing neuer Kaiser Konsularkorps, daran anschliessend Abschiedsaudienz beim[2] Kaiser.

Krüger.
Urschr. i. d. a. Korea 10

---

2 Gruppe unverständlich.

[   ]

PAAA_RZ201-018936_178

Empfänger	Auswärtiges Amt in Berlin	Absender	Mumm
A. 11475 pr. 22. Juli 1907. a. m.		Tokio, den -. Juli 1907.	

A. 11475 pr. 22. Juli 1907. a. m.

Telegramm.

Tokio, den -. Juli 1907. - Uhr Min. m.
Ankunft: 22. Juli. 11 Uhr 29 Min. vm.

Der K. Botschafter an Auswärtiges Amt.

Entzifferung.

№ 68.

Aus hiesigen amtlichen Kreisen verlautet, daß neuer Herrscher Korea's Titel Kaiser führt und nicht bloß Regent ist.

Hiesige Presse erachtet koreanische Angelegenheit durch Abdankung nicht für erledigt, sondern fordert Garantie gegen Wiederholung ähnlicher Vorkommnisse, wie Haager Deputation.

Halte in Übereinstimmung mit hiesiger öffentlicher Meinung die aus Korea gemeldeten Unruhen einstweilen nicht für bedenklich.

Mumm.

Urschr. i. d. a. Korea 10

PAAA_RZ201-018936_179 f.

[ ]

Empfänger	[o. A.]	Absender	[o. A.]
A. 11723 pr. 27. Juli 1907.		[o. A.], den 22. Juli 1907.	

A. 11723 pr. 27. Juli 1907.

Kölnische Zeitung.
22. 7. 07.

Die Japaner als Ansiedler in Korea und in der Mandschurei.

Tokio, 7. Mai.

Die japanische Auswanderung hat sich zu einer Frage der internationalen Politik zugespitzt, doch ist vielleicht nirgends in der Welt, ein zutreffendes Urteil darüber vorhanden, welche Reserven an ertragfähigem Boden Japan noch besitzt und weshalb die Japaner trotzdem Auswanderungsgebiete suchen. Japan verfügt bei einem Areal von 417 400 qkm über 56 Prozent Waldboden, die Einwohnerzahl beträgt rund 48 Millionen, also etwa 114 Einwohner auf 1 qkm; Deutschland verfügt über 540 743 qkm mit rund 60 Millionen und etwa 106 Einwohnern auf 1 qkm, bei einem Waldbestand von 25 Prozent; Oesterreich-Ungarn ohne das Okkupationsgebiet über 625 228 qkm mit rund 46 Millionen und 73 Einwohner auf 1 qkm, bei einem Waldbestand von 33 Prozent. Im Verhältnis zum Staatsgebiet hat also Japan noch weit mehr Wald als Oesterreich-Ungarn. Zieht man aber in Rechnung, daß Japan dichter bevölkert und der Wald größtenteils noch in sehr geringer Kultur befindlich, also mit dem österreichischen Wald nicht zu vergleichen ist, so kommt auf den Kopf der Bevölkerung in Japan ungefähr derselbe Holzbestand wie in Oesterreich-Ungarn. Dies Verhältnis gestaltet sich dadurch noch ungünstiger, daß in Japan Holz das einzige Baumaterial und, abgesehen vom Fabrikbetrieb, auch das einzige Brennmaterial ist. Endlich fällt ins Gewicht, daß die Japaner fast nur in den ebenen Teilen ihrer Inseln wohnen, mit den entferntern, höhern, schwer zugänglichen Gebirgsgegenden aber noch kaum in Verbindung stehen, so daß der dortige Wald bisher wenig ausgenutzt ist; es fehlen Straßen und Eisenbahnen. Infolge davon, daß die Japaner des Reisbaues wegen – in Altjapan nur Naßbau, in Formosa Naß- und Trockenbau; der trocken gebaute Reis ist nicht so wohlschmeckend – sich fast nur in den Ebenen angesiedelt und gehalten haben, ist der Wald in den Ebenen und in deren Nähe sehr dürftig geworden; in der Umgegend von Tokio z. B. gibt es überhaupt keinen Wald. Daher stehen in Japan auch die Holzpreise doppelt so hoch, wie sie stehen sollten; und, kaum glaublich, das waldreiche Altjapan führt nicht nur von Formosa, sondern auch von Puget-Sund in Kanada viel Holz ein. Dreiviertel des gesamten Bedarfs der Papierfabrikation kommt vom Ausland, zum Teil sogar aus Oesterreich-Ungarn. Während die echten Florentiner Strohhüte heute vielfach aus japanischem Strohgeflecht hergestellt werden, ist das echte japanische Papier zum größten Teil amerikanischer und europäischer Abstammung. Wenn nun die Telegraphen- und Eisenbahnlinien in Japan erweitert und Telegraphenstangen und Schwellen in größern Massen nötig sind, werden die Holzbestände noch stärker benutzt und die Preise noch mehr in die Höhe getrieben werden. Angesichts dieser eigentümlichen Verhältnisse ist es also doch erklärlich, daß die Japaner sich seit dem Kriege eifrig an die Abholzung der Jalu-Waldungen herangemacht haben. Diese Wälder, die zuerst, unmittelbar vor dem Kriege, die Russen auszubeuten dachten, sind dem Schicksal der Ausrottung durch die Koreaner bisher nur deshalb entgangen, weil sie abgelegen sind wie der japanische Hochgebirgswald; denn auch die Koreaner wohnen fast nur in ebenen Gegenden. Die Japaner haben die Abholzung begonnen, um andern zuvorzukommen und zugleich ihre heimischen Bestände für spätere Zeit zu schonen, wo, wie erwähnt, die Verbesserung des Verkehrswesens große Ansprüche an den Wald stellt. Vor allem wird das Jaluholz jetzt in Korea und der Mandschurei verwandt, wodurch übrigens auch die Transportkosten von Japan erspart werden. Was die Abholzung der Jalubestände betrifft, so darf man sagen: sie ist gerechtfertigt, falls auf andern, und zwar günstiger gelegenen Gebieten Koreas Aufforstungen stattfinden, d. h., wenn in den an die bebauten Ebenen angrenzenden Bergen Wald geschaffen wird, der das infolge der japanischen Einwanderung noch zunehmende Bedürfnis befriedigt.

Die nach Korea einwandernden Japaner sind größtenteils Kleinhändler und Bauern, daneben Fischer. Die Kleinhändler eröffnen Läden für Tabak und Zigaretten sowie für Kuchen und andere Süßigkeiten. Die japanischen Bauern kaufen, soweit sie Reisbauern sind, Höfe mit bereits kultiviertem Land auf und beabsichtigen übrigens, den Tee- und besonders den Seidenbau in Korea heimisch zu manchen. Während sich also die Reisbauern in fertige Nester setzen, erfüllen die Seidenbauern eine spezifisch japanische Kulturaufgabe. Denn der Seidenbau ist nirgends so zu Haus wie in Japan. Die Koreaner werden rasch zu Perioken und Heloten herabsinken. Anders verhält es sich mit den Chinesen in der Mandschurei.

In der Mandschurei ist für japanische Bauern wenig zu machen. Nicht nur daß mehr noch als in Korea der Boden bereits bebaut ist, sondern die Chinesen sind auch unendlich viel zäher als die Koreaner und selbst zäher als die Japaner. Welche ethnische Verdauungskraft die chinesische Rasse besitzt, geht daraus hervor, daß alle die verschiedenen Stämme des chinesischen Riesenreiches durch die eingewanderten Sieger zu einer im großen und ganzen fast gleichmäßigen Maße verschmolzen worden sind. Die spätere mandschurische Einwanderung hat nichts als den Zopf zurückgelassen, der jederzeit abgeschnitten werden kann. Die Mandschuren als Rasse sind den Chinesen gegenüber physisch und geistig so sehr im Nachteil, daß die südliche Mandschurei, die jetzt unter japanischer Herrschaft steht, durch die chinesische Einwanderung vollständig chinesisch geworden ist. Der ungeheuren Assimilationskraft der Chinesen gegenüber werden die einwandernden Japaner ihre Rasse verlieren, sie werden mühelos aufgesogen werden, zumal die Einwanderung nicht in dem Maße wie bisher fortgehen kann. Die Einwanderer sind fast nur Händler, die sich in größern Orten niederlassen, und zwar Kleinhändler. Auch als Kaufmann und Bankier ist der Chinese dem Japaner unendlich überlegen; das große Geschäft wird daher stets in chinesischen Händen bleiben. Man denke nur daran, wie die eingewanderten Chinesen schon heute Siam wirtschaftlich beherrschen.

Noch weniger als die Japanisierung der Südmandschurei ist die Japanisierung der Nordmandschurei eine ernste Möglichkeit. Die Russen fürchten allerdings vielfach, es werde sich über ihr Gebiet eine japanische Volkwelle ergießen; aber das ist schon deshalb ausgeschlossen, weil der Japaner sich nördlich von der Reiszone nicht mehr akklimatisiert. Die Grenze zwischen dem japanischen und russischen Herrschaftsgebiet in der Mandschurei ist auch die Grenze des Reisbaues. Sonach darf als sicher gelten, daß in den russischen Teil der Mandschurei keine japanischen Bauern, sondern nur Händler einwandern, die in den Städten kleinere Geschäfte betreiben, während dem einwandernden russischen Kosaken der Ackerboden ungeteilt verbleibt. An eine Masseneinwanderung der Japaner und auch der Chinesen nach Sibirien ist überhaupt nicht zu denken.

Wie sehr den Japanern noch heute der Tropencharakter anhaftet – sie sind von den malaiischen Inseln gekommen und haben sich mit den unterworfenen Ainus und den in mäßiger Zahl übergewanderten Koreanern gemischt – das beweist einerseits die Bauart ihrer Häuser, die nichts als Sommerwohnungen, im wesentlichen Schutzdächer gegen die Sonne sind, und anderseits ihre Landwirtschaft, die sich auf Reis-, Bohnen- und Gemüsebau beschränkt. Die Hirse, die in höher gelegenen, trockenen Gegenden gebaut wird, und die Kartoffel spielen keine Rolle. Der Kornbau fehlt ganz, ebenso die Viehzucht. Man nimmt allgemein an, der Buddhismus habe den Fleischgenuß und daher auch die Viehzucht verhindert. Aber die Japaner waren von jeher höchst liberale Theologen. Und wenn der Buddhismus nicht einmal die Chinesen gehindert hat, Schweinezucht in großem Umfang und daneben Rindviehzucht (die sich auch in Korea findet) zu treiben, so muß der Grund, weshalb die Japaner keine Viehzucht treiben, wohl außerhalb der buddhistischen Lehre zu suchen sein. Ich meine, daß die Herkunft entscheidet. Die Chinesen sind von den viehzüchtenden Hochebenen Innerasiens gekommen und deshalb trotz des Buddhismus Viehzüchter geblieben, die Japaner von Süden, wo die Menschen mehr vegetarianisch leben; sie kamen über See und sind bei ihrer Gewohnheit geblieben, weder abgeschreckt durch den Buddhismus noch ermuntert durch das Beispiel der Chinesen. Der Japaner ist trotz aller vorübergehenden Begeisterung für Neues und Fremdes außerordentlich konservativ. Deshalb bleibt er beim Reisbau in der Ebene und läßt die gebirgigen Gegenden brach liegen, ohne sie zum Kornbau und zur Viehzucht zu benutzen, obwohl nach Schätzung der Sachverständigen in Altjapan und Hokkaido noch Raum vorhanden wäre für eine ackerbauende Bevölkerung von 28 bis 30 Millionen. Der im Lande gebaute Reis reicht für die Ernährung des Volkes nicht mehr aus. Statt aber zum Kornbau und zur Viehzucht überzugehen, bezieht man lieber Reis vom Ausland, ebenso Bohnen, mit denen jetzt die Mandschurei aushilft.

Es ist schon oben darauf hingewiesen, daß die japanischen Kaufleute in der Mandschurei Kleinhändler sind, und es sei hier hinzugefügt, daß die wirtschaftliche Gefahr, die andern Industriestaaten nach weit verbreiteter Meinung von Japan droht, in absehbarer Zeit schwerlich eintreten wird. Den Japanern fehlt nicht nur das Kapital, das für größere Unternehmungen unerläßlich ist, sondern es deuten auch andere Gründe darauf hin, daß die japanische Industrie trotz des Reichtums des Landes an Wasser, Kohle und Menschen sich nicht so bald zur ernsten Konkurrentin der europäischen und amerikanischen Industrie entwickeln wird. Den Japanern fehlt bisher noch die Solidität der Arbeit, so daß sie selbst nur zu oft sagen: „die bei uns hergestellten Fabrikate sehen so aus wie die eingeführten, aber sie taugen nichts." Der japanische Arbeiter schont weder Werkzeuge noch Maschinen. Die technischen und kaufmännischen Beamten, die zum größten Teil viel zu jung in verantwortliche Stellen kommen, sind weder genügend vorgebildet und erfahren, noch auch ausdauernd und gewissenhaft genug. Die Unternehmer fühlen sich den Arbeitern gegenüber nicht im geringsten verpflichtet. Sie beuten dieselben in der rücksichtslosesten und unverantwortlichsten Weise aus, wie jetzt auch von Japanern vielfach mit Bedauern erkannt wird. Sind nun schon in andern Industrieländern die Streiks etwas Gewöhnliches, da die Arbeiter in der Regel nur dadurch ihre Wünsche betreffs einer den Teuerungsverhältnissen entsprechenden Lohnerhöhung erreichen, so werden sie in Japan um so häufiger sein, weil hier die Unternehmen aus eigenem Antrieb überhaupt nichts für die Arbeiter tun, trotzdem eine Lohnerhöhung gerade jetzt wegen der starken Verteuerung des Krieges durchaus stattfinden müßte. Tritt nun die unvermeidliche Lohnerhöhung ein, so kommt der Vorteil der billigen Löhne, der bisher stets neben Wasser, Kohle und Menschenmaterial angeführt ist, in Wegfall. Die Löhne werden aber noch höher steigen, wenn die Auswanderung zunimmt. Denn es ist klar, daß dann gerade die besten Arbeiter, die anderswo mehr verdienen können, der heimischen Industrie verloren gehen. Und an gelernten Arbeitern fehlt es ohnehin schon auf allen Gebieten. Die japanische Regierung, die so stark zur Zentralisierung der Verwaltung und Bevormundung des Volkes neigt, sollte eine ihrer wichtigsten Aufgaben darin erkennen, daß sie auch die Industrie unter die notwendige Vormundschaft stellt, indem sie eine Fabrikgesetzgebung schafft, die nicht nur auf dem Papiere geschrieben steht, sondern tatsächlich für die Arbeiter sorgt, Streits und Revolten nach Kräften vorbeugt, und verhindert, daß diejenigen Elemente auswandern, die wirtschaftlich am wenigsten zu entbehren sind. Die japanische Entwicklung strebt mit Macht der Proletarisierung des Volkes zu. Dieser gefährlichen Entwicklung muß sowohl in Japan wie in Korea vorgebeugt werden, wenn das Staatswesen bestehen soll.

Orig. i. a. Japan 1

연구 참여자

[연구책임자] 김재혁 : 출판위원장·독일어권문화연구소장·고려대학교 독어독문학과 교수

[공동연구원] 김용현 : 출판위원·고려대학교 독어독문학과 교수
　　　　　　　Kneider, H.-A. : 출판위원·한국외국어대학교 독일어학과&통번역대학원 교수
　　　　　　　이도길 : 출판위원·고려대학교 민족문화연구원 HK 교수
　　　　　　　배항섭 : 출판위원·성균관대학교 동아시아학술원 교수
　　　　　　　나혜심 : 출판위원·고려대학교 독일어권문화연구소 연구교수

[전임연구원] 한승훈 : 건국대학교 글로컬캠퍼스 교양대학 조교수
　　　　　　　이정린 : 고려대학교 독일어권문화연구소 연구교수

[번역]　　　　김인순 : 고려대학교독일어권문화연구소 연구원 (R18935, R18936)
　　　　　　　강명순 : 고려대학교독일어권문화연구소 연구원 (R18934)

[보조연구원] 김희연 : 고려대학교 대학원 한국사학과 박사수료
　　　　　　　김진환 : 고려대학교 대학원 독어독문학과 박사과정
　　　　　　　박진우 : 고려대학교 대학원 독어독문학과 석사과정
　　　　　　　서진세 : 고려대학교 대학원 독어독문학과 석사과정
　　　　　　　이홍균 : 고려대학교 독어독문학과 학사과정
　　　　　　　정지원 : 고려대학교 독어독문학과 학사과정
　　　　　　　박성수 : 고려대학교 한국사학과 학사과정
　　　　　　　박종연 : 고려대학교 독어독문학과 학사과정
　　　　　　　마재우 : 고려대학교 독어독문학과 학사과정

[탈초·교정] Seifener, Ch. : 고려대학교 독어독문학과 부교수
　　　　　　　Wagenschütz, S. : 동덕여자대학교 독일어과 외국인 교수
　　　　　　　Kelpin, M. : 고려대학교 독어독문학과 외국인 교수

1874~1910
독일외교문서 한국편 11

2021년 5월 17일 초판 1쇄 펴냄

옮긴이 고려대학교 독일어권문화연구소
발행인 김흥국
발행처 보고사

책임편집 황효은
표지디자인 손정자

등록 1990년 12월 13일 제6-0429호
주소 경기도 파주시 회동길 337-15 보고사
전화 031-955-9797(대표), 02-922-5120~1(편집), 02-922-2246(영업)
팩스 02-922-6990
메일 kanapub3@naver.com / bogosabooks@naver.com
http://www.bogosabooks.co.kr

ISBN 979-11-6587-183-3 94340
     979-11-5516-904-9 (세트)
ⓒ 고려대학교 독일어권문화연구소, 2021

정가 50,000원